電子學含實習

滿分總複習（下）

電子學含實習　滿分總複習（下）

編　著　者	楊明豐、高昱綸
出　版　者	旗立資訊股份有限公司
住　　　址	台北市忠孝東路一段83號
電　　　話	(02)2322-4846
傳　　　真	(02)2322-4852
劃　撥　帳　號	18784411
帳　　　戶	旗立資訊股份有限公司
網　　　址	https://www.fisp.com.tw
電　子　郵　件	school@mail.fisp.com.tw
出　版　日　期	2021／6月初版
	2024／7月五版
I　S　B　N	978-986-385-406-7

光碟、紙張用得少
你我讓地球更美好

國家圖書館出版品預行編目資料

電子學含實習滿分總複習／楊明豐, 高昱綸編著. --
　五版. -- 臺北市：旗立資訊股份有限公司,
　2025.05
　　冊；　公分
　ISBN 978-986-385-406-7 (下冊：平裝)

1.CST: 電子學 2.CST: 工業教育 3.CST: 技職教育

528.8352　　　　　　　　　　　　　114006520

Printed in Taiwan

※著作權所有，翻印必究

※本書如有缺頁或裝訂錯誤，請寄回更換

大專院校訂購旗立叢書，請與總經銷旗標
科技股份有限公司聯絡：
住址：台北市杭州南路一段15-1號19樓
電話：(02)2396-3257
傳真：(02)2321-2545

編輯大意

一、 本書係根據108年實施之十二年國民基本教育技術型高級中等學校群科課程綱要—電機與電子群「電子學」及「電子學實習」科目，融合統測等相關試題編寫而成，可做為高二課餘複習與高三升學準備之用。

二、 本書分上、下冊，專為學習電子、電機的同學所編著，針對近年的各項升學命題趨勢，作有系統的歸納整理，可供同學平日進修或升四技、二專等考試之用。

三、 全書內容分成六部分：

1. **考前速覽**：各章章首提示學習重點、命題分析，並表格化彙整「考前3分鐘」，使同學能掌握正確方向，以收「事半功倍」之研讀成效。

2. **重點整理**：各章之重要觀念、原理、定理與公式，有系統的加以歸納整理並輔以圖、表說明，使同學能有整體且清晰的概念。

3. **精選範例**：以實例解說重要觀念、原理、定理或公式，講解後馬上練習，加深同學印象。

4. **立即練習**：立即練習該單元的學習成果，由「基礎」而「進階」，以奠定良好的基礎並增強解題技巧與能力。

5. **歷屆試題**：章末提供精選歷屆試題，且附有詳解，使同學能「鑑往知來」，掌握統一入學測驗命題趨勢。

6. **模擬統測**：章末提供「電子學」及「電子學實習」模擬試題，以求能徹底吸收了解全章內容，並精心設計「素養導向題」，使同學能掌握未來考試趨勢。

四、 本書於各章章末附有習題答案，標示＊表示該題於解答本（附於書末）中提供詳解。

五、 本書內容經多次研究與校正，力求完善詳實，但疏漏難免，尚祈讀者、先進不吝指正。

編著　謹誌

114年統一入學測驗 電子學（含實習）試題分析

一、出題範圍

　　電機類、資電類的專業科目(一)考試為同一份試題，共50題，其中電子學及電子學實習的部分佔25題。出題比重較高的章節為CH2二極體及應用電路（4題）、CH7金氧半場效電晶體放大電路（3題）、CH11運算放大器振盪電路及濾波器（4題），其他章節則各有1～2題的命題。

　　以元件類型來分析出題比重，基本波形有1題，二極體有4題，雙極性電晶體有6題，場效電晶體有8題，運算放大器有6題。二極體題目較少，多集中在雙極性電晶體、場效電晶體及運算放大器等章節。出題比重與113年大致相同，二極體增加了1題，運算放大器則少了1題。

二、題型及難易度分析

　　本屆考試的題目難易適中，其中觀念題型佔9題，計算題型佔16題。今年計算題型偏多，但大多是基本公式運算，除少數題型較難外，多數題型中偏易；而觀念題型多數偏易。第45題之「雙極性接面電晶體多級放大電路」題型算式較複雜，需使用精確解才能順利解答。只要熟讀本書內容、熟記公式、靈活運用，即可順利取得高分。

三、配分比例

章節	單元名稱	題數	114年統測試題題次	比例
CH1	電子元件及波形基本概念	1	40	4%
CH2	二極體及應用電路	4	26, 27, 28, 42	16%
CH3	雙極性接面電晶體	2	41, 43	8%
CH4	雙極性接面電晶體放大電路	2	29, 30	8%
CH5	雙極性接面電晶體多級放大電路	2	44, 45	8%
CH6	金氧半場效電晶體	2	31, 32	8%
CH7	金氧半場效電晶體放大電路	3	33, 34, 35	12%
CH8	金氧半場效電晶體多級放大電路	1	46	4%
CH9	金氧半場效電晶體數位電路	2	37, 50	8%
CH10	運算放大器	2	36, 47	8%
CH11	運算放大器振盪電路及濾波器	4	38, 39, 48, 49	16%
合計		25		100%

目錄 Contents

CHAPTER 7 金氧半場效電晶體放大電路

7-1 金氧半場效電晶體放大器工作原理 7-4
7-2 共源極放大電路 7-11
7-3 共汲極放大電路 7-22
7-4 共閘極放大電路 7-28

CHAPTER 8 金氧半場效電晶體多級放大電路

8-1 多級放大系統 8-5
8-2 直接耦合串級放大電路 8-7
8-3 米勒效應（Miller effect） 8-13
8-4 疊接放大電路 8-17

CHAPTER 9 金氧半場效電晶體數位電路

9-1 金氧半場效電晶體反相器 9-4
9-2 金氧半場效電晶體反及閘 9-14
9-3 金氧半場效電晶體反或閘 9-20
9-4 金氧半場效電晶體數位電路 9-26

CHAPTER 10 運算放大器

- 10-1 理想運算放大器的認識 10-8
- 10-2 運算放大器之特性及參數 10-13
- 10-3 反相及非反相放大器 10-19
- 10-4 加法器及減法器 10-27
- 10-5 積分器及微分器 10-38
- 10-6 比較器 10-49

CHAPTER 11 運算放大器振盪電路及濾波器

- 11-1 振盪原理 11-6
- 11-2 正弦波產生電路 11-9
- 11-3 施密特觸發器 11-22
- 11-4 方波產生電路 11-31
- 11-5 三角波產生電路 11-46
- 11-6 一階濾波器 11-50

114年統一入學測驗試題 114-1

CHAPTER 7 金氧半場效電晶體放大電路

本章學習重點

章節架構	必考重點	
7-1 金氧半場效電晶體放大器工作原理	• FET交流等效電路 • FET交流參數 • FET放大電路組態 • FET放大電路特性	★★★★☆
7-2 共源極放大電路	• 有源極旁路電容之CS放大器 • 無源極旁路電容之CS放大器 • 負載效應	★★★★★
7-3 共汲極放大電路	• 輸出不含負載之輸入阻抗、輸出阻抗、電壓增益 • 輸出含負載之輸出阻抗、電壓增益	★★★★★
7-4 共閘極放大電路	• 輸入阻抗、輸出阻抗、電壓增益 • 與共源極放大器之比較	★★★☆☆

統測命題分析

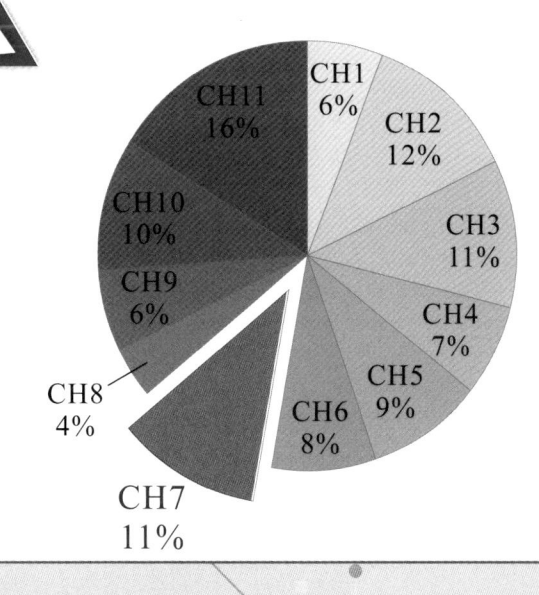

- CH1 6%
- CH2 12%
- CH3 11%
- CH4 7%
- CH5 9%
- CH6 8%
- CH7 11%
- CH8 4%
- CH9 6%
- CH10 10%
- CH11 16%

考前 3 分鐘

1. BJT與FET交流等效及交流參數

	BJT	FET
交流等效	(BJT 小信號等效電路圖：r_π 與 βi_b 電流源)	(FET 小信號等效電路圖：v_{gs} 與 $g_m v_{gs}$ 電流源)
交流參數	$r_e = \dfrac{V_T}{I_E} = \dfrac{26\text{mV}}{I_E}$ $g_m = \dfrac{I_C}{V_T} = \dfrac{\alpha}{r_e} \approx \dfrac{1}{r_e}$ $r_\pi = (1+\beta)r_e$	(1) 空乏型MOSFET $g_m = \dfrac{2I_{DSS}}{\|V_{GS(off)}\|}(1 - \dfrac{V_{GS}}{V_{GS(off)}})$ (2) 增強型MOSFET $g_m = 2K(V_{GS} - V_t)$

2. FET放大電路交流參數

FET放大電路	輸入阻抗 R_i	輸出阻抗 R_o	電壓增益 A_v	以r_e表示A_v ($r_e = \dfrac{1}{g_m}$)
CS放大電路-1	R_G	R_D	$-g_m R_D$	$-\dfrac{R_D}{r_e}$
CS放大電路-2	R_G	$R_D \mathbin{/\mkern-5mu/} [r_d + (1+\mu)R_S]$ $\approx R_D$	$\dfrac{-g_m R_D}{1 + g_m R_S}$	$-\dfrac{R_D}{r_e + R_S}$

FET放大電路	輸入阻抗 R_i	輸出阻抗 R_o	電壓增益 A_v	以 r_e 表示 A_v ($r_e = \dfrac{1}{g_m}$)
CD 放大電路	R_G	$R_S \mathbin{/\mkern-5mu/} (\dfrac{1}{g_m})$	$\dfrac{g_m R_S}{1 + g_m R_S}$	$\dfrac{R_S}{r_e + R_S}$
CG 放大電路	$R_S \mathbin{/\mkern-5mu/} (\dfrac{1}{g_m})$	R_D	$g_m R_D$	$\dfrac{R_D}{r_e}$

7-1 金氧半場效電晶體放大器工作原理

107 110 111 112 114

理論重點

重點 1　MOSFET小信號放大器工作原理

1. 金氧半場效電晶體（簡稱MOSFET）可分成空乏型MOSFET及增強型MOSFET；空乏型MOSFET常應用於＿＿＿＿＿電路，工作於＿＿＿＿＿區；增強型MOSFET常應用於＿＿＿＿＿電路，當作開關使用，工作於＿＿＿＿＿區及＿＿＿＿＿區。

2. ＦＥＴ應用於放大器時，所提供的電壓增益通常很小，主要功用是用來提高＿＿＿＿＿阻抗，以降低信號源的＿＿＿＿＿效應。

3. FET為一＿＿＿＿＿元件，FET應用於放大器時，必須偏壓在＿＿＿＿＿區且輸入信號不宜太大，才能得到線性而且不失真輸出訊號。

4. 放大作用：

   (1) 如圖所示MOSFET放大器，已知元件參數$V_t = 2\,V$，$K = 1\,mA/V^2$，為了說明方便，使用5V電池供給V_{GS}所需偏壓。設計MOSFET元件工作在飽和區，利用特性方程式$I_D = K(V_{GS} - V_t)^2$可得工作點$V_{GS} = 5\,V$，$I_D = 9\,mA$，利用輸出方程式$V_{DS} = V_{DD} - I_D R_D$，可得$V_{DS} = 8\,V$。

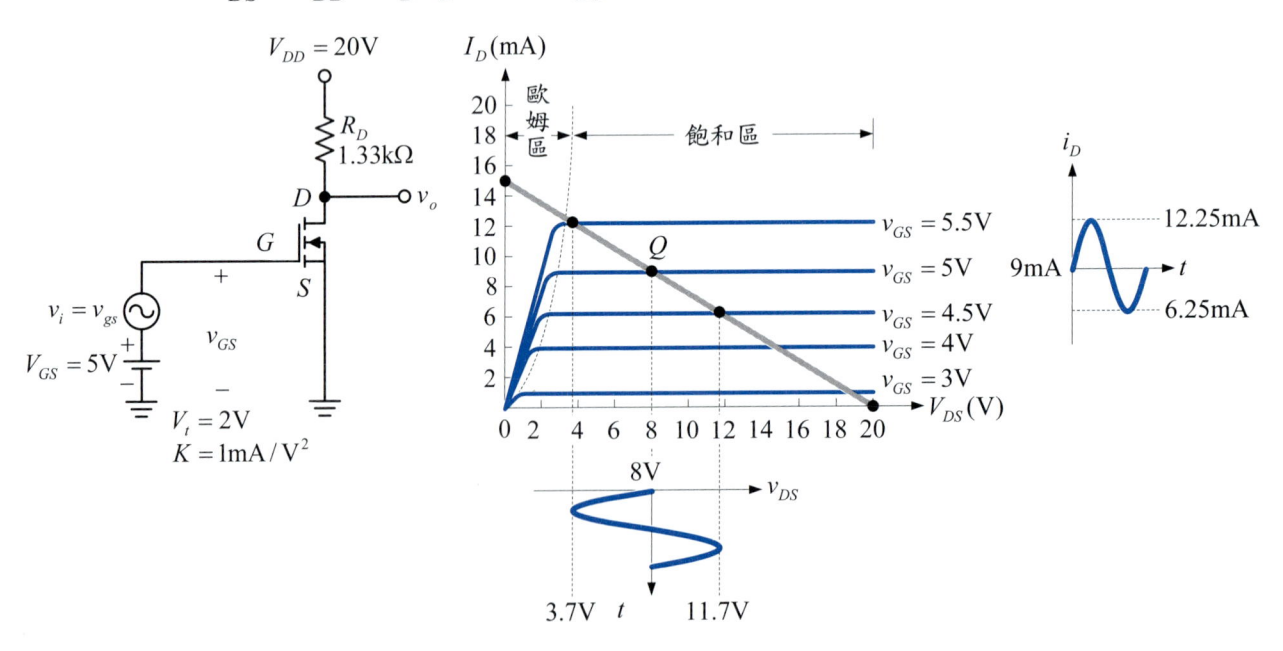

   (2) 若小信號輸入電壓$v_{gs} = 0.5\sin\omega t\,V$，則MOSFET輸入電壓$v_{GS} = V_{GS} + v_{gs} = 5 + 0.5\sin\omega t\,V$。

(3) 當 $v_{GS} = V_{GS} + |v_{gs}| = 5 + 0.5 = 5.5$ V時，
可得 $I_D = 12.25$ mA，$V_{DS} = V_{DD} - I_D R_D = 20 - 12.25 \times 1.33 = 3.7$ V。

當 $v_{GS} = V_{GS} - |v_{gs}| = 5 - 0.5 = 4.5$ V時，
可得 $I_D = 6.25$ mA，$V_{DS} = V_{DD} - I_D R_D = 20 - 6.25 \times 1.33 = 11.7$ V。

不同偏壓的直流工作點表示如下：

V_{GS} (V)	2	3	4	4.5	5	5.5
I_D (mA)	0	1	4	6.25	9	12.25
V_{DS} (V)	20	18.7	14.7	11.7	8	3.7

5. 因為MOSFET工作於 ＿＿＿＿ 區且輸入信號很 ＿＿＿＿，所以可以得到不失真的輸出信號。

答案：1. 線性放大、飽和、數位、截止、歐姆　　2. 輸入、負載
　　　3. 非線性、飽和　　　　　　　　　　　5. 線性、小

老師講解

1. MOSFET當作放大器使用時，必須工作在哪一個區域？
(A)截止區　(B)歐姆區　(C)飽和區　(D)崩潰區

解 (C)

MOSFET工作於飽和區，可以得到線性不失真的輸出

學生練習

1. 關於MOSFET的敘述，下列何者正確？
(A)MOSFET為一線性元件
(B)MOSFET當作放大器使用時，工作於歐姆區
(C)MOSFET當作開關使用時，工作於截止區及飽和區
(D)現今常用的LSI、VLSI、ULSI等積體電路都是使用增強型MOSFET

重點 2　FET交流等效電路

1. 如圖所示FET交流等效電路，有三個重要的交流參數：

    (1) 放大因數 $\mu = \dfrac{v_{ds}}{v_{gs}}$，單位：_____。

    (2) 順向互導 $g_m = \dfrac{i_d}{v_{gs}}$，單位：_____、A/V或姆歐℧。

    (3) 輸出阻抗 $r_d = \dfrac{v_{ds}}{i_d}$，單位：_____。

    (4) 三者之間的關係式為 _____。

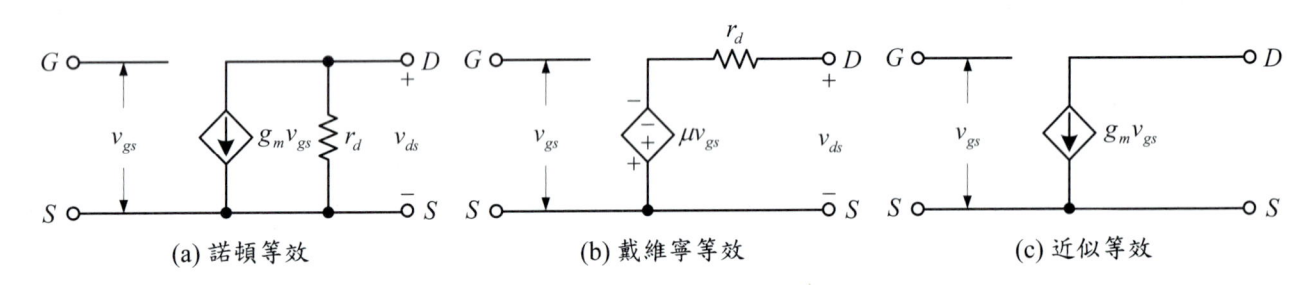

    (a) 諾頓等效　　　(b) 戴維寧等效　　　(c) 近似等效

2. 一般FET的互導g_m值約在 _____ 之間，且g_m值愈大，其電壓增益 _____（愈小或愈大）。

    FET的g_m值：

    (1) 空乏型MOSFET

    因 $I_D = I_{DSS}(1 - \dfrac{V_{GS}}{V_{GS(off)}})^2$，則 $g_m = \dfrac{\partial I_D}{\partial V_{GS}} = $ _____。

    (2) 增強型MOSFET

    因 $I_D = K(V_{GS} - V_t)^2$，則 $g_m = \dfrac{\partial I_D}{\partial V_{GS}} = $ _____ $= 2\sqrt{KI_D}$。

答案：1. (1) 無　　(2) 西門子S　　(3) 歐姆Ω　　(4) $\mu = g_m r_d$

2. 0～20ms、愈大

    (1) $\dfrac{2I_{DSS}}{|V_{GS(off)}|}(1 - \dfrac{V_{GS}}{V_{GS(off)}})$　　(2) $2K(V_{GS} - V_t)$

老師講解

2. 某空乏型MOSFET放大電路，其$I_{DSS} = 6$ mA，$V_{GS(off)} = -3$ V，若工作點$V_{GS} = -1.5$ V，則其互導g_m為多少？
   (A)1mA/V (B)2mA/V (C)3mA/V (D)4mA/V

   解 (B)

   $$g_m = \frac{2I_{DSS}}{|V_{GS(off)}|}(1 - \frac{V_{GS}}{V_{GS(off)}}) = \frac{2 \times 6}{3}(1 - \frac{-1.5}{-3}) = 2 \text{ mA/V}$$

學生練習

2. 某空乏型MOSFET放大電路，其$I_{DSS} = 8$ mA，$V_{GS(off)} = -4$ V，若工作點$I_D = 2$ mA時，則閘-源極電壓V_{GS}及互導g_m分別為多少？
   (A)$V_{GS} = -1$ V，$g_m = 3$ mA/V
   (B)$V_{GS} = -2$ V，$g_m = 2$ mA/V
   (C)$V_{GS} = -3$ V，$g_m = 1$ mA/V
   (D)$V_{GS} = 0$ V，$g_m = 4$ mA/V

實習重點

重點 1　FET放大電路組態

1. FET放大電路的三種基本組態如圖所示，可分為：

   (1) ＿＿＿＿＿＿ 放大電路，簡稱CS放大電路。

   (2) ＿＿＿＿＿＿ 放大電路，簡稱CD放大電路。

   (3) ＿＿＿＿＿＿ 放大電路，簡稱CG放大電路。

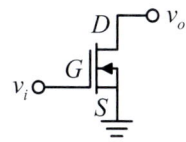

   (a) CS放大電路 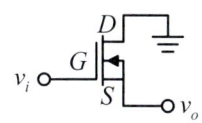　　(b) CD放大電路 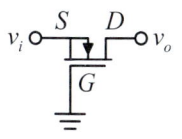　　(c) CG放大電路

2. BJT放大電路輸入腳不能使用 _____，主因是多數載子濃度低；輸出腳不能使用 _____，主因是輸出電流小。

   FET放大電路輸入腳無限制，輸出腳不能使用 _____。

FET放大電路				BJT放大電路			
組態	輸入腳	接地腳	輸出腳	組態	輸入腳	接地腳	輸出腳
CS	____	____	____	CE	____	____	____
CD	____	____	____	CC	____	____	____
CG	____	____	____	CB	____	____	____

答案：1. (1) 共源極　　(2) 共汲極　　(3) 共閘極
2. 集極、基極、閘極、G、S、D、B、E、C、G、D、S、B、C、E、S、G、D、E、B、C

老師講解

3. FET放大電路輸出腳不能使用閘極的主要原因為何？
   (A)閘極電阻太小　　　　　　　　(B)閘極電流太小
   (C)閘極耐電壓太小　　　　　　　(D)閘極耐熱差

   解 (B)

   因為閘極阻抗很大，所以閘極電流太小，當輸出腳將使輸出信號太小

學生練習

3. BJT放大電路輸入腳不能使用集極的主要原因為何？
   (A)集極電阻太小　　　　　　　　(B)集極電流太小
   (C)集極耐電壓太小　　　　　　　(D)集極摻雜濃度太低

第 7 章 金氧半場效電晶體放大電路

重點 2　FET放大電路特性

特性	BJT放大電路			FET放大電路		
	CE組態	CC組態	CB組態	CS組態	CD組態	CG組態
輸入阻抗R_i	中	最高	最低	很高	_____	_____
輸出阻抗R_o	中	最低	最高	中	_____	_____
電壓增益A_v	大	最小（≤1）	最大	大	_____	_____
電流增益A_i	大（≤β）	最大（≤γ）	最小（≤α）	大	_____	_____
功率增益A_p	最大	最小	中	最大	_____	_____
v_i及v_o信號相位差	反相180°	同相0°	同相0°	_____	_____	_____
主要應用	中頻放大	阻抗匹配	高頻放大	中頻放大	阻抗匹配	高頻放大

答案：很高、最低、最低、最高、最小（≤1）、最大、最大、最小、最小、中、反相180°、同相0°、同相0°

老師講解

4. 關於FET放大電路CS、CD、CG三種組態的敘述，下列何者錯誤？
(A)輸入阻抗由小至大依序為CG、CS、CD
(B)輸出阻抗由小至大依序為CD、CS、CG
(C)電壓增益由小至大依序為CD、CS、CG
(D)功率增益由小至大依序為CD、CS、CG

解 (D)

功率增益由小至大依序為CD、CG、CS

學生練習

4. 關於FET放大電路CS、CD、CG三種組態的敘述，下列何者正確？
(A)CS組態主要應用於高頻放大
(B)CG組態輸入與輸出信號相位相差180°
(C)CD組態電壓增益近似於1，因此又稱為電壓隨耦器
(D)CD組態功率增益最大

電子學含實習 滿分總複習（下）

ABCD 立即練習

基礎題

( ) 1. MOSFET當作開關使用，而且處於導通狀態時，是工作在哪一個區域？
(A)截止區 (B)歐姆區 (C)飽和區 (D)崩潰區

( ) 2. 下列各元件，何者不是應用於放大電路？
(A)BJT (B)JFET (C)空乏型MOSFET (D)增強型MOSFET

( ) 3. 對共源極放大電路而言，輸入接腳為何？
(A)閘極 (B)源極 (C)汲極 (D)射極

( ) 4. 某空乏型MOSFET電晶體，其$I_{DSS}=12\,\text{mA}$，$V_{GS(off)}=-4\,\text{V}$，若$V_{GS}=-2\,\text{V}$，則g_m為多少？ (A)1mA/V (B)2mA/V (C)3mA/V (D)4mA/V

( ) 5. 某空乏型MOSFET放大器，若$g_m=10\,\text{mA/V}$，$r_d=1\,\text{M}\Omega$，求放大因數μ值？
(A)10 (B)100 (C)1000 (D)10000

( ) 6. 關於CS、CD、CG三種放大器的比較，下列何者錯誤？
(A)CG輸入阻抗最低，CS輸入阻抗最高
(B)CD輸出阻抗最低，CG輸出阻抗最高
(C)CD電壓增益最小，CG電壓增益最大
(D)CS功率增益最大，CD功率增益最小

( ) 7. 有關場效電晶體FET放大器的敘述，下列何者錯誤？
(A)共源極放大器的輸入與輸出電壓反相
(B)共源極放大器的輸入阻抗值很高
(C)共汲極放大器的電壓增壓益值小於1
(D)共閘極放大器的輸入阻抗值很高

進階題

( ) 1. 關於MOSFET的特性敘述，下列何者錯誤？
(A)有共源極、共閘極及共汲極三種放大器
(B)在數位電路中當作開關使用時，是工作於截止區及歐姆區
(C)在線性電路中當作放大器使用時，是工作於飽和區
(D)當作放大器使用時，其電壓增益比BJT高

( ) 2. 某空乏型MOSFET電晶體，其$I_{DSS}=12\,\text{mA}$，$V_{GS(off)}=-4\,\text{V}$，若$I_D=0.75\,\text{mA}$，則g_m為多少？ (A)1mA/V (B)1.5mA/V (C)2mA/V (D)2.5mA/V

( ) 3. 某空乏型MOSFET電晶體，其$V_{GS(off)}=-4\,\text{V}$，已知在偏壓點$V_{GS}=-2\,\text{V}$時，$I_D=3\,\text{mA}$，則g_m為多少？
(A)1mA/V (B)2mA/V (C)3mA/V (D)4mA/V

( ) 4. 某增強型MOSFET放大器，元件參數$K=0.5\,\text{mA/V}^2$，臨界電壓$V_T=2\,\text{V}$，求在汲極電流$I_D=2\,\text{mA}$時之g_m值為多少？
(A)1mA/V (B)2mA/V (C)3mA/V (D)4mA/V

第 7 章 金氧半場效電晶體放大電路

( ) 5. MOSFET放大電路哪一端,不可作為輸出端?
(A)源極　(B)汲極　(C)閘極　(D)任一端皆可

( ) 6. 關於MOSFET放大器的敘述,下列何者錯誤?
(A)常使用增強型MOSFET
(B)放大器工作於飽和區,以得到線性不失真的輸出
(C)在積體電路中常使用電晶體主動式負載來取代偏壓電阻,以減少體積
(D)電壓增益比BJT放大器小,但具有輸入阻抗高、體積小及功率消耗低等優點

7-2 共源極放大電路　106 107 108 112 113 114

理論重點

重點 1　含源極旁路電容之CS放大電路

1. 如圖所示含源極電容之CS放大電路,分析方法與BJT放大電路之 _____ 組態相同。

   (1) 所有電容以 _____ 替代。

   (2) FET以 _____ 電路替代。

   (3) 直源電壓源以 _____ 替代。

   (4) 快速公式轉換:以 $r_e \approx \dfrac{1}{g_m}$,$R_C = R_D$,$R_E = R_S$,$R_B = R_G$,將CE放大電路交流參數轉換成FET放大電路交流參數。

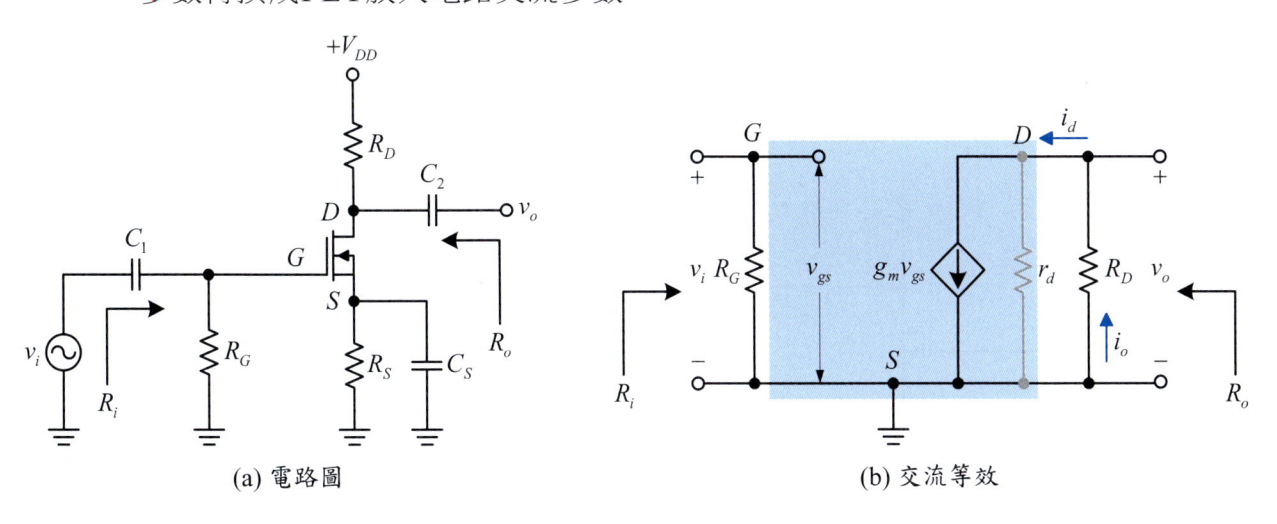

   (a) 電路圖　　(b) 交流等效

2. CS放大電路對交流信號而言,以 _____ 極為共同腳,_____ 極為輸入腳,_____ 極為輸出腳。

3. 交流參數

交流參數	CE放大電路	CS放大電路
輸入阻抗R_i	R_B	_____
輸出阻抗R_o	R_C	_____
電壓增益$A_v = \dfrac{v_o}{v_i}$	$-\dfrac{R_C}{r_e}$	_____
電流增益$A_i = \dfrac{i_o}{i_i}$	$\pm\|A_v\|\dfrac{R_i}{R_C}$ (極性視輸出電流方向而定,流入為正、流出為負)	(極性視輸出電流方向而定,流入為正、流出為負)

4. 在條件$r_d >> R_D$成立時,$R_o =$ _____,$A_v =$ _____。

答案:1. CE　　(1) 短路　　(2) 交流等效　　(3) 短路　　2. 源(S)、閘(G)、汲(D)

3. R_G、$R_D // r_d$、$-g_m(R_D // r_d)$、$\pm|A_v|\dfrac{R_i}{R_D}$　　4. R_D、$-g_m R_D$

重點 2　不含源極旁路電容之CS放大電路

1. 如圖所示含源極電容之CS放大電路,分析方法與CE放大電路相同。

    (1) 所有電容以 _____(開路或短路)替代。

    (2) FET以 _____ 電路替代。

    (3) 快速公式轉換:以$r_e \approx \dfrac{1}{g_m}$,$R_C = R_D$,$R_E = R_S$,$R_B = R_G$,將CE放大電路交流參數轉換成FET放大電路交流參數。

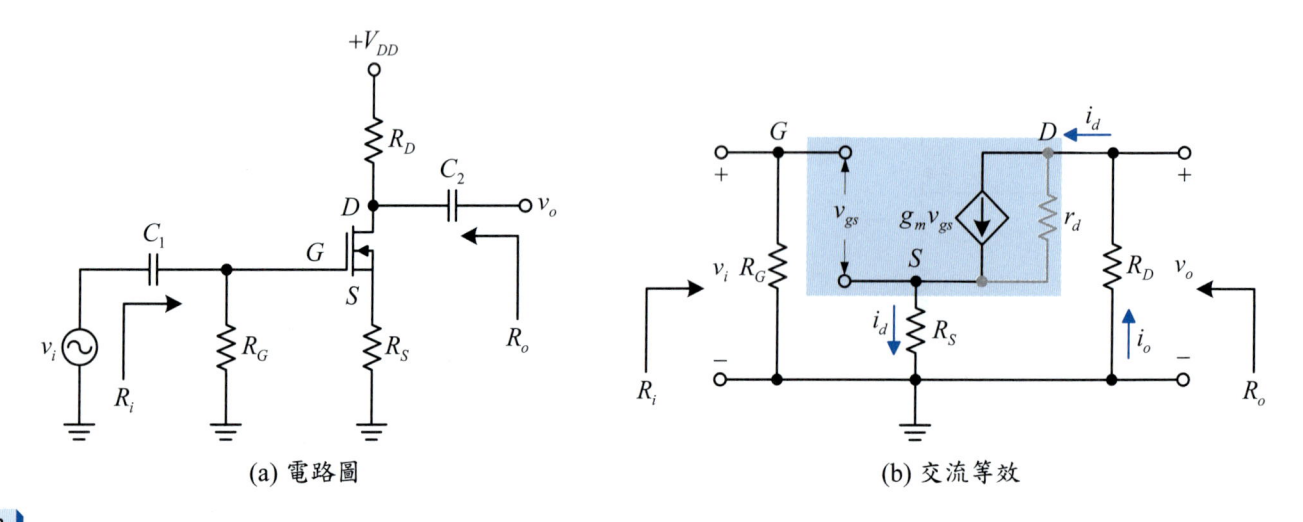

(a) 電路圖

(b) 交流等效

2. 交流參數

交流參數	CE放大電路	CS放大電路（若$r_d \gg R_D$）
輸入阻抗R_i	$R_B // [r_\pi + (1+\beta)R_E]$	＿＿＿＿＿＿
輸出阻抗R_o	R_C	＿＿＿＿＿＿
電壓增益$A_v = \dfrac{v_o}{v_i}$	$-\dfrac{R_C}{r_e + R_E}$	＿＿＿＿＿＿
電流增益$A_i = \dfrac{i_o}{i_i}$	$\pm\left\|A_v\right\|\dfrac{R_i}{R_C}$ （極性視輸出電流方向而定，流入為正、流出為負）	＿＿＿＿＿＿ （極性視輸出電流方向而定，流入為正、流出為負）

3. 若$r_d \gg R_D$不成立，則

   (1) 輸出阻抗$R_D // [r_d + (1+\mu)R_S]$

   (2) 電壓增益$\dfrac{v_o}{v_i} = -\dfrac{g_m R_D}{1 + g_m R_S + \dfrac{R_S + R_D}{r_d}}$

答案：1. (1) 短路　　(2) 交流等效　　2. R_G、R_D、$-\dfrac{R_D}{\dfrac{1}{g_m} + R_S} = -\dfrac{g_m R_D}{1 + g_m R_S}$、$\pm\left|A_v\right|\dfrac{R_i}{R_D}$

老師講解

1. 如下圖所示CS放大電路，已知$V_{DD} = 12\text{ V}$，$R_G = 10\text{ M}\Omega$，$R_D = 5\text{ k}\Omega$，$R_S = 1.5\text{ k}\Omega$，若MOSFET之$r_d = 20\text{ k}\Omega$，$I_{DSS} = 4\text{ mA}$，$V_{GS(off)} = -3\text{ V}$，其電壓增益$\left|\dfrac{v_o}{v_i}\right|$約為多少？

(A) 3　(B) $\dfrac{16}{3}$　(C) 6　(D) $\dfrac{20}{3}$

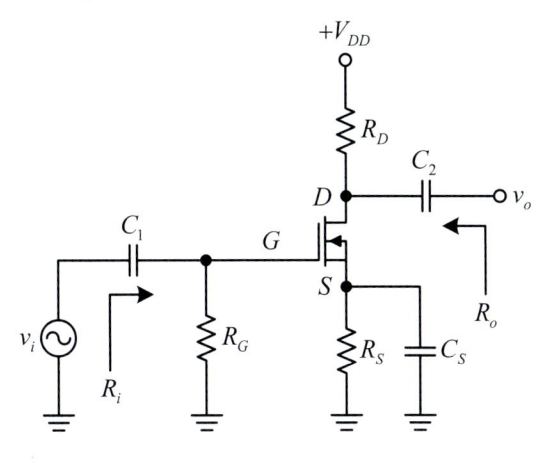

解 (B)

(1) $I_D = I_{DSS}(1-\frac{V_{GS}}{V_{GS(off)}})^2 = 4(1-\frac{V_{GS}}{-3})^2$

(2) $V_{GS} = V_G - V_S = -I_D R_S = -1.5 I_D$

(3) 解(1)(2)聯立方程式，得 $V_{GS} = -1.5\,\text{V}$，$I_D = 1\,\text{mA}$

(4) $g_m = \frac{2 I_{DSS}}{|V_{GS(off)}|}(1-\frac{V_{GS}}{V_{GS(off)}}) = \frac{2 \times 4}{3}(1-\frac{-1.5}{-3}) = \frac{4}{3}\,\text{mA/V}$

(5) $A_v = \left|\frac{v_o}{v_i}\right| = g_m(R_D // r_d) = \frac{4}{3}(5 // 20) = \frac{16}{3}$

學生練習

1. 承上題圖中，若將源極電容 C_S 移除，且 $r_d = \infty$，其電壓增益 $\left|\frac{v_o}{v_i}\right|$ 約為多少？

(A) $\frac{5}{3}$ (B) $\frac{20}{9}$ (C) $\frac{10}{3}$ (D) 5

實習重點

重點 1　具有未被旁路的源極電阻

1. 如圖所示CS放大電路，電路分析如下：

   (1) 對直流而言，電容器視為 ＿＿＿＿＿＿，因此源極電阻 $R_S =$ ＿＿＿＿＿＿。

   (2) 對交流而言，電容器視為 ＿＿＿＿＿＿，因此源極電阻 $R_S =$ ＿＿＿＿＿＿。

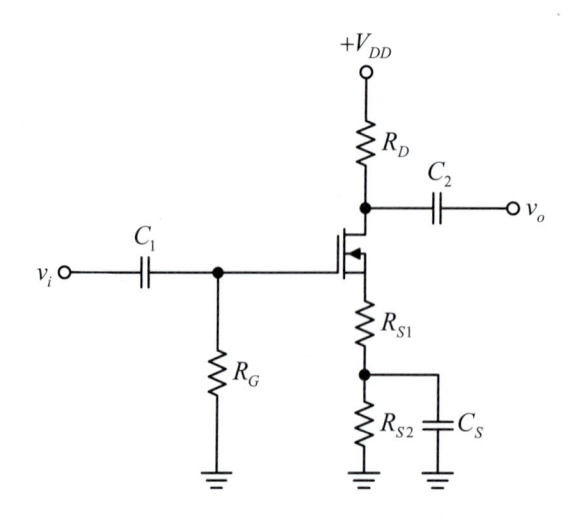

第 7 章 金氧半場效電晶體放大電路

2. 交流參數

交流參數	CS放大電路（若$r_d \gg R_D$）
輸入阻抗R_i	_____
輸出阻抗R_o	_____
電壓增益 $A_v = \dfrac{v_o}{v_i}$	_____
電流增益 $A_i = \dfrac{i_o}{i_i}$	_____（極性視輸出電流方向而定，流入為正、流出為負）

答案：1. (1) 開路、$(R_{S1}+R_{S2})$　　(2) 短路、R_{S1}

2. R_G、R_D、$-\dfrac{R_D}{\dfrac{1}{g_m}+R_{S1}} = -\dfrac{g_m R_D}{1+g_m R_{S1}}$、$\pm|A_v|\dfrac{R_i}{R_D}$

老師講解

2. 如右圖所示CS放大電路，已知$V_{DD}=12\text{ V}$，$R_G=10\text{ M}\Omega$，$R_D=5\text{ k}\Omega$，$R_{S1}=0.5\text{ k}\Omega$，$R_{S2}=0.5\text{ k}\Omega$，若MOSFET之$r_d=\infty$，$I_{DSS}=8\text{ mA}$，$V_{GS(off)}=-4\text{ V}$，其電壓增益$\left|\dfrac{v_o}{v_i}\right|$約為多少？

(A)2.5　(B)3.33　(C)5　(D)6.66

解 (C)

(1) $I_D = I_{DSS}(1-\dfrac{V_{GS}}{V_{GS(off)}})^2 = 8(1-\dfrac{V_{GS}}{-4})^2$

(2) $V_{GS} = V_G - V_S = -I_D R_S = -I_D$

(3) 解(1)(2)聯立方程式，得$V_{GS}=-2\text{ V}$，$I_D=2\text{ mA}$

(4) $g_m = \dfrac{2I_{DSS}}{|V_{GS(off)}|}(1-\dfrac{V_{GS}}{V_{GS(off)}}) = \dfrac{2\times 8}{4}(1-\dfrac{-2}{-4}) = 2\text{ mA/V}$

(5) $A_v = \left|\dfrac{v_o}{v_i}\right| = \dfrac{g_m R_D}{1+g_m R_{S1}} = \dfrac{2\times 5}{1+(2\times 0.5)} = 5$

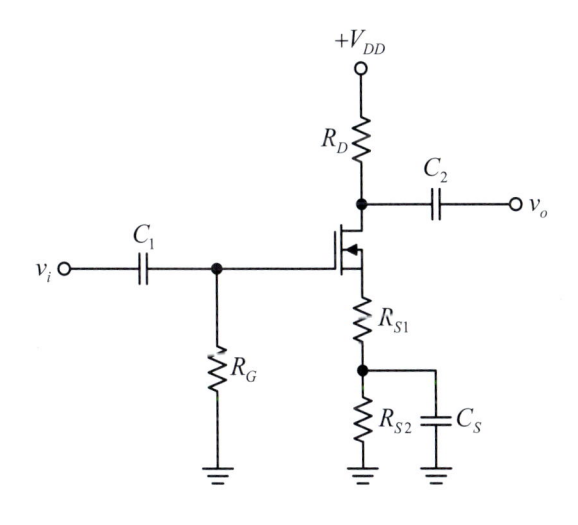

學生練習

2. 承上題圖中，若在實驗進行中，忘記加上電容C_S，其電壓增益$\left|\dfrac{v_o}{v_i}\right|$約為多少？

(A)2.5　(B)3.33　(C)5　(D)6.66

重點 2　負載電阻的影響

1. 如圖所示含負載R_L之CS放大電路，輸出振幅將會因為加上負載電阻後而 _____（增加或減少）。負載改變不影響哪一個交流參數？_____。

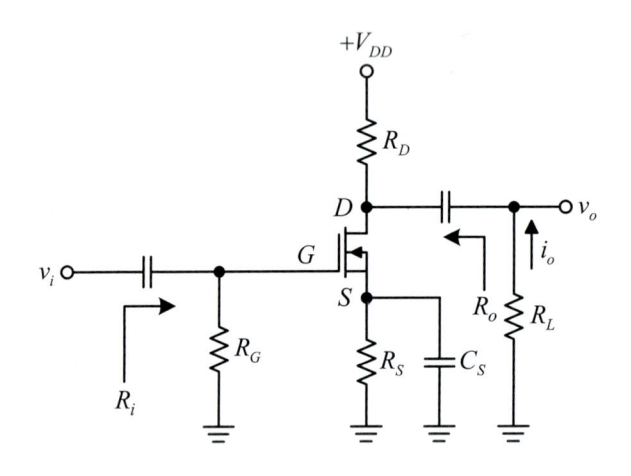

2. 交流參數

交流參數	CS放大電路（若$r_d \gg R_D$）
輸入阻抗R_i	_____
輸出阻抗R_o	_____
電壓增益$A_v = \dfrac{v_o}{v_i}$	_____
電流增益$A_i = \dfrac{i_o}{i_i}$	_____ （極性視輸出電流方向而定，流入為正、流出為負）

答案：1. 減少、輸入阻抗R_i

2. R_G、R_D、$-g_m(R_D /\!/ R_L)$、$\pm|A_v|\dfrac{R_i}{R_D}$

重點 3 信號源內阻的影響

1. 如圖所示CS放大電路，電壓增益 $\dfrac{v_o}{v_s} = \dfrac{v_o}{v_i} \times \dfrac{v_i}{v_s} = \dfrac{v_o}{v_i} \times$ ＿＿＿＿＿＿，因為 $R_G \gg R_s$，所示信號源內阻 ＿＿＿＿＿＿（會或不會）影響電壓增益。

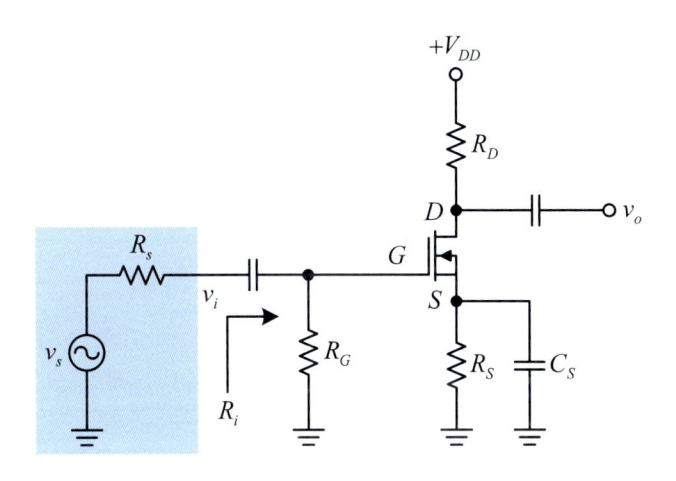

答案：1. $\dfrac{R_G}{R_s + R_G}$、不會

老師講解

3. 如圖所示CS放大電路，已知MOSFET之 $r_d = \infty$，$g_m = 2\,\text{mA/V}$，且 $R_G = 10\,\text{M}\Omega$，$R_D = 5\,\text{k}\Omega$，$R_S = 1\,\text{k}\Omega$，若實際測量輸入與輸出電壓，且經計算電壓增益 $\dfrac{v_o}{v_i} = -8$，則其負載電阻為多少？　(A)5kΩ　(B)10kΩ　(C)15kΩ　(D)20kΩ

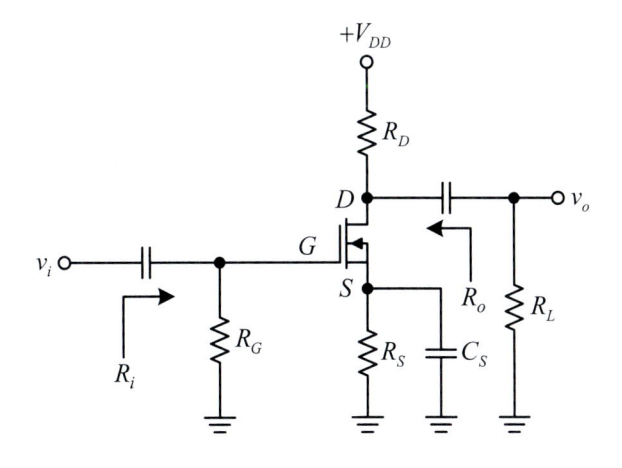

解 (D)

$$A_v = \frac{v_o}{v_i} = -g_m(R_D // r_d // R_L) = -2(5 // \infty // R_L) = -8，則負載電阻 R_L = 20\,\text{k}\Omega$$

學生練習

3. 承上題圖中，在輸出不失真的情形下，下列何種做法會提高輸出電壓增益？
(A)移除源極電容C_S
(B)提高輸入電壓
(C)增加汲極電阻R_D值
(D)提高電源電壓

補充知識

常用增強型MOSFET電路符號

1. 如下圖(a)所示N通道增強型MOSFET電路符號，接腳包含**汲極**（drain，簡記D）、**閘極**（gate，簡記G）、**源極**（source，簡記S）及**基體**（body，簡記B）。正常操作下，基體B必須與 源極S 相連接，產生 空乏 區以隔離汲極D及源極S，汲極電流由 汲 極流向 源 極。圖(b)、圖(c)、圖(d)所示為基體與源極相連時的簡化電路符號。

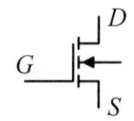

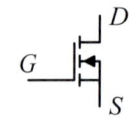

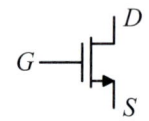

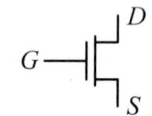

(a) 電路符號　(b) 基體與源極相連時的簡化電路符號1　(c) 基體與源極相連時的簡化電路符號2　(d) 基體與源極相連時的簡化電路符號3

N通道增強型MOSFET

2. 如下圖(a)所示P通道增強型MOSFET電路符號，接腳包含汲極（D）、閘極（G）、源極（S）及基體（B），正常操作下，基體B必須與 源極S 相連接，產生 空乏 區以隔離汲極D及源極S，汲極電流由 源 極流向 汲 極。圖(b)、圖(c)、圖(d)所示為基體與源極相連時的簡化電路符號。

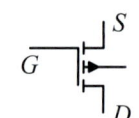

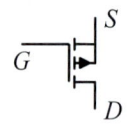

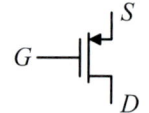

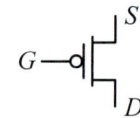

(a) 電路符號　(b) 基體與源極相連時的簡化電路符號1　(c) 基體與源極相連時的簡化電路符號2　(d) 基體與源極相連時的簡化電路符號3

P通道增強型MOSFET

這幾種增強型MOSFET常見的電路符號型式，在後續章節的試題中都有可能出現，請注意分辨。

第 7 章 金氧半場效電晶體放大電路

立即練習

基礎題

( )1. 如圖(1)所示CS放大器，已知$R_G = 10\text{ M}\Omega$，$R_D = 5\text{ k}\Omega$，$R_S = 1\text{ k}\Omega$，若MOSFET之$r_d = 20\text{ k}\Omega$，$g_m = 1.5\text{ mA/V}$，其電壓增益$\left|\dfrac{v_o}{v_i}\right|$約為多少？
(A)3　(B)4　(C)5　(D)6

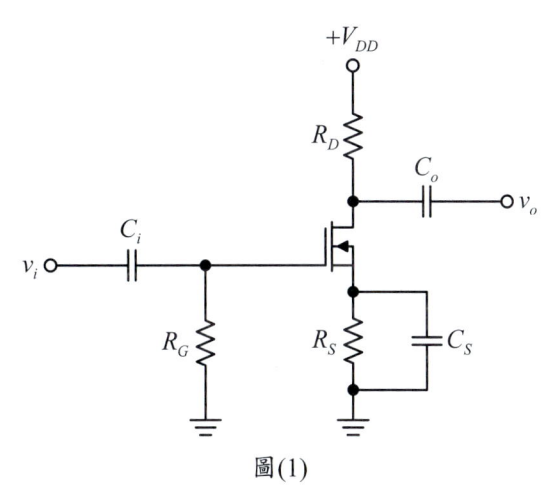

圖(1)

( )2. 續上題，若將源極電容C_S移除，且省略r_d的影響，其電壓增益$\left|\dfrac{v_o}{v_i}\right|$約為多少？
(A)3　(B)4　(C)5　(D)6

( )3. 如圖(2)所示MOSFET小信號分析等效電路，$g_m = 2.2\text{ mS}$，$r_d = 20\text{ k}\Omega$，$R_L = 2\text{ k}\Omega$，$\dfrac{v_o}{v_i}$等於多少？　(A)−4　(B)−6　(C)−8　(D)−10

( )4. 續上題，電路為何種組態的放大器？
(A)CS放大器　(B)CG放大器　(C)CD放大器　(D)CE放大器

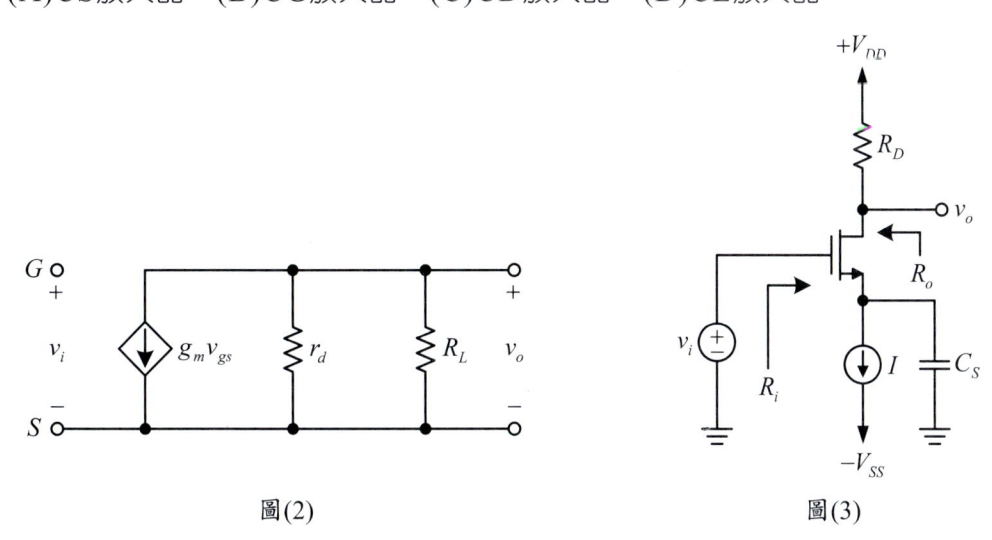

圖(2)　　　圖(3)

( )5. 如圖(3)所示共源極放大器的簡圖，若電晶體之$g_m = 0.5\text{ mA/V}$，$V_A = \infty$，$R_D = 5\text{ k}\Omega$，則此放大器的輸入、輸出電阻R_i及R_o值分別為多少？
(A)$R_i = 0$，$R_o = 0$　　　(B)$R_i = \infty$，$R_o = 5\text{ k}\Omega$
(C)$R_i = 5\text{ k}\Omega$，$R_o = \infty$　　(D)$R_i = \infty$，$R_o = \infty$

( )6. 如圖(4)所示CS放大器，$R_G = 10\ \text{k}\Omega$，$R_D = 5\ \text{k}\Omega$，若MOSFET之$r_d = 20\ \text{k}\Omega$，$g_m = 2\ \text{mA/V}$，其電壓增益$\left|\dfrac{v_o}{v_i}\right|$約為多少？
(A)2　(B)4　(C)6　(D)8

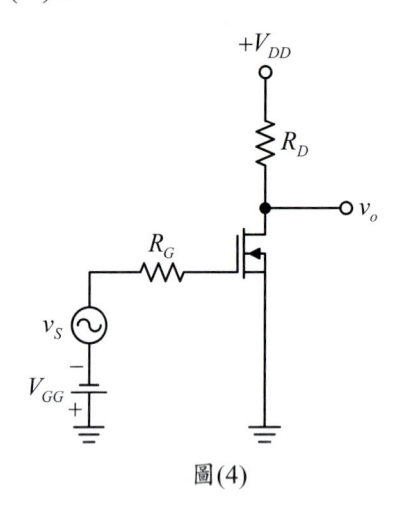

圖(4)

進階題

( )1. 如圖(1)所示CS放大器，有源極電容C_S與無源極電容C_S，若r_d可省略，兩者電壓增益相差幾倍？　(A)3　(B)$1 + g_m R_G$　(C)$1 + g_m R_S$　(D)$1 + g_m R_D$

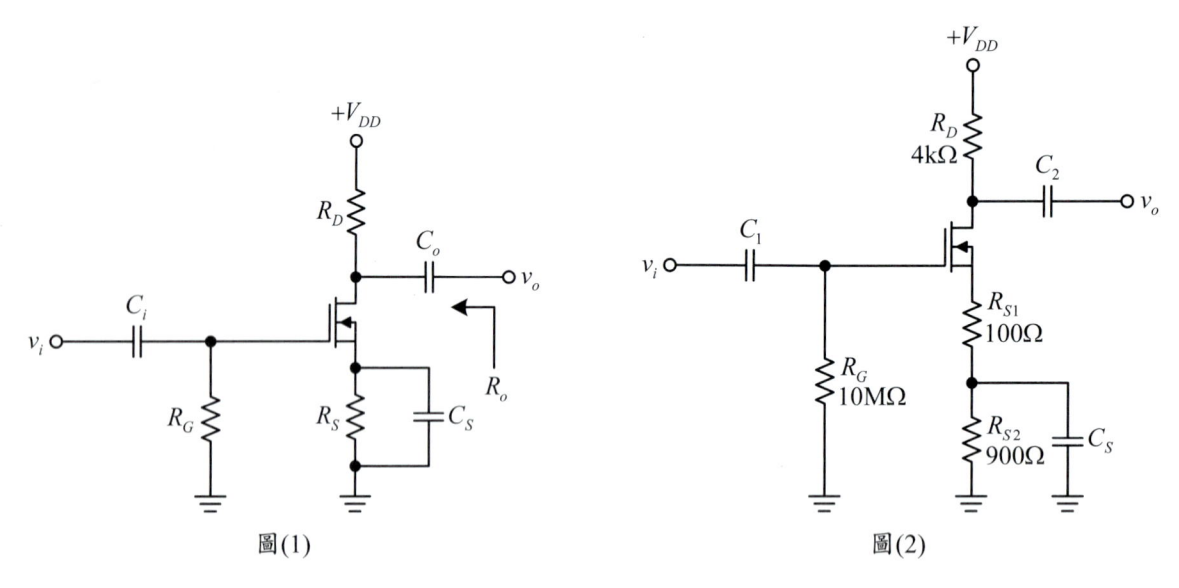

( )2. 續上題，無源極電容C_S之輸出阻抗為多少？
(A)R_D　(B)$R_D // r_d$　(C)$R_D // [r_d + (1 + \mu R_S)]$　(D)$R_D // [R_S + (1 + \mu r_d)]$

圖(1)　　圖(2)

( )3. 如圖(2)所示CS放大器，若MOSFET參數$r_d = \infty$，$I_{DSS} = 12\ \text{mA}$，$V_{GS(off)} = -6\ \text{V}$，求電壓增益$\dfrac{v_o}{v_i}$為多少？
(A)-3.33　(B)-5　(C)-6.66　(D)-10

( )4. 續上題，電流增益A_i為多少？
(A)8325　(B)12500　(C)16650　(D)25000

第 7 章 金氧半場效電晶體放大電路

( )5. 如圖(3)所示ＣＳ放大電路，$R_G = 1\,M\Omega$，$R_D = 5\,k\Omega$，$R_S = 1\,k\Omega$，若ＭＯＳＦＥＴ之 $r_d = 20\,k\Omega$，$g_m = 1.5\,mA/V$，下列交流參數中，何者錯誤？
(A)輸入阻抗 $R_i = 1\,M\Omega$　　(B)輸出阻抗 $R_o = 4\,k\Omega$
(C)電壓增益 $\left|\dfrac{v_o}{v_i}\right| = 6$　　(D)電流增益 $\left|\dfrac{i_o}{i_i}\right| = 1500$

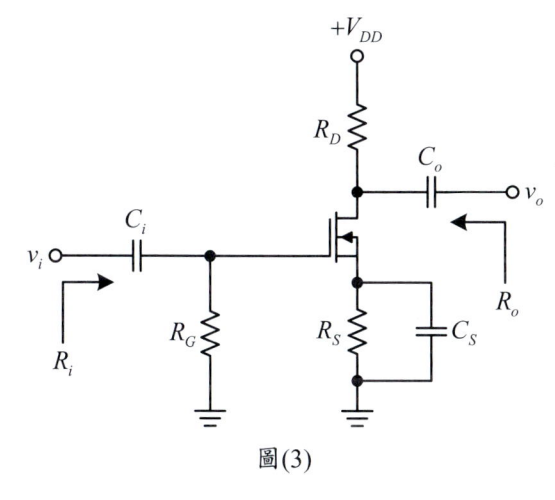

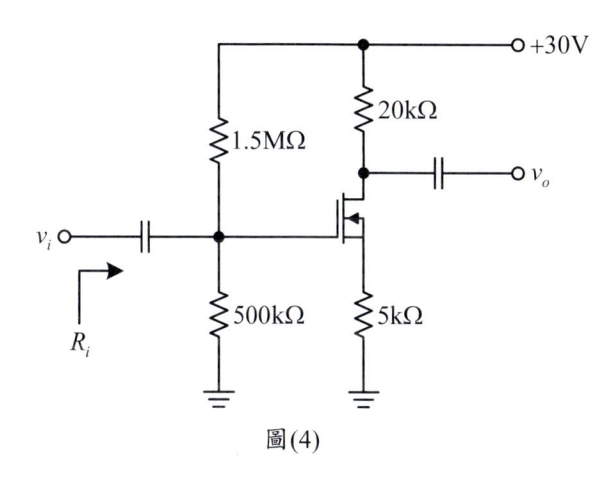

圖(3)　　　　圖(4)

( )6. 如圖(4)所示ＣＳ放大器，已知交流參數 $g_m = 10\,mA/V$，$r_d = \infty$，求此電路之電流增益為多少？　(A)50　(B)75　(C)100　(D)150

( )7. 如圖(5)所示ＣＳ放大器，若ＭＯＳＦＥＴ之放大率為 μ，互導參數為 g_m，輸出阻抗參數 r_d，且 $\mu = g_m r_d$，求輸入阻抗為多少？
(A)0　(B)$R_G\,//\,[\dfrac{1}{g_m} + (1 + \mu R_S)]$　(C)R_G　(D)∞

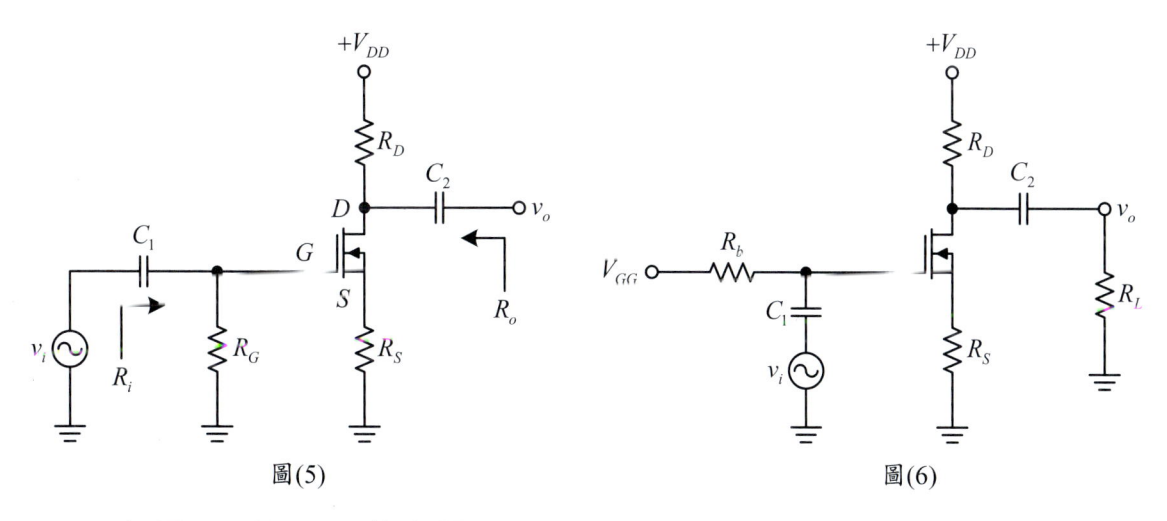

圖(5)　　　　圖(6)

( )8. 如圖(6)所示ＣＳ放大器，$R_b = 10\,k\Omega$，$R_D = 10\,k\Omega$，$R_S = 2\,k\Omega$，$R_L = 10\,k\Omega$，若ＭＯＳＦＥＴ之 $r_d = \infty$，$g_m = 1\,mA/V$ 且操作於飽和區，求電壓增益 $\dfrac{v_o}{v_i}$ 為多少？
(A)$-\dfrac{10}{3}$　(B)$-\dfrac{5}{3}$　(C)-5　(D)$-\dfrac{20}{3}$

7-3 共汲極放大電路

理論重點

重點 1 不含負載之CD放大電路

1. 如圖所示不含負載之CD放大電路，分析方法與不含負載之CC放大電路相同。

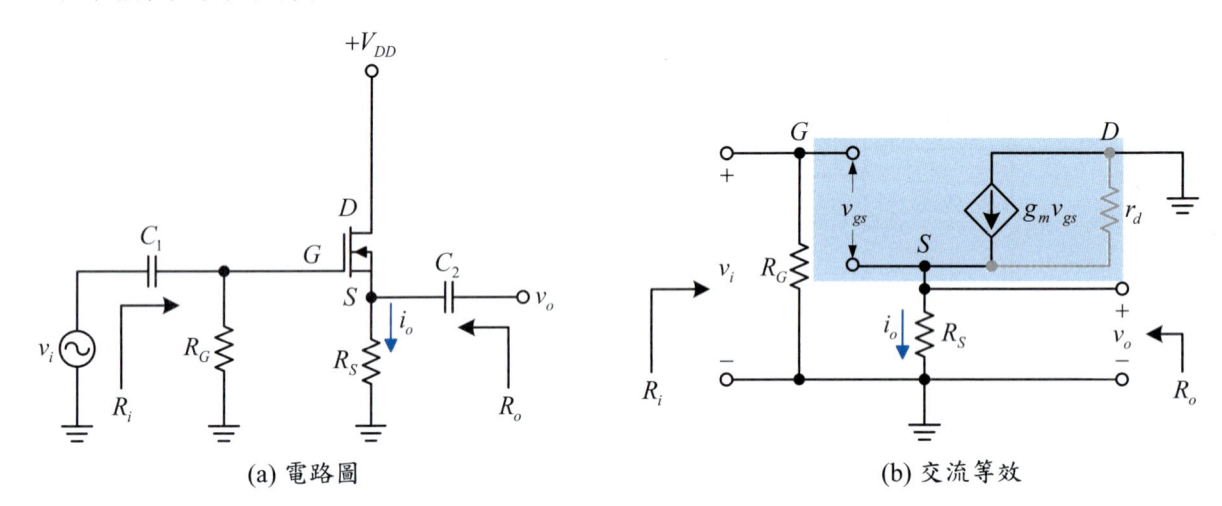

(a) 電路圖　　(b) 交流等效

2. CD放大器對交流信號而言，以 ＿＿＿＿＿ 極為共同腳，＿＿＿＿＿ 極為輸入腳，＿＿＿＿＿ 極為輸出腳。

3. 交流參數

交流參數	CC放大電路	CD放大電路
輸入阻抗 R_i	$R_B // [r_\pi + (1+\beta)R_E]$	＿＿＿＿＿
輸出阻抗 R_o	$R_E // r_e$	＿＿＿＿＿
電壓增益 $A_v = \dfrac{v_o}{v_i}$	$\dfrac{R_E}{r_e + R_E}$	＿＿＿＿＿
電流增益 $A_i = \dfrac{i_o}{i_i}$	$\pm \|A_v\| \dfrac{R_i}{R_E}$（極性視輸出電流方向而定，流入為正、流出為負）	（極性視輸出電流方向而定，流入為正、流出為負）

4. CD放大器的主要特性如下：

(1) 電壓增益小於1，且輸入與輸出信號同相位，因此又稱為 ＿＿＿＿＿ 。

(2) 具有 ＿＿＿＿＿ 輸入阻抗及 ＿＿＿＿＿ 輸出阻抗的特性，常用來作為 ＿＿＿＿＿ 。

答案：2. 汲（D）、閘（G）、源（S）　　　　3. R_G、$R_S // \dfrac{1}{g_m}$、$\dfrac{R_S}{\dfrac{1}{g_m}+R_S} = \dfrac{g_m R_S}{1+g_m R_S}$、$\pm |A_v| \dfrac{R_i}{R_S}$

4. (1) 源極隨耦器　　　　(2) 高、低、阻抗匹配

實習重點

重點 1　含負載之CD放大器

1. 如圖所示含負載之CD放大器，分析方法與含負載之CC放大器相同。

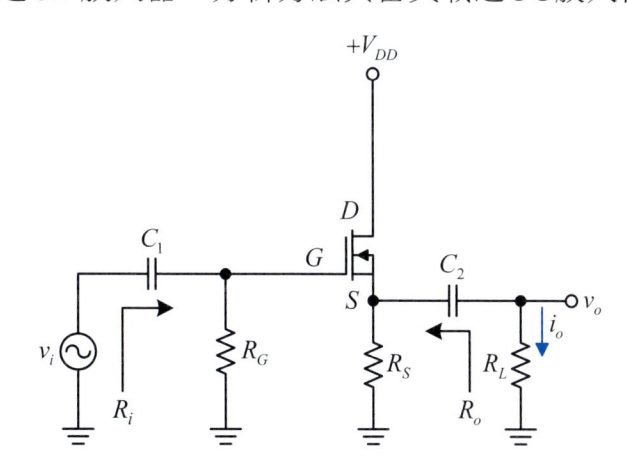

2. 交流參數

交流參數	CC放大器	CD放大器
輸入阻抗 R_i	$R_B // [r_\pi + (1+\beta)(R_E // R_L)]$	
輸出阻抗 R_o	$R_E // r_e$	
電壓增益 $A_v = \dfrac{v_o}{v_i}$	$\dfrac{R_E // R_L}{r_e + R_E // R_L}$	
電流增益 $A_i = \dfrac{i_o}{i_i}$	$\pm |A_v| \dfrac{R_i}{R_L}$ （極性視輸出電流方向而定，流入為正、流出為負）	（極性視輸出電流方向而定，流入為正、流出為負）

答案：2. R_G、$R_S // \dfrac{1}{g_m}$、$\dfrac{R_S // R_L}{\dfrac{1}{g_m}+R_S // R_L} = \dfrac{g_m(R_S // R_L)}{1+g_m(R_S // R_L)}$、$\pm |A_v| \dfrac{R_i}{R_L}$

老師講解

1. 如圖所示CD放大電路，若MOSFET參數$r_d = \infty$，$I_{DSS} = 12\text{ mA}$，$V_{GS(off)} = -6\text{ V}$，求電壓增益$\dfrac{v_o}{v_i}$為多少？　(A)0.33　(B)0.5　(C)0.66　(D)1

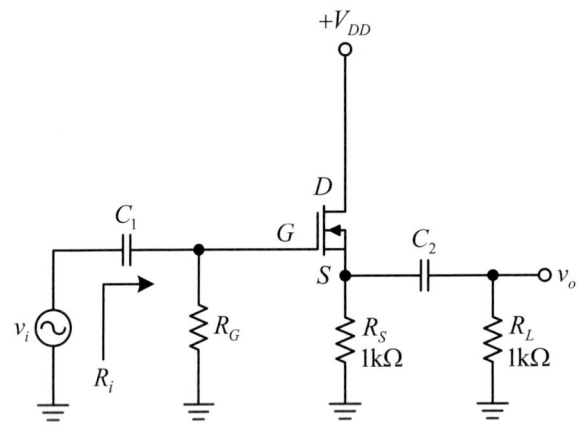

解 (B)

(1) $I_D = I_{DSS}(1 - \dfrac{V_{GS}}{V_{GS(off)}})^2 = 12(1 - \dfrac{V_{GS}}{-6})^2$

(2) $V_{GS} = -I_D R_S = -I_D$

(3) 解(1)(2)聯立方程式，得$V_{GS} = -3\text{ V}$，$I_D = 3\text{ mA}$

(4) $g_m = \dfrac{2I_{DSS}}{|V_{GS(off)}|}(1 - \dfrac{V_{GS}}{V_{GS(off)}}) = \dfrac{2 \times 12}{6}(1 - \dfrac{-3}{-6}) = 2\text{ mA/V}$

(5) $\dfrac{v_o}{v_i} = \dfrac{g_m(R_S /\!/ R_L)}{1 + g_m(R_S /\!/ R_L)} = \dfrac{2 \times 0.5}{1 + 2 \times 0.5} = 0.5$

學生練習

1. 承上題圖中，實驗中忘記接上R_L負載，則電壓增益$\dfrac{v_o}{v_i}$變為多少？

(A)0.33　(B)0.5　(C)0.66　(D)1

第 7 章 金氧半場效電晶體放大電路

ABCD 立即練習

基礎題

( )1. 關於共汲極放大電路的敘述，下列何者錯誤？
 (A)輸入腳為G、接地腳為D、輸出腳為S
 (B)v_i與v_o信號相位差180°
 (C)主要應用在阻抗匹配
 (D)輸入阻抗很大，輸出阻抗很小

( )2. MOSFET源極隨耦器為何種組態放大器？
 (A)共閘極 (B)共源極 (C)共汲極 (D)共射極

( )3. 如圖(1)所示增強型MOSFET共汲極放大電路，若參數$g_m = 1\,\mathrm{mA/V}$，下列何者正確？
 (A)$R_i = 240\,\mathrm{k\Omega}$，$R_o = 3\,\mathrm{k\Omega}$ (B)$R_i = 240\,\mathrm{k\Omega}$，$R_o = 750\,\Omega$
 (C)$R_i = 240\,\mathrm{k\Omega}$，$R_o = 667\,\Omega$ (D)$R_i = 400\,\mathrm{k\Omega}$，$R_o = 667\,\Omega$

( )4. 承上題，求電壓增益$\dfrac{v_o}{v_i}$為多少？ (A)0.33 (B)0.67 (C)0.75 (D)1

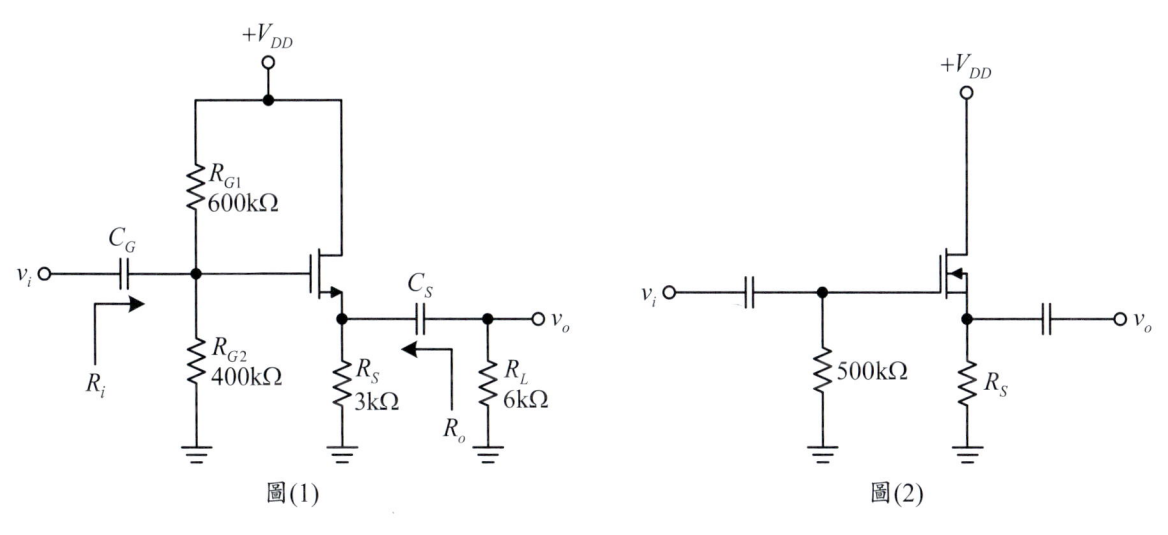

圖(1)

圖(2)

( )5. 如圖(2)所示共汲極放大電路，若$g_m = 4\,\mathrm{mA/V}$，$R_S = 2\,\mathrm{k\Omega}$，則電壓增益$A_v$為多少？
 (A)0.98 (B)0.89 (C)0.78 (D)0.67

( )6. 續上題，輸出阻抗為多少？ (A)111Ω (B)222Ω (C)333Ω (D)444Ω

( )7. 如圖(3)所示MOSFET放大器，若互導參數$g_m = 6\,\mathrm{mA/V}$，輸出阻抗$R_o = 100\,\Omega$，則R_S約為多少？
 (A)250Ω
 (B)300Ω
 (C)350Ω
 (D)400Ω

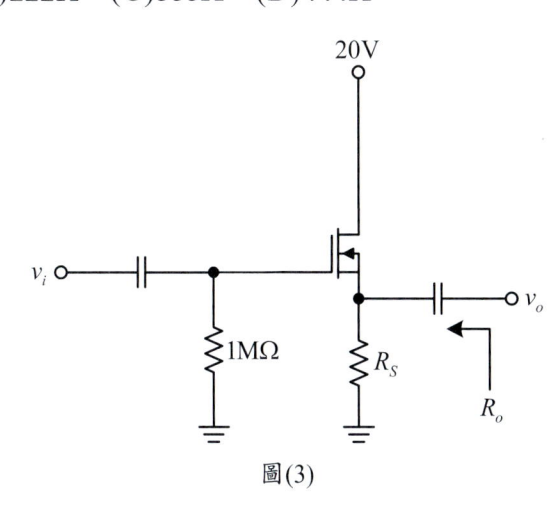

圖(3)

(　　)8. 下列關於MOSFET共汲極放大電路之敘述，何者正確？
(A)又稱源極隨耦器　　　　　　(B)電壓增益甚高
(C)輸出訊號與輸入訊號相位相反　(D)電流增益低於1

(　　)9. 如圖(4)所示，若空乏型MOSFET之參數$g_m = 2 \text{ mA/V}$，則此電路的電壓增益$\dfrac{v_o}{v_i}$為多少？　(A)−0.8　(B)0.8　(C)−4　(D)4

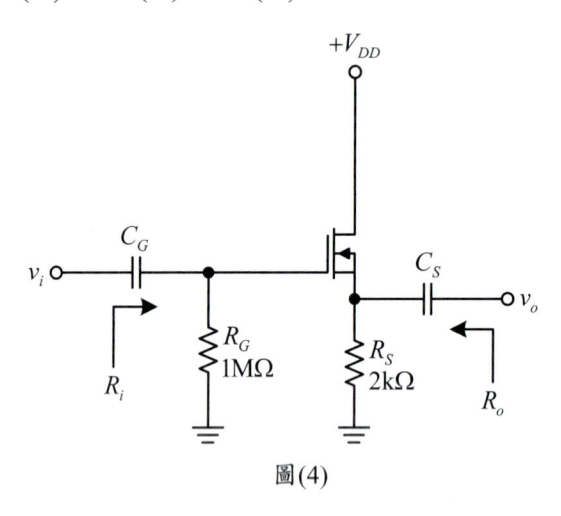

圖(4)

進階題

(　　)1. 如圖(1)所示電路中，若$g_m = 2 \text{ mA/V}$，$r_d = \infty$，且$v_o = 0.8 v_i$，則電阻R_S為多少？
(A)1kΩ　(B)2kΩ　(C)3kΩ　(D)4kΩ

(　　)2. 續上題圖中，輸出阻抗R_o為多少？　(A)400Ω　(B)500Ω　(C)1kΩ　(D)2kΩ

圖(1)　　　　圖(2)

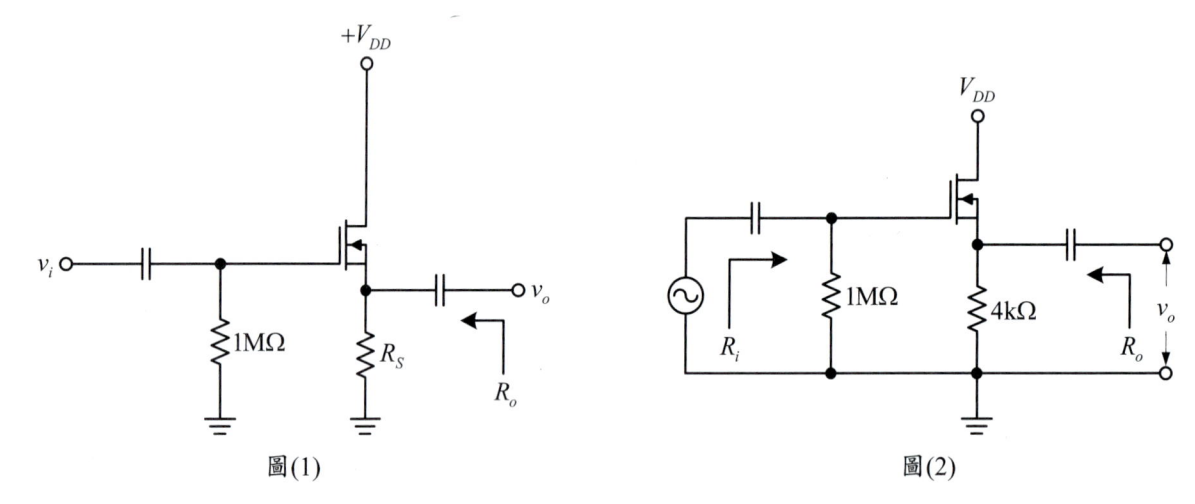

(　　)3. 如圖(2)所示MOSFET放大電路，若$g_m = 2 \text{ mA/V}$，$r_d = \infty$，下列敘述何者錯誤？
(A)$R_i = 1 \text{ M}\Omega$
(B)$A_v = \dfrac{v_o}{v_i} = 4$
(C)$R_o = R_S$並聯$\dfrac{1}{g_m}$
(D)本電路屬於源極隨耦放大電路

( )4. 如圖(3)所示之ＭＯＳＦＥＴ放大電路，已知汲極電阻參數 $r_d = 1\,\text{M}\Omega$，互導參數 $g_m = 0.8\,\text{mA/V}$，$R_S = 15\,\text{k}\Omega$，$R_L = 10\,\text{k}\Omega$，則電壓增益 $\dfrac{v_o}{v_i}$ 為多少？
(A)0.72　(B)0.83　(C)0.95　(D)1.088

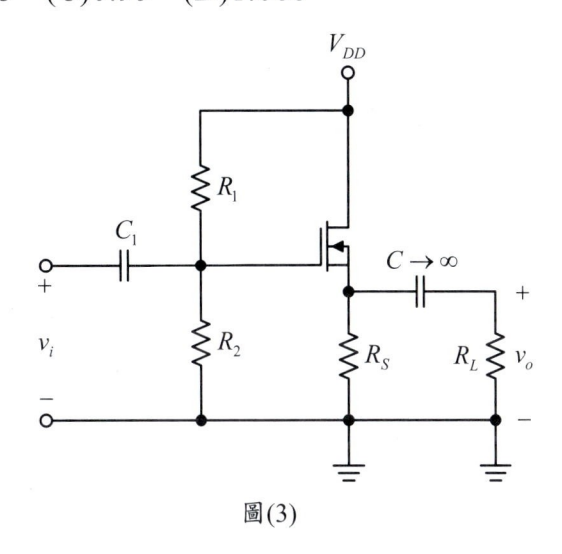

圖(3)

( )5. 承上題，求輸入阻抗為何？
(A)R_2　(B)$R_1 \mathbin{/\mkern-5mu/} R_2$　(C)$R_1 \mathbin{/\mkern-5mu/} R_2 \mathbin{/\mkern-5mu/} R_S$　(D)$R_1 \mathbin{/\mkern-5mu/} R_2 \mathbin{/\mkern-5mu/} R_S \mathbin{/\mkern-5mu/} R_L$

( )6. 如圖(4)所示FET放大電路，為何種組態？
(A)共閘極放大器　(B)共源極放大器　(C)共汲極放大器　(D)共射極放大器

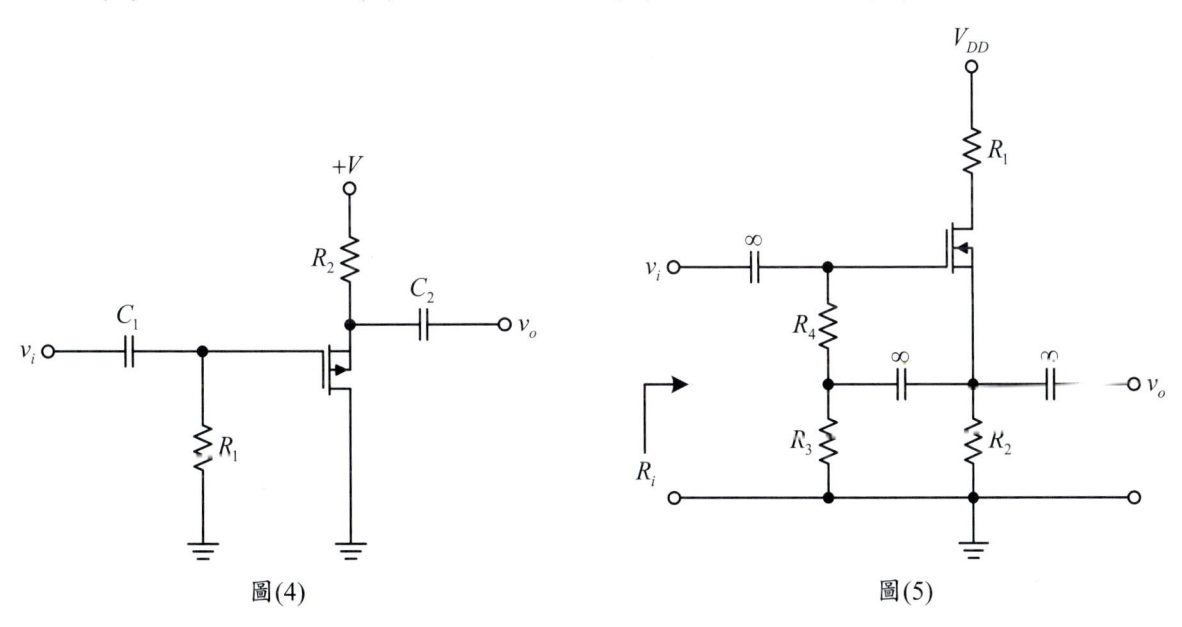

圖(4)　　　　　　　圖(5)

( )7. 如圖(5)所示電路，試問那一個電阻是利用米勒（Miller）效應來提升輸入阻抗？
(A)R_1　(B)R_2　(C)R_3　(D)R_4

電子學含實習 滿分總複習（下）

7-4 共閘極放大電路

理論重點

重點 1　不含負載之CG放大電路

1. 如圖所示不含負載之CG放大電路，分析方法與BJT不含負載之CB放大電路相同。

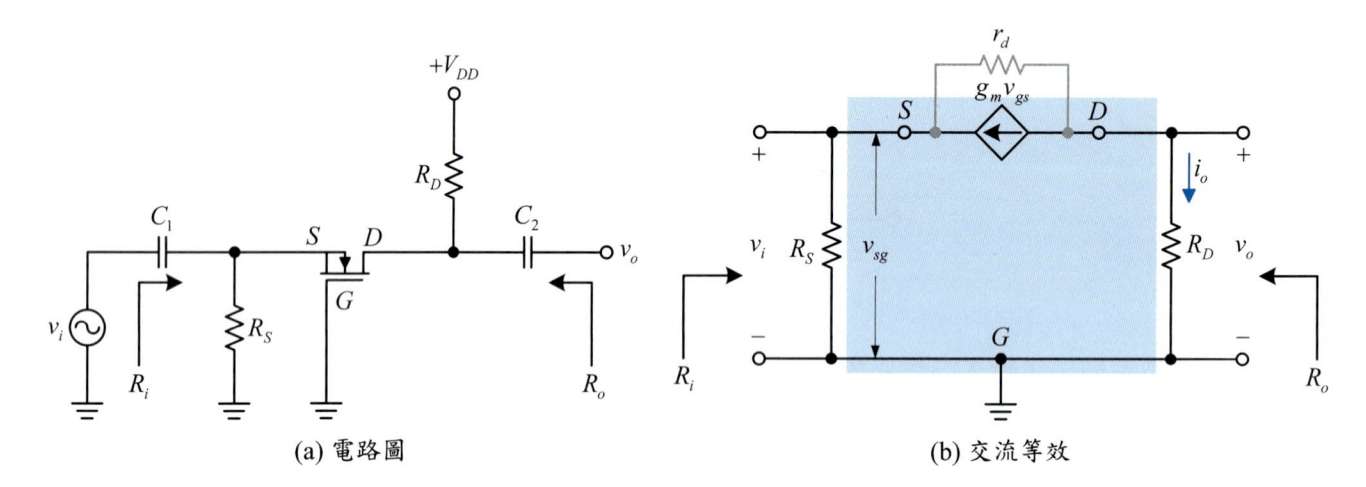

(a) 電路圖　　　　　　　　　　(b) 交流等效

2. CG放大電路對交流信號而言，以 ＿＿＿＿＿ 極為共同腳，＿＿＿＿＿ 極為輸入腳，＿＿＿＿＿ 極為輸出腳。

3. 交流參數

交流參數	CB放大電路	CG放大電路
輸入阻抗 R_i	$R_E // r_e$	＿＿＿＿＿
輸出阻抗 R_o	R_C	＿＿＿＿＿
電壓增益 $A_v = \dfrac{v_o}{v_i}$	$\dfrac{R_C}{r_e}$	＿＿＿＿＿
電流增益 $A_i = \dfrac{i_o}{i_i}$	$\pm \left\| A_v \right\| \dfrac{R_i}{R_C}$ （極性視輸出電流方向而定，流入為正、流出為負）	＿＿＿＿＿ （極性視輸出電流方向而定，流入為正、流出為負）

答案：2. 閘（G）、源（S）、汲（D）

3. $R_S // \dfrac{1}{g_m}$、$R_D // r_d$、$\dfrac{(R_D // r_d)}{\dfrac{1}{g_m}} = g_m(R_D // r_d)$、$\pm \left\| A_v \right\| \dfrac{R_i}{R_D}$

第 7 章 金氧半場效電晶體放大電路

實習重點

重點 1 含負載之CG放大電路

1. 如圖所示含負載之CG放大電路，分析方法與BJT含負載之CB放大電路相同。

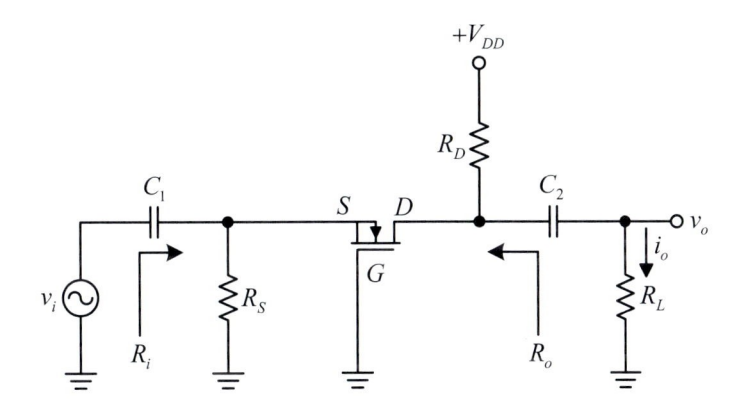

2. 交流參數

交流參數	CB放大電路	CG放大電路
輸入阻抗 R_i	$R_E // r_e$	____
輸出阻抗 R_o	$R_C // R_L$	____
電壓增益 $A_v = \dfrac{v_o}{v_i}$	$\dfrac{R_C // R_L}{r_e}$	____
電流增益 $A_i = \dfrac{i_o}{i_i}$	$\pm \left\| A_v \right\| \dfrac{R_i}{R_L}$ （極性視輸出電流方向而定，流入為正、流出為負）	____ （極性視輸出電流方向而定，流入為正、流出為負）

答案：2. $R_S // \dfrac{1}{g_m}$、$R_D // R_L$、$\dfrac{R_D // R_L}{\dfrac{1}{g_m}} = g_m(R_D // R_L)$、$\pm \left\| A_v \right\| \dfrac{R_i}{R_L}$

7-29

老師講解

1. 如圖所示CG放大電路，若MOSFET參數$r_d = \infty$，$I_{DSS} = 8$ mA，$V_{GS(off)} = -4$ V，求電壓增益$\dfrac{v_o}{v_i}$為多少？　(A)2　(B)4　(C)6　(D)8

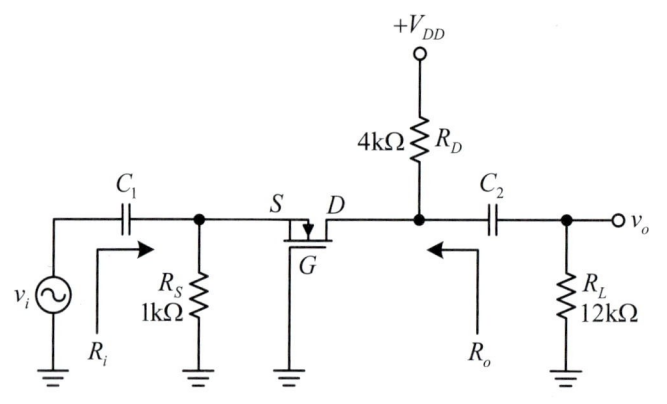

解 (C)

(1) $I_D = I_{DSS}(1 - \dfrac{V_{GS}}{V_{GS(off)}})^2 = 8(1 - \dfrac{V_{GS}}{-4})^2$

(2) $V_{GS} = -I_D R_S = -I_D$

(3) 解(1)(2)聯立方程式，得$V_{GS} = -2$ V，$I_D = 2$ mA

(4) $g_m = \dfrac{2I_{DSS}}{|V_{GS(off)}|}(1 - \dfrac{V_{GS}}{V_{GS(off)}}) = \dfrac{2 \times 8}{4}(1 - \dfrac{-2}{-4}) = 2$ mA/V

(5) $\dfrac{v_o}{v_i} = g_m(R_D // R_L) = 2(4 // 12) = 6$

學生練習

1. 承上題圖中，若改用參數$r_d = \infty$，$I_{DSS} = 4$ mA，$V_{GS(off)} = -2$ V之MOSFET元件，求電壓增益$\dfrac{v_o}{v_i}$為多少？　(A)2　(B)4　(C)6　(D)8

第 7 章 金氧半場效電晶體放大電路

ABCD 立即練習

基礎題

( )1. 共源極（CS）、共汲極（CD）及共閘極（CG）三種放大器中，何者輸入阻抗最小？ (A)CS放大器 (B)CD放大器 (C)CG放大器 (D)不一定

( )2. 下列三種FET放大器中，何者的電壓增益大且高頻響應佳？
(A)共源極（CS）放大器　　(B)共汲極（CD）放大器
(C)共閘極（CG）放大器　　(D)不一定

( )3. 下列有關場效電晶體放大器CS、CD、CG組態之敘述何者錯誤？
(A)共汲極（CD）放大器又稱源極隨耦器
(B)共閘極（CG）放大器輸入阻抗最大
(C)共源極（CS）放大器輸出與輸入電壓訊號反相
(D)共汲極（CD）放大器輸入阻抗最大

( )4. 如圖(1)所示之FET放大器為何種組態放大器？
(A)共源極（CS）放大器　　(B)共汲極（CD）放大器
(C)共閘極（CG）放大器　　(D)無法判斷

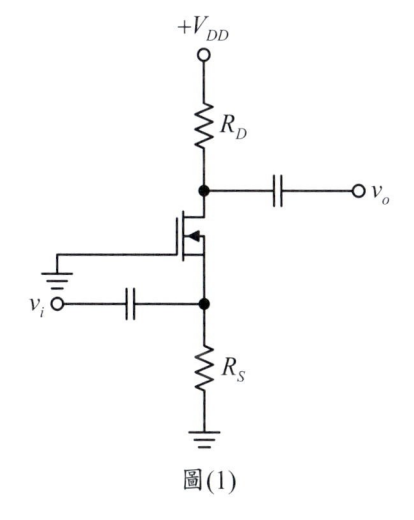

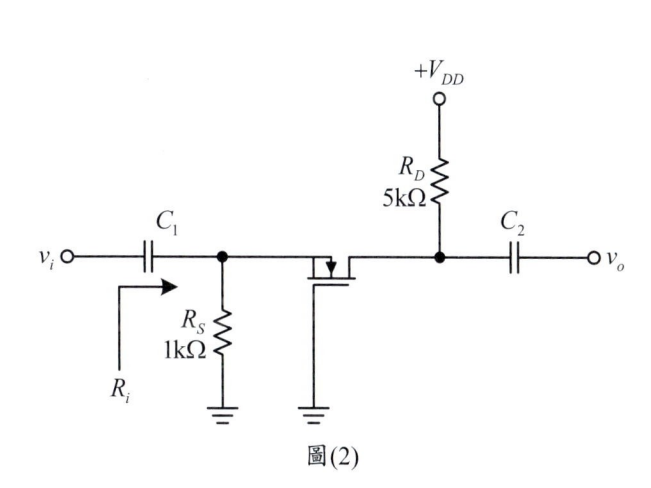

圖(1)　　圖(2)

( )5. 如圖(2)所示電路，若MOSFET參數$g_m = 4\text{ mA/V}$，則電壓增益$\dfrac{v_o}{v_i}$為多少？
(A)20 (B)−20 (C)100 (D)−100

( )6. 承上題，輸入阻抗R_i為多少？
(A)200Ω (B)250Ω (C)1kΩ (D)500kΩ

進階題

( )1. 關於共閘極（CG）與共源極放大器（CS）的特性比較，下列敘述何者正確？
(A)共閘極放大器有較大的電壓增益　　(B)共源極放大器有較大的頻寬
(C)共閘極放大器有較低的輸出阻抗　　(D)共源極放大器有較大的輸入阻抗

( )2. 關於共閘極（CG）放大器的敘述，下列何者正確？
(A)較小的輸入阻抗及較大的輸出阻抗　　(B)可作為阻抗匹配器
(C)電壓增益近似於1　　(D)可作為電壓隨耦器

( )3. 如圖(1)為一共閘（CG）放大器的簡圖（其偏壓電路未示）。若電晶體的轉導參數為 g_m，輸出電阻為 $r_o = \infty$，則此放大器的電壓增益為何？

(A)$g_m R_D$ (B)$g_m(R_D + R_S)$ (C)$\dfrac{g_m R_D}{1 + g_m R_S}$ (D)$\dfrac{R_D}{R_S}$

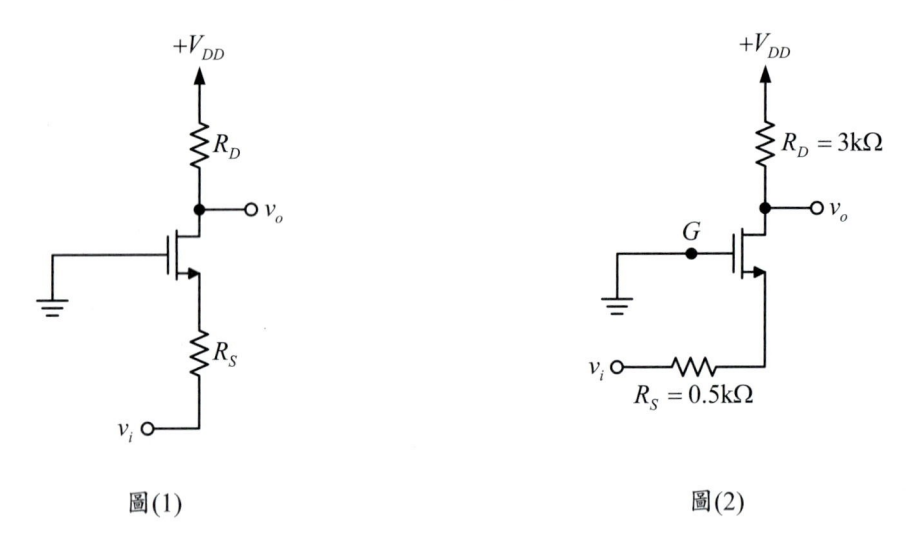

圖(1)

圖(2)

( )4. 如圖(2)所示共閘（CG）放大器簡圖，電晶體之 $r_o = \infty$，$g_m = 2\text{ mA/V}$，則此放大器之電壓增益 $\dfrac{v_o}{v_i}$ 為多少？ (A)2 (B)3 (C)6 (D)∞

( )5. 如圖(3)所示之放大器電路，假設此電路之輸入阻抗為50Ω，輸出阻抗為150Ω，求此放大器電路之小信號電壓增益為何？
(A)1 (B)3 (C)5 (D)50

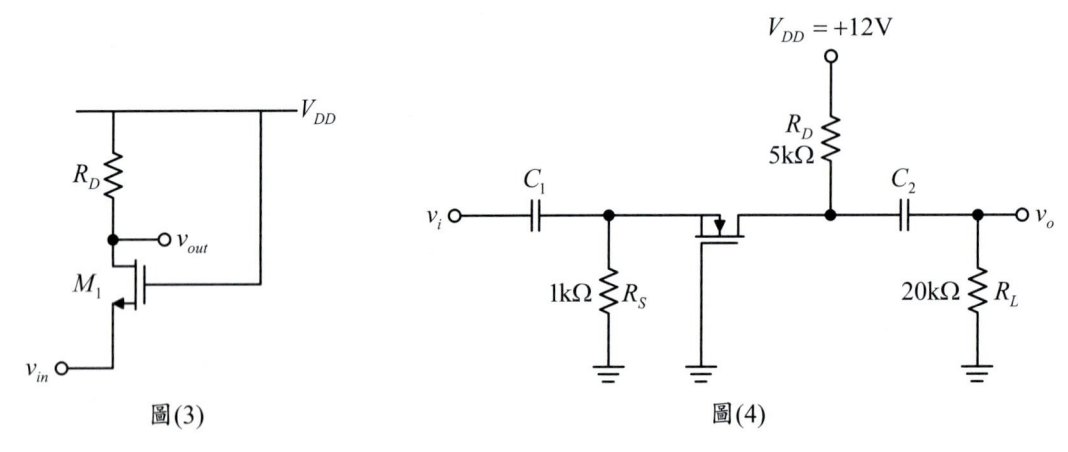

圖(3)

圖(4)

( )6. 如圖(4)所示電路，若MOSFET參數 $I_{DSS} = 8\text{ mA}$，$r_d = \infty$，$V_{GS(off)} = -4\text{ V}$，則電壓增益 $\dfrac{v_o}{v_i}$ 為多少？ (A)4 (B)−4 (C)8 (D)−8

( )7. 承上題，如果調整 R_D 值使 $V_{DS} = \dfrac{V_{DD}}{2}$，則 $\dfrac{v_o}{v_i}$ 變為多少？
(A)5.2 (B)−5.2 (C)8 (D)−8

(　　)8. 如圖(5)所示之共閘極放大器，若要使電壓增益提升為原有值的兩倍，下列敘述何者錯誤？
(A)將R_L變成兩倍　　(B)將轉導g_m變成兩倍
(C)將$(V_{GS}-V_T)$變成兩倍　　(D)將I_D變成兩倍

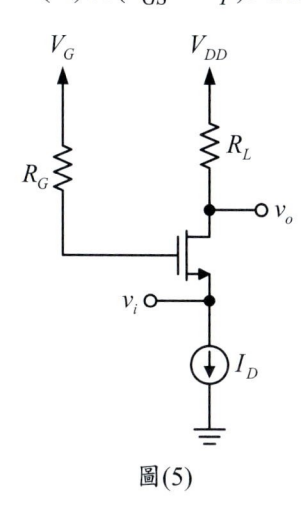

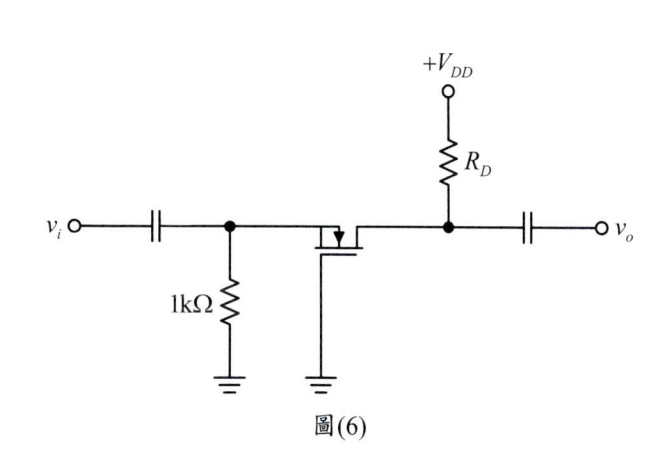

圖(5)　　圖(6)

(　　)9. 如圖(6)所示電路，若$g_m=2\text{ mA/V}$，$r_d=\infty$，則R_D應選用何值，才能使$v_o=10v_i$？
(A)1kΩ　(B)2kΩ　(C)5kΩ　(D)10kΩ

歷屆試題

電子學試題

( )1. 如圖(1)所示電路，假設N通道MOSFET電晶體工作點之$I_D = 0.6$ mA，臨界（threshold）電壓$V_T = 1$ V，電容值視為無窮大，試求其小訊號電壓增益$\frac{v_o}{v_i}$為何？

(A)-10 (B)-8 (C)-6 (D)-4 [7-2][統測]

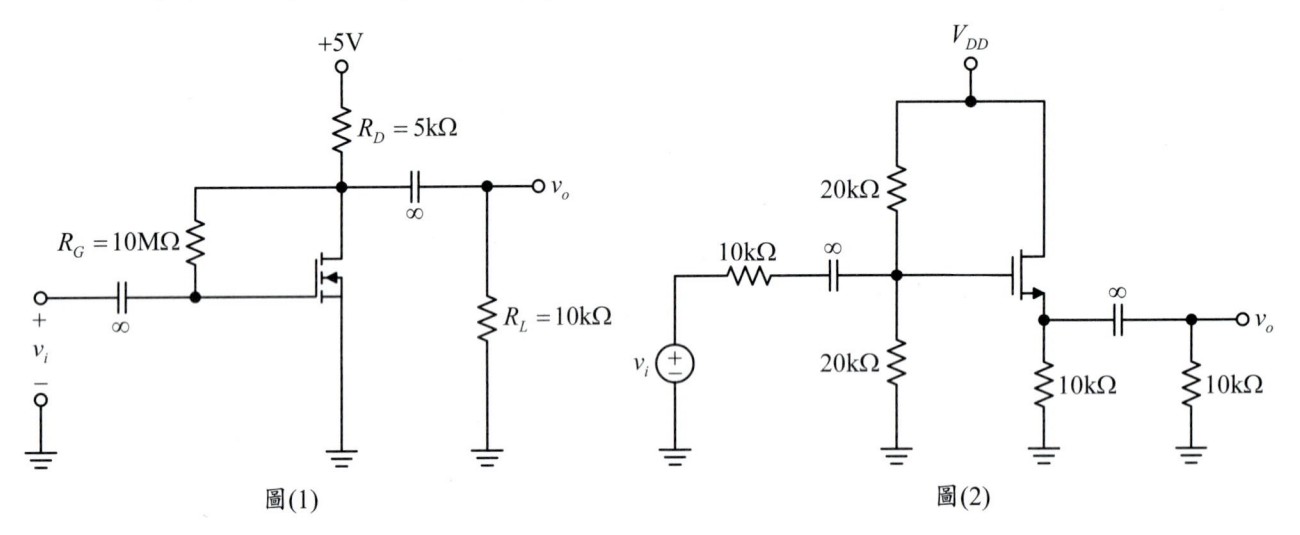

圖(1)

圖(2)

( )2. 如圖(2)所示電路，假設電晶體之$g_m = 0.2$ mA/V，r_o可忽略不計，試求其電壓增益$\frac{v_o}{v_i}$值約為何？ (A)$\frac{1}{4}$ (B)$-\frac{1}{3}$ (C)$\frac{1}{2}$ (D)$-\frac{3}{5}$ [7-3][統測]

( )3. 如圖(3)所示共源極放大器的偏壓電路設計中，下列敘述何者有誤？
(A)R_{G1}和R_{G2}用於設定閘極偏壓
(B)R_S可穩定溫度對汲極電流的影響
(C)R_D的功用是將電流轉換成電壓變動並設定汲極電壓
(D)最適合FET作小信號放大的工作區為非飽和區 [7-2][統測]

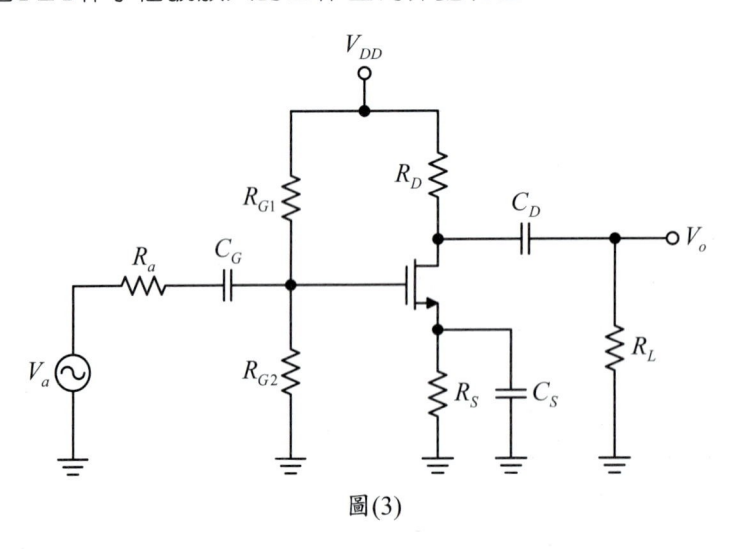

圖(3)

( )4. 下列四種典型的FET共源偏壓電路中，$V_{GS(t)}$為FET導通的臨限電壓，參數k的單位為mA/V^2，V_{DSQ}為FET的汲極與源極間的直流工作電壓，假設四個FET的歐力電壓皆為∞，$A_v = v_o(t)/v_i(t)$為小信號電壓增益，試問下列何者可得最大的電壓增益$|A_v|$？ [7-2][統測]

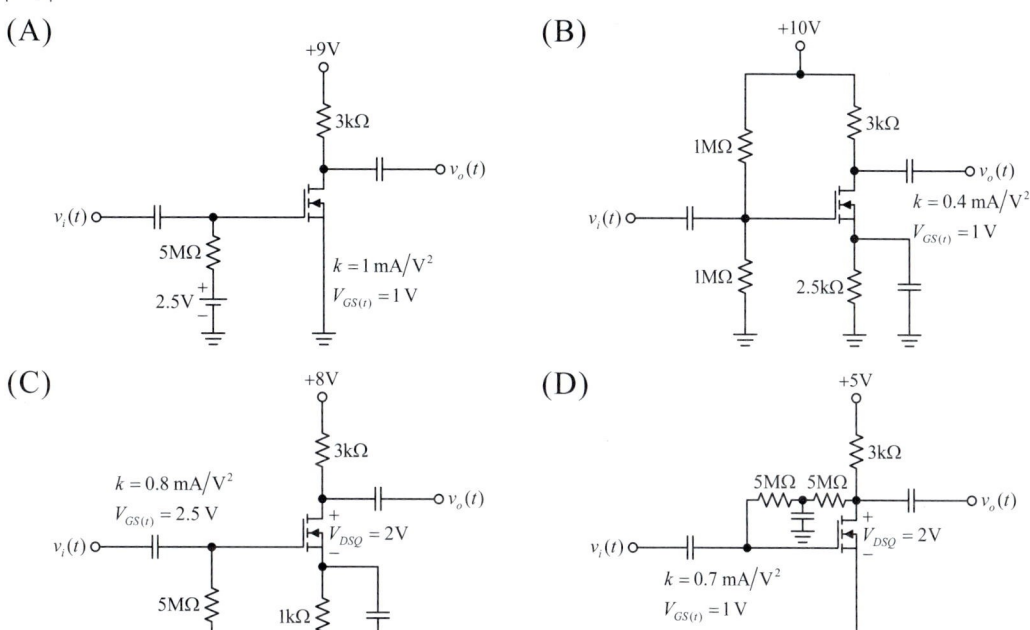

(A) +9V, 3kΩ, 5MΩ, 2.5V, $k = 1\,mA/V^2$, $V_{GS(t)} = 1\,V$

(B) +10V, 1MΩ, 3kΩ, 1MΩ, 2.5kΩ, $k = 0.4\,mA/V^2$, $V_{GS(t)} = 1\,V$

(C) +8V, 3kΩ, $k = 0.8\,mA/V^2$, $V_{GS(t)} = 2.5\,V$, $V_{DSQ} = 2\,V$, 5MΩ, 1kΩ

(D) +5V, 3kΩ, 5MΩ, 5MΩ, $k = 0.7\,mA/V^2$, $V_{GS(t)} = 1\,V$, $V_{DSQ} = 2\,V$

( )5. 如圖(4)所示之FET放大器電路中，$A_v = v_o(t)/v_i(t)$為小信號之電壓增益，試問移除旁路電容C_B後，其$|A_v|$與移除前比較有何不同？
(A)變小 (B)變大 (C)不受影響 (D)極性改變 [7-2][統測]

圖(4)

圖(5)

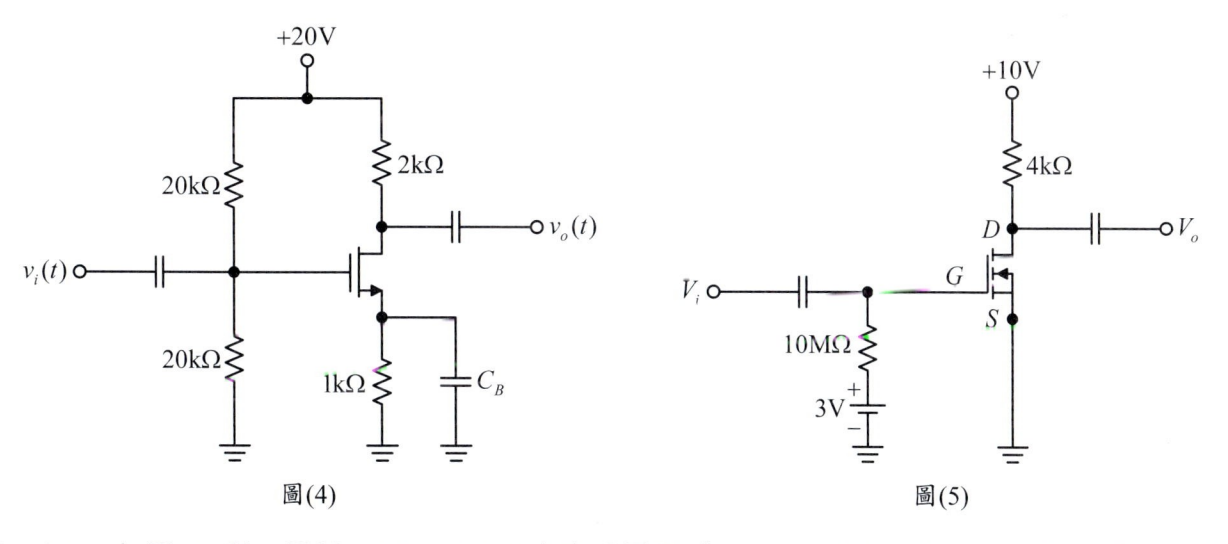

( )6. 如圖(5)所示電路，MOSFET之臨界電壓（threshold voltage）$V_T = 1\,V$，參數$K = 0.4\,mA/V^2$，不考慮汲極輸出電阻，則V_o/V_i約為何？
(A)−12.5 (B)−9.9 (C)−8.3 (D)−6.4 [7-2][103統測]

( )7. 如圖(6)所示之放大電路，若MOSFET工作於夾止區，且轉換電導$g_m = 0.5\,\text{mA/V}$，不考慮汲極等效輸出電阻，則$\dfrac{V_o}{V_i}$約為何？

(A)−1.6　(B)−2.5　(C)−6.8　(D)−12.3　　　　　　　　　　　　[7-2][104統測]

( )8. 承接上題，$\dfrac{I_o}{I_i}$約為何？　(A)750　(B)55　(C)−55　(D)−750　　[7-2][104統測]

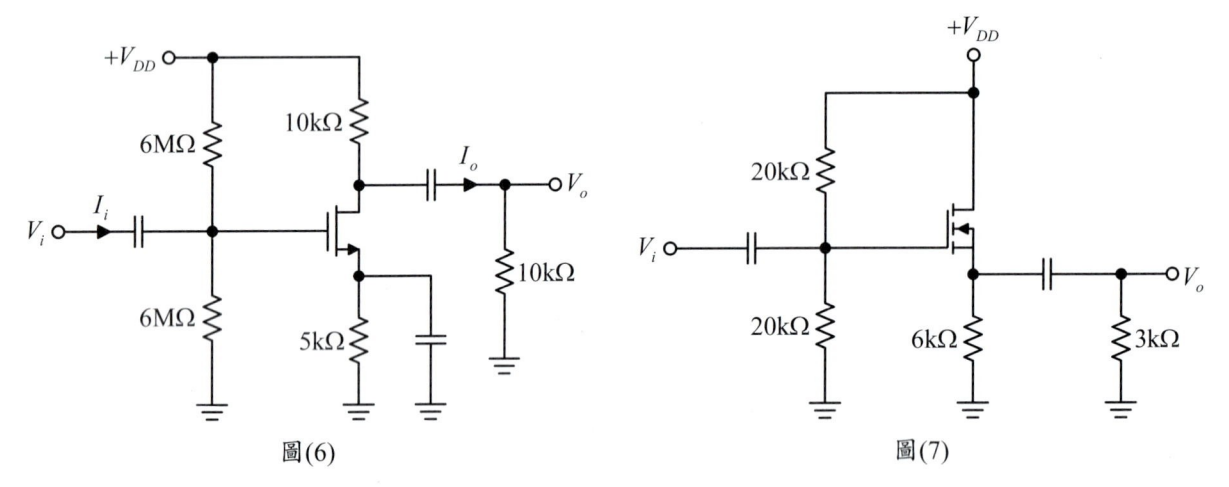

圖(6)

圖(7)

( )9. 如圖(7)所示電路，若MOSFET電晶體之轉移電導$g_m = 2\,\text{mA/V}$，汲極電阻$r_d = 50\,\text{k}\Omega$，則此電路之小訊號電壓增益$\dfrac{V_o}{V_i}$約為何值？

(A)0.79　(B)0.91　(C)1.09　(D)1.58　　　　　　　　　　　　[7-3][105統測]

( )10. 如圖(8)所示FET小信號模型電路，其中放大因數$\mu = g_m r_d$，則由輸出端v_o看入的輸出阻抗Z_o為何？

(A)$R_D + r_d + (1+\mu)R_S$　　　　　(B)$R_D // r_d // (1+\mu)R_S$

(C)$R_D + [r_d // (1+\mu)R_S]$　　　　(D)$R_D // [r_d + (1+\mu)R_S]$　　[7-2][106統測]

圖(8)

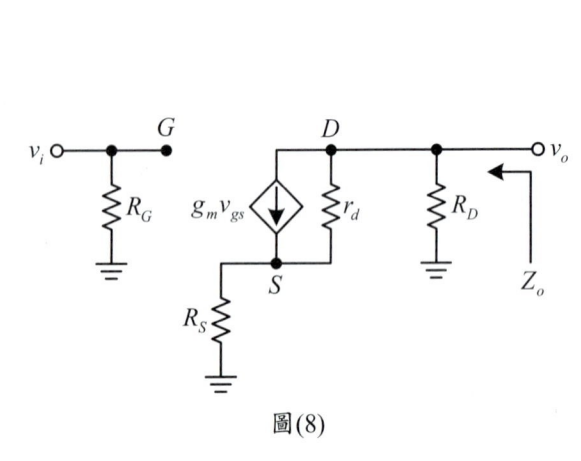

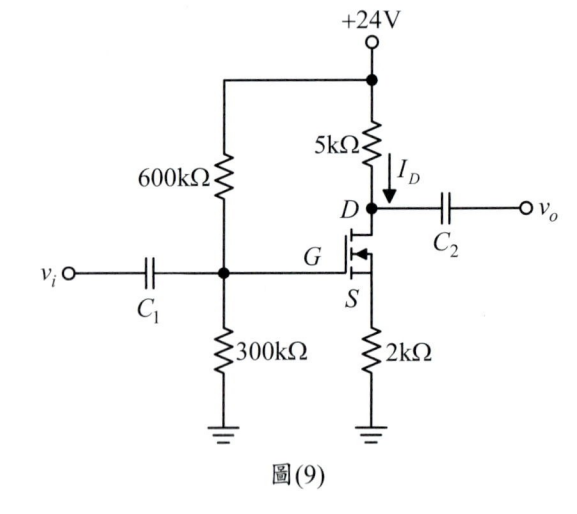

圖(9)

( )11. 如圖(9)所示之增強型MOSFET電晶體電路，其參數$K = 2\,\text{mA/V}^2$，直流汲極電流$I_D = 2\,\text{mA}$。若汲極交流電阻r_d忽略不計，則小信號電壓增益v_o/v_i約為何？

(A)−2.22　(B)−4.32　(C)−5.18　(D)−6.03　　　　　　　　　　[7-2][107統測]

( )12. 如圖(10)所示之放大電路，MOSFET之$I_{DSS} = 12\,\text{mA}$，夾止電壓（pinch-off voltage）$V_P = -2\,\text{V}$，其工作點之$I_D = 3\,\text{mA}$，則此放大器之小信號電壓增益$A_v = v_o/v_i$及其輸出電阻R_o各約為何？
(A)$A_v = 7.5$，$R_o = 1.25\,\text{k}\Omega$
(B)$A_v = 12.5$，$R_o = 1.25\,\text{k}\Omega$
(C)$A_v = 7.5$，$R_o = 2.5\,\text{k}\Omega$
(D)$A_v = 12.5$，$R_o = 2.5\,\text{k}\Omega$ [7-4][108統測]

圖(10)

圖(11)

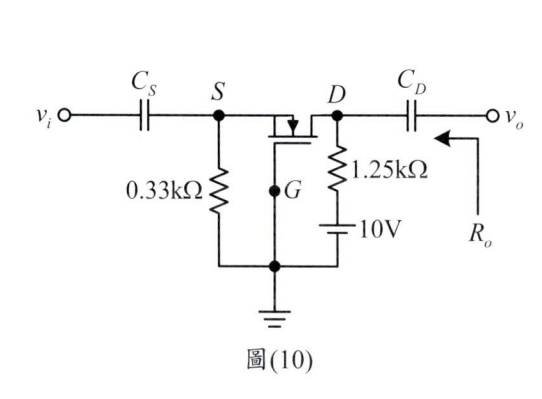

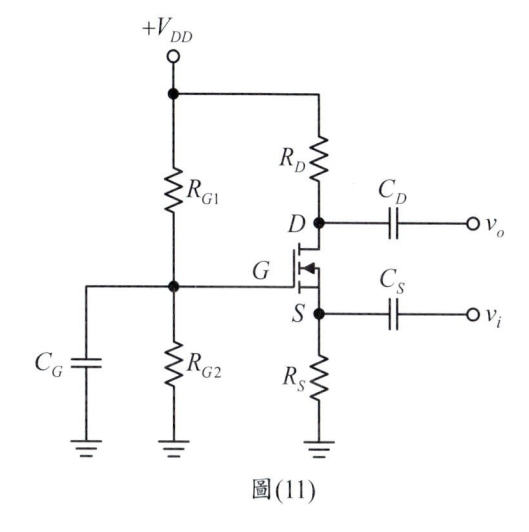

( )13. 如圖(11)所示之MOSFET放大電路，已知MOSFET之臨界電壓$V_T = 1.5\,\text{V}$，參數$K = 2\,\text{mA/V}^2$。若$V_{DD} = 15\,\text{V}$，$R_{G1} = 300\,\text{k}\Omega$，$R_{G2} = 60\,\text{k}\Omega$，$R_S = 1\,\text{k}\Omega$，$R_D = 10\,\text{k}\Omega$，則此電路之交流信號電壓增益$v_o/v_i$為何？
(A)7.4 (B)15.6 (C)20 (D)24 [7-4][109統測]

電子學實習試題

( )1. 如圖(1)所示之共源極放大器，旁路電容C_S之主要功用為下列何者？
(A)增加輸入阻抗 (B)提高電流增益 (C)提高電壓增益 (D)降低輸出阻抗 [7-2][統測]

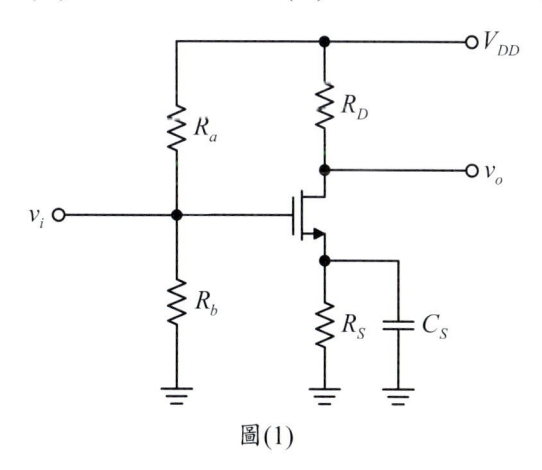

圖(1)

( )2. N通道增強型MOSFET的臨界電壓（threshold voltage）為2V，當$V_{GS} = 5\,\text{V}$時，MOSFET工作於飽和區（夾止區），且$I_D = 3\,\text{mA}$。若$V_{GS} = 8\,\text{V}$，則轉移電導g_m為何？ (A)1mS (B)2mS (C)4mS (D)6mS [7-2][統測]

(　　)3. 增強型MOSFET之共源極放大電路如圖(2)所示，電路已偏壓於飽和區，若MOSFET之臨界電壓 $V_T = 1\,\text{V}$，元件參數 $K = 0.5\,\text{mA}/\text{V}^2$、閘極偏壓 $V_{GS} = 3\,\text{V}$，則放大電路之電壓增益約為多少？　(A)−4　(B)−6　(C)−10　(D)−15 [7-2][統測]

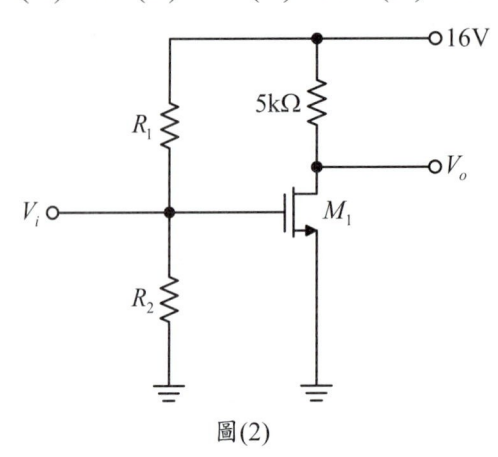

圖(2)

(　　)4. 在電晶體放大電路的各種組態中，共汲極放大電路與下列何種組態的放大電路之特性最相似？　(A)共射極　(B)共集極　(C)共基極　(D)共閘極 [7-2][統測]

(　　)5. 下列何者是N通道增強型金氧半型場效應電晶體（MOSFET）共源極放大電路？ [7-3][統測]

(A)　(B) 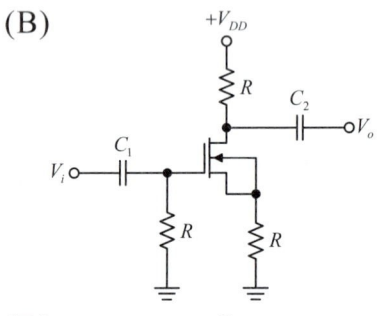　(C) 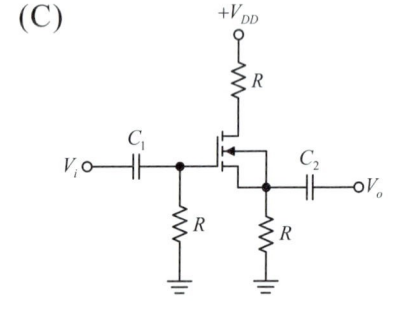　(D)

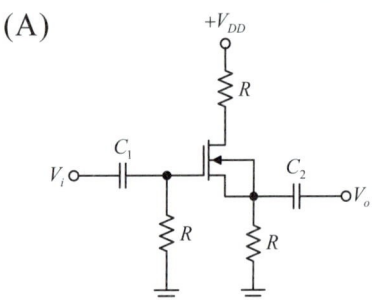

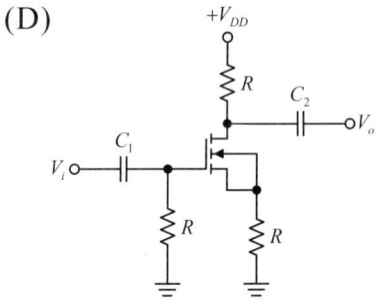

(　　)6. 圖(3)為NMOS FET之放大器電路，汲極電流 $I_D = K(V_{GS} - V_t)^2$，$K = 10\,\text{mA}/\text{V}^2$，設NMOS FET之汲源極小訊號電阻 $r_d = \infty\,\Omega$，臨界電壓 $V_t = 1\,\text{V}$。若忽略輸入端的直流阻絕電容，則此電路的小訊號低頻電壓增益為何？
(A)−4　(B)−9　(C)−14　(D)−19 [7-2][統測]

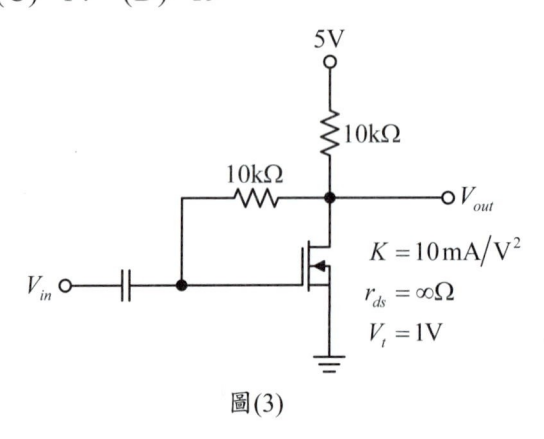

圖(3)

第 7 章 金氧半場效電晶體放大電路

( ) 7. 下列有關場效電晶體放大器之敘述何者錯誤？
(A)共源極（CS）放大器輸入阻抗大，適合輸入電壓訊號
(B)共閘極（CG）放大器輸入阻抗小，適合輸入電流訊號
(C)共汲極（CD）放大器輸出與輸入電壓訊號同相，適合作電壓放大器
(D)共汲極（CD）放大器輸入阻抗大，適合輸入電壓訊號 [7-3][105統測]

( ) 8. 關於金氧半場效電晶體（MOSFET）放大電路常見之三種基本架構，包含：共源極（Common Source）、共汲極（Common Drain）、共閘極（Common Gate），則下列敘述何者正確？
(A)共源極放大電路中，輸入電壓信號經由閘極送入，輸出電壓信號經由汲極取出，且輸出與輸入電壓信號必定會同相位
(B)共閘極放大電路中，輸出與輸入電壓信號之相位接近，且具有較低之輸入阻抗
(C)共汲極放大電路中，具有低輸入阻抗，且電壓增益大於1
(D)共汲極放大電路中，具有高輸入阻抗與低輸出阻抗，可適用於阻抗匹配之用，且輸出電壓信號與輸入電壓信號相位差約180° [7-4][106統測]

( ) 9. 下列有關場效電晶體（FET）的敘述何者錯誤？
(A)N通道JFET操作於飽和區時之大信號模型為一電流控制電壓源
(B)P通道增強型MOSFET操作於飽和區時之交流小信號模型為一電壓控制電流源
(C)應用於線性放大器設計時，靜態工作點必在直流負載線上
(D)應用於線性放大器設計時，靜態工作點必在交流負載線上 [7-1][107統測]

( ) 10. 如圖(4)所示電路中增強型MOSFET操作在飽和區，若其轉導 g_m 為5mS，則電路的電壓增益為下列何者？
(A)+10V/V (B)+5V/V (C)–10V/V (D)–5V/V [7-2][108統測]

圖(4)

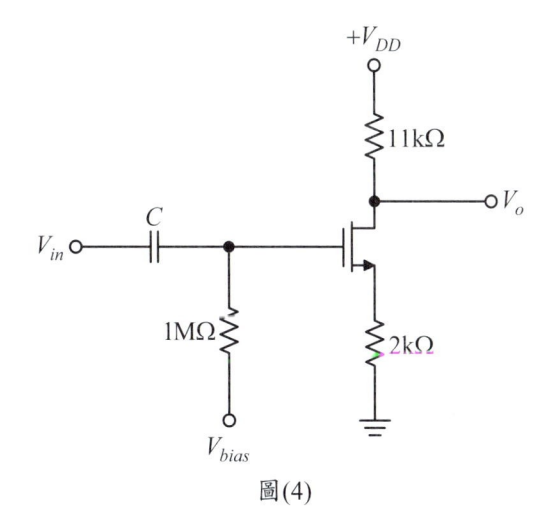

( ) 11. 關於場效電晶體放大器，下列敘述何者正確？
(A)為了提高共源極（Common Source）放大器的電流增益，故在源極電阻旁並聯一個旁路電容
(B)共汲極（Common Drain）放大器具有高輸入阻抗、低輸出阻抗的特性，且輸入與輸出信號為同相位
(C)共閘極（Common Gate）放大器具有低輸入阻抗、高輸出阻抗的特性，且輸入與輸出信號相位相反
(D)共源極（Common Source）放大器具有高輸入阻抗的特性，且輸入與輸出信號為同相位 [7-1][110統測]

最新統測試題

( ) 1. 某增強型N通道MOSFET共汲極（CD）放大電路工作於飽和區，當輸入信號為頻率500Hz、峰對峰值1V之正弦波，在輸出信號不失真下，若以示波器觀測其輸出信號波形，則下列敘述何者正確？
(A)輸出信號峰對峰值約為4V　　(B)輸出信號峰對峰值約為3V
(C)輸出信號峰對峰值約為2V　　(D)輸出信號峰對峰值約為1V　　[7-3][111統測]

( ) 2. 某N通道增強型MOSFET工作於飽和區，臨界電壓$V_t = 1\,V$，參數$K = 2\,mA/V^2$且閘-源極間電壓$V_{GS} = 3\,V$，則參數互導g_m約為何？
(A)4 mA/V　(B)6 mA/V　(C)8 mA/V　(D)10 mA/V　　[7-1][111統測]

( ) 3. 某N通道空乏型MOSFET，夾止（pinch-off）電壓$V_P = -3\,V$，$I_{DSS} = 10\,mA$，於電路中將其偏壓操作於飽和區，且閘-源極間電壓$V_{GS} = -1\,V$，則MOSFET之轉移電導g_m約為何？
(A)1.11 mA/V　(B)2.22 mA/V　(C)3.33 mA/V　(D)4.44 mA/V　　[7-1][112統測]

( ) 4. 如圖(1)(a)之MOSFET實驗電路，$R_S = 300\,\Omega$，VR已調整使得放大電路操作於最佳工作點。信號產生器（F.G.）頻率設於2 kHz，以示波器CH1量測v_i、CH2量測v_o波形如圖(1)(b)與圖(1)(c)所示，CH1、CH2之輸入耦合均設置於DC，且示波器已完成歸零與調整適當。此電路之電壓增益v_o/v_i約為何？
(A)15　(B)1.5　(C)−15　(D)−29　　[7-2][112統測]

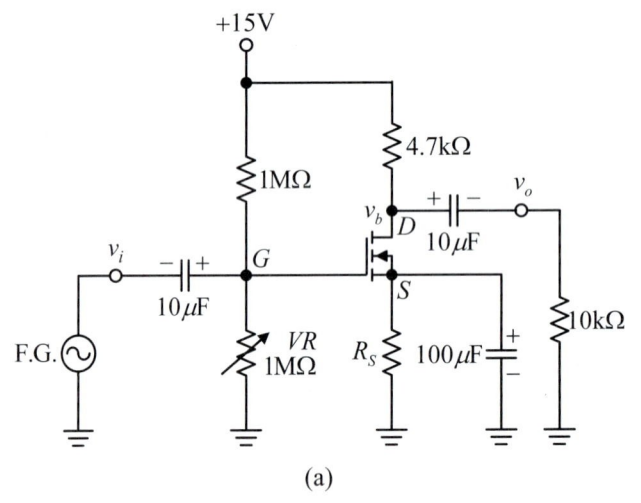

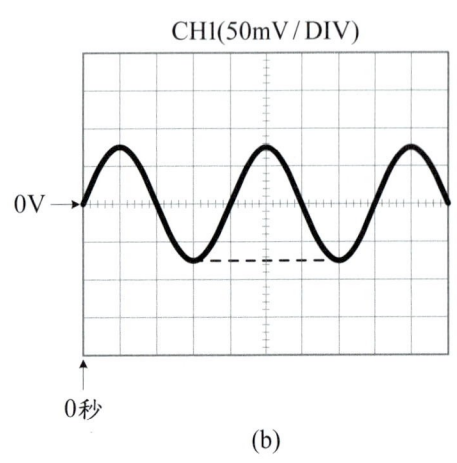

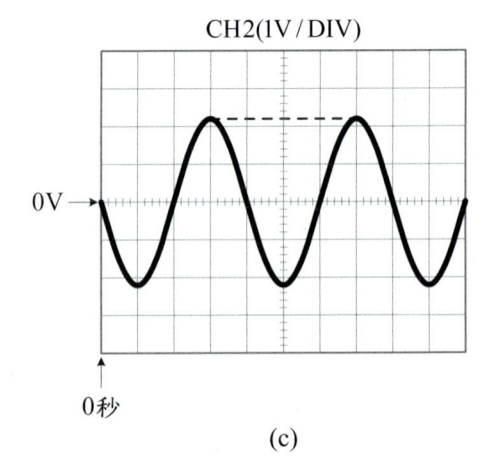

第 7 章 金氧半場效電晶體放大電路

( )5. 如圖(2)所示MOSFET放大電路，$R_G = 1.2\,\text{M}\Omega$，$R_D = 2.2\,\text{k}\Omega$，$R_S = 1.2\,\text{k}\Omega$，$R_L = 10\,\text{k}\Omega$，汲極交流電阻$r_d$忽略不計，若電晶體操作於飽和區，此MOSFET於工作點之轉移電導$g_m = 2.4\,\text{mA/V}$，則電壓增益v_o/v_i約為何？
(A)−8.6　(B)−6.22　(C)−5.12　(D)−4.33
[7-2][112統測]

圖(2)

圖(3)

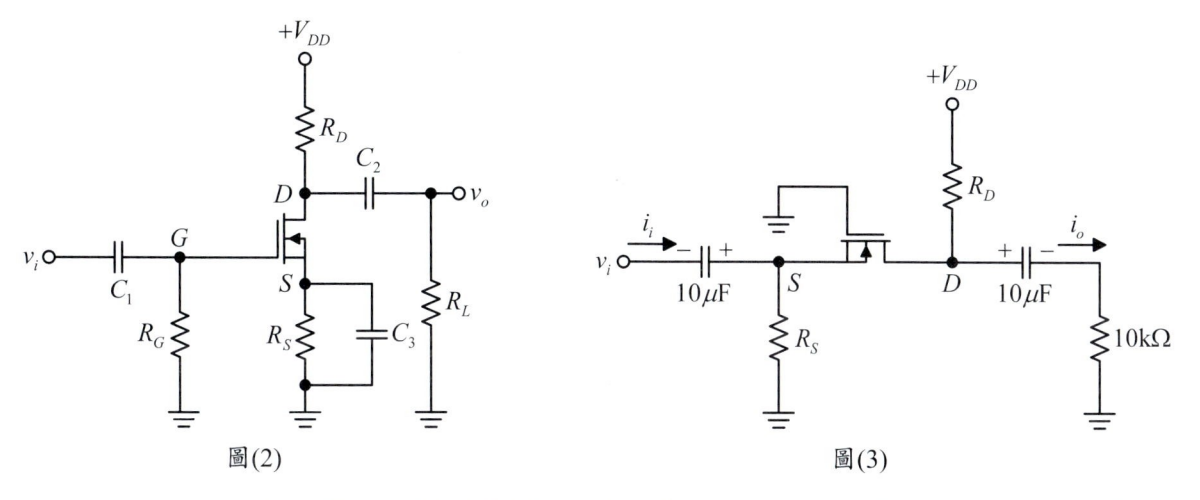

( )6. 如圖(3)所示放大電路，電晶體操作於飽和區，若N通道MOSFET工作點之轉移電導$g_m = 4\,\text{mA/V}$，$R_D = 2\,\text{k}\Omega$，$R_S = 1\,\text{k}\Omega$，則此電路之電流增益$A_i = i_o/i_i$約為何？（忽略汲極電阻r_d）　(A)0.81　(B)0.62　(C)0.36　(D)0.13
[7-4][113統測]

▲ 閱讀下文，回答第7-8題

如圖(4)所示放大電路，F.G.為訊號產生器，MOSFET之夾止電壓（pinch-off voltage）$V_P = -3\,\text{V}$，$I_{DSS} = 10\,\text{mA}$。

圖(4)

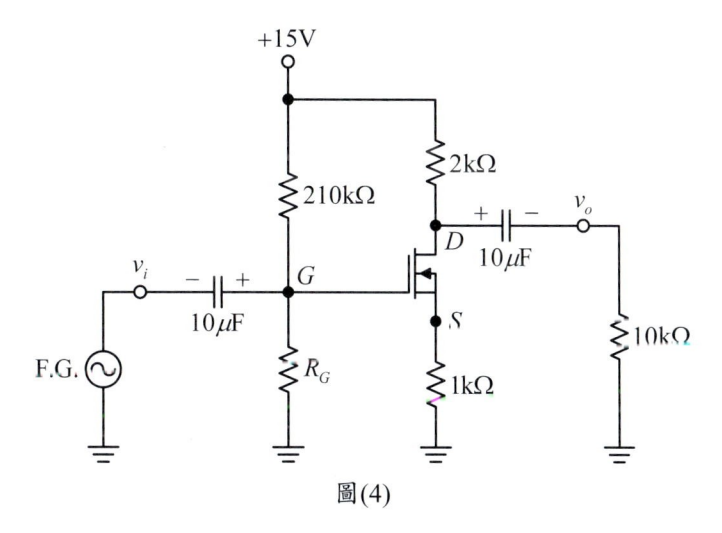

( )7. 若要將汲、源極間之工作點電壓V_{DS}設定為7.5V，則電阻R_G之選用應為何？
(A)9kΩ　(B)12kΩ　(C)15kΩ　(D)18kΩ
[7-2][113統測]

( )8. 若工作點電壓V_{DS}設定為7.5V，並忽略汲極電阻r_d，則電壓增益$A_v = v_o/v_i$約為何？
(A)−1.28　(B)−1.86　(C)−2.25　(D)−3.25
[7-2][113統測]

( )9. 一N通道D-MOSFET電路操作於飽和區（夾止區），MOSFET之夾止電壓$V_P = -4\,\text{V}$，$I_{DSS} = 10\,\text{mA}$，工作點之$V_{GS} = -3\,\text{V}$，則此工作點之交流轉移電導g_m為何？
(A)0.82 mA/V　(B)1.25 mA/V　(C)1.56 mA/V　(D)1.82 mA/V
[7-1][114統測]

▲ 閱讀下文，回答第10-11題

如圖(5)所示之放大電路，$V_{DD}=15.6\,\text{V}$，MOSFET之臨界電壓（threshold voltage）$V_t=2\,\text{V}$，參數 $K=0.3\,\text{mA}/\text{V}^2$，若調整 R_{G1} 使得直流工作點之汲極電流 $I_D=1.2\,\text{mA}$。（F.G.為信號產生器）

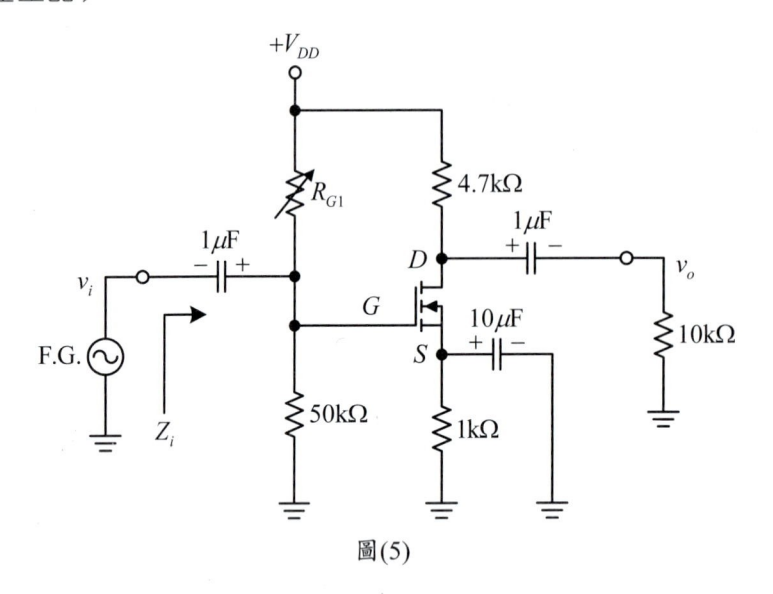

圖(5)

( )10. 則此工作點下之MOSFET交流轉移電導 g_m 為何？
(A)$1.2\,\text{mA/V}$ (B)$1.8\,\text{mA/V}$ (C)$2.4\,\text{mA/V}$ (D)$3.2\,\text{mA/V}$

( )11. 則此工作點下之輸入阻抗 Z_i 約為何？
(A)$45.2\,\text{k}\Omega$ (B)$38.6\,\text{k}\Omega$ (C)$33.3\,\text{k}\Omega$ (D)$24.5\,\text{k}\Omega$

模擬演練

電子學試題

( ) 1. MOSFET作為放大器使用時，必須偏壓在何區域？
(A)歐姆區　(B)定電流區　(C)崩潰區　(D)截止區　　[7-1]

( ) 2. 關於FET交流參數敘述，下列何者錯誤？

(A)放大因數 $\mu = \dfrac{v_{ds}}{v_{gs}}$，單位：無

(B)順向互導 $g_m = \dfrac{i_d}{v_{gs}}$，單位：西門子S

(C)輸出阻抗 $r_d = \dfrac{v_{ds}}{i_d}$，單位：歐姆Ω

(D) $\mu = g_m / r_d$　　[7-1]

( ) 3. 某一MOSFET之 $I_{DSS} = 10\,\text{mA}$，$V_{GS(off)} = -4\,\text{V}$，求 $V_{GS} = -2\,\text{V}$ 時之互導參數 g_m 為多少？　(A)1mA/V　(B)1.25mA/V　(C)2mA/V　(D)2.5mA/V　　[7-1]

( ) 4. 如圖(1)所示MOSFET放大電路中，若 $V_{DD} = 15\,\text{V}$，$R_{G1} = 6\,\text{M}\Omega$，$R_{G2} = 4\,\text{M}\Omega$，$R_D = 5\,\text{k}\Omega$，$R_S = 2\,\text{k}\Omega$，$R_{sig} = 1\,\text{k}\Omega$，$r_d = 50\,\text{k}\Omega$，$g_m = 0.5\,\text{mA/V}$，$V_T = 1\,\text{V}$，則就交流小信號 v_{sig} 而言，此放大器的輸入阻抗 R_{in} 為多少？
(A)999Ω　(B)1.98kΩ　(C)2.4MΩ　(D)4MΩ　　[7-2]

( ) 5. 承上題，此汲極輸出放大器的交流輸出阻抗 R_{out} 為多少？
(A)1.43kΩ　(B)2kΩ　(C)3.34kΩ　(D)4.55kΩ　　[7-2]

圖(1)　　　　　圖(2)

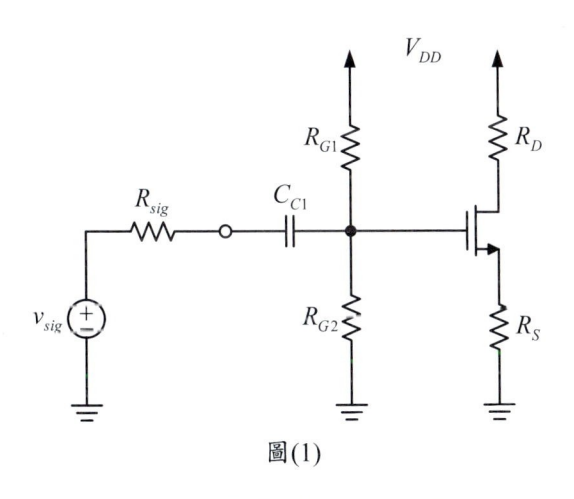

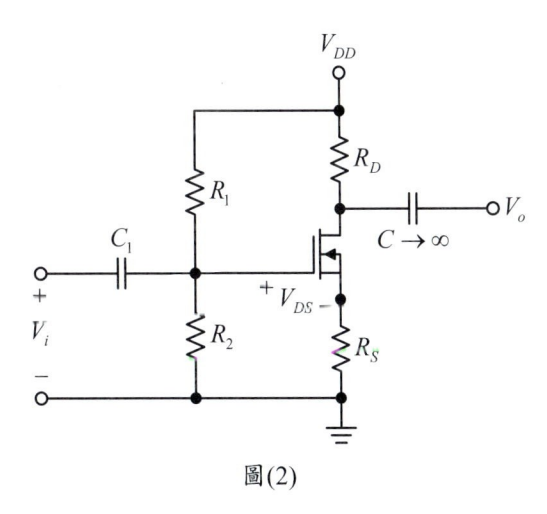

( ) 6. 如圖(2)所示之MOSFET放大器電路，若互導參數 $g_m = 2\,\text{mA/V}$，$R_1 = 1\,\text{M}\Omega$，$R_2 = 150\,\text{k}\Omega$，$R_S = 2\,\text{k}\Omega$，$R_D = 3\,\text{k}\Omega$，求此放大器的交流輸入電阻 R_i 為多少？
(A)112kΩ　(B)130kΩ　(C)150kΩ　(D)∞　　[7-2]

( ) 7. 承上題，若要提高電路的電壓增益，下列何者較有可能達成？
(A)增加 R_D 值　　　　　　　　(B)減少 R_S 值
(C) R_S 兩端並接旁路電容　　　(D)提高電源電壓　　[7-2]

(　　)8. 如圖(3)所示電路，已知場效電晶體的 $g_m = 3\,\text{mS}$，且 $r_d > 10R_D$，則電路的電壓增益 $\dfrac{v_o}{v_i}$ 為何？　(A)3　(B)–3　(C)18　(D)–18 　　　　　　　　　　　　　　　　　　　　　　　[7-2]

(　　)9. 承上題，如果將 C_S 移除，電壓增益將會如何？
(A)增加　(B)減少　(C)不變　(D)不一定 　　　　　　　　　　　　　　　　　　　　[7-2]

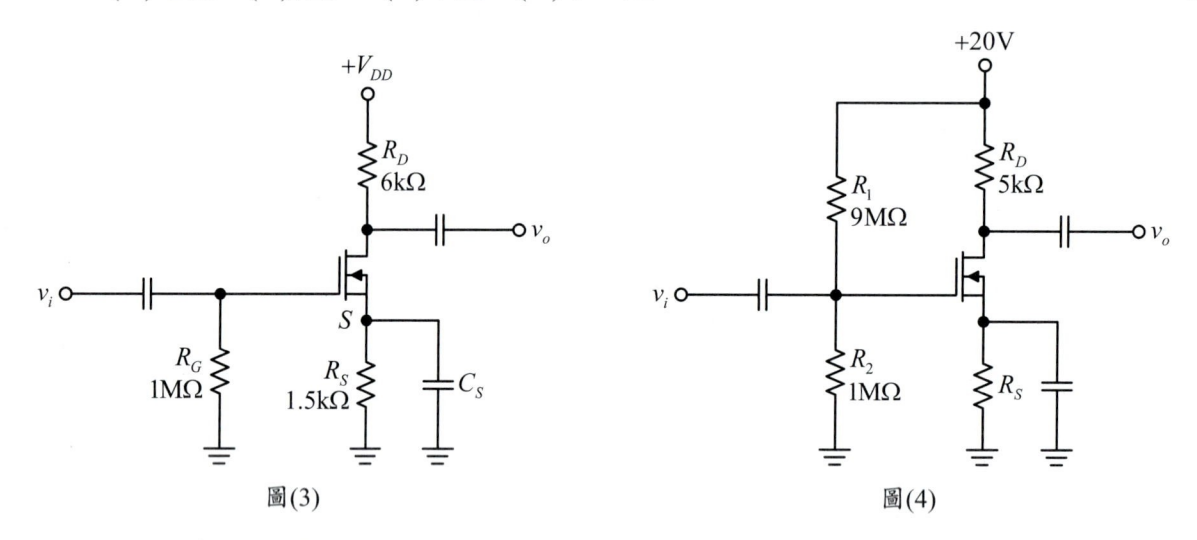

圖(3)　　　　　　　　　圖(4)

(　　)10. 如圖(4)所示電路，空乏型ＭＯＳＦＥＴ電晶體參數 $I_{DSS} = 8\,\text{mA}$，$V_{GS(off)} = -4\,\text{V}$，若 $I_D = 2\,\text{mA}$，則電阻 R_S 為多少？
(A)500Ω　(B)1000Ω　(C)1500Ω　(D)2000Ω 　　　　　　　　　　　　　　　　　　[7-2]

(　　)11. 承上題，電壓增益 $\dfrac{v_o}{v_i}$ 為多少？　(A)–4　(B)–6　(C)–8　(D)–10 　　　　　[7-2]

(　　)12. 如圖(5)所示之MOSFET放大電路，若 $g_m = 2\,\text{mA/V}$，$r_d = \infty$，則下列敘述何者錯誤？
(A) $R_i = 1\,\text{M}\Omega$　(B) $R_o = 5\,\text{k}\Omega$　(C) $\dfrac{v_o}{v_i} = -10$　(D)此電路為共源極放大電路　[7-2]

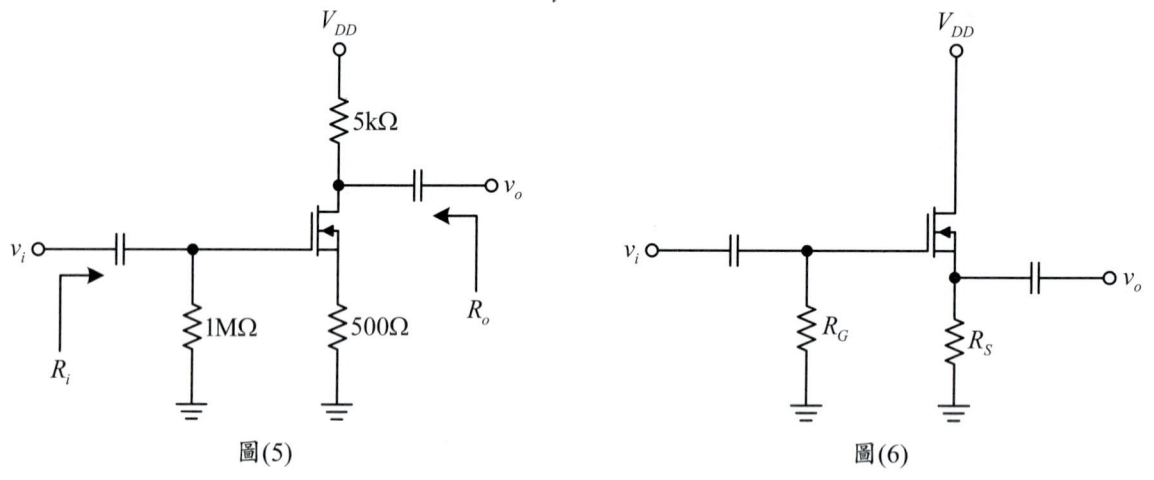

圖(5)　　　　　　　　　圖(6)

(　　)13. 如圖(6)所示電路，若 $g_m = 2\,\text{mA/V}$，$R_S = 2\,\text{k}\Omega$，則電壓增益 $\dfrac{v_o}{v_i}$ 為多少？
(A)0.8　(B)–0.8　(C)4　(D)–4 　　　　　　　　　　　　　　　　　　　　　　　　[7-3]

(　　)14. 承上題圖中，輸出阻抗為多少？
(A)400Ω　(B)500Ω　(C)1kΩ　(D)2kΩ 　　　　　　　　　　　　　　　　　　　　　[7-3]

( )15. 如圖(7)所示電路，若MOSFET的$g_m = 4\text{ mA/V}$，輸出阻抗$R_o = 200\text{ }\Omega$，則R_S為多少？
(A)200Ω　(B)250Ω　(C)1kΩ　(D)2kΩ　　　　　　　　　　　　　　　　　　　　[7-3]

圖(7)

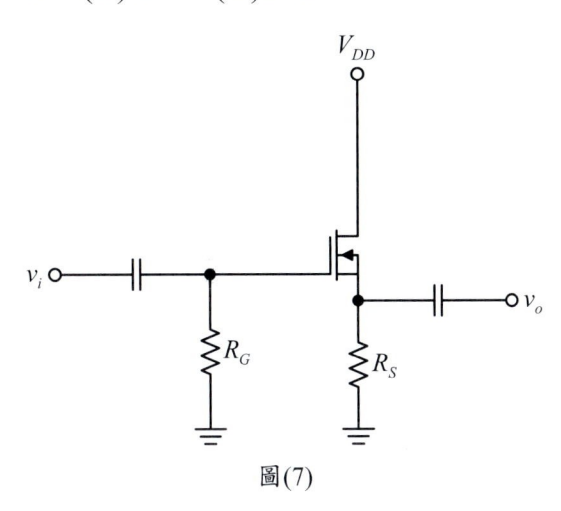

( )16. 承上題圖中，若$R_L = 1\text{ k}\Omega$，則電壓增益$\dfrac{v_o}{v_i}$約為多少？
(A)0.25　(B)0.33　(C)0.66　(D)0.75　　　　　　　　　　　　　　　　　　　　[7-3]

( )17. 下列關於MOSFET共汲極放大電路的敘述，何者錯誤？
(A)又稱為源極隨耦器　　　　　　　(B)電壓增益高於1
(C)電流增益高於1　　　　　　　　(D)輸出信號與輸入信號相位相同　　　　　　[7-3]

( )18. 如圖(8)所示MOSFET放大電路的交流等效，為何種型態的放大器？
(A)共閘極放大器　(B)共源極放大器　(C)共汲極放大器　(D)共射極放大器　　　[7-4]

( )19. 承上題，若$g_m = 2\text{ mA/V}$，$r_d = 20\text{ k}\Omega$，下列敘述何者錯誤？
(A)$R_i = 500\text{ }\Omega$　(B)$R_o = 4\text{ k}\Omega$　(C)$\dfrac{v_o}{v_i} = -8$　(D)此電路為共閘放大電路　　[7-4]

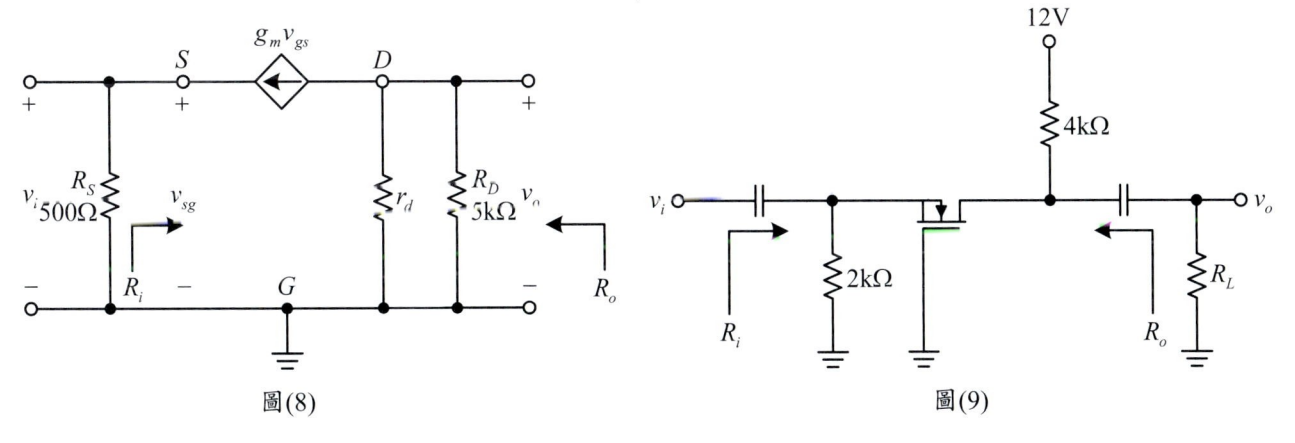

圖(8)　　　　　　　　　　　　　　　　圖(9)

( )20. 如圖(9)所示MOSFET放大電路，若$I_{DSS} = 4\text{ mA}$，$V_{GS(off)} = -4\text{ V}$，$r_d = 20\text{ k}\Omega$，$R_L = 5\text{ k}\Omega$，則下列敘述何者正確？
(A)$g_m = 2\text{ mA/V}$　(B)$R_i = 2\text{ k}\Omega$　(C)$R_o = 3.33\text{ k}\Omega$　(D)$\dfrac{v_o}{v_i} = -2$　　　　[7-4]

電子學實習試題

( )1. 一幾何比W/L固定的N通道增強型MOSFET工作於飽和區,當通道寬度W增加為原來的2倍,則互導g_m(Transconductance)將變為原來的幾倍?
(A)1倍 (B)2倍 (C)4倍 (D)8倍 [7-1]

( )2. 在製作MOSFET放大器時,所選用之互導參數g_m,以下列何者較適宜?
(A)1mA/V (B)1.5mA/V (C)2mA/V (D)2.5mA/V [7-1]

( )3. 如圖(1)所示MOSFET放大電路,若在實驗中不小心將MOSFET元件燒毀,替換元件後,下列何者必須重新調整?
(A)輸入信號振幅 (B)電源電壓 (C)偏壓電阻 (D)輸入耦合電容 [7-2]

( )4. 承上題,如果調整完且MOSFET工作點位於輸出特性曲線的中間,仍然會得上、下截波的輸出信號,下列何者原因最有可能?
(A)輸入信號振幅太小　　　　(B)輸入信號振幅太大
(C)電源電壓太小　　　　　　(D)電源電壓太大 [7-2]

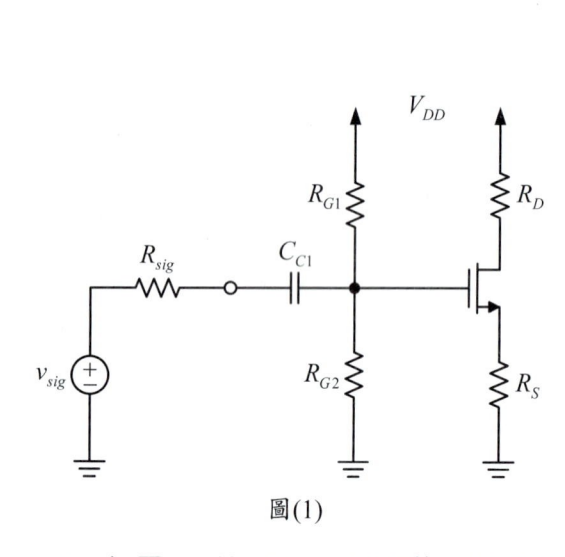

圖(1)

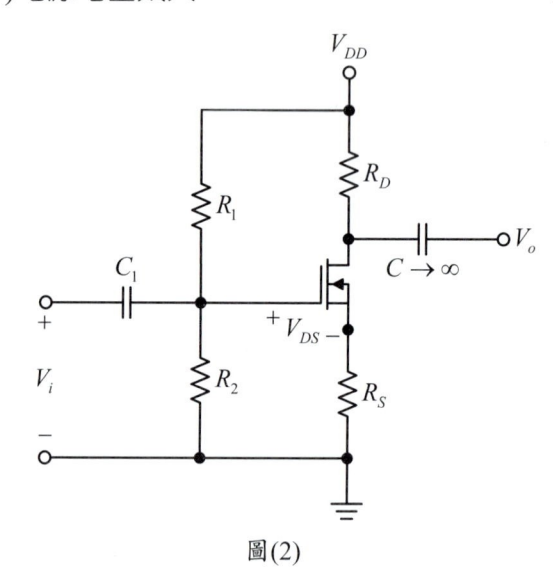

圖(2)

( )5. 如圖(2)所示MOSFET放大器電路,在輸出信號線性不失真的情況下,如要增加電壓增益,下列何者最有可能?
(A)同時增加R_1、R_2值,且R_1/R_2比值不變
(B)同時減少R_1、R_2值,且R_1/R_2比值不變
(C)提高R_D值
(D)減少R_S值 [7-2]

( )6. 如圖(3)所示電路,已知場效電晶體的$g_m = 3\text{ mS}$,且$r_d = 2R_D$,則電路的電壓增益$\dfrac{v_o}{v_i}$為何?
(A)−3
(B)−6
(C)−12
(D)−18 [7-2]

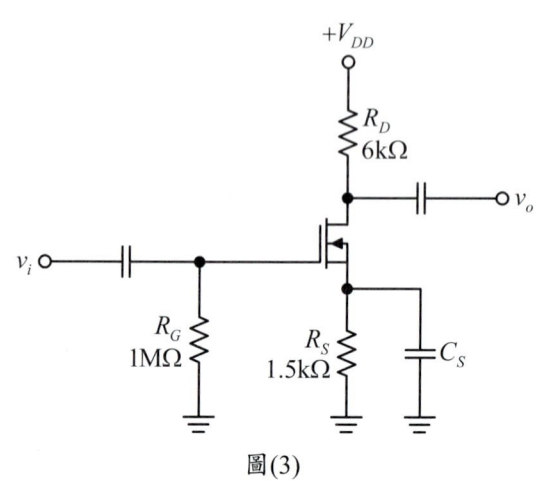

圖(3)

第 7 章 金氧半場效電晶體放大電路

( ) 7. 如圖(4)所示電路,已知MOSFET之$I_{DSS} = 4\,\text{mA}$,截止電壓(cutoff voltage)$V_{GS(off)} = -4\,\text{V}$,汲極電阻參數$r_d = \infty$,則$\dfrac{v_o}{v_i}$約為多少?
(A)−3.4　(B)−5.2　(C)−6.3　(D)−8.1 [7-2]

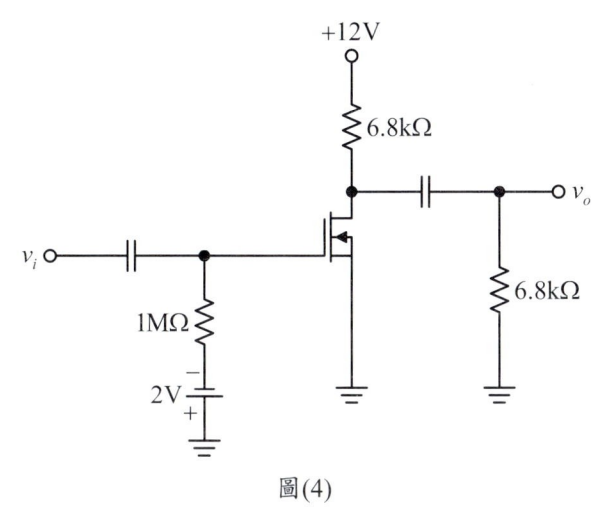

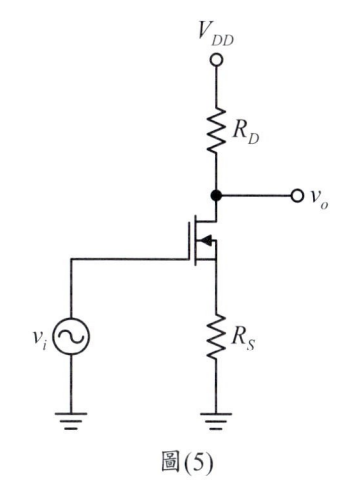

圖(4)

圖(5)

( ) 8. 如圖(5)所示,關於小信號共源極放大器的敘述,下列何者正確?
(A)汲極交流輸出電壓v_o與閘極輸入電壓v_i同相
(B)當源極電阻並接一旁路電容時,交流電壓增益$\dfrac{v_o}{v_i}$的絕對值最大
(C)此放大器又稱為源極隨耦器
(D)輸出端加入負載電阻時,對交流電壓增益A_v沒有影響 [7-2]

( ) 9. 如圖(6)所示共源極放大電路及其MOSFET的轉換特性與輸出負載線關係,求順向互導g_m為多少?
(A)1.5 mA/V　(B)3 mA/V　(C)6 mA/V　(D)12 mA/V [7-2]

圖(6)

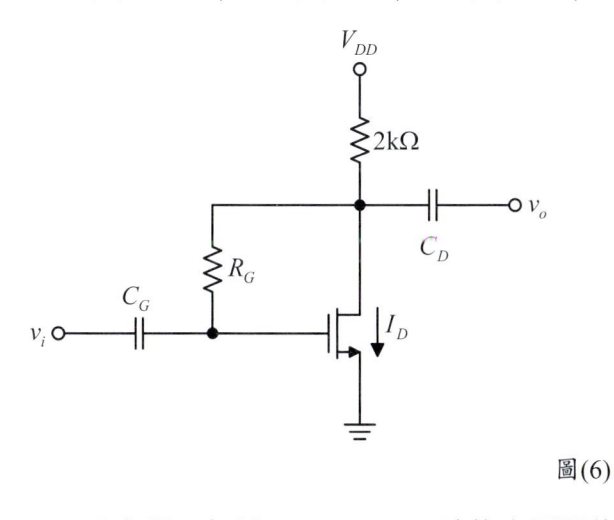

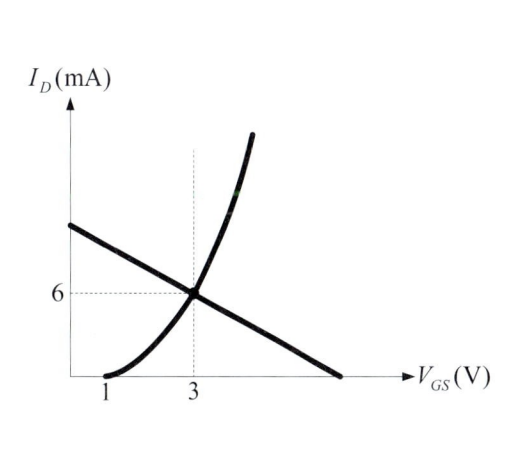

( ) 10. 承上題,假設$R_G \gg 2\,\text{k}\Omega$,該放大電路的小信號電壓增益絕對值為何?
(A)30　(B)18　(C)12　(D)6 [7-2]

(　)11. 如圖(7)所示MOSFET放大器，輸出阻抗$r_o = 10\ \text{k}\Omega$，互導$g_m = 10\ \text{mA/V}$，電流源為理想，則$\left|\dfrac{v_o}{v_s}\right|$為多少？　(A)100　(B)10　(C)$\dfrac{100}{11}$　(D)5 　　　　　　　　　　　　　　　[7-2]

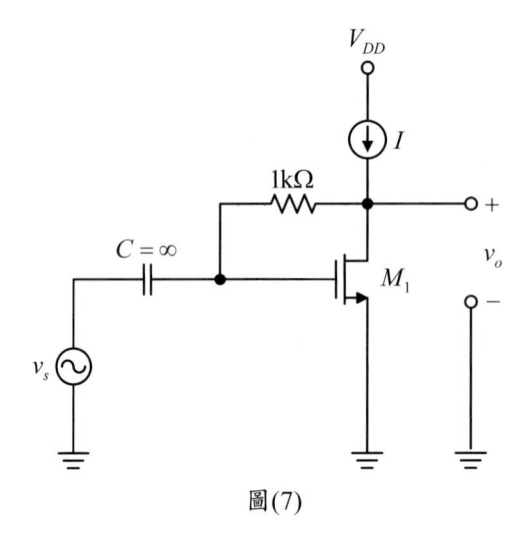

圖(7)

(　)12. 如圖(8a)所示電路，圖(8b)為其I_D-V_{GS}特性曲線，求電壓增益$\dfrac{v_o}{v_i}$為多少？
　　　(A)−8　(B)−4　(C)4　(D)8 　　　　　　　　　　　　　　　[7-2]

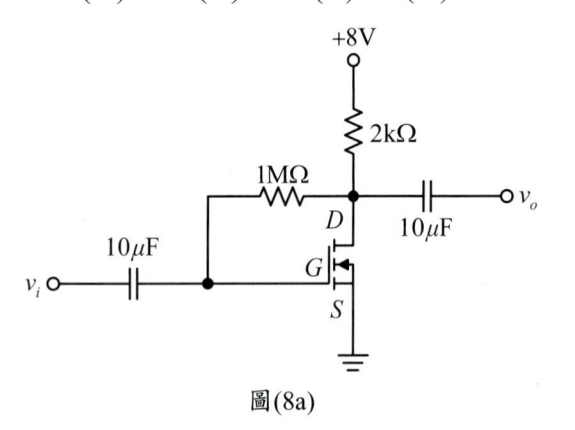

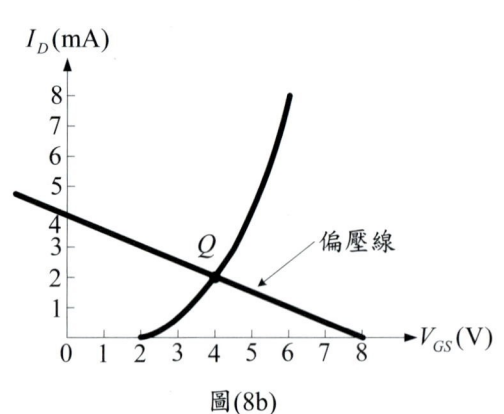

圖(8a)　　　圖(8b)

(　)13. 承上題，若R_D由2kΩ變為10kΩ，求電壓增益$\dfrac{v_o}{v_i}$為多少？
　　　(A)−20　(B)−10　(C)10　(D)20 　　　　　　　　　　　　　[7-2]

(　)14. 如圖(9)所示電路，若MOSFET的$g_m = 6\ \text{mA/V}$，輸出阻抗R_o為100Ω，則R_S約為多少？　(A)250Ω　(B)300Ω　(C)350Ω　(D)400Ω 　　　　　　　　　　[7-3]

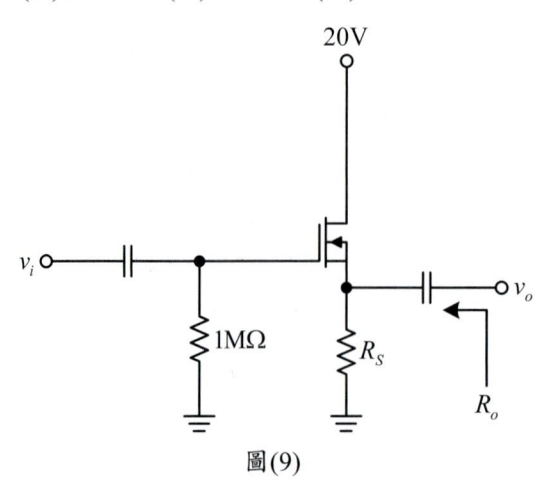

圖(9)

( )15. 承上題，輸出端並接負載電阻R_L，下列何者會受到影響？
(A)直流工作點　(B)輸入信號振幅　(C)輸出信號振幅　(D)電源電壓　[7-3]

( )16. 如圖(10)所示MOSFET放大器，若MOSFET元件操作於飽和區，電流源為理想，且忽略元件之寄生電容效應，下列敘述何者錯誤？
(A)增加V_{bias}將提高放大器之電壓增益
(B)增加C值可降低放大器之低頻-3dB截止頻率
(C)增加MOSFET元件之導電係數K可提高放大器之電壓增益
(D)增加R_L可提高放大器之電壓增益　[7-3]

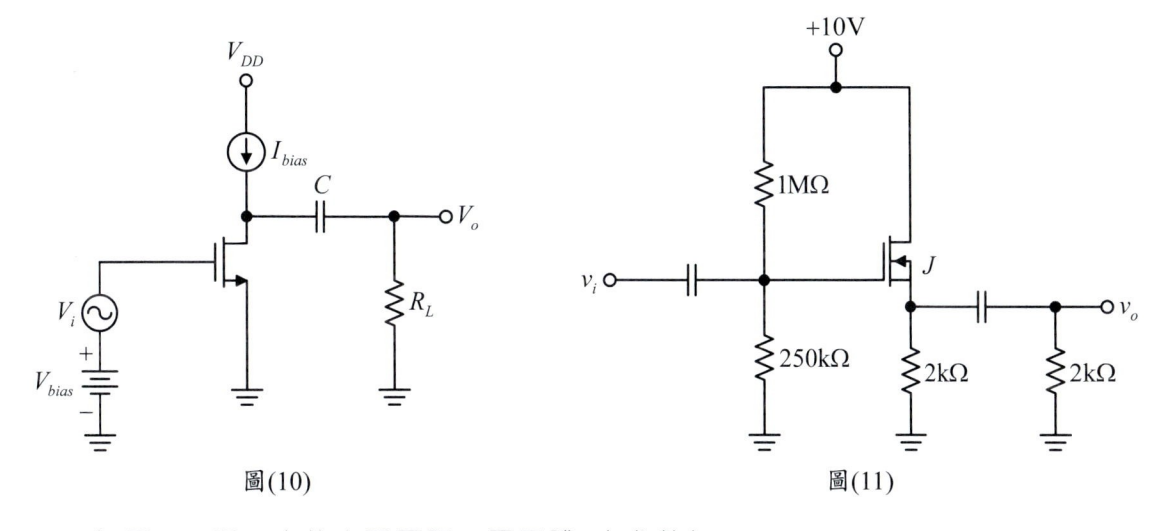

圖(10)　　圖(11)

( )17. 如圖(11)所示之放大器電路，電晶體J之參數如下：$I_{DSS}=8\,\text{mA}$，$V_{GS(off)}=-4\,\text{V}$，求此電路之小信號互導g_m（Transconductance）為何？
(A)2 mA/V　(B)4 mA/V　(C)6 mA/V　(D)8 mA/V　[7-3]

( )18. 承上題，求此電路之小信號電壓增益值為何？
(A)0.67　(B)0.77　(C)0.87　(D)0.97　[7-3]

( )19. 在下列MOSFET放大器組態中，哪一種放大器具有最小的輸入電阻？
(A)共源（CS）放大器　　(B)共閘（CG）放大器
(C)共汲（CD）放大器　　(D)疊接（Cascode）放大器　[7-4]

( )20. 如圖(12)所示電路，若MOSFET參數$g_m=4\,\text{mA/V}$，下列敘述何者錯誤？
(A)電路為共閘極放大器
(B)電壓增益$\dfrac{v_o}{v_i}=-20$
(C)輸入阻抗$R_i=R_S//\dfrac{1}{g_m}$
(D)輸出阻抗$R_o=R_D$　[7-4]

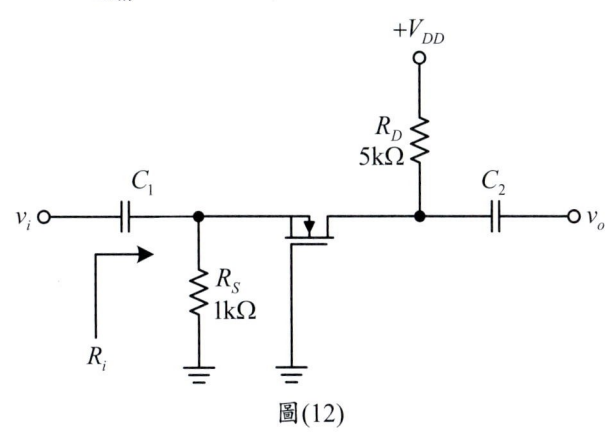

圖(12)

電子學含實習 滿分總複習（下）

素養導向題

▲ 閱讀下文，回答第1～5題

上電子實習課，老師將全班分組，大雄、小夫、靜香、胖虎四人一組，一起討論完成一個MOSFET放大器。所使用的MOSFET元件輸出特性曲線及基本放大電路如圖(1)所示，已知元件導電參數（Conduction Parameter，簡記K）為$1mA/V^2$，請依序完成下列問題。

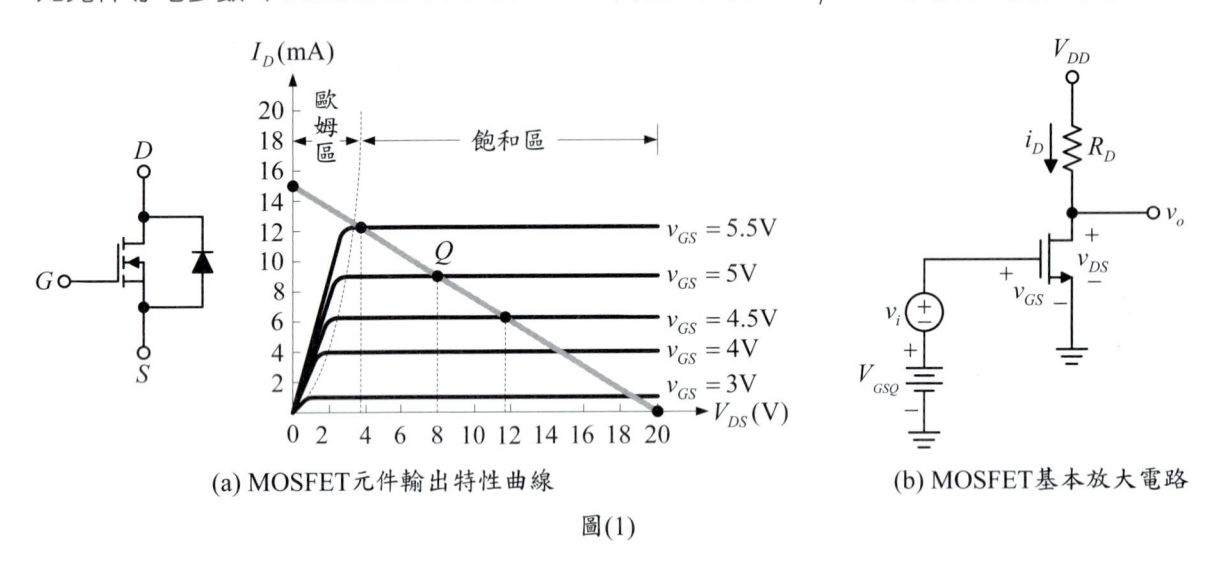

(a) MOSFET元件輸出特性曲線　　(b) MOSFET基本放大電路

圖(1)

( ) 1. 由MOSFET元件輸出特性曲線可得知臨限電壓V_t值為何？
(A)1V　(B)2V　(C)3V　(D)4V

( ) 2. 四人決定先設計偏壓電路，下列哪一個人所設計的偏壓不適用？
(A)大雄使用分壓式偏壓　　(B)小夫使用汲極回授式偏壓
(C)靜香使用自給式偏壓　　(D)胖虎使用固定式偏壓

( ) 3. 從輸出特性曲線可以看出電源電壓V_{DD}及汲極電阻R_D分別為多少？
(A)$V_{DD} = 8$ V，$R_D = 0.88$ kΩ　　(B)$V_{DD} = 9$ V，$R_D = 1$ kΩ
(C)$V_{DD} = 10$ V，$R_D = 2.5$ kΩ　　(D)$V_{DD} = 20$ V，$R_D = 1.33$ kΩ

( ) 4. 老師事先完成部分偏壓計算如表(1)，剩下交給同學自行完成，四人分工計算內容如下，何人計算有誤？
(A)大雄計算(1)答案為0　　(B)小夫計算(2)答案為6mA
(C)靜香計算(3)答案為11.7V　　(D)胖虎計算(4)答案為3.7V

表(1)

V_{GS}	2V	3V	4V	4.5V	5V	5.5V
I_D	(1)	1mA	(2)	6.25mA	9mA	12.25mA
V_{DS}	20V	17.3V	14.7V	(3)	8V	(4)

( ) 5. 四人完成MOSFET放大器後，調整函數波產生器輸出正弦波，並加入此放大器的輸入端v_i，在不失真的情況下，此放大器可以得到幾倍的電壓增益？
(A)4倍，輸出與輸入信號相位相同　(B)4倍，輸出與輸入信號相位不同
(C)8倍，輸出與輸入信號相位相同　(D)8倍，輸出與輸入信號相位不同

第 7 章 金氧半場效電晶體放大電路

── 解 答 ──

（*表示附有詳解）

7-1 立即練習

基礎題

*1.B *2.D *3.A *4.C *5.D *6.A *7.D

進階題

*1.D *2.B *3.C *4.B *5.C *6.A

7-2 立即練習

基礎題

*1.D *2.A *3.A *4.A *5.B *6.D

進階題

*1.C 2.C *3.C *4.C *5.D *6.B 7.C *8.B

7-3 立即練習

基礎題

*1.B *2.C *3.B *4.B *5.B *6.B *7.A *8.A *9.B

進階題

*1.B *2.A *3.B *4.B *5.B *6.C *7.D

7-4 立即練習

基礎題

*1.C *2.C *3.B *4.C *5.A *6.A

進階題

*1.D *2.A *3.C *4.B *5.B *6.C *7.A *8.D *9.C

歷屆試題

電子學試題

*1.D *2.A *3.D *4.A *5.A *6.D *7.B *8.D *9.A *10.D
*11.A *12.A *13.C

電子學實習試題

*1.C *2.C *3.C *4.B *5.D *6.D *7.C *8.B *9.A *10.D
*11.B

最新統測試題

*1.D *2.C *3.D *4.D *5.D *6.D *7.C *8.A *9.B *10.A
*11.C

模擬演練

電子學試題

*1.B *2.D 3.D *4.C *5.D *6.B *7.C *8.D *9.B *10.D
*11.D *12.C *13.A *14.A *15.C *16.C *17.B *18.A *19.A *20.D

電子學實習試題

*1.B *2.D *3.C 4.B *5.A *6.C *7.A *8.B *9.C *10.C
*11.C *12.B *13.B *14.A *15.C *16.A *17.A *18.A 19.B *20.B

| 解 答 |

（*表示附有詳解）

素養導向題

*1.B　*2.C　*3.D　*4.B　*5.D

CHAPTER 8

金氧半場效電晶體多級放大電路

本章學習重點

章節架構	必考重點	
8-1　多級放大系統	• 輸入阻抗、輸出阻抗、電壓增益 • 串接與疊接電路特性比較 • BJT與MOSFET串級放大電路特性比較	★★★★★
8-2　直接耦合串級放大電路	• 直流偏壓分析 • 輸入阻抗、輸出阻抗、電壓增益	★★★★★
8-3　米勒效應（Miller effect）	• 高頻等效電路 • 主要特性及影響	★★☆☆☆
8-4　疊接放大電路	• 直流偏壓分析 • 輸入阻抗、輸出阻抗、電壓增益	★★★★★

統測命題分析

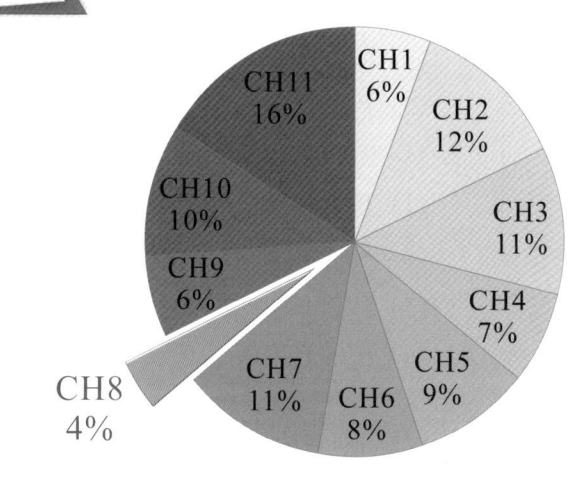

- CH1　6%
- CH2　12%
- CH3　11%
- CH4　7%
- CH5　9%
- CH6　8%
- CH7　11%
- CH8　4%
- CH9　6%
- CH10　10%
- CH11　16%

考前 3 分鐘

1. MOSFET多級放大系統有兩種組態，一為**串接**（cascade），一為**疊接**（cascode）。

    (1) 串接：串接的目的是為了提高電壓或電流增益，常使用CS-CS、CS-CD等串接結構。串接放大器的第一級較少使用CG，因其輸入阻抗非常低，對輸入信號會造成負載效應。

    (2) 疊接：對高頻而言，三種基本組態（共源CS、共閘CG、共汲CD）中，以CG組態具有最佳的高頻特性，但其輸入阻抗非常低，對輸入信號會造成負載效應。因此，在輸入端增加一級CS組態以提高輸入阻抗，但是CS組態的電壓增益不能太大（近似為1），以確保在高頻時的輸入米勒電容值減至最小值。疊接放大器主要由CG放大器提供電壓增益。

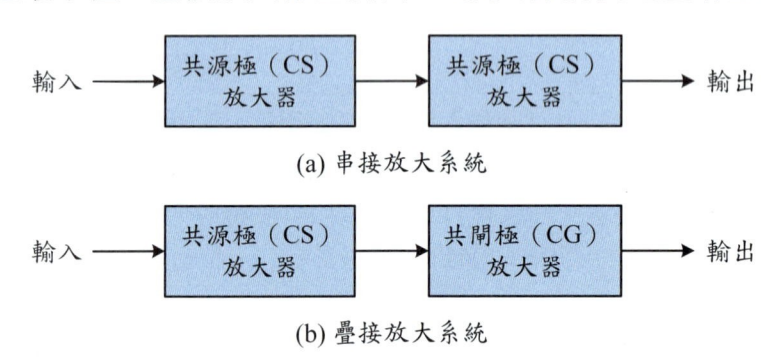

    輸入 → 共源極（CS）放大器 → 共源極（CS）放大器 → 輸出
    (a) 串接放大系統

    輸入 → 共源極（CS）放大器 → 共閘極（CG）放大器 → 輸出
    (b) 疊接放大系統

2. **MOSFET串接放大電路**

電路圖	直流分析	交流分析
（電路圖）	1. Q_1直流偏壓分析： (1) $V_{G1} = V_{DD}\dfrac{R_2}{R_1+R_2}$ (2) $V_{GS1} = V_{G1} - I_{D1}R_{S1}$ (3) $I_{D1} = K_1(V_{GS1} - V_{t1})^2$ (4) 解(2)(3)聯立方程式可得V_{GS1}及I_{D1} (5) $V_{D1} = V_{DD} - I_{D1}R_{D1}$ 2. Q_2直流偏壓分析： (1) $V_{G2} = V_{D1}$ (2) $V_{GS2} = V_{G2} - I_{D2}R_{S2}$ (3) $I_{D2} = K_2(V_{GS2} - V_{t2})^2$ (4) 解(2)(3)聯立方程式可得V_{GS2}及I_{D2} (5) $V_{D2} = V_{DD} - I_{D2}R_{D2}$	1. 輸入阻抗$R_i = R_1 /\!/ R_2$ 2. 輸出阻抗$R_o = R_{D2}$ 3. 總電壓增益$A_{vT} = A_{v1}A_{v2}$ (1) $A_{v1} = -g_{m1}R_{D1}$ (2) $A_{v2} = -g_{m2}R_{D2}$

3. MOSFET疊接放大電路

電路圖	直流分析	交流分析
假設Q_1及Q_2特性完全相同，則 $I_{D1}=I_{D2}$，$K_1=K_2$，$V_{t1}=V_{t2}$，$V_{GS1}=V_{GS2}$	1. Q_1直流偏壓分析： (1) $V_{G1}=V_{DD}\dfrac{R_3}{R_1+R_2+R_3}$ (2) $V_{GS1}=V_{G1}-I_{D1}R_S$ (3) $I_{D1}=K_1(V_{GS1}-V_{t1})^2$ (4) 解(2)(3)聯立方程式可得V_{GS1}及I_{D1} (5) $g_{m1}=2K_1(V_{GS1}-V_{t1})$ 2. Q_2直流偏壓分析： (1) $V_{G2}=V_{DD}\dfrac{R_2+R_3}{R_1+R_2+R_3}$ (2) $V_{GS2}=V_{GS1}$ (3) $V_{D1}=V_{G2}-V_{GS2}$ (4) $V_{D2}=V_{DD}-I_{D2}R_D$ (5) $g_{m2}=2K_2(V_{GS2}-V_{t2})$	1. 輸入阻抗$R_i=R_2//R_3$ 2. 輸出阻抗$R_o=R_D$ 3. 總電壓增益$A_{vT}=A_{v1}A_{v2}$ (1) $A_{v1}=-\dfrac{g_{m1}}{g_{m2}}$ (2) $A_{v2}=g_{m2}R_D$

4. MOSFET米勒效應

米勒模型	米勒等效	交流分析
		1. 放大器電壓增益 $A_v=\dfrac{v_o}{v_i}$ 2. 輸入等效阻抗 $Z_1=(\dfrac{1}{1-A_v})Z$ 3. 輸出等效阻抗 $Z_2=(\dfrac{1}{1-\dfrac{1}{A_v}})Z$ 4. 若Z為電容 (1) $C_1=(1-A_v)C$ (2) $C_2=(1-\dfrac{1}{A_v})C$

5. MOSFET共源極放大電路米勒效應

電路圖	交流等效電路	交流分析
		1. 放大器電壓增益A_v： $$A_v = \frac{v_o}{v_i} = -g_m R_D$$ 2. 輸入端等效電容C_1： $$C_1 = (1-A_v)C_{gd}$$ $$= (1+g_m R_D)C_{gd}$$ 3. 輸出端等效電容C_2： $$C_2 = (1-\frac{1}{A_v})C_{gd} \approx C_{gd}$$

8-1 多級放大系統

理論重點

重點 1 單級放大器與多級放大器比較

1. 單級放大器為了線性不失真的考量，其電壓增益有限。

2. 多級放大器使用數個單級放大器串連起來，可以增加 _____ ，但級與級間會有 _____ 。如果改用輸入阻抗很高的金氧半場效電晶體，可以忽略負載效應。

3. MOSFET多級放大器有兩種組態，一為 _____ ，一為 _____ 。

   (1) 串接：串接的目的是為了提高電壓或電流增益，CS-CS串接可以提高電壓增益、CS-CD串接可以提高電流增益。串接放大器的第一級較少使用CG組態，因其輸入阻抗非常低，對輸入信號會造成 _____ 效應。

   (2) 疊接：對高頻而言，三種基本組態（共源CS、共閘CG、共汲CD）中，以 _____ 組態具有最佳的高頻特性，但其輸入阻抗非常低，對輸入信號會造成 _____ 效應。因此，在輸入端增加一級CS組態以提高輸入阻抗，但是CS組態的電壓增益不能太大（近似為1），以確保在高頻時的輸入米勒電容值減至最小值。疊接放大器主要由CG放大器提供電壓增益。如8-4節所示疊接放大電路，Q_2「疊」在Q_1上面，因此稱為疊接。

   輸入 → 共源極（CS）放大器 → 共源極（CS）放大器 → 輸出

   (a) 串接放大系統

   輸入 → 共源極（CS）放大器 → 共閘極（CG）放大器 → 輸出

   (b) 疊接放大系統

   多級放大器

4. 常用的多級放大器之級與級間的耦合方式有 _____ 耦合、_____ 耦合及 _____ 耦合三種。在**積體電路**（Integrated Circuit，簡稱IC）中，常使用 _____ 耦合來完成串級放大器。其優點是有較佳的低頻響應特性、電路結構簡單，缺點是偏壓設計不易。

答案：2. 電壓增益、負載效應
　　　3. 串接（cascade）、疊接（cascode）　　　(1) 負載　　　(2) CG、負載
　　　4. RC、變壓器、直接、直接

老師講解

1. FET串級放大器與BJT串級放大器比較，下列何者不是FET串級放大器的優點？
(A)電壓增益較大　　　　　　　　(B)極間負載效應較小
(C)電路分析容易　　　　　　　　(D)積體電路製造容易

解 (A)

FET受限於直流偏壓，交流電壓增益較小。

學生練習

1. FET疊接放大為何種型態之串級放大？
(A)CS-CS　(B)CS-CD　(C)CS-CG　(D)CG-CS

立即練習

基礎題

( )1. 在下列MOS電晶體放大器組態中，哪一種放大器具有最小的輸入電阻？
(A)共源（CS）放大器　　　　　　(B)共閘（CG）放大器
(C)共汲（CD）放大器　　　　　　(D)疊接（Cascode）放大器

( )2. 疊接放大器的電壓增益主要來自於何級？
(A)第一級的共源（CS）放大器
(B)第一級的共閘（CG）放大器
(C)第二級的共源（CS）放大器
(D)第二級的共閘（CG）放大器

進階題

( )1. 在共源（CS）、共閘（CG）、共汲（CD）、疊接（Cascode）放大器組態中，何者具有最小的頻寬？
(A)共源放大器　(B)共閘放大器　(C)共汲放大器　(D)疊接放大器

( )2. 疊接（Cascode）放大器與單級共源（CS）放大器比較，下列敘述何者錯誤？
(A)約有相同的輸入阻抗
(B)約有相同的電壓增益
(C)約有相同的頻寬
(D)流過疊接放大器兩個FET元件的汲極電流相同

8-2 直接耦合串級放大電路

理論重點

重點 1　共源極-共源極直接耦合串級放大電路

1. 如圖所示由兩級共源極放大器所組成的直接耦合串接放大電路。Q_1及Q_2使用N通道增強型MOSFET，工作在順向偏壓下且閘-源極電壓必須大於臨限電壓，即$V_{GS} > V_t$。

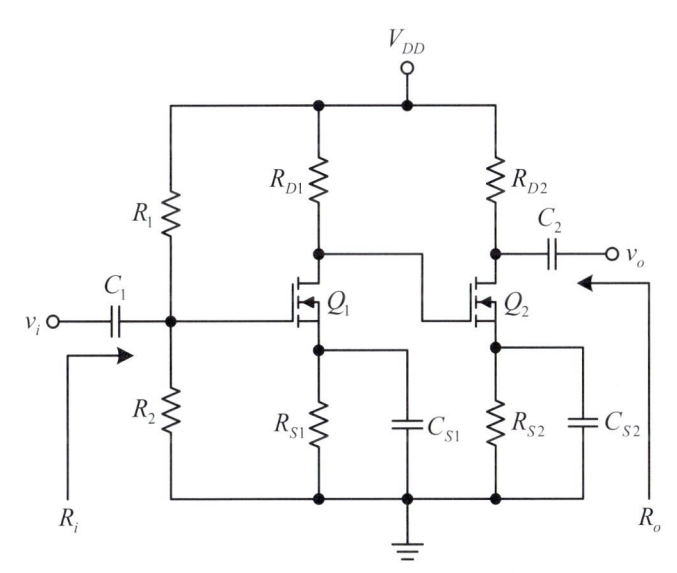

2. Q_1直流偏壓分析：

    (1) $V_{GS1} = V_{G1} - V_{S1} = V_{DD}\dfrac{R_2}{R_1+R_2} - I_{D1}R_{S1}$

    (2) $I_{D1} = K_1(V_{GS1} - V_{t1})^2$

    (3) 解(1)(2)聯立方程式，可得直流工作點V_{GS1}及I_{D1}

    (4) $V_{D1} = V_{DD} - I_{D1}R_{D1}$

    (5) $V_{DS1} = V_{DD} - I_{D1}R_{D1} - I_{D1}R_{S1}$

3. Q_2直流偏壓分析：

    (1) $V_{G2} = V_{D1}$

    (2) $V_{GS2} = V_{G2} - V_{S2} = V_{G2} - I_{D2}R_{S2}$

    (3) $I_{D2} = K_2(V_{GS2} - V_{t2})^2$

    (4) 解(2)(3)聯立方程式，可得直流工作點V_{GS2}及I_{D2}

    (5) $V_{D2} = V_{DD} - I_{D2}R_{D2}$

    (6) $V_{DS2} = V_{DD} - I_{D2}R_{D2} - I_{D2}R_{S2}$

4. 交流分析：

(1) 輸入阻抗R_i：等於第一級共源極放大器的輸入阻抗$R_i = R_1 // R_2$

(2) 輸出阻抗R_o：等於第二級共源極放大器的輸出阻抗$R_o = R_{D2}$

(3) 總電壓增益$A_{vT} = A_{v1} \times A_{v2}$：

① 第一級電壓增益：$A_{v1} = -g_{m1}R_{D1}$

② 第二級電壓增益（不含負載電阻R_L）：$A_{v2} = -g_{m2}R_{D2}$

③ 第二級電壓增益（包含負載電阻R_L）：$A_{v2} = -g_{m2}(R_{D2} // R_L)$

重點 2　共源極-共汲極直接耦合串級放大電路

1. 如圖所示由共源極放大器及共汲極放大器所組成的直接耦合串接放大電路。Q_1及Q_2使用N通道增強型MOSFET，工作在順向偏壓下且閘-源極電壓必須大於臨限電壓，即$V_{GS} > V_t$。

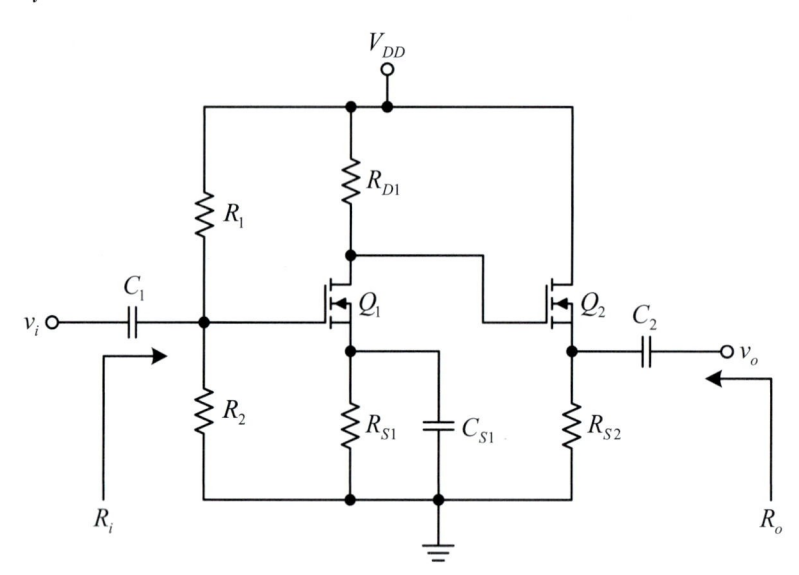

2. Q_1直流偏壓分析：

(1) $V_{GS1} = V_{G1} - V_{S1} = V_{DD}\dfrac{R_2}{R_1 + R_2} - I_{D1}R_{S1}$

(2) $I_{D1} = K_1(V_{GS1} - V_{t1})^2$

(3) 解(1)(2)聯立方程式，可得直流偏壓點V_{GS1}及I_{D1}

(4) $V_{D1} = V_{DD} - I_{D1}R_{D1}$

(5) $V_{DS1} = V_{DD} - I_{D1}R_{D1} - I_{D1}R_{S1}$

3. Q_2直流偏壓分析：

   (1) $V_{G2} = V_{D1}$

   (2) $V_{GS2} = V_{G2} - V_{S2} = V_{DD} - I_{D1}R_{D1} - I_{D2}R_{S2}$

   (3) $I_{D2} = K_2(V_{GS2} - V_{t2})^2$

   (4) 解(2)(3)聯立方程式，可得直流偏壓點V_{GS2}及I_{D2}

   (5) $V_{D2} = V_{DD}$

   (6) $V_{DS2} = V_{DD} - I_{D2}R_{S2}$

4. 交流分析：

   (1) 輸入阻抗R_i：等於第一級共源極放大器的輸入阻抗$R_i = R_1 // R_2$

   (2) 輸出阻抗R_o：等於第二級共源極放大器的輸出阻抗$R_o = R_{S2} // \dfrac{1}{g_{m2}}$

   (3) 總電壓增益$A_{vT} = A_{v1} \times A_{v2}$：

   ① 第一級電壓增益：$A_{v1} = -g_{m1}R_{D1}$

   ② 第二級電壓增益（不含負載電阻R_L）：$A_{v2} = \dfrac{g_{m2}R_{S2}}{1 + g_{m2}R_{S2}}$

   ③ 第二級電壓增益（包含負載電阻R_L）：$A_{v2} = \dfrac{g_{m2}(R_{S2} // R_L)}{1 + g_{m2}(R_{S2} // R_L)}$

重點 3　BJT與MOSFET串級放大電路特性比較

1. BJT串級放大電路主要優點：高互導增益及高工作頻率。

2. MOSFET串級放大電路主要優點：高輸入阻抗、熱穩定性高（負溫度特性）及製程簡單。因為MOSFET輸入阻抗極高，所以級與級間沒有負載效應。

老師講解

1. 如圖所示直接耦合串級放大電路，若 $R_1 = 220\,k\Omega$，$R_2 = 220\,k\Omega$，$R_{D1} = R_{D2} = 16\,k\Omega$，$R_{S1} = R_{S2} = 2\,k\Omega$。已知MOSFET工作於飽和區，$Q_1$及$Q_2$的順向互導相同 $g_{m1} = g_{m2} = 1\,mA/V$。下列敘述何者錯誤？
(A)輸入阻抗 $R_i = 110\,k\Omega$
(B)輸出阻抗 $R_o = 16\,k\Omega$
(C)第一級電壓增益 $A_{v1} = -8$
(D)總電壓增益 $A_{vT} = 256$

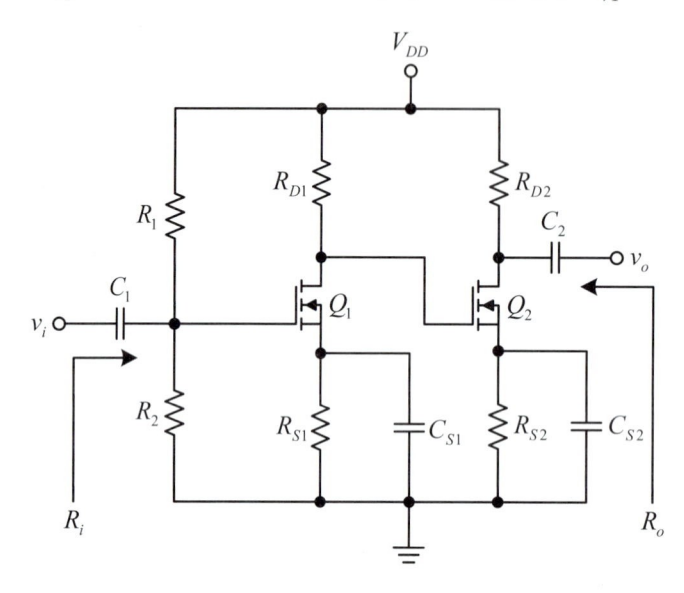

解 (C)

(1) 輸入阻抗 $R_i = R_1 // R_2 = 220k // 220k = 110\,k\Omega$

(2) 輸出阻抗 $R_o = R_{D2} = 16\,k\Omega$

(3) 第一級電壓增益：$A_{v1} = -g_{m1}R_{D1} = -1m \times 16k = -16$

(4) 第二級電壓增益：$A_{v2} = -g_{m2}R_{D2} = -1m \times 16k = -16$

(5) 總電壓增益：$A_{vT} = -16 \times -16 = 256$

2. 承上圖中，某生因為實驗中不慎將Q_1燒毀，更換Q_1後，下列何者最不可能會改變？
(1)輸入阻抗　(2)輸出阻抗　(3)第一級電壓增益　(4)第二級電壓增益
(A)(1)及(2)　(B)(3)及(4)　(C)(1)及(3)　(D)(2)及(4)

解 (A)

更換Q_1後，元件參數K_1不同，可能影響直流偏壓，導致電壓增益改變，但不會影響輸入及輸出阻抗。

第 8 章 金氧半場效電晶體多級放大電路

學生練習

1. 如圖所示直接耦合串級放大電路，若 $R_1 = 390 \text{ k}\Omega$，$R_2 = 130 \text{ k}\Omega$，$R_{D1} = 16 \text{ k}\Omega$，$R_{S1} = 4 \text{ k}\Omega$，$R_{S2} = 8 \text{ k}\Omega$。已知MOSFET工作於飽和區，$Q_1$ 及 Q_2 的順向互導相同 $g_{m1} = g_{m2} = 0.5 \text{ mA/V}$，下列敘述何者錯誤？
   (A)輸入阻抗 $R_i = 97.5 \text{ k}\Omega$
   (B)輸出阻抗 $R_o = 8 \text{ k}\Omega$
   (C)第一級電壓增益 $A_{v1} = -8$
   (D)第二級電壓增益 $A_{v2} = 0.8$

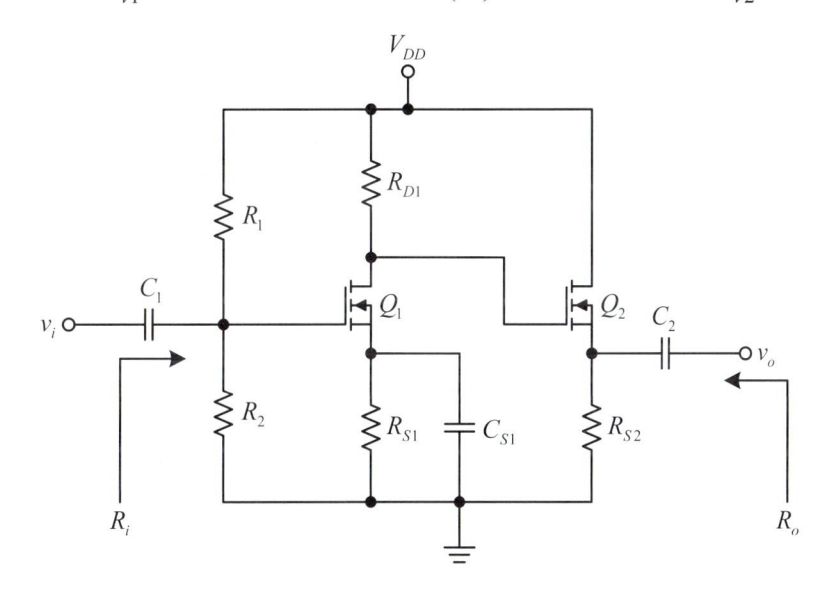

2. 承上題圖中，某生在完成電路接線後，使用示波器測量輸出峰值電壓與輸入峰值電壓比近似值約等於2。假設所使用的元件數值都正確，則最有可能是下列哪一種故障？
   (A)R_{S1} 開路　(B)C_{S1} 開路　(C)R_{S1} 短路　(D)C_{S1} 短路

ABCD 立即練習

基礎題

( ) 1. 對於串級與單級共源極放大電路之比較敘述，下列何者正確？
(A)串級共源極放大電路總電壓增益較高
(B)串級共源極放大電路總電流增益較高
(C)串級共源極放大電路頻寬較寬
(D)串級共源極放大電路輸出阻抗較大

( ) 2. 在積體電路中，串級放大電路常使用何種耦合方式？
(A)直接耦合 (B)電容耦合 (C)變壓器耦合 (D)電感耦合

進階題

( ) 1. 如圖(1)所示串級共源極放大電路，已知MOSFET參數 $K_1 = 0.2 \text{ mA/V}^2$，$K_2 = 0.5 \text{ mA/V}^2$，靜態汲極 $I_{D1} = 0.2 \text{ mA}$，$I_{D2} = 0.5 \text{ mA}$，則下列敘述何者錯誤？
(A)輸入阻抗 $R_i = 97.5 \text{ k}\Omega$
(B)輸出阻抗 $R_o = 0.727 \text{ k}\Omega$
(C)順向互導 $g_{m1} = 0.4 \text{ mA/V}$，$g_{m2} = 1 \text{ mA/V}$
(D)電壓增益 $\dfrac{v_o}{v_i} = -6.4$

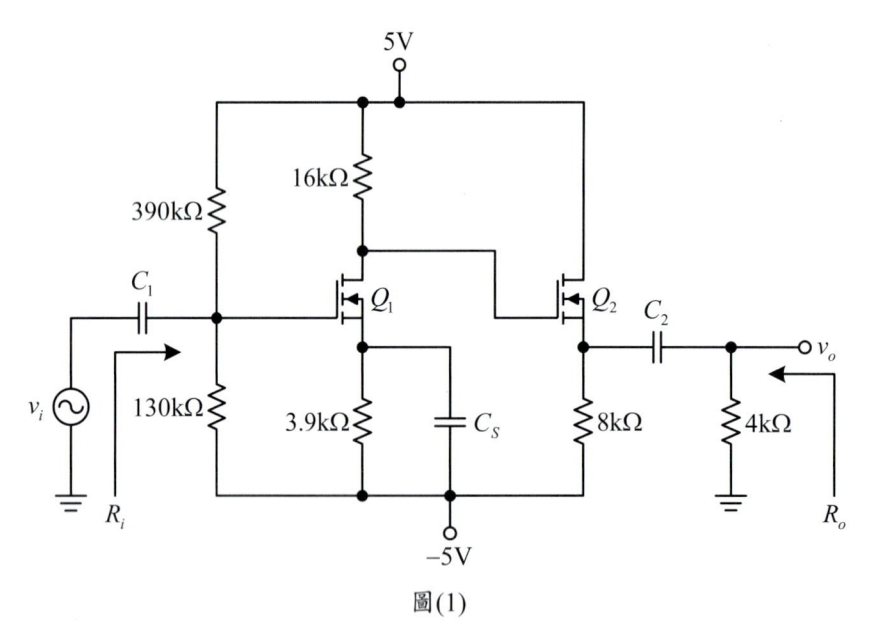

圖(1)

( ) 2. 關於BJT串級放大電路與MOSFET串級放大電路比較，下列敘述何者錯誤？
(A)BJT串級放大電路輸入阻抗較高
(B)BJT串級放大電路具有較高的工作頻率
(C)MOSFET串級放大電路製程較簡單
(D)MOSFET串級放大電路熱穩定性較高

8-3 米勒效應（Miller effect）

理論重點

重點 1 米勒模型及等效電路

1. 所謂米勒效應是指在放大器的輸入端及輸出端跨接一阻抗Z，在輸入端及輸出端會產生相對應的等效阻抗Z_1及Z_2。

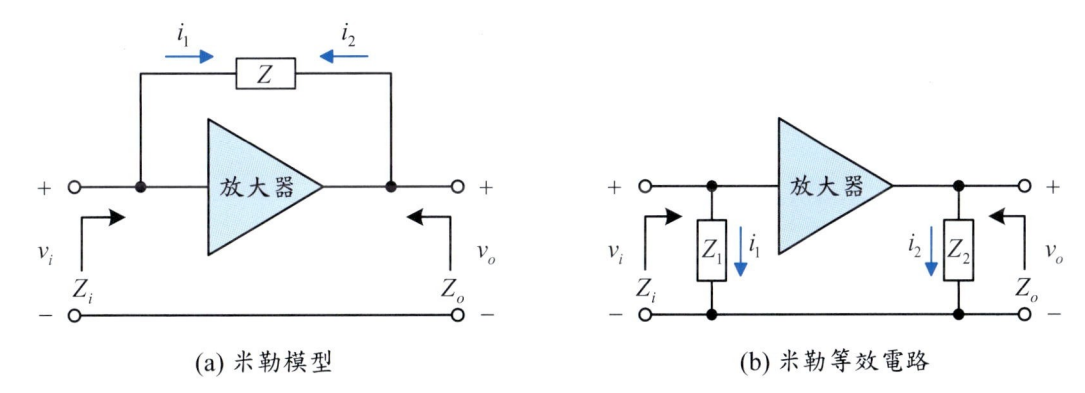

(a) 米勒模型　　　　　　(b) 米勒等效電路

2. 放大器電壓增益A_v：

$$A_v = \frac{v_o}{v_i}$$

3. 輸入端等效阻抗Z_1：

(1) $\dfrac{v_i - v_o}{Z} = \dfrac{v_i}{Z_1}$

(2) $Z_1 = \dfrac{v_i}{\dfrac{v_i - v_o}{Z}} = \dfrac{1}{1 - \dfrac{v_o}{v_i}} Z = (\dfrac{1}{1 - A_v})Z$

(3) 若Z為電容，則$C_1 = (1 - A_v)C$

4. 輸出端等效阻抗Z_2：

(1) $\dfrac{v_o - v_i}{Z} = \dfrac{v_o}{Z_2}$

(2) $Z_2 = \dfrac{v_o}{\dfrac{v_o - v_i}{Z}} = \dfrac{1}{1 - \dfrac{v_i}{v_o}} Z = (\dfrac{1}{1 - \dfrac{1}{A_v}})Z$

(3) 若Z為電容，則$C_2 = (1 - \dfrac{1}{A_v})C$

重點 2　MOSFET的高頻電容

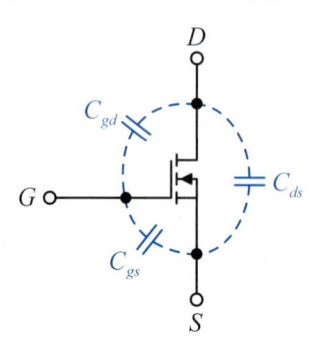

1. 影響MOSFET高頻響應的主要原因是 ＿＿＿＿＿ 及 ＿＿＿＿＿。如圖所示MOSFET極際電容分佈情況，包含閘-汲極電容C_{gd}、閘-源極電容C_{gs}及汲-源極電容C_{ds}等三個極際電容。雜散電容是指信號端與接地間的電容，包含輸入雜散電容C_{W1}及輸出雜散電容C_{W2}，但是C_{W1}、C_{W2}通常很小。

MOSFET極際電容分佈情況

2. 在MOSFET截止時，汲極電壓大於閘極電壓，汲極電壓開始對寄生電容C_{gd}充電，寄生電容所儲存的電荷，需要利用V_{GS}注入閘極正電荷來中和，米勒效應會增加MOSFET的導通損耗。理論上可以在MOSFET驅動級的閘-源極加上足夠大的電容來消除米勒效應，但會增加導通的時間。

3. 對於MOSFET共源極放大電路而言，閘-汲極電容C_{gd}將會因米勒效應而變大，成為影響放大器高頻響應的主要原因。改用 ＿＿＿＿＿ 放大電路或是 ＿＿＿＿＿ 放大電路，可以減少米勒效應的影響。

答案：1. 極際電容、雜散電容
　　　3. 共汲極、共閘極

第 8 章 金氧半場效電晶體多級放大電路

重點 3 MOSFET共源極放大電路之高頻等效電路

1. 如圖所示MOSFET共源極放大電路,在高頻下的共源極放大電路,閘-汲極電容 C_{gd} 會因米勒效應而產生如圖(b)所示的米勒電容 C_M。

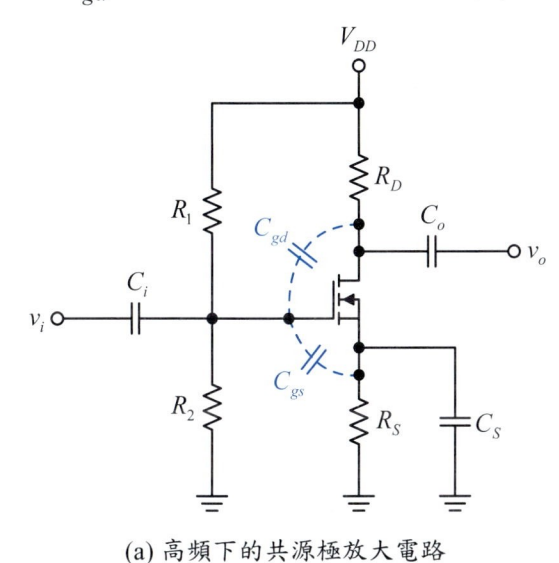

(a) 高頻下的共源極放大電路 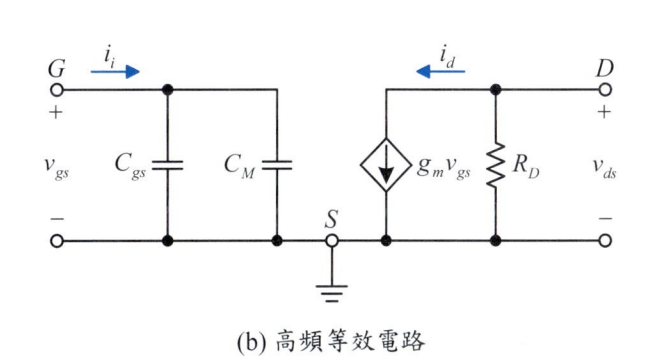   (b) 高頻等效電路

2. 放大器電壓增益 A_v:

$$A_v = \frac{v_o}{v_i} = -g_m R_D$$

3. 輸入端等效電容 C_1:

$$C_1 = C_{W1} + C_{gs} + C_M \approx C_{gs} + C_M = C_{gs} + (1-A_v)C_{gd} \approx C_{gs} + (1+g_m R_D)C_{gd}$$

4. 輸出端等效電容 C_2:

$$C_2 = C_{W2} + (1 - \frac{1}{A_v})C_{gd} = C_{W2} + (1 + \frac{1}{g_m R_D})C_{gd} \approx C_{W2} + C_{gd}$$

5. 截止頻率 f_T

   (1) 截止頻率 f_T 定義為FET元件小信號電流增益等於 _____ 時之輸入信號頻率。

   (2) 截止頻率 f_T 是測量MOSFET放大電路高頻操作範圍的重要參數,愈 _____ 愈好。

   (3) $A_i = \left|\frac{i_d}{i_i}\right| = \left|\frac{g_m v_{gs}}{j\omega(C_{gs}+C_M)v_{gs}}\right| = \frac{g_m v_{gs}}{2\pi f(C_{gs}+C_M)v_{gs}} = \frac{g_m}{2\pi f(C_{gs}+C_M)}$

   (4) 當 $A_i = 1$ 時,可以得到截止頻率 $f_T = f = \dfrac{g_m}{2\pi(C_{gs}+C_M)}$。

答案:5. (1) 1   (2) 大

老師講解

1. 對於共汲（Common Drain）放大電路米勒效應（Miller Effect）的敘述，下列何者正確？
(A)共汲放大器的米勒效應大是因為負載電阻大的關係
(B)共汲放大器的米勒效應小是因為輸出端與輸入端無寄生電容的關係
(C)共汲放大器的米勒效應大是因為電流增益大的關係
(D)共汲放大器的米勒效應小是因為電壓增益小的關係

解 (D)

共汲放大器米勒電容為$(1-A_v)C_{gd}$，因電壓增益$A_v<1$，所以米勒效應小。

學生練習

1. 有關MOSFET放大電路米勒效應（Miller Effect）的敘述，下列何者正確？
(A)造成汲極電流I_D會隨著汲-源極電壓V_{DS}之增加而增加
(B)共源極放大電路輸入側之等效電容有放大的現象
(C)高頻響應變佳
(D)常發生於共汲極放大電路中

立即練習

基礎題

(　　)1. 影響FET放大器高頻響應的主要電容為何？
(A)耦合電容及旁路電容　　(B)雜散電容及極際電容
(C)耦合電容及雜散電容　　(D)旁路電容及極際電容

(　　)2. 對於共源放大器而言，米勒效應最主要由下列何種電容產生？
(A)閘-源間極際電容C_{gs}　　(B)閘-汲間極際電容C_{gd}
(C)汲-源間極際電容C_{ds}　　(D)以上皆是

8-4 疊接放大電路 🔥🔥🔥

理論重點

重點 1 MOSFET疊接放大電路

1. 如圖所示MOSFET疊接放大電路,第一級由Q_1組成共源極放大電路,第二級由Q_2組成共閘極放大電路。輸入信號v_i由Q_1閘極輸入,並由Q_1汲極輸出疊接至Q_2源極輸入,最後由Q_2的汲極輸出至v_o。

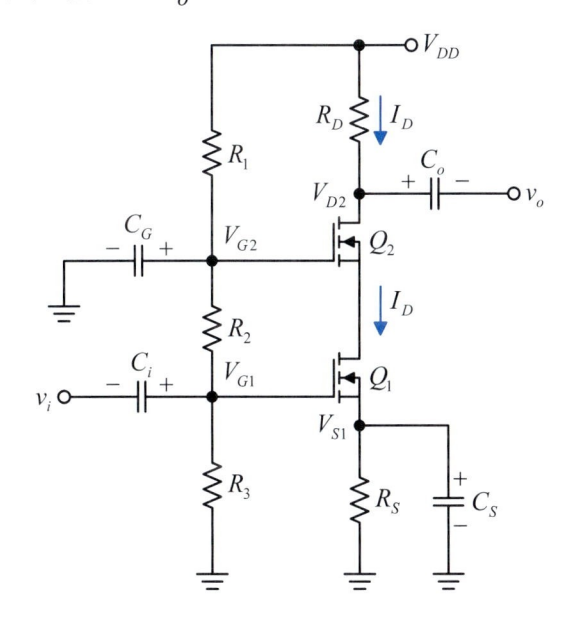

2. 第一級放大電路:串接放大電路及疊接放大電路的第一級都是使用共源放大電路,其目的是用來增加 _____ 及 _____ 。

3. 第二級放大電路:

   (1) 串級放大電路第二級使用共源極放大電路,閘-汲極際電容C_{gd}將因米勒效應而增為 _____ C_{gd},高頻響應變差,頻寬變窄。

   (2) 疊接放大電路第二級使用共閘極放大電路,閘-汲極際電容C_{gd}無米勒效應,高頻響應較 _____ 。

答案:2. 輸入阻抗、電壓增益

3. (1) $(1+g_m R_D)$　　　　(2) 佳

重點 2　疊接放大電路直流分析

1. Q_1直流偏壓分析：

    (1) $V_{G1} = V_{DD} \dfrac{R_3}{R_1 + R_2 + R_3}$

    (2) $V_{S1} = I_{D1} R_S$

    (3) $V_{GS1} = V_{G1} - V_{S1} = V_{DD} \dfrac{R_3}{R_1 + R_2 + R_3} - I_{D1} R_S$

    (4) $I_{D1} = K_1 (V_{GS1} - V_{t1})^2$

    (5) 解(3)(4)聯立方程式，可得工作點V_{GS1}及I_{D1}

    (6) $g_{m1} = 2K_1 (V_{GS1} - V_{t1})$

2. Q_2直流偏壓分析：

    (1) $V_{G2} = V_{DD} \dfrac{R_2 + R_3}{R_1 + R_2 + R_3}$

    (2) 假設Q_1及Q_2特性完全相同，則$I_{D1} = I_{D2}$，$K_1 = K_2$，$V_{t1} = V_{t2}$，$V_{GS1} = V_{GS2}$

    (3) $V_{D1} = V_{G2} - V_{GS2} = V_{S2}$

    (4) $V_{D2} = V_{DD} - I_{D2} R_D$

    (5) $V_{DS1} = V_{D1} - V_{S1}$

    (6) $V_{DS2} = V_{D2} - V_{S2}$

    (7) $g_{m2} = 2K_2 (V_{GS2} - V_{t2})$

重點 3　疊接放大電路交流分析

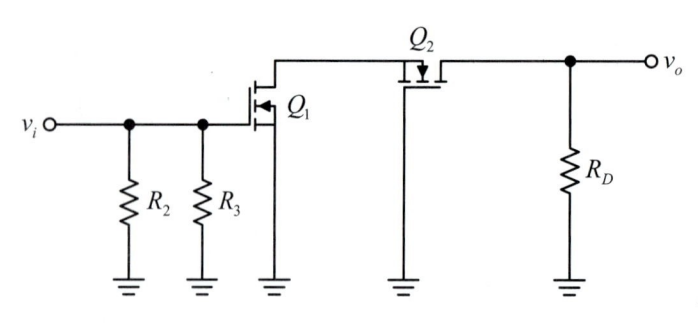

1. 如圖所示疊接放大電路之交流等效電路，電容C_i、C_G、C_S及C_o交流等效短路，直流電源V_{DD}交流等效短路。因此，R_1及R_S電阻器因短路而無效，而R_2及R_3等效接地。第一級由Q_1組成＿＿＿＿＿＿放大電路，第二級由Q_2組成＿＿＿＿＿＿放大電路，使用共閘極放大電路可以有效降低米勒效應。

2. 交流分析：

   (1) 輸入阻抗 $R_i = R_2 \mathbin{/\mkern-6mu/} R_3$

   (2) 輸出阻抗 $R_o = R_D$

   (3) 第一級電壓增益 $A_{v1} = -g_{m1} \times \dfrac{1}{g_{m2}} = -\dfrac{g_{m1}}{g_{m2}}$，

   若 Q_1 與 Q_2 特性完全相同，$g_{m1} = g_{m2}$，則 $A_{v1} = -1$

   (4) 第二級電壓增益 $A_{v2} = g_{m2}R_D$

   (5) 總電壓增益 $A_{vT} = A_{v1} \times A_{v2} = -\dfrac{g_{m1}}{g_{m2}} \times g_{m2}R_D = -g_{m1}R_D$

   (6) 第一級使用共源極放大器，但電壓增益近似於1，所以米勒效應小。第二級使用共閘極放大器，米勒效應也很小。因此，疊接放大電路的高頻響應比串接放大電路好。

答案：1. 共源極、共閘極

重點 4 提高疊接放大電路電壓增益

1. 如圖(a)所示疊接放大器（未畫出偏壓電路），第一級共源放大器的電壓增益受限於第二級共閘極放大器的輸入阻抗，通常為1。第二級共閘極放大器的電壓增益受限於負載電阻 R_D，雖然提高負載電阻 R_D 可以增加電壓增益，但是卻降低了汲極電流 I_D，MOSFET可能操作於非線性區。

2. 如圖(b)所示將負載電阻改用電流源，即可以提高汲極電流，又可以提高負載電阻使第二級放大電路的電壓增益變大。

3. 如圖(c)所示將電流源改用MOSFET電流鏡，在製造積體電路較簡單。

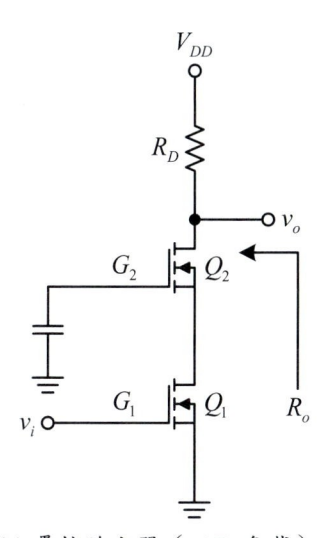

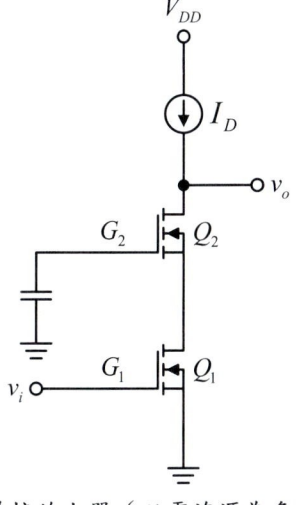

(a) 疊接放大器（以 R_D 負載）　(b) 疊接放大器（以電流源為負載）　(c) 疊接放大器（以電流鏡為負載）

疊接放大器的負載設計

4. 電流鏡電流分析

(1) $V_{SG4} = V_{DD} - I_{D4}R_D$

(2) 汲極電流I_D：
因為$V_{SG3} = V_{SG4}$，所以$I_{D1} = I_{D2} = I_{D3} = I_{D4} = K_4(V_{SG4} - V_t)^2$

(3) 輸出阻抗$R_o = (1 + g_{m2}r_{d2})r_{d1} // r_{d3}$

(4) 總電壓增益$A_{vT} = A_{v1} \times A_{v2} = -1 \times g_{m2}R_o = -g_m R_o$

老師講解

1. 如圖所示疊接放大電路，已知$K_1 = K_2 = 1\,\text{mA/V}^2$，$V_{t1} = V_{t2} = 2\,\text{V}$，$R_1 = R_2 = R_3 = 100\,\text{k}\Omega$，$R_S = 1\,\text{k}\Omega$，$R_D = 5\,\text{k}\Omega$，電源電壓$V_{DD} = 12\,\text{V}$。則下列敘述何者錯誤？
   (A)第一級由Q_1組成共源極放大電路，第二級由Q_2組成共閘極放大電路
   (B)Q_1工作時之電壓$V_{DS1} = 4\,\text{V}$，電流$I_{D1} = 1\,\text{mA}$
   (C)Q_2工作時之電壓$V_{DS2} = 3\,\text{V}$，電流$I_{D2} = 1\,\text{mA}$
   (D)疊接放大電路主要目的是提升高頻響應

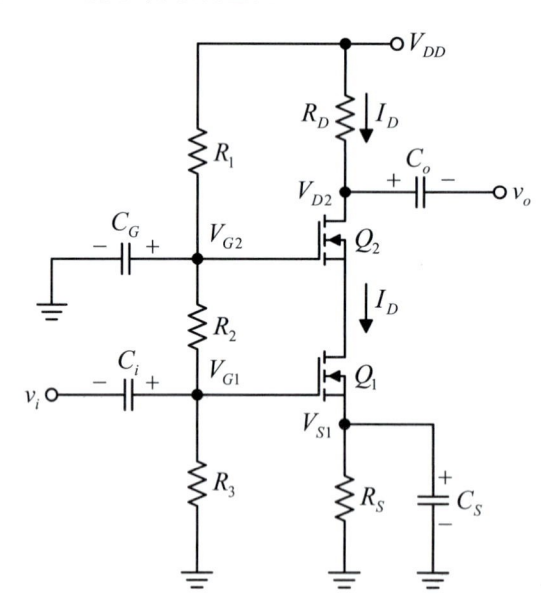

解 (C)

(1) $V_{G1} = V_{DD}\dfrac{R_3}{R_1 + R_2 + R_3} = 12 \times \dfrac{100\text{k}}{100\text{k} + 100\text{k} + 100\text{k}} = 4\,\text{V}$

(2) $V_{GS1} = V_{G1} - V_{S1} = 4 - I_{D1}R_S = 4 - I_{D1}$

(3) $I_{D1} = 1 \times (V_{GS1} - 2)^2 = (V_{GS1} - 2)^2$

(4) 解(2)(3)聯立方程式得工作點$V_{GS1} = 3\,\text{V}$及$I_{D1} = 1\,\text{mA}$

(5) $V_{G2} = V_{DD}\dfrac{R_2 + R_3}{R_1 + R_2 + R_3} = 12 \times \dfrac{100\text{k} + 100\text{k}}{100\text{k} + 100\text{k} + 100\text{k}} = 8\text{ V}$

(6) 因為$K_1 = K_2$，$V_{t1} = V_{t2}$，Q_1及Q_2特性完全相同，
所以$V_{GS1} = V_{GS2} = 3\text{ V}$，$I_{D1} = I_{D2} = 1\text{ mA}$

(7) $V_{D1} = V_{G2} - V_{GS2} = 8 - 3 = 5\text{ V}$

(8) $V_{DS1} = V_{D1} - V_{S1} = V_{D1} - I_{D1}R_S = 5 - 1 \times 1 = 4\text{ V}$

(9) $V_{D2} = V_{DD} - I_{D2}R_D = 12 - 1 \times 5 = 7\text{ V}$

(10) $V_{DS2} = V_{D2} - V_{S2} = V_{D2} - V_{D1} = 7 - 5 = 2\text{ V}$

2. MOSFET疊接（Cascode）放大器與共源極（CS）放大器比較，下列敘述何者錯誤？
(A)約有相同的輸入電阻
(B)約有相同的電壓增益
(C)約有相同的頻寬
(D)疊接放大器的兩個MOSFET具有相同的汲極電流

解 (C)

疊接放大器第一級共源極放大器電壓增益約為1，且第二級使用共閘極放大器，米勒效應小，頻寬較大。

學生練習

1. 某生使用上題疊接放大電路進行實驗，調整函數波信號產生器輸出峰對峰值2V正弦波，將其加入電路輸入端v_i，使用示波器測量電路輸出端峰對峰值電壓為何？
(A)–20V　(B)–10V　(C)10V　(D)20V

2. 承上題，若示波垂直刻度調整至5V / DIV，則輸出波形峰對峰值佔用幾格？
(A)2　(B)4　(C)5　(D)10

ABCD 立即練習

基礎題

(　)1. 疊接放大電路與串接放大電路比較,其最主要的功用為何?
(A)增加輸入阻抗　(B)減少輸出阻抗　(C)增加電壓增益　(D)增加頻寬

(　)2. 如圖(1)所示疊接(Cascode)放大器,關於其中電晶體Q_2的作用,下列敘述何者錯誤?
(A)降低米勒效應　(B)增加放大器頻寬　(C)增加輸出阻抗　(D)降低V_{DD}電壓

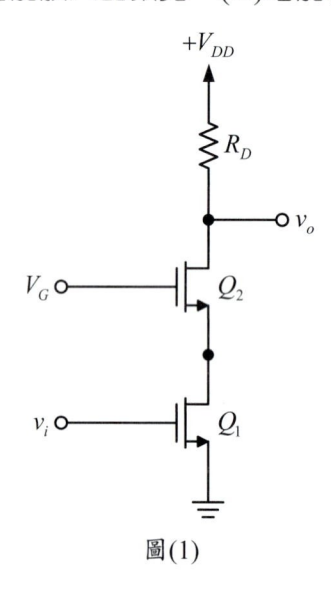

圖(1)

(　)3. 在共源極(CS)放大器、共閘極(CG)放大器、共汲極(CD)放大器、疊接(Cascode)放大器,具有最大輸入電阻為下列何者?
(A)CS放大器　(B)CG放大器　(C)CD放大器　(D)疊接放大器

(　)4. MOSFET疊接放大器由兩級組成,其主要電壓增益來自何者?
(A)第一級的共源極放大器　　　　(B)第二級的共源極放大器
(C)第一級的共閘極放大器　　　　(D)第二級的共閘極放大器

進階題

(　)1. 某生想要比較如圖(1)所示疊接(Cascode)放大器(未畫出偏壓電路)與單一共源極(CS)放大器之不同處,下列敘述何者錯誤?
(A)約有相同的輸入電阻
(B)約有相同的電壓增益
(C)約有相同的頻寬
(D)疊接放大器的兩個電晶體,具有相同的汲極電流

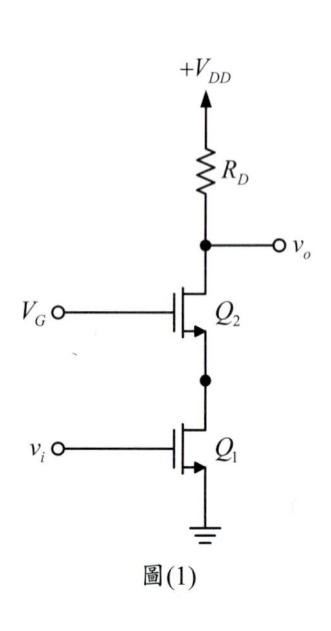

圖(1)

( )2. 承上題圖中,若MOSFET電晶體Q_1、Q_2之順向互導分別g_{m1}、g_{m2},且輸出電阻r_{o1}、r_{o2}均為∞。求此疊接放大器之小訊號電壓增益$\dfrac{v_o}{v_i}$為何?
(A)$-g_{m1}R_D$ (B)$g_{m1}R_D$ (C)$-g_{m2}R_D$ (D)$g_{m2}R_D$

( )3. 如圖(2)所示疊接放大器,已知$g_{m1} = g_{m2} = 2\ \text{mA/V}$,$R_D = 5\ \text{k}\Omega$,$R_S = 2\ \text{k}\Omega$,求其電壓增益$\dfrac{v_o}{v_i}$為多少? (A)–4 (B)4 (C)–10 (D)10

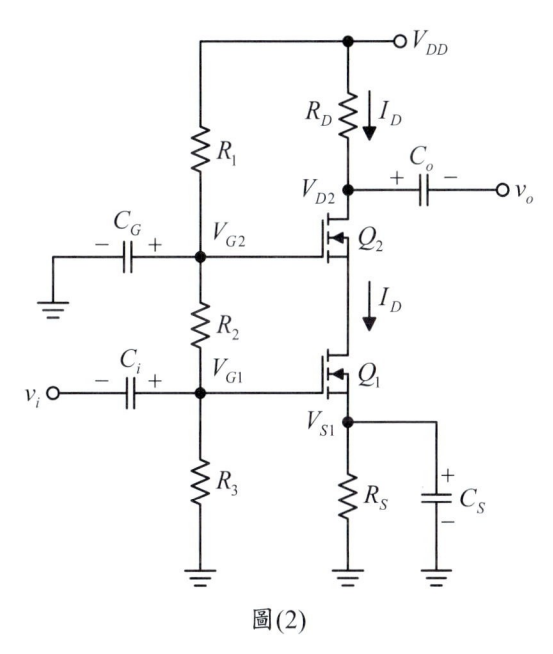

圖(2)

( )4. 假設CS、CD與CG分別為共源極、共汲極與共閘極放大器,小華想要製作一個適用於高頻的疊接或串接放大器,下列何者較為適合?

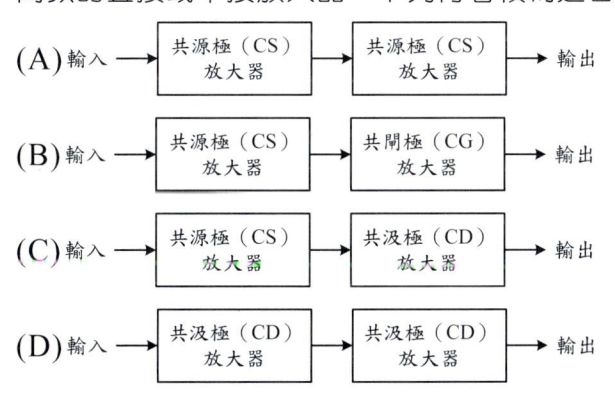

(A) 輸入 → 共源極(CS)放大器 → 共源極(CS)放大器 → 輸出

(B) 輸入 → 共源極(CS)放大器 → 共閘極(CG)放大器 → 輸出

(C) 輸入 → 共源極(CS)放大器 → 共汲極(CD)放大器 → 輸出

(D) 輸入 → 共汲極(CD)放大器 → 共汲極(CD)放大器 → 輸出

歷屆試題

最新統測試題

( ) 1. 有關MOSFET共源極CS組態電路與共閘極CG組態電路組成之疊接放大電路，下列敘述何者正確？
(A)總電壓增益$|A_{vt}|$小於1　　(B)輸出電壓與輸入電壓同相位
(C)共閘極組態電路用來提升輸入阻抗　(D)有效減低米勒電容效應
[8-4][111統測]

( ) 2. 如圖(1)所示MOSFET疊接放大電路，$R_S = 300\,\Omega$，$R_D = 2.7\,\text{k}\Omega$，$R_{G1} = R_{G2} = 3\,\text{M}\Omega$，$R_{G3} = 4.7\,\text{M}\Omega$。已知MOSFET均操作於飽和區且$Q_1$之轉移電導$g_{m1} = 25\,\text{mA/V}$，$Q_2$之轉移電導$g_{m2} = 30\,\text{mA/V}$，汲極交流電阻$r_d$均忽略不計，則電壓增益$v_o/v_i$為何？　(A)−55　(B)−67.5　(C)−74.2　(D)−81
[8-4][112統測]

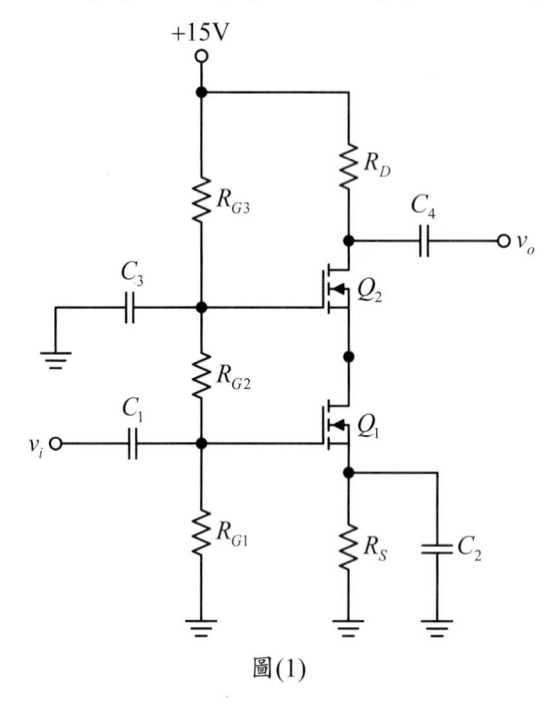

圖(1)

( ) 3. 如圖(2)所示電路之N通道MOSFET疊接放大電路，電晶體M_1之臨界電壓（threshold voltage）$V_{t1} = 3\,\text{V}$、參數$K_1 = 4\,\text{mA/V}^2$，電晶體M_2之臨界電壓$V_{t2} = 2.5\,\text{V}$、參數$K_2 = 1\,\text{mA/V}^2$，$R_G = 1\,\text{M}\Omega$，$R_L = 10\,\text{k}\Omega$，若汲極電阻r_d皆忽略，則此電路之電壓增益$A_v = v_o/v_i$約為何？　(A)−1.98　(B)−2.82　(C)−3.56　(D)−4.58
[8-4][113統測]

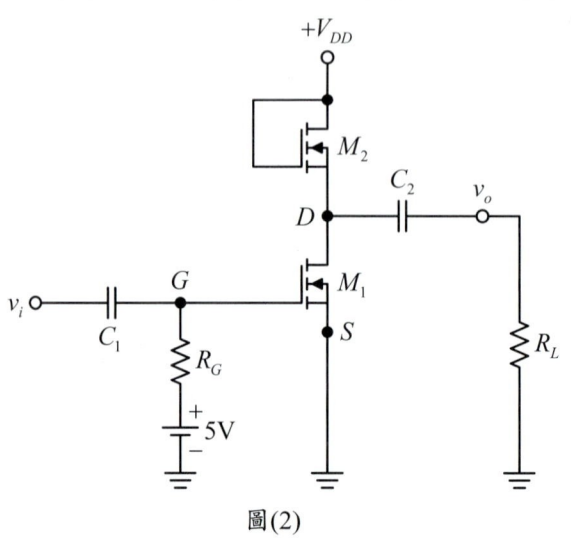

圖(2)

( )4. 如圖(3)所示串級放大實驗電路，MOSFET Q_1之參數$K_1 = 0.5\,\text{mA}/\text{V}^2$、臨界電壓$V_{t1} = 1\,\text{V}$，$Q_2$之參數$K_2 = 0.5\,\text{mA}/\text{V}^2$、臨界電壓$V_{t2} = 1.5\,\text{V}$，調整$R_{G1}$後測得兩電晶體直流工作點之$Q_1$汲極電流$I_{D1} = 0.5\,\text{mA}$、$Q_2$汲極電流$I_{D2} = 2\,\text{mA}$，則放大器之電壓增益$v_o/v_i$為何？　(A)15　(B)−10　(C)−12　(D)−15

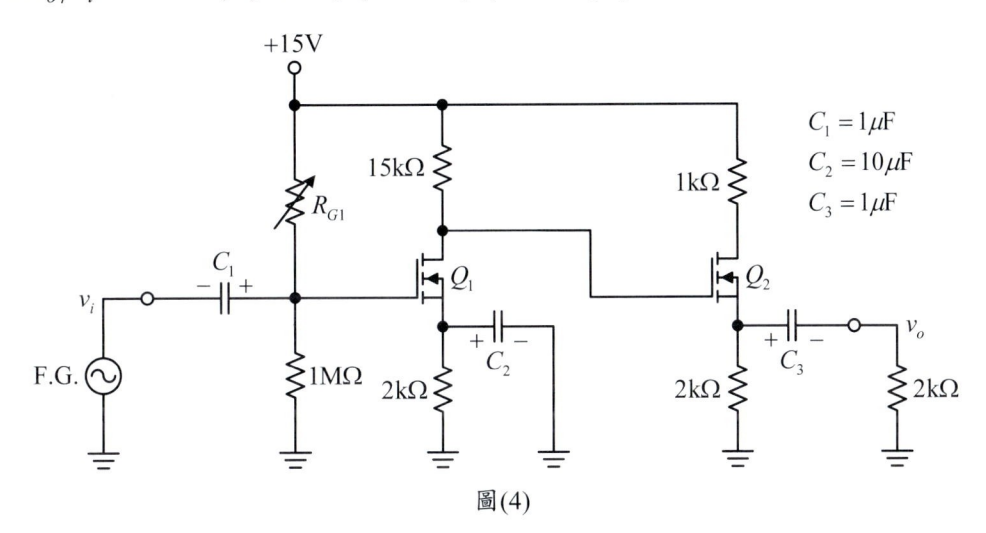

[8-2][114統測]

圖(4)

模擬演練

電子學試題

( )1. 串級放大電路最主要的目的為何？
(A)提高輸入阻抗 (B)減少輸出阻抗 (C)提高電壓增益 (D)減少功率消耗 [8-1]

( )2. 共源極串級放大電路與單級共源極放大電路比較，下列有關串級放大電路的敘述何者正確？
(A)輸入阻抗增加 (B)輸出阻抗減少 (C)電壓增益增加 (D)頻率響應較佳 [8-1]

( )3. 下列有關MOSFET直接耦合串級放大電路之敘述，何者正確？
(A)電路穩定度極高 (B)各級間之直流偏壓工作點不會相互干擾
(C)各級間阻抗匹配容易 (D)低頻響應佳 [8-2]

( )4. MOSFET串級放大電路常使用直接耦合，其原因為何？
(A)製程簡單 (B)偏壓設計容易 (C)低頻響應良好 (D)高頻響應良好 [8-2]

( )5. MOSFET串接放大器第一級通常使用共源極放大器的主要原因為何？
(A)輸入阻抗較高 (B)輸出阻抗較高 (C)電壓增益較高 (D)頻率響應較好 [8-2]

( )6. 如圖(1)所示MOSFET串級放大電路，若$V_{DD} = 12\text{ V}$，$R_1 = 330\text{ k}\Omega$，$R_2 = 330\text{ k}\Omega$，$R_{D1} = 3\text{ k}\Omega$，$R_{S1} = 1.5\text{ k}\Omega$，$R_{D2} = 3\text{ k}\Omega$，$R_{S2} = 1.5\text{ k}\Omega$。已知MOSFET工作於飽和區，$Q_1$及$Q_2$的參數$K_1 = K_2 = 2\text{ mA/V}^2$，$V_{t1} = V_{t2} = 2\text{ V}$，關於直流分析的敘述，下列敘述何者錯誤？ (A)$I_{D1} = 2\text{ mA}$ (B)$V_{D1} = 6\text{ V}$ (C)$I_{D2} = 3\text{ mA}$ (D)$V_{D2} = 6\text{ V}$ [8-2]

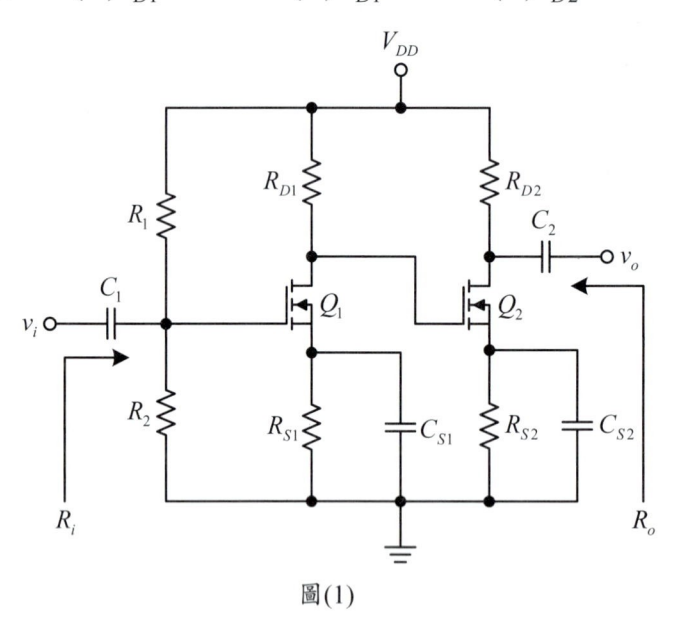

圖(1)

( )7. 承第6題，若$r_{d1} = r_{d2} = 12\text{ k}\Omega$，關於交流分析的敘述，下列敘述何者錯誤？
(A)輸入阻抗$R_i = 165\text{ k}\Omega$ (B)輸出阻抗$R_o = 2.4\text{ k}\Omega$
(C)第一級電壓增益$A_{v1} = -12$ (D)總電壓增益$A_{vT} = 92.16$ [8-2]

( )8. 承第6題，Q_1、Q_2操作於哪一個區域？
(A)Q_1操作於歐姆區、Q_2操作於歐姆區
(B)Q_1操作於歐姆區、Q_2操作於飽和區
(C)Q_1操作於飽和區、Q_2操作於歐姆區
(D)Q_1操作於飽和區、Q_2操作於飽和區 [8-2]

第 8 章 金氧半場效電晶體多級放大電路

( )9. 影響共源極放大器高頻響應最主要的電容為何？
(A)C_{gs} (B)C_{gd} (C)C_{ds} (D)C_{bc} [8-3]

( )10. 共源極放大器之米勒效應會造成何種影響？
(A)輸入阻抗增加 (B)輸出阻抗減少 (C)低頻響應變差 (D)高頻響應變差 [8-3]

( )11. 如圖(2)所示疊接放大器（偏壓電路未顯示）與單一共源極放大器比較，具有何種優點？
(A)較大的輸入電阻
(B)較大的輸出阻抗
(C)較大的電壓增益
(D)較大的頻寬 [8-4]

( )12. 承第11題，在適當的直流偏壓設計下，已知Q_1及Q_2順向互導$g_{m1} = g_{m2} = 2$ mA/V，輸出阻抗$r_{o1} = r_{o2} = 20$ kΩ。若$R_D = 5$ kΩ，則Q_2的電壓增益為多少？
(A)8 (B)−8 (C)10 (D)−10 [8-4]

( )13. 承第11題，求疊接放大器的總電壓增益為多少？
(A)−8 (B)−10 (C)8 (D)−320 [8-4]

圖(2)

( )14. 關於疊接放大器與串接放大器的比較敘述，下列何者正確？
(A)串接放大器輸入阻抗較大 (B)串接放大器輸出阻抗較大
(C)疊接放大器電壓增益較大 (D)疊接放大器高頻響應較佳 [8-4]

( )15. 如圖(3)所示電路為何種電路？
(A)串接放大器且Q_1及Q_2皆為共源極放大器
(B)疊接放大器且Q_1及Q_2皆為共源極放大器
(C)串接放大器且Q_1為共源極放大器、Q_2為共閘極放大器
(D)疊接放大器且Q_1為共源極放大器、Q_2為共閘極放大器 [8-4]

圖(3)

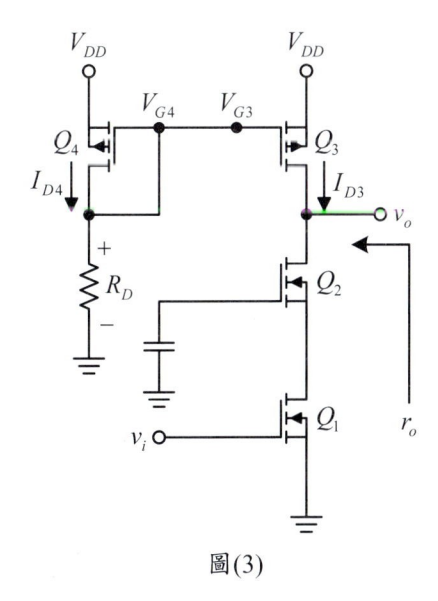

( )16. 承第15題，若所有MOSFET元件特性完全相同，且順向互導$g_m = 2$ mA/V，輸出電阻$r_o = 20$ kΩ，求電路總電壓增益為多少？
(A)40 (B)−40 (C)1600 (D)−1600 [8-4]

電子學實習試題

( )1. 如圖(1)所示是由兩個完全相同的MOSFET以直接耦合串級合成的放大電路，假設電路的總電壓增益為 $A_{vT} = \dfrac{v_o}{v_i}$。小華於輸出端$v_o$連接一負載電阻$R_L$接地。試問當負載電阻$R_L$由10MΩ逐漸減小到8Ω的過程中，$A_{vT}$會發生什麼樣的變化？
(A)由大漸變小　(B)由小漸變大　(C)維持不變　(D)先變大再變小　　　[8-2]

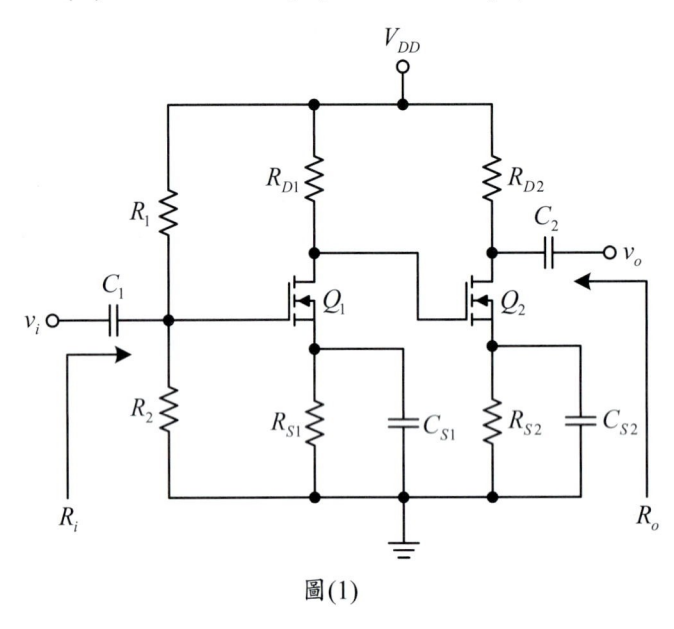

圖(1)

( )2. 承第1題，小華將負載電阻再由8Ω逐漸變大到10MΩ的過程中，第一級電壓增益A_{v1}會發生什麼樣的變化？
(A)由大漸變小　(B)由小漸變大　(C)維持不變　(D)先變大再變小　　　[8-2]

( )3. 承第1題，將旁路電容C_{S1}、C_{S2}移除後，電壓增益將會如何變化？
(A)變小　(B)變大　(C)不變　(D)不一定　　　[8-2]

( )4. 小明上電子學實驗課時，完成如圖(2)所示MOSFET串級放大電路，已知所使用的MOSFET元件參數$K_1 = K_2 = 2\text{ mA}/\text{V}^2$，$V_{t1} = V_{t2} = 1\text{ V}$，依工作步驟要求調整VR使$V_{D1} = 6\text{ V}$，以三用電表測量MOSFET之$V_{GS1} = 1.8\text{ V}$，$V_{GS2} = 2\text{ V}$，則下列何者錯誤？
(A)$I_{D1} = 1.28\text{ mA}$　　　　(B)$I_{D2} = 1.47\text{ mA}$
(C)$V_{D2} = 6\text{ V}$　　　　(D)此時之VR調整值約為160kΩ　　　[8-2]

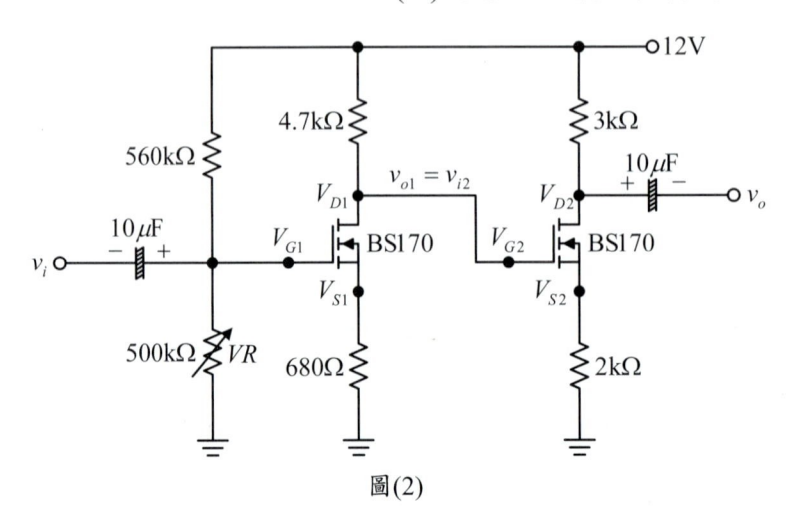

圖(2)

( )5. 承第4題，如果增加VR調整值，則下列各直流電壓變化敘述，何者錯誤？
(A)I_{D1}增加 (B)I_{D2}增加 (C)V_{D1}減少 (D)V_{D2}增加 [8-2]

( )6. 承第4題，在輸入端v_i加入峰值100mV、1kHz正弦波信號，使用示波器測量輸出端v_o峰值電壓約為何？ (A)0.6V (B)2V (C)3V (D)4V [8-2]

( )7. 承第4題，如果小明想增加電路的總電壓增益且又能維持MOSFET工作在線性區，則下列何者最有可能達成？
(A)調高VR值
(B)調高V_{DD}
(C)增加R_{D1}及R_{D2}
(D)在MOSFET源極端加上傍路電容C_{S1}及C_{S2} [8-2]

( )8. 小明在電子學實驗課時，製作如圖(3)所示疊接放大器，以示波器測量並記錄各級輸入電壓v_{i1}、v_{i2}及輸出電壓v_{o1}、v_{o2}，測量完成後再計算第一級電壓增益$A_{v1} = \dfrac{v_{o1}}{v_i}$及第二級電壓增益$A_{v2} = \dfrac{v_o}{v_{i2}}$，則下列何者是較有可能的結果？
(A)$A_{v1} = 1$，$A_{v2} = -10$
(B)$A_{v1} = -1$，$A_{v2} = 10$
(C)$A_{v1} = 10$，$A_{v2} = -1$
(D)$A_{v1} = -10$，$A_{v2} = 1$ [8-4]

( )9. 承第8題，如果要改善疊接放大器的電壓增益，下列何者最有效？
(A)增加負載電阻R_D
(B)減少源極電阻R_S
(C)增加電源電壓V_{DD}
(D)負載電阻改用電流源 [8-4]

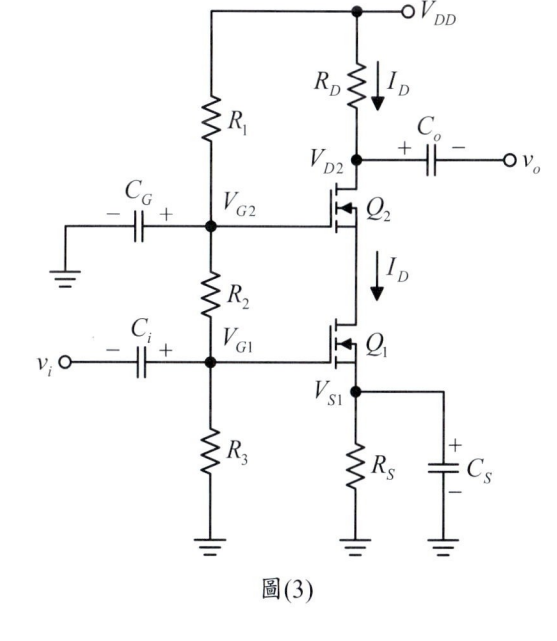

圖(3)

素養導向題

▲ 閱讀下文，回答第1～5題

小華上電子學實驗課，老師請各位同學設計如圖(1)所示MOSFET串接放大器，是由兩個N通道增強型金氧半場效電晶體（Metal-Oxide-Semiconductor Field-Effect Transistor，簡記MOSFET）放大器，以直接耦合方式串接而成。

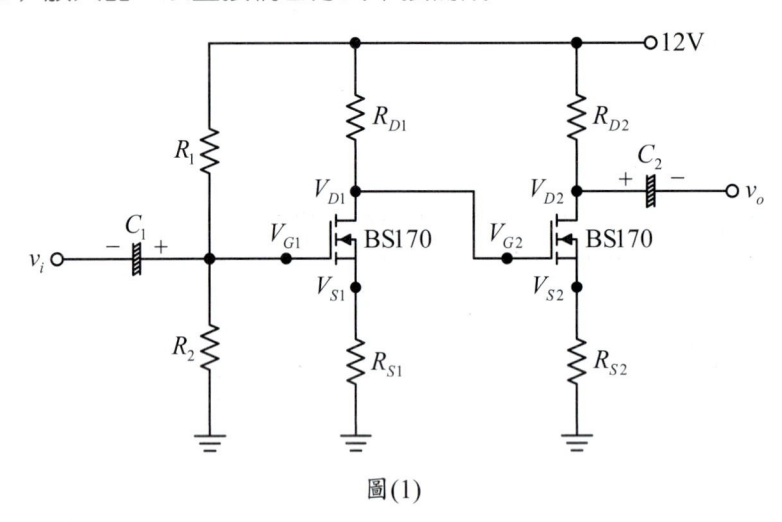

圖(1)

如圖(2)所示MOSFET基本放大器，包含共源極（Common Source）放大器、共閘極（Common Gate）放大器及共汲極（Common Drain）放大器等三種。圖中以MOSFET簡易符號來表示N通道增強型MOSFET元件。

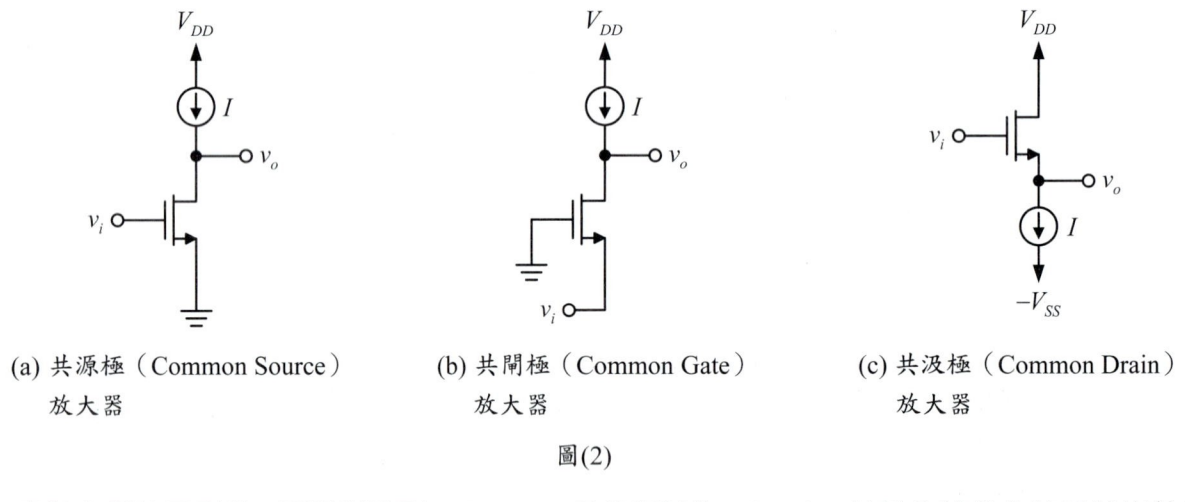

(a) 共源極（Common Source）放大器

(b) 共閘極（Common Gate）放大器

(c) 共汲極（Common Drain）放大器

圖(2)

實驗中所使用到的N通道增強型MOSFET元件編號為BS170，其輸入特性曲線及輸出特性曲線如圖(3)所示。在室溫25°C下，MOSFET元件的臨限電壓（Threshold voltage，簡記V_t）約等於2.2V。為了使MOSFET工作於夾止飽和區中，所設計的汲極電流不能太大，假設$V_{GS1} = V_{GS2} \approx 2.2$ V。

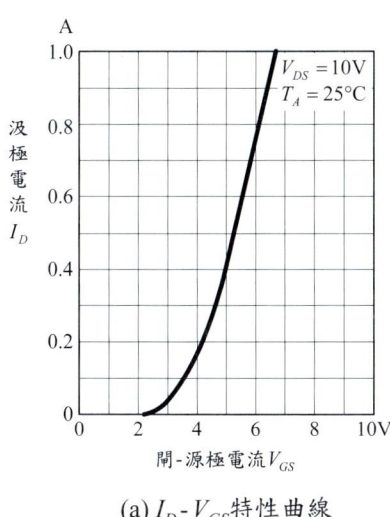

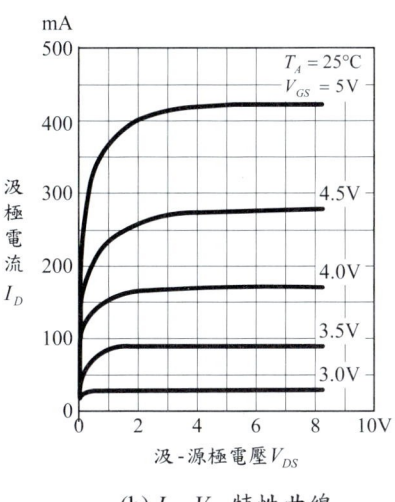

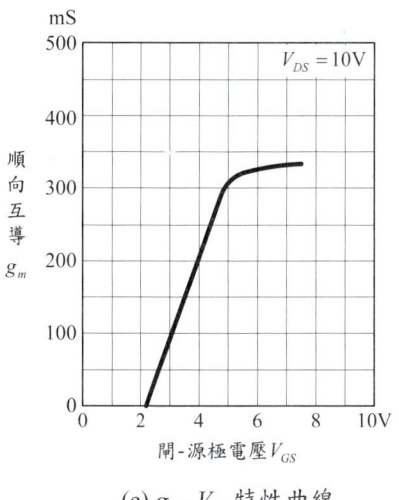

第 8 章 金氧半場效電晶體多級放大電路

(a) I_D-V_{GS} 特性曲線　　(b) I_D-V_{DS} 特性曲線　　(c) g_m-V_{GS} 特性曲線

圖(3)

( )1. 老師選擇共源極放大器來設計MOSFET串接放大器，下列敘述何者不是主要的原因？
(A)電壓增益較大，可放大輸入信號源的微小電壓信號
(B)電流增益較大，可放大輸入信號源的微小電流
(C)輸入阻抗較大，可消除阻抗效應對輸入信號源的衰減
(D)輸出阻抗高，可提高電壓增益

( )2. 決定MOSFET放大器電壓增益的主要因素，下列何者錯誤？
(A)放大器組態　(B)順向電導g_m　(C)負載電阻R_L　(D)輸入阻抗

( )3. 如果要設計一個電壓增益100倍的MOSFET放大器，在線性不失真與成本的考量下，使用幾級串接較適當？
(A)1級　(B)2~3級　(C)4~5級　(D)5級以上

( )4. 為了得到最佳工作點 $V_{D2} = \dfrac{V_{DD}}{2} = 6\,V$，偏壓電阻設計參考值如下表(1)，你可以計算出兩個MOSFET元件的汲極電流嗎？
(A)$I_{D1} = 1.28$ mA，$I_{D2} = 1.28$ mA　　(B)$I_{D1} = 1.28$ mA，$I_{D2} = 1.9$ mA
(C)$I_{D1} = 1.9$ mA，$I_{D2} = 1.28$ mA　　(D)$I_{D1} = 1.9$ mA，$I_{D2} = 1.9$ mA

表(1)

R_1	R_2	R_{S1}、R_{S2}	R_{D1}、R_{D2}
560kΩ	230kΩ	680Ω	4.7kΩ

( )5. 調整函數波產生器輸出峰值50mV正弦波，連接至圖(1)輸入端v_i，你以示波器觀察圖(1)輸出端v_o，應該可以得到峰值多少的正弦波？
(A)1.25V　(B)1.6V　(C)2.05V　(D)2.9V

解　答

(＊表示附有詳解)

8-1 立即練習

基礎題
＊1.B　＊2.D

進階題
＊1.A　＊2.C

8-2 立即練習

基礎題
＊1.A　＊2.A

進階題
＊1.D　＊2.A

8-3 立即練習

基礎題
＊1.B　＊2.B

8-4 立即練習

基礎題
＊1.D　＊2.D　＊3.C　＊4.D

進階題
＊1.C　＊2.A　＊3.C　4.B

歷屆試題

最新統測試題
＊1.D　＊2.B　＊3.A　＊4.B

模擬演練

電子學試題
1.C　＊2.C　＊3.D　＊4.C　＊5.A　＊6.C　＊7.C　＊8.D　＊9.B　＊10.D
＊11.D　＊12.A　＊13.A　＊14.D　15.D　＊16.B

電子學實習試題
＊1.A　＊2.C　＊3.A　＊4.B　＊5.B　＊6.A　＊7.D　＊8.B　＊9.D

素養導向題

＊1.B　＊2.D　＊3.B　＊4.C　＊5.C

NOTE

NOTE

CHAPTER 9 金氧半場效電晶體數位電路

本章學習重點

章節架構	必考重點	
9-1 金氧半場效電晶體反相器	• 基本構造（符號、真值表、布林代數式、輸入與輸出波形關係） • CMOS反相器特性（扇出、電壓準位、雜訊邊限、傳遞延遲、功率消耗）	★★★☆☆
9-2 金氧半場效電晶體反及閘	• 基本構造 • MOSFET反及（NAND）閘電路構造及分析 • NAND通用閘轉換各種邏輯閘	★★★★★
9-3 金氧半場效電晶體反或閘	• 基本構造 • MOSFET反或（NOR）閘電路構造及分析 • NOR通用閘轉換各種邏輯閘	★★★★★
9-4 金氧半場效電晶體數位電路	• MOSFET數位電路分析 • CMOS IC使用	★★★☆☆

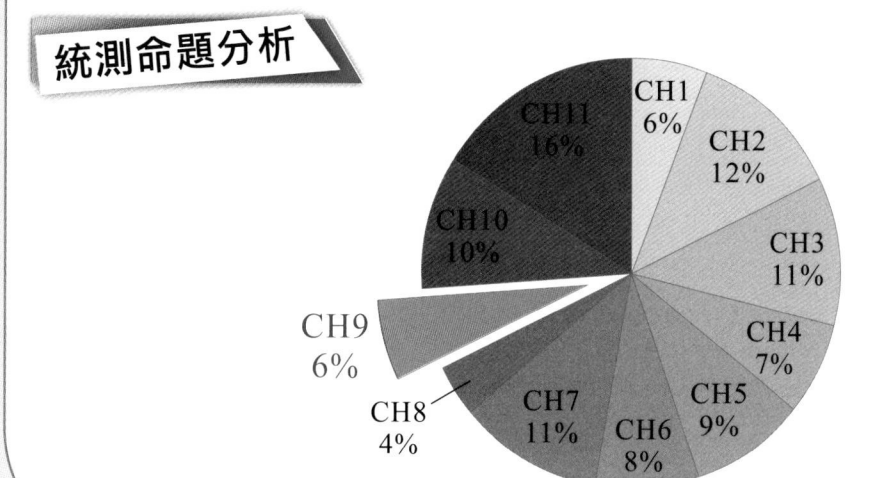

統測命題分析

- CH1 6%
- CH2 12%
- CH3 11%
- CH4 7%
- CH5 9%
- CH6 8%
- CH7 11%
- CH8 4%
- CH9 6%
- CH10 10%
- CH11 16%

考前 3 分鐘

1. **扇出（fan out）**：是指接在一邏輯閘的輸出端而不影響其正常工作的最大負載數。扇出數定義為：閘輸出電流與輸入電流的比值。扇出數主要是受限於傳遞延遲，一般被限制在50以下。

   (1) 高電位扇出數：$N_H = \dfrac{I_{OH}}{I_{IH}}$

   (2) 低電位扇出數：$N_L = \dfrac{I_{OL}}{I_{IL}}$

2. **電壓準位**：

CMOS 邏輯閘	輸入 $V_{IH(\min)}$	輸入 $V_{IL(\max)}$	輸出 $V_{OH(\min)}$	輸出 $V_{OL(\max)}$
單電源	$0.7V_{DD}$	$0.3V_{DD}$	$V_{DD} - 0.05\text{V}$	0.05V
雙電源	$0.7(V_{DD} - V_{SS}) + V_{SS}$	$0.3(V_{DD} - V_{SS}) + V_{SS}$	$V_{DD} - 0.05\text{V}$	$0.05\text{V} + V_{SS}$

3. **雜訊邊限（Noise Margins，簡記NM）**：是指前一級的輸出端受雜訊干擾後加至下一級的輸入端，仍然可以保持正確邏輯準位時所能容許的最大雜訊。

   (1) 高電位雜訊邊限：$NM_H = V_{OH(\min)} - V_{IH(\min)}$

   (2) 低電位雜訊邊限：$NM_L = V_{IL(\max)} - V_{OL(\max)}$

   (3) 理想雜訊邊限 $NM_H = NM_L = \dfrac{1}{2}V_{DD}$，

   實際雜訊邊限 $NM_H = NM_L = 0.3V_{DD}$

4. **傳遞延遲（propagation delay）**：是指信號由輸入端傳遞至輸出端所需的平均延遲時間。t_P：平均傳遞延遲時間，定義 $t_P = \dfrac{t_{PHL} + t_{PLH}}{2}$。CMOS邏輯閘的傳遞延遲時間約為125ns。

5. **功率消耗**：

   (1) 靜態功率消耗 P_S：是指邏輯閘在沒有切換動作時的功率消耗，理想值 $P_S = 0$。

   (2) 動態功率消耗 P_D：是指邏輯閘由高電位切換至低電位或由低電位切換至高電位時的功率消耗，$P_D = fCV_{DD}^2$。

6. MOSFET數位電路

電路名稱	符號	真值表	布林代數	電路圖
MOSFET 反相器 （反閘）		A | F 0 | 1 1 | 0	$F = \overline{A}$	
MOSFET 反及閘		A | B | F 0 | 0 | 1 0 | 1 | 1 1 | 0 | 1 1 | 1 | 0	$F = \overline{AB}$ $= \overline{A} + \overline{B}$	
MOSFET 反或閘		A | B | F 0 | 0 | 1 0 | 1 | 0 1 | 0 | 0 1 | 1 | 0	$F = \overline{A+B}$ $= \overline{A}\,\overline{B}$	

9-1 金氧半場效電晶體反相器

理論重點

重點 1 金氧半場效電晶體的數位應用

1. 金氧半場效電晶體（MOSFET）用途較廣，常應用在線性電路中的訊號放大、功率放大，以及數位電路中的開關、邏輯閘、記憶體、微控制器。

2. MOSFET數位電路主要優點是消耗功率低、扇出能力強、雜訊邊限大、包裝密度高。現今**超大型積體電路**（Very-Large-Scale Integration，簡記VLSI）大多使用MOSFET技術。

3. MOSFET數位電路常以NMOS及PMOS所組成的**互補式金氧半導體**（Complementary Metal-Oxide-Semiconductor，簡稱CMOS）來製作。CMOS具有消耗功率低的優點，只有在 ＿＿＿＿＿＿ 時才會消耗功率，在輸出 ＿＿＿＿＿＿ 或 ＿＿＿＿＿＿ 的靜止狀態下，不會消耗功率。

答案：3. 訊號交換、低準位、高準位

重點 2 MOSFET反相器的基本構造

1. **反相器**（inverter）又稱為**反閘**（NOT gate），只有一個輸入及一個輸出，其輸出電壓準位與輸入電壓準位正好相反。

2. 如下圖所示為反相器的符號、真值表及輸入與輸出波形關係。

3. 當輸入信號為低電位（邏輯0）時，輸出信號為高電位（邏輯1）；當輸入信號為高電位（邏輯1）時，輸出信號為低電位（邏輯0）。反相器輸入與輸出布林代數式可寫成下式：

$F = \overline{A}$

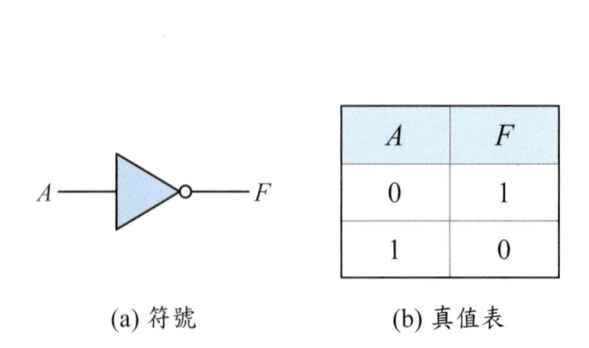

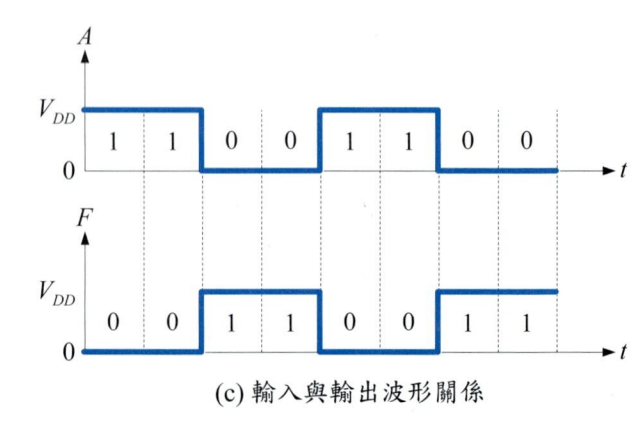

A	F
0	1
1	0

(a) 符號　　(b) 真值表　　(c) 輸入與輸出波形關係

第 9 章 金氧半場效電晶體數位電路

4. 反相器可用BJT或MOSFET組成，BJT或MOSFET在數位電路中的功用如同開關。MOSFET反相器是數位電路的基礎，利用MOSFET反相可以完成**及**（AND）閘、**反及**（NAND）閘、**或**（OR）閘、**反或**（NOR）閘、**互斥或**（exclusive OR，簡記XOR）閘等各種邏輯閘。使用這些邏輯閘可以用來設計不同功能的數位電路。

重點 3　CMOS反相器的特性

1. **扇出**（fan out）：是指接在一邏輯閘的 ＿＿＿＿＿ 端而不影響其正常工作的最大負載數，如下圖所示，扇出數是指 ＿＿＿＿＿＿＿＿＿＿ 的比值。因為CMOS輸入阻抗極高約為$10^{15}\Omega$，幾乎沒有輸入電流，扇出能力極高。實際上，當負載數目增加時，負載電容也會增加，致使傳遞延遲時間增加，因而降低了邏輯閘的開關速度。CMOS扇出數主要是受限於 ＿＿＿＿＿，一般被限制在 ＿＿＿＿＿ 以下。

高電位扇出數：$N_H = \dfrac{I_{OH}}{I_{IH}}$　　　低電位扇出數：$N_L = \dfrac{I_{OL}}{I_{IL}}$

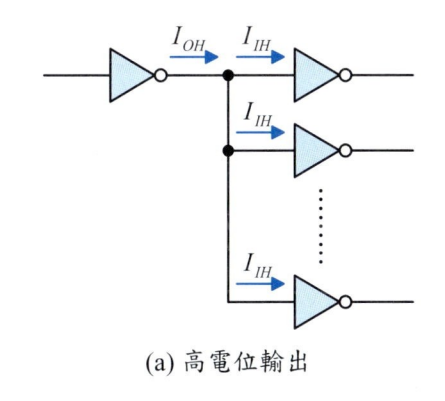

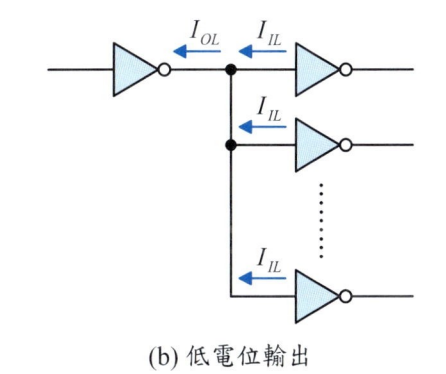

(a) 高電位輸出　　　(b) 低電位輸出

2. 電壓準位：如下圖所示

   (1) 輸入高電位：輸入電壓在$V_{IH(\min)} \sim V_{DD}$。

   (2) 輸入低電位：輸入電壓在$0 \sim V_{IL(\max)}$。

   (3) 輸出高電位：輸出電壓在$V_{OH(\min)} \sim V_{DD}$。

   (4) 輸出低電位：輸出電壓在$0 \sim V_{OL(\max)}$。

CMOS 邏輯閘	輸入 $V_{IH(\min)}$	輸入 $V_{IL(\max)}$	輸出 $V_{OH(\min)}$	輸出 $V_{OL(\max)}$
單電源	$0.7V_{DD}$	$0.3V_{DD}$	$V_{DD} - 0.05\text{V}$	0.05V
雙電源	$0.7(V_{DD} - V_{SS}) + V_{SS}$	$0.3(V_{DD} - V_{SS}) + V_{SS}$	$V_{DD} - 0.05\text{V}$	$0.05\text{V} + V_{SS}$

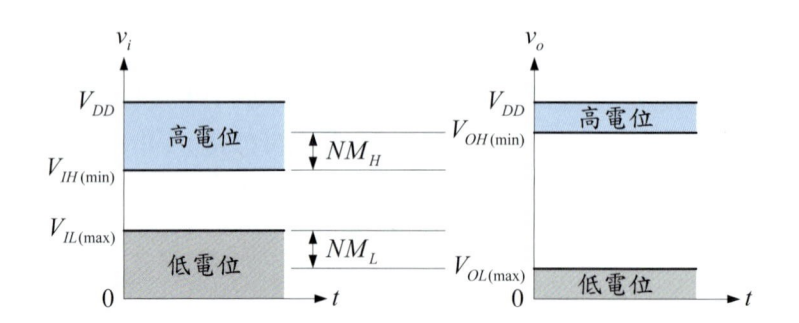

3. **雜訊邊限**（Noise Margins，簡記NM）：是指前一級的輸出端受雜訊干擾後加至下一級的輸入端，仍然可以保持正確邏輯準位時所能容許的最大雜訊。如上圖所示，可知：

   (1) 高電位雜訊邊限：$NM_H = V_{OH(\min)} - V_{IH(\min)}$。

   (2) 低電位雜訊邊限：$NM_L = V_{IL(\max)} - V_{OL(\max)}$。

   (3) 理想雜訊邊限$NM_H = NM_L = \frac{1}{2}V_{DD}$，

   實際雜訊邊限$NM_H = NM_L = 0.3V_{DD}$。

4. **傳遞延遲**（propagation delay）：是指信號由輸入端傳遞至輸出端所需的平均延遲時間。數位電路的動態特性常以反相器的傳遞延遲表示。

   (1) t_{PHL}：輸出由高電位轉變至低電位時，輸入與輸出信號間的傳遞延遲時間。

   (2) t_{PLH}：輸出由低電位轉變至高電位時，輸入與輸出信號間的傳遞延遲時間。

   (3) t_P：平均傳遞延遲時間，定義$t_P = \frac{t_{PHL} + t_{PLH}}{2}$。

   (4) CMOS邏輯閘的傳遞延遲時間約為125ns。

5. **功率消耗**：

   (1) 靜態功率消耗：是指邏輯閘在沒有切換動作時的功率消耗，理想值為0。

   (2) 動態功率消耗：是指邏輯閘由高電位切換至低電位或由低電位切換至高電位時的功率消耗。動態功率消耗與直流電源V_{DD}、負載電容C及工作頻率f有關，定義如下：

   $P_D = fCV_{DD}^2$

答案：1. 輸出、閘的輸出電流與輸入電流、傳遞延遲、50

第 9 章 金氧半場效電晶體數位電路

實習重點

重點 1　MOSFET反相器的分類

1. 如下圖所示MOSFET反相器，可以分為 ＿＿＿＿＿＿ 及 ＿＿＿＿＿＿ 兩種，其中NMOS反相器依其所接負載的不同，又可以分為 ＿＿＿＿＿＿ 負載、＿＿＿＿＿＿ 負載及 ＿＿＿＿＿＿ 負載等三種。

2. MOSFET反相器常使用 ＿＿＿＿＿＿ 元件取代電阻當做負載，以有效減少在積體電路中的製造面積，提高包裝密度。

(a) 電阻型負載 NMOS反相器
(b) 增強型負載 NMOS反相器
(c) 空乏型負載 NMOS反相器
(d) CMOS反相器

答案：1. NMOS反相器、CMOS反相器、電阻型、增強型、空乏型
　　　2. MOSFET

重點 2　增強型負載NMOS反相器

1. 如圖(a)所示增強型負載NMOS反相器，是由兩個N通道增強型MOSFET（NMOS）所組成，其中Q_1為驅動級，Q_2為負載且其閘極、汲極連接在一起，所以Q_2永遠工作在 ＿＿＿＿＿＿ 。

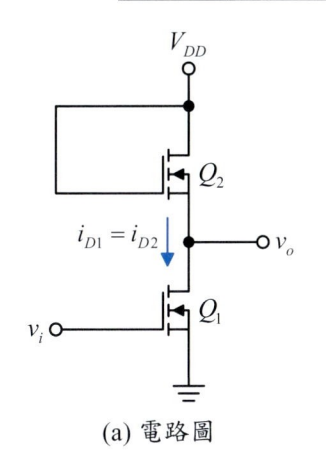

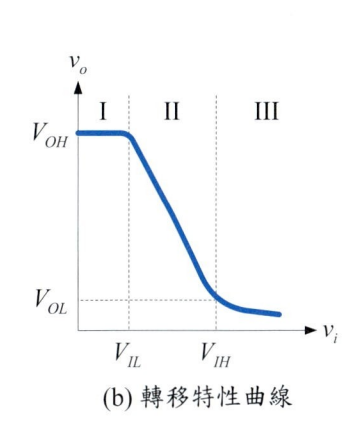

(a) 電路圖
(b) 轉移特性曲線

2. 圖(b)所示為增強型負載NMOS反相器的轉移特性曲線，共分為三個區域。

   (1) 第Ⅰ區：輸入 $v_i \leq V_{t1}$ 時，Q_1 工作於 _____ 區，汲極電流 $i_{D1} = i_{D2} = 0$，則輸出 $v_o = V_{DD} - V_{t2}$。因此輸入低準位電壓 $V_{IL} = V_{t1}$，而輸出高準位電壓 $V_{OH} = V_{DD} - V_{t2}$。

   (2) 第Ⅱ區：輸入 $V_{t1} < v_i < V_{IH}$ 時，Q_1 工作於 _____ 區，此區域的轉移特性曲線是線性的，適合當做線性放大器。如果選擇順向互導 g_m 值較大的 Q_1 電晶體，可以得到較陡峭的特性曲線。

   (3) 第Ⅲ區：輸入 $v_i \geq V_{IH}$ 時，Q_1 工作於 _____ 區，又稱為**三極管**（triode）區，輸出低準位電壓 V_{OL}。

3. 在積體電路的製程上，會使用寬而短通道的 Q_1 及窄而長通道的 Q_2，即 K_1/K_2 比值要很大，以增加高準位的雜訊邊限。上述 K_1 為 Q_1 的物理特性參數，K_1 與 Q_1 的寬度成正比，與 Q_1 的長度成反比，而 K_2 為 Q_2 的物理特性參數，K_2 與 Q_2 的寬度成正比，與 Q_2 的長度成反比。

4. 增強型NMOS反相器最大缺點：Q_2 永遠工作於飽和區，所以會有很高的靜態消耗功率。

答案：1. 飽和區　　2. (1) 截止　　(2) 飽和　　(3) 歐姆

重點 3　空乏型負載NMOS反相器

1. 如圖(a)所示空乏型負載NMOS反相器，是由一個N通道增強型MOSFET驅動器 Q_1，及一個N通道空乏型MOSFET負載 Q_2 所組成。

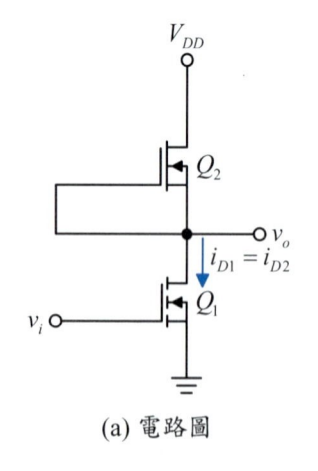

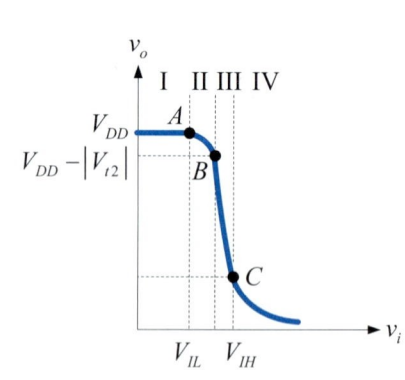

(a) 電路圖　　(b) 轉移特性曲線

2. 圖(b)所示為增強型負載NMOS反相器的轉移特性曲線，共分為四個區域。

   (1) 第 I 區：輸入 $v_i \leq V_{t1}$ 時，Q_1 工作於 _____ 區，汲極電流 $i_{D1} = i_{D2} = 0$，則輸出 $v_o = V_{DD}$。因此輸入低準位電壓 $V_{IL} = V_{t1}$，而輸出高準位電壓 $V_{OH} = V_{DD}$。因為 $i_{D2} = 0$，所以 Q_2 工作於 _____ 區。

   (2) 第 II 區：輸入 $V_{t1} < v_i < V_{DD} - |V_{t2}|$ 時，Q_1 工作於 _____ 區。因 $v_o \geq V_{DD} - |V_{t2}|$，使 $V_{GD2} \geq V_{t2}$，則 Q_2 工作於 _____ 區。

   (3) 第 III 區：輸入 $V_{DD} - |V_{t2}| < v_i < V_{IH}$ 時，Q_1 仍工作於 _____ 區，因 $v_o < V_{DD} - |V_{t2}|$，使 $V_{GD2} < V_{t2}$，則 Q_2 工作於 _____ 區。

   (4) 第 IV 區：輸入 $v_i \geq V_{IH}$ 時，使 $V_{GD1} \geq V_{t1}$，則 Q_1 工作於 _____ 區。Q_2 仍然工作於 _____ 區。

3. 空乏型MOSFET反相器的負載 Q_2 並不是永遠工作於飽和區，所以會比增強型MOSFET反相器有較 _____ 的靜態消耗功率，及較 _____ 的雜訊邊限。

答案：2. (1) 截止、截止　　(2) 飽和、歐姆　　(3) 飽和、飽和　　(4) 歐姆、飽和
3. 低、大

重點 4　CMOS反相器

1. 如圖(a)所示為互補式金屬氧化物半導體（CMOS）反相器，是由一個PMOS及一個NMOS疊接組合而成。

2. 對數位信號而言，當輸入電壓 $v_i = 0$ 時，Q_N 截止、Q_P 導通，輸出電壓 $v_o = V_{DD}$；反之當輸入電壓 $v_i = V_{DD}$ 時，Q_N 導通、Q_P 截止，輸出電壓 $v_o = 0$。

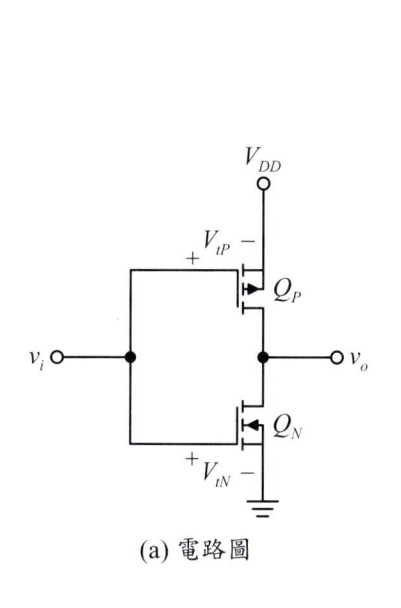

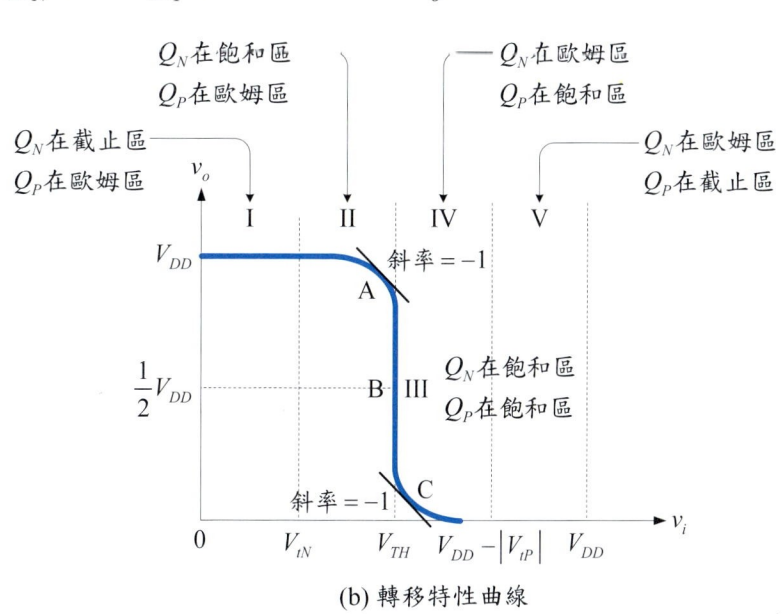

(a) 電路圖　　(b) 轉移特性曲線

3. 圖(b)所示為CMOS反相器的轉移特性曲線，共分為五個區域。

   (1) 第Ⅰ區：輸入 $v_i \leq V_{t1}$ 時，$V_{GSN} < V_{tN}$，Q_N工作於 _____ 區，汲極電流 $i_{D1} = i_{D2} = 0$，輸出 $v_o = V_{DD}$。因為 $V_{GSP} < V_{tP}$，Q_P工作於 _____ 區。其中 V_{tN}為正值，而 V_{tP}為負值。圖中的A點為輸入低準位電壓 V_{IL}，而C點為輸入高準位電壓 V_{IH}。

   (2) 第Ⅱ區：輸入 $V_{tN} < v_i < \frac{1}{2}V_{DD}$ 時，輸出 $v_o > \frac{1}{2}V_{DD}$，因為 $V_{GDN} < V_{tN}$，所以 Q_N 工作於 _____ 區；而 $V_{GDP} < V_{tP}$，所以 Q_P 工作於 _____ 區。

   (3) 第Ⅲ區：位於曲線B點，$v_i = V_{TH}$ 時，輸出 $v_o = \frac{1}{2}V_{DD}$，因為 $V_{GDN} = 0 < V_{tN}$，所以 Q_N 工作於 _____ 區；而 $V_{GDP} = 0 > V_{tP}$，所以 Q_P 工作於 _____ 區。CMOS反相器 $v_i = v_o$ 時的電壓值稱為**臨限電壓**（threshold voltage，簡記 V_{TH}），理想反相器的臨限電壓 $V_{TH} = \frac{1}{2}V_{DD}$。

   (4) 第Ⅳ區：輸入 $\frac{1}{2}V_{DD} < v_i < V_{DD} - |V_{tP}|$ 時，輸出 $v_o < \frac{1}{2}V_{DD}$，因為 $V_{GDN} > V_{tN}$，所以 Q_N 工作於 _____ 區；而 $V_{GDP} > V_{tP}$，所以 Q_P 工作於 _____ 區。

   (5) 第Ⅴ區：輸入 $v_i > V_{DD} - |V_{tP}|$ 時，輸出 $v_o = 0$，因為 $V_{GDN} > V_{tN}$，所以 Q_N 工作於 _____ 區；而 $V_{GSP} > V_{tP}$，Q_P 工作於 _____ 區。

4. 理想CMOS反相器的靜態消耗功率為零，可以改善NMOS反相器有很大靜態消耗功率的缺點。

答案：3. (1) 截止、歐姆　　(2) 飽和、歐姆　　(3) 飽和、飽和
　　　　　(4) 歐姆、飽和　　(5) 歐姆、截止

第 9 章 金氧半場效電晶體數位電路

老師講解

1. 下列有關理想CMOS IC之敘述，何者正確？
   (A)工作電源電壓限制在5V±5%
   (B)雜訊免疫力約為電源電壓的3%
   (C)在輸出為高準位或低準位的靜止狀態下，幾乎不消耗功率
   (D)扇出能力低於10

   解 (C)

   (1) 工作電源電壓限制在3V～15V
   (2) 雜訊免疫力約為電源電壓的0.3倍
   (3) 扇出能力低於50

2. 若V_{DD}為10V，V_{SS}為0V，則下列有關CMOS IC之敘述何者正確？
   (A)若輸入電壓為6V，可視為邏輯1
   (B)若輸出電壓為$0.5V_{DD}$以上，可視為邏輯1
   (C)若輸出電壓$0.4V_{DD}$以下，可視為邏輯0
   (D)若輸入電壓2V，可視為邏輯0

   解 (D)

學生練習

1. 如下圖所示為何種電路？
   (A)CMOS反相器 (B)NMOS反相器 (C)PMOS反相器 (D)Pseudo-NMOS反相器

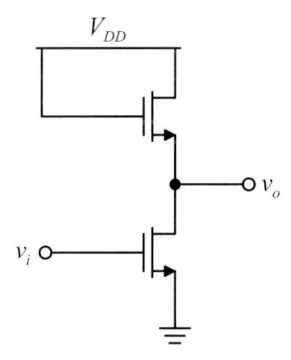

2. 若V_{DD}為10V，V_{SS}為−10V，則下列有關CMOS IC之敘述何者正確？
   (A)若輸入電壓為6V，可視為邏輯1
   (B)若輸出電壓為$0.7V_{DD}$以上，可視為邏輯1
   (C)若輸出電壓$0.3V_{DD}$以下，可視為邏輯0
   (D)若輸入電壓2V，可視為邏輯0

立即練習

基礎題

(　)1. 下列何者不是金氧半場效電晶體（Metal-Oxide-Semiconductor，簡記MOSFET）數位電路主要優點？
(A)消耗功率低　(B)扇出能力強　(C)雜訊邊限小　(D)包裝密度高

(　)2. 有關CMOS反相器的特性敘述，下列何者錯誤？
(A)雜訊邊限（noise margin）愈大愈好　(B)扇出（fan out）愈大愈好
(C)傳遞延遲時間愈大愈好　(D)消耗功率愈小愈好

(　)3. CMOS反相器工作在何種狀態下，消耗功率最大？
(A)輸出為低準位　(B)輸入低準位　(C)輸出轉態　(D)輸出為高準位

(　)4. 如圖(1)所示CMOS反相器的輸入端v_i接地時，其輸出端v_o是處於下列何種狀態？
(A)拉上（pull-up）至V_{DD}　　　　(B)拉下（pull-down）至地
(C)$\frac{1}{2}V_{DD}$　　　　(D)皆關閉，輸出浮接

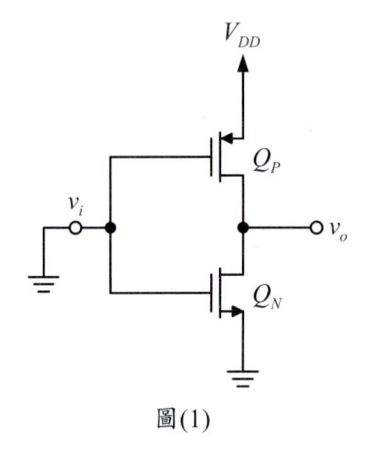

圖(1)

(　)5. 如圖(2)所示CMOS反相器電路及其轉移特性曲線，當輸入電壓$v_i = V_{TH}$時，Q_N及Q_P分別工作在何區域中？
(A)Q_N工作在歐姆區，Q_P工作在飽和區
(B)Q_N工作在飽和區，Q_P工作在歐姆區
(C)Q_N及Q_P皆工作在歐姆區
(D)Q_N及Q_P皆工作在飽和區

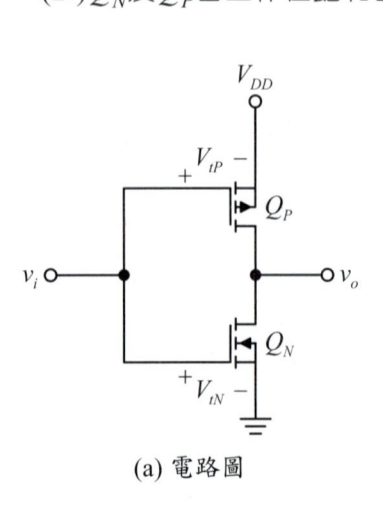

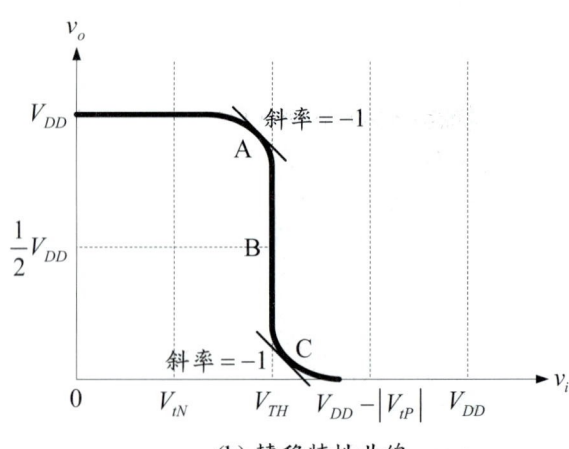

(a) 電路圖　　　　(b) 轉移特性曲線

圖(2)

第 9 章 金氧半場效電晶體數位電路

進階題

( )1. 下列各種MOSFET反相器中，何者靜態消耗功率最小？
(A)電阻型負載NMOS反相器 (B)增強型負載NMOS反相器
(C)空乏型負載NMOS反相器 (D)CMOS反相器

( )2. 對於CMOS反相器的敘述，下列何者正確？
(A)在輸出低準位或高準位狀態下，消耗功率最大
(B)在輸出轉態時，消耗功率最小
(C)CMOS扇出數主要受限於輸入電容
(D)傳遞延遲時間愈大，交換速度愈快

( )3. 如圖(1)所示CMOS反相器電路，使用電源電壓為3.3V，反相器之輸出負載為一個電容$C_L = 1\,pF$。若輸入信號v_i之交換頻率為1MHz，則此電路之消耗功率約為多少？
(A)$3\mu W$ (B)$6\mu W$ (C)$11\mu W$ (D)$4\mu W$

圖(1)

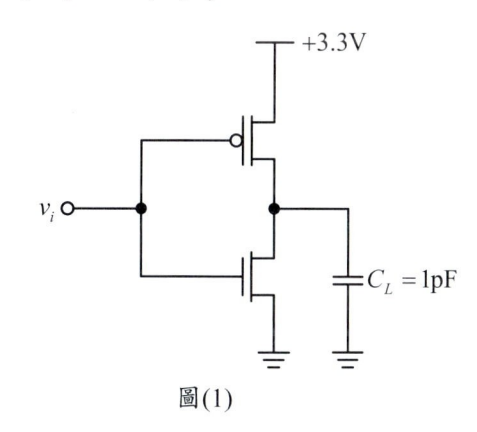

( )4. 下列如圖(2)所示CMOS反相器電路，若不計電路延遲，且輸入信號如標(a)之弦波，則輸出之信號應為下列何者？
(A)同頻率之脈波 (B)16倍頻率之脈波 (C)同頻率之弦波 (D)16倍頻率之弦波

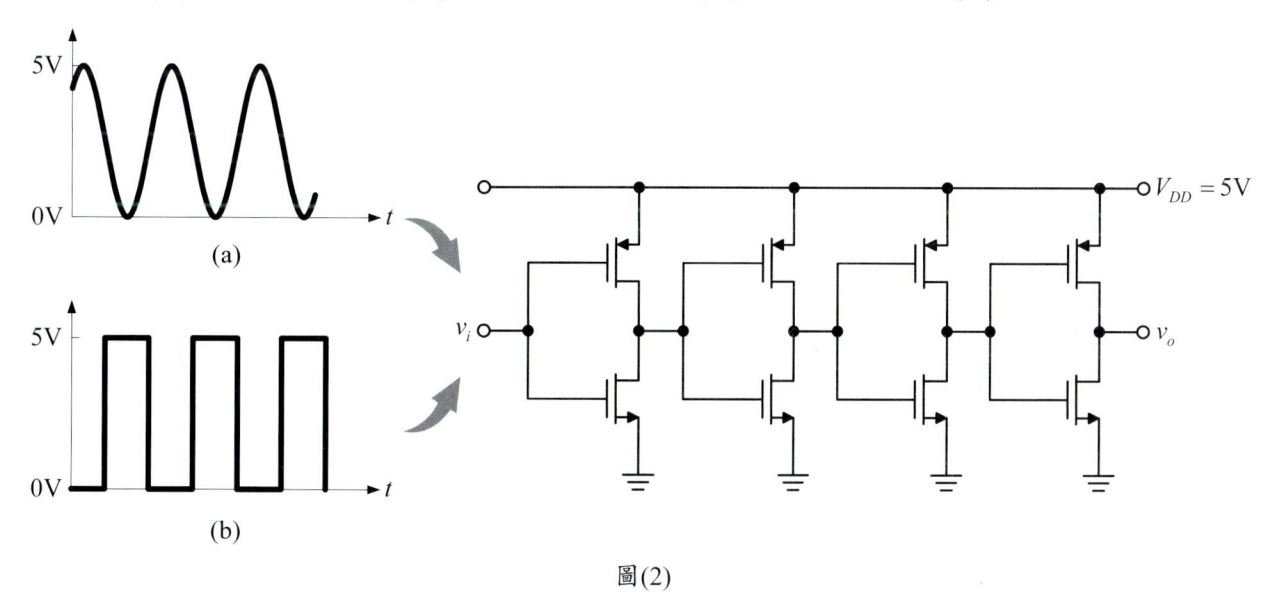

圖(2)

( )5. 承上題圖中，若不計電路延遲，且輸入信號如標(b)之方波，則輸出之信號應為下列何者？
(A)同頻率反相之方波 (B)16倍頻率反相之方波
(C)同頻率同相之方波 (D)16倍頻率同相之方波

9-2　金氧半場效電晶體反及閘

理論重點

重點 1　反及閘的基本構造

1. **反及閘**（NAND gate）有兩個（以上）輸入，而只有一個輸出，其輸出為輸入經由 ＿＿＿＿＿＿ 運算後再反相（NOT）的結果。

2. 如圖所示為二輸入反及閘的符號、真值表及輸入與輸出波形關係。

3. 當所有輸入信號皆為高電位（邏輯1）時，輸出信號為 ＿＿＿＿＿＿＿＿＿＿；換言之，只要有一個輸入信號為 ＿＿＿＿＿＿＿＿＿＿，輸出信號即為高電位（邏輯1）。

4. 二輸入反及閘輸入與輸出布林代數式可寫成下式：

$$F = \overline{AB} = \overline{A} + \overline{B}$$

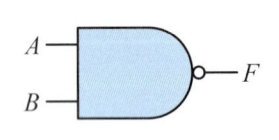

A	B	F
0	0	1
0	1	1
1	0	1
1	1	0

(a) 符號　　(b) 真值表　　(c) 輸入與輸出波形關係

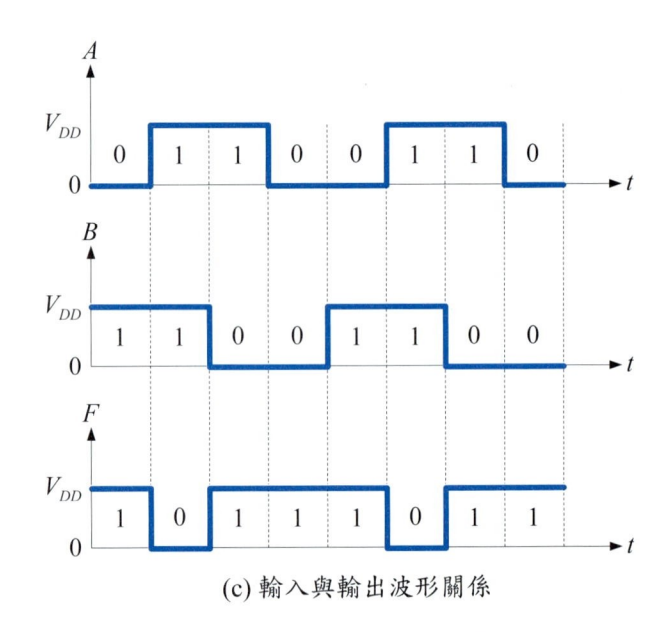

答案：1. 及（AND）
　　　　3. 低電位（邏輯0）、低電位（邏輯0）

重點 2　反及閘的電路構造

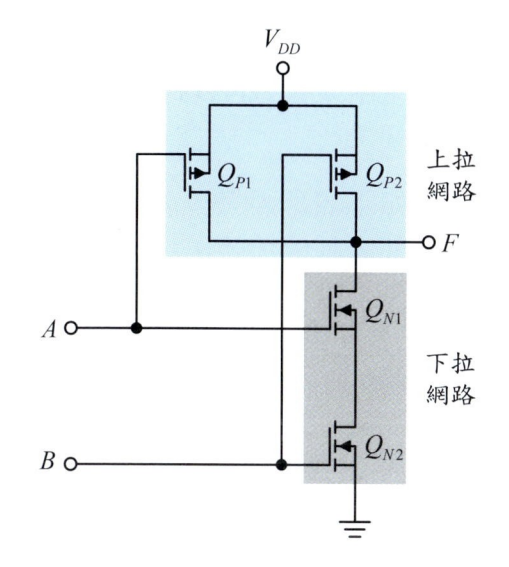

1. 如圖所示二輸入反及閘電路，是由兩個網路組成：

    (1) **上拉**（pull up）**網路**：由PMOS電晶體Q_{P1}及Q_{P2}所組成。

    (2) **下拉**（pull down）**網路**：NMOS電晶體Q_{N1}及Q_{N2}所組成。

2. 由下拉網路來看，當輸入A為高電位（Q_{N1}導通）且輸入B為高電位（Q_{N2}導通）時，輸出才為低電位。因此輸出補數可寫成$\overline{F} = AB$，等式兩邊同時取補數，輸出可寫成$F = \overline{AB}$。

3. 由上拉網路來看，當輸入A為低電位（Q_{P1}導通）或輸入B為低電位（Q_{P2}導通）時，輸出為高電位。因此輸出可寫成$F = \overline{A} + \overline{B}$。

4. 由**第摩根**（DeMorgan's）定理得知，$F = \overline{AB} = \overline{A} + \overline{B}$。

實習重點

重點 1　CMOS NAND閘IC

1. 在數位邏輯電路中，常用的**積體電路**（Integrated Circuit，簡記IC）有**電晶體-電晶體邏輯**（Transistor-Transistor Logic，簡記TTL）及互補式金屬氧化物半導體（CMOS）等兩種IC，現今數位電路多數使用CMOS技術。

2. 如圖所示為常用的二輸入CMOS NAND閘IC，編號CD4011，內含四個二輸入NAND閘，最大消耗功率500mW，電源電壓範圍3V～18V。

(a) 外觀 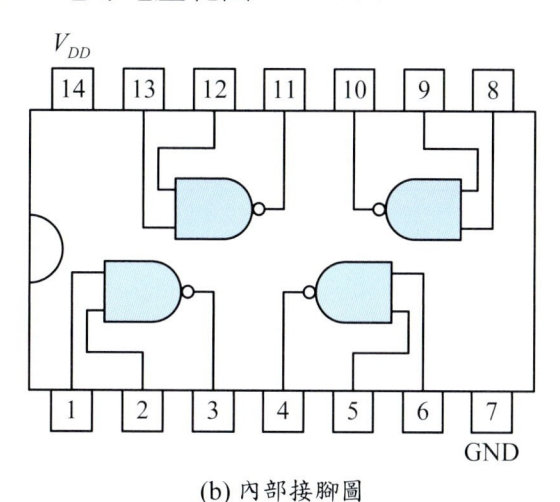　　　　　　(b) 內部接腳圖

重點 2 通用閘

1. 在數位邏輯中，NAND閘與NOR閘稱為**萬用閘**或**通用閘**（universal gate），可以用來代替NOT、OR、AND、NOR、NAND、XOR、XNOR等各種基本邏輯閘。

2. 如下表所示為基本邏輯閘及其NAND閘等效，除了CD4049內含六個NOT閘之外，其餘編號IC內含四個相同的邏輯閘。

3. 使用通用閘的優點是可以有效的減少IC的數量，以節省電路成本。

基本邏輯閘	名稱	IC編號	符號	NAND閘等效
NOT閘	反閘	CD4049		
OR閘	或閘	CD4071		
AND閘	及閘	CD4081		
NOR閘	反或閘	CD4001		
NAND閘	反及閘	CD4011		
XOR閘	互斥或閘	CD4030		
XNOR閘	反互斥或閘	CD4077		

老師講解

1. 如下圖所示,可以使LED點亮的輸入組合有幾種?
(A)1種 (B)2種 (C)3種 (D)4種

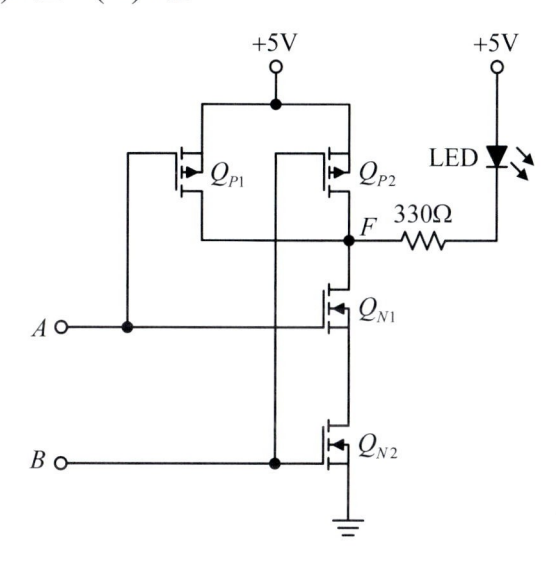

解 (A)

當輸入A為高電位(Q_{N1}導通)且輸入B為高電位(Q_{N2}導通)時,輸出為低電位,LED點亮

2. 承上題圖中,當LED點亮時,Q_{N1}及Q_{N2}分別工作在何種區域?
(A)兩者皆工作在截止區
(B)兩者皆工作在歐姆區
(C)Q_{N1}工作於截止區,Q_{N2}工作於歐姆區
(D)Q_{N1}工作於歐姆區,Q_{N2}工作於截止區

解 (B)

MOSFET應用於數位電路時,若導通則工作於歐姆區,若截止則工作於截止區

學生練習

1. 對三輸入反及(NAND)閘而言,其輸出為邏輯0的情形有幾種?
(A)1種 (B)2種 (C)4種 (D)7種

2. 將NAND閘的兩輸入A及B短路連接至信號端,其作用如同何種邏輯閘?
(A)NOT閘 (B)NAND閘 (C)NOR閘 (D)OR閘

ABCD 立即練習

基礎題

( )1. 如圖(1)所示MOSFET數位電路，若輸入A連接1kHz、5V峰值的對稱方波，輸入B接地，則輸出F之布林代數為何？
(A)$F=0$ (B)$F=1$ (C)$F=\overline{A}$ (D)$F=\overline{AB}$

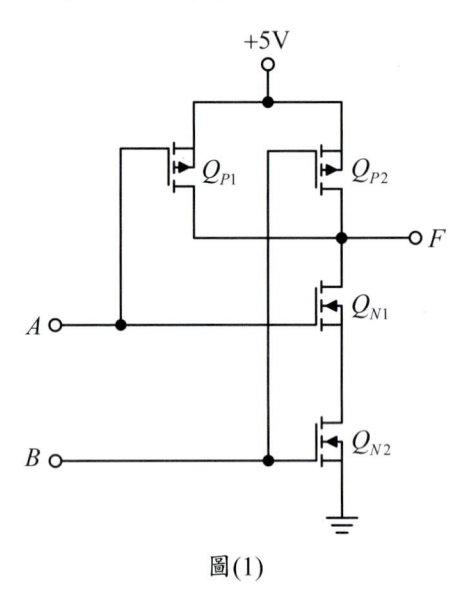

圖(1)

( )2. 承上題圖中，若輸入B改接+5V，輸入A不變，則輸出F之布林代數為何？
(A)$F=0$ (B)$F=1$ (C)$F=\overline{A}$ (D)$F=\overline{AB}$

( )3. 對二輸入反及（NAND）閘而言，其輸出為邏輯1的情形有幾種？
(A)1種 (B)2種 (C)3種 (D)4種

( )4. 如圖(2)所示電路為何種邏輯閘？
(A)及（AND）閘 (B)反及（NAND）閘 (C)或（OR）閘 (D)反或（NOR）閘

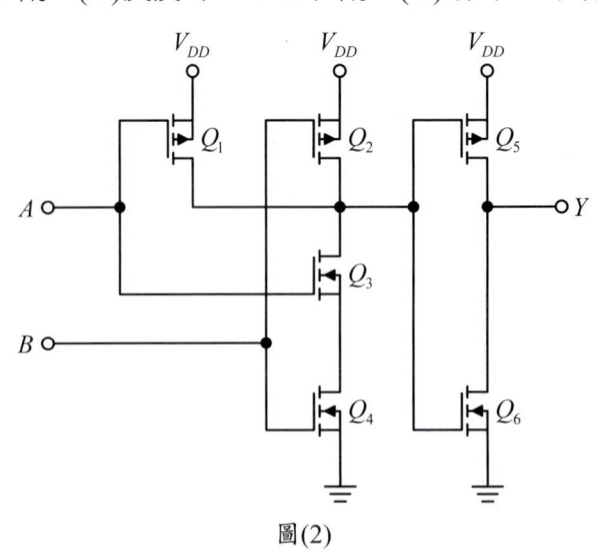

圖(2)

( )5. 如果要使用二輸入反及（NAND）閘組成及（AND）閘，最少需要幾個？
(A)1個 (B)2個 (C)3個 (D)4個

進階題

( ) 1. 如圖(1)所示MOSFET數位電路，若輸入A連接1kHz、5V峰值的對稱方波，輸入B連接500Hz、5V峰值的對稱方波，且輸入A及輸入B同步，則輸出F波形為何？
(A)500Hz、5V峰值的正脈波　　(B)500Hz、5V峰值的負脈波
(C)1kHz、5V峰值的正脈波　　(D)1kHz、5V峰值的負脈波

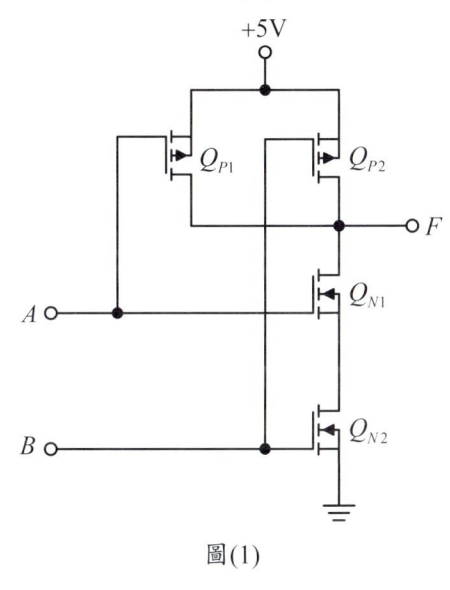

圖(1)

( ) 2. 承上題圖中，輸出F之工作週期（duty cycle）為何？
(A)25%　(B)50%　(C)75%　(D)100%

( ) 3. 對三輸入反及（NAND）閘而言，其輸出為邏輯1的情形有幾種？
(A)1種　(B)2種　(C)4種　(D)7種

( ) 4. 如圖(2)所示電路，Q_4不慎燒毀短路，其輸出Y之布林代數為何？
(A)$Y = A$　(B)$Y = \overline{A}$　(C)$Y = AB$　(D)$Y = \overline{AB}$

圖(2)

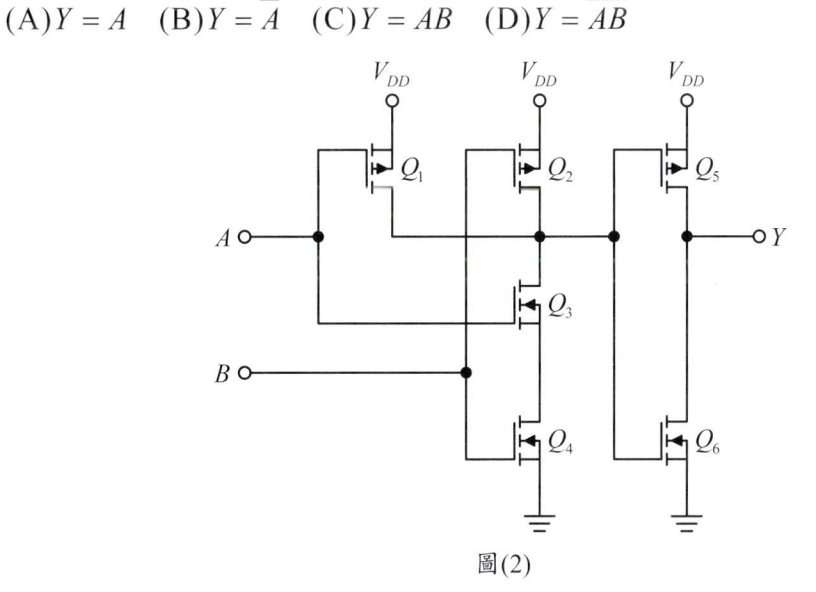

( ) 5. 已知二輸入反及（NAND）閘二輸入分別為A及B，輸出為F，如果要使用二輸入反及（NAND）閘組成反（NOT）閘，下列何種方法無法達成？
(A)A為反閘輸入、B接地、F為反閘輸出
(B)A為反閘輸入、B接電源、F為反閘輸出
(C)A及B短路為反閘輸入、F為反閘輸出
(D)A接電源、B為反閘輸入、F為反閘輸出

9-3 金氧半場效電晶體反或閘

理論重點

重點 1 反或閘的基本構造

1. **反或閘**（NOR gate）有兩個（以上）輸入，而只有一個輸出，其輸出為輸入經由 _____ 運算後再反相（NOT）的結果。

2. 如圖所示為二輸入反或閘的符號、真值表及輸入與輸出波形關係。

3. 當所有輸入信號皆為低電位（邏輯0）時，輸出信號為 _____ ；換言之，只要有一個輸入信號為高電位（邏輯1），輸出信號即為 _____ 。

4. 二輸入反或閘輸入與輸出布林代數式可寫成下式：

$$F = \overline{A + B} = \overline{A}\,\overline{B}$$

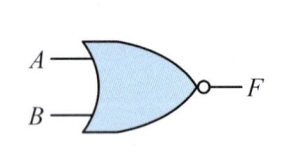

A	B	F
0	0	1
0	1	0
1	0	0
1	1	0

(a) 符號　　(b) 真值表　　(c) 輸入與輸出波形關係

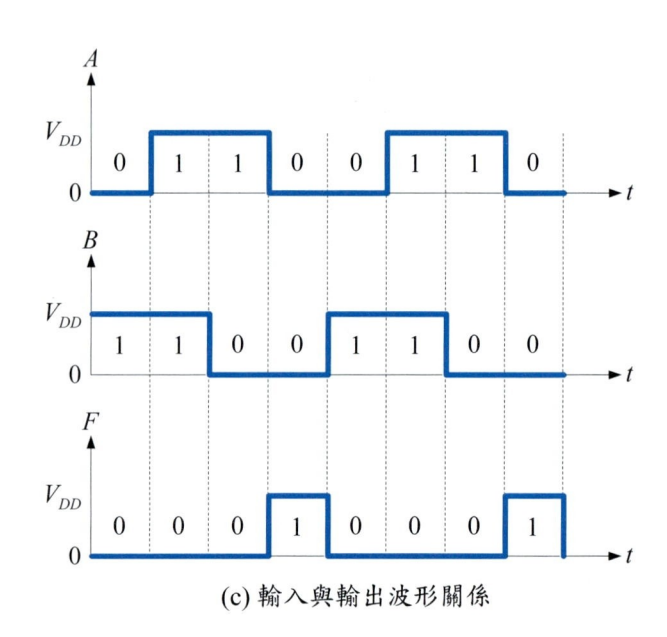

答案：1. 或（OR）
　　　　 3. 高電位（邏輯1）、低電位（邏輯0）

第 9 章 金氧半場效電晶體數位電路

重點 2 反或閘的電路構造

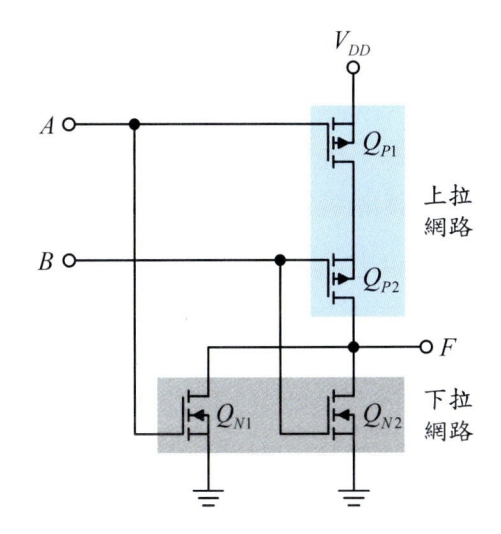

1. 如圖所示二輸入反或閘電路,是由兩個網路組成:
   (1) 上拉網路:由PMOS電晶體Q_{P1}及Q_{P2}所組成。
   (2) 下拉網路:由NMOS電晶體Q_{N1}及Q_{N2}所組成。

2. 由下拉網路來看,當輸入A為高電位(Q_{N1}導通)或輸入B為高電位(Q_{N2}導通)時,輸出才為低電位。因此輸出補數可寫成$\overline{F} = A + B$,等式兩邊同時取補數,輸出可寫成$F = \overline{A + B}$。

3. 由上拉網路來看,當輸入A為低電位(Q_{P1}導通)且輸入B為低電位(Q_{P2}導通)時,輸出為高電位。因此輸出可寫成$F = \overline{A}\overline{B}$。

4. 由**第摩根**(DeMorgan's)定理得知,$F = \overline{A + B} = \overline{A}\overline{B}$。

實習重點

重點 1 CMOS NOR閘IC

1. 在數位邏輯電路中,常用的積體電路(IC)有電晶體-電晶體邏輯(TTL)及互補式金屬氧化物半導體(CMOS)等兩種IC,現今數位電路多數使用CMOS技術。

2. 如圖所示為常用的二輸入CMOS NOR閘IC,編號CD4001,內含四個二輸入NOR閘,最大消耗功率500mW,電源電壓範圍3V~18V。

(a) 外觀 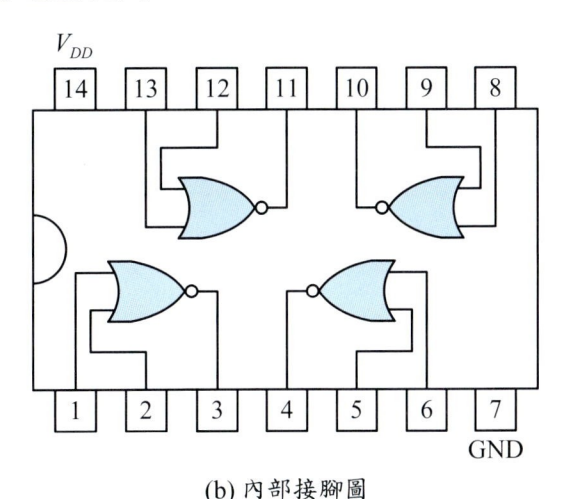　　(b) 內部接腳圖

9-21

重點 2 通用閘

1. 在數位邏輯中，NAND閘與NOR閘稱為萬用閘或通用閘，可以用來代替NOT、OR、AND、NOR、NAND、XOR、XNOR等各種基本邏輯閘。
2. 如下表所示為基本邏輯閘及其NOR閘等效，除了CD4049內含六個NOT閘之外，其餘編號IC內含四個相同的邏輯閘。
3. 使用通用閘的優點是可以有效的減少IC的數量，以節省電路成本。

基本邏輯閘	名稱	IC編號	符號	NOR閘等效
NOT閘	反閘	CD4049		
OR閘	或閘	CD4071		
AND閘	及閘	CD4081		
NOR閘	反或閘	CD4001		或
NAND閘	反及閘	CD4011		
XOR閘	互斥或閘	CD4030		
XNOR閘	反互斥或閘	CD4077		

第 9 章 金氧半場效電晶體數位電路

🎧 老師講解

1. 如下圖所示，可以使LED點亮的輸入組合有幾種？
(A)1種　(B)2種　(C)3種　(D)4種

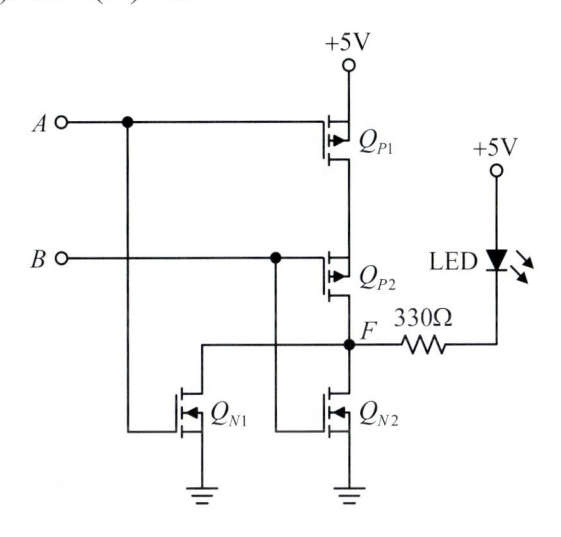

解 (C)

當輸入A為高電位（Q_{N1}導通）或輸入B為高電位（Q_{N2}導通）時，輸出為低電位，LED點亮

2. 承上題圖中，當LED點亮時，Q_{N1}及Q_{N2}分別工作在何種區域？
(A)兩者皆工作在截止區
(B)兩者皆工作在歐姆區
(C)Q_{N1}工作於截止區，Q_{N2}工作於歐姆區
(D)Q_{N1}工作於歐姆區，Q_{N2}工作於截止區

解 (B)

MOSFET應用於數位電路時，若導通則工作於歐姆區，若截止則工作於截止區

🎤 學生練習

1. 對三輸入反或（NOR）閘而言，其輸出為邏輯0的情形有幾種？
(A)1種　(B)2種　(C)4種　(D)7種

2. 將NOR閘的兩輸入A及B短路連接至信號端，其作用如同何種邏輯閘？
(A)NOT閘　(B)NAND閘　(C)NOR閘　(D)OR閘

ABCD 立即練習

基礎題

(　　)1. 如圖(1)所示MOSFET數位電路，若輸入A連接1kHz、5V峰值的對稱方波，輸入B接地，則輸出F之布林代數為何？
(A)$F = 0$　(B)$F = 1$　(C)$F = \overline{A}$　(D)$F = \overline{AB}$

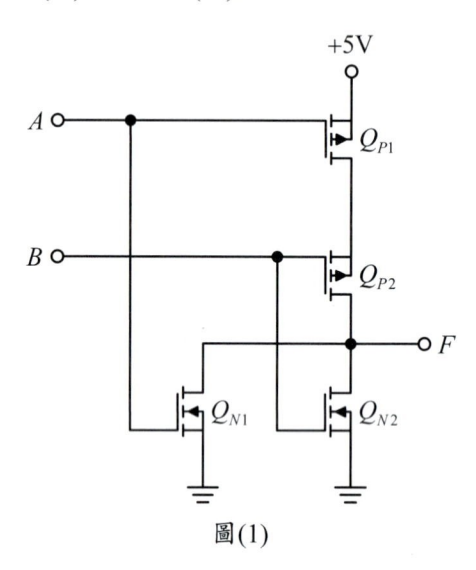

圖(1)

(　　)2. 承上題圖中，若輸入B改接+5V，輸入A不變，則輸出F之布林代數為何？
(A)$F = 0$　(B)$F = 1$　(C)$F = \overline{A}$　(D)$F = \overline{AB}$

(　　)3. 對二輸入反或（NOR）閘而言，其輸出為邏輯1的情形有幾種？
(A)1種　(B)2種　(C)3種　(D)4種

(　　)4. 如圖(2)所示電路為何種邏輯閘？
(A)及（AND）閘　(B)反及（NAND）閘　(C)或（OR）閘　(D)反或（NOR）閘

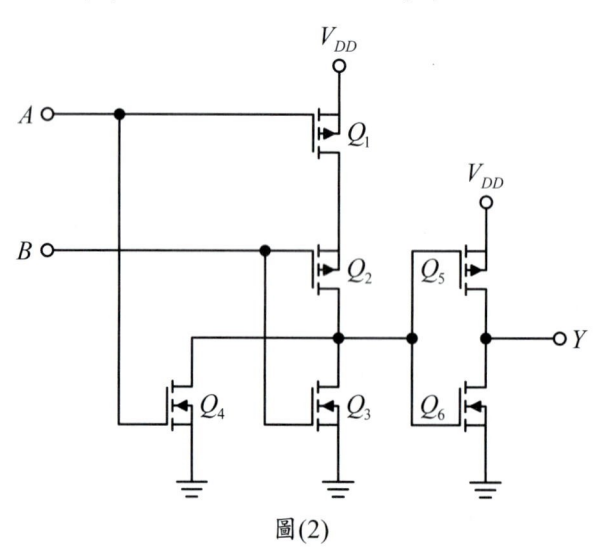

圖(2)

(　　)5. 如果要使用二輸入反或（NOR）閘組成或（OR）閘，最少需要幾個？
(A)1個　(B)2個　(C)3個　(D)4個

進階題

( )1. 如圖(1)所示MOSFET數位電路，若輸入A連接1kHz、5V峰值的對稱方波，輸入B連接500Hz、5V峰值的對稱方波，且輸入A及輸入B同步，則輸出F波形為何？
(A)500Hz、5V峰值的正脈波
(B)500Hz、5V峰值的負脈波
(C)1kHz、5V峰值的正脈波
(D)1kHz、5V峰值的負脈波

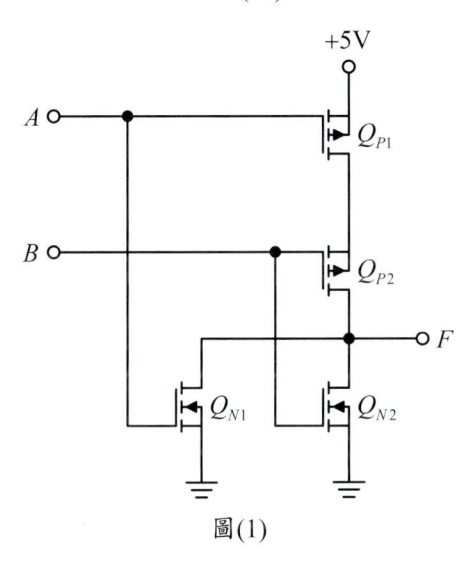

圖(1)

( )2. 承上題圖中，輸出F之工作週期（duty cycle）為何？
(A)25% (B)50% (C)75% (D)100%

( )3. 對三輸入反或（NOR）閘而言，其輸出為邏輯1的情形有幾種？
(A)1種 (B)2種 (C)4種 (D)7種

( )4. 如圖(2)所示電路，B腳不慎接地，其輸出Y之布林代數為何？
(A)$Y = A$ (B)$Y = \overline{A}$ (C)$Y = AB$ (D)$Y = \overline{AB}$

圖(2)

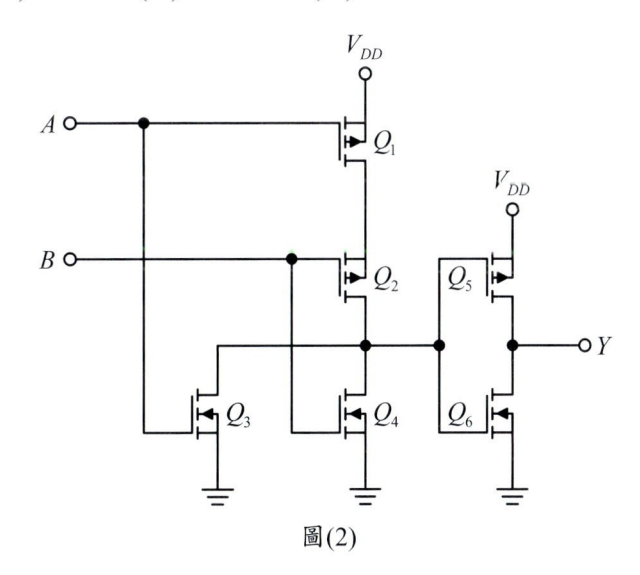

( )5. 已知二輸入反或（NOR）閘二輸入分別為A及B，輸出為F，如果要使用二輸入反或（NOR）閘組成反（NOT）閘，下列何種方法無法達成？
(A)A為反閘輸入、B接地、F為反閘輸出
(B)A為反閘輸入、B接電源、F為反閘輸出
(C)A及B短路為反閘輸入，F為反閘輸出
(D)A接地、B為反閘輸入，F為反閘輸出

9-4 金氧半場效電晶體數位電路

理論重點

重點 1 MOSFET數位電路工作原理

1. 金氧半場效電晶體（MOSFET）數位電路是由MOSFET反相器、MOSFET反及閘、MOSFET反或閘等CMOS結構組合而成。因此，可以使用前述各節電路的分析方法，快速判斷MOSFET數位電路的布林函數式。

2. 如下圖所示MOSFET數位電路，是由兩個網路組成：

   (1) 上拉網路：由PMOS電晶體Q_{P1}、Q_{P2}及Q_{P3}所組成。

   (2) 下拉網路：由NMOS電晶體Q_{N1}、Q_{N2}及Q_{N3}所組成。

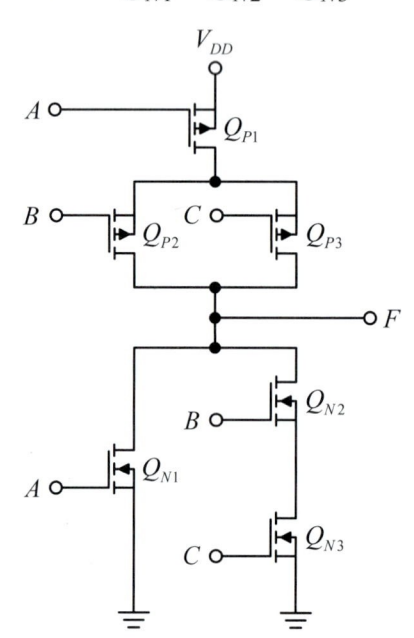

3. 由下拉網路來看，有兩個情形可以使用輸出為低電位：第一種情形是輸入A為_____電位時，Q_{N1}導通致使輸出為低電位。第二種情形是輸入B為_____電位（Q_{N2}導通）且輸入C為_____電位（Q_{N3}導通）時，輸出為低電位。因此，輸出補數的布林函數可寫成下式：

$$\overline{F} = A + BC$$

上式兩邊取補數，可改寫成下式：

$$F = \overline{A + BC}$$

4. 由上拉網路來看，有兩種情形可以使輸出為高電位：第一種情形是輸入A為 _____ 電位（Q_{P1}導通）且輸入B為 _____ 電位（Q_{P2}導通）時，輸出為高電位。第二種情形是輸入A為 _____ 電位（Q_{P1}導通）且輸入C為 _____ 電位（Q_{P3}導通）時，輸出為高電位。因此，輸出的布林函數可寫成下式：

$$F = \overline{A}\,\overline{B} + \overline{A}\,\overline{C}$$

上式經第摩根定理轉換，輸出的布林函數可改寫成下式：

$$F = \overline{A}\,\overline{B} + \overline{A}\,\overline{C} = \overline{A}(\overline{B}+\overline{C}) = \overline{A}(\overline{BC}) = \overline{A+BC}$$

答案： 3. 高、高、高　　　　　　　　4. 低、低、低、低

重點 2　MOSFET數位電路快速分析

1. 在MOSFET數位電路中，常使用NMOS電晶體組成下拉網路，PMOS電晶體組成上拉網路，並且將其連接成 _____ 電路結構。無論是上拉網路或是下拉網路，在網路中的MOSFET元件，都是以串聯方式或是並聯方式連接。

    (1) 串聯方式連接：如同 _____ 運算。

    (2) 並聯方式連接：如同 _____ 運算。

2. 以下圖所示MOSFET數位電路為例：

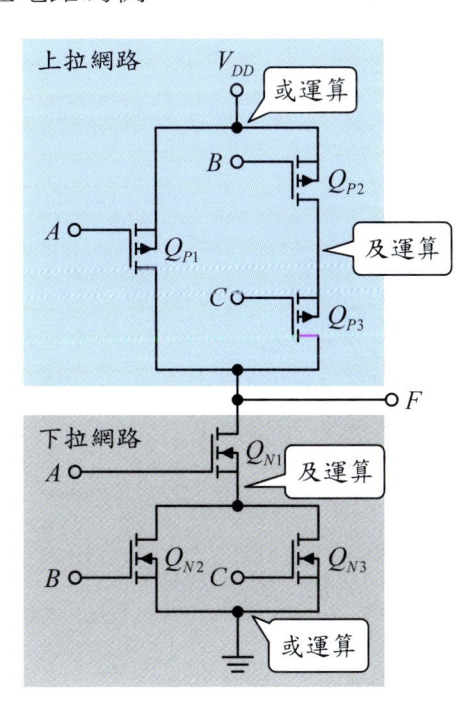

(1) 下拉網路快速分析：下拉網路是由NMOS電晶體組成，對NMOS電晶體而言，當輸入為高電位時，NMOS電晶體才會導通，並且將輸入下拉至 _____ 電位。因為Q_{N2}與Q_{N3}並聯（或運算）後，再與Q_{N1}串聯（及運算），所以輸出布林代數式可以寫成

$$\overline{F} = A(B+C)$$

串聯 ── 並聯

上式兩邊同時取補數，可以改寫成：

$$F = \overline{A(B+C)}$$

(2) 上拉網路快速分析：上拉網路是由PMOS電晶體組成，對PMOS電晶體而言，當輸入為低電位時，PMOS電晶體導通，並且將輸出上拉至 _____ 電位。因為Q_{P2}與Q_{P3}串聯（及運算）後，再與Q_{P1}並聯（或運算），所以輸出布林代數式可以寫成

$$F = \overline{A} + (\overline{BC})$$

並聯 ── 串聯

上式經由第摩根定理轉換，可以改寫成：

$$F = \overline{A} + \overline{BC} = \overline{A} + (\overline{B} + \overline{C}) = \overline{A(B+C)}$$

答案：1. CMOS　　(1) 及（AND）　　(2) 或（OR）
　　　2. (1) 低　　(2) 高

實習重點

重點 1　CMOS CD4007 IC

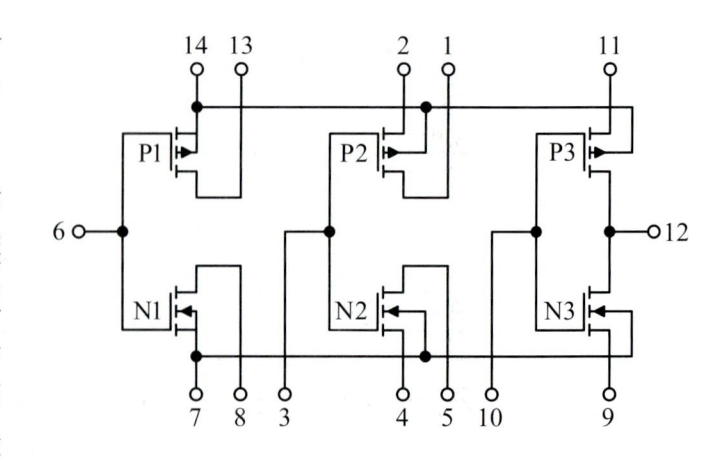

1. 如圖所示CMOS CD4007 IC，內含三組互補型MOSFET電晶體，其中一組P3、N3連接成CMOS反相器。

2. CD4007為14腳DIP包裝，工作電壓範圍3～18V，在工作電壓$V_{DD}=5V$條件下，輸出低態電流I_{OL}為1mA及輸出高態電流I_{OH}為1mA。CD4007操作速度快，平均傳遞時間30ns，消耗功率極低，最大輸入電流值只有1μA。

第 9 章 金氧半場效電晶體數位電路

3. 以CD4007完成MOSFET反相器：

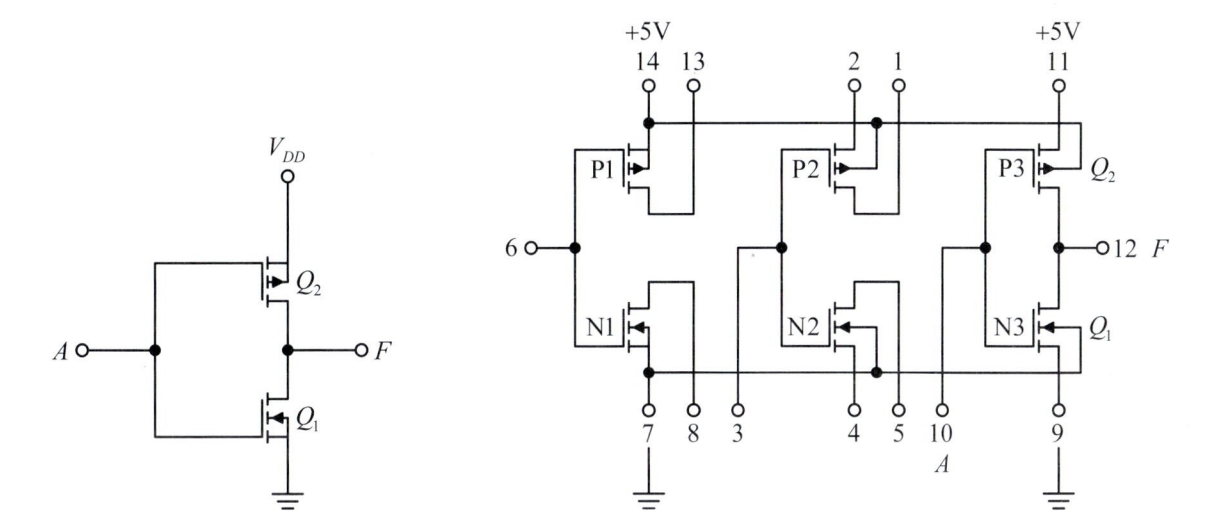

4. 以CD4007完成MOSFET反及閘：

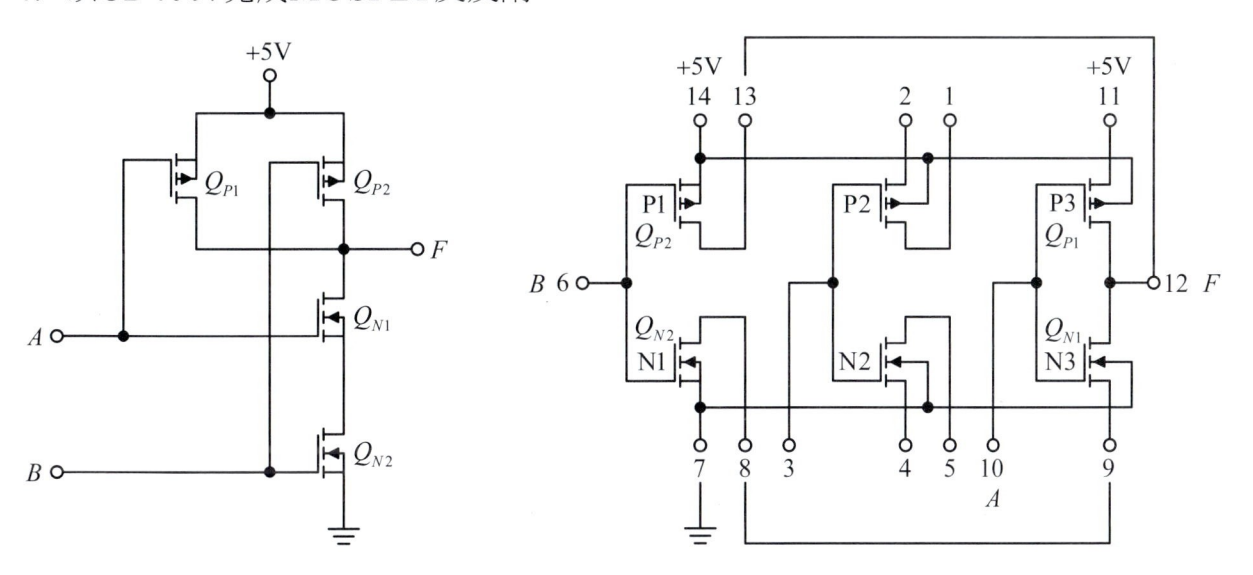

5. 以CD4007完成MOSFET反或閘：

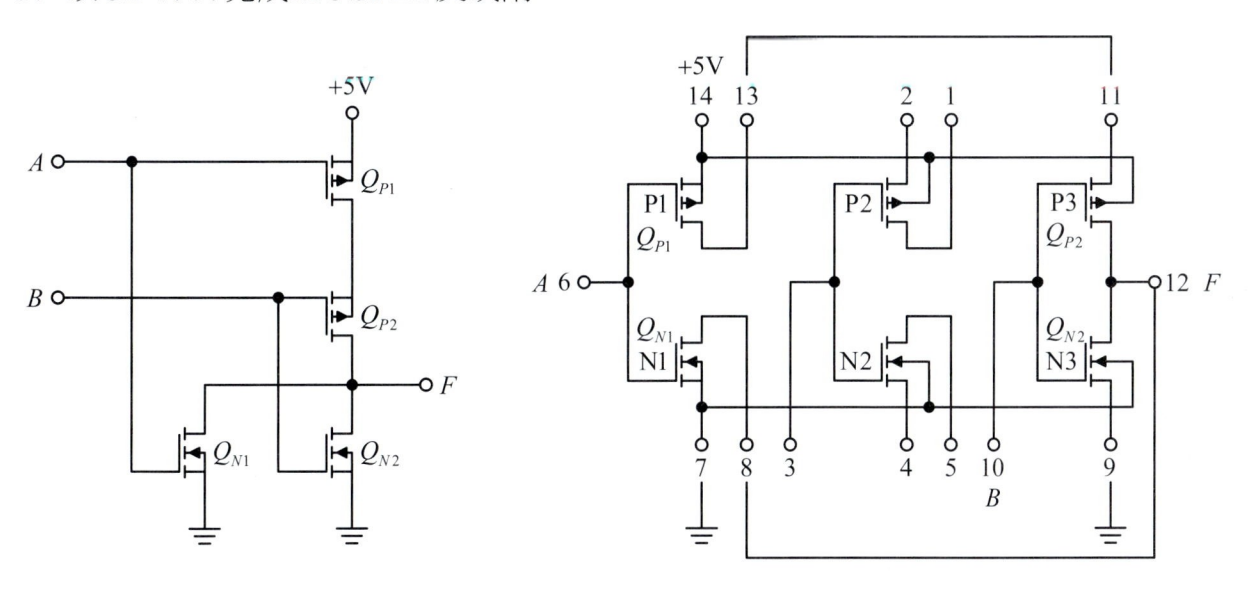

老師講解

1. 如下圖所示電路為何種邏輯閘？
(A)及（AND）閘 (B)反及（NAND）閘 (C)或（OR）閘 (D)反或（NOR）閘

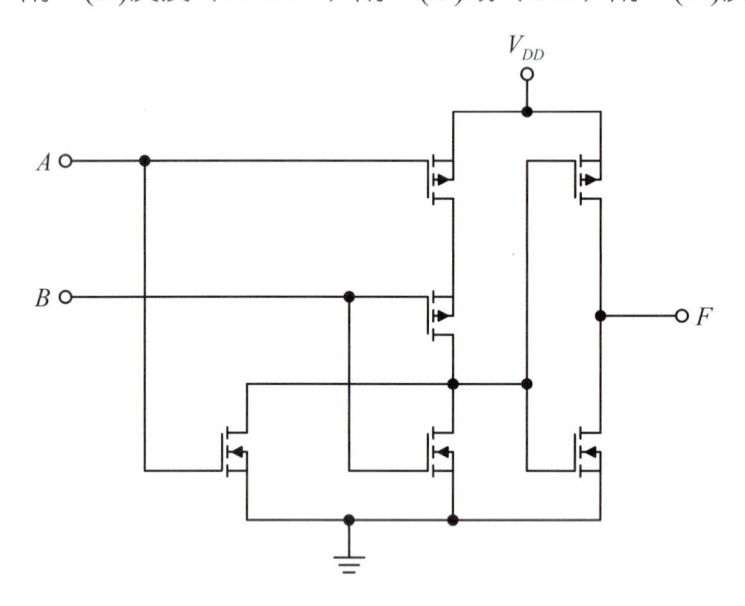

解 (C)

電路由兩個部分組成，左邊四個MOSFET組成反或（NOR）閘，右邊兩個MOSFET組成反相器，因此電路為或（OR）閘

2. 承上題圖中，使輸出F為邏輯1（高電位）的輸入組合有幾種？
(A)1種 (B)2種 (C)3種 (D)4種

解 (C)

對於或（OR）閘而言，任一輸入為邏輯1（高電位）時，輸出即為邏輯1（高電位）

學生練習

1. 如右圖所示電路為何種邏輯閘？
(A)及（AND）閘
(B)反及（NAND）閘
(C)或（OR）閘
(D)反或（NOR）閘

2. 承上題圖中，使輸出Y為邏輯1（高電位）的輸入組合有幾種？
(A)1種 (B)2種 (C)3種 (D)4種

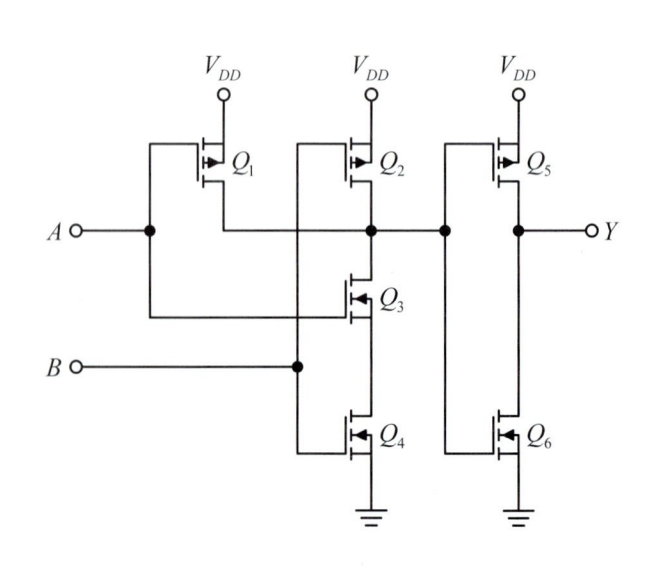

ABCD 立即練習

基礎題

(　　)1. 如圖(1)所示MOSFET數位電路，輸出Y之布林代數式為何？
(A)$Y = C + AB$　(B)$Y = C(A + B)$　(C)$Y = \overline{C + AB}$　(D)$Y = \overline{C(A + B)}$

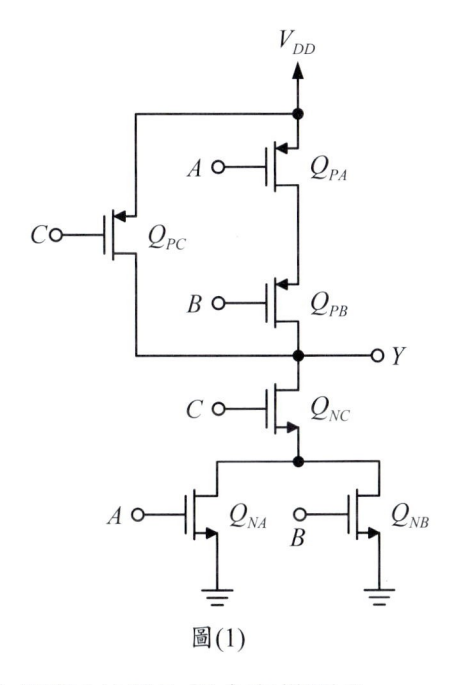

圖(1)

(　　)2. 承上題圖中，使輸出為邏輯1的輸入組合有幾種？
(A)3種　(B)4種　(C)5種　(D)6種

(　　)3. 如圖(2)所示MOSFET數位電路，輸出F之布林代數式為何？
(A)$F = C + AB$　(B)$F = C(A + B)$　(C)$F = \overline{C + AB}$　(D)$F = \overline{C(A + B)}$

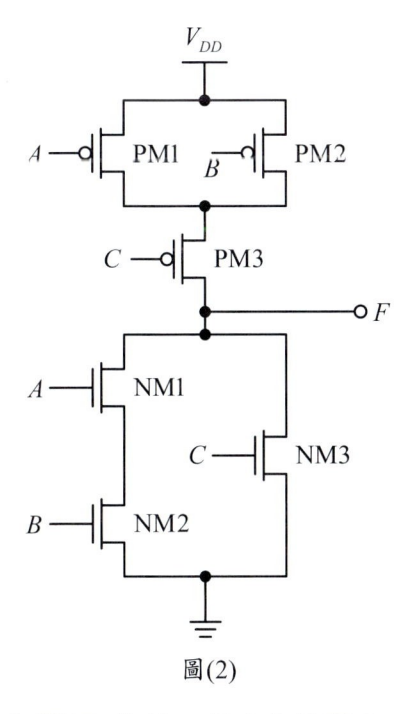

圖(2)

(　　)4. 承上題圖中，使輸出為邏輯1的輸入組合有幾種？
(A)3種　(B)4種　(C)5種　(D)6種

( )5. 使用CMOS技術完成及（AND）閘，至少需要使用幾對P-MOS及N-MOS？
(A)1對 (B)2對 (C)3對 (D)4對

進階題

( )1. 如圖(1)所示MOSFET數位電路，為何種邏輯閘？
(A)反或（NOR）閘 (B)反及（NAND）閘
(C)互斥或（XOR）閘 (D)互斥反或（XNOR）閘

( )2. 承上題圖中，使輸出為邏輯1的輸入組合有幾種？
(A)1種 (B)2種 (C)3種 (D)4種

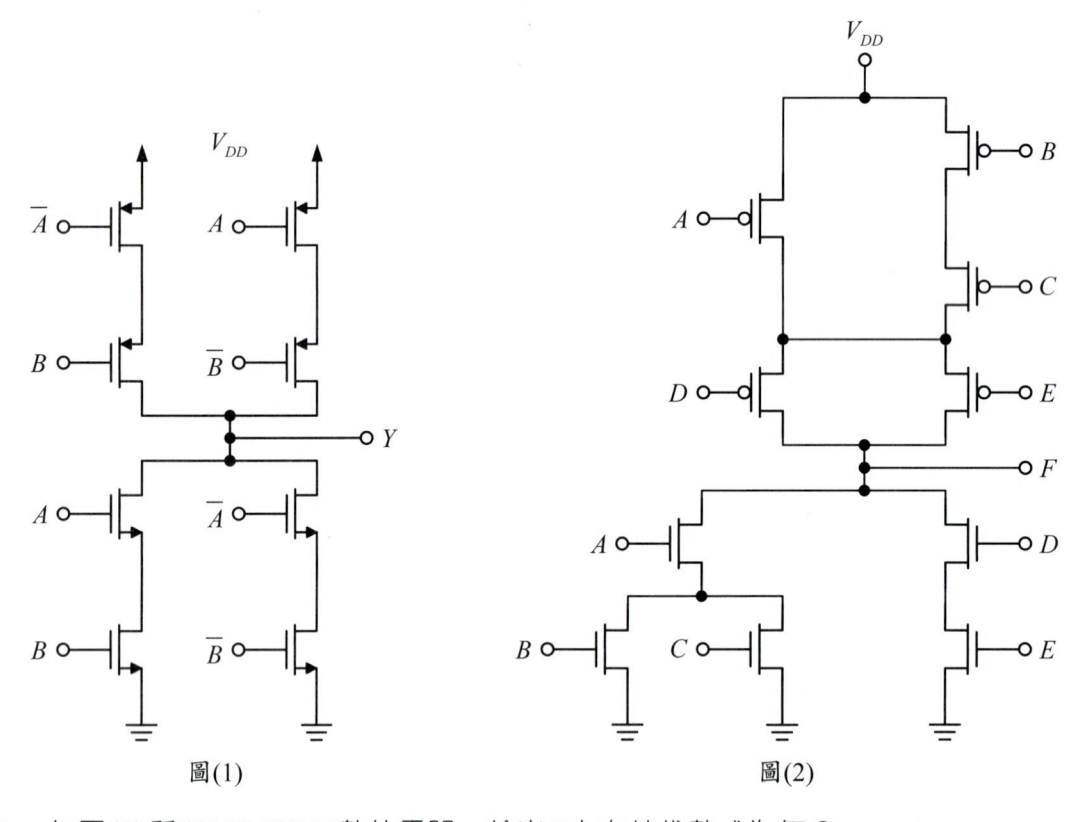

圖(1)　　　　圖(2)

( )3. 如圖(2)所示MOSFET數位電路，輸出F之布林代數式為何？
(A)$\overline{A(B+C)+DE}$ (B)$\overline{A+BC+DE}$ (C)$\overline{A+BCDE}$ (D)$\overline{A+BC+D+E}$

第 9 章 金氧半場效電晶體數位電路

歷屆試題

最新統測試題

( )1. 如圖(1)所示數位邏輯電路,其輸出 Y 為何?
(A)$Y = \overline{AB}$ (B)$Y = AB$ (C)$Y = \overline{A+B}$ (D)$Y = A+B$

[9-2][111統測]

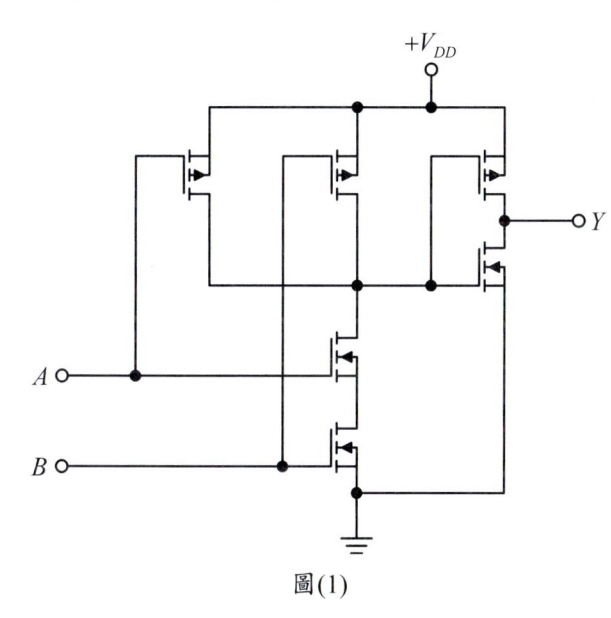

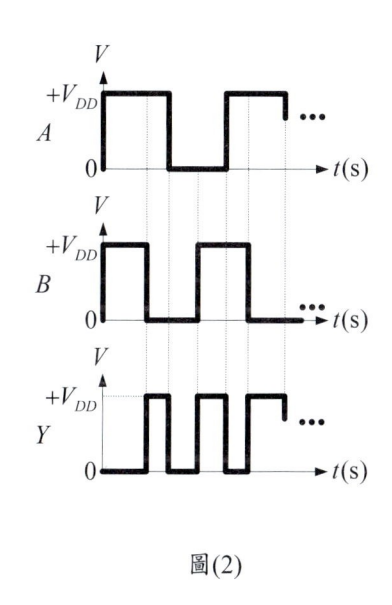

圖(1)

圖(2)

( )2. 圖(2)所示為某邏輯電路之輸入 A、B 與輸出 Y 的波形,若 $+V_{DD}$ 為高準位(邏輯 1),0V 為低準位(邏輯 0),則此邏輯電路為何?
(A)互斥或閘 (B)及閘 (C)反及閘 (D)或閘

[9-4][111統測]

( )3. 如圖(3)所示 MOSFET 邏輯電路,下列敘述何者錯誤?
(A)此電路之功能為反或閘(NOR gate)
(B)若 A 為低電位,B 為高電位,則輸出 Y 為高電位
(C)若 A 為高電位,B 為低電位,則輸出 Y 為低電位
(D)輸入與輸出的布林代數關係為 $Y = \overline{A+B}$

[9-3][112統測]

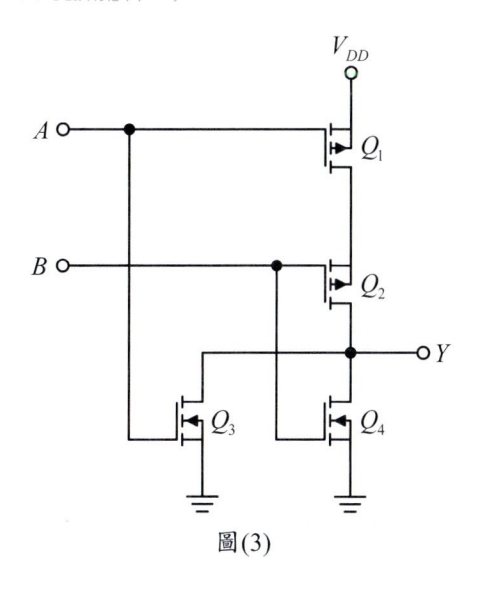

圖(3)

(　　)4. 如圖(4)所示CMOS數位電路，下列何者為輸出 Y 的布林代數式？
(A) $Y = (\overline{A} + \overline{B})(\overline{C} + \overline{D}) + \overline{E}$
(B) $Y = (A + B)(C + D) + E$
(C) $Y = (\overline{A} + \overline{B})(C + D) + E$
(D) $Y = (A + B)(\overline{C} + \overline{D}) + \overline{E}$

[9-4][113統測]

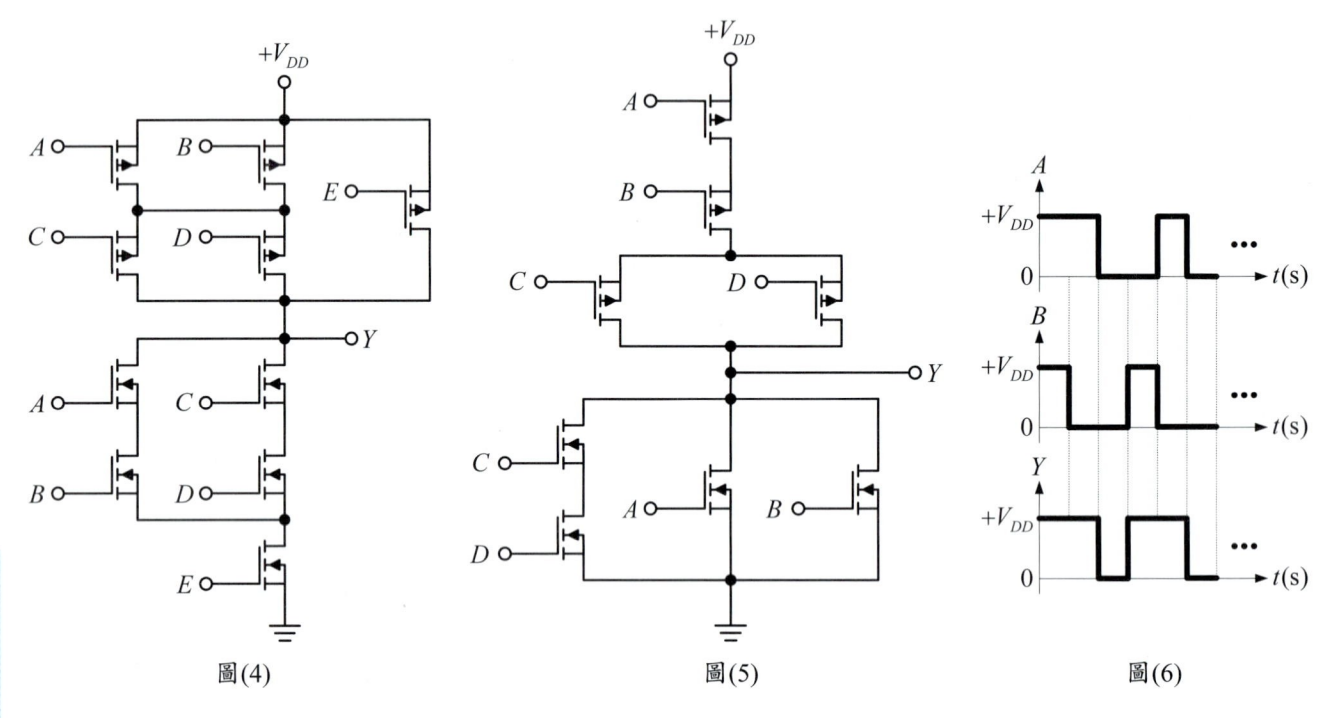

圖(4)　　圖(5)　　圖(6)

(　　)5. 如圖(5)所示CMOS數位電路，其輸出 Y 的布林代數式為何？
(A) $\overline{A}\,\overline{B}(C + D)$　(B) $AB(\overline{C} + \overline{D})$　(C) $AB(C + D)$　(D) $\overline{A}\,\overline{B}(\overline{C} + \overline{D})$

[9-4][114統測]

(　　)6. 某MOSFET數位電路的輸入 A、B 及輸出 Y 波形如圖(6)所示，若 $+V_{DD}$ 為高準位（邏輯1），0V 為低準位（邏輯 0），則此數位電路為何？

[9-3][114統測]

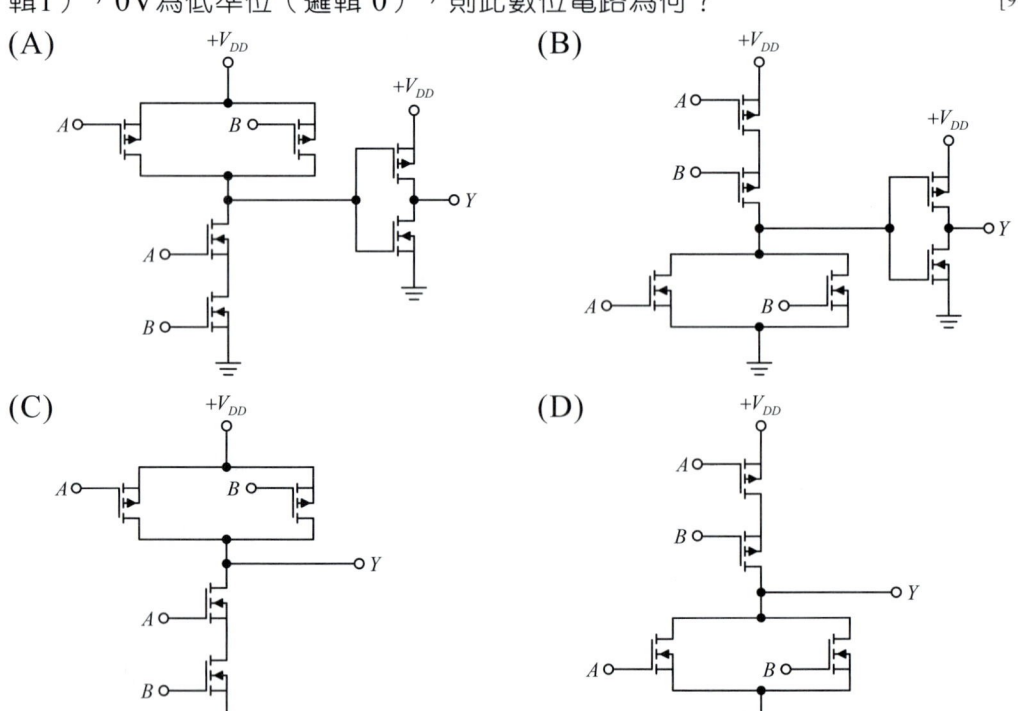

(A)　(B)　(C)　(D)

第 9 章 金氧半場效電晶體數位電路

模擬演練

電子學試題

( ) 1. MOSFET數位電路與BJT數位電路比較，下列有關MOSFET數位電路的敘述，何者錯誤？ (A)消耗功率低 (B)扇出能力強 (C)雜訊邊限小 (D)包裝密度高 [9-1]

( ) 2. 理想CMOS數位電路消耗功率低的主要原因為何？
(A)靜態電流為零 (B)動態電流為零 (C)電源電壓穩定 (D)輸出電容小 [9-1]

( ) 3. 下列哪一種MOSFET反相器消耗功率最小？
(A)電阻型負載MOSFET反相器 (B)增強型負載MOSFET反相器
(C)空乏型負載MOSFET反相器 (D)CMOS反相器 [9-1]

( ) 4. 如圖(1)所示MOSFET數位電路，下列敘述何者錯誤？
(A)電路為反相器
(B)當輸入$v_i = 0$時，$v_o = V_{DD}$，Q_N工作於截止區，Q_P工作於歐姆區
(C)當輸入$v_i = V_{DD}$時，$v_o = 0$，Q_N工作於歐姆區，Q_P工作於截止區
(D)為CMOS數位電路，消耗功率為零 [9-1]

( ) 5. 承上題圖中，如將兩個相同電路串接起來，其作用如同下列何種邏輯閘？
(A)反閘 (B)緩衝閘 (C)反及閘 (D)反或閘 [9-1]

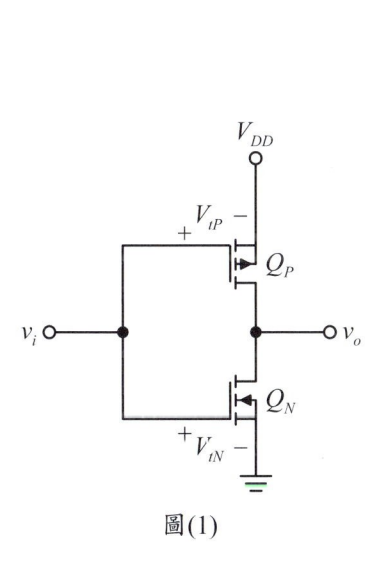

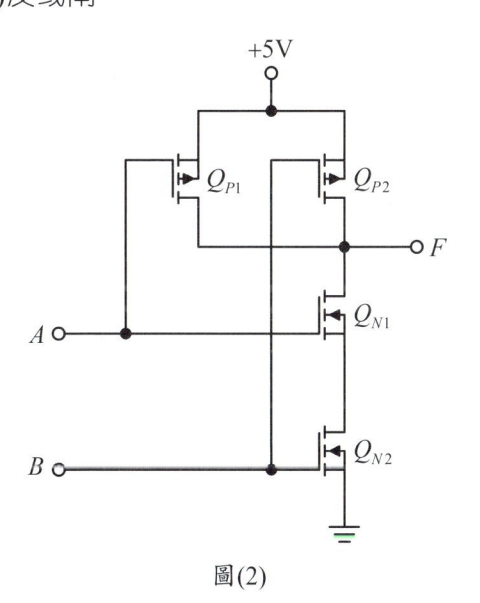

圖(1)　　　　圖(2)

( ) 6. 有關圖(2)所示MOSFET數位電路，下列敘述何者正確？
(A)為BJT反及閘數位電路
(B)任一輸入A或B為邏輯1時，輸出為邏輯0
(C)為CMOS結構，所以只有在轉態時才會消耗功率
(D)增加電源電壓可以減少功率消耗 [9-2]

( ) 7. 承上題圖中，使用兩個相同MOSFET數位電路，並且將第一個MOSFET數位電路的輸出F同時連接到第二個MOSFET數位電路的輸入A及B，則此電路功用等效於下列何者？ (A)AND閘 (B)NAND閘 (C)OR閘 (D)NOR閘 [9-2]

( ) 8. 將一個NOR閘的輸出端，同時連接到第二個NOR閘的輸入A及B，其作用如同何種邏輯閘？ (A)AND閘 (B)NAND閘 (C)OR閘 (D)NOR閘 [9-3]

(　　)9. 如圖(3)所示MOSFET數位電路，若輸入A及B同時連接1kHz、5V峰值的對稱方波，則輸出F之波形為何？
(A)0
(B)+5V直流電壓
(C)500Hz、5V峰值的對稱方波
(D)1kHz、5V峰值的對稱方波 [9-3]

圖(3)

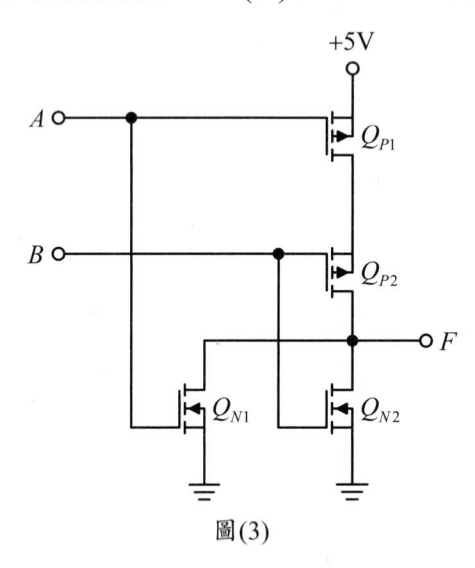

(　　)10. 承上題圖中，使用CMOS技術完成OR閘，至少需要幾對PMOS及NMOS元件？
(A)1對　(B)2對　(C)3對　(D)4對 [9-3]

第 9 章 金氧半場效電晶體數位電路

電子學實習試題

( )1. 如圖(1)所示，當輸入A連接+5V電源，下列敘述何者正確？
 (A)輸入B為邏輯0時，LED亮 (B)輸入B為邏輯1時，LED亮
 (C)無論輸入B為何種狀態，LED恆亮 (D)無論輸入B為何種狀態，LED恆不亮 [9-2]

( )2. 承上題，當輸入A接地，下列敘述何者正確？
 (A)輸入B為邏輯0時，LED亮 (B)輸入B為邏輯1時，LED亮
 (C)無論輸入B為何種狀態，LED恆亮 (D)無論輸入B為何種狀態，LED恆不亮 [9-2]

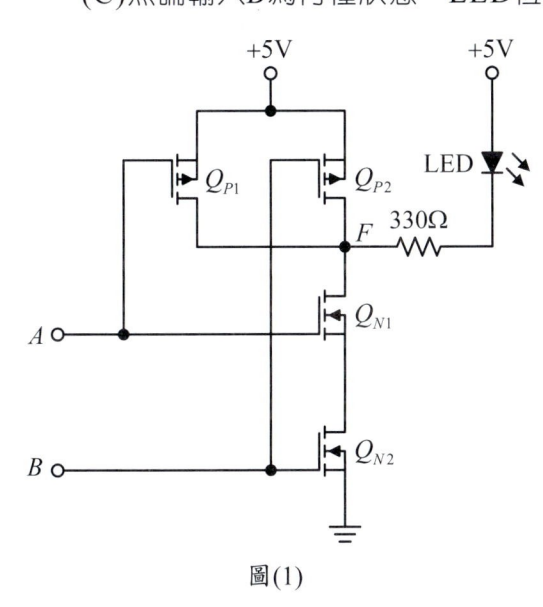

圖(1)

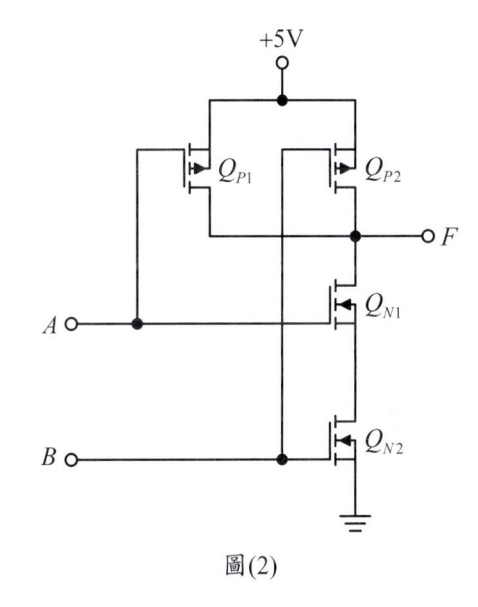

圖(2)

( )3. 某生使用圖(2)二輸入反及（NAND）閘進行實驗，結果無論輸入A為邏輯0或邏輯1，輸出F永遠是輸入B的補數，則最有可能的故障原因為何？
 ①Q_{P1}汲、源極開路
 ②Q_{P2}汲、源極開路
 ③Q_{N1}汲、源極短路
 ④Q_{N2}汲、源極短路
 (A)①及② (B)③及④ (C)①及③ (D)②及④ [9-2]

( )4. 如圖(3)所示MOSFET數位電路，若輸入A連接1kHz、5V峰值的對稱方波，輸入B接電源+5V，則輸出F波形為何？
 (A)$F = 0$
 (B)$F = 1$
 (C)輸出信號頻率與輸入相同，且相位相反
 (D)輸出信號頻率與輸入相同，且相位相同 [9-2]

( )5. 承上題，若將輸入A所連接的信號調整為1kHz、1V峰值的對稱方波，輸入B仍然接電源+5V，則輸出波形為何？
 (A)$F = 0$
 (B)$F = 1$
 (C)輸出信號頻率與輸入相同，且相位相反
 (D)輸出信號頻率與輸入相同，且相位相同 [9-2]

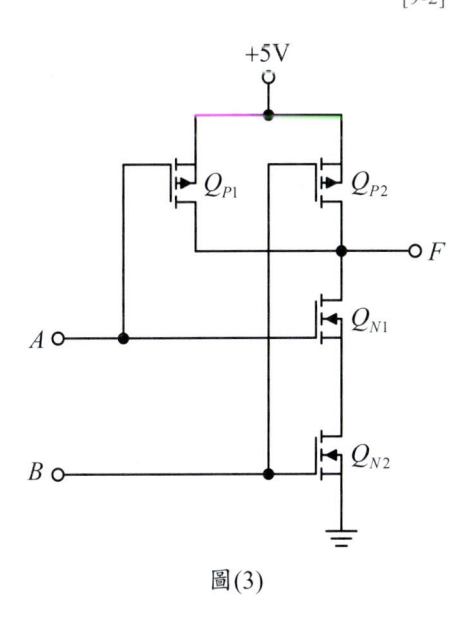

圖(3)

(　　)6. 如圖(4)所示MOSFET數位電路，若輸入A連接1kHz、5V峰值、工作週期50%的脈波，輸入B連接500Hz、5V峰值、工作週期75%的脈波，且輸入A及B同步，則輸出F波形為何？
(A)500Hz、5V峰值、工作週期25%的脈波
(B)500Hz、5V峰值、工作週期50%的脈波
(C)1kHz、5V峰值、工作週期25%的脈波
(D)1kHz、5V峰值、工作週期50%的脈波　　　　　　　　　　　　　　　　　　　　　　　　[9-2]

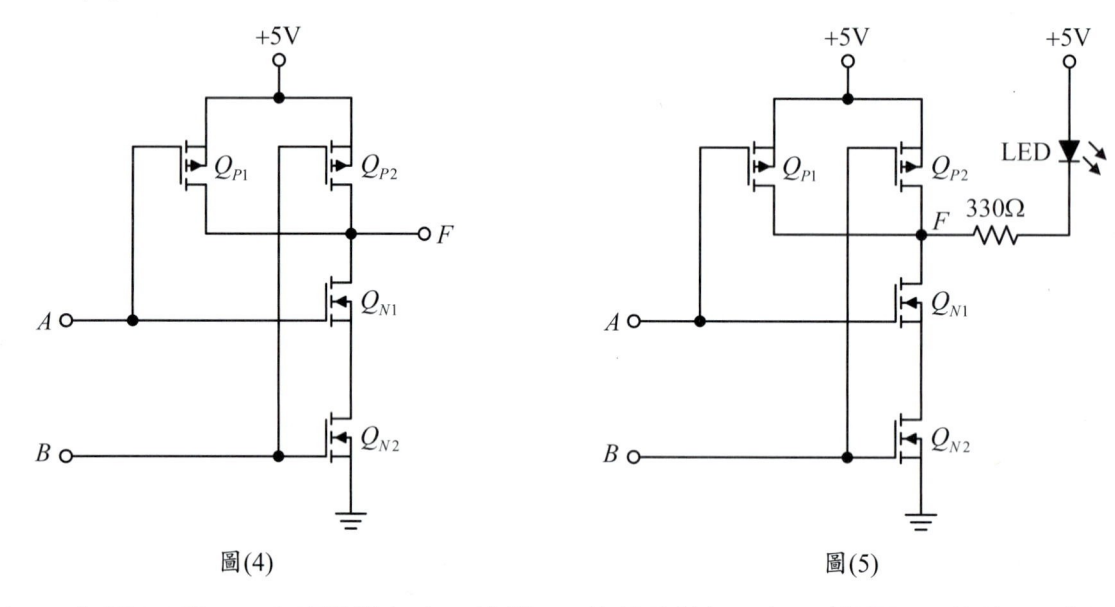

圖(4)　　　　　　　　　　　　圖(5)

(　　)7. 如圖(5)所示，在實驗進行中不慎將Q_{P1}燒毀致使汲、源兩端開路，若輸入A為邏輯1，下列敘述何者正確？
(A)輸入B為邏輯0時，LED亮
(B)輸入B為邏輯1時，LED亮
(C)無論輸入B為何種狀態，LED恆亮
(D)無論輸入B為何種狀態，LED恆不亮　　　　　　　　　　　　　　　　　　　　　　　　[9-2]

(　　)8. 某生使用圖(6)二輸入反或（NOR）閘進行實驗，結果無論輸入A為邏輯0或邏輯1，輸出F永遠是輸入B的補數，則最有可能的故障原因為何？
①Q_{P1}汲、源極短路　　　　　　　②Q_{P2}汲、源極短路
③Q_{N1}汲、源極開路　　　　　　　④Q_{N2}汲、源極開路
(A)①及②　(B)③及④　(C)①及③　(D)②及④　　　　　　　　　　　　　　　　　　　　[9-3]

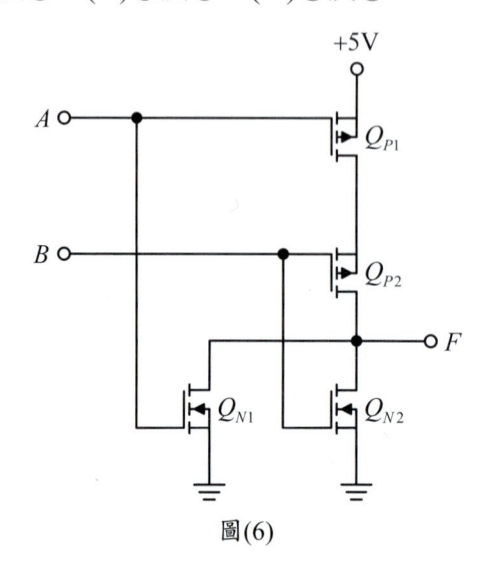

圖(6)

第 9 章 金氧半場效電晶體數位電路

(　　)9. 如圖(7)所示，在實驗進行中不慎將Q_{N1}燒毀致使汲、源兩端短路，若輸入A為邏輯1，下列敘述何者正確？
(A)輸入B為邏輯0時，LED亮
(B)輸入B為邏輯1時，LED亮
(C)無論輸入B為何種狀態，LED恆亮
(D)無論輸入B為何種狀態，LED恆不亮 [9-3]

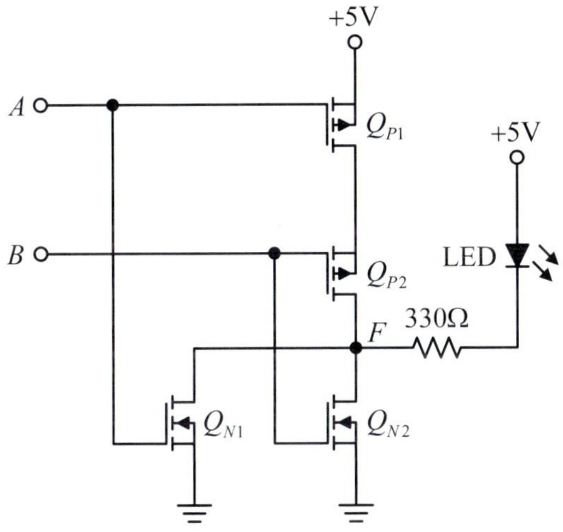

圖(7) 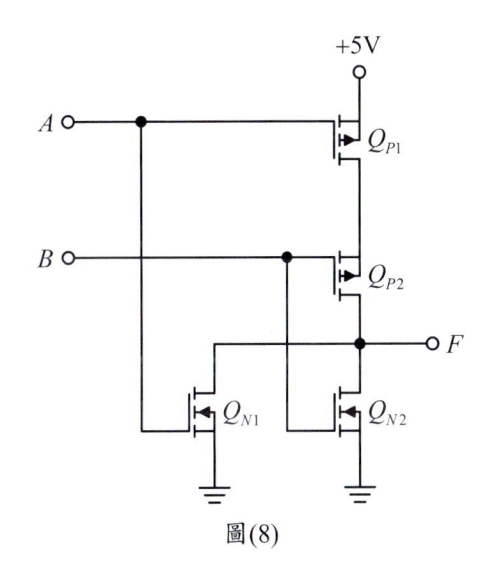　　圖(8)

(　　)10. 如圖(8)所示MOSFET數位電路，若輸入A連接1kHz、5V峰值、工作週期50%的脈波，輸入B連接500Hz、5V峰值、工作週期75%的脈波，且輸入A及B同步，則輸出F波形為何？
(A)500Hz、5V峰值、工作週期25%的脈波
(B)500Hz、5V峰值、工作週期50%的脈波
(C)1kHz、5V峰值、工作週期25%的脈波
(D)1kHz、5V峰值、工作週期50%的脈波 [9-3]

(　　)11. 如圖(9)所示MOSFET數位電路為何種邏輯閘？
(A)反及（NAND）閘
(B)反或（NOR）閘
(C)反（NOT）閘
(D)互斥或（XOR）閘 [9-4]

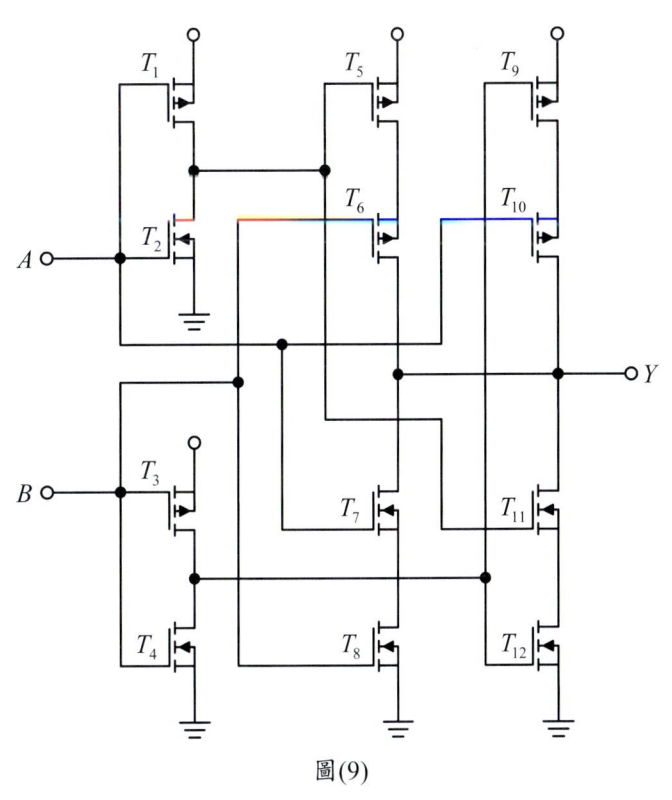

圖(9)

(　　)12. 如圖(10)所示MOSFET數位電路為何種邏輯閘？
(A)反及（NAND）閘　　　　　(B)反或（NOR）閘
(C)反（NOT）閘　　　　　　　(D)互斥或（XOR）閘

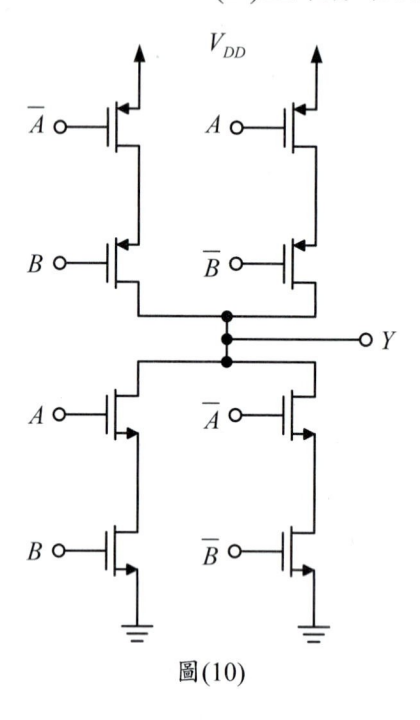

[9-4]

圖(10)

第 9 章 金氧半場效電晶體數位電路

素養導向題

▲ 閱讀下文，回答第1～5題

大雄、小夫、靜香、胖虎四人使用圖(1)進行實驗，所得真值表數據如表(1)所示，表中0代表GND，1代表+5V。

表(1)

輸入		輸出F			
A	B	大雄	小夫	靜香	胖虎
0	0	0	1	0	1
0	1	0	1	1	0
1	0	0	1	1	0
1	1	1	0	1	0

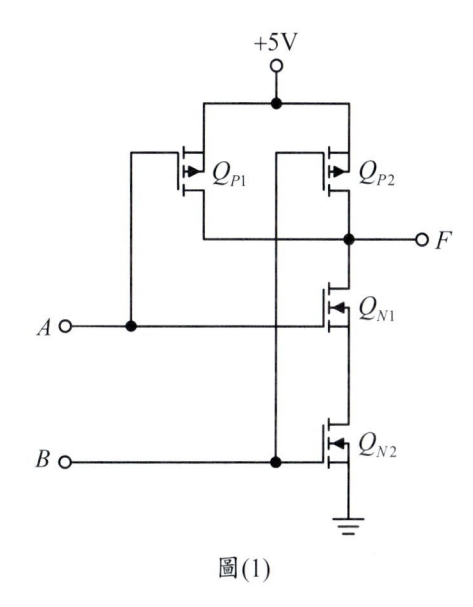

圖(1)

( )1. 四人中何人的輸出F結果與電路功能相符？
(A)大雄　(B)小夫　(C)靜香　(D)胖虎

( )2. 承上題圖中，要完成一個反相器，下列所述四人使用的方法，何者具體可行？
①大雄將二輸入A、B短路當成輸入端
②小夫將輸入A接地，輸入B當成輸入端
③靜香將輸入A接電源+5V，輸入B當成輸入端
④胖虎將輸出F連接至輸入A，並將輸入B當成輸入端
(A)大雄與小夫　(B)大雄與靜香　(C)小夫與胖虎　(D)靜香與胖虎

( )3. 在實驗過程中，不慎將Q_{P1}燒毀，在沒有多餘元件可更換的情形下，想繼續進行實驗，下列何種方法是可行的？
(A)將Q_{P2}的閘-源極相連接，並且移除與輸入B的連接
(B)將Q_{P2}的閘-汲極相連接，並且移除與輸入B的連接
(C)將Q_{P2}的閘極連接到+5V
(D)將Q_{P2}的閘極接地

( )4. 四人想使用LED來指示電路的輸出狀態，且輸出為邏輯1時LED點亮，輸出為邏輯0時LED不亮，則應如何完成接線？
(A)輸出F連接LED陽極，LED陰極串聯一220Ω電阻後接地
(B)輸出F連接LED陰極，LED陽極串聯一220Ω電阻後接地
(C)輸出F連接LED陽極，LED陰極串聯一220Ω電阻後接+5V
(D)輸出F連接LED陰極，LED陽極串聯一220Ω電阻後接+5V

(　　)5. 四人完成圖(1)實驗後,繼續進行圖(2)實驗,所得真值表數據如表(2)所示,表中0代表GND,1代表+5V,則四人中何人的輸出F結果與電路功能相符?
(A)大雄　(B)小夫　(C)靜香　(D)胖虎

表(2)

輸入		輸出F			
A	B	大雄	小夫	靜香	胖虎
0	0	0	1	0	1
0	1	0	1	1	0
1	0	0	1	1	0
1	1	1	0	1	0

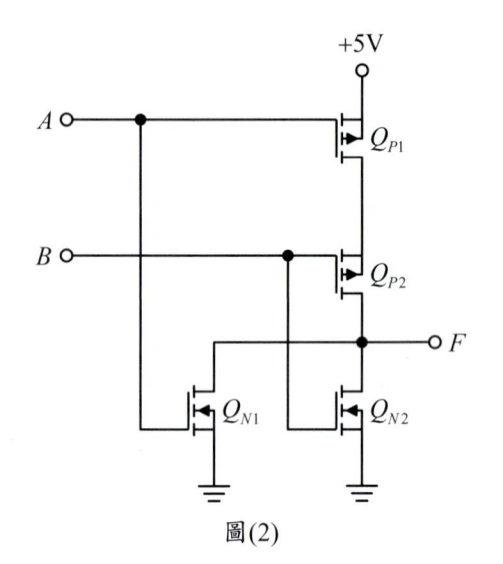

圖(2)

第 9 章 金氧半場效電晶體數位電路

解 答

（*表示附有詳解）

9-1立即練習

基礎題
*1.C   *2.C   *3.C   4.A   *5.D

進階題
*1.D   *2.C   *3.C   *4.A   *5.C

9-2立即練習

基礎題
*1.B   *2.C   *3.C   *4.A   *5.B

進階題
*1.B   *2.C   *3.D   *4.A   *5.A

9-3立即練習

基礎題
*1.C   *2.A   *3.A   *4.C   *5.B

進階題
*1.A   *2.A   *3.A   *4.A   *5.B

9-4立即練習

基礎題
*1.D   *2.C   *3.C   *4.A   *5.C

進階題
*1.C   *2.B   *3.A

歷屆試題

最新統測試題
*1.B   *2.A   *3.B   *4.A   *5.D   *6.B

模擬演練

電子學試題
*1.C   *2.A   *3.D   *4.D   *5.B   *6.C   *7.A   *8.C   *9.D   *10.C

電子學實習試題
*1.B   *2.D   *3.C   *4.C   *5.B   *6.D   *7.B   *8.C   *9.C   *10.A
*11.D   *12.D

素養導向題
*1.B   *2.B   *3.D   4.A   *5.D

NOTE

NOTE

NOTE

CHAPTER 10 運算放大器

本章學習重點

章節架構	必考重點	
10-1 理想運算放大器的認識	• 理想運算放大器之基本原理 • 理想運算放大器內部方塊圖 • 運算放大器應用	★★★☆☆
10-2 運算放大器之特性及參數	• 理想運算放大器之特性 • 虛接觀念 • 理想運算放大器之迴轉率、共模拒斥比	★★★★☆
10-3 反相及非反相放大器	• 輸入阻抗　• 電壓增益　• 最大輸出限制	★★★★★
10-4 加法器及減法器	• 反相／非反相加法器輸出電壓計算 • 減法器輸出電壓計算 • 加／減法組合電路輸出電壓計算	★★★★★
10-5 積分器及微分器	• 微分器／積分器輸出波形及輸出電壓計算 • 改良式微分器／積分器工作原理	★★★★☆
10-6 比較器	• 零位比較器輸入與輸出波形關係 • 反相／非反相比較器輸出脈波工作週期計算	★★★★★

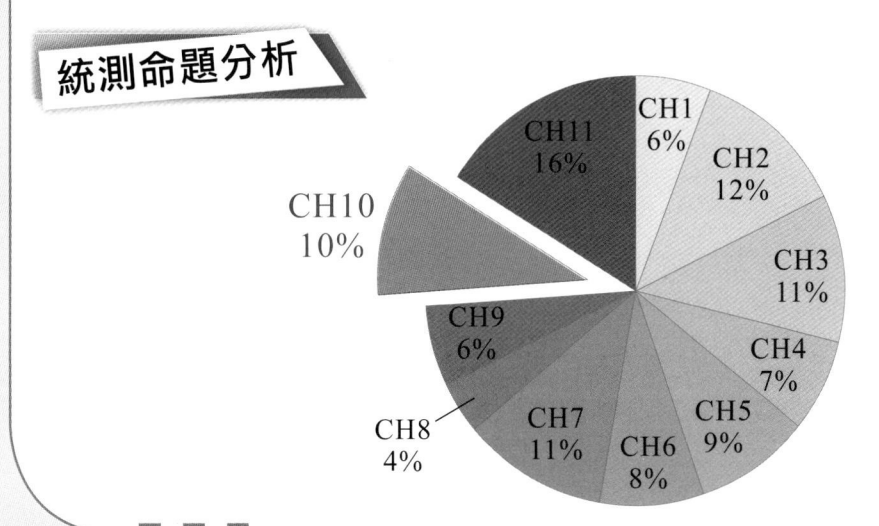

統測命題分析

- CH1 6%
- CH2 12%
- CH3 11%
- CH4 7%
- CH5 9%
- CH6 8%
- CH7 11%
- CH8 4%
- CH9 6%
- CH10 10%
- CH11 16%

考前 3 分鐘

1. 運算放大器特性

項目	理想運算放大器	實際運算放大器
輸入阻抗 R_i	無限大（$R_i = \infty$）	輸入級採用差動放大器 (1) BJT輸入級 $R_i = 10^6 \, \Omega$ (2) FET輸入級 $R_i = 10^{12} \, \Omega$
輸出阻抗 R_o	零（$R_o = 0$）	實際輸出阻抗約在100Ω以下，因此有部分輸出信號會消耗在輸出阻抗上，導致輸出電壓下降
開迴路增益 A_{vo}	無限大（$A_{vo} = \infty$）	約為100dB（$A_{vo} = 10^5$） (1) 開迴路增益會隨溫度、工作電源及負載的改變而改變 (2) 在設計OPA應用電路時，應避免過大的電壓增益導致頻寬下降 (3) 實際OPA的增益頻寬乘積有限，約等於單位增益頻率
頻帶寬度 BW	無限大（$BW = \infty$）	增益與頻寬的乘積為一定值
抵補（offset）電壓 V_{io}	零（$V_{io} = 0$）	(1) 抵補電壓是指施加於二輸入端之間，使輸出電壓等於零的電壓 (2) 以 μA741而言，抵補電壓 V_{io} 約為 1mV～2mV之間

More…

項目	理想運算放大器	實際運算放大器
虛接（虛短路）觀念	在輸出波形不失真（線性放大）的情況下，運算放大器才有虛接特性 (1) $V_{(+)} = V_{(-)}$（等電位） (2) $I_{(+)} = I_{(-)} = 0$（因$R_i = \infty$）	(1) $I_{(+)} \neq 0$，$I_{(-)} \neq 0$ (2) 若$I_{(+)} = I_{(-)}$，使$R_3 = R_1 // R_2$。可消除輸入電流的影響

2. 運算放大器參數

項目	理想運算放大器	實際運算放大器
迴轉率SR（slew rate）	無限大（$SR = \infty$）	(1) 迴轉率因放大器內部或外加電容性負載而受到限制 (2) $SR = \dfrac{\Delta v_o}{\Delta t} = \omega V_m = 2\pi f V_m$
共模拒斥比 CMRR	無限大（$CMRR = \infty$）	$CMRR = \dfrac{A_d}{A_c}$，為有限值 $CMRR_{(dB)} = 20\log(\dfrac{A_d}{A_c})$

3. 反相及非反相放大器

電路名稱	電路圖	輸出電壓 V_o
反相放大器		$V_o = -\dfrac{R_2}{R_1} V_i$
非反相放大器		$V_o = (1 + \dfrac{R_2}{R_1}) V_i$
電壓隨耦器		$V_o = V_i$

4. 加法器及減法器

電路名稱	電路圖	輸出電壓 V_o
反相加法器		$V_o = -(\dfrac{R_f}{R_1} + \dfrac{R_f}{R_2} + \dfrac{R_f}{R_3}) V_i$
非反相加法器		$V_{(+)} = \dfrac{\dfrac{V_1}{R_1} + \dfrac{V_2}{R_2} + \dfrac{V_3}{R_3}}{\dfrac{1}{R_1} + \dfrac{1}{R_2} + \dfrac{1}{R_3} + \dfrac{1}{R_4}}$ $V_o = V_{(+)}(1 + \dfrac{R_b}{R_a})$
減法器		(1) $\dfrac{R_2}{R_1} \neq \dfrac{R_4}{R_3}$ 時 $V_o = V_2 (\dfrac{R_4}{R_3 + R_4})(1 + \dfrac{R_2}{R_1}) - V_1 (\dfrac{R_2}{R_1})$ (2) $\dfrac{R_2}{R_1} = \dfrac{R_4}{R_3}$ 時 $V_o = (V_2 - V_1)(\dfrac{R_2}{R_1})$

5. 積分器及微分器

電路名稱	電路圖	輸出電壓 V_o
一般型微分器		(1) $V_o = -RC\dfrac{dV_i}{dt}$ (2) $V_o = -RC\dfrac{\Delta V_i}{\Delta t}$（線性輸入）
改良型微分器		(1) $f \ll \dfrac{1}{2\pi R_S C}$，則 $V_o = -RC\dfrac{dV_i}{dt}$（微分器） (2) $f \gg \dfrac{1}{2\pi R_S C}$，則 $V_o = -\dfrac{R}{R_S}V_i$（反相放大器）
一般型積分器		(1) $V_o = -\dfrac{1}{RC}\int V_i dt$ (2) $\Delta V_o = -\dfrac{1}{RC}V_i \Delta t$（線性輸入）
改良型積分器		(1) $f \gg \dfrac{1}{2\pi R_P C}$時 $V_o = -\dfrac{1}{RC}\int V_i dt$（積分器） (2) $f \ll \dfrac{1}{2\pi R_P C}$時 $V_o = -\dfrac{R_P}{R}V_i$（反相放大器）

6. 比較器

電路名稱	電路圖	電路分析	轉移特性曲線	輸入與輸出波形
基本比較器	(基本比較器電路圖)	(1) $v_1 > v_2$, $v_o = -V_{sat}$ (2) $v_1 < v_2$, $v_o = +V_{sat}$	(轉移特性曲線圖)	略
零位比較器	(非反相輸入零位比較器電路圖)	(1) $v_i > 0$, $v_o = +V_{sat}$ (2) $v_i < 0$, $v_o = -V_{sat}$	(轉移特性曲線圖)	(輸入輸出波形圖)
零位比較器	(反相輸入零位比較器電路圖)	(1) $v_i > 0$, $v_o = -V_{sat}$ (2) $v_i < 0$, $v_o = +V_{sat}$	(轉移特性曲線圖)	(輸入輸出波形圖)
正電位比較器 （若 $V_{REF} > 0$）	非反相輸入型 ($V_m > V_{REF} > 0$) (電路圖)	(1) $v_i > V_{REF}$, $v_o = +V_{sat}$ (2) $v_i < V_{REF}$, $v_o = -V_{sat}$	(轉移特性曲線圖)	(輸入輸出波形圖)
正電位比較器 （若 $V_{REF} > 0$）	反相輸入型 ($V_m > V_{REF} > 0$) (電路圖)	(1) $v_i > V_{REF}$, $v_o = -V_{sat}$ (2) $v_i < V_{REF}$, $v_o = +V_{sat}$	(轉移特性曲線圖)	(輸入輸出波形圖)

More…

電路名稱	電路圖	電路分析	轉移特性曲線	輸入與輸出波形
負電位比較器 （若 $V_{REF} < 0$）	非反相輸入型 （$0 > V_{REF} > -V_m$）	(1) $v_i > V_{REF}$ $v_o = +V_{sat}$ (2) $v_i < V_{REF}$ $v_o = -V_{sat}$		
	反相輸入型 （$0 > V_{REF} > -V_m$）	(1) $v_i > V_{REF}$ $v_o = -V_{sat}$ (2) $v_i < V_{REF}$ $v_o = +V_{sat}$		
臨界電位比較器 （若 $V_{REF} > 0$）	$0 > V_H = -\dfrac{R_i}{R_f} V_{REF} > -V_m$	(1) $v_i < V_H$ $v_o = +V_{sat}$ (2) $v_i > V_H$ $v_o = -V_{sat}$		
	$0 > V_H = -\dfrac{R_i}{R_f} V_{REF} > -V_m$	(1) $v_i < V_H$ $v_o = -V_{sat}$ (2) $v_i > V_H$ $v_o = +V_{sat}$		

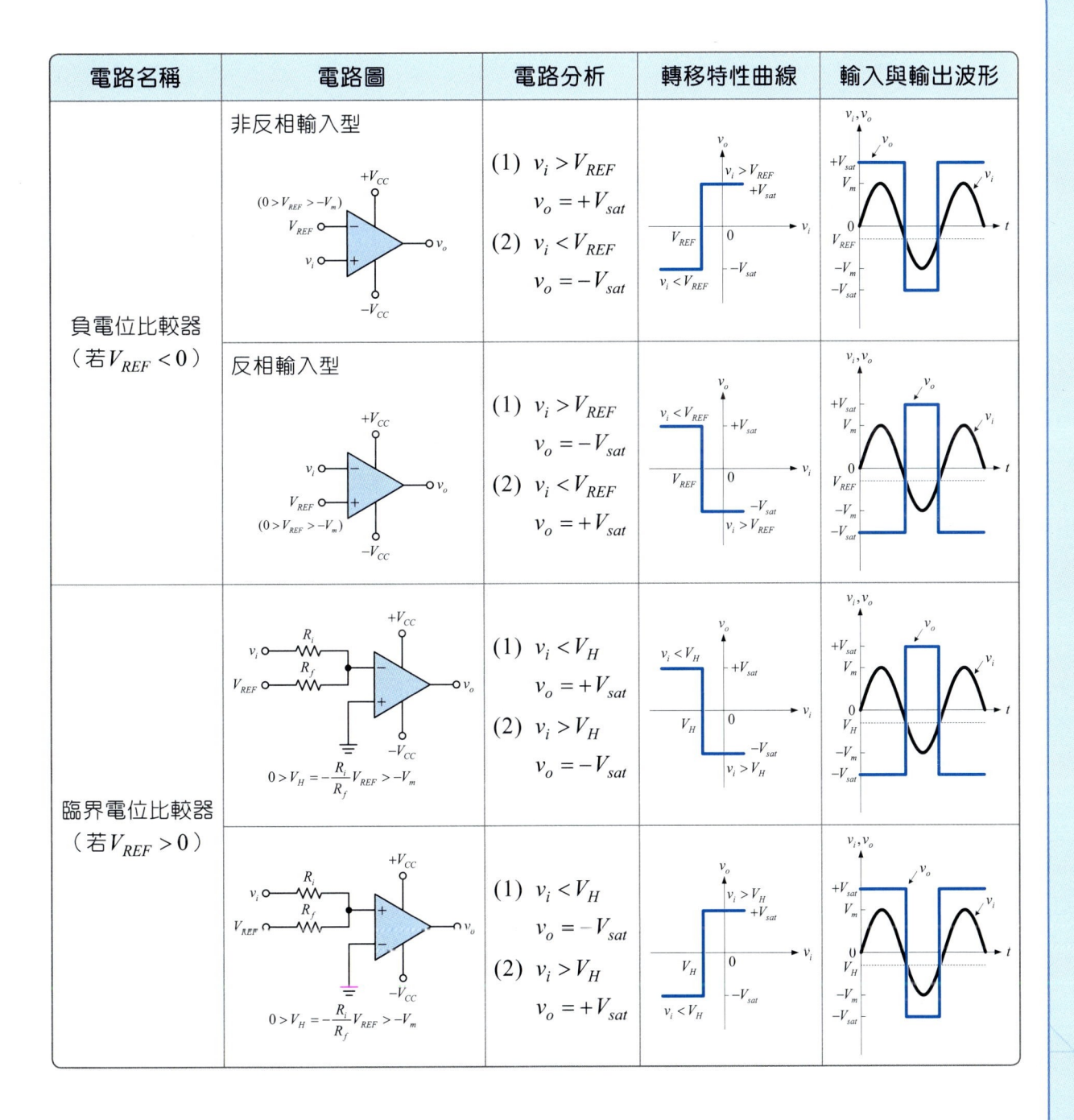

10-1 理想運算放大器的認識

理論重點

重點 1　運算放大器之基本原理

1. 如圖所示**運算放大器**（OPerational Amplifier，簡記OPA）的符號及等效電路。

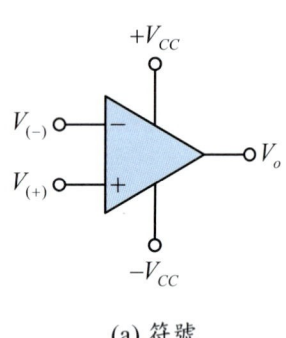

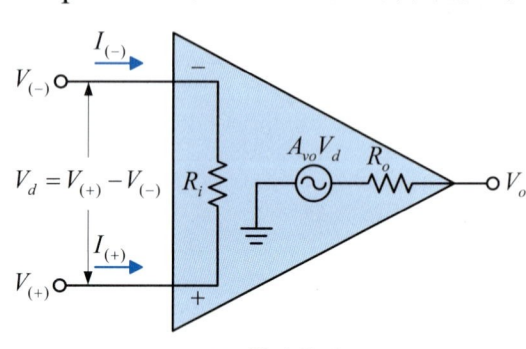

(a) 符號　　　　(b) 等效電路

2. 運算放大器具有 _____ 輸入，包含 _____ 輸入腳及 _____ 輸出腳。

   (1) 反相輸入端$V_{(-)}$：當反相輸入端$V_{(-)}$輸入正相信號時，輸出 _____ 信號。

   (2) 非反相輸入端$V_{(+)}$：當非反相輸入端輸入$V_{(+)}$輸入正相信號時，輸出 _____ 信號。

   (3) 輸出腳：理想輸出電壓最大範圍是 _____ ，實際輸出電壓最大範圍是 _____ 。

答案：2. 差動、兩個、一個　　(1) 反相　　(2) 正相　　(3) $\pm V_{CC}$、$\pm V_{sat}$

重點 2　理想運算放大器的特性

1. 輸入阻抗R_i = _____ 。
2. 輸出阻抗R_o = _____ 。
3. 開迴路電壓增益A_{vo} = _____ 。
4. **頻寬**（Band Width，簡記BW）= _____ 。
5. **抵補**（offset）電壓V_{io} = _____ ，意指當差動輸入$V_d = V_{(+)} - V_{(-)} = 0$時，輸出$V_o$ = _____ 。
6. 共模拒斥比（CMRR）= _____ 。

答案：1. ∞　　2. 0　　3. ∞　　4. ∞　　5. 0、0　　6. ∞

重點 3　虛短路（Visual Short）觀念

1. 理想OPA之 $R_i = \infty$ 且 $V_{(+)} = V_{(-)}$，所以虛短路又稱為 _____，意指OPA兩輸入端等電位但實際上並沒有連接在一起。

    (1) 輸入阻抗 $R_i = \infty$，所以輸入電流 $I_{(+)} = I_{(-)} = $ _____。

    (2) 開迴路電壓增益 $A_{vo} = $ _____，所以 $V_d = V_{(+)} - V_{(-)} = \dfrac{V_o}{A_{vo}} = $ _____，則 $V_{(+)} = V_{(-)}$。

2. 虛短路只適用在 _____（正回授、負回授或無回授）放大器、且輸出線性不失真。

答案：1. 虛接　　　(1) 0　　　(2) ∞、0　　　2. 負回授

重點 4　運算放大器方塊圖

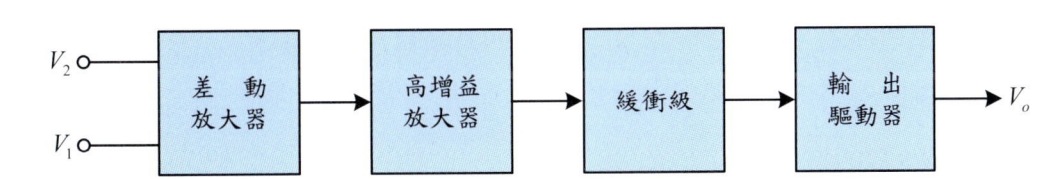

V_2 ○──→［差動放大器］──→［高增益放大器］──→［緩衝級］──→［輸出驅動器］──→ V_o
V_1 ○──→

1. 差動放大器功用：

    (1) 提高 _____ 阻抗。

    (2) 放大 _____。

    (3) 消除 _____。

2. 高增益放大器功用：

    (1) 提高 _____ 增益。

    (2) 線性不失真。

3. 緩衝級功用：

    (1) 阻抗匹配，減少 _____ 效應。

    (2) 零電壓輸入時，使輸出電壓為 _____。

4. 輸出驅動器：放大 _____。

答案：1. (1) 輸入　　(2) 差電壓 V_d　　(3) 雜訊　　2. (1) 電壓
　　　3. (1) 負載　　(2) 零　　　　　　4. 輸出電流

重點 5　運算放大器應用

1. 運算放大器依其回授方式,可以分為無回授型、正回授型及負回授型三種。

   (1) 無回授型:如 ＿＿＿＿＿ 電路,具有 ＿＿＿＿＿ 個比較電位。

   (2) 正回授型:如 ＿＿＿＿＿ 電路,具有 ＿＿＿＿＿ 個比較電位。

   (3) 負回授型:如 ＿＿＿＿＿ 、＿＿＿＿＿ 、＿＿＿＿＿ 、＿＿＿＿＿ 、
   ＿＿＿＿＿ 、＿＿＿＿＿ 電路等。

答案:1. (1) 比較器、一　　　　(2) 施密特觸發器、兩
　　　(3) 反相放大器、非反相放大器、加法器、減法器、積分器、微分器

老師講解

1. 關於理想運算放大器的特性敘述,下列何者正確?
   (A)輸入阻抗R_i為零　　　　(B)輸出阻抗R_o無限大
   (C)開迴路電壓增益A_{vo}無限大　　(D)頻寬BW為零

   解 (C)

   理想運算放大器的特性:
   (1) $R_i = \infty$　　(2) $R_o = 0$　　(3) $A_{vo} = \infty$
   (4) $BW = \infty$　　(5) 零輸入抵補電壓

2. 下列由理想運算放大器(OPA)所製作的應用電路中,哪一種電路中之OPA輸入端不可看成虛短路?　(A)比較器　(B)非反相放大器　(C)反相放大器　(D)微分電路

   解 (A)

   OPA接成負回授放大器,輸出線性且不失真時,輸入端才具有虛短路的特性

學生練習

1. 運算放大器的輸入端通常是由何種元件或電路所組成?
   (A)二極體　(B)電壓隨耦器　(C)達靈頓電路　(D)差動放大器

2. 下列何者的輸入阻抗最大?
   (A)射極隨耦器　　　　　　　　(B)達靈頓電路
   (C)BJT輸入級運算放大器　　　　(D)FET輸入級運算放大器

實習重點

重點 1　運算放大器之識別

1. 運算放大器具高增益、高頻寬、低雜訊、低失真及寬廣的工作電壓範圍。

2. 常用OPA元件編號 μA741接腳如下圖，8支腳**雙列直插封裝**（Dual In-line Package，簡記DIP）包裝，使用雙電源供給，第3腳為 ＿＿＿＿＿＿ 腳，第2腳為 ＿＿＿＿＿＿ 腳，第6腳為 ＿＿＿＿＿＿ 腳。第1腳及第5腳為外部輸入抵補電壓調整，第8腳NC代表沒有連接no internal connet之意。

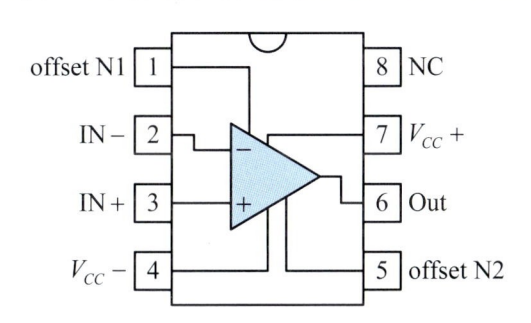

```
offset N1  1          8  NC
IN −       2          7  V_CC +
IN +       3          6  Out
V_CC −     4          5  offset N2
```

答案：2. 非反相輸入、反相輸入、輸出

重點 2　實際運算放大器的特性（以 μA741為例）

1. 輸入阻抗 R_i = ＿＿＿＿ Ω（BJT輸入級），R_i = ＿＿＿＿ Ω（FET輸入級）。

2. 輸出阻抗 R_o = ＿＿＿＿ Ω。

3. 開迴路電壓增益 A_{vo} = ＿＿＿＿。

4. 頻寬 BW 為一有限值，且增益-頻寬乘積為一定值。

5. 抵補（offset）電壓 V_{io} = ＿＿＿＿。

6. 共模拒斥比（CMRR）= $20\log\dfrac{A_d}{A_c}$ = ＿＿＿＿。

答案：1. 2M、10^{12}　　2. 75　　3. 200,000
　　　　5. 1mV　　　　　6. 90dB

老師講解

3. 下列有關 μA741 的敘述，何者錯誤？
(A)為8支腳DIP包裝的運算放大器　(B)只能使用單電源供給
(C)第3腳為非反相輸入端　(D)第6腳為輸出端

解 (B)

μA741使用雙電源供給

學生練習

3. 常用運算放大器 μA741 的接腳敘述，下列何者錯誤？
(A)8腳為正電源 $+V_{CC}$　(B)4腳為負電源 $-V_{CC}$
(C)3腳為非反相輸入　(D)2腳為反相輸入

ABCD 立即練習

基礎題

( )1. 下列哪一個是主動元件？　(A)電阻器　(B)電容器　(C)電感器　(D)運算放大器

( )2. 線性IC測試器最常用來測試下列哪一種元件？
(A)TTL IC　(B)CMOS IC　(C)運算放大器IC　(D)記憶體IC

( )3. 對理想運算放大器而言，若非反相輸入電壓 $V_{(+)}$ 與反相輸入電壓 $V_{(-)}$ 的大小及相位皆相同，則其輸出電壓為何？　(A)0　(B)$+V_{CC}$　(C)$-V_{CC}$　(D)∞

( )4. 運算放大器應用於放大電路時，皆使用元件將輸出電壓回授至何處？
(A)反相輸入腳　(B)非反相輸入腳　(C)正電源腳　(D)負電源腳

進階題

( )1. 何種運算放大器應用電路沒有回授網路？
(A)比較器　(B)反相放大器　(C)加法器　(D)施密特觸發器

( )2. 運算放大器內部電路不包含下列何者？
(A)差動放大器　(B)高增益放大器　(C)達靈頓電路　(D)輸出驅動器

( )3. 如圖(1)所示運算放大器 μA741 應用電路，可變電阻 10kΩ 的目的為何？
(A)減少輸入雜訊
(B)在 $V_{(+)} = V_{(-)} = 0$ 時，調整使 $V_o = 0$
(C)減少輸出雜訊
(D)改變輸出直流準位

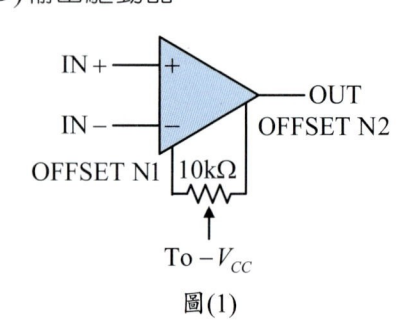

圖(1)

10-2 運算放大器之特性及參數 105 109 110

理論重點

重點 1 運算放大器之特性

1. OPA輸入特性

   (1) **輸入抵補電壓**（input offset voltage，簡記V_{io}）：使OPA輸出電壓$V_o =$ _____ 時，所需加於兩輸入端間的電壓。理想$V_{io} =$ _____。

   (2) **輸入抵補電流**（input offset current，簡記I_{io}）：當OPA輸出電壓$V_o =$ _____ 時，兩輸入端電流之差，即$I_{io} = I_{(+)} - I_{(-)}$。理想$I_{io} =$ _____。

   (3) **輸入偏壓電流**（input bias current，簡記I_{ib}）：OPA兩輸入端電流的平均值，即$I_{ib} = \dfrac{I_{(+)} + I_{(-)}}{2}$。如下圖所示，對理想OPA而言，若$V_{(+)} = V_{(-)}$時，則$V_o = 0$。因為$V_{(+)} = I_{(+)}R_1$且$V_{(-)} = I_{(-)}R_2$，所以只要選擇 _____，即可消除輸入偏壓電流的效應。

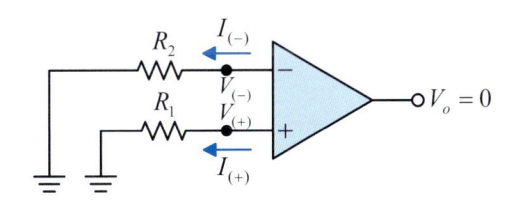

2. OPA輸出特性

   (1) 輸出阻抗R_o：理想OPA之$R_o = 0$，以μA741為例，實際$R_o = 75\Omega$，會衰減一部份的 _____ 電壓。

   (2) 輸出電壓擺幅V_{op}：OPA輸出信號未發生**截波**（clipping）現象時，所能得到的最大擺幅。理想OPA輸出電壓最大擺幅$V_{op} =$ _____，實際OPA輸出電壓，會因輸出電阻的衰減而降低，最大擺幅$V_{op} =$ _____。

答案：1. (1) 0、0　　　(2) 0、0　　　(3) $R_1 = R_2$
　　　2. (1) 輸出　　　(2) $\pm V_{CC}$、$\pm V_{sat}$

重點 2　運算放大器之參數

1. OPA的最大額定值

   (1) 電源電壓 $\pm V_{CC} = \pm 15$ V。

   (2) 最大消耗功率 P_D：OPA在特定溫度範圍下，加上連續的工作電壓，其所能容許的安全消耗功率值，以 μA741為例，$P_D = 50$ mW。

2. **迴轉率**（Slew Rate，簡稱SR）

   (1) 定義：在單位時間內，輸出電壓的最大變動率，即 $SR = $ ＿＿＿＿＿＿，單位：＿＿＿＿＿＿。

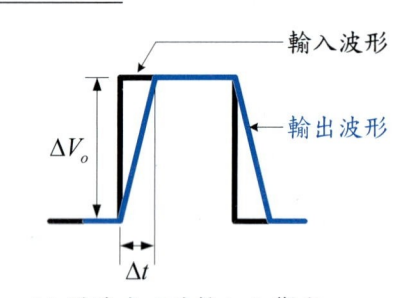

   (a) 脈波或方波輸入之響應　　(b) 正弦波輸入之響應

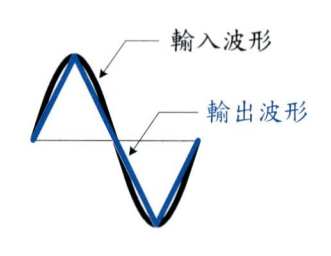

   (2) 一般都是使用迴轉率最差的電壓隨耦器，在閉迴路情況下測量 $SR = $ ＿＿＿＿＿＿，其中＿＿＿＿＿＿為全功率頻寬，＿＿＿＿＿＿為輸出峰值電壓。

答案：2. (1) $\dfrac{\Delta V_o}{\Delta t}$、V/$\mu$s　　(2) $\omega V_m = 2\pi f V_m$、f、V_m

老師講解

1. 某一理想OPA放大電路，電源電壓為 $\pm V_{CC} = \pm 15$ V，在閉迴路電壓增益為–10的情況下，若輸入電壓 $V_i = 2$ V，則輸出電壓 V_o 為多少？
   (A)15V　(B)–15V　(C)20V　(D)–20V

   解 (B)

   因 $A_v V_i = -10 \times 2 = -20$ V < -15 V，輸出已飽和而且發生非線性截波失真，所以 $V_o = -15$ V

2. 某一運算放大器之迴轉率 $SR = 0.6$ V/μs，若此運算放大器之輸出電壓峰對峰值為10V，則此運算放大器在輸出不允許失真的狀況下，輸入所能允許正弦波之最高頻率約為多少？　(A)9.5kHz　(B)19kHz　(C)38kHz　(D)57kHz

   解 (B)

   (1) $V_m = \dfrac{V_{P-P}}{2} = \dfrac{10}{2} = 5$ V

   (2) $f = \dfrac{SR}{2\pi V_m} = \dfrac{0.6 \text{ V}/\mu\text{s}}{2\pi \times 5} \approx 19$ kHz

第10章 運算放大器

學生練習

1. 某一理想OPA放大電路,電源電壓為$\pm V_{CC} = \pm 12$ V,輸出飽和電壓為$\pm V_{sat} = \pm 10$ V,在閉迴路電壓增益為−10的情況下,若輸入電壓$V_i = 2$ V,則輸出電壓V_o為多少?
   (A)−10V　(B)−12V　(C)−20V　(D)20V

2. 某一運算放大器之迴轉率$SR = 35$ V/μs,若要將輸出從零變化到15V,需要多少時間?
   (A)2.333μs　(B)1.295μs　(C)0.429μs　(D)0.127μs

實習重點

重點 1　差動放大器

1. 如圖所示**差動放大器**(Differential Amplifier,簡記DA)為一具高電壓增益及高**共模拒斥比**(Common-Mode Rejection Ratio,簡記CMRR)的放大器。

   (1) $V_{i1} \neq 0$,$V_{i2} = 0$時,輸入信號V_{i1}經由Q_1 ＿＿＿＿＿ 組態放大輸出至V_{o1},經由Q_1 ＿＿＿＿＿ 組態放大疊接Q_2 ＿＿＿＿＿ 組態放大輸出至V_{o2}。

   (2) $V_{i1} = 0$,$V_{i2} \neq 0$時,輸入信號V_{i2}經由Q_2 ＿＿＿＿＿ 組態放大輸出至V_{o2},經由Q_2 ＿＿＿＿＿ 組態放大疊接Q_1 ＿＿＿＿＿ 組態放大輸出至V_{o1}。

   (3) 差動放大器Q_1及Q_2特性完全相同,因此CE組態與CC組態疊接CB組態的電壓增益大小 ＿＿＿＿＿ 。

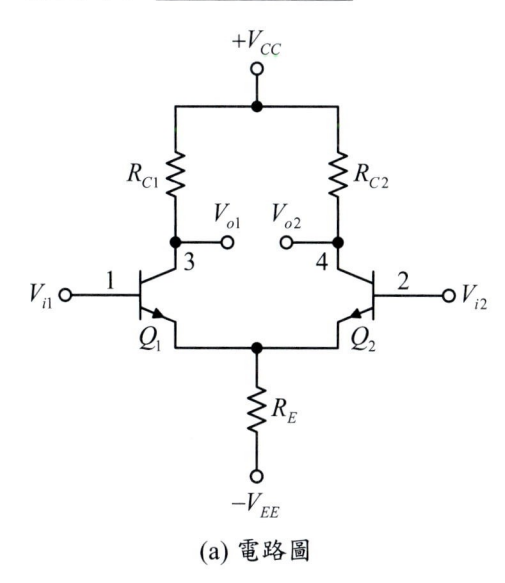

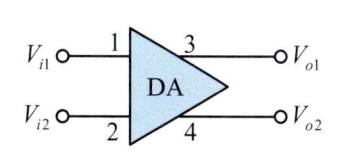

   (a) 電路圖　　　　　　　　　　　(b) 符號

2. 運算放大器第一級為 ＿＿＿＿＿ 。

3. **差模輸入**（differential mode input）

   (1) 兩輸入信號V_{i1}及V_{i2}相位反相（相差180°），分別接至差動放大器兩輸入端，其差模電壓V_d定義為$V_d \equiv$ ＿＿＿＿＿＿＿＿。

   (2) 依重疊定理可得輸出結果如下圖：

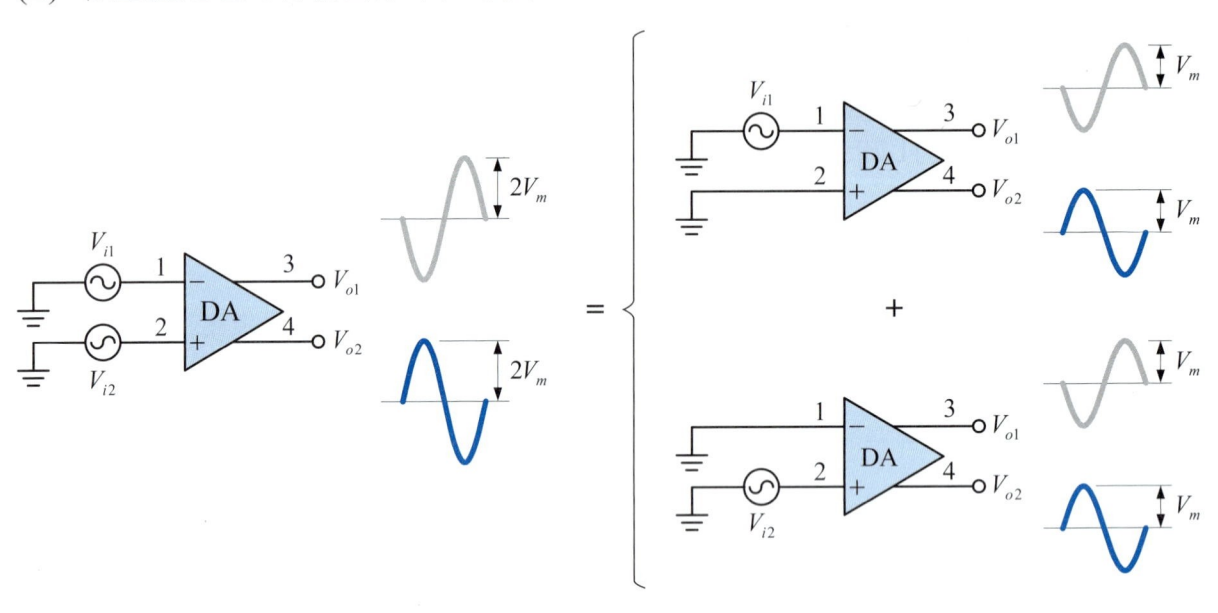

4. **共模輸入**（common mode input）

   (1) 兩輸入信號V_{i1}及V_{i2}相位同相（相差0°），分別接至差動放大器兩輸入端，其共模電壓V_c定義為$V_c \equiv$ ＿＿＿＿＿＿＿＿。

   (2) 依重疊定理可得輸出結果如下圖：

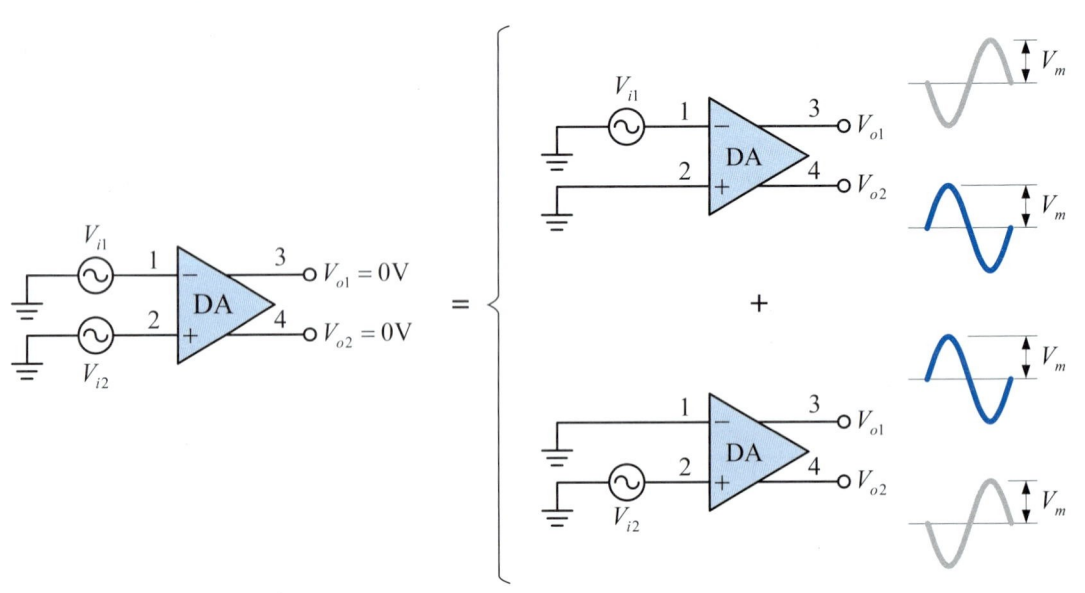

第10章 運算放大器

5. 共模拒斥比（CMRR）

   (1) CMRR定義為差模電壓增益A_d與共模電壓增益A_c之比值，即CMRR $= \dfrac{A_d}{A_c}$。

   (2) 理想OPA之$A_d =$ ＿＿＿＿＿，$A_c =$ ＿＿＿＿＿，則CMRR $=$ ＿＿＿＿＿。

6. 單端輸出電壓$V_o = V_{o1} =$ ＿＿＿＿＿＿＿＿

   (1) $A_1 < 0$，表示差動放大器輸入端2接地時，由輸入端1經 ＿＿＿＿＿ 放大器輸出至V_o。

   (2) $A_2 > 0$，表示差動放大器輸入端1接地時，由輸入端2經 ＿＿＿＿＿ 放大器疊接 ＿＿＿＿＿ 放大器輸出至V_o。

7. 因為$V_d = V_{i1} - V_{i2}$且$V_c = \dfrac{1}{2}(V_{i1} + V_{i2})$，所以$V_{i1} = V_c + \dfrac{V_d}{2}$，$V_{i2} = V_c - \dfrac{V_d}{2}$，則輸出電壓$V_o$可改寫成下式：

$$V_o = A_1 V_{i1} + A_2 V_{i2} = A_1(V_c + \dfrac{V_d}{2}) + A_2(V_c - \dfrac{V_d}{2})$$
$$= \dfrac{1}{2}(A_1 - A_2)V_d + (A_1 + A_2)V_c$$
$$= A_d V_d + A_c V_c$$
$$= A_d V_d (1 + \dfrac{A_c}{A_d}\dfrac{V_c}{V_d})$$
$$= A_d V_d (1 + \dfrac{1}{\text{CMRR}}\dfrac{V_c}{V_d})$$

   (1) $A_d = \dfrac{1}{2}(A_1 - A_2)$，差模增益，定義$A_d = \dfrac{V_o}{V_d}$。

   (2) $A_d = A_1 + A_2$，共模增益，定義$A_c = \dfrac{V_o}{V_c}$。

答案：
1. (1) 共射（CE）、共集（CC）、共基（CB）
   (2) 共射（CE）、共集（CC）、共基（CB）
   (3) 相同
2. 差動放大器
3. (1) $V_{i1} - V_{i2}$
4. (1) $\dfrac{1}{2}(V_{i1} + V_{i2})$
5. (2) ∞、0、∞
6. $A_1 V_{i1} + A_2 V_{i2}$　　(1) CE　　(2) CC、CB

老師講解

3. 某差動放大器之共模拒斥比CMRR = 60 dB，差動增益$A_d = 100$，若差動放大器之共模輸入信號$V_c = 10\,\text{V}$，差模輸入信號$V_d = 0.1\,\text{V}$，則此差動放大器之輸出電壓可能為多少？
(A)10.01V　(B)10.00V　(C)11.00V　(D)20.00V

解 (C)

(1) 因60dB = $20\log_{10}\text{CMRR}$，則$\text{CMRR} = 10^{\frac{60}{20}} = 1000$

(2) $V_o = A_d V_d (1 + \dfrac{1}{\text{CMRR}} \dfrac{V_c}{V_d}) = (100 \times 0.1)(1 + \dfrac{1}{1000} \dfrac{10}{0.1}) = 11\,\text{V}$

學生練習

3. 假設一差動放大器的輸入電壓$V_{i1} = 140\,\mu\text{V}$，$V_{i2} = 60\,\mu\text{V}$時，其輸出電壓$V_o = 81\,\text{mV}$，輸入電壓$V_{i1} = 120\,\mu\text{V}$，$V_{i2} = 80\,\mu\text{V}$時，其輸出電壓$V_o = 41\,\text{mV}$，試求該放大器之共模拒斥比（CMRR）為何？　(A)50　(B)100　(C)200　(D)400

立即練習

基礎題

(　)1. 理想運算放大器的輸入抵補（offset）電壓為何？
(A)愈小愈好　(B)愈大愈好　(C)無所謂　(D)視情況而定

(　)2. 運算放大器的參數之一，迴轉率（slew rate）的單位為何？
(A)RPM　(B)km/s　(C)V/μs　(D)rad/s

(　)3. 某運算放大器的輸入信號在$6\mu\text{s}$內變動0.5V，若其最大閉迴路增益為48，則其最大輸出迴轉率為多少？
(A)$1\,\text{V}/\mu\text{s}$　(B)$2\,\text{V}/\mu\text{s}$　(C)$4\,\text{V}/\mu\text{s}$　(D)$8\,\text{V}/\mu\text{s}$

(　)4. 一差動放大器的兩輸入電壓$V_{i1} = V_{i2} = 1\,\text{mV}$時之輸出電壓為0.5mV，兩輸入電壓$V_{i1} = -V_{i2} = 1\,\text{mV}$時之輸出電壓為10V，則此差動放大器之共模拒斥比CMRR值為多少？　(A)1000　(B)5000　(C)10000　(D)50000

( )5. 有關差動放大器的特性，下列敘述何者錯誤？
(A)共模拒斥比CMRR愈小愈好
(B)理想差動放大器之共模增益$A_c = 0$，差模增益$A_d = \infty$
(C)對於理想的差動放大器而言，若兩個輸入信號大小及相位皆相同，則輸出電壓為0
(D)有極高的輸入阻抗

進階題

( )1. 某運算放大器的最大輸出迴轉率（slew rate）為$2\,\text{V}/\mu\text{s}$，若輸入信號在$12\mu\text{s}$內變動0.5V，則其最大閉迴路增益為多少？ (A)36 (B)40 (C)48 (D)64

( )2. 某運算放大器的迴轉率（slew rate）為$10\,\text{V}/\mu\text{s}$，若輸出電壓由-10V變化至10V需要多少時間？ (A)$1\mu\text{s}$ (B)$2\mu\text{s}$ (C)$3\mu\text{s}$ (D)$4\mu\text{s}$

( )3. 下列對於差動放大器（differential amplifier）的敘述，何者錯誤？
(A)是由兩個特性相同的共射極放大電路並接，且共用射極電阻組成的對稱式電路
(B)共模組態是指在兩個輸入端接上極性相同的信號，而使得輸出等於零的電路結構
(C)差模組態是指讓兩輸入端有電壓差存在，而使得輸出不為零的電路結構
(D)共模拒斥（Common Mode Rejection Ratio，簡記CMRR）是指共模增益對差模增益的比值

( )4. 某差動放大器之共模拒斥比CMRR $= 60\,\text{dB}$，差模增益$A_d = 150$，假設其共模輸入信號V_c為1V均方根值，則其輸出之干擾雜訊的均方根值為多少？
(A)0.15V (B)0.21V (C)0.30V (D)0.42V

( )5. 差動放大器的輸入電壓分別為$V_{i1} = 10\,\mu\text{V}$，$V_{i2} = -10\,\mu\text{V}$，差動電壓增益$A_d = 1000$，共模拒斥比CMRR $= 1000$，求輸出電壓V_o為多少？
(A)10mV (B)20mV (C)30mV (D)40mV

10-3 反相及非反相放大器　105 106 107 108 109 110 111 112 113

理論重點

重點 1　反相放大器基本特性

1. 如圖所示反相放大器，輸入信號經由R_1接至OPA的反相輸入端，而OPA的非反相輸入端接地，輸出經由電阻R_2連接至反相輸入端，形成 ＿＿＿＿＿＿ 網路，因此OPA輸入端具有＿＿＿＿＿＿ 特性。

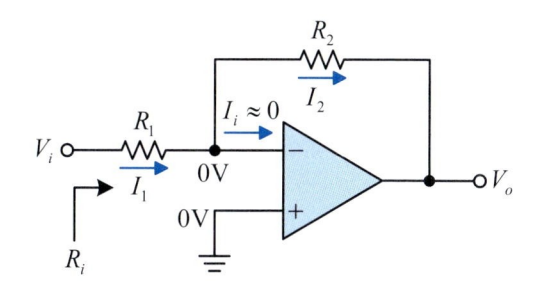

(1) 電壓增益 $A_v = $ _____

因為 $I_1 = \dfrac{V_i - 0}{R_1} = \dfrac{V_i}{R_1}$，$I_2 = \dfrac{0 - V_o}{R_2} = -\dfrac{V_o}{R_2}$，

依KCL定律得知 $I_1 = I_2$，即 $\dfrac{V_i}{R_1} = -\dfrac{V_o}{R_2}$，

故 $A_v = \dfrac{V_o}{V_i} = -\dfrac{R_2}{R_1}$

(2) 輸入阻抗 $R_i = $ _____

因為 $I_1 = \dfrac{V_i}{R_i}$，則 $R_i = \dfrac{V_i}{I_1} = R_1$

2. 消除偏壓電流的影響

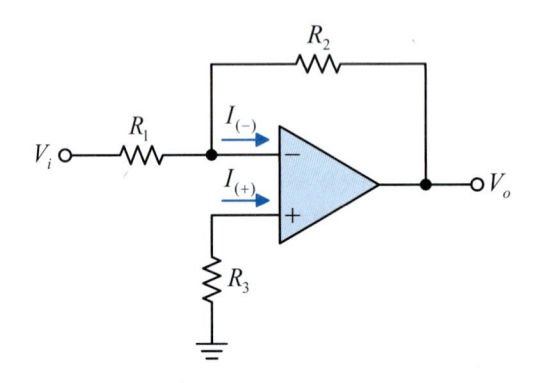

(1) 當 $V_i = 0$ 時，設計 $I_{(+)}R_3 = I_{(-)}(R_1 /\!/ R_2)$，使 $V_o = 0$，即可消除輸入偏壓電流對輸出的影響。

(2) 若 $I_{(+)} = I_{(-)}$，則 $R_3 = (R_1 /\!/ R_2)$。

3. 最大輸出限制

(1) 若 $-V_{sat} < A_v V_i < +V_{sat}$ 時，則 $V_o = $ _____，$V_{(-)} = $ _____。

(2) 若 $A_v V_i > +V_{sat}$ 時，則 $V_o = $ _____，$V_{(-)} = $ _____。

(3) 若 $A_v V_i < -V_{sat}$ 時，則 $V_o = $ _____，$V_{(-)} = $ _____。

答案：1. 負回授、虛短路　(1) $-\dfrac{R_2}{R_1}$　(2) R_1

3. (1) $A_v V_i$、0　(2) $+V_{sat}$、$V_i(\dfrac{R_2}{R_1 + R_2}) + V_o(\dfrac{R_1}{R_1 + R_2})$　(3) $-V_{sat}$、$V_i(\dfrac{R_2}{R_1 + R_2}) + V_o(\dfrac{R_1}{R_1 + R_2})$

重點 2 非反相放大器基本特性

1. 如圖所示非反相放大器，輸入信號接至OPA非反相輸入端，反相輸入端經由電阻R_1接地，輸出經由電阻R_2連接至反相輸入端，形成 _____ 網路，因此OPA輸入端具有 _____ 特性。

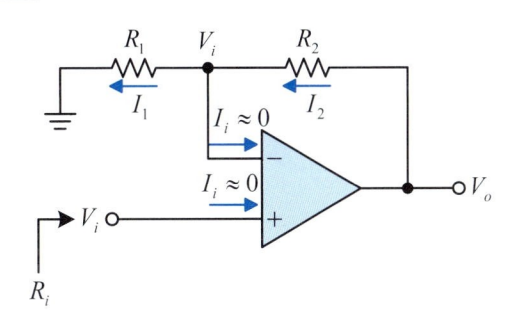

   (1) 電壓增益$A_v =$ _____

   因為OPA虛短路特性，則$I_1 = \dfrac{V_i - 0}{R_1} = \dfrac{V_i}{R_1}$，$I_2 = \dfrac{V_o - V_i}{R_2}$，

   依KCL定律得知$I_1 = I_2$，即$\dfrac{V_i}{R_1} = \dfrac{V_o - V_i}{R_2}$，$\dfrac{R_2}{R_1} = \dfrac{V_o - V_i}{V_i} = \dfrac{V_o}{V_i} - 1$

   故$A_v = \dfrac{V_o}{V_i} = 1 + \dfrac{R_2}{R_1}$

   (2) 輸入阻抗$R_i =$ _____

   $R_i = \dfrac{V_i}{I_i} = \dfrac{V_i}{0} = \infty$

2. 最大輸出限制

   (1) 若$-V_{sat} < A_v V_i < +V_{sat}$時，則$V_o =$ _____，$V_{(-)} =$ _____。

   (2) 若$A_v V_i > +V_{sat}$時，則$V_o =$ _____，$V_{(-)} =$ _____。

   (3) 若$A_v V_i < -V_{sat}$時，則$V_o =$ _____，$V_{(-)} =$ _____。

答案：1. 負回授、虛短路　(1) $1 + \dfrac{R_2}{R_1}$　(2) ∞

2. (1) $A_v V_i$、0　(2) $+V_{sat}$、$V_o(\dfrac{R_1}{R_1 + R_2})$　(3) $-V_{sat}$、$V_o(\dfrac{R_1}{R_1 + R_2})$

重點 3 電壓隨耦器基本特性

1. 如圖所示非反相放大器，輸入信號接至OPA非反相輸入端，輸出直接連接至反相輸入端，形成 _____ 網路，因此OPA輸入端具有 _____ 特性。

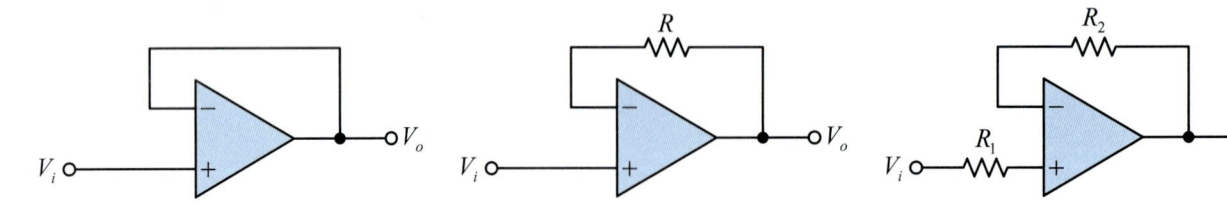

   (1) 電壓增益 $A_v =$ _____

   因為OPA虛短路特性，且 $I_{(+)} = I_2 = 0$，則 $V_o = V_i$

   故 $A_v = \dfrac{V_o}{V_i} = 1$

   (2) 輸入阻抗 $R_i =$ _____

   $R_i = \dfrac{V_i}{I_i} = \dfrac{V_i}{0} = \infty$

2. 所謂「隨耦」是指輸出信號與輸入信號的電壓振幅大小 _____ 、相位 _____ 。

3. 隨耦器的主要用途是 _____ 或 _____ 。

答案：
1. 負回授、虛短路　　(1) 1　　(2) ∞
2. 相同、相同
3. 阻抗匹配、緩衝器

老師講解

1. 如下圖所示電路，已知 $R_1 = 100\,\Omega$，$R_f = 500\,\Omega$，$V_i = 2\,V$，若OPA電源電壓 $\pm V_{CC} = \pm 12\,V$，則輸出電壓 V_o 為多少？　(A)−10V　(B)−2V　(C)2V　(D)10V

解 (A)

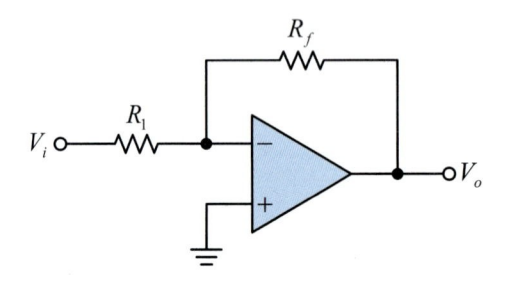

$$V_o = -V_i \dfrac{R_f}{R_1} = -2 \times \dfrac{500}{100} = -10\,V$$

學生練習

1. 承上題所示電路,當 $V_i = 3\,\text{V}$ 時之輸出電壓 V_o 為多少?
(A)–15V (B)–10V (C)10V (D)15V

老師講解

2. 如圖(a)所示電路,若 a 點電壓波形如圖(b),則 c 點電壓波形為以下何者?

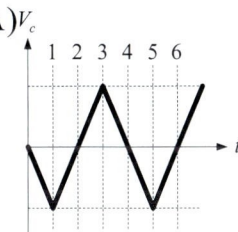

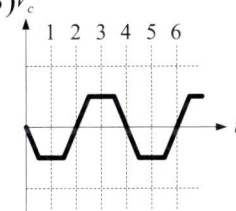

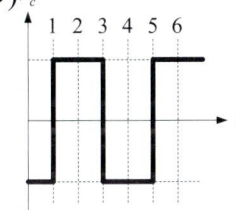

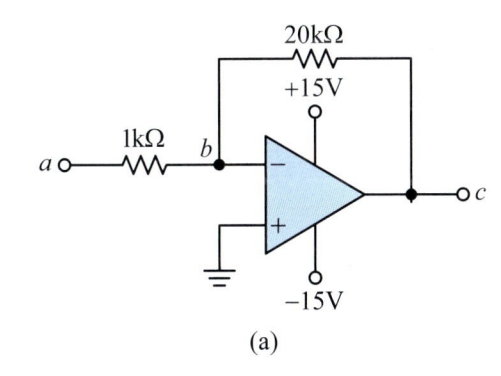

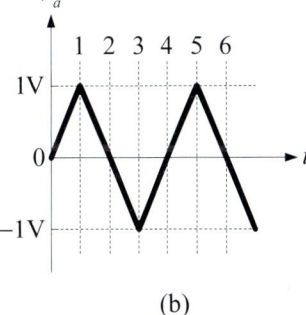

(A) V_c (B) V_c (C) V_c 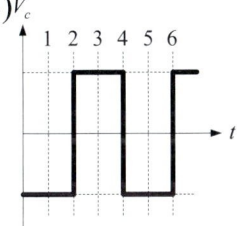 (D) V_c

解 (B)

(1) $A_v = \dfrac{V_o}{V_i} = -\dfrac{R_2}{R_1} = -\dfrac{20}{1} = -20$

(2) 因為 $A_v V_i = -20 \times 1 = -20 < -V_{sat}$ 時,則 $V_o = -V_{sat}$

(3) 因為 $A_v V_i = -20 \times -1 = 20 > +V_{sat}$ 時,則 $V_o = +V_{sat}$

學生練習

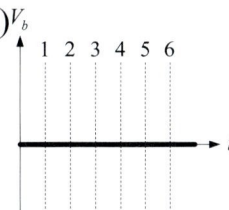

2. 承上題所示電路,求 b 點電壓波形為以下何者?
(A) V_b (B) V_b 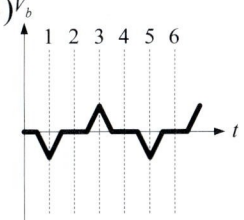 (C) V_b (D) V_b

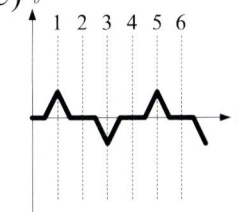

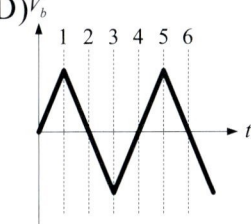

老師講解

3. 如右圖所示理想運算放大器電路，$R_1 = 1\,\text{k}\Omega$，$R_2 = 10\,\text{k}\Omega$，求電壓增益 $\dfrac{V_o}{V_i}$ 為多少？

(A)1　(B)10　(C)−10　(D)11

解 (A)

此為電壓隨耦器，$\dfrac{V_o}{V_i} = 1$

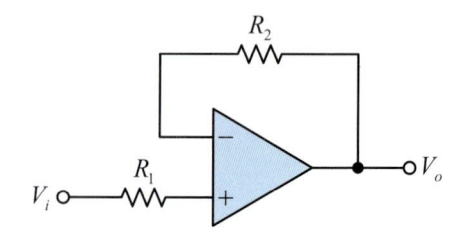

學生練習

3. 如下圖所示理想運算放大器電路，求輸出電壓 V_o 為多少？
(A)4V　(B)2V　(C)−2V　(D)−4V

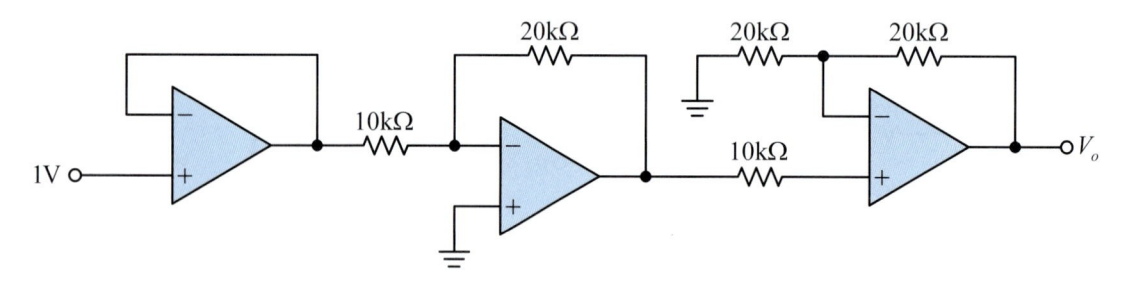

ABCD 立即練習

基礎題

( )1. 如圖(1)所示電路，求輸入阻抗 R_i 為多少？
(A)10kΩ　(B)11kΩ　(C)20kΩ　(D)∞

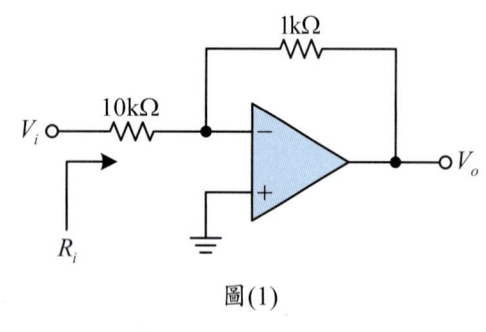

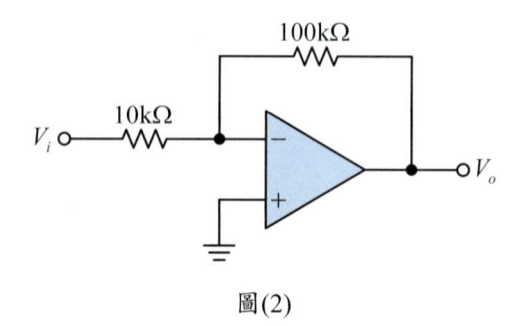

圖(1)　　　　　　　　　　　　圖(2)

( )2. 如圖(2)所示為理想的OPA，若 $V_i = 10\,\text{mV}$，則 V_o 為多少？
(A)+100mV　(B)−100mV　(C)+1V　(D)−1V

第10章 運算放大器

(　　)3. 如圖(3)所示電路，若OPA為理想運算放大器，且其正負飽和輸出電壓為±10V，當 $V_i = 200$ mV時，V_o 等於多少？
(A)2V　(B)–2V　(C)1.8V　(D)–1.8V

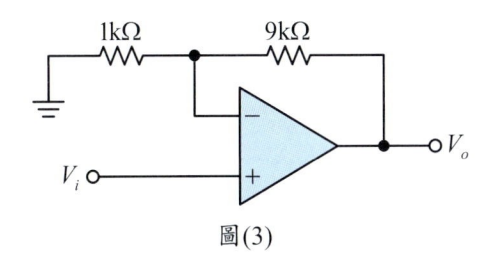

(　　)4. 承上題電路，當 $V_i = 2$ V時，V_o 等於多少？
(A)2V　(B)–2V　(C)10V　(D)–10V

圖(3)

(　　)5. 如圖(4)所示為理想運算放大器電路，OPA輸出飽和電壓為±12V，若要得到最大不失真輸出，則可以輸入的最大振幅為多少？　(A)±2V　(B)±2.4V　(C)±12V　(D)±20mV

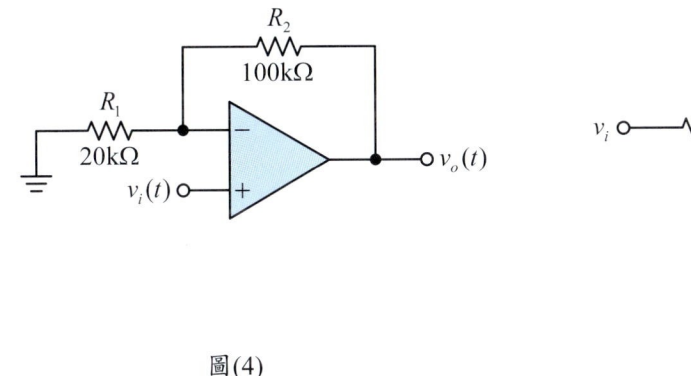

圖(4) 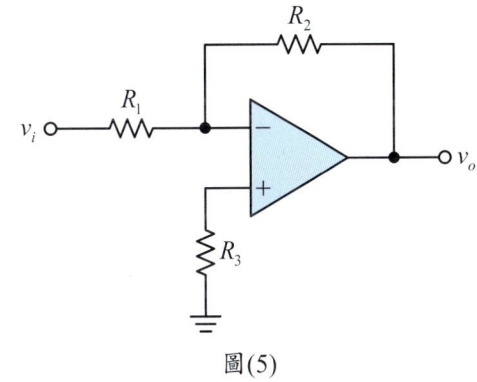　　　　圖(5)

(　　)6. 如圖(5)所示電路，若要消除運算放大器輸入偏壓電流（input bias current）的效應，則 R_3 之電阻值應為下列何者？　(A)R_1　(B)R_2　(C)$R_1 + R_2$　(D)$R_1 // R_2$

進階題

(　　)1. 如圖(1a)所示為運算放大器實驗電路，OPA輸出飽和電壓為±13V，使用示波器測量 v_o 波形如圖(1b)所示。下列(R_1, R_2)的組合，何者可以達成圖(1b)的波形？
(A)$R_1 = 20$ kΩ，$R_2 = 100$ kΩ
(B)$R_1 = 50$ kΩ，$R_2 = 200$ kΩ
(C)$R_1 = 20$ Ω，$R_2 = 100$ Ω
(D)$R_1 = 10$ MΩ，$R_2 = 50$ MΩ

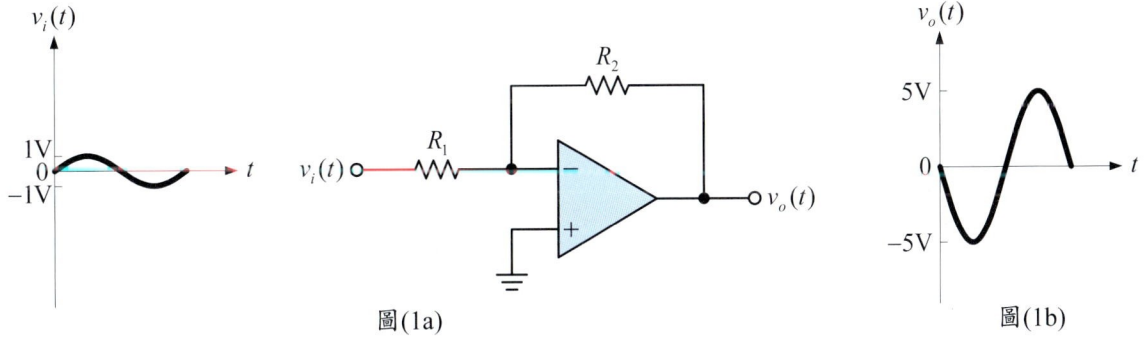

圖(1a)　　　　圖(1b)

(　　)2. 如圖(2)所示為理想運算放大器電路，其電壓增益 $\dfrac{V_o}{V_i}$ 為多少？
(A)–25　(B)–50　(C)+25　(D)+50

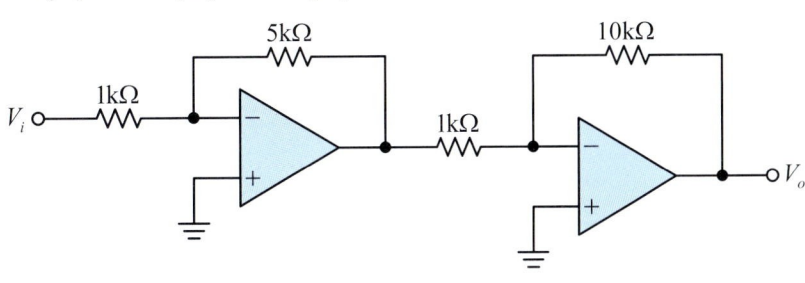

圖(2)

( ) 3. 如圖(3)所示電路，OPA為理想運算放大器，若要使閉迴路增益為50，則電阻R應為多少？ (A)49kΩ (B)50kΩ (C)51kΩ (D)52kΩ

圖(3)　　　　　　　圖(4)

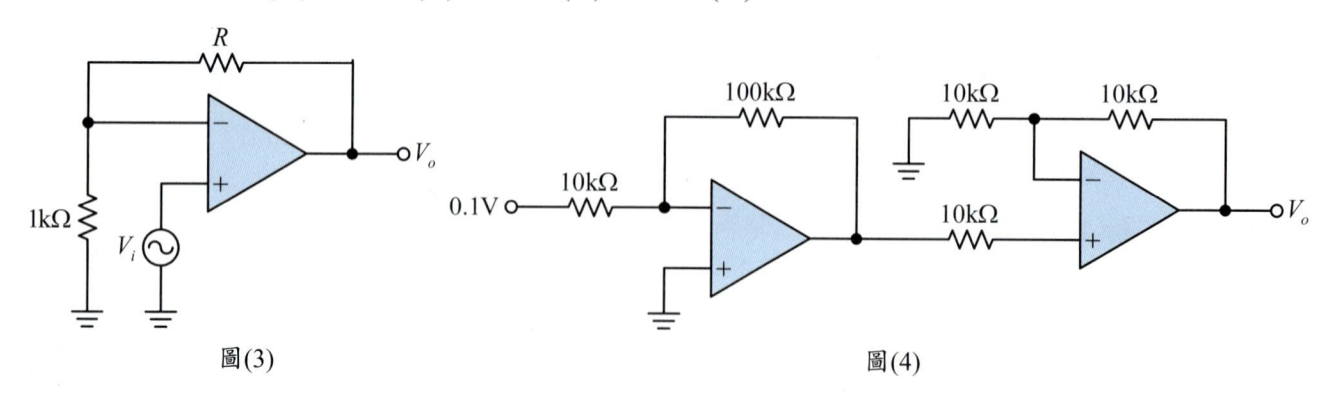

( ) 4. 如圖(4)所示電路，求輸出V_o為多少？ (A)1V (B)−1V (C)2V (D)−2V

( ) 5. 如圖(5)所示理想運算放大器電路，求電壓增益$\dfrac{V_o}{V_S}$為多少？

(A)−30 (B)−25 (C)25 (D)36

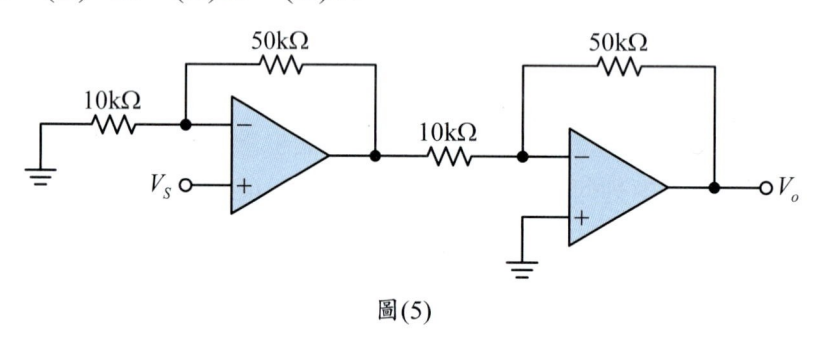

圖(5)

( ) 6. 將信號產生器輸出端信號分別接至下列選項(A)～(D)所示電路的輸入端，何者之輸出v_o與其他三者不相同？

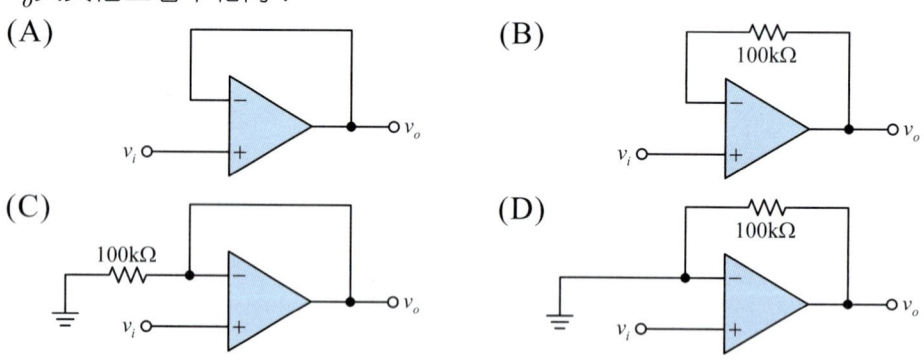

(A)　　　(B)

(C)　　　(D)

( ) 7. 如圖(6)所示電路，若要消除運算放大器輸入偏壓電流（input bias current）的效應，則R_3之電阻值應為下列何者？ (A)R_1 (B)R_2 (C)R_1+R_2 (D)$R_1 /\!/ R_2$

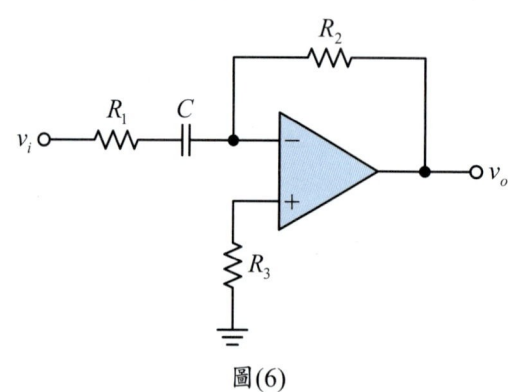

圖(6)

10-4 加法器及減法器 105 106 107 108 109 110 111 112 113 114

理論重點

重點 1 反相加法器

1. 如圖所示三輸入反相加法器，輸入信號分別串聯一電阻再接至OPA反相輸入端，輸出串聯一電阻再連接至反相輸入端，形成 ＿＿＿＿＿ 網路，因此OPA輸入端具有 ＿＿＿＿＿ 特性。

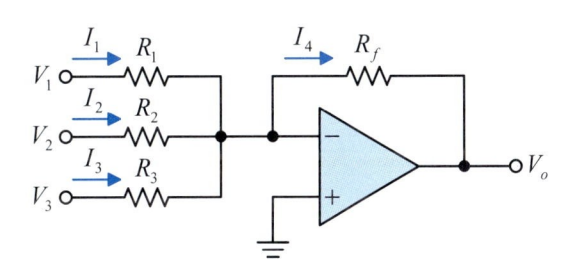

2. 輸出電壓 $V_o =$ ＿＿＿＿＿

    (1) 因為 $I_1 = \dfrac{V_1}{R_1}$，$I_2 = \dfrac{V_2}{R_2}$，$I_3 = \dfrac{V_3}{R_3}$，$I_4 = \dfrac{0-V_o}{R_f} = -\dfrac{V_o}{R_f}$

    依KCL定律得知 $I_4 = I_1 + I_2 + I_3$，即 $\dfrac{V_1}{R_1} + \dfrac{V_2}{R_2} + \dfrac{V_3}{R_3} = -\dfrac{V_o}{R_f}$，

    故 $V_o = -(\dfrac{R_f}{R_1}V_1 + \dfrac{R_f}{R_2}V_2 + \dfrac{R_f}{R_3}V_3)$

    (2) 因為OPA虛短路特性，電路可以看成是三個反相放大器的輸出電壓重疊相加

    $V_o = -(V_{o1} + V_{o2} + V_{o3})$，其中 $V_{o1} =$ ＿＿＿＿＿，$V_{o2} =$ ＿＿＿＿＿，

    $V_{o3} =$ ＿＿＿＿＿。

    (3) 同理，n 輸入反相加法器之輸出電壓 $V_o =$ ＿＿＿＿＿。

答案：1. 負回授、虛短路

2. $-(\dfrac{R_f}{R_1}V_1 + \dfrac{R_f}{R_2}V_2 + \dfrac{R_f}{R_3}V_3)$ (2) $-\dfrac{R_f}{R_1}V_1$、$-\dfrac{R_f}{R_2}V_2$、$-\dfrac{R_f}{R_3}V_3$ (3) $-(\dfrac{R_f}{R_1}V_1 + \dfrac{R_f}{R_2}V_2 + \cdots + \dfrac{R_f}{R_n}V_n)$

老師講解

1. 如下圖所示理想運算放大器電路,已知正、負飽和輸出電壓為±10V,則輸出電壓V_o為多少? (A)+16V (B)−16V (C)+10V (D)−10V

解 (D)

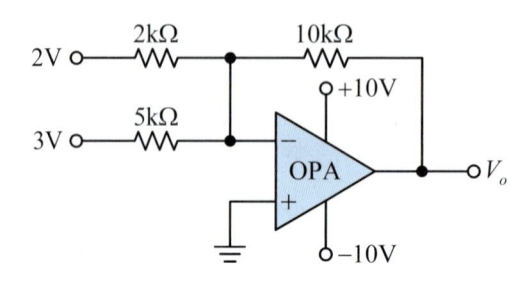

(1) $-(\dfrac{R_f}{R_1}V_1 + \dfrac{R_f}{R_2}V_2) = -(\dfrac{10}{2} \times 2 + \dfrac{10}{5} \times 3) = -16$ V

(2) 因 $-16\text{V} < -V_{sat}$,輸出已飽和,$V_o = -V_{sat} = -10$ V

2. 如下圖所示理想運算放大器電路,已知正、負飽和輸出電壓為±10V,$V_1 = 0.1$ V,$V_2 = 0.2$ V,則輸出電壓為多少? (A)5V (B)6V (C)7V (D)8V

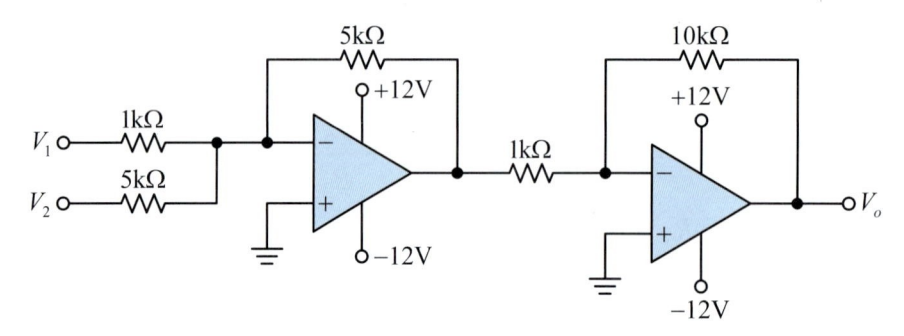

解 (C)

(1) 第一級為反相加法器,

輸出電壓 $V_{o1} = -(\dfrac{R_f}{R_1}V_1 + \dfrac{R_f}{R_2}V_2) = -(\dfrac{5}{1} \times 0.1 + \dfrac{5}{5} \times 0.2) = -0.7$ V

(2) 第二級為反相放大器,

輸出電壓 $V_o = -\dfrac{R_f}{R_3}V_{o1} = -\dfrac{10}{1}(-0.7) = 7$ V

> **學生練習**

1. 如下圖所示理想運算放大器電路,已知正、負飽和輸出電壓為±10V,則輸出電壓V_o為多少? (A)+16V (B)−16V (C)+10V (D)−10V

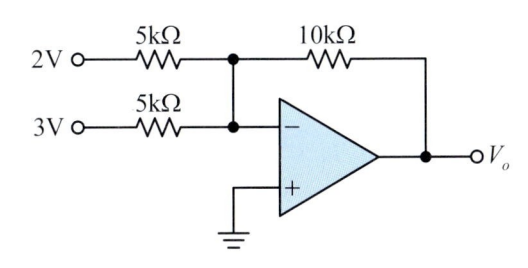

2. 如下圖所示理想運算放大器,若$v_1 = 1$ V直流電壓,$v_2 = \sin(6280t)$ V,則輸出電壓為何?
(A)$2 + 5\sin(6280t)$V
(B)$-2 - 5\sin(6280t)$V
(C)$2 - 5\sin(6280t)$V
(D)$-2 + 5\sin(6280t)$V

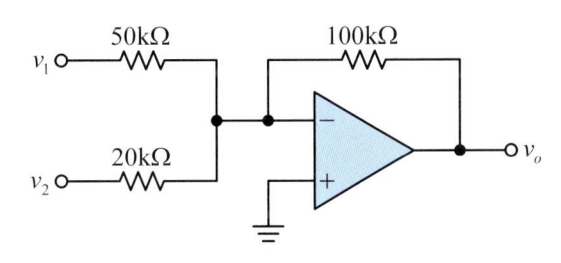

重點 2 非反相加法器

1. 如圖(a)所示二輸入非反相加法器,輸入信號分別串聯一電阻再接至OPA非反相輸入端,輸出串聯一電阻再連接至反相輸入端,形成 ＿＿＿＿＿＿ 網路,因此OPA輸入端具有 ＿＿＿＿＿＿ 特性。等效電路如圖(b)所示。

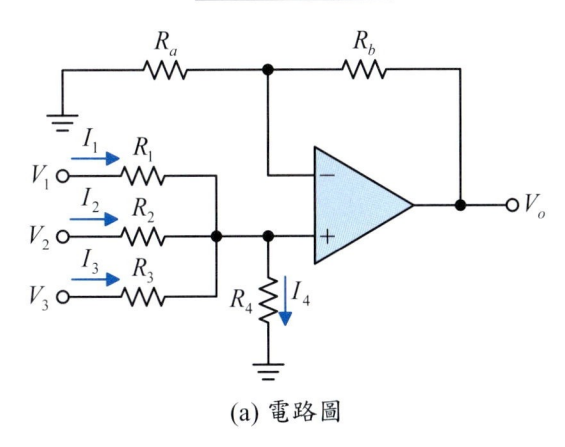

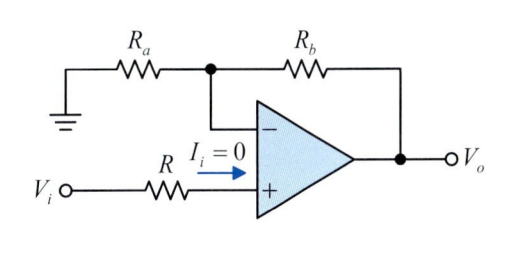

(a) 電路圖　　　　　　　　　　　　(b) 等效電路

2. 輸入電壓 $V_i = $ _____

(1) 因為 $I_1 = \dfrac{V_1 - V_{(+)}}{R_1}$，$I_2 = \dfrac{V_2 - V_{(+)}}{R_2}$，$I_3 = \dfrac{V_3 - V_{(+)}}{R_3}$，$I_4 = \dfrac{V_{(+)}}{R_4}$

依KCL定律得知 $I_4 = I_1 + I_2 + I_3$，即 $\dfrac{V_1 - V_{(+)}}{R_1} + \dfrac{V_2 - V_{(+)}}{R_2} + \dfrac{V_3 - V_{(+)}}{R_3} = \dfrac{V_{(+)}}{R_4}$，

故 $V_{(+)} = \dfrac{\dfrac{V_1}{R_1} + \dfrac{V_2}{R_2} + \dfrac{V_3}{R_3}}{\dfrac{1}{R_1} + \dfrac{1}{R_2} + \dfrac{1}{R_3} + \dfrac{1}{R_4}}$

(2) 理想OPA的輸入電流 $I_i = $ _____，所以 $V_i = V_{(+)} = \dfrac{\dfrac{V_1}{R_1} + \dfrac{V_2}{R_2} + \dfrac{V_3}{R_3}}{\dfrac{1}{R_1} + \dfrac{1}{R_2} + \dfrac{1}{R_3} + \dfrac{1}{R_4}}$。

3. 輸出電壓 $V_o = $ _____。

答案：1. 負回授、虛短路　　2. $\dfrac{\dfrac{V_1}{R_1} + \dfrac{V_2}{R_2} + \dfrac{V_3}{R_3}}{\dfrac{1}{R_1} + \dfrac{1}{R_2} + \dfrac{1}{R_3} + \dfrac{1}{R_4}}$　　(2) 0　　3. $(1 + \dfrac{R_b}{R_a})V_i$

老師講解

3. 如右圖所示理想運算放大器電路，若 $V_1 = 10\ \text{mV}$，$V_2 = 20\ \text{mV}$，$V_3 = 30\ \text{mV}$，則輸出電壓 V_o 為多少？
(A) 60mV
(B) 120mV
(C) 180mV
(D) −60mV

解 (B)

(1) $V_i = \dfrac{\dfrac{V_1}{R_1} + \dfrac{V_2}{R_2} + \dfrac{V_3}{R_3}}{\dfrac{1}{R_1} + \dfrac{1}{R_2} + \dfrac{1}{R_3} + \dfrac{1}{R_4}} = \dfrac{\dfrac{10\text{m}}{30\text{k}} + \dfrac{20\text{m}}{30\text{k}} + \dfrac{30\text{m}}{30\text{k}}}{\dfrac{1}{30\text{k}} + \dfrac{1}{30\text{k}} + \dfrac{1}{30\text{k}} + \dfrac{1}{30\text{k}}} = \dfrac{60\text{m}}{4} = 15\ \text{mV}$

(2) $V_o = (1 + \dfrac{R_b}{R_a})V_i = (1 + \dfrac{210\text{k}}{30\text{k}}) \times 15\text{m} = 120\ \text{mV}$

第10章 運算放大器

學生練習

3. 如右圖所示理想運算放大器電路，若 $V_1 = 20$ mV，$V_2 = 10$ mV，則輸出電壓 V_o 為多少？
 (A)0.1V　(B)0.14V　(C)2.7V　(D)0.15V

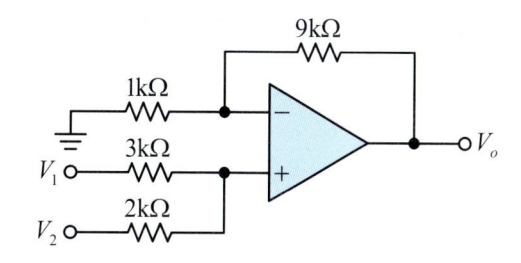

ABCD 立即練習

基礎題

( )1. 如圖(1)所示理想運算放大器電路，若 $V_o = 0$，則 R_2 電阻值應為多少？
 (A)10kΩ　(B)20kΩ　(C)50kΩ　(D)100kΩ

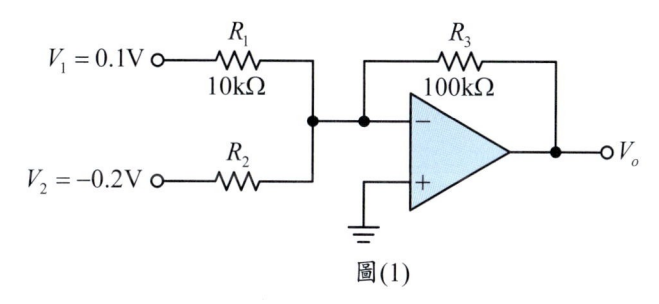

圖(1)

( )2. 如圖(2)所示理想運算放大器電路，求輸出電壓為多少？
 (A)1V　(B)−10V　(C)2.4V　(D)−3.4V

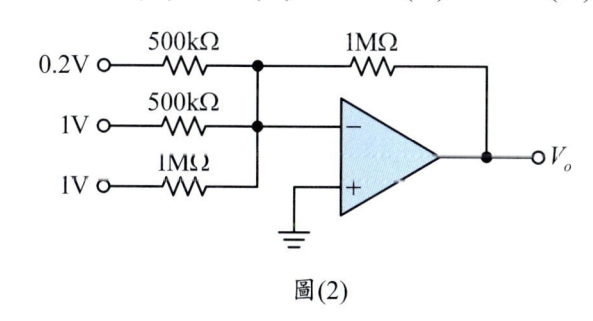

圖(2) 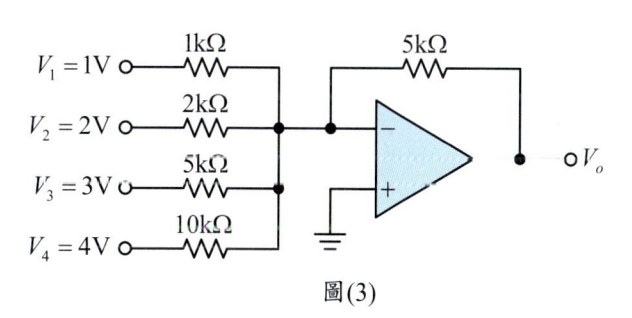　　　圖(3)

( )3. 如圖(3)所示理想運算放大器電路，求輸出電壓 V_o 為多少？
 (A)−15V　(B)−10V　(C)−5V　(D)10V

( )4. 如圖(4)所示理想運算放大器電路，若輸出電壓 $V_o = -2$ V，則 R_f 為多少？
 (A)50kΩ　(B)100kΩ　(C)150kΩ　(D)200kΩ

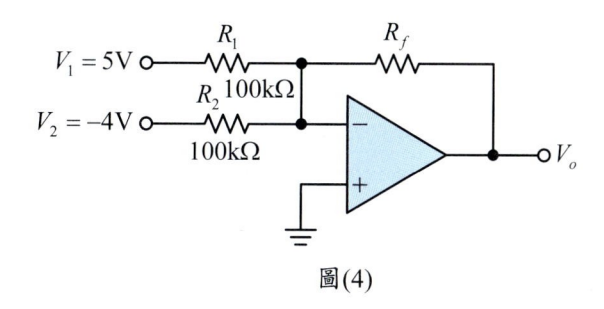

圖(4)

電子學含實習　滿分總複習（下）

( )5. 如圖(5)所示理想運算放大器電路，求輸出電壓V_o為多少？
 (A)0　(B)−2V　(C)2V　(D)3V

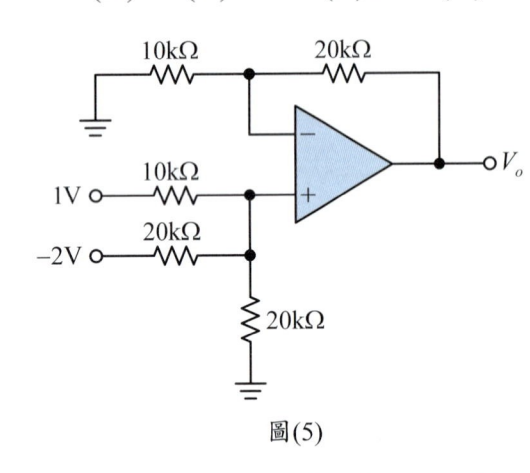

圖(5)

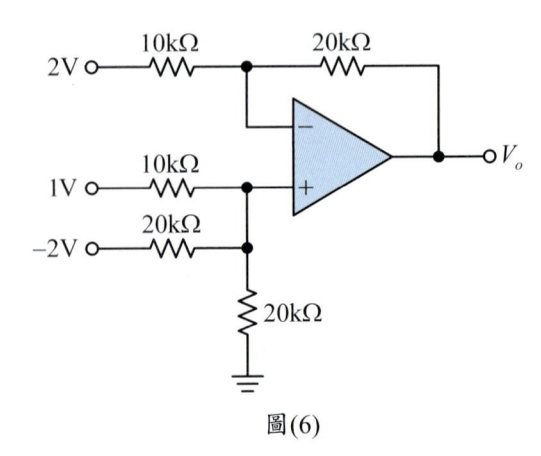

圖(6)

( )6. 如圖(6)所示理想運算放大器電路，求輸出電壓V_o為多少？
 (A)−4V　(B)−6V　(C)−2V　(D)4V

進階題

( )1. 如圖(1)所示理想運算放大器，則V_o為多少？
 (A)$V_a + V_b$　(B)$-V_a - V_b$　(C)$2V_a + 2V_b$　(D)$-2V_a - 2V_b$

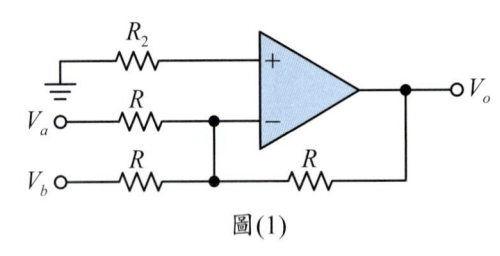

圖(1)

( )2. 如圖(2a)所示理想運算放大器電路，若使用示波器測量輸出v_o波形如圖(2b)所示，則v_1為何？
 (A)0.1V直流電壓　　　　　　　(B)−0.1V直流電壓
 (C)$0.1\sin(6280t)$V　　　　　(D)$0.1\sin(6280t + 180°)$V

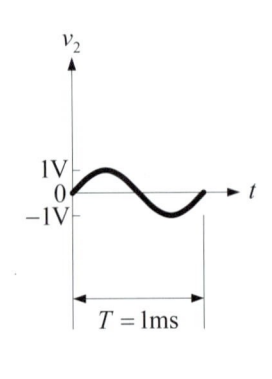

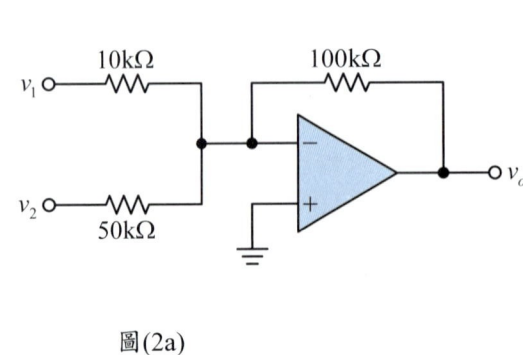

圖(2a)

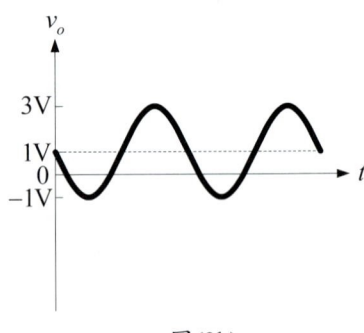

圖(2b)

第10章 運算放大器

( )3. 如圖(3)所示理想運算放大器電路,求輸出電壓 V_o 為多少?
(A)0　(B)1V　(C)−1V　(D)2V

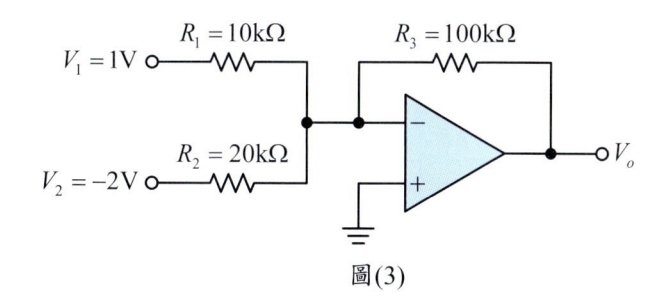

圖(3)

( )4. 如圖(4)所示理想運算放大器電路,求 V_o 為多少?
(A)−6V　(B)6V　(C)−18V　(D)18V

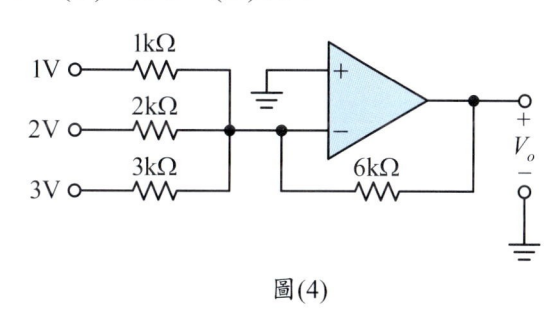

圖(4)

( )5. 承上題,若OPA正、負飽和電壓為±12V,求輸出不失真的最大回授電阻為多少?
(A)2kΩ　(B)3kΩ　(C)4kΩ　(D)6kΩ

( )6. 如圖(5)所示理想運算放大器電路,若 $V_1 = 1$ V,$V_2 = 2\sin\omega t$ V,求輸出電壓 V_o 為多少?
(A)$(1 + 2\sin\omega t)$V　　　(B)$(2 + 2\sin\omega t)$V
(C)$(4 + 2\sin\omega t)$V　　　(D)$(4 + 4\sin\omega t)$V

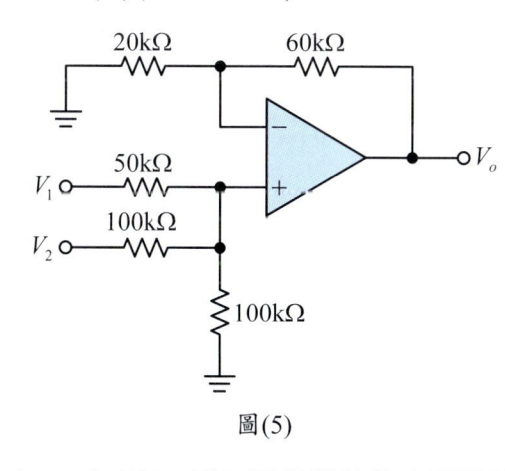

圖(5) 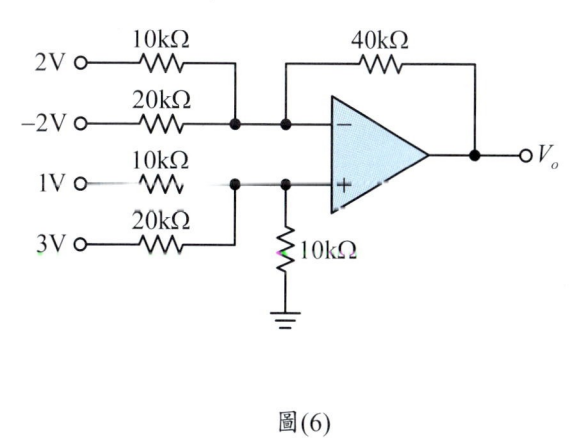　　　圖(6)

( )7. 如圖(6)所示理想運算放大器電路,求輸出電壓 V_o 為多少?
(A)−3V　(B)2V　(C)3V　(D)11V

重點 3 減法器

1. 如圖所示減法器，輸出串聯一電阻再連接至反相輸入端，形成 _____ 網路，因此OPA輸入端具有 _____ 特性。

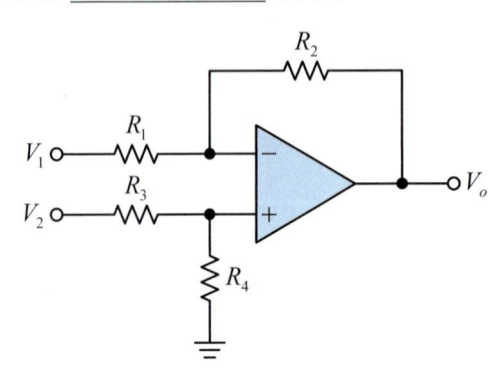

2. 輸出電壓 $V_o =$ _____

   (1) V_1作用，$V_2 = 0$時，等效電路如下圖，$V_{o1} = -\dfrac{R_2}{R_1}V_1$

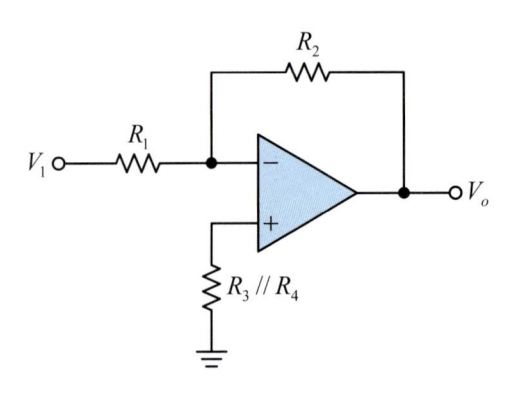

   (2) $V_1 = 0$時，V_2作用，等效電路如下圖，$V_{o2} = (\dfrac{R_4}{R_3 + R_4})(1 + \dfrac{R_2}{R_1})V_2$

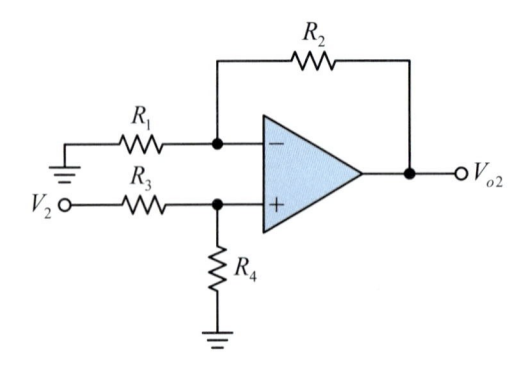

   (3) $V_o = V_{o1} + V_{o2} = -\dfrac{R_2}{R_1}V_1 + (\dfrac{R_4}{R_3 + R_4})(1 + \dfrac{R_2}{R_1})V_2$

(4) 當 $\dfrac{R_2}{R_1} =$ ＿＿＿＿＿ 時，電路功用如同 ＿＿＿＿＿，$V_o =$ ＿＿＿＿＿

答案：1. 負回授、虛短路　　2. $-\dfrac{R_2}{R_1}V_1 + (\dfrac{R_4}{R_3+R_4})(1+\dfrac{R_2}{R_1})V_2$　　(4) $\dfrac{R_4}{R_3}$、減法器、$\dfrac{R_2}{R_1}(V_2 - V_1)$

老師講解

4. 如下圖所示理想運算放大器電路，若 $V_1 = V_2 = 3\,\text{V}$，$V_3 = 6\,\text{V}$，$R = \infty$，求輸出電壓 V_o 為多少？　(A)2V　(B)3V　(C)4V　(D)6V

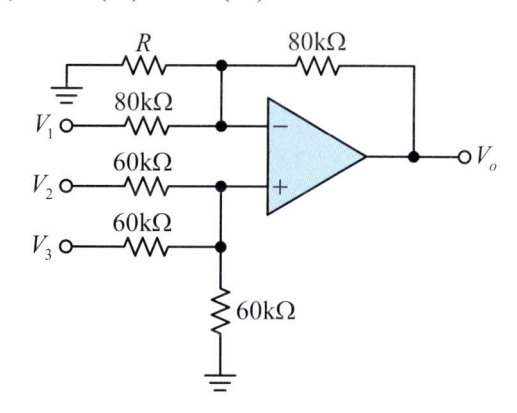

解 (B)

利用重疊定律求解

(1) $V_1 = 3\,\text{V}$，且 $V_2 = V_3 = 0$ 時，$V_{o1} = -\dfrac{R_f}{R_1}V_1 = -\dfrac{80\text{k}}{80\text{k}} \times 3 = -3\,\text{V}$

(2) $V_1 = 0$，且 $V_2 = 3\text{V}$，$V_3 = 6\text{V}$ 時，

$$V_i = \dfrac{\dfrac{V_2}{R_2} + \dfrac{V_3}{R_3}}{\dfrac{1}{R_2} + \dfrac{1}{R_3} + \dfrac{1}{R_4}} = \dfrac{\dfrac{3}{60\text{k}} + \dfrac{6}{60\text{k}}}{\dfrac{1}{60\text{k}} + \dfrac{1}{60\text{k}} + \dfrac{1}{60\text{k}}} = \dfrac{3+6}{3} = 3\,\text{V}$$

$$V_{o2} = (1 + \dfrac{R_f}{R_1})V_i = (1 + \dfrac{80\text{k}}{80\text{k}}) \times 3 = 6\,\text{V}$$

(3) $V_o = V_{o1} + V_{o2} = -3 + 6 = 3\,\text{V}$

學生練習

4. 承上題圖，若 R 改為 80kΩ，其它條件不變，求輸出電壓 V_o 為多少？
(A)2V　(B)3V　(C)4V　(D)6V

電子學含實習 滿分總複習（下）

ABCD 立即練習

基礎題

( ) 1. 如圖(1)所示理想運算放大器電路，求輸出電壓 V_o 為多少？
 (A) 0 (B) –2V (C) 2V (D) 3V

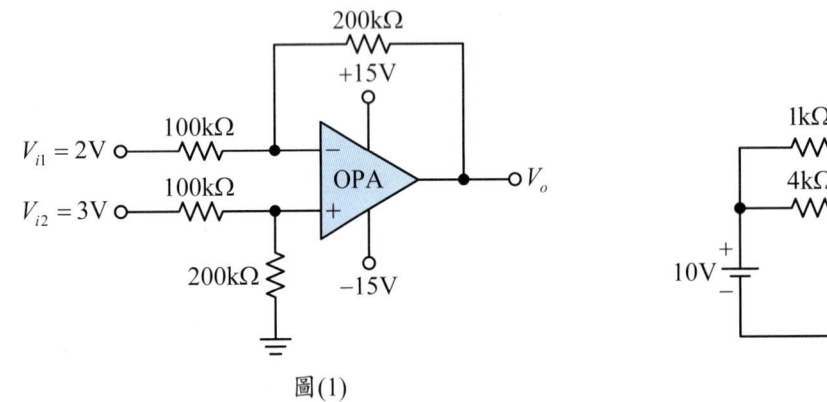

圖(1)

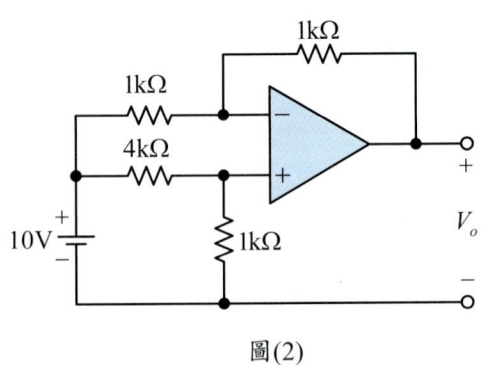

( ) 2. 如圖(2)所示理想運算放大器電路，輸出電壓 V_o 應為多少？
 (A) –6V (B) –8V (C) –10V (D) –12V

圖(2)

( ) 3. 如圖(3)所示理想運算放大器電路，求輸出電壓 V_o 為何？
 (A) $-\dfrac{R_2}{R_1}V_S + (1+\dfrac{R_2}{R_1})V_{oS}$
 (B) $\dfrac{R_2}{R_1}V_S + (1+\dfrac{R_2}{R_1})V_{oS}$
 (C) $\dfrac{R_2}{R_1}V_S - (1+\dfrac{R_2}{R_1})V_{oS}$
 (D) $-\dfrac{R_2}{R_1}V_S - (1+\dfrac{R_2}{R_1})V_{oS}$

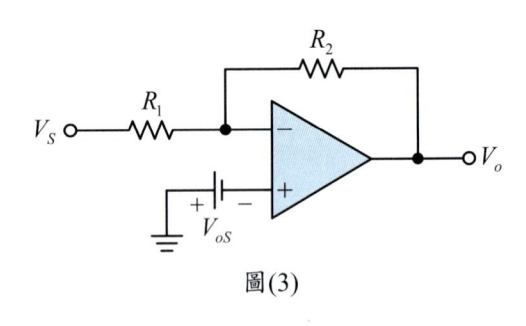

圖(3)

( ) 4. 如圖(4)所示理想運算放大器電路，若 $R_1=10\,k\Omega$，$R_2=10\,k\Omega$，$R_3=10\,k\Omega$，$R_f=20\,k\Omega$，$V_1=2\,V$，$V_2=4\,V$，則輸出電壓 V_o 等於多少？
 (A) 2V (B) 4V (C) –2V (D) –4V

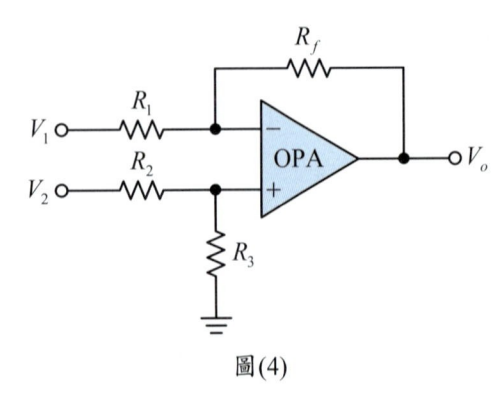

圖(4)

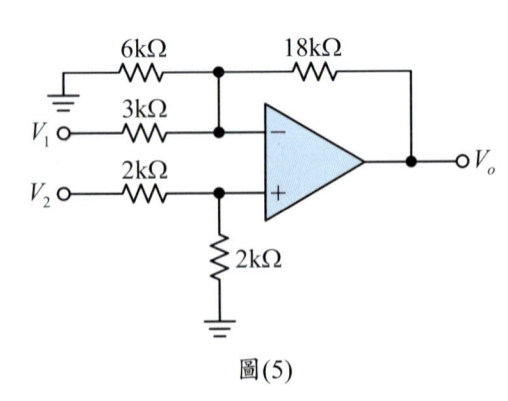

圖(5)

( ) 5. 如圖(5)所示理想運算放大器電路，求輸出電壓 V_o 等於多少？
 (A) $-9V_1+5V_2$ (B) $-6V_1+3.5V_2$ (C) $-6V_1+5V_2$ (D) $-1.5V_1+3.5V_2$

第10章 運算放大器

進階題

( )1. 如圖(1)所示理想運算放大器電路，輸出電壓 $V_o = V_2 - 2V_1$，則 $\dfrac{R_2}{R_3}$ 須等於多少？
(A)0.33 (B)0.5 (C)1 (D)2

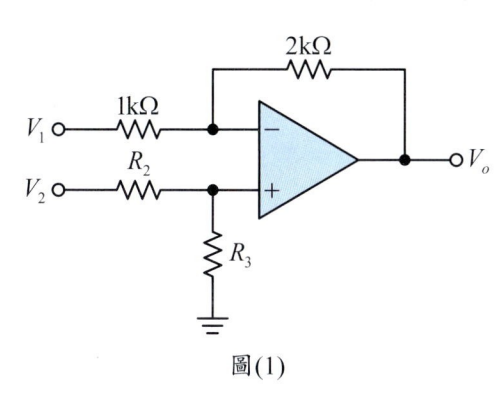

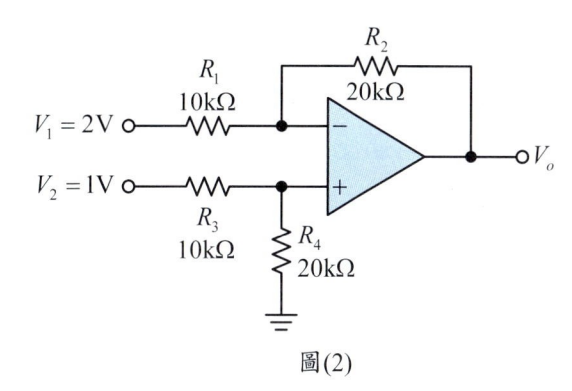

( )2. 如圖(2)所示理想運算放大器電路，下列敘述何者正確？
(A)電路為加法器電路
(B)輸出電壓 $V_o = 2$ V
(C)若 R_4 增加，則 V_o 增加
(D)若 V_1 減少，則 V_o 減少

( )3. 如圖(3)所示理想運算放大器電路，V_A 及 V_B 為直流電壓表。若電壓表讀值 $V_A = 2$ V，$V_B = 4$ V，求 R_2 及 R_4 分別為多少？
(A)$R_2 = 10$ kΩ 及 $R_4 = 10$ kΩ
(B)$R_2 = 10$ kΩ 及 $R_4 = 20$ kΩ
(C)$R_2 = 20$ kΩ 及 $R_4 = 10$ kΩ
(D)$R_2 = 20$ kΩ 及 $R_4 = 20$ kΩ

( )4. 如圖(4)所示理想運算放大器電路，求輸出電壓 V_o 為何？
(A)15V (B)5V (C)0 (D)−5V

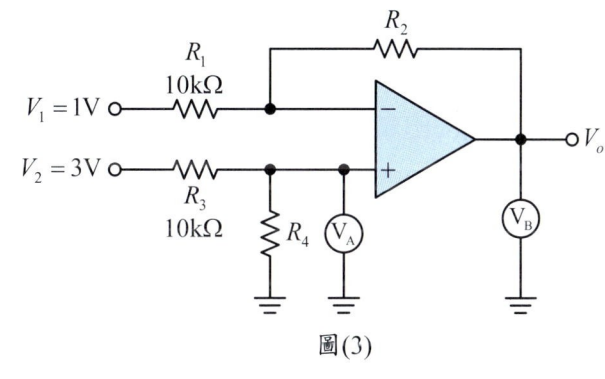

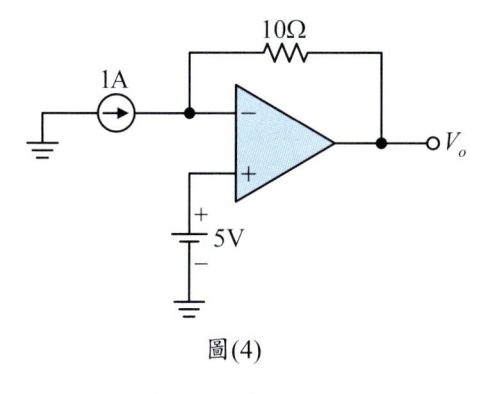

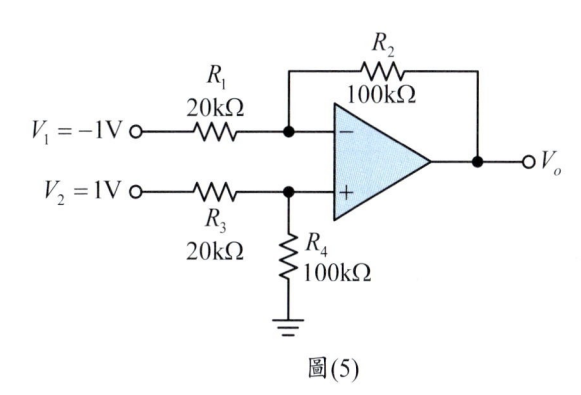

( )5. 小明在電子實習課中，進行如圖(5)所示減法器電路實驗，正常情形下，輸出電壓 $V_o = 10$ V，但是小明卻測量到輸出電壓 $V_o = 11$ V，最有可能的故障原因為何？
(A)R_1 開路 (B)R_2 短路 (C)R_3 短路 (D)R_4 短路

10-5 積分器及微分器

理論重點

重點 1 微分器

1. 如圖所示微分器，輸出串聯一電阻R再連接至反相輸入端，形成 ＿＿＿＿ 網路，因此OPA輸入端具有 ＿＿＿＿ 特性。

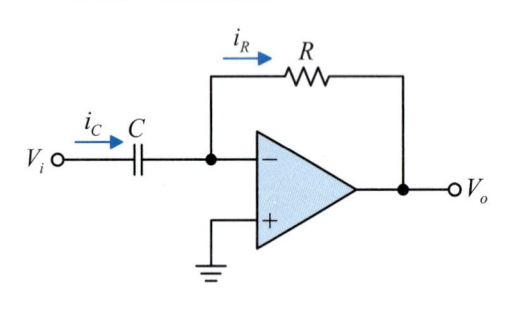

2. 輸出電壓 $V_o = -RC\dfrac{dV_{i(t)}}{dt}$

   (1) 應用庫侖定律得 $Q = C\Delta V_i = i_C \Delta t$，則 $i_C =$ ＿＿＿＿ 。

   (2) 應用KCL定律得 $i_C =$ ＿＿＿＿ 。

   (3) 應用歐姆定律得 $V_o = -i_R R = -i_C R =$ ＿＿＿＿ （僅適用於線性輸入信號）

   (4) 上式改寫為微分形式可得 $V_o =$ ＿＿＿＿ （適用於任何輸入信號）

   (5) 三角波及正弦波的輸出響應如圖(a)及圖(b)

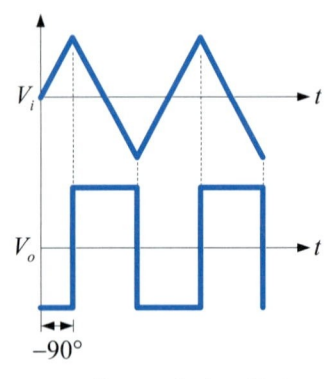

   (a) 輸入三角波之響應 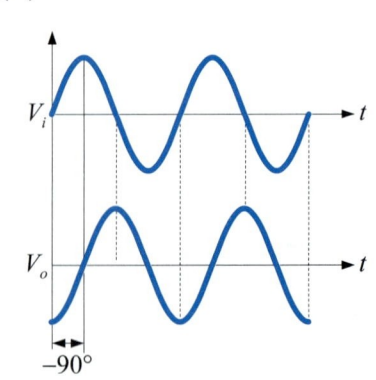　　　　(b) 輸入正弦波之響應

3. 電壓增益 $A_v = \omega RC \angle -90°$

   (1) 微分器可視為反相放大器，$Z_1 = \dfrac{1}{j\omega C}$，$Z_2 = R$，則

   $$A_v = \frac{V_o}{V_i} = -\frac{Z_2}{Z_1} = -j\omega RC = \omega RC \angle -90°$$

   (2) 上式的 $-90°$ 表示輸出信號的相位 _____（超前或滯後）輸入信號 $90°$，這是因為 RC 微分器最大相移 $90°$，而 OPA 反相放大器相移 $180°$ 或 $-180°$，因此 OPA 微分器產生 $90° + (-180°) = -90°$ 相移。

答案：1. 負回授、虛短路

2. (1) $\dfrac{C\Delta V_i}{\Delta t}$　　(2) i_R　　(3) $-RC\dfrac{\Delta V_i}{\Delta t}$　　(4) $-RC\dfrac{dV_i(t)}{dt}$

3. (2) 滯後

老師講解

1. 如下圖所示電路，若 $V_i(t)$ 為對稱三角波，且上升斜率為 $12\,\text{V/s}$，下降斜率為 $-12\,\text{V/s}$，求輸出電壓 $V_o(t)$ 之波形種類及其峰對峰值為何？

(A)三角波，2.4V　(B)三角波，4.8V　(C)方波，2.4V　(D)方波，4.8V

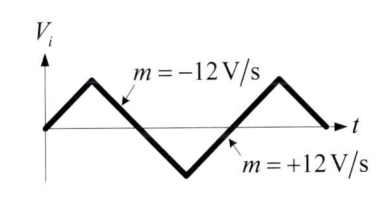

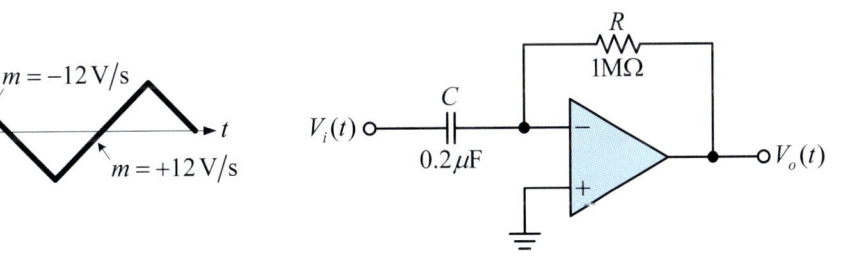

解 (D)

$$V_o = -RC\frac{\Delta V_i}{\Delta t} = 1\text{M} \times 0.2\mu \times (\pm 12) = \mp 2.4\ \text{V}$$

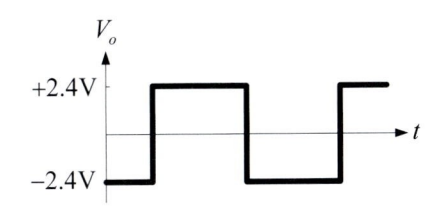

學生練習

1. 如下圖所示理想運算放大器電路，若輸入端v_i為1kHz，±1V之對稱三角波，則使用示波器測量輸出v_o波形為何？

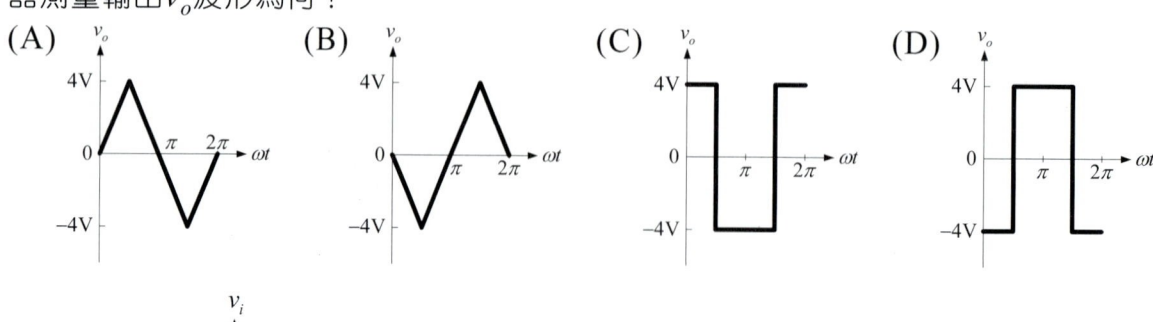

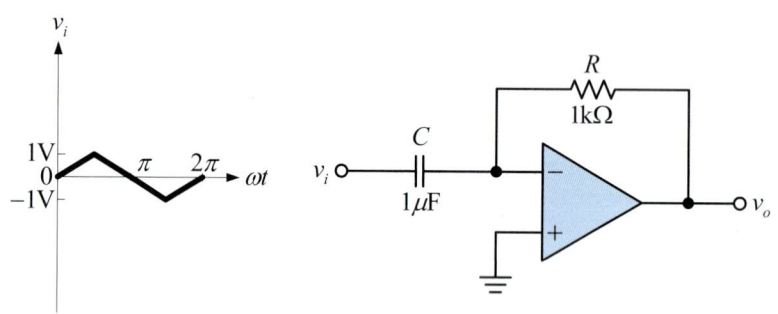

(A) (B) (C) (D)

重點 ② 積分器

1. 如圖所示積分器，輸出串聯一電容C再接至反相輸入端，形成 ＿＿＿＿＿ 網路，因此OPA輸入端具有 ＿＿＿＿＿ 特性。

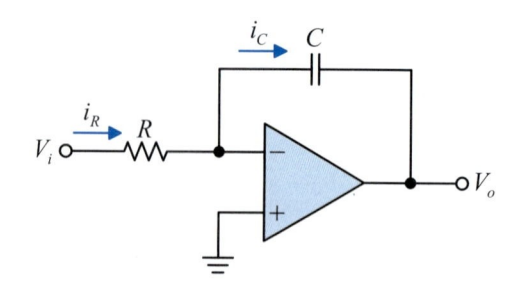

2. 輸出電壓 $V_o = -\dfrac{1}{RC}\int V_i dt$

   (1) 應用庫侖定律得 $Q = C\Delta V_i = i_C \Delta t$，則 $\Delta V_C =$ ＿＿＿＿＿ 。

   (2) 應用KCL定律得 $i_C =$ ＿＿＿＿＿ 。應用歐姆定律得 $i_R =$ ＿＿＿＿＿ 。

(3) 由(1)(2)可得 $\Delta V_o = -\Delta V_C = $ _____ （適用於線性輸入信號）

(4) 上式可改寫成積分的形式，即 $V_o = $ _____ （適用於任何輸入信號）

(5) 方波及正弦波的輸出響應如圖(a)及圖(b)

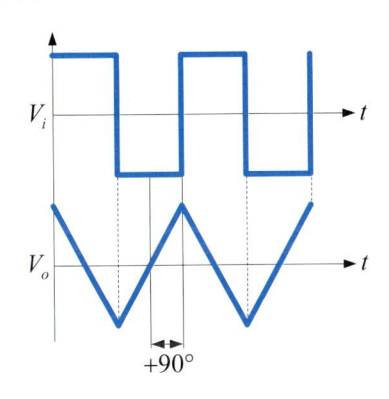

(a) 輸入方波之響應

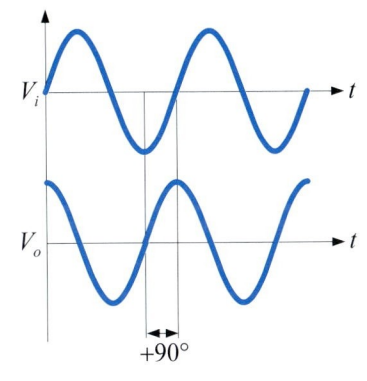

(b) 輸入正弦波之響應

3. 電壓增益 $A_v = \dfrac{1}{\omega RC} \angle 90°$

(1) 積分器可視為反相放大器，$Z_1 = R$，$Z_2 = \dfrac{1}{j\omega C}$，則

$$A_v = \frac{V_o}{V_i} = -\frac{Z_2}{Z_1} = -\frac{1}{j\omega RC} = j\frac{1}{\omega RC} = \frac{1}{\omega RC} \angle 90°$$

(2) 上式的90°表示輸出信號的相位 _____ （超前或滯後）輸入信號90°，這是因為RC積分器最大相移$-90°$，而OPA反相放大器相移180°或$-180°$，因此OPA積分器產生$-90° + 180° = 90°$相移。

答案：1. 負回授、虛短路

2. (1) $\dfrac{1}{C}i_C \Delta t$ (2) i_R、$\dfrac{V_i}{R}$ (3) $-\dfrac{1}{RC}V_i \Delta t$ (4) $-\dfrac{1}{RC}\int V_i \Delta t$

3. (2) 超前

老師講解

2. 如下圖所示電路及輸入波形,假設理想放大器且電容之初始電壓值為0,求其輸出波形為何?

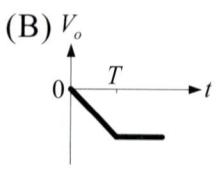

(A) V_o　　(B) V_o　　(C) V_o　　(D) V_o

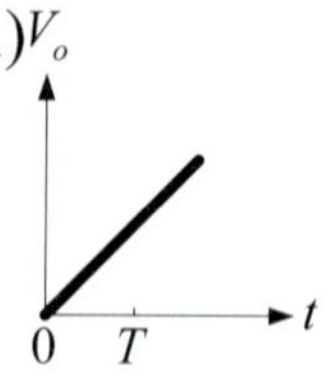

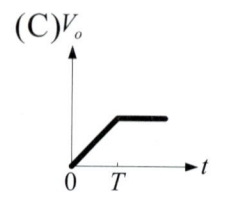

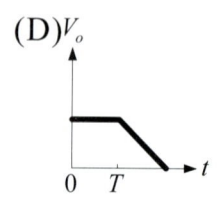

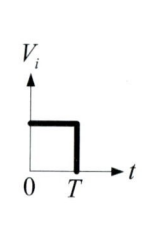

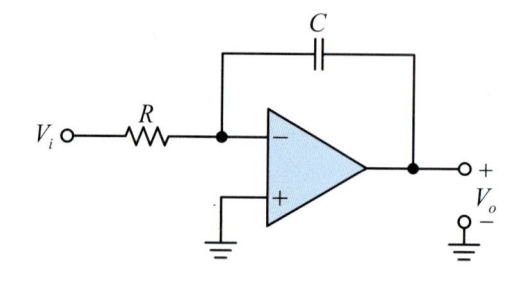

解 (B)

(1) $t \leq T$ 時,$\Delta V_o = -\dfrac{1}{RC} V_i \Delta t$,因為 $V_i > 0$,所以輸出 V_o 隨著 t 呈線性減少

(2) $t > T$ 時,因為 $V_i = 0$,所以 $\Delta V_o = -\dfrac{1}{RC} V_i \Delta t = 0$,輸出 V_o 維持不變

學生練習

2. 承上題圖中,若輸入波形改成如下圖平均值為零之對稱方波,求輸出波形為何?

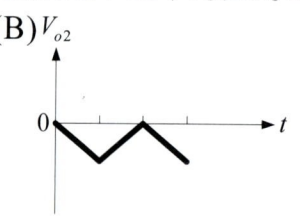

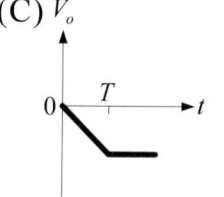

(A) V_{o1}　　(B) V_{o2}　　(C) V_o　　(D) V_o

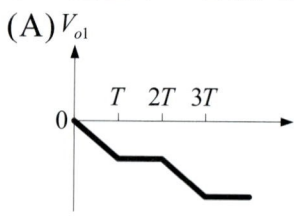

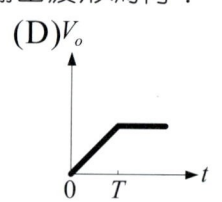

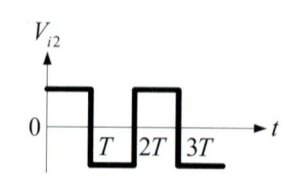

實習重點

重點 1 改良式微分器

1. 如圖(a)所示OPA微分器，電壓增益 $A_v = -\dfrac{R}{Z_1}$，且 $Z_1 = -jX_C = \dfrac{1}{j\omega C}$。當輸入信號頻率太大時，$Z_1$ 近似於 _____，致使電壓增益近似於 _____。電路將會變得不穩定，且輸出容易飽和失真。

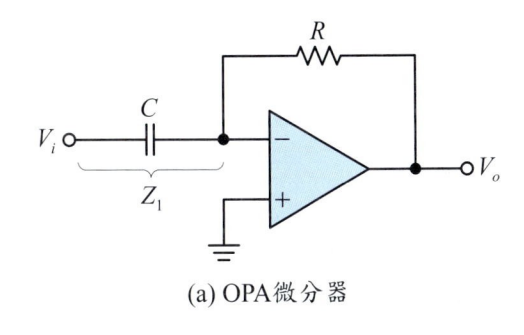

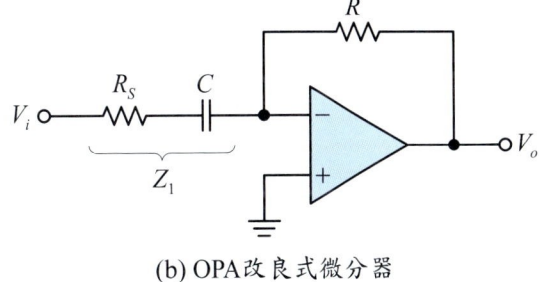

(a) OPA微分器

(b) OPA改良式微分器

2. 如圖(b)所示OPA改良式微分器，在輸入端電容上串聯一個電阻，則 $Z_1 = R_S - jX_C$。

   (1) 當輸入信號頻率 $f \ll \dfrac{1}{2\pi R_S C}$，即 $X_C \gg R_S$ 時，$Z_1 = R_S - jX_C \approx$ _____，電路如同 _____ 電路，輸出電壓 $V_o =$ _____。

   (2) 當輸入信號頻率 $f \gg \dfrac{1}{2\pi R_S C}$，即 $X_C \ll R_S$ 時，$Z_1 = R_S - jX_C \approx$ _____，電路如同 _____ 電路，輸出電壓 $V_o =$ _____。

   (3) 電阻 R_S 的作用在限制 _____（高頻或低頻）的電壓增益。

答案：1. 零、無限大

2. (1) $-X_C$、微分器、$-RC\dfrac{dV_i}{dt}$ (2) R_S、反相放大器、$-\dfrac{R}{R_S}V_i$ (3) 高頻

老師講解

3. 如下圖所示為加補償元件後之微分電路。輸入信號之頻率 f 應為下列何者，此電路才是微分器？（假設 $R_1C > RC_1$）

(A) $f > \dfrac{1}{2\pi R_1 C}$ (B) $f < \dfrac{1}{2\pi R_1 C}$ (C) $f > \dfrac{1}{2\pi RC_1}$ (D) $f < \dfrac{1}{2\pi RC_1}$

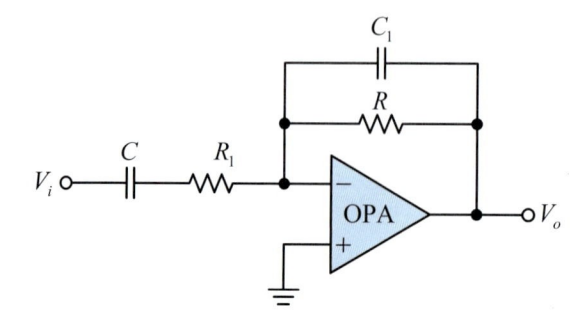

解 (B)

當 $f < \dfrac{1}{2\pi R_1 C}$，即 $X_C > R_1$，電路作用如同微分器

學生練習

3. 如下圖所示為一改良式微分器，試問下列敘述何者錯誤？

(A) 當輸入信號之頻率遠高於 $\dfrac{1}{2\pi R_S C}$ 時，R_S 可忽略不計

(B) R_2 之作用為消除偏壓電流對輸出造成的影響

(C) 理想上，當 V_i 為一三角波時，輸出為一方波（正峰值電壓與負峰值電壓各佔一半週期）

(D) 理論上，當 V_i 為一正弦波（平均值為0）時，V_i 與 V_o 的電壓波形相位相差90度

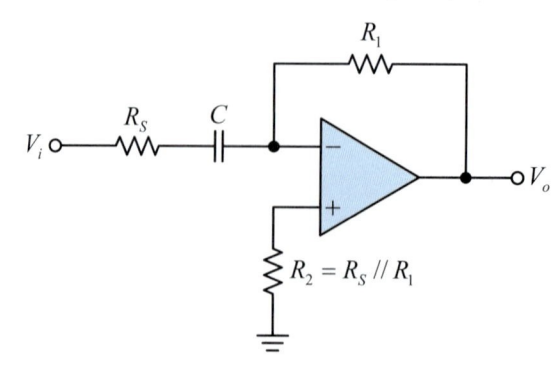

重點 2 改良式積分器

1. 如圖(a)所示OPA積分器，電壓增益 $A_v = -\dfrac{Z_2}{R}$，且 $Z_2 = -jX_C = \dfrac{1}{j\omega C}$。當輸入信號頻率太小時，$Z_2$ 近似於 _____，致使電壓增益近似於 _____。電路將會變得不穩定，且輸出容易飽和失真。

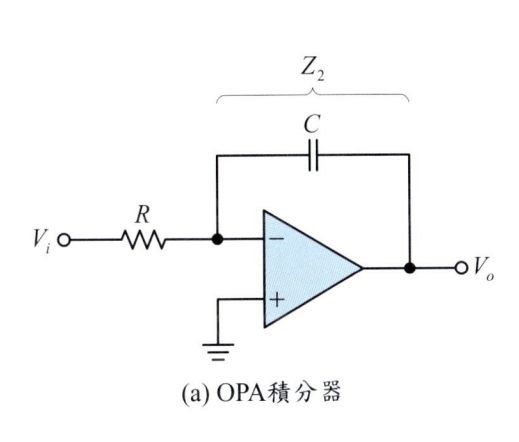

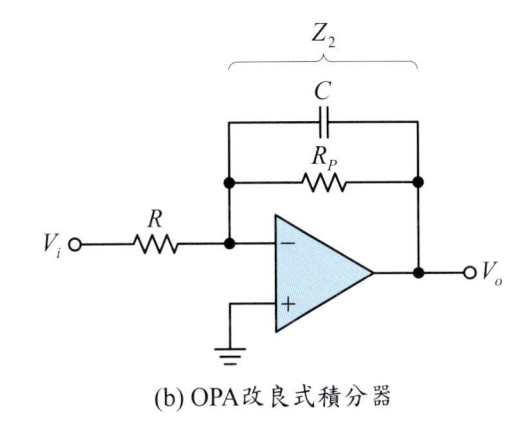

(a) OPA積分器

(b) OPA改良式積分器

2. 如圖(b)所示OPA改良式積分器，在電容器上並聯一電阻 R_P，則 $Z_2 = R_P // -jX_C$。

   (1) 當輸入信號頻率 $f << \dfrac{1}{2\pi R_P C}$，即 $X_C >> R_P$ 時，$Z_2 = R_P // -jX_C \approx$ _____，電路如同 _____ 電路，輸出電壓 $V_o =$ _____。

   (2) 當輸入信號頻率 $f >> \dfrac{1}{2\pi R_P C}$，即 $X_C << R_P$ 時，$Z_2 = R_P // -jX_C \approx$ _____，電路如同 _____ 電路，輸出電壓 $V_o =$ _____。

   (3) 電阻 R_P 的作用在限制 _____（高頻或低頻）的電壓增益。

答案：1. 無限大、無限大

2. (1) R_P、反相放大器、$-\dfrac{R_P}{R}V_i$　　(2) $-jX_C$、積分器、$-\dfrac{1}{RC}\int V_i dt$　　(3) 低頻

老師講解

4. 如下圖所示為加補償元件後之積分電路。輸入信號之頻率 f 應為下列何者，此電路才是積分器？（假設 $R_1C > RC_1$）

(A) $f > \dfrac{1}{2\pi R_1 C}$　(B) $f < \dfrac{1}{2\pi R_1 C}$　(C) $f > \dfrac{1}{2\pi R C_1}$　(D) $f < \dfrac{1}{2\pi R C_1}$

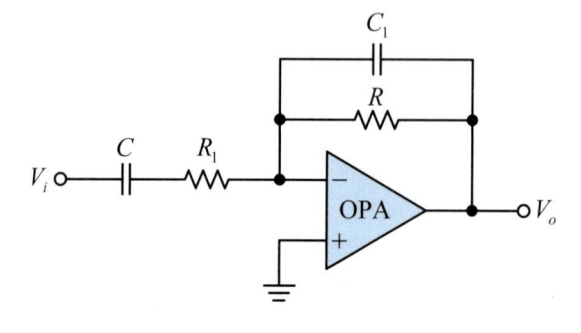

解 (C)

當 $f > \dfrac{1}{2\pi RC_1}$，即 $X_{C1} < R$，電路為積分器

學生練習

4. 如下圖所示為一改良式積分器，試問下列敘述何者錯誤？
(A) 開關 SW 閉合可讓電容器 C 釋放其所儲存的電荷
(B) 當輸入信號之頻率必須遠小於 $\dfrac{1}{2\pi R_1 C}$ 時，此積分電路才能正常動作
(C) R_1 的作用在限制電路之低頻增益
(D) 適當的 R_S 將有助於降低輸出之誤差

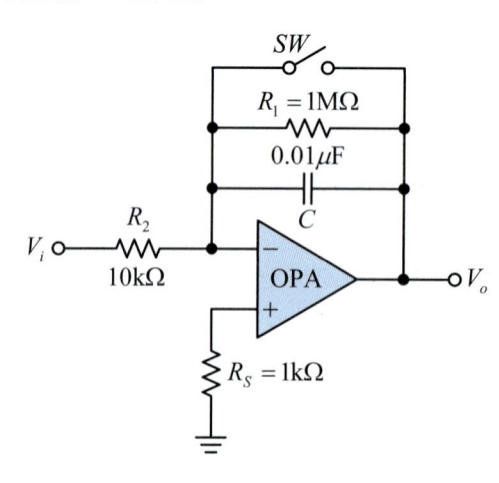

第10章 運算放大器

ABCD 立即練習

基礎題

( ) 1. 如圖(1)所示為何種型態電路？
(A)加法器　　(B)反相放大器
(C)積分器　　(D)微分器

( ) 2. 由運算放大器、電容器及電阻器等元件構成之微分器，如輸入電壓之波形為三角波時，則其輸出電壓之波形為
(A)三角波　(B)正弦波　(C)方波　(D)脈衝

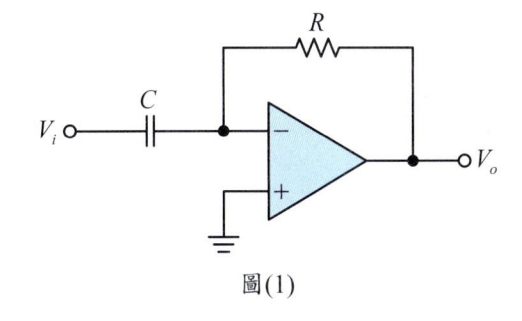

圖(1)

( ) 3. 下列何種輸入信號通過微分器後，其輸出信號之波形與輸入是相同的？
(A)三角波　(B)正弦波　(C)方波　(D)脈衝

( ) 4. 如圖(2)所示OPA微分器，當輸入信號之頻率太高時，電容抗近似於零，電路變得不穩定且輸出容易飽和失真，改良的方法為何？
(A)在電容C上串聯一個電阻　　(B)在電容C上並聯一個電阻
(C)在電阻R上串聯一個電容　　(D)在電阻R上並聯一個電容

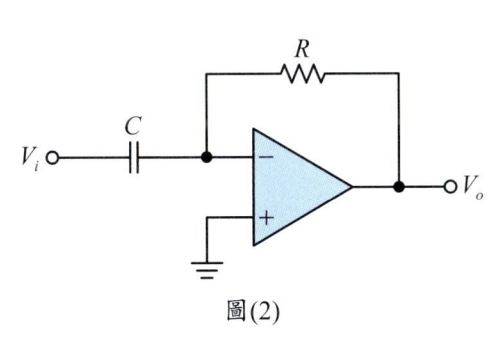

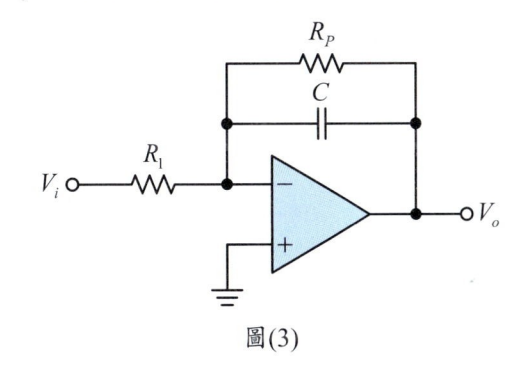

圖(2)　　　　圖(3)

( ) 5. 如圖(3)所示電路，其中R_P之作用為何？
(A)限制低頻增益　　(B)限制高頻增益
(C)使輸出波形更平滑　　(D)使輸出信號更穩定

進階題

( ) 1. 如圖(1)所示理想運算放大器，若輸入端$v_i = 0.5\sin(1000t)$ V，則其輸出v_o波形為何？

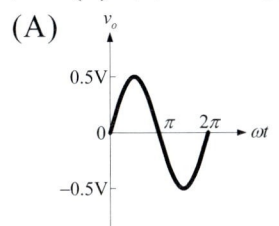

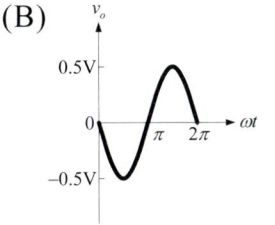

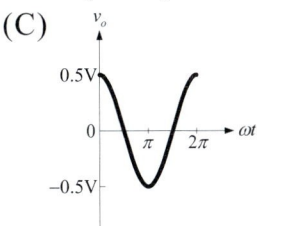

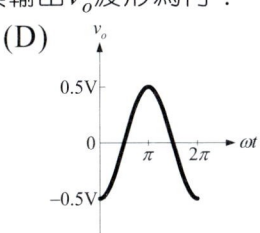

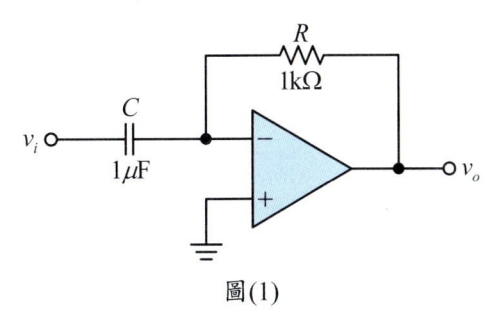

(A) (B) (C) (D)

圖(1)

( )2. 承上題圖中,若增加電容量,則輸出振幅將會如何改變?
(A)增加 (B)減少 (C)不變 (D)不一定

( )3. 如圖(2)所示理想運算放大器,若輸入v_i為500Hz,±1V之對稱三角波,使用示波器測量輸出v_o波形為何?

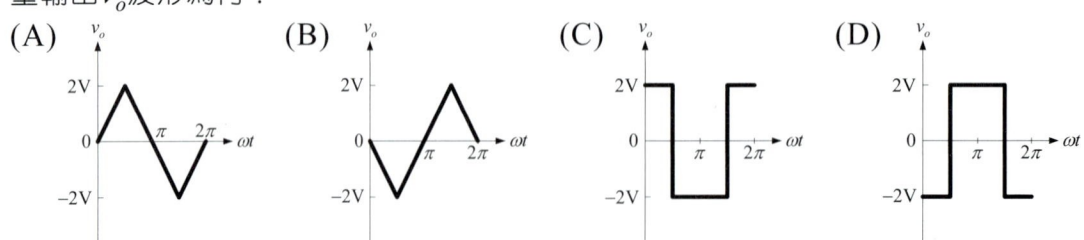

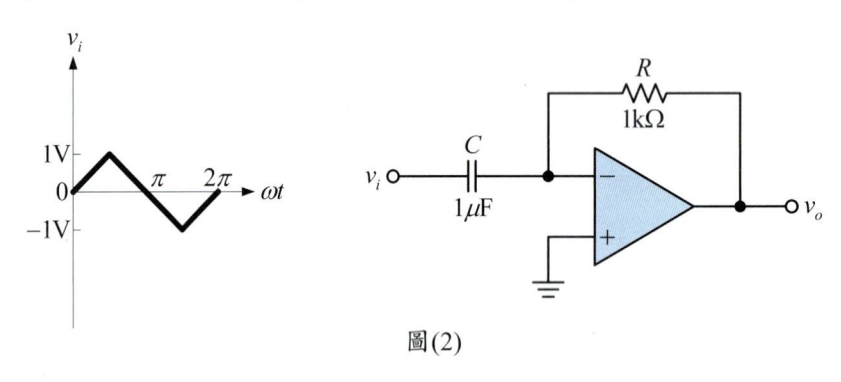

(A), (B), (C), (D) 選項波形

圖(2)

( )4. 如圖(3)所示電路,若要得到微分器功能,則下列何者正確?

(A) $f > \dfrac{1}{2\pi R_S C}$　(B) $f < \dfrac{1}{2\pi R_S C}$　(C) $f > \dfrac{1}{2\pi RC}$　(D) $f < \dfrac{1}{2\pi RC}$

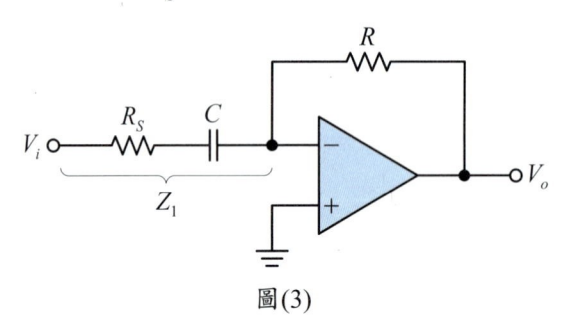

圖(3)

( )5. 如圖(4)所示理想運算放大器電路及其輸入波形,假設輸入信號頻率為125Hz,電容器初始值電壓為零,求輸出電壓波形為何?

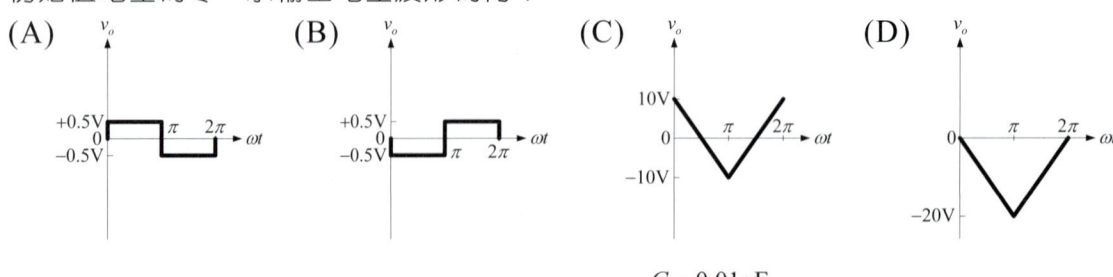

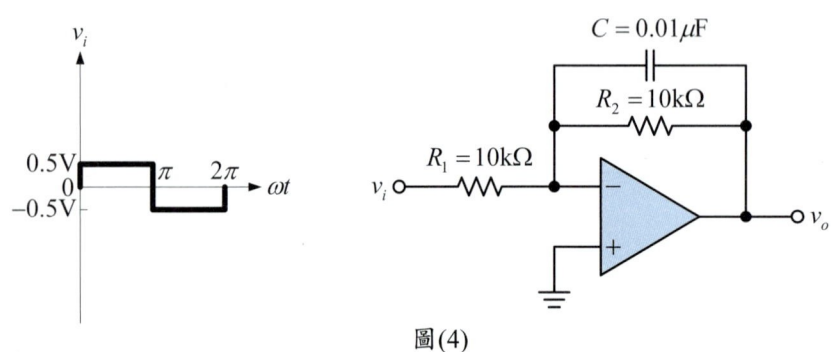

圖(4)

10-6 比較器

理論重點

重點 1 基本比較器

1. 比較器為一開迴路的OPA電路，沒有回授網路且開迴路電壓增益A_{vo}很高，只要兩輸入端間有些微的電壓差，輸出即會呈現飽和狀態。

   (1) 理想OPA輸出電壓峰對峰值為 _____ 。

   (2) 實際OPA因其輸出阻抗並非為零，輸出飽和電壓峰對峰值為 _____ 。

   (3) 輸出正飽和電壓+V_{sat}與正電源+V_{CC}關係式為 _____ ；
   輸出負飽和電壓–V_{sat}與負電源–V_{CC}關係式為 _____ 。

2. 如圖所示基本比較器，只要兩輸入端間有些微的電壓差，輸出即會呈現飽和狀態，輸出電壓不是 _____ ，就是 _____ 。

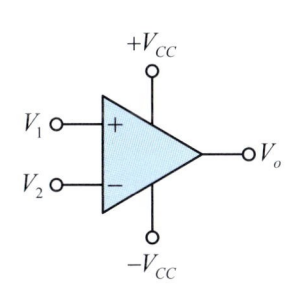

   (a) 基本比較器 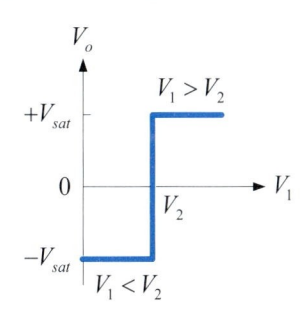　　　　　　(b) 轉移特性曲線

3. 輸出電壓$V_o = A_{vo}V_d$

   (1) 當$V_1 > V_2$時，則$V_d = V_1 - V_2 > 0$，$V_o = A_{vo}V_d > 0$，因為A_{vo}很高，所以輸出趨近於正飽和，$V_o =$ _____ 。

   (2) 當$V_1 < V_2$時，則$V_d = V_1 - V_2 < 0$，$V_o = A_{vo}V_d < 0$，因為A_{vo}很高，所以輸出趨近於負飽和，$V_o =$ _____ 。

   (3) 當$V_1 = V_2$時，則$V_d = V_1 - V_2 = 0$，$V_o =$ _____ 。

答案：1. (1) $\pm V_{CC}$　　(2) $\pm V_{sat}$　　(3) $+V_{sat} < +V_{CC}$、$-V_{sat} > -V_{CC}$
2. 正飽和+V_{sat}、負飽和–V_{sat}
3. (1) +V_{sat}　　(2) –V_{sat}　　(3) 0

重點 2　零電位比較器

一、非反相輸入型

1. 如圖所示非反相輸入型零電位比較器，輸入V_i連接至OPA非反相輸入端，OPA輸入端差動電壓$V_d = V_1 - V_2 = V_i$。

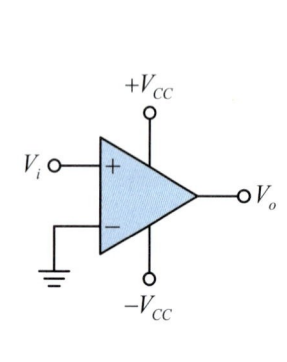

(a) 電路圖

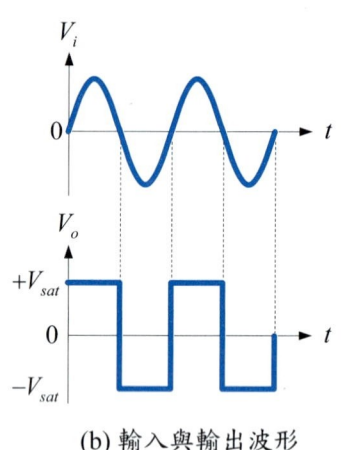

(b) 輸入與輸出波形

2. 輸出電壓V_o

    (1) 當$V_i > 0$時，$V_d > 0$，$V_o = A_{vo}V_d > 0$，因為A_{vo}很高，所以輸出趨近於正飽和，$V_o = $ _____ 。

    (2) 當$V_i < 0$時，$V_d < 0$，$V_o = A_{vo}V_d < 0$，因為A_{vo}很高，所以輸出趨近於負飽和，$V_o = $ _____ 。

二、反相輸入型

1. 如圖所示反相輸入型零電位比較器，輸入V_i連接至OPA反相輸入端，OPA輸入端差動電壓$V_d = V_1 - V_2 = -V_i$。

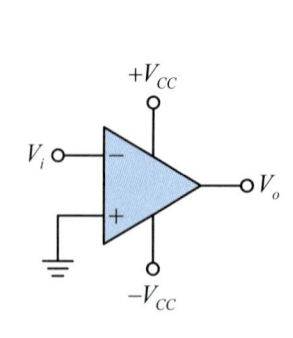

(a) 電路圖

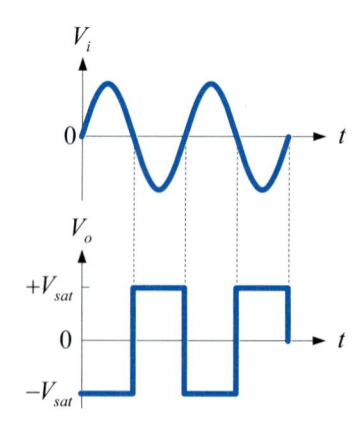

(b) 輸入與輸出波形

2. 輸出電壓V_o

    (1) 當$V_i > 0$時，$V_d = 0 - V_i < 0$，$V_o = A_{vo}V_d < 0$，因為A_{vo}很高，所以輸出趨近於負飽和，$V_o = \underline{\qquad}$。

    (2) 當$V_i < 0$時，$V_d = 0 - V_i > 0$，$V_o = A_{vo}V_d > 0$，因為A_{vo}很高，所以輸出趨近於正飽和，$V_o = \underline{\qquad}$。

3. **工作週期**（duty cycle）等於50%。

答案：一、非反相輸入型
   2. (1) $+V_{sat}$ (2) $-V_{sat}$

   二、反相輸入型
   2. (1) $-V_{sat}$ (2) $+V_{sat}$

老師講解

1. 如下圖所示理想運算放大器電路，兩個稽納（Zener）二極體之稽納崩電壓分別為V_{Z1}及V_{Z2}，順向電壓均為V_D，圖中之R值可使稽納二極體在崩潰區工作。若$V_i > 0$，求輸出電壓V_o為何？
(A)$-(V_{Z2} + V_D)$　(B)$(V_{Z1} + V_D)$　(C)$(V_{Z2} + V_D)$　(D)$-(V_{Z1} + V_D)$

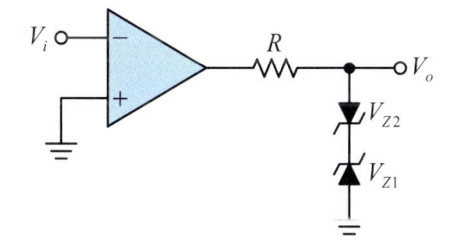

解 (A)

(1) 當$V_i > 0$時，$V_d = 0 - V_i < 0$，$V_o = A_{vo}V_d < 0$，因為A_{vo}很高，所以輸出趨近於負飽和

(2) 輸出負飽和電壓使Z_2工作於逆向崩潰區，端電壓為V_{Z2}，Z_1工作於順向偏壓區，端電壓為V_D，所以$V_o = -(V_{Z2} + V_D)$

2. 承上題圖中，若$V_i < 0$，則輸出電壓V_o為何？
(A)$-(V_{Z2} + V_D)$　(B)$(V_{Z1} + V_D)$　(C)$(V_{Z2} + V_D)$　(D)$-(V_{Z1} + V_D)$

解 (B)

學生練習

1. 如下圖所示電路及其輸入波形，求輸出 V_{out} 波形為何？

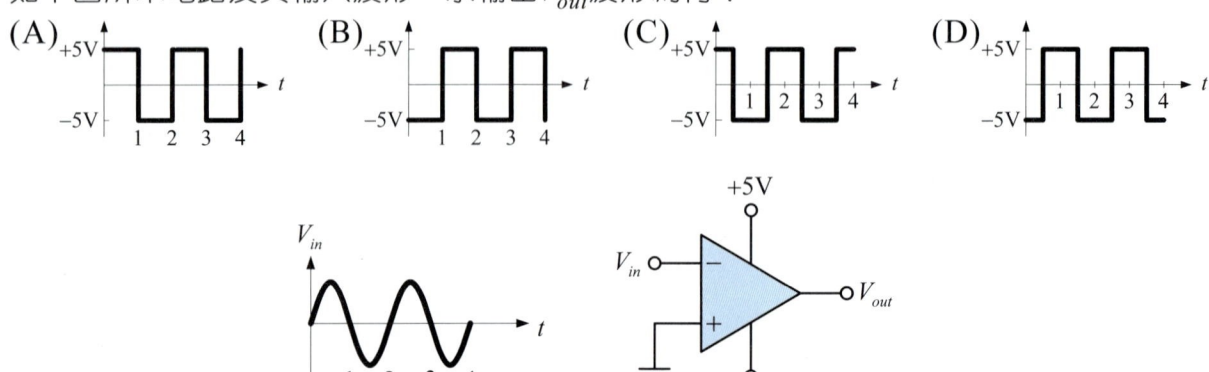

(A) +5V / −5V 方波 1 2 3 4
(B) +5V / −5V 方波 1 2 3 4
(C) +5V / −5V 方波 1 2 3 4
(D) +5V / −5V 方波 1 2 3 4

V_{in} 正弦波輸入 1 2 3 4

電路：V_{in} 接反相輸入端，非反相輸入端接地，$+V_{CC}=+5V$，$-V_{CC}=-5V$，輸出 V_{out}。

2. 承上題圖中，若將 V_{in} 改接至OPA非反相輸入端，再將OPA反相輸入端接地，則輸出 V_{out} 波形為何？

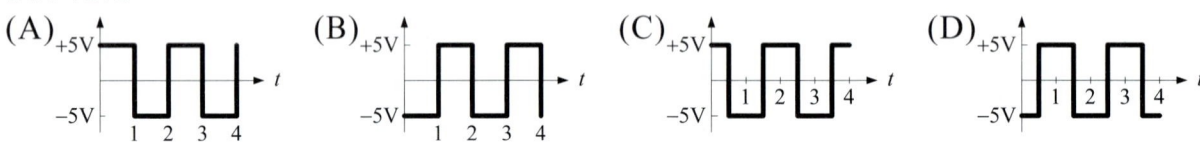

(A) +5V / −5V 方波 1 2 3 4
(B) +5V / −5V 方波 1 2 3 4
(C) +5V / −5V 方波 1 2 3 4
(D) +5V / −5V 方波 1 2 3 4

重點 3　正電位比較器

一、非反相輸入型

1. 如圖(a)所示非反相輸入型正電位比較器，輸入 V_i 連接至OPA非反相輸入端，正參考電位 V_{REF} 連接至反相輸入端，OPA輸入端差動電壓 $V_d = V_i - V_{REF}$。圖(b)所示為正弦波輸入與輸出波形的關係，圖(c)為三角波輸入與輸出波形的關係。

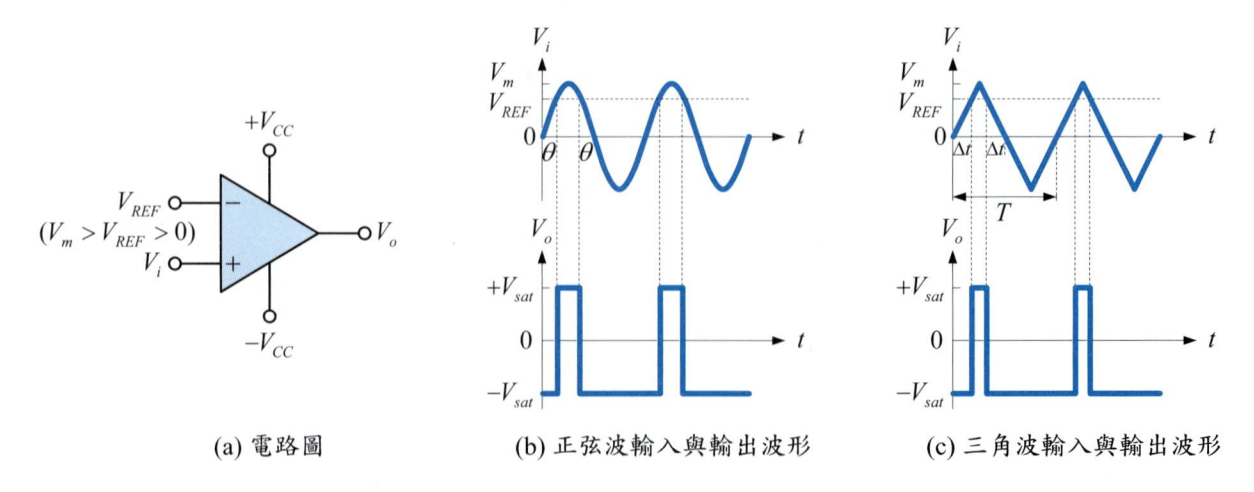

(a) 電路圖　(b) 正弦波輸入與輸出波形　(c) 三角波輸入與輸出波形

2. 輸出電壓 V_o

   (1) 當 $V_i - V_{REF} > 0$，即 $V_i > V_{REF}$ 時，$V_d > 0$，$V_o = A_{vo}V_d > 0$，因為 A_{vo} 很高，所以輸出趨近於正飽和，$V_o =$ _____。

   (2) 當 $V_i - V_{REF} < 0$，即 $V_i < V_{REF}$ 時，$V_d < 0$，$V_o = A_{vo}V_d < 0$，因為 A_{vo} 很高，所以輸出趨近於負飽和，$V_o =$ _____。

3. 工作週期小於50%

   (1) 正弦波輸入之輸出波形工作週期 = _____，其中 $\dfrac{V_{REF}}{V_m} = \dfrac{\sin\theta}{\sin 90°}$。

   (2) 三角波輸入之輸出波形工作週期 = _____，其中 $\dfrac{V_{REF}}{V_m} = \dfrac{\Delta t}{\dfrac{T}{4}}$。

二、反相輸入型

1. 如圖所示非反相輸入型正電位比較器，輸入 V_i 連接至OPA反相輸入端，正參考電位 V_{REF} 連接至非反相輸入端，OPA輸入端差動電壓 $V_d = V_{REF} - V_i$。圖(b)所示為正弦波輸入與輸出波形的關係，圖(c)為三角波輸入與輸出波形的關係。

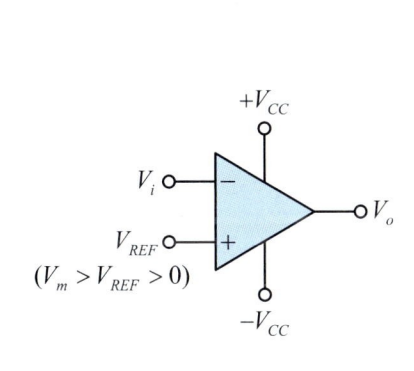

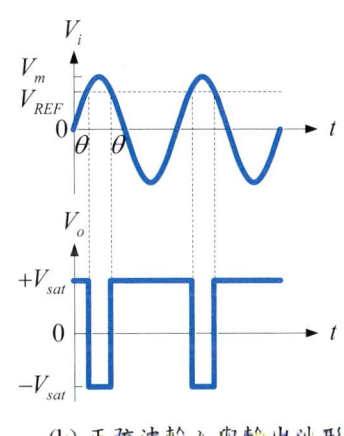

(a) 電路圖　　(b) 正弦波輸入與輸出波形　　(c) 三角波輸入與輸出波形

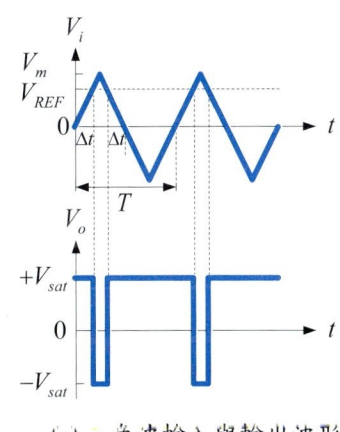

2. 輸出電壓 V_o

   (1) 當 $V_{REF} - V_i > 0$，即 $V_i < V_{REF}$ 時，$V_d > 0$，$V_o = A_{vo}V_d > 0$，因為 A_{vo} 很高，所以輸出趨近於正飽和，$V_o =$ _____。

   (2) 當 $V_{REF} - V_i < 0$，即 $V_i > V_{REF}$ 時，$V_d < 0$，$V_o = A_{vo}V_d < 0$，因為 A_{vo} 很高，所以輸出趨近於負飽和，$V_o =$ _____。

3. 工作週期大於50%

   (1) 正弦波輸入之輸出波形工作週期 = _____，其中 $\dfrac{V_{REF}}{V_m} = \dfrac{\sin\theta}{\sin 90°}$。

   (2) 三角波輸入之輸出波形工作週期 = _____，其中 $\dfrac{V_{REF}}{V_m} = \dfrac{\Delta t}{\dfrac{T}{4}}$。

答案：一、非反相輸入型

2. (1) $+V_{sat}$ (2) $-V_{sat}$ 3. (1) $\dfrac{180°-2\theta}{360°}\times 100\%$ (2) $\dfrac{\dfrac{T}{2}-2\Delta t}{T}\times 100\%$

二、反相輸入型

2. (1) $+V_{sat}$ (2) $-V_{sat}$ 3. (1) $\dfrac{180°+2\theta}{360°}\times 100\%$ (2) $\dfrac{\dfrac{T}{2}+2\Delta t}{T}\times 100\%$

老師講解

3. 如圖(a)所示比較器電路，圖(b)所示為其輸入及輸出波形。若 $v_i = 4\sin(6280t)$ V，求參考電位為多少？ (A)1V (B)2V (C)3V (D)4V

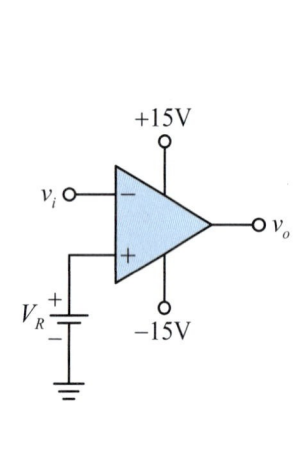

圖(a)

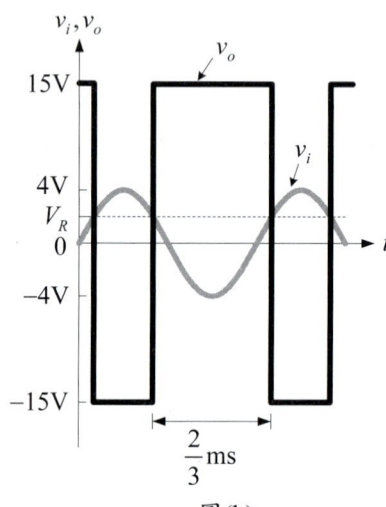

圖(b)

解 (B)

(1) $f = \dfrac{\omega}{2\pi} = \dfrac{6280}{2\times 3.14} = 1000\,\text{Hz}$，

則 $T = \dfrac{1}{f} = \dfrac{1}{1000} = 1\,\text{ms}$

(2) $\dfrac{180°-2\theta}{360°} = \dfrac{1\text{ms}-\dfrac{2}{3}\text{ms}}{1\text{ms}} = \dfrac{1}{3}$，則 $\theta = 30°$

(3) $\dfrac{V_R}{4} = \dfrac{\sin 30°}{\sin 90°}$，則 $V_R = 2\,\text{V}$

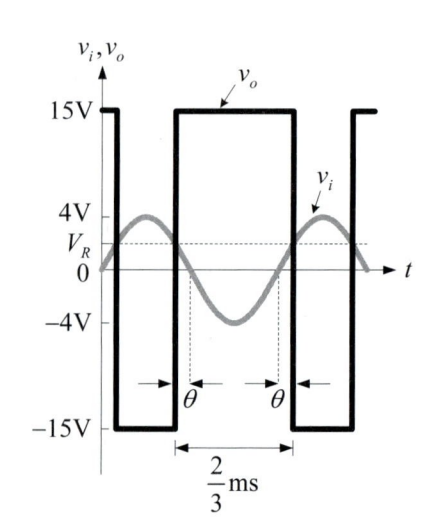

第10章 運算放大器

4. 如圖(a)所示比較器電路,圖(b)所示為其輸入及輸出波形,求輸出波形之工作週期為多少? (A)25% (B)33.3% (C)50% (D)66.6%

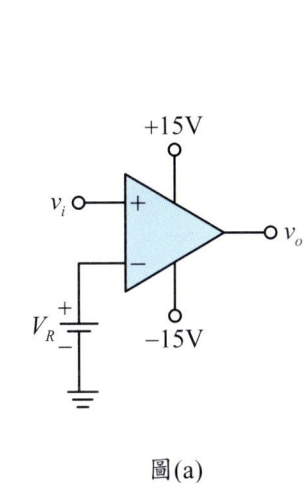

圖(a)

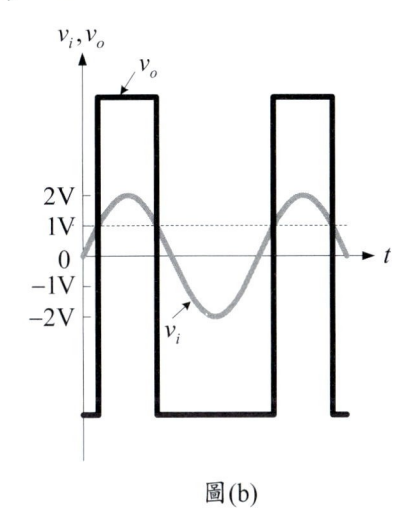

圖(b)

解 (B)

(1) $\dfrac{\sin\theta}{\sin 90°} = \dfrac{1}{2}$,則 $\sin\theta = \dfrac{1}{2}$,$\theta = 30°$

(2) 工作週期 $= \dfrac{180° - 2\theta}{360°} \times 100\% = \dfrac{120°}{360°} \times 100\% = 33.3\%$

學生練習

3. 如下圖所示電路,若 V_i 為振幅1V之對稱三角波,運算放大器為理想運算放大器,當 V_o 為工作期(duty cycle)等於 $\dfrac{1}{5}$ 之矩形波形時,則電壓應調整為多少?
   (A)0.25V (B)0.3V (C)0.45V (D)0.6V

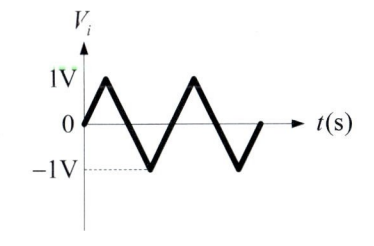

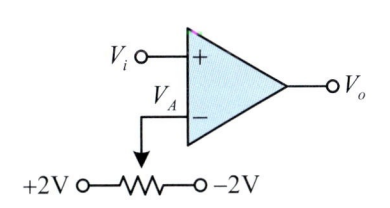

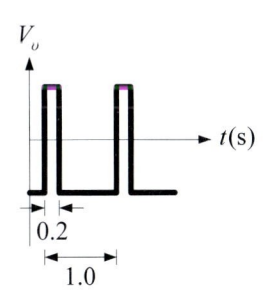

4. 如右圖所示理想運算放大器電路,若 $v_i = 4\sin(6280t)$ V,則輸出 v_o 波形為何?
   (A)工作週期小於50%之脈波
   (B)工作週期大於50%之脈波
   (C)工作週期等於50%之方波
   (D)正弦波

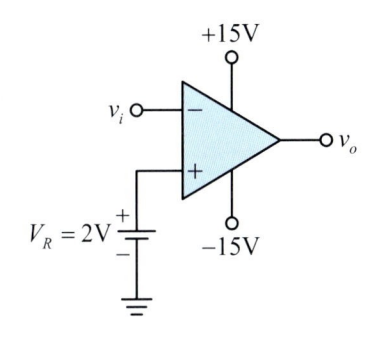

10-55

重點 4 負電位比較器

一、非反相輸入型

1. 如圖所示非反相輸入型負電位比較器，輸入V_i連接至OPA非反相輸入端，負參考電位V_{REF}連接至反相輸入端，OPA輸入端差動電壓$V_d = V_i - V_{REF}$。圖(b)所示為正弦波輸入與輸出波形的關係，圖(c)為三角波輸入與輸出波形的關係。

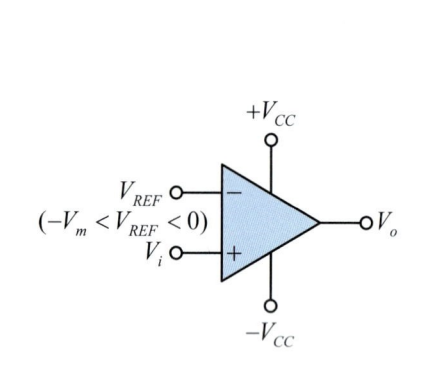

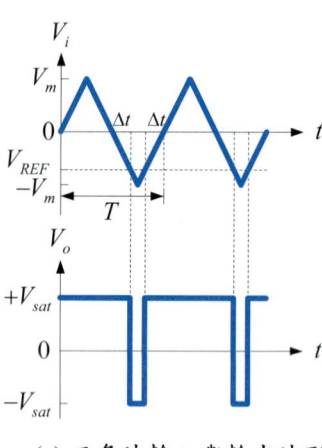

(a) 電路圖　　(b) 正弦波輸入與輸出波形　　(c) 三角波輸入與輸出波形

2. 輸出電壓V_o

   (1) 當$V_i - V_{REF} > 0$，即$V_i > V_{REF}$時，$V_d > 0$，$V_o = A_{vo}V_d > 0$，因為A_{vo}很高，所以輸出趨近於正飽和，$V_o = $ _____。

   (2) 當$V_i - V_{REF} < 0$，即$V_i < V_{REF}$時，$V_d < 0$，$V_o = A_{vo}V_d < 0$，因為A_{vo}很高，所以輸出趨近於負飽和，$V_o = $ _____。

3. 工作週期大於50%

   (1) 正弦波輸入之輸出波形工作週期 = _____，其中$\dfrac{V_{REF}}{-V_m} = \dfrac{\sin\theta}{\sin 90°}$。

   (2) 三角波輸入之輸出波形工作週期 = _____，其中$\dfrac{V_{REF}}{-V_m} = \dfrac{\Delta t}{\dfrac{T}{4}}$。

二、反相輸入型

1. 如圖所示非反相輸入型負電位比較器,輸入V_i連接至OPA反相輸入端,負參考電位V_{REF}連接至非反相輸入端,OPA輸入端差動電壓$V_d = V_{REF} - V_i$。圖(b)所示為正弦波輸入與輸出波形的關係,圖(c)為三角波輸入與輸出波形的關係。

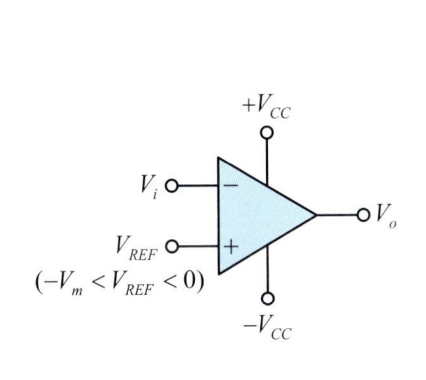

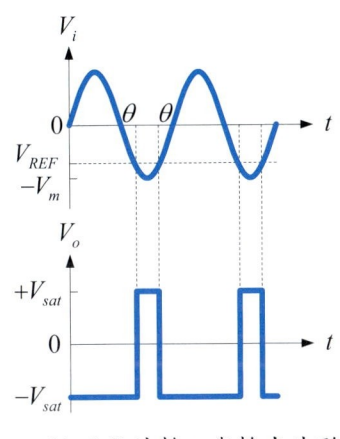

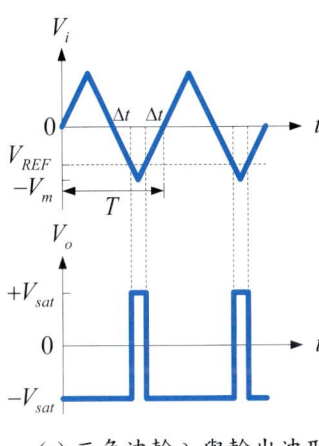

(a) 電路圖　　(b) 正弦波輸入與輸出波形　　(c) 三角波輸入與輸出波形

2. 輸出電壓V_o

    (1) 當$V_{REF} - V_i > 0$,即$V_i < V_{REF}$時,$V_d > 0$,$V_o = A_{vo}V_d > 0$,因為A_{vo}很高,所以輸出趨近於正飽和,$V_o = $ _____ 。

    (2) 當$V_{REF} - V_i < 0$,即$V_i > V_{REF}$時,$V_d < 0$,$V_o = A_{vo}V_d < 0$,因為A_{vo}很高,所以輸出趨近於負飽和,$V_o = $ _____ 。

3. 工作週期小於50%

    (1) 正弦波輸入之輸出波形工作週期 = _____,其中$\dfrac{V_{REF}}{-V_m} = \dfrac{\sin\theta}{\sin 90°}$。

    (2) 三角波輸入之輸出波形工作週期 = _____,其中$\dfrac{V_{REF}}{-V_m} - \dfrac{\Delta t}{\dfrac{T}{4}}$。

答案：一、非反相輸入型

2. (1) $+V_{sat}$　　(2) $-V_{sat}$　　3. (1) $\dfrac{180°+2\theta}{360°} \times 100\%$　　(2) $\dfrac{\dfrac{T}{2}+2\Delta t}{T} \times 100\%$

二、反相輸入型

2. (1) $+V_{sat}$　　(2) $-V_{sat}$　　3. (1) $\dfrac{180°-2\theta}{360°} \times 100\%$　　(2) $\dfrac{\dfrac{T}{2}-2\Delta t}{T} \times 100\%$

老師講解

5. 如圖(a)所示比較器電路,若運算放大器為理想的,求輸出波形為何?
(A)直流12V或–12V
(B)工作週期等於25%之脈波
(C)工作週期等於50%之方波
(D)工作週期等於75%之脈波

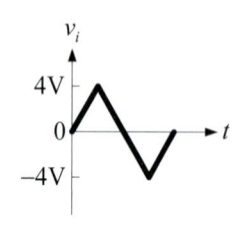

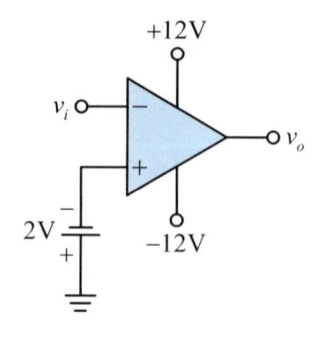

解 (B)

(1) $\dfrac{-2V}{-4V} = \dfrac{\Delta t}{\frac{T}{4}}$,則 $\Delta t = \dfrac{T}{8}$

(2) 工作週期 $= \dfrac{\frac{T}{2} - 2\Delta t}{T} \times 100\%$
$= \dfrac{\frac{T}{2} - 2 \times \frac{T}{8}}{T} \times 100\% = 25\%$

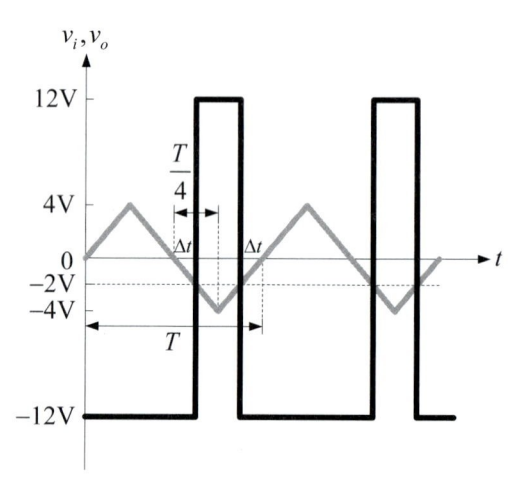

學生練習

5. 如圖(a)所示比較器電路,圖(b)所示其輸入及輸出波形,已知OPA為理想的。若 $v_i = 2\sin(6280t)$ V,求直流參考電壓 V_R 為多少?
(A)–0.5V (B)–1V (C)–2V (D)–4V

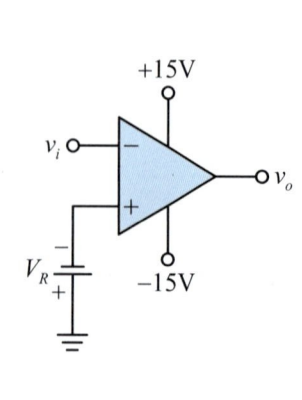

圖(a)

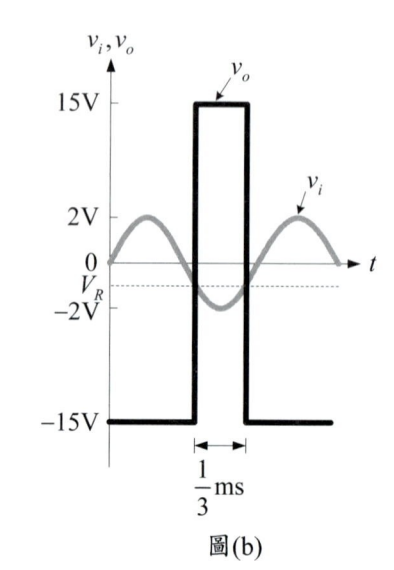

圖(b)

重點 5 臨界電位比較器

一、非反相輸入型

1. 如圖所示非反相輸入型臨界電位比較器，利用參考電位 V_{REF} 及電阻 R_f，改變臨界比較電位 V_{TH} 的大小，以調整輸出波形的工作週期。

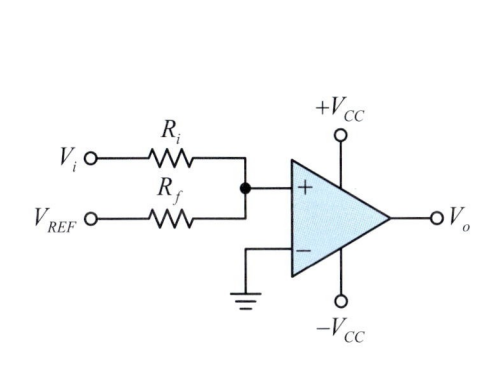

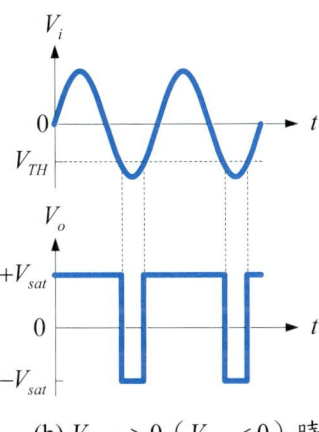

   (a) 電路圖　　(b) $V_{REF} > 0$ （$V_{TH} < 0$）時　　(c) $V_{REF} < 0$ （$V_{TH} > 0$）時

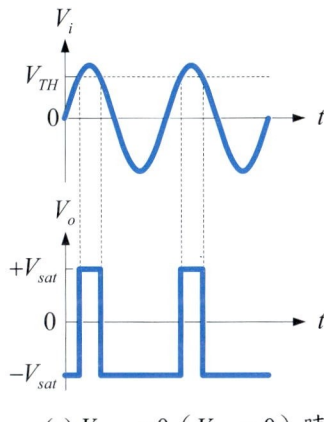

2. 臨界比較電位 V_{TH}

   (1) 利用重疊定理，可知非反相輸入端電壓 $V_{(+)} = $ ＿＿＿＿＿＿。

   (2) 反相輸入端電壓 $V_{(-)} = $ ＿＿＿＿＿＿。

   (3) 當 $V_{(+)} = V_{(-)}$ 時，可得臨界電位 V_{TH}，即 $V_i \dfrac{R_f}{R_i + R_f} + V_{REF} \dfrac{R_i}{R_i + R_f} = 0$，

   $V_i = V_{TH} = $ ＿＿＿＿＿＿。

   (4) 當 $V_{REF} > 0$ 時，$V_{TH} < 0$；反之當 $V_{REF} < 0$ 時，$V_{TH} > 0$。

3. 輸出電壓 V_o

   (1) 因為輸入信號連接至非反相輸入端，所以輸出與輸入信號相差 ＿＿＿＿ 度。

   (2) 當 $V_i > V_{TH}$ 時，$V_o = $ ＿＿＿＿；反之當 $V_i < V_{TH}$ 時，$V_o = $ ＿＿＿＿。

二、反相輸入型

1. 如圖所示反相輸入型臨界電位比較器，利用參考電位 V_{REF} 及電阻 R_f，改變臨界比較電位 V_{TH} 的大小，以調整輸出波形的工作週期。

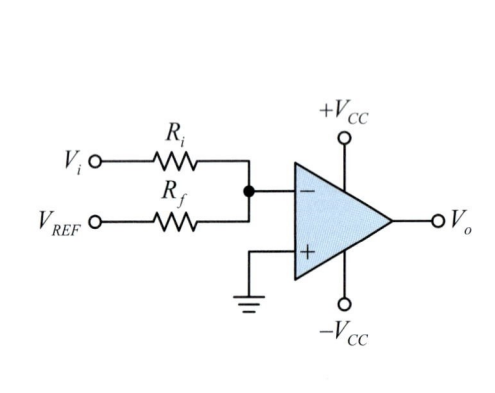

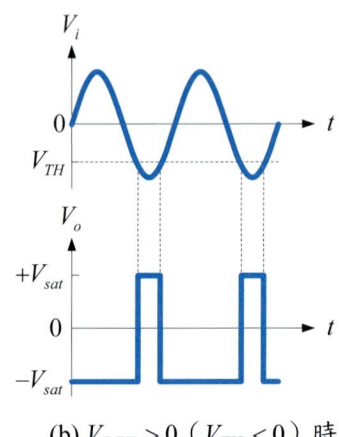

   (a) 電路圖　　(b) $V_{REF} > 0$（$V_{TH} < 0$）時　　(c) $V_{REF} < 0$（$V_{TH} > 0$）時

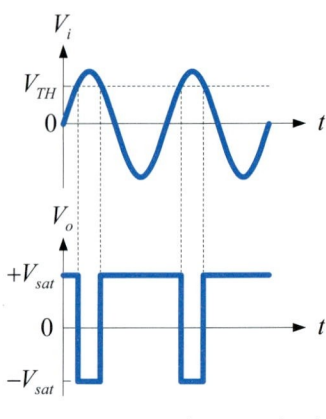

2. 臨界比較電位 V_{TH}

   (1) 非反相輸入端電壓 $V_{(+)} = $ ＿＿＿＿＿＿。

   (2) 利用重疊定理，可知反相輸入端電壓 $V_{(-)} = $ ＿＿＿＿＿＿。

   (3) 當 $V_{(+)} = V_{(-)}$ 時，可得臨界電位 V_{TH}，即 $V_i \dfrac{R_f}{R_i + R_f} + V_{REF} \dfrac{R_i}{R_i + R_f} = 0$，

   $V_i = V_{TH} = $ ＿＿＿＿＿＿。

   (4) 當 $V_{REF} > 0$ 時，$V_{TH} < 0$；反之當 $V_{REF} < 0$ 時，$V_{TH} > 0$。

3. 輸出電壓 V_o

   (1) 因為輸入信號連接至反相輸入端，所以輸出與輸入信號相差 ＿＿＿＿ 度。

   (2) 當 $V_i > V_{TH}$ 時，$V_o = $ ＿＿＿＿；反之當 $V_i < V_{TH}$ 時，$V_o = $ ＿＿＿＿。

答案：一、非反相輸入型

2. (1) $V_i \dfrac{R_f}{R_i + R_f} + V_{REF} \dfrac{R_i}{R_i + R_f}$　　(2) 0　　(3) $-\dfrac{R_i}{R_f} V_{REF}$

3. (1) 0　　(2) $+V_{sat}$、$-V_{sat}$

二、反相輸入型

2. (1) 0　　(2) $V_i \dfrac{R_f}{R_i + R_f} + V_{REF} \dfrac{R_i}{R_i + R_f}$　　(3) $-\dfrac{R_i}{R_f} V_{REF}$

3. (1) 180　　(2) $-V_{sat}$、$+V_{sat}$

老師講解

6. 如下圖所示電路，若 $V_1 = 10\sin(\omega t)$ V，$V_2 = +1$ V，求輸出 V_o 波形為何？
 (A)0　(B)+9V直流電壓　(C)方波　(D)脈波

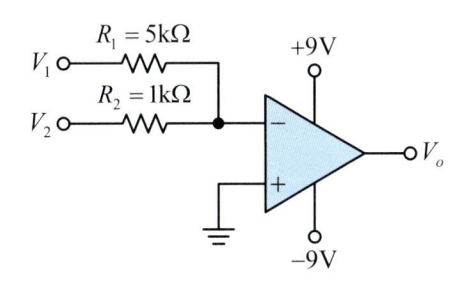

解 (D)

(1) 非反相輸入端電壓 $V_{(+)} = 0$

(2) 利用重疊定理，可知反相輸入端電壓

$$V_{(-)} = V_1 \frac{R_2}{R_1 + R_2} + V_2 \frac{R_1}{R_1 + R_2} = V_1 \frac{1}{5+1} + 1\frac{5}{5+1} = \frac{V_1}{6} + \frac{5}{6}$$

(3) 當 $V_{(+)} = V_{(-)}$ 時，可得臨界電位 V_{TH}，即 $\frac{V_1}{6} + \frac{5}{6} = 0$，則 $V_1 = -5\text{V} = V_{TH}$

(4) 當 $V_i > -5$ V 時，$V_o = -V_{sat}$；反之當 $V_i < -5$ V 時，$V_o = +V_{sat}$

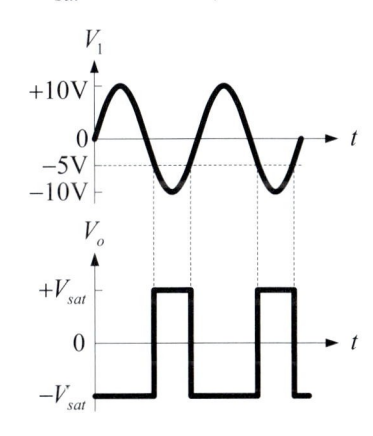

7. 承上題圖中，求輸出波形之工作週期為多少？
 (A)25%　(B)33.3%　(C)50%　(D)66.6%

解 (B)

(1) $\dfrac{V_{REF}}{-V_m} = \dfrac{\sin\theta}{\sin 90°}$，即 $\dfrac{-5}{-10} = \dfrac{\sin\theta}{\sin 90°}$，$\sin\theta = \dfrac{1}{2}$，故 $\theta = 30°$

(2) $\dfrac{180° - 2\theta}{360°} \times 100\% = \dfrac{180° - 2 \times 30°}{360°} \times 100\% = 33.3\%$

學生練習

6. 如下圖所示電路，$V_1 = 2\sin(\omega t)$ V，則下列敘述何者正確？
(A)若 $V_2 = +1$ V，則 V_o 為工作週期小於50%之脈波
(B)若 $V_2 = -1$ V，則 V_o 為工作週期大於50%之脈波
(C)若 $V_2 = 0$，則 V_o 為工作週期等於50%之脈波
(D)若 $V_2 = +9$ V，則 V_o 為+9V或–9V直流

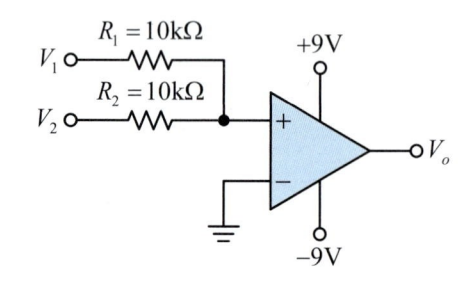

7. 承上題圖中，若 $V_1 = 2\sin(\omega t)$ V，$V_2 = +1$ V，求輸出波形之工作週期為多少？
(A)25%　(B)33.3%　(C)50%　(D)66.6%

重點 6　窗型比較器

1. 如圖所示窗型比較器，其功用是用來檢測輸入電壓 V_i 是否介於上限電位 V_H 與下限電位 V_L 之間，其中 $V_H > V_L$。
2. 窗型比較器為比較器的一種應用。

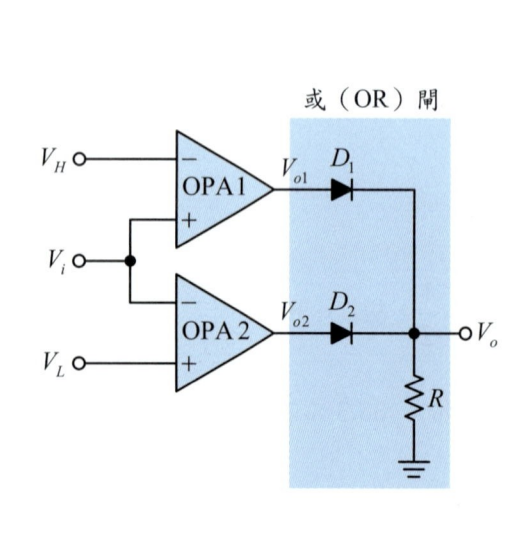

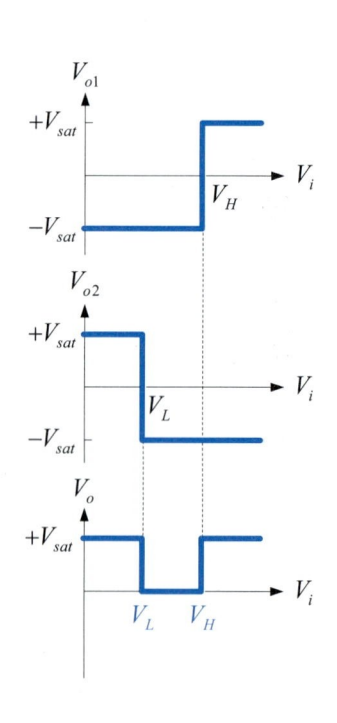

3. 輸出電壓 V_o

輸入電壓 V_i	輸出 V_{o1}	輸出 V_{o2}	D_1二極體	D_2二極體	輸出 V_o
$V_i > V_H$	$+V_{sat}$	$-V_{sat}$	導通	截止	$+V_{sat}$
$V_L < V_i < V_H$	$-V_{sat}$	$-V_{sat}$	截止	截止	0
$V_i < V_L$	$-V_{sat}$	$+V_{sat}$	截止	導通	$+V_{sat}$

老師講解

8. 如下圖所示電路，欲使LED點亮，則輸入電壓 V_{in} 為何？
   (A) $V_{in} < 4V$　(B) $V_{in} > 6V$　(C) $4V < V_{in} < 6V$　(D) $V_{in} < 4V$ 或 $V_{in} > 6V$

解 (C)

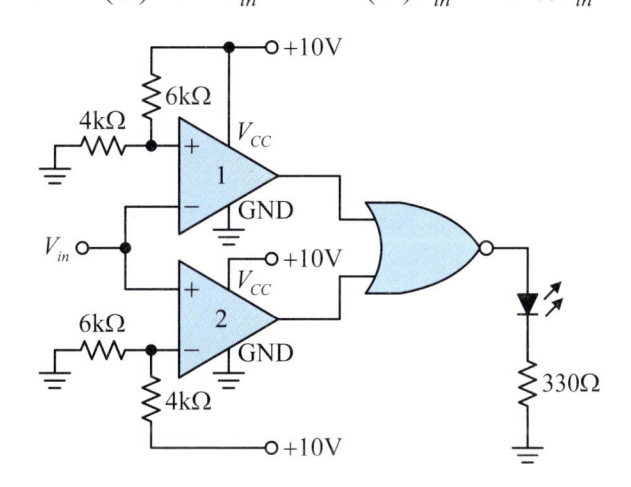

(1) OPA1比較電位為 $10 \times \dfrac{4k}{6k + 4k} = 4$ V

　　OPA2比較電位為 $10 \times \dfrac{6k}{4k + 6k} = 6$ V

(2)

輸入電壓 V_{in}	OPA1輸出電壓	OPA2輸出電壓	NOR閘輸出	LED狀態
$V_{in} < 4V$	$+V_{sat}$（邏輯1）	$-V_{sat}$（邏輯0）	邏輯0	不亮
$4V < V_{in} < 6V$	$-V_{sat}$（邏輯0）	$-V_{sat}$（邏輯0）	邏輯1	亮
$V_{in} > 6V$	$-V_{sat}$（邏輯0）	$+V_{sat}$（邏輯1）	邏輯0	不亮

學生練習

8. 如右圖所示電路，欲使LED點亮，則輸入電壓 V_{in} 為何？
 (A) $V_{in} < 4V$
 (B) $V_{in} > 8V$
 (C) $4V < V_{in} < 8V$
 (D) $V_{in} < 4V$ 或 $V_{in} > 8V$

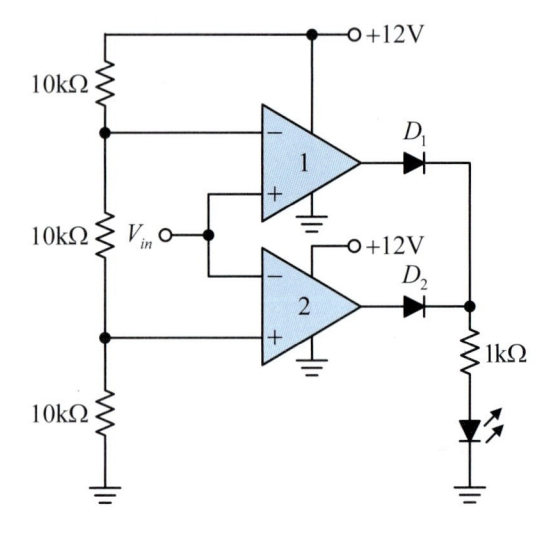

ABCD 立即練習

基礎題

( ) 1. 如圖(1)所示理想運算放大器電路，則下列敘述何者錯誤？
 (A)當 $V_i = V_{REF}$，則 $V_o = 0$
 (B)當 $V_i > V_{REF}$，則 $V_o = +V_{sat}$（正飽和）
 (C)當 $V_i > V_{REF}$，則 $V_o = -V_{sat}$（負飽和）
 (D)當 $V_{REF} = 0$，$V_i = 2\sin\omega t$ V，則輸出 V_o 為一方波

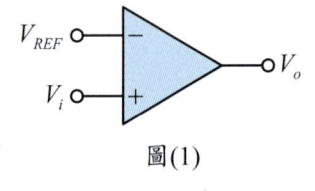

圖(1)

( ) 2. 如圖(2a)所示比較器電路，圖(2b)所示為其轉移曲線，若 $v_i = 2\sin(6280t)$ V，則輸出波形為何？
 (A) (B) (C) (D)

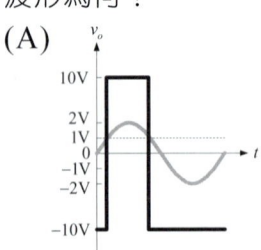

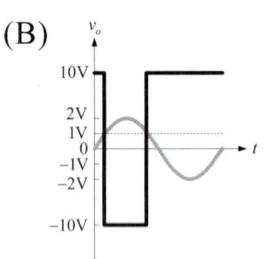

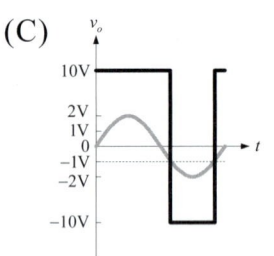

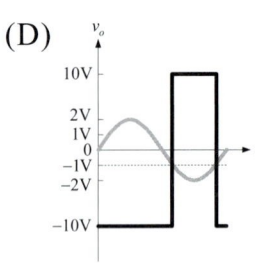

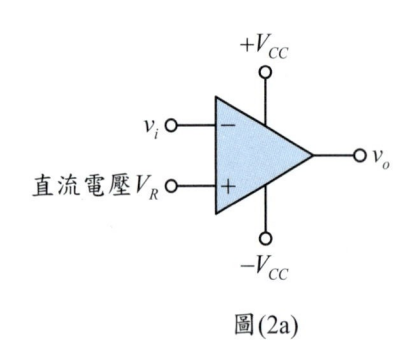

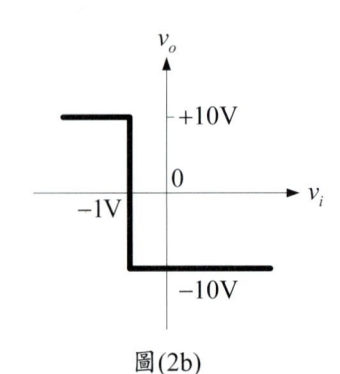

圖(2a)　　　圖(2b)

( ) 3. 承上題圖中，輸出波形之工作週期為多少？
 (A)25%　(B)33.3%　(C)50%　(D)66.6%

( )4. 如圖(3)所示電路，若輸入V_{in}為一正弦波時，其輸出V_{out}波形為何？
(A)正弦波　(B)三角波　(C)脈波　(D)方波

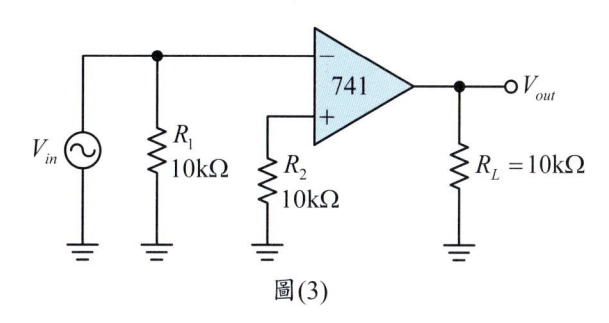

圖(3)

( )5. 如圖(4)所示電路，當電阻$R = 4.7$ kΩ時，則兩個LED的狀態為何？
(A)LED_1亮，LED_2亮　　　　　(B)LED_1亮，LED_2暗
(C)LED_1暗，LED_2暗　　　　　(D)LED_1暗，LED_2亮

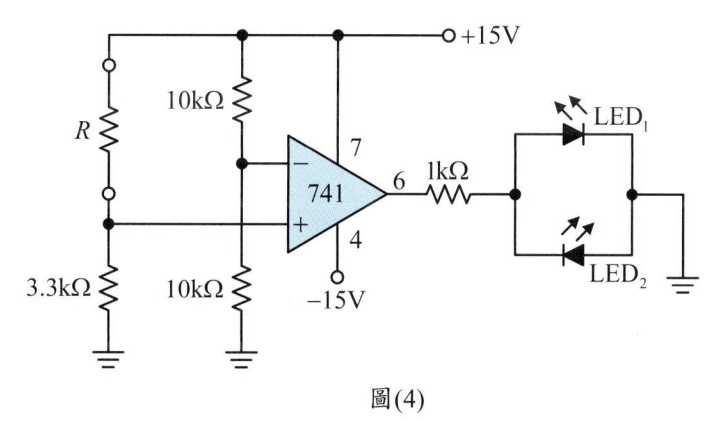

圖(4)

( )6. 如圖(5a)所示理想運算放大器電路，使用示波器測輸入及輸出波形如圖(5b)所示。求直流參考電壓V_R為多少？　(A)−2V　(B)−1V　(C)1V　(D)2V

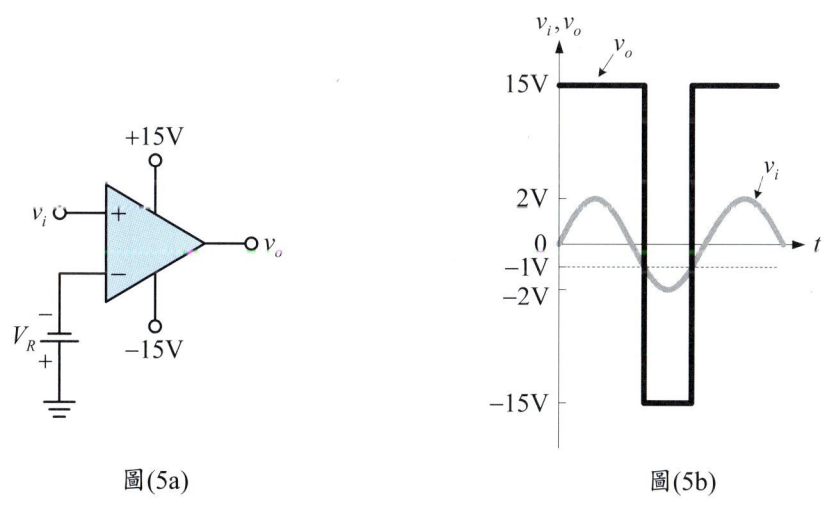

圖(5a)　　　　　圖(5b)

( )7. 承上題圖中，求輸出波形之工作週期為多少？
(A)25%　(B)33.3%　(C)50%　(D)66.6%

進階題

(　)1. 如圖(1)所示理想運算放大器電路，下列敘述何者錯誤？
(A)$V_1 > V_2$時，$V_o = +V_{CC}$
(B)$V_1 < V_2$時，$V_o = -V_{CC}$
(C)$V_1 = 0$且$V_2 = V_{CC}\sin\omega t$時，V_o為正弦波
(D)$V_2 = 0$且$V_1 = V_{CC}\sin\omega t$時，V_o為方波

(　)2. 承上題圖中，若$V_1 = 10\sin 314t$，$V_2 = 5$ V，求輸出脈波之工作週期（duty cycle）為多少？
(A)25%　(B)33.3%　(C)50%　(D)66.6%

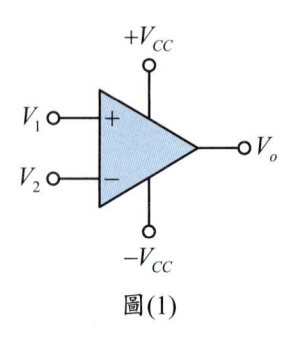

(　)3. 承上題圖中，若$V_1 = 5$ V，$V_2 = 10\sin 314t$，求輸出脈波之工作週期（duty cycle）為多少？　(A)25%　(B)33.3%　(C)50%　(D)66.6%

(　)4. 如圖(2)所示電路，已知OPA為理想的，若$v_i = \sin(6280t)$ V，則使用示波器測量輸出波形為何？　(A)脈波　(B)正弦波　(C)+15V直流電壓　(D)−15V直流電壓

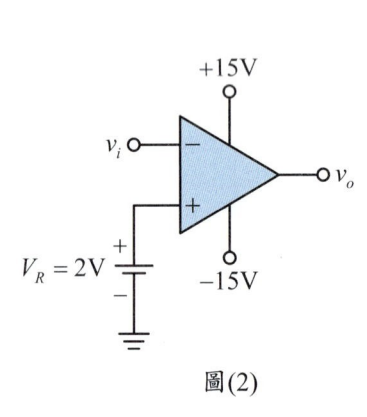

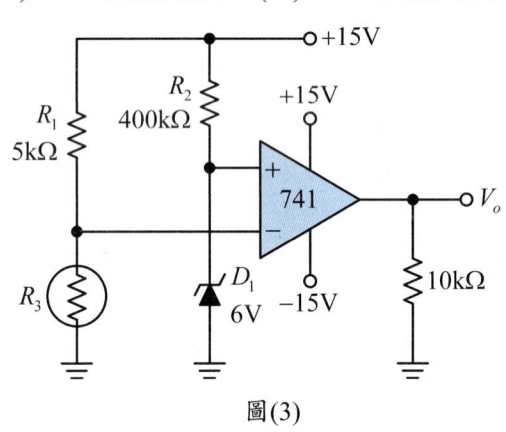

圖(1)

圖(2)　　圖(3)

(　)5. 如圖(3)所示電路，R_3為光敏電阻，變化範圍是3kΩ～10kΩ，當R_3阻值為10kΩ時，V_o電壓為多少？　(A)−15V　(B)−13V　(C)13V　(D)15V

(　)6. 如圖(4a)所示電路，圖(4b)為其轉移曲線，若$v_i = 2\sin 314t$ V，則輸出波形為何？
(A)　(B)　(C)　(D)

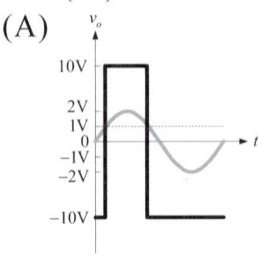

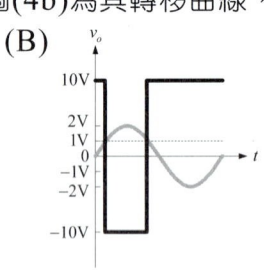

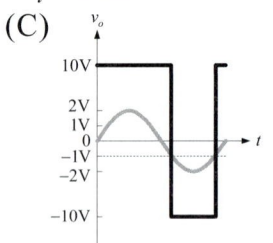

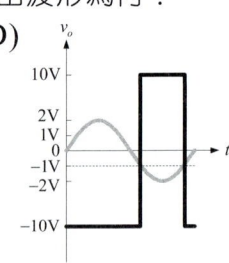

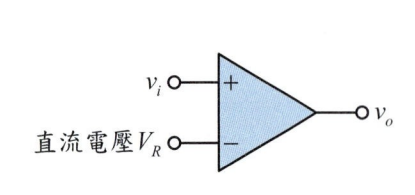

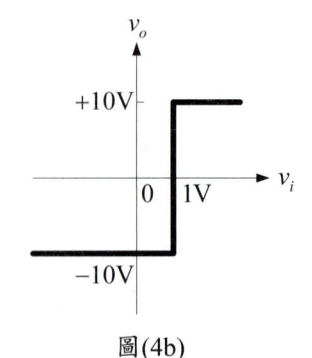

圖(4a)　　圖(4b)

(　)7. 承上題圖中，求輸出脈波之工作週期為何？
(A)25%　(B)33.3%　(C)50%　(D)66.6%

第10章 運算放大器

歷屆試題

電子學試題

( )1. 如圖(1)所示之理想運算放大器（OPA）組成的電路，若兩個輸入端分別輸入有效值電壓各為10mV與20mV之同頻率、同相位的正弦波信號，則該電路輸出V_o的有效值為何？　(A)50mV　(B)100mV　(C)150mV　(D)–150mV   [10-4][統測]

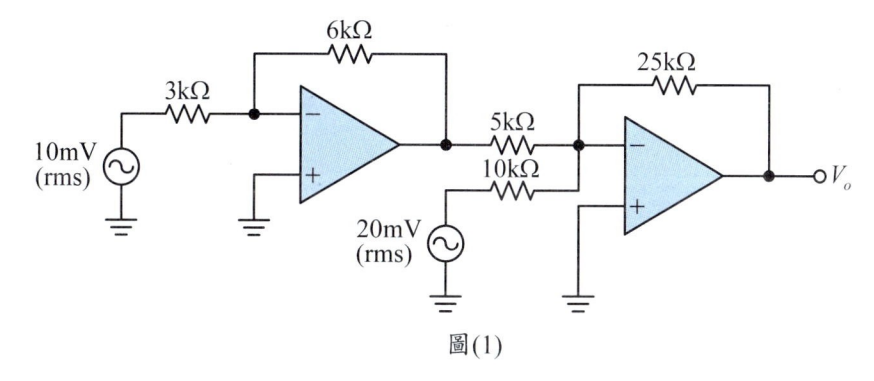

圖(1)

( )2. 如圖(2)所示之理想運算放大器電路，則輸出電壓V_o為何？
(A)5V　(B)7.5V　(C)10V　(D)–10V   [10-3][統測]

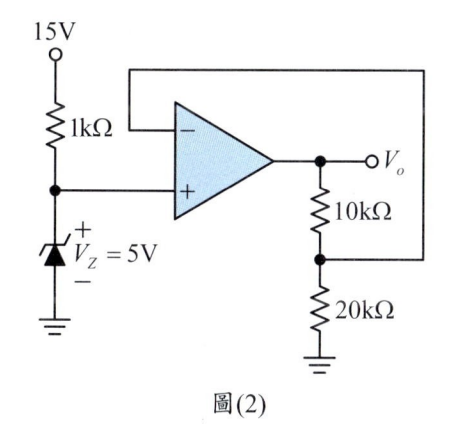

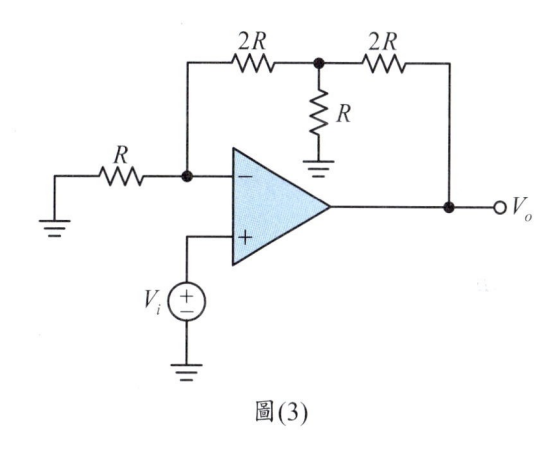

圖(2)　　　　圖(3)

( )3. 如圖(3)所示之理想運算放大器電路，求電壓增益$A_v = V_o/V_i$值為何？
(A)5　(B)7　(C)9　(D)11   [10-3][統測]

( )4. 如圖(4)所示之理想運算放大器電路，該放大器電路為單端信號輸入，差動輸出，求電壓增益$A_v = V_o/V_i$為何？　(A)2.52　(B)4.34　(C)6.83　(D)9.34   [10-4][統測]

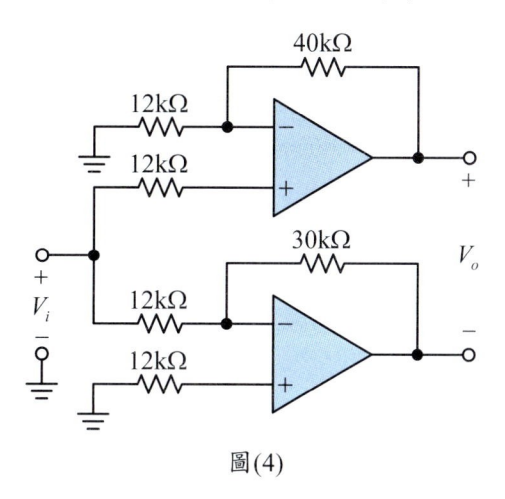

圖(4)

(　　)5. 圖(5)放大電路中，V_{io}為考慮運算放大器的輸入抵補電壓後的等效電壓值。若$v_i(t) = 0$ V時，測得$v_o(t) = 20$ mV，則$V_{io} = $？
(A)2.5mV　(B)5mV　(C)10mV　(D)20mV　　　　　　　　　　　　　　　[10-3][統測]

圖(5)

圖(6)

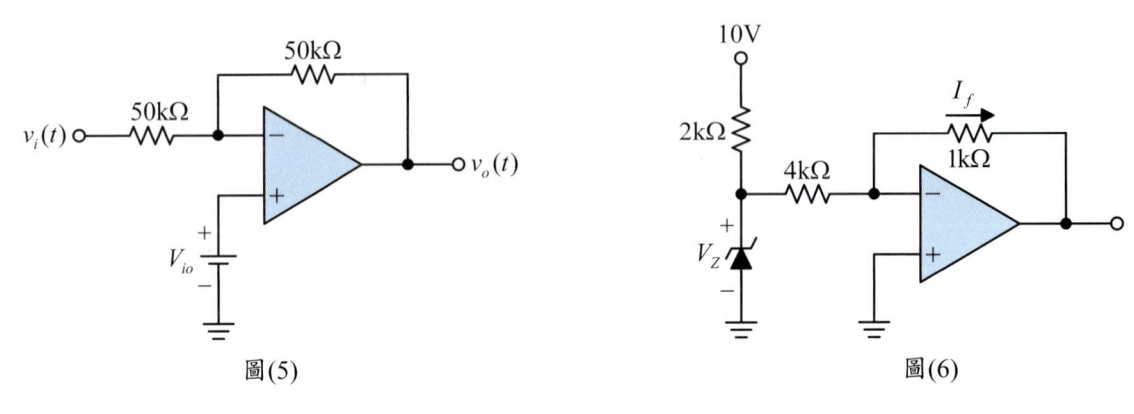

(　　)6. 圖(6)所示之運算放大器電路中，V_Z為稽納二極體的崩潰電壓，若$V_Z = 6$ V，試問在正常工作下的I_f為何？　(A)2mA　(B)1.5mA　(C)1.25mA　(D)1mA　　　[10-3][統測]

(　　)7. 一差動放大器，其兩輸入電壓分別為$V_{i1} = 55$ μV，$V_{i2} = 45$ μV，共模拒斥比CMRR(dB) = 40 dB，差模增益為$A_d = 500$，則下列何者正確？
(A)共模增益$A_c = 10$　　　　　　(B)差模輸入電壓$V_d = 5$ μV
(C)共模輸入電壓$V_c = 100$ μV　　(D)輸出電壓$V_o = 5.25$ mV　　　[10-2][102統測]

(　　)8. 如圖(7)所示運算放大器電路，若要設計為非反相加法器使得$V_o = V_1 + V_2 + V_3$，則電阻R_f應為多少歐姆？
(A)5kΩ　(B)10kΩ　(C)20kΩ　(D)30kΩ　　　　　　　　　　　　　　　[10-4][102統測]

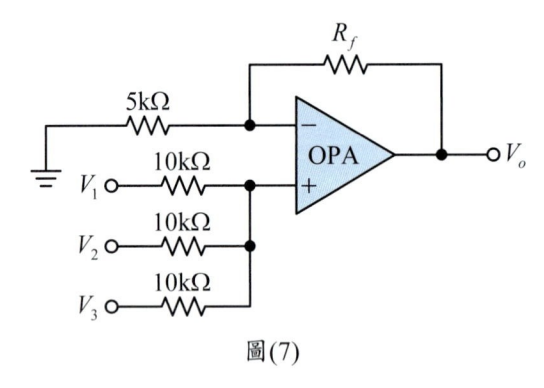

圖(7)

(　　)9. 如圖(8)所示之理想運算放大器電路，其中電容$C = 0.5$ μF，假設初始的電容電壓為零，電阻$R = 200$ kΩ，若輸入電壓$V_i(t) = 1$ V，當開關SW在$t = 0$時關上，則在經過2秒後，其輸出電壓$V_o(t)$應為多少？
(A)20V　(B)15V　(C)−15V　(D)−20V　　　　　　　　　　　　　　　[10-5][102統測]

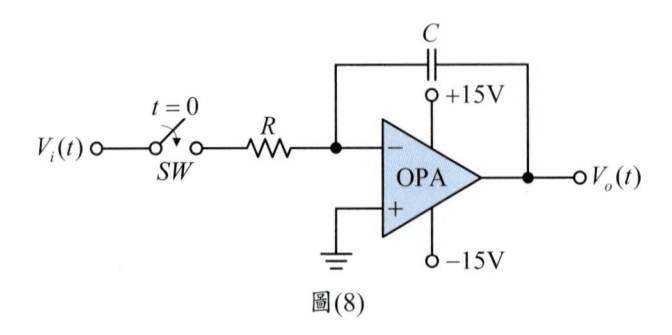

圖(8)

第10章 運算放大器

( )10. 下列何者為運算放大器的輸入電壓變動時，輸出電壓的最大變化率？
(A)共模拒斥比（CMRR） (B)輸入抵補電壓
(C)轉動率（slew rate, SR） (D)輸出電壓擺幅   [10-2][103統測]

( )11. 如圖(9)所示理想運算放大器之電路，V_o約為何？
(A)−6V (B)−10V (C)10V (D)12V   [10-3][103統測]

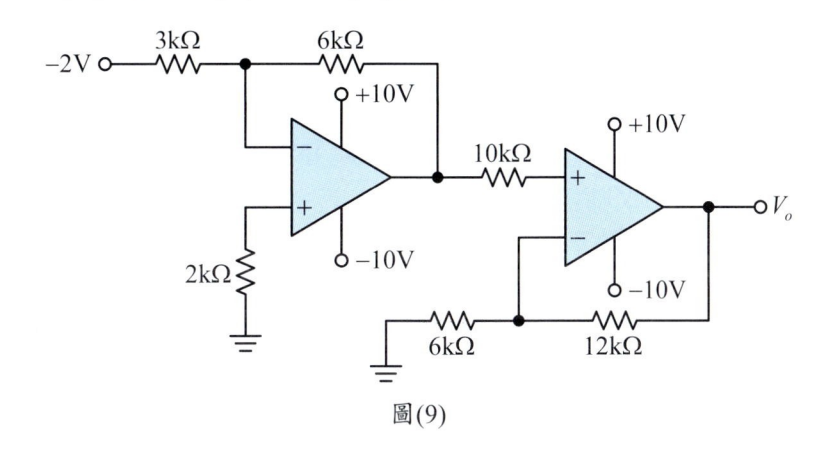

圖(9)

( )12. 如圖(10)所示理想運算放大器之電路，則下列敘述何者正確？
(A)電流增益為1
(B)電壓增益為1
(C)輸入阻抗非常小
(D)輸出阻抗非常大   [10-3][103統測]

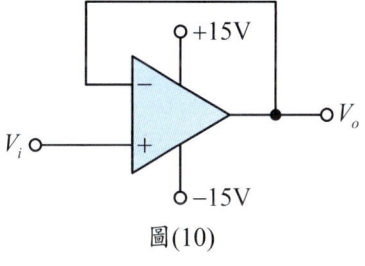

圖(10)

( )13. 如圖(11)所示之理想運算放大器電路，$R=1\,k\Omega$，若$V_1=1\,V$，$V_2=2\,V$，$V_3=3\,V$，$V_4=4\,V$，則V_o為多少伏特？ (A)−2 (B)−1 (C)4 (D)7   [10-4][104統測]

( )14. 承接上題，若$V_1=-1\,V$，$V_2=2\,V$，$V_3=-3\,V$時，$V_o=0\,V$，則V_4為多少伏特？
(A)−5 (B)−4 (C)4 (D)5   [10-4][104統測]

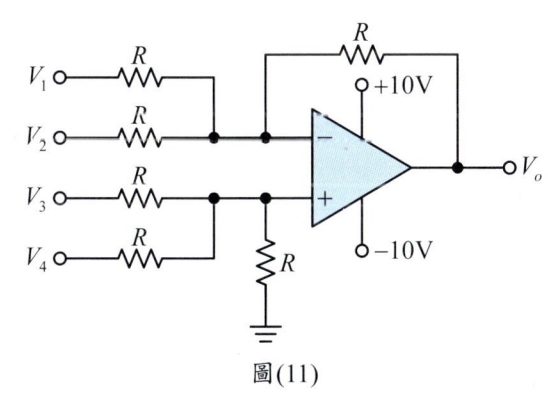

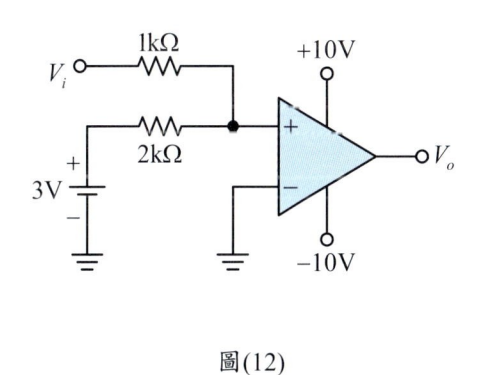

圖(11)

圖(12)

( )15. 如圖(12)所示之電路，若V_i為峰值±3V之對稱三角波，則V_o之平均電壓約為多少伏特？ (A)−7.5 (B)−5 (C)5 (D)7.5   [10-4][104統測]

( )16. 如圖(13)所示之運算放大器電路工作在未飽和情形下，請問電壓增益V_o/V_i為何？
(A)−10
(B)−5
(C)5
(D)10   [10-3][105統測]

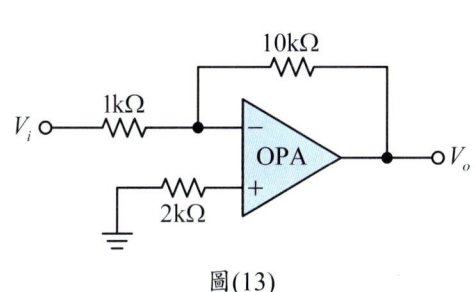

圖(13)

(　)17. 如圖(14)所示之運算放大器電路，稽納二極體（Zener diode）的稽納崩潰電壓為 $V_Z = 6.2$ V，求在正常工作下的輸出電壓V_o為多少？
(A)3.1V　(B)6.2V　(C)12.4V　(D)15V
[10-3][105統測]

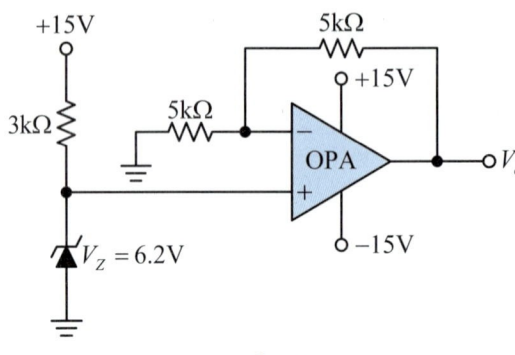

圖(14)

(　)18. 如圖(15)所示之兩級運算放大器電路皆工作在未飽和情形下，其中電阻$R_1 = 10$ kΩ、$R_2 = 20$ kΩ、$R_3 = R_4 = 30$ kΩ、$R_{f1} = R_{f2} = 30$ kΩ，當輸入電壓$V_1 = 1$ V、$V_2 = 2$ V、$V_3 = 3$ V，請問輸出電壓V_o為多少？　(A)9V　(B)6V　(C)−6V　(D)−9V
[10-4][105統測]

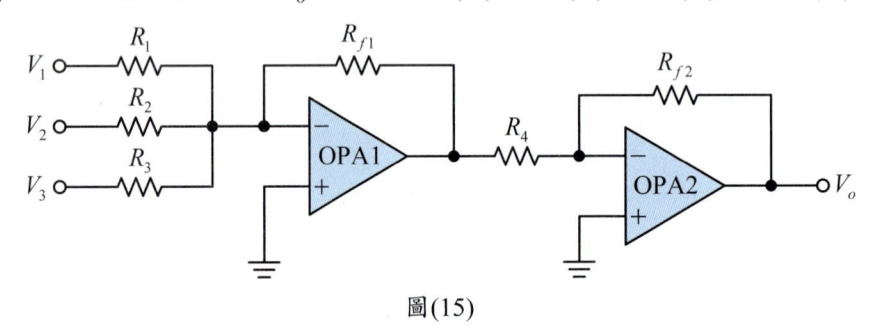

圖(15)

(　)19. 如圖(16)所示之運算放大器電路，假設$R_1 = R_2 = R_g = R_f = 10$ kΩ，且輸入電壓$V_1 = 6$ V，$V_2 = 8$ V，求其正常工作於未飽和時的輸出電壓V_o為多少？
(A)14V　(B)8V　(C)2V　(D)−6V
[10-4][106統測]

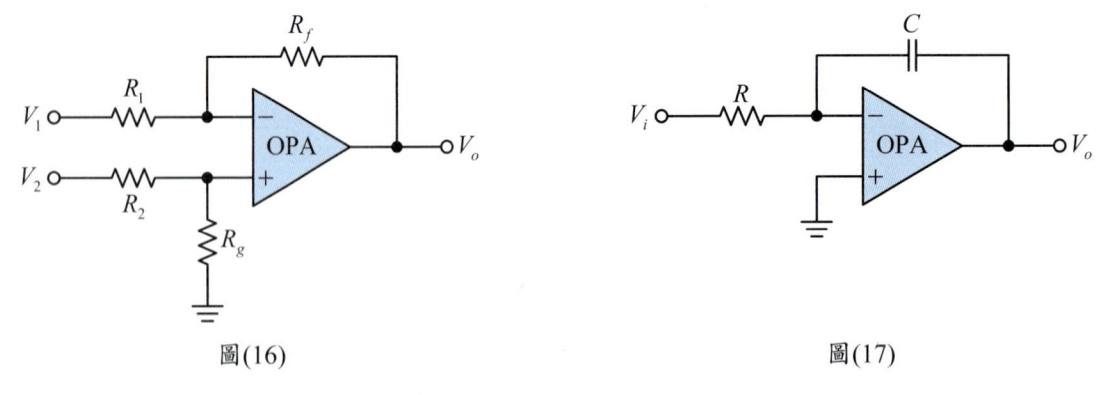

圖(16)　　圖(17)

(　)20. 如圖(17)所示電路，正常工作下輸出電壓波形為三角波時，則其輸入電壓波形為下列何者？　(A)方波　(B)正弦波　(C)三角波　(D)鋸齒波
[10-5][106統測]

(　)21. 如圖(18)所示之電路，其OPA之正負飽和電壓為±12V，若$V_i = -5$ V，$V_r = 1$ V，$R_1 = 5$ kΩ，$R_2 = 2$ kΩ，求輸出電壓V_o為多少？
(A)+12V　　　(B)+4V
(C)−4V　　　(D)−12V
[10-6][106統測]

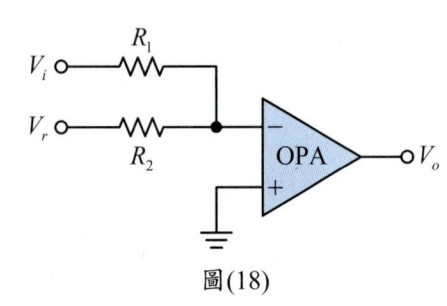

圖(18)

( )22. 如圖(19)所示之理想運算放大器電路，其輸出電壓V_o為何？
(A)1.5V (B)2.5V (C)6.0V (D)9.0V [10-3][107統測]

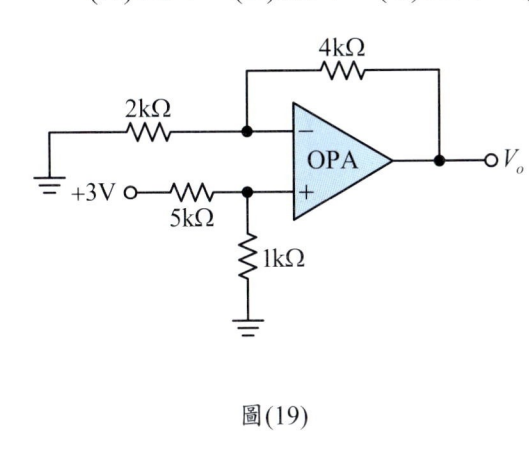

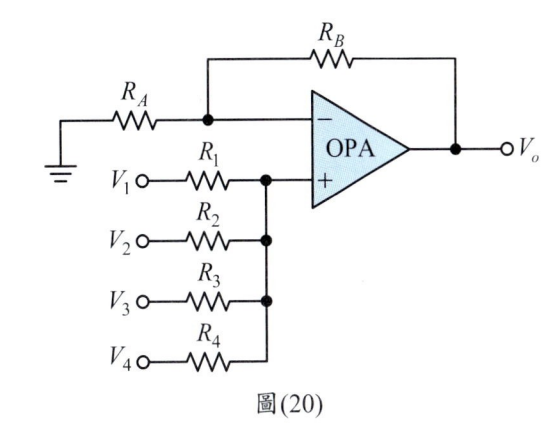

圖(19)

圖(20)

( )23. 如圖(20)所示之理想運算放大器電路，若電阻$R_1 = R_2 = R_3 = R_4 = 100 \text{k}\Omega$，$R_A = 10 \text{k}\Omega$，若欲設計輸出電壓$V_o = V_1 + V_2 + V_3 + V_4$，則$R_B$為何？
(A)5kΩ (B)10kΩ (C)20kΩ (D)30kΩ [10-4][107統測]

( )24. 如圖(21)所示之理想運算放大器（OPA）電路，輸入電壓信號v_s為對稱方波，且電路操作於未飽和狀態下，則其輸出電壓v_o應為何種波形？
(A)突波 (B)三角波 (C)弦波 (D)方波 [10-5][108統測]

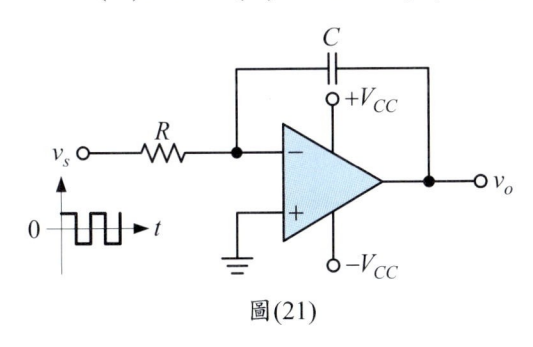

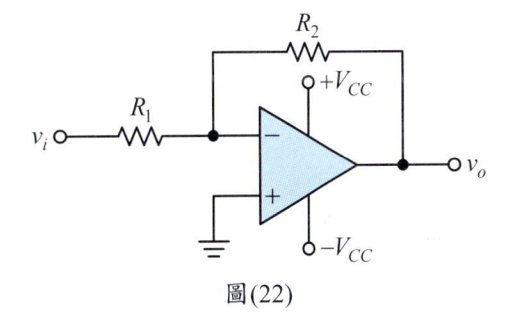

圖(21)

圖(22)

( )25. 如圖(22)所示之電路，欲使電壓增益為−11，且輸入電阻為30kΩ。則R_1及R_2之值各約為何？
(A)$R_1 = 2.5 \text{k}\Omega$，$R_2 - 27.5 \text{k}\Omega$
(B)$R_1 = 27.5 \text{k}\Omega$，$R_2 - 2.5 \text{k}\Omega$
(C)$R_1 = 30 \text{k}\Omega$，$R_2 = 330 \text{k}\Omega$
(D)$R_1 = 30 \text{k}\Omega$，$R_2 = 2.73 \text{k}\Omega$ [10-3][108統測]

( )26. 如圖(23)所示之電路，已知$V_1 = 1 \text{V}$，$V_2 = 2 \text{V}$，$V_3 = 4 \text{V}$，則V_o為何？
(A)5V (B)7V (C)9V (D)11V [10-4][108統測]

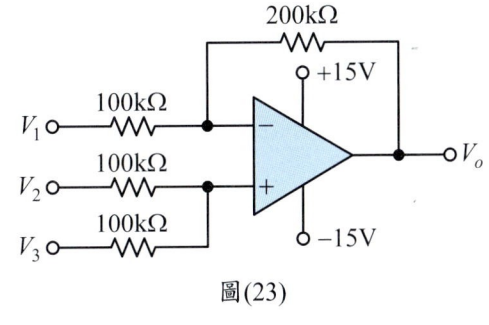

圖(23)

( )27. 運算放大器輸出方波信號時，若信號在20μs內由−5V變動到+5V，則其轉動率（slew rate）為何？ (A)0.25V/μs (B)0.5V/μs (C)5V/μs (D)10V/μs [10-2][109統測]

(　　)28. 如圖(24)所示為具有抑制高頻增益之微分電路，若 $R_1 = 1\,k\Omega$，$C = 0.1\,\mu F$，$R_2 = 100\,k\Omega$，則其低頻截止頻率 f_L 約為何？
(A)16Hz　(B)1kHz　(C)1.6kHz　(D)1MHz　　　　　　　　　　[10-5][109統測]

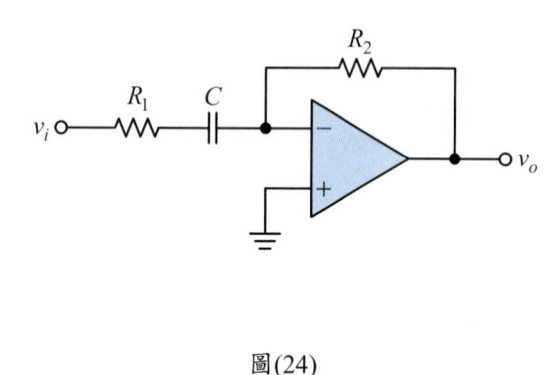

圖(24)

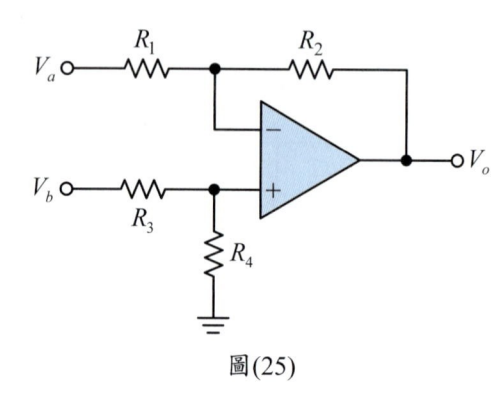

圖(25)

(　　)29. 如圖(25)所示電路，若 $R_1 = 2\,k\Omega$，$R_2 = 20\,k\Omega$，$R_3 = 3\,k\Omega$，$R_4 = 30\,k\Omega$，$V_a = -0.3\,V$，$V_b = 0.2\,V$，則輸出電壓 V_o 為何？
(A)5V　(B)−5V　(C)10V　(D)−10V　　　　　　　　　　　　[10-3][109統測]

(　　)30. 如圖(26)所示之理想運算放大器電路，若BJT之 $\beta = 100$，$R_1 = R_2 = R_3 = 3\,k\Omega$，$R_C = 1\,k\Omega$，當 $V_s = 5\,V$，則 V_o 約為何？
(A)9V　(B)11V　(C)13V　(D)15V　　　　　　　　　　　　　[10-3][110統測]

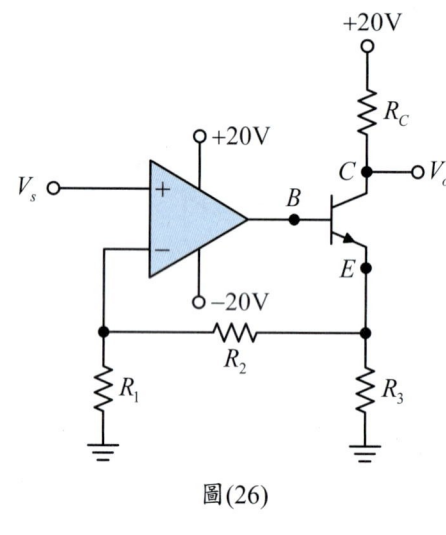

圖(26)

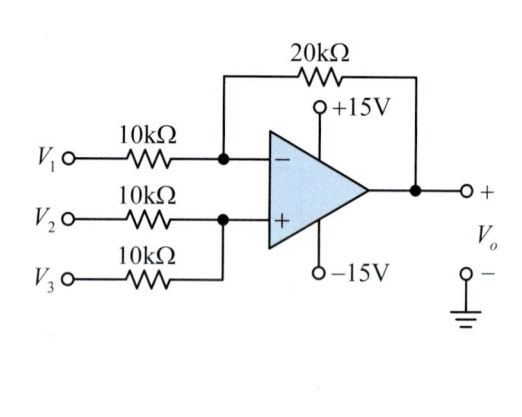

圖(27)

(　　)31. 如圖(27)所示之理想運算放大器電路，若 $V_1 = 2\,V$，$V_2 = 1\,V$，$V_3 = -2\,V$，則 V_o 為何？
(A)−5.5V　(B)−7.5V　(C)−9.5V　(D)−11.5V　　　　　　　　[10-4][110統測]

(　　)32. 如圖(28)所示之理想運算放大器電路，若電路工作於線性放大區且電壓增益 V_o/V_i 為 −10，輸入電阻 R_i 為10kΩ，則電阻 R_1 及 R_2 應為何？
(A)$R_1 = 20\,k\Omega$、$R_2 = 200\,k\Omega$　　　(B)$R_1 = 10\,k\Omega$、$R_2 = 200\,k\Omega$
(C)$R_1 = 20\,k\Omega$、$R_2 = 100\,k\Omega$　　　(D)$R_1 = 10\,k\Omega$、$R_2 = 100\,k\Omega$　　[10-3][110統測]

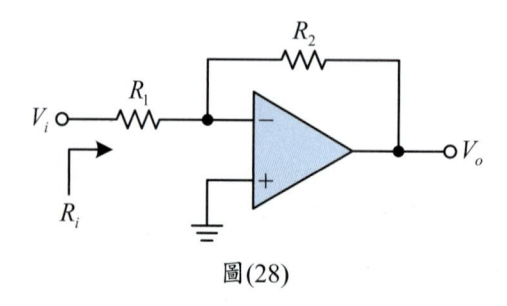

圖(28)

第10章 運算放大器

電子學實習試題

( )1. 圖(1)所示，已知運算放大器輸出之正負飽和電壓為±13.5V，設輸入電壓$V_i = -5$ V，則其輸出電壓$V_o = ?$ (A)18V (B)-18V (C)13.5V (D)-13.5V [10-3][統測]

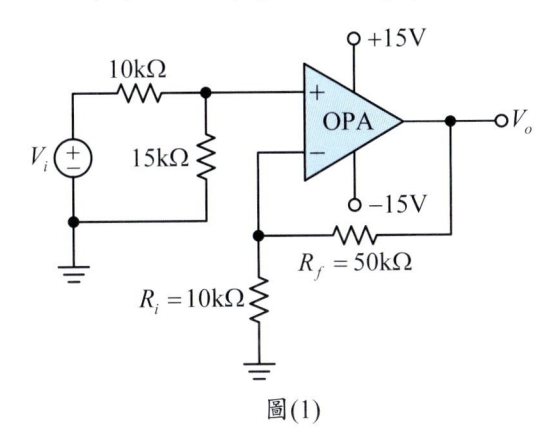

圖(1)

( )2. 圖(2)所示運算放大器電路，其輸出波形V_o為下列何者？ [10-5][統測]

(A) (B) (C) (D)

圖(2)

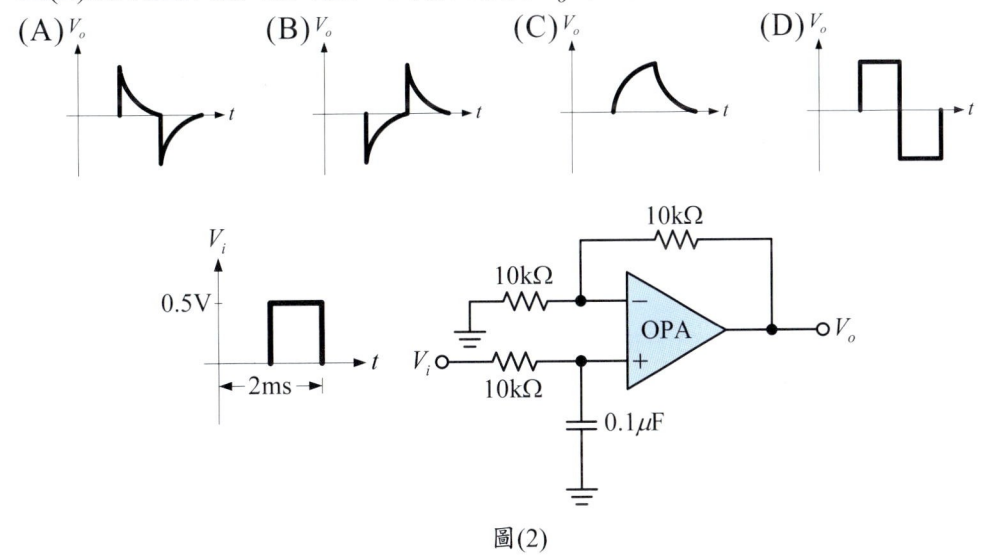

( )3. 有關理想運算放大器的特性，下列敘述何者正確？
(A)開迴路電壓增益為1 (B)輸入阻抗為0
(C)輸出阻抗為無限大   (D)頻帶寬度為無限大 [10-2][統測]

( )4. 如圖(3)所示的電路，求輸出電壓V_o之值為何？
(A)-1.9V (B)-0.95V (C)-1.5V (D)2V [10-3][統測]

圖(3)

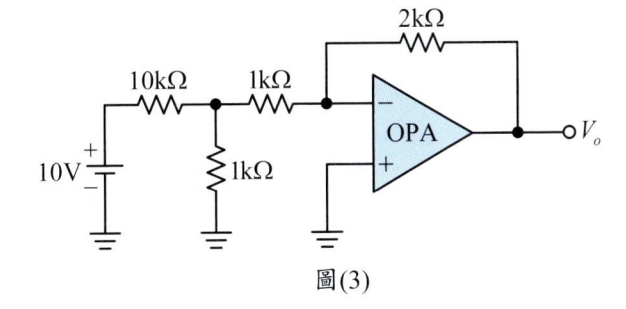

( )5. 有關理想運算放大器的特性敘述，下列何者有誤？
(A)頻帶寬度無限大   (B)輸入電阻為零
(C)電壓增益無限大   (D)輸出電阻為零 [10-2][統測]

( )6. 以下關於實際運算放大器的敘述，何者不正確？
(A)在其他條件相等的情形下，運算放大器的差模（Differential Mode）開迴路增益越大，所製作的應用電路特性會越好
(B)運算放大器的開迴路增益越大，共模拒斥比CMRR就越大
(C)運算放大器用來製作加法電路時，可完成反相與非反相兩種
(D)運算放大器的迴轉率（Slew Rate）越大，輸出訊號越不易失真 [10-2][統測]

( )7. 圖(4)是OPA電路的輸出波形V_o，示波器使用×1的探棒，垂直與水平刻度分別為2V／DIV、1ms／DIV，則輸入信號V_i的峰值電壓為多少？ [10-3][102統測]

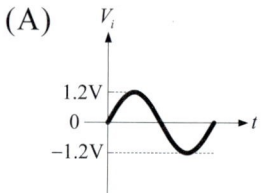

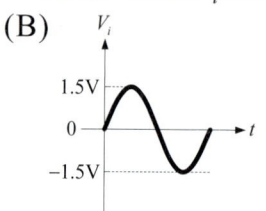

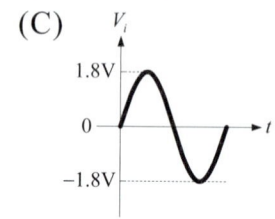

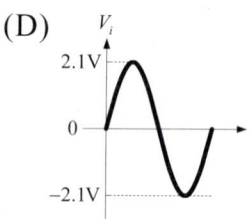

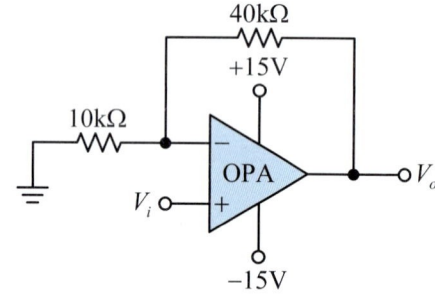

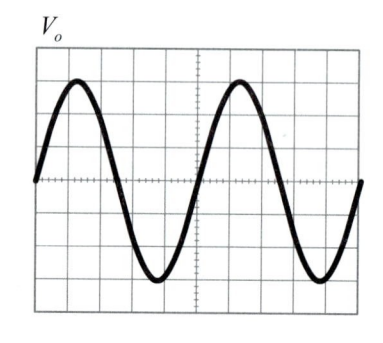

(A) V_i 1.2V / −1.2V
(B) V_i 1.5V / −1.5V
(C) V_i 1.8V / −1.8V
(D) V_i 2.1V / −2.1V

圖(4)

( )8. 一個非反相放大器如圖(5)所示，下列敘述何者錯誤？
(A) $\dfrac{v_o}{v_i} = \dfrac{R_A + R_B}{R_A}$
(B)當$R_A = \infty$，$R_B = 0\,\Omega$時，$\dfrac{v_o}{v_i} = 1$
(C)本電路具有負回授
(D)當$R_A = 0\,\Omega$，$R_B = \infty$時，可視為電壓隨耦器 [10-3][102統測]

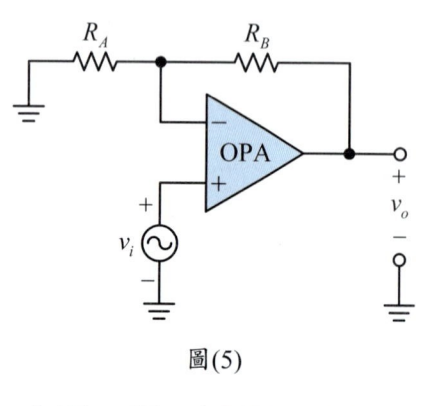

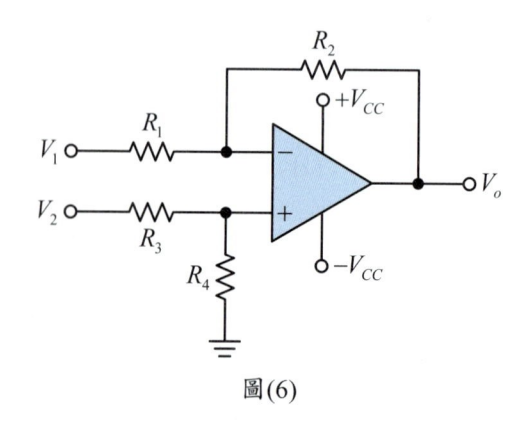

圖(5)　　圖(6)

( )9. 如圖(6)所示之電路，若$V_{CC} = 15\text{ V}$，$R_1 = R_3 = 10\text{ k}\Omega$，$R_2 = R_4 = 20\text{ k}\Omega$，$V_1 = 8\text{ V}$，$V_2 = 5\text{ V}$，則$V_o$為何？
(A)−6V　(B)−3V　(C)+3V　(D)+6V [10-4][103統測]

( )10. 如圖(7)所示之電路,則下列敘述何者正確?
(A)LED₁燈滅,LED₂燈亮
(B)LED₁燈亮,LED₂燈滅
(C)LED₁燈亮,LED₂燈亮
(D)LED₁燈滅,LED₂燈滅
[10-6][103統測]

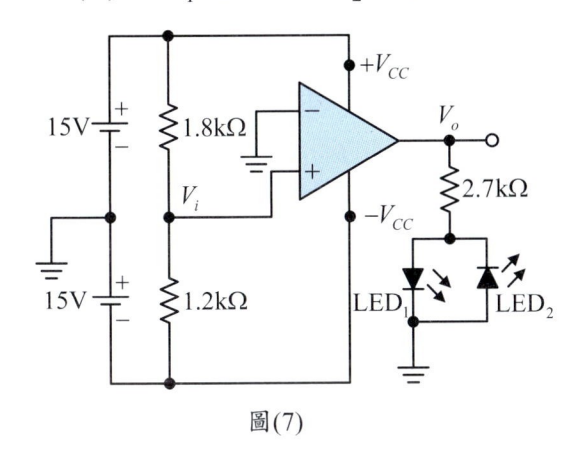

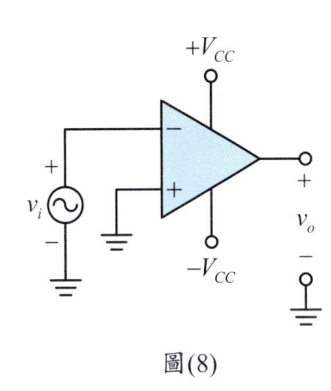

圖(7)　　　　圖(8)

( )11. 如圖(8)所示之電路,實驗時其偏壓電源$V_{CC}=15$ V,若輸入信號為振幅1V且頻率為1kHz之弦波電壓,則下列敘述何者正確?
(A)輸出信號為弦波信號且與輸入信號同相位
(B)輸出信號為弦波信號且與輸入信號反相
(C)輸出信號為方波信號且與輸入信號同相位
(D)輸出信號為方波信號且與輸入信號反相
[10-6][104統測]

( )12. 如圖(9)所示之理想運算放大器電路,其偏壓電源$V_{CC}=15$ V,則輸出電壓V_o為何?
(A)10V　(B)5V　(C)−2V　(D)−4V
[10-4][104統測]

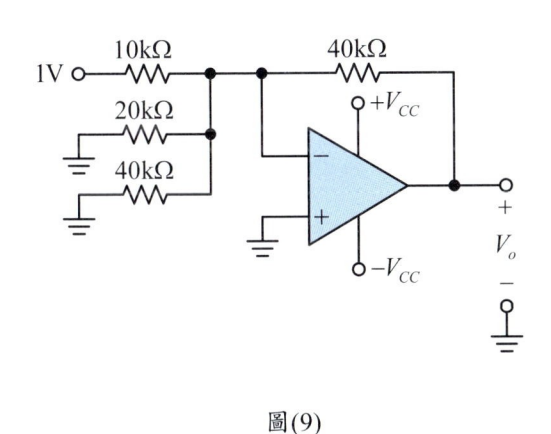

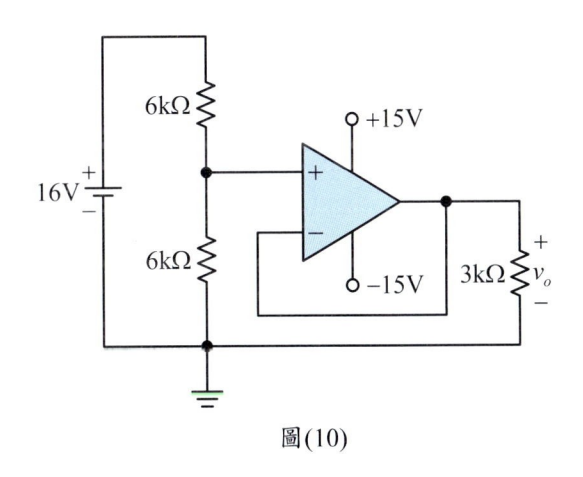

圖(9)　　　　圖(10)

( )13. 如圖(10)所示之理想運算放大器電路,v_o值應為何?
(A)0V　(B)4V　(C)8V　(D)12V
[10-3][105統測]

( )14. 如圖(11)所示之理想運算放大器電路,若$v_o=8$ V,則v_i應為何?
(A)−4V
(B)−3V
(C)1V
(D)2V
[10-4][105統測]

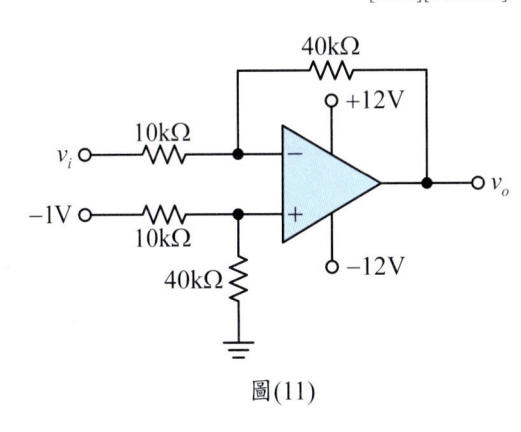

圖(11)

(　　)15. 關於運算放大器（OPA）應用電路的實現，下列何者為正確？
(A)利用運算放大器（OPA）實現非零電位檢測器時，OPA需使用負回授電路架構
(B)利用運算放大器（OPA）實現減法器時，OPA之非反相輸入端電壓會追隨反相輸入端電壓
(C)利用運算放大器（OPA）實現反相放大器時，此反相放大器之輸入阻抗為無限大
(D)利用運算放大器（OPA）實現積分器時，OPA會工作於線性區   [10-6][105統測]

(　　)16. 小明上電子學實習課時，詳細聽老師講解運算放大器的理想特性與應用後，終於知道理想的運算放大器有幾項特點。由此，當選擇運算放大器來設計反相放大器時，下列何者錯誤？
(A)運算放大器的輸入阻抗愈大愈好
(B)運算放大器的共模拒斥比（CMRR），愈大愈能抑制雜訊效應
(C)運算放大器的差模增益A_d愈小愈好
(D)運算放大器的共模增益A_c愈小愈好   [10-2][105統測]

(　　)17. 如圖(12)所示之理想運算放大器電路，$R = 20\ \text{k}\Omega$，若$v_o = 2\ \text{V}$，則R_f值應為何？
(A)20kΩ　(B)30kΩ　(C)40kΩ　(D)50kΩ   [10-4][106統測]

圖(12)

圖(13)

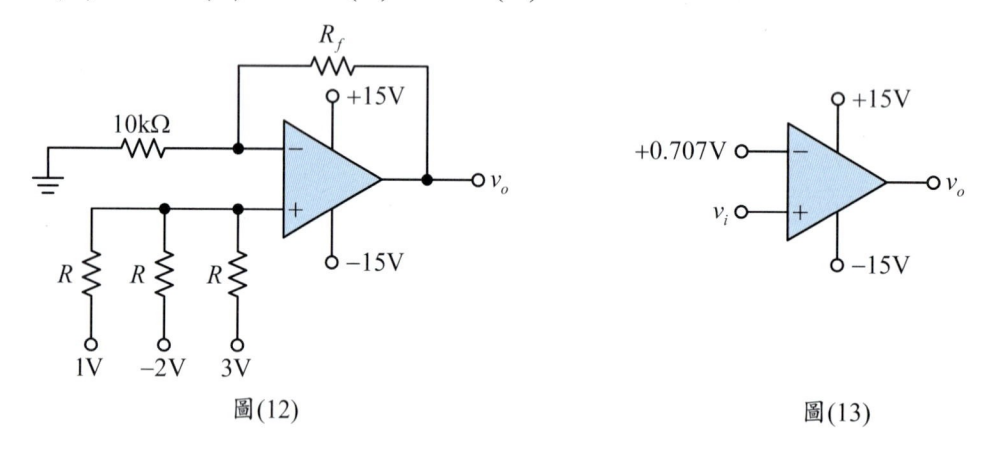

(　　)18. 如圖(13)所示之電路，若$v_i = \sin(2\pi t)\ \text{V}$，則$v_o$波形每週期之正電壓時間與負電壓時間之比為何？　(A)1:1　(B)1:2　(C)1:3　(D)1:4   [10-6][106統測]

(　　)19. 如圖(14)所示，為使用運算放大器（OPA）之四個不同應用電路。假設運算放大器均為理想，則下列敘述何者錯誤？　(A)圖(i)中$V_{o1} = -V_i$　(B)圖(ii)中$V_{o2} = 2V_i$　(C)圖(iii)中$V_{o3} = V_i$　(D)圖(iv)中$V_{o4} = V_1 - V_2$ [10-3][106統測]

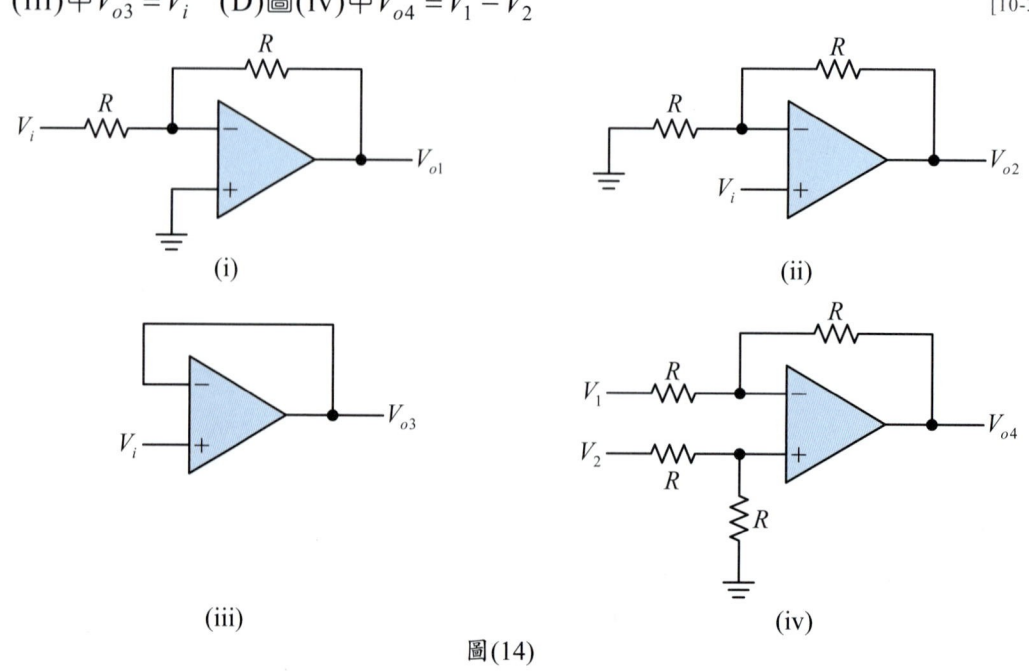

(i)

(ii)

(iii)

(iv)

圖(14)

( )20. 下列有關圖(15)所示的理想運算放大器電路之敘述，何者正確？
(A)R_P可限制低頻電壓增益　　　(B)R_P可提升輸出阻抗
(C)R_P用來限制高頻電壓增益　　(D)R_P使A和B兩端點電壓不相等　[10-5][107統測]

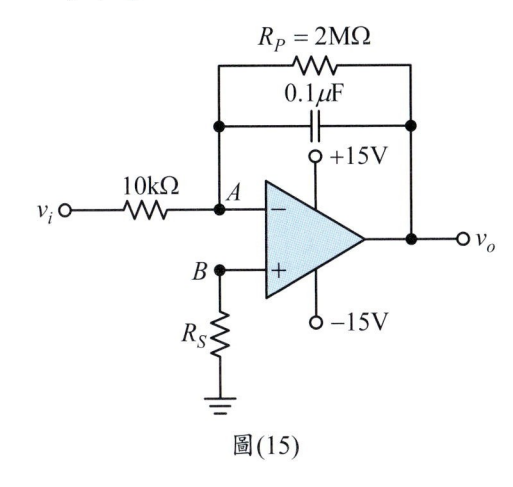

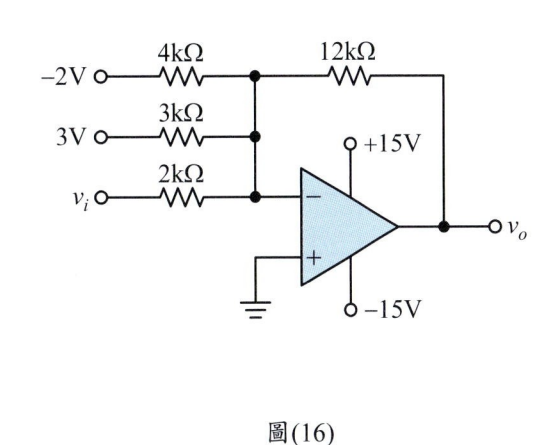

圖(15)　　　　　　　　　　　　　圖(16)

( )21. 如圖(16)所示之理想運算放大器電路，若$v_i = 0.5\sin(30t)$ mV，則v_o之平均值約為何？
(A)–15V　(B)–6V　(C)4V　(D)8V　[10-4][107統測]

( )22. 下列運算放大器（OPA）的應用電路中，何者並未用到負回授架構？
(A)電壓隨耦器　(B)窗形比較器　(C)韋恩電橋振盪器　(D)積分器　[10-6][107統測]

( )23. 如圖(17)所示之理想運算放大器電路，則V_o為何？
(A)–9V　(B)–3V　(C)6V　(D)9V　[10-4][108統測]

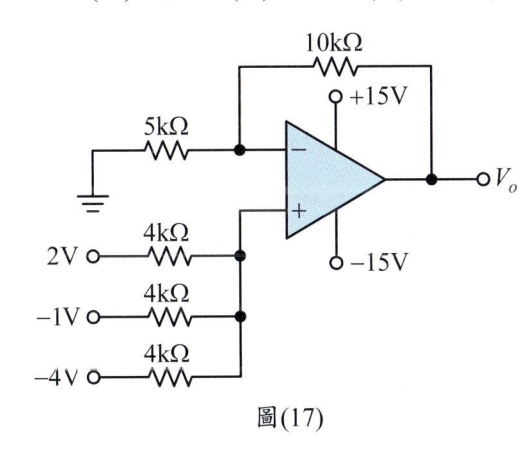

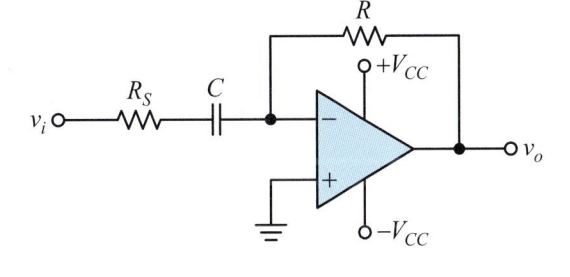

圖(17)　　　　　　　　　　　　　圖(18)

( )24. 如圖(18)所示之理想運算放大器電路，則下列敘述何者正確？

(A)當v_i的頻率$f \ll \dfrac{1}{2\pi R_S C}$時，電路工作如同積分器

(B)當v_i的頻率$f \gg \dfrac{1}{2\pi R_S C}$時，電路工作如同積分器

(C)當v_i的頻率$f \ll \dfrac{1}{2\pi R_S C}$時，電路工作如同微分器

(D)當v_i的頻率$f \gg \dfrac{1}{2\pi R_S C}$時，電路工作如同非反相放大器　[10-5][108統測]

( )25. 實驗圖(19)之電路,運算放大器進行線性放大功能,則輸出電壓V_o與輸入電壓間之表示式,下列何者正確?

(A) $V_o = -V_1 - V_2 + \dfrac{3(V_3 + V_4 + V_5)}{4}$ (B) $V_o = -V_1 - V_2 + 2(V_3 + V_4 + V_5)$

(C) $V_o = -V_1 - V_2 + V_3 + V_4 + V_5$ (D) $V_o = -V_1 - V_2 + \dfrac{3(V_3 + V_4 + V_5)}{2}$ [10-4][108統測]

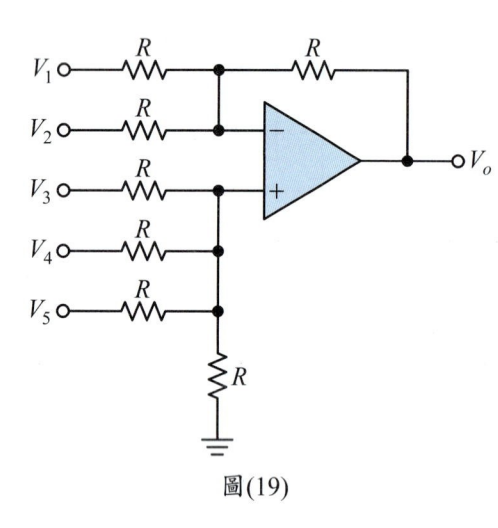

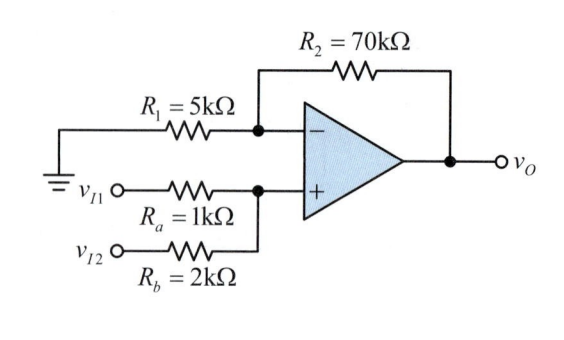

圖(19)　　　圖(20)

( )26. 一個使用運算放大器(OPA)的非反相加法器電路如圖(20),輸出電壓v_O與兩個輸入電壓v_{I1}與v_{I2}的關係式為何?

(A) $v_O = 5v_{I1} + 10v_{I2}$ (B) $v_O = 10v_{I1} + 5v_{I2}$

(C) $v_O = 10v_{I1} + 20v_{I2}$ (D) $v_O = 20v_{I1} + 10v_{I2}$ [10-4][109統測]

( )27. 如圖(21)所示電路,運算放大器之輸出正、負飽和電壓分別為+12V和−12V,$V_i = 1.5$ V,則V_n為何? (A)−1.5V (B)0V (C)1.2V (D)1.5V [10-3][109統測]

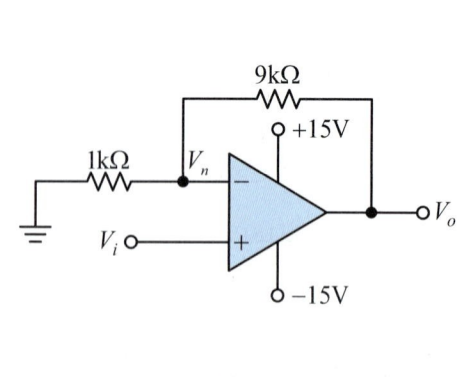

圖(21)　　　圖(22)

( )28. 如圖(22)所示運算放大器電路,已知$3R_1 = 2R_2$,運算放大器飽和電壓為$\pm V_{sat}$,則下列何者為其輸出、輸入轉移特性曲線? [10-6][109統測]

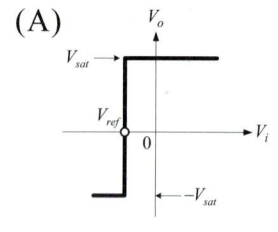

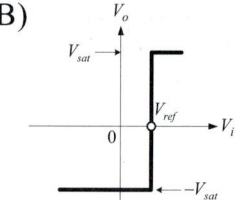

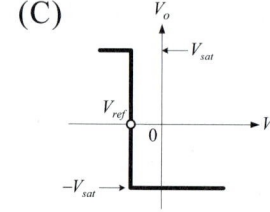

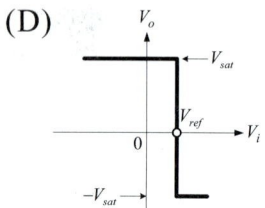

(A)　(B)　(C)　(D)

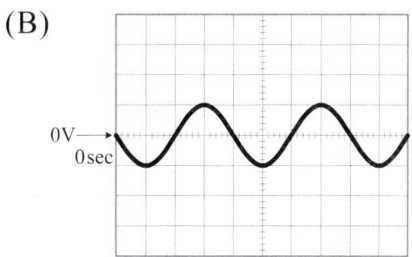

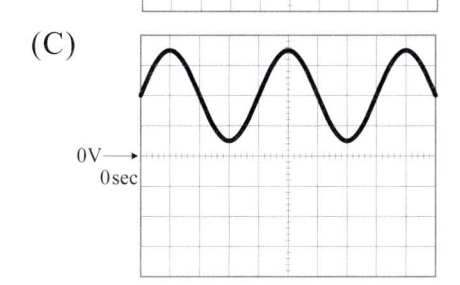

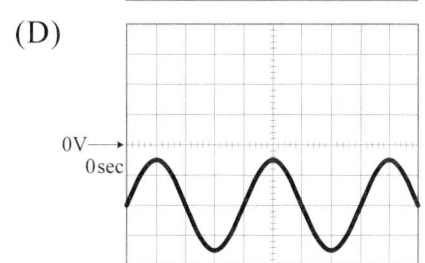

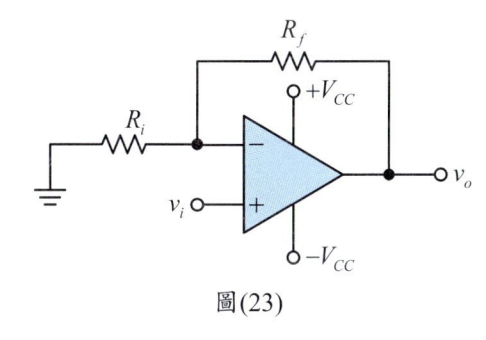

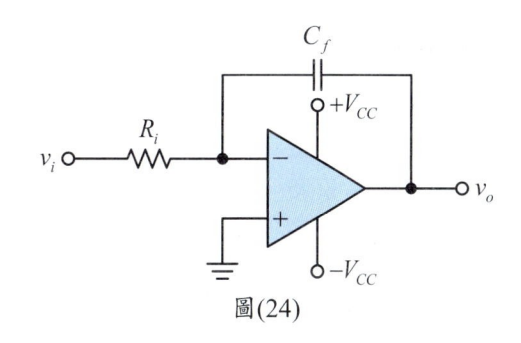

( )29. 如圖(23)所示之電路，$V_{CC}=15$ V，$R_i=20$ kΩ，$R_f=40$ kΩ，若$v_i=1\sin(\omega t)$ V，則v_o 之波形為何？（示波器垂直檔位2V / DIV，探棒1：1） [10-3][110統測]

(A)　(B)　(C)　(D)

圖(23)　圖(24)

( )30. 如圖(24)所示之電路，$V_{CC}=15$ V，$R_i=20$ kΩ，$C_f=0.1$ μF，若$v_i=5\sin(1000t)$ V，則v_o之波形為何？
(A)$2.5\cos(1000t)$V　(B)$-2.5\cos(1000t)$V
(C)$2.5\sin(1000t)$mV　(D)$-2.5\sin(1000t)$mV [10-5][110統測]

( )31. 圖(25)為理想運算放大器構成之電路，下列何者錯誤？
(A)若$v_{CM}=0$，則$v_o/v_{DM}=R_2/R_1$　(B)輸出阻抗為零
(C)$v_{CM}=(v_2-v_1)/2$　(D)若$v_{DM}=0$，則$v_o/v_{CM}=0$ [10-2][110統測]

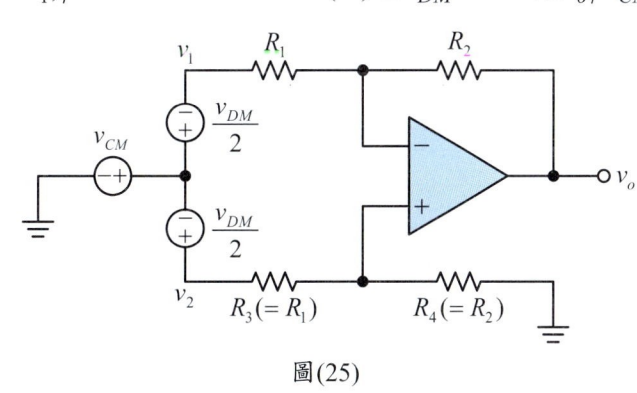

圖(25)

最新統測試題

( )1. 如圖(1)所示理想運算放大器應用電路，在正常工作下，若 $V_o = V_1 + V_2$，則電阻 R_S 應為何？　(A)20kΩ　(B)10kΩ　(C)5kΩ　(D)2.5kΩ
　　　　　　　　　　　　　　　　　　　　　　　　　　　　　　　　　　　　　[10-4][111統測]

圖(1)　　　　　　　　　　　　　　　　　　　　圖(2)

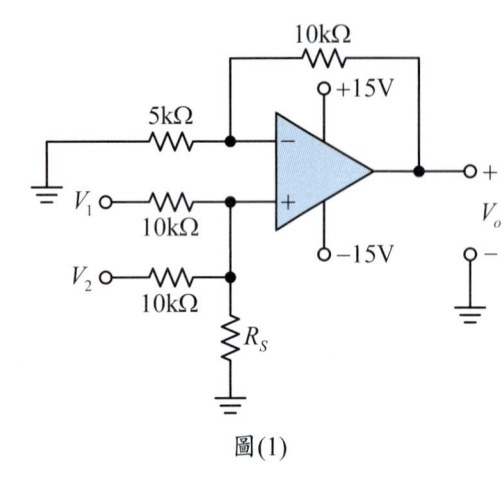

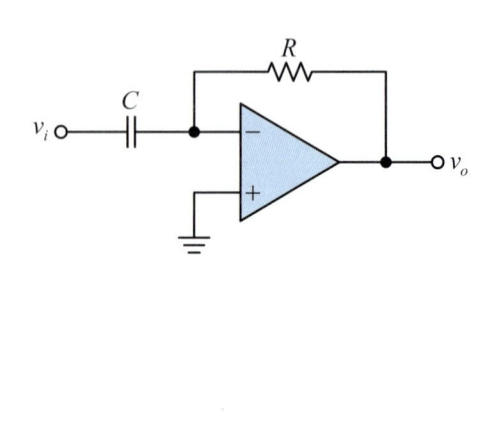

( )2. 如圖(2)所示理想運算放大器電路，下列敘述何者正確？
　　(A)此為積分電路
　　(B)若 v_i 為方波，則 v_o 為三角波
　　(C)若 v_i 為弦波，則 v_o 的振幅與 R 及 C 值有關
　　(D)若 v_i 為三角波，則 v_o 為正弦波
　　　　　　　　　　　　　　　　　　　　　　　　　　　　　　　　　　　　　[10-5][111統測]

( )3. 如圖(3)所示理想運算放大器電路，輸入電壓 $V_i = 1\,\text{V}$ 時，分別量測到 V_x 為 $-5\,\text{V}$，V_o 為 $-10\,\text{V}$，則電阻 R_1 及 R_2 值分別為何？
　　(A)$R_1 = 1\,\text{k}\Omega$，$R_2 = 10\,\text{k}\Omega$　　　　(B)$R_1 = 1\,\text{k}\Omega$，$R_2 = 5\,\text{k}\Omega$
　　(C)$R_1 = 5\,\text{k}\Omega$，$R_2 = 10\,\text{k}\Omega$　　　　(D)$R_1 = 5\,\text{k}\Omega$，$R_2 = 5\,\text{k}\Omega$
　　　　　　　　　　　　　　　　　　　　　　　　　　　　　　　　　　　　　[10-3][111統測]

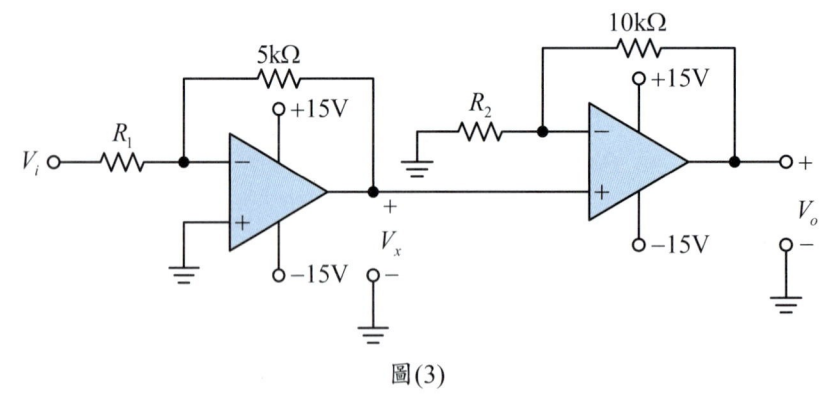

圖(3)

( )4. 如圖(4)所示電路，其中 $I_o = 1\,\text{mA}$，BJT之 $\beta = 99$，則電壓 V_R 及電阻 R 分別為何？
　　(A)$V_R = 7.5\,\text{V}$、$R = 2.5\,\Omega$
　　(B)$V_R = 7.5\,\text{V}$、$R = 10\,\Omega$
　　(C)$V_R = 10\,\text{V}$、$R = 50\,\Omega$
　　(D)$V_R = 10\,\text{V}$、$R = 100\,\Omega$
　　　　　　　　　　　　　　　　　　　　[10-3][112統測]

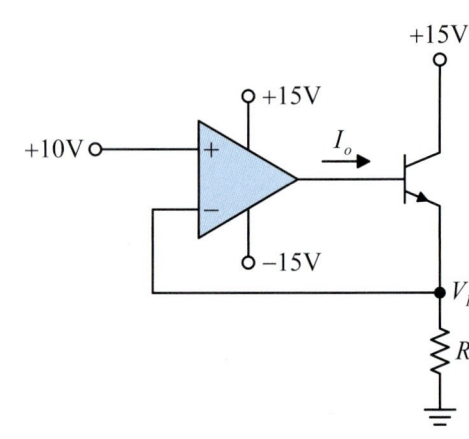

圖(4)

( )5. 如圖(5)所示之理想運算放大器電路與波形，若輸入電壓 v_s 為500Hz之對稱三角波，則輸出電壓 v_o 之峰對峰值為何？
(A)16V (B)12V (C)8V (D)4V
[10-5][112統測]

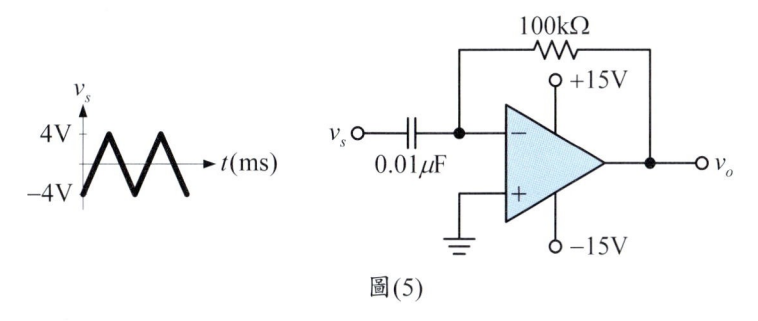

圖(5)

( )6. 如圖(6)所示之理想運算放大器電路，輸出電壓 V_o 為何？
(A)4V (B)6V (C)8V (D)10V
[10-4][112統測]

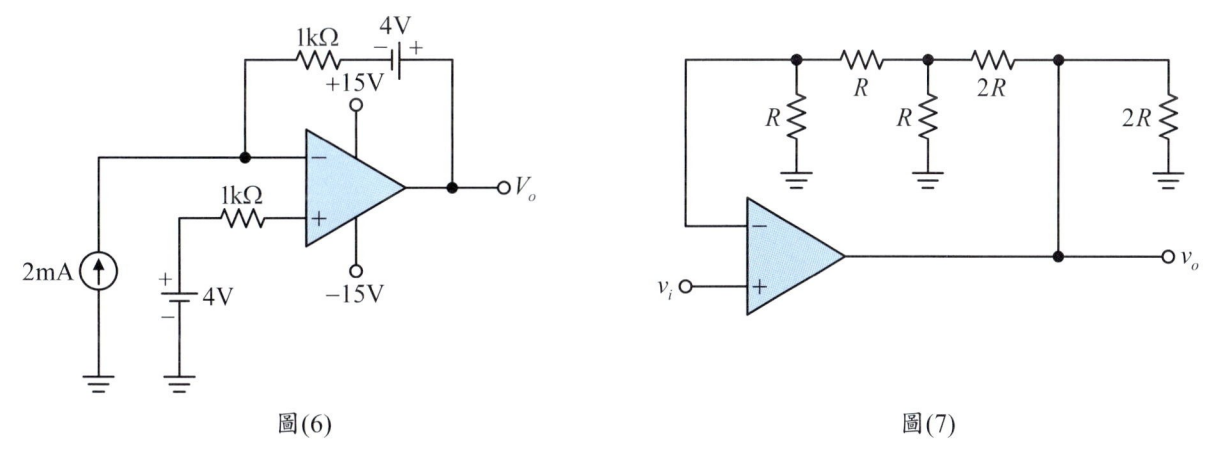

圖(6)　　　　　　　　　　　　　　圖(7)

( )7. 如圖(7)所示理想運算放大器（OPA）放大電路，若 $R = 100\ \text{k}\Omega$，則其電壓增益 $A_v = v_o/v_i$ 為何？
(A)15 (B)12 (C)8 (D)6
[10-3][113統測]

( )8. 如圖(8)所示理想OPA放大電路，輸出電壓 V_o 為何？
(A)12V (B)6V (C)−8V (D)−10V
[10-4][113統測]

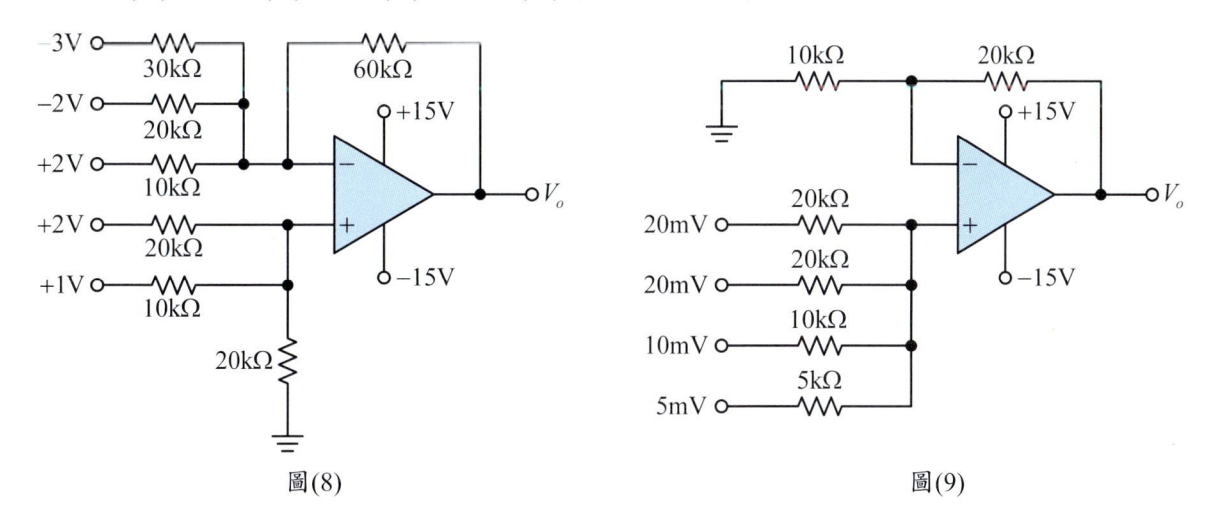

圖(8)　　　　　　　　　　　　　　圖(9)

( )9. 如圖(9)所示理想運算放大器電路，其輸出電壓 V_o 為何？
(A)10mV (B)20mV (C)30mV (D)55mV
[10-4][114統測]

(　　)10. 如圖(10)所示電路，輸出V_o飽和電壓為±15V，若輸出為+15V時，則輸入電壓V_i可能為何？　(A)–8V　(B)–2V　(C)2V　(D)8V

[10-6][114統測]

圖(10)

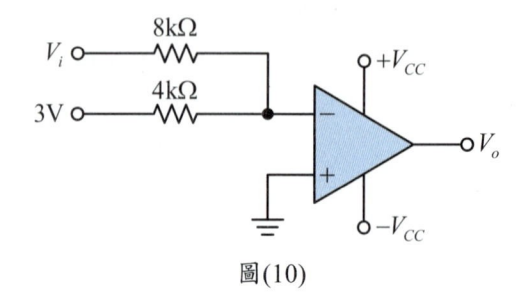

第10章 運算放大器

模擬演練

電子學試題

( ) 1. 下列何者不是理想運算放大器（OPA）的特性？
(A)輸入阻抗無限大　(B)輸出阻抗無限大
(C)頻寬無限大　(D)開迴路增益無限大 [10-1]

( ) 2. 若μA741之迴轉率（slew rate）為$2V/\mu s$，欲得到峰對峰值至少20V的弦波輸出，則它所能輸出之最高頻率約為多少？
(A)4kHz　(B)8kHz　(C)16kHz　(D)32kHz [10-2]

( ) 3. 某一運算放大器的迴轉率（slew rate）為$10V/\mu s$，若輸出由-10V變化至+10V，需要多少時間？　(A)$0.5\mu s$　(B)$1\mu s$　(C)$2\mu s$　(D)$4\mu s$ [10-2]

( ) 4. 對於差動放大器（differential amplifier），下列敘述何者錯誤？
(A)可用來放大兩個輸入信號之差
(B)輸入阻抗高
(C)組成運算放大器重要元件
(D)CMRR愈小，表示對雜訊的消除效果愈佳 [10-2]

( ) 5. 運算放大器的第一級通常使用差動放大器，下列有關其功能敘述，何者錯誤？
(A)提高輸入阻抗　(B)提高CMRR值　(C)能消除雜訊　(D)提高電壓增益 [10-2]

( ) 6. 如圖(1)所示理想運算放大器電路，求輸入阻抗為多少？
(A)$10k\Omega$　(B)$19k\Omega$　(C)$100k\Omega$　(D)∞ [10-3]

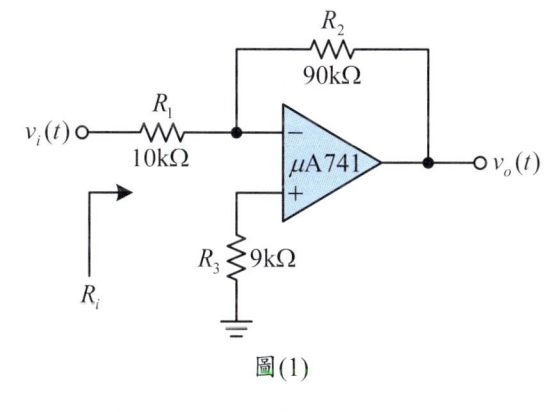

圖(1)

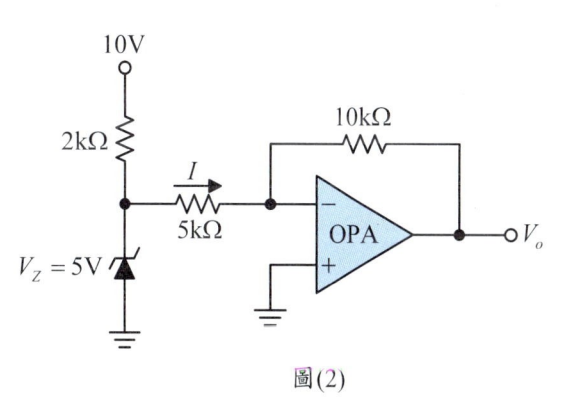

圖(2)

( ) 7. 如圖(2)所示理想運算放大器電路，輸出電壓V_o為多少？
(A)5V　(B)-5V　(C)10V　(D)-10V [10-3]

( ) 8. 如圖(3)所示理想運放大器實驗電路，若OPA輸出飽和電為±11V，在輸出不失真的情況下，可以輸入的最大振幅為多少？
(A)±0.5V　(B)±1V　(C)±1.1V　(D)±11V [10-3]

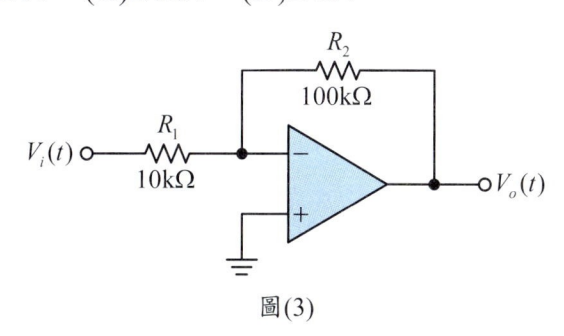

圖(3)

( )9. 如圖(4)所示理想運算放大器電路，A為直流電流表。已知電流表讀值0.1mA，則輸出電壓V_o為多少？　(A)1V　(B)−1V　(C)10V　(D)−10V [10-3]

圖(4)

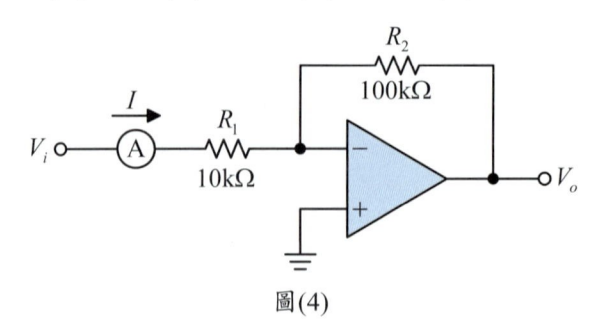

( )10. 承上題圖中，求輸入電壓V_i為多少？
(A)10mV　(B)100mV　(C)1V　(D)10V [10-3]

( )11. 如圖(5)所示理想運算放大器電路，若$V_i = 2$ V時，$V_o = 12$ V，則電阻R為多少？
(A)10kΩ　(B)20kΩ　(C)50kΩ　(D)100kΩ [10-3]

圖(5)　　　圖(6)

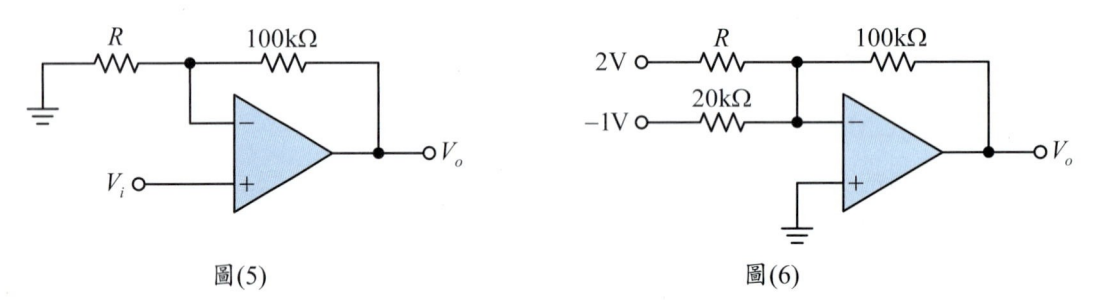

( )12. 如圖(6)所示理想運算放大器電路，若$V_o = 1$ V，則電阻R為多少？
(A)10kΩ　(B)20kΩ　(C)50kΩ　(D)100kΩ [10-3]

( )13. 如圖(7)所示運算放大器應用電路，可將數位信號$D_7 \sim D_0$轉換成類比電壓。若數位信號為$D_7 \sim D_0 = 01100000$（其中D_7為MSB，D_0為LSB，且$D_n = 1$代表開關接通，$D_n = 0$代表開關斷開），則輸出電壓V_o為多少？
(A)7.5V　(B)3.75V　(C)1.875V　(D)0.9375V [10-3]

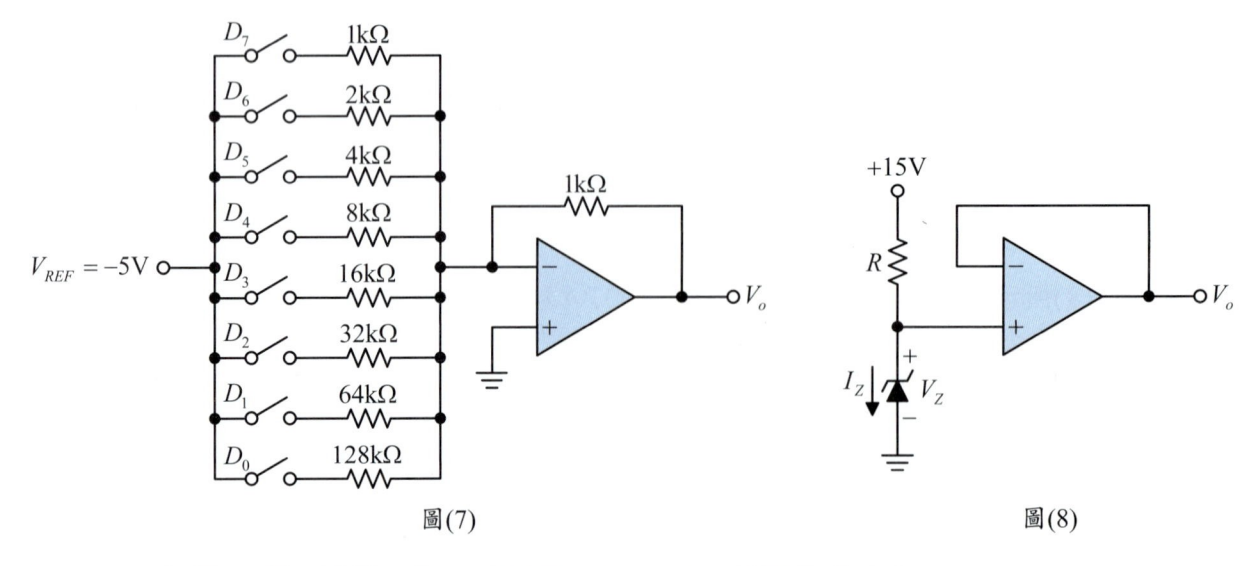

圖(7)　　　圖(8)

( )14. 如圖(8)所示電路，若$R = 10$ kΩ，$V_Z = 5$ V，則V_o為多少？
(A)5V　(B)10V　(C)15V　(D)20V [10-3]

( )15. 如圖(9)所示理想運算放大電路,求輸出電壓V_o為多少?
(A)1V (B)−1V (C)−2V (D)2V

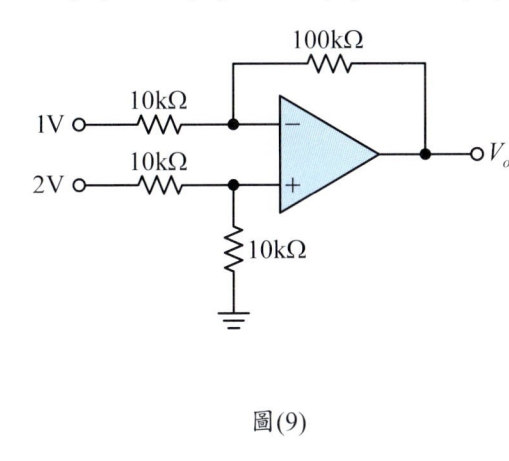

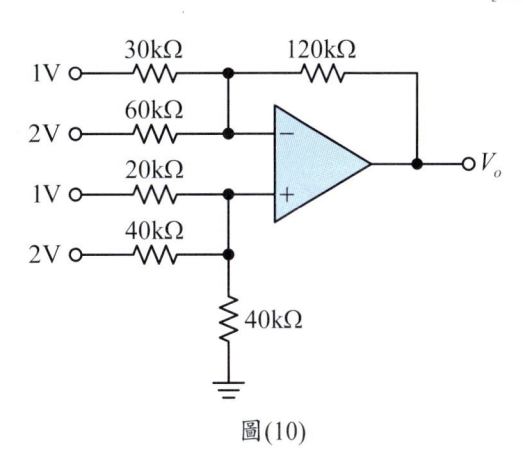

( )16. 如圖(10)所示理想運算放大器電路,求輸出電壓V_o為多少?
(A)1V (B)−1V (C)7V (D)−7V

圖(9)　　　　　圖(10)

( )17. 如圖(11)所示電路,電壓增益$\left|\dfrac{V_o}{V_i}\right|$為何? (A)11 (B)12 (C)22 (D)24

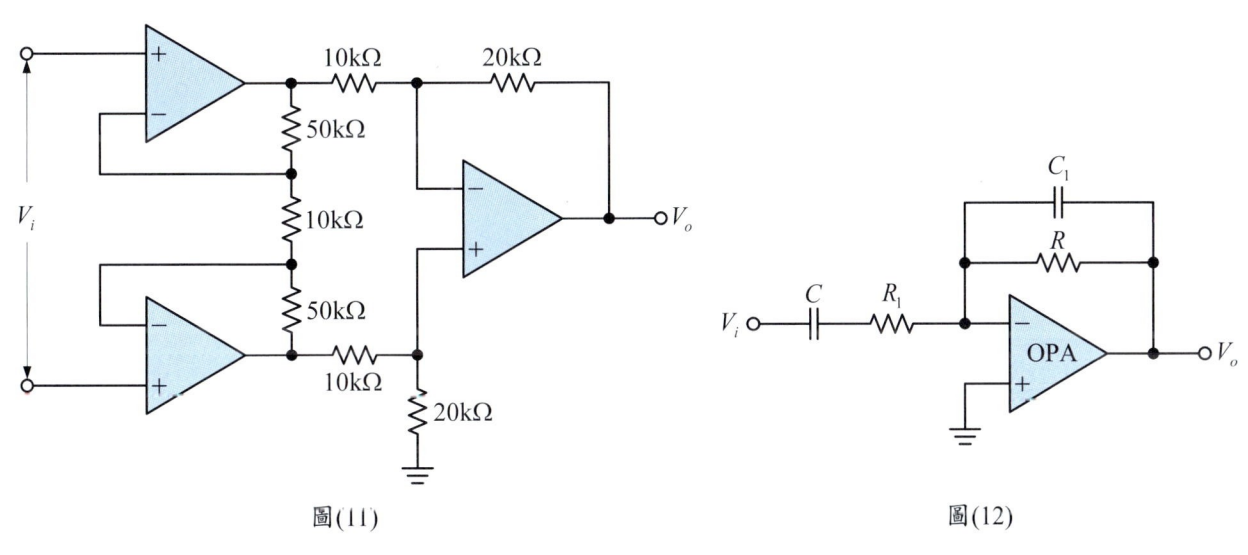

圖(11)　　　　　圖(12)

( )18. 如圖(12)所示加補償元件後之微分電路。輸入信號之頻率f應為下列何者,此電路才是微分器?(假設$R_1C > RC_1$)
(A)$f > \dfrac{1}{2\pi R_1 C}$ (B)$f < \dfrac{1}{2\pi RC_1}$ (C)$f < \dfrac{1}{2\pi R_1 C}$ (D)$f > \dfrac{1}{2\pi RC_1}$

( )19. 如圖(13)所示電路,若$V_i(t)$為標準方波信號,則輸出電壓$V_o(t)$的波形應為何?
(A)正弦波 (B)脈波 (C)三角波 (D)鋸齒

圖(13)

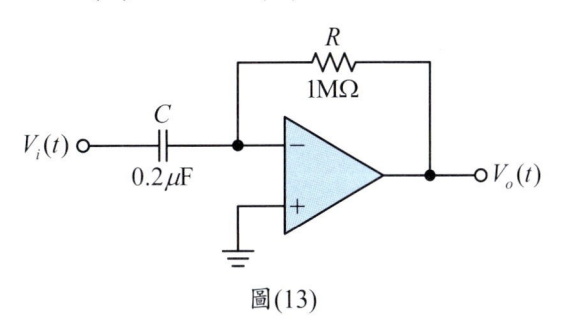

(　　)20. 承上題，若$V_i(t)$為12 V/sec的斜波電壓，則輸出電壓$V_o(t)$的電壓值應為多少？
(A)12V　(B)1.4V　(C)−2.4V　(D)−1.8V　　　　　　　　　　　　　　　　[10-5]

(　　)21. 如圖(14)所示理想放大器電路及其輸出波形，假設電容之初始電壓值為0，下列何者為輸出V_o之波形？　　　　　　　　　　　　　　　　[10-5]
(A) (B) (C) (D)

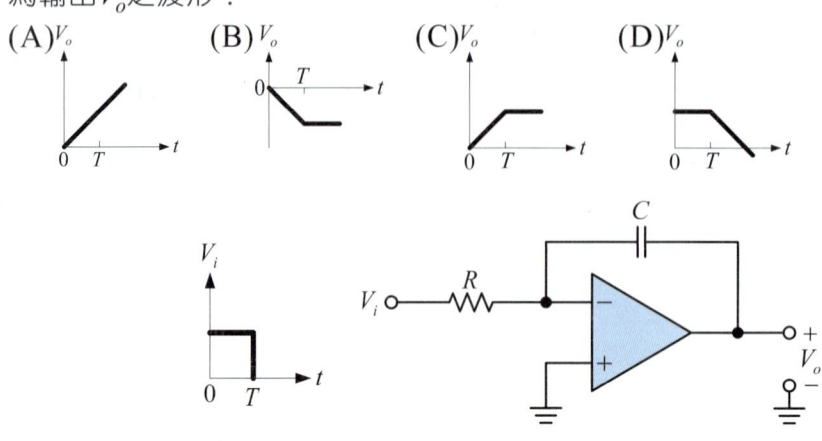

圖(14)

(　　)22. 如圖(15)所示米勒積分器，設電容器初始電壓為0V，$t=0$時S接通，當$t=1$秒時，V_o電壓為多少？　(A)1V　(B)2V　(C)−2V　(D)−5V　　　　　　　　　　　　[10-5]

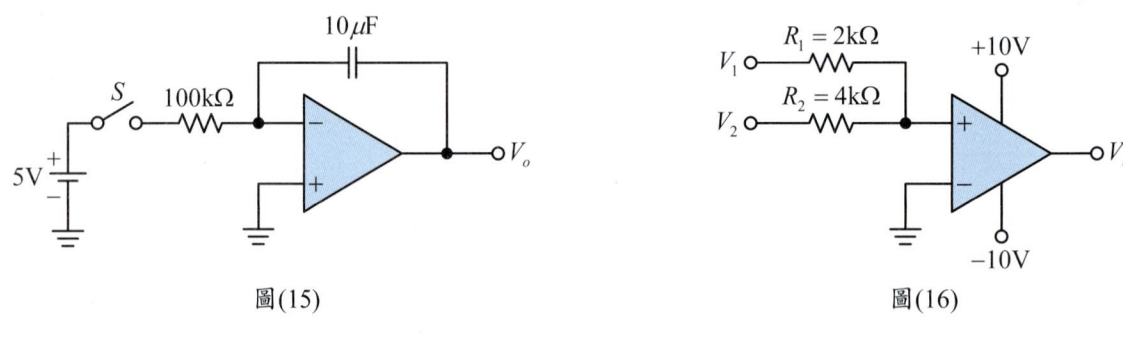

圖(15)　　　　圖(16)

(　　)23. 如圖(16)所示電路，若$V_1 = 5\sin\omega t$ V，$V_2 = 0.5$ V，則輸出應為下列何者？
(A)$V_o = +10$ V，直流電壓　　　(B)$V_o = -10$ V，直流電壓
(C)$V_o = \pm 0.25$ V，脈波電壓　(D)$V_o = \pm 10$ V，脈波電壓　　　　　　[10-6]

(　　)24. 如圖(17)所示理想運算放大器及其轉移特性曲線，下列敘述何者錯誤？
(A)$V_1 > 2$V時，$V_o = +10$ V　　(B)$V_1 < 2$V時，$V_o = -10$ V
(C)$V_1 = 2$ V時，$V_o = 0$　　　　(D)若$V_1 = 10\sin\omega t$ V，則V_o為一方波　[10-6]

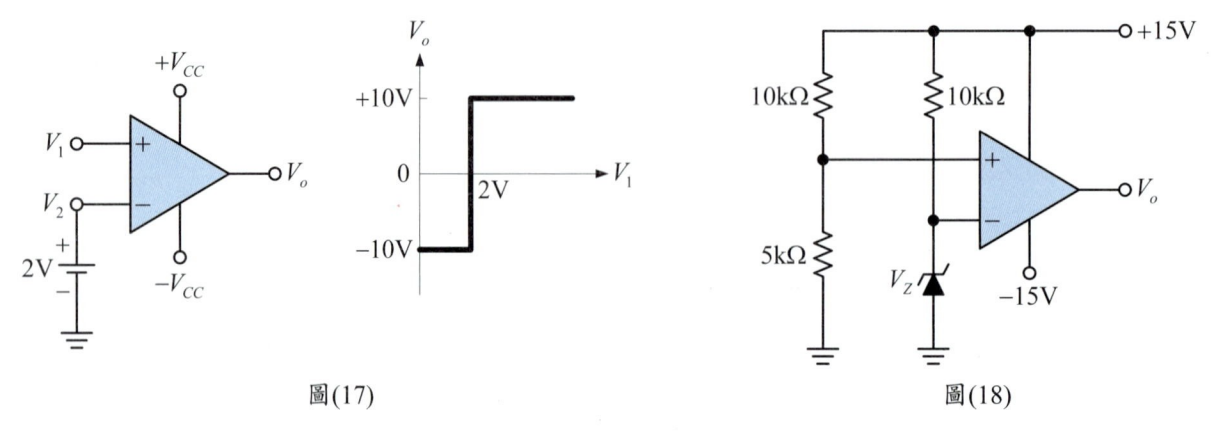

圖(17)　　　　圖(18)

(　　)25. 如圖(18)所示電路，若$V_Z = 6$ V，則輸出V_o為多少？
(A)+15V　(B)−15V　(C)6V　(D)12V　　　　　　　　　　　　　　　　[10-6]

第10章 運算放大器

電子學實習試題

( )1. 下列有關μA741運算放大器的敘述，何者錯誤？
(A)8支腳DIP包裝　　　　　　(B)輸入阻抗約2MΩ
(C)輸出阻抗約75Ω　　　　　　(D)輸入抵補電壓最大值為50mV　　[10-1]

( )2. 若μA741運算放大器的迴轉率（slew rate）為$0.314 V/\mu s$，已知可輸入的最高頻率為10kHz，在輸出不失真的情況下，最大輸出峰值電壓為多少？
(A)5V　(B)10V　(C)15V　(D)20V　　[10-1]

( )3. 某運算放大器的迴轉率為$20 V/\mu s$，若輸出電壓由+5V變化至-5V，需要多少時間？
(A)$0.25\mu s$　(B)$0.5\mu s$　(C)$1\mu s$　(D)$2\mu s$　　[10-1]

( )4. 如圖(1a)所示某運算放大器之電壓增益及頻率響應圖，求圖(1b)運算放大器實驗電路可輸入的最大信號頻寬（band width）為多少？
(A)10^3Hz　(B)10^4Hz　(C)10^5Hz　(D)10^6Hz　　[10-1]

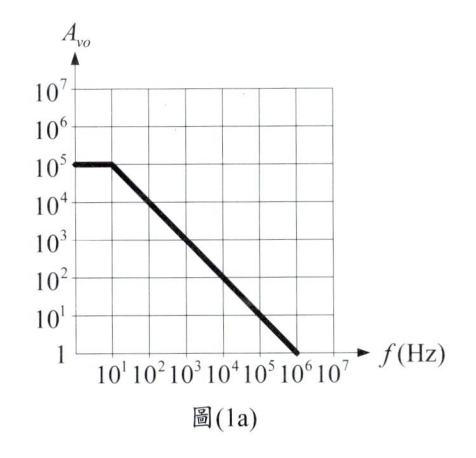

圖(1a) 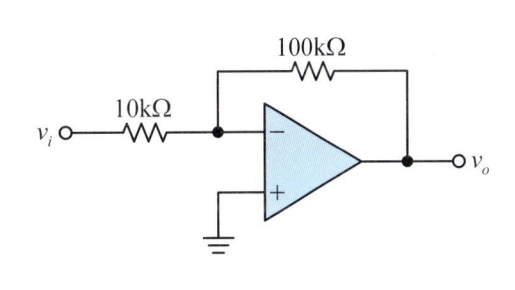　　　　圖(1b)

( )5. 圖(2a)所示為OPA運算放大器，使用示波器測量輸出v_o波形如圖(2b)所示。若示波器使用×1探棒，且水平刻度為$20\mu s/DIV$，垂直刻度為$2V/DIV$，則此運算放大器之迴轉率為何？　(A)$0.3 V/\mu s$　(B)$0.6 V/\mu s$　(C)$3 V/\mu s$　(D)$6 V/\mu s$　　[10-2]

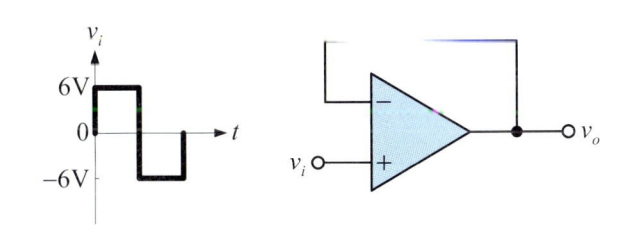

圖(2a) 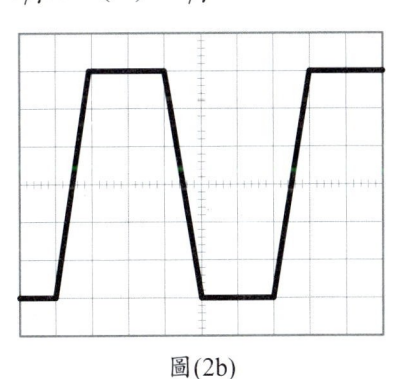　　　　圖(2b)

( )6. 如圖(3)所示運算放大器實驗電路。若OPA輸出飽和電壓為±10V，在輸出不失真的情況下，可以輸入的最大振幅為多少？
(A)±1V
(B)±2V
(C)±5V
(D)±10V　　[10-2]

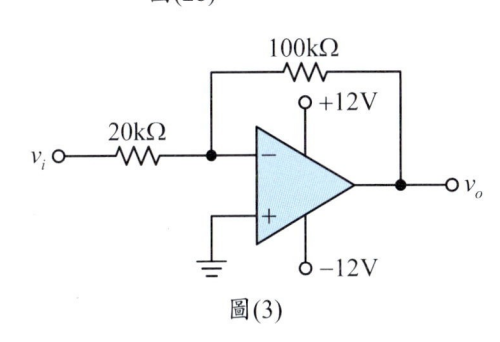

圖(3)

(　　)7. 如圖(4)所示運算放大器實驗電路，OPA輸出飽和電壓為±10V，信號產生器的輸出端連接至實驗電路輸入端，且 $v_i(t) = 2\sin(6280t)$ V。使用示波器測量電路的輸出信號 $v_o(t)$ 為何？ [10-2]

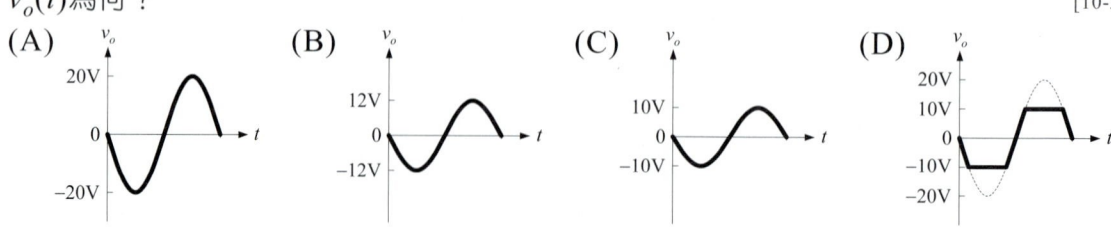

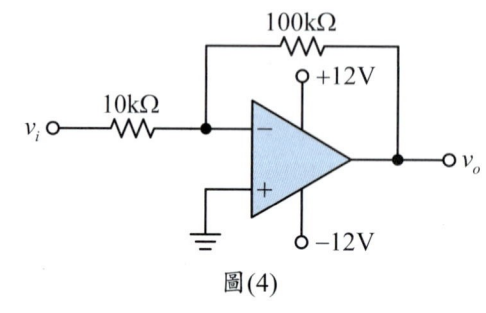

(A) v_o 20V, 0, -20V 正弦波

(B) v_o 12V, 0, -12V 正弦波

(C) v_o 10V, 0, -10V 正弦波

(D) v_o 20V, 10V, 0, -10V, -20V 削波方波

圖(4)：反相放大器，輸入電阻10kΩ，回授電阻100kΩ，±12V供電

(　　)8. 如圖(5a)所示運算放大器實驗電路及其輸入信號 v_i，OPA輸出飽和電壓為±10V，使用示波器測量輸出 v_o 波形如圖(5b)所示。若示波器使用×1探棒，且水平刻度為0.2ms / DIV，垂直刻度為1V / DIV，求電阻R值為多少？
(A)10kΩ　(B)20kΩ　(C)50kΩ　(D)100kΩ [10-2]

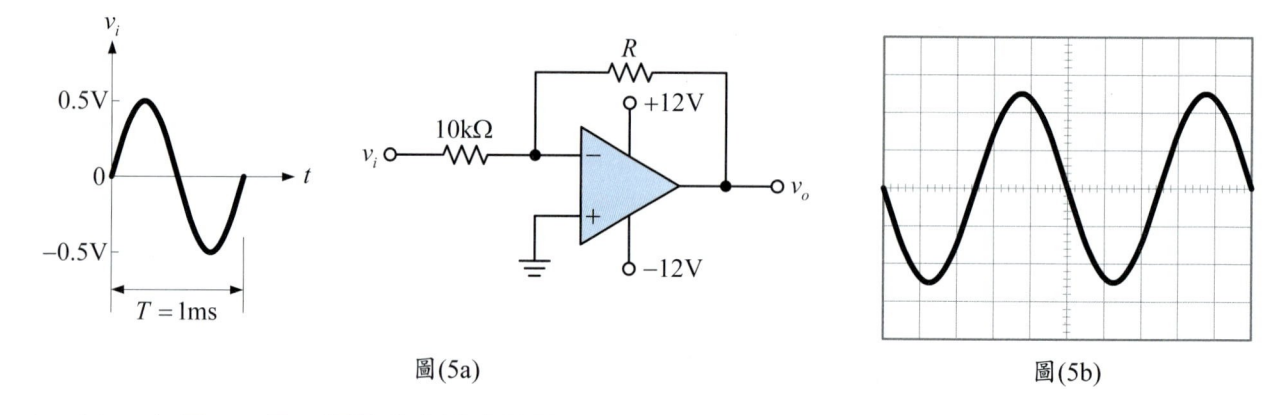

圖(5a)　　圖(5b)

(　　)9. 如圖(6a)所示運算放大器實驗電路，OPA輸出飽和電壓為±10V，使用示波器測量 v_i 及 v_o 波形如圖(6b)所示。若示波器使用×1探棒，且水平刻度為0.2ms / DIV，垂直刻度為1V / DIV，求電阻R值為多少？
(A)10kΩ　(B)20kΩ　(C)50kΩ　(D)100kΩ [10-2]

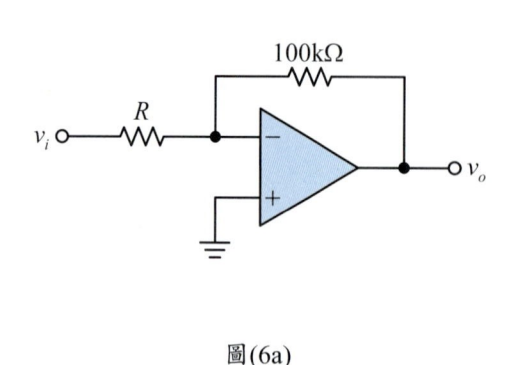

圖(6a) 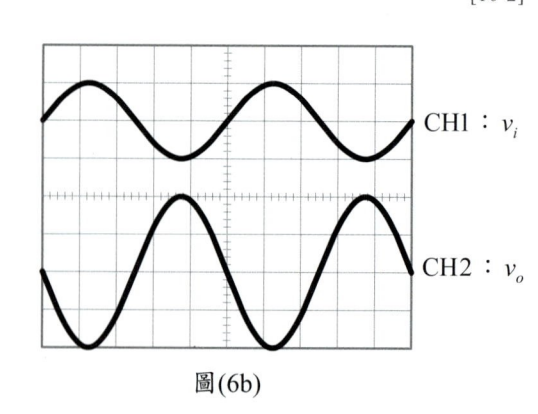　　圖(6b)

第10章 運算放大器

( ) 10. 如圖(7)所示電路，已知運算放大器為理想的。若直流電流表A指示值為0.5mA，求電阻R及輸出電壓V_o分別為多少？
(A) $R = 1\,k\Omega$，$V_o = 5\,V$
(B) $R = 10\,k\Omega$，$V_o = 5\,V$
(C) $R = 1\,k\Omega$，$V_o = 10\,V$
(D) $R = 10\,k\Omega$，$V_o = 10\,V$ [10-3]

圖(7)

圖(8)

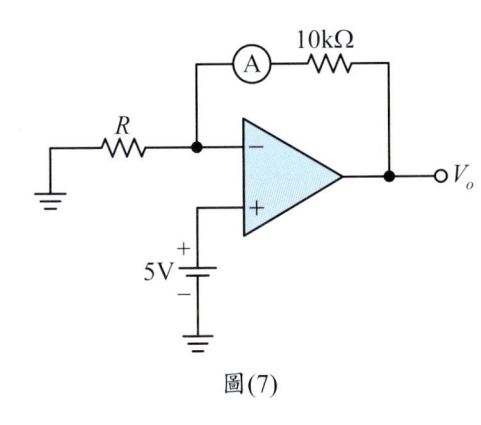

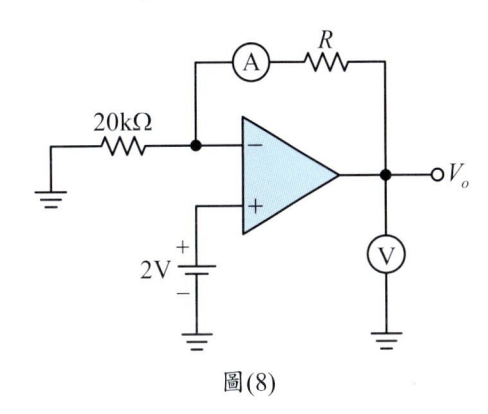

( ) 11. 如圖(8)所示電路，已知OPA為理想的。若直流電壓表V指示值為10V，求電阻R及直流電流表A指示值分別為多少？
(A) $R = 100\,k\Omega$，$I = 0.1\,mA$
(B) $R = 100\,k\Omega$，$I = 0.5\,mA$
(C) $R = 80\,k\Omega$，$I = 0.1\,mA$
(D) $R = 80\,k\Omega$，$I = 0.5\,mA$ [10-3]

( ) 12. 如圖(9)所示電路，已知OPA為理想的。若$V_i = 1\,V$直流電壓，則使用直流電壓表測量輸出V_o為多少？
(A) 0
(B) 1V
(C) 10V
(D) 11V [10-3]

圖(9)

( ) 13. 如圖(10)所示電路，已知OPA為理想的。若直流電流表A指示值為$50\,\mu A$，直流電壓表V指示值為5.5V，求R_1及R_2分別為多少？
(A) $R_1 = 10\,k\Omega$，$R_2 = 100\,k\Omega$
(B) $R_1 = 10\,k\Omega$，$R_2 = 110\,k\Omega$
(C) $R_1 = 1\,k\Omega$，$R_2 = 11\,k\Omega$
(D) $R_1 = 1\,k\Omega$，$R_2 = 10\,k\Omega$ [10-3]

圖(10)

圖(11)

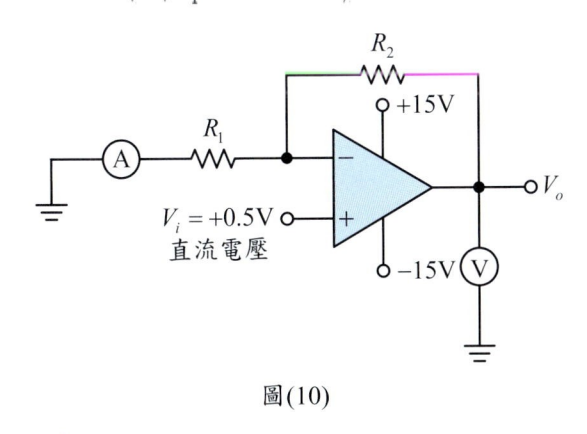

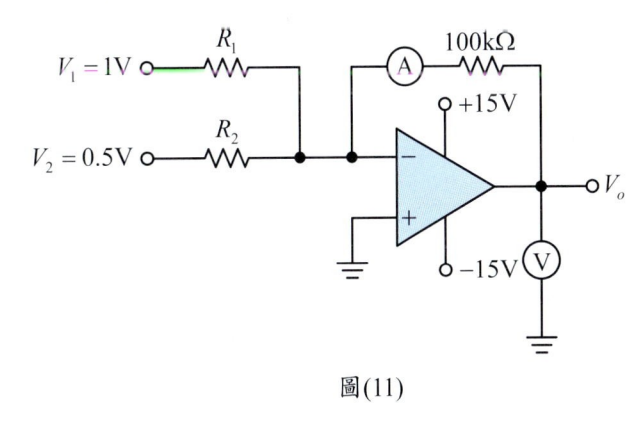

( ) 14. 如圖(11)所示理想運算放大器電路，已知直流電壓表V指示值為−10V，且$R_1 = 2R_2$，求R_1及R_2分別為多少？
(A) $R_1 = 10\,k\Omega$，$R_2 = 5\,k\Omega$
(B) $R_1 = 20\,k\Omega$，$R_2 = 10\,k\Omega$
(C) $R_1 = 40\,k\Omega$，$R_2 = 20\,k\Omega$
(D) $R_1 = 80\,k\Omega$，$R_2 = 40\,k\Omega$ [10-3]

(　　)15. 承上題圖中，求電流表電流值 I 為多少？
(A)50μA　(B)100μA　(C)150μA　(D)200μA	[10-4]

(　　)16. 如圖(12)所示理想運算放大器電路，已知直流電壓表 V_1 指示值為1V，直流電壓表 V_2 指示值為2V，求輸入電壓 V_A 及 V_B 分別為多少？
(A) $V_A = 0.5$ V，$V_B = 1$ V　　　　(B) $V_A = 0.5$ V，$V_B = 1.5$ V
(C) $V_A = 1$ V，$V_B = 1.5$ V　　　　(D) $V_A = 1$ V，$V_B = 2$ V	[10-4]

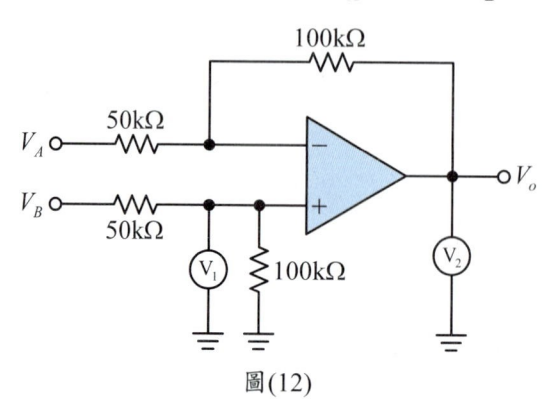

圖(12)

(　　)17. 如圖(13)所示電路，已知OPA為理想的。若 $V_i = 1$ V直流電壓，則使用直流電壓表測量輸出 V_o 為多少？　(A)0　(B)1V　(C)−1V　(D)−10V	[10-5]

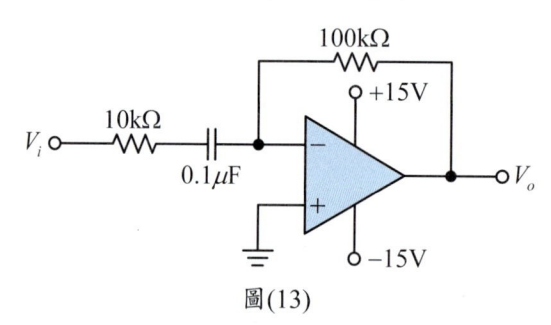

圖(13)

(　　)18. 如圖(14)所示理想運算放大器電路，若輸入 v_i 為500Hz，±1V之對稱三角波，則使用示波器測量輸出 v_o 波形為何？	[10-5]

(A) 3.14V / −3.14V 方波（前半正後半負）
(B) −3.14V / 3.14V 方波（前半負後半正）
(C) 2V / −2V（前高後低凹型）
(D) 2V / −2V（前低後高凸型）

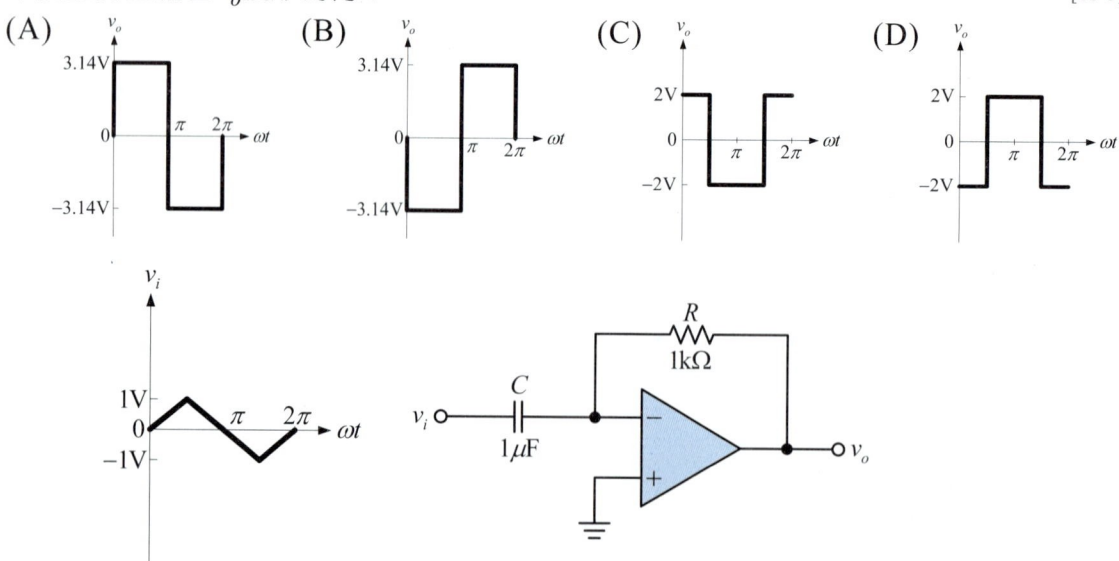

圖(14)

( )19. 如圖(15)所示理想運算放大器電路，若輸入v_i為500Hz，±1V之對稱方波，則使用示波器測量輸出v_o波形為何？ [10-5]

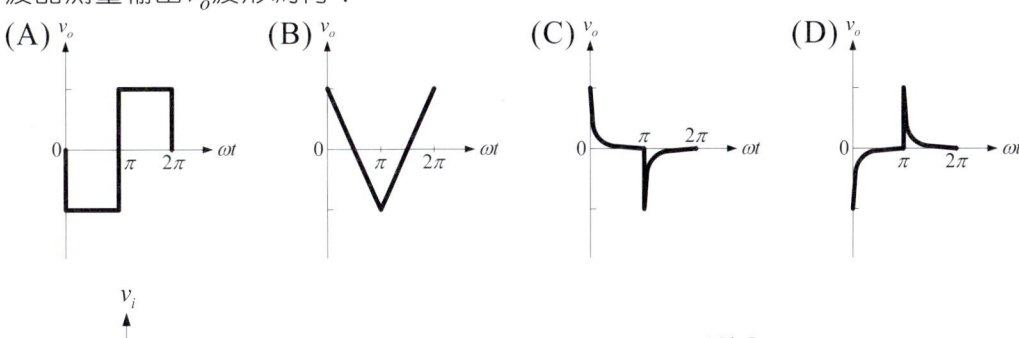

(A) (B) (C) (D)

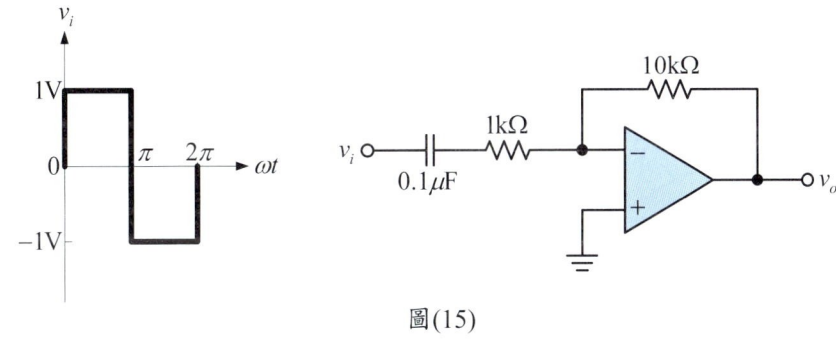

圖(15)

( )20. 如圖(16)所示理想運算放大器電路，在$t=0$時，電容器初值電壓為零。若輸入v_i為100Hz，±1V方波，則使用示波器測量輸出v_o波形為何？ [10-5]

(A) (B) (C) (D)

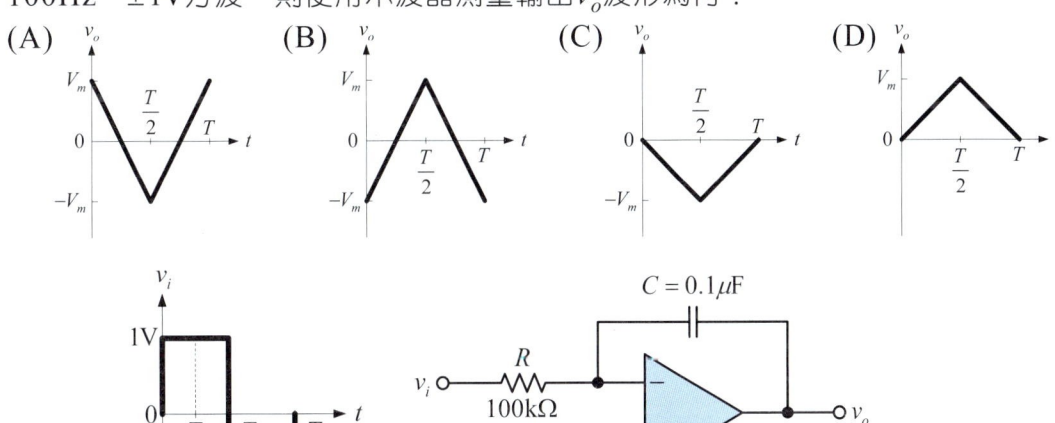

圖(16)

( )21. 承第20題圖中，求V_m為多少？
(A)0.25V (B)0.5V (C)1V (D)2V [10-5]

( )22. 承第20題圖中，求$t=\dfrac{T}{4}$時之輸出電壓v_o為多少？
(A)0.25V (B)−0.25V (C)0.5V (D)−0.5V [10-5]

(　　)23. 如圖(17a)所示電路，圖(17b)為其轉移曲線，若$v_i = 5\sin(6280t)$ V，則輸出v_o波形為下列何者？ [10-6]

(A) (B) 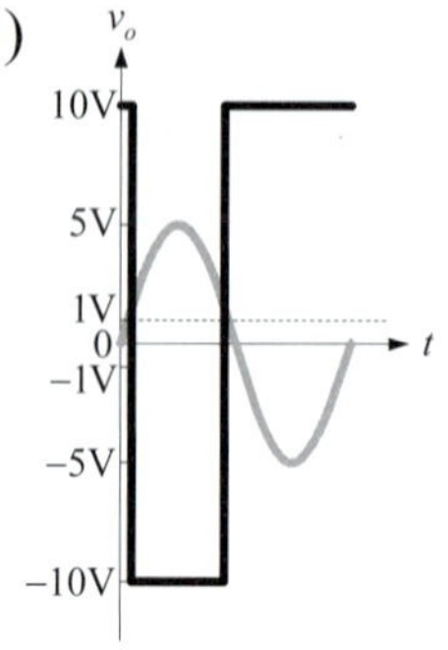 (C) 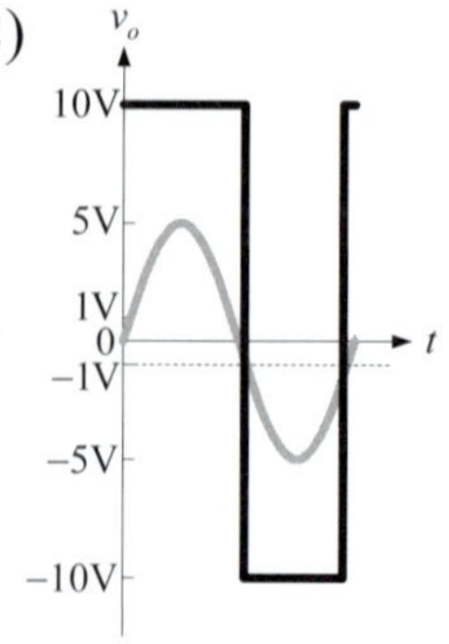 (D)

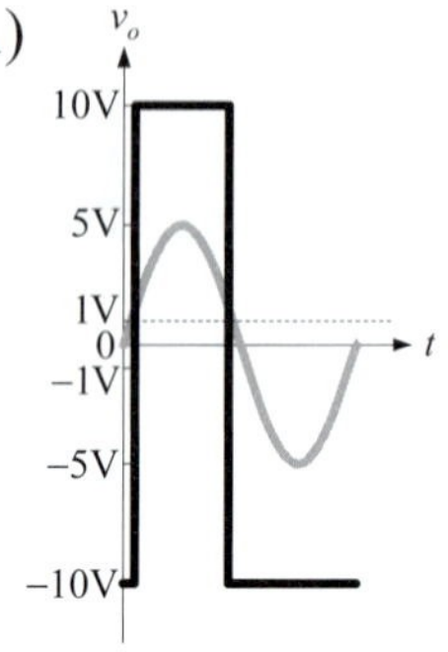

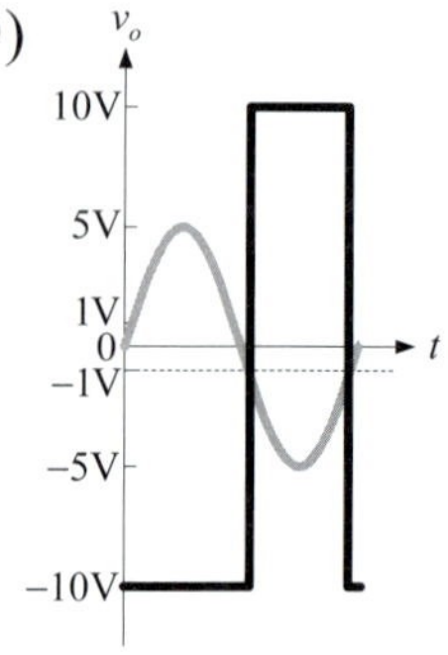

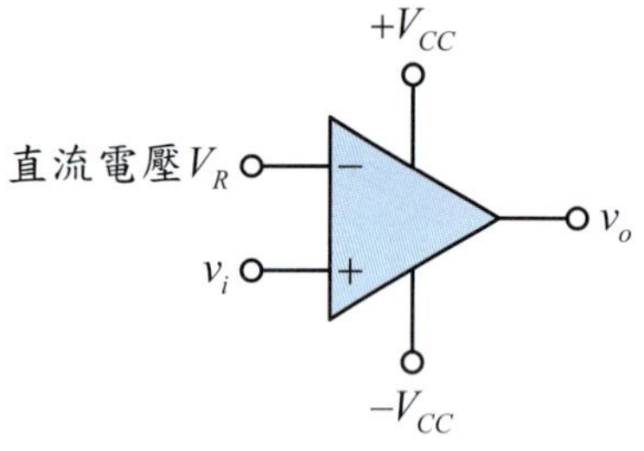

圖(17a) 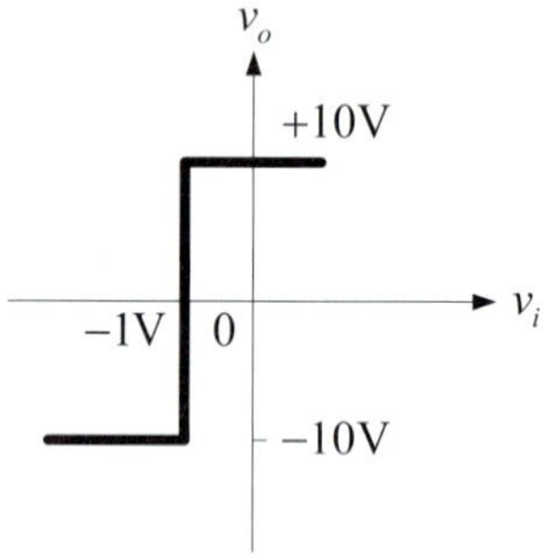　　圖(17b)

(　　)24. 如圖(18a)所示理想運算放大器電路，若$v_i = 2\sin(6280t)$ V，使用示波器測量輸出v_o波形如圖(18b)所示。求直流電壓V_R及輸出v_o波形工作週期分別為多少？
(A)$V_R = +1$ V，工作週期等於25%　　(B)$V_R = -1$ V，工作週期等於25%
(C)$V_R = +1$ V，工作週期等於33%　　(D)$V_R = -1$ V，工作週期等於33% [10-6]

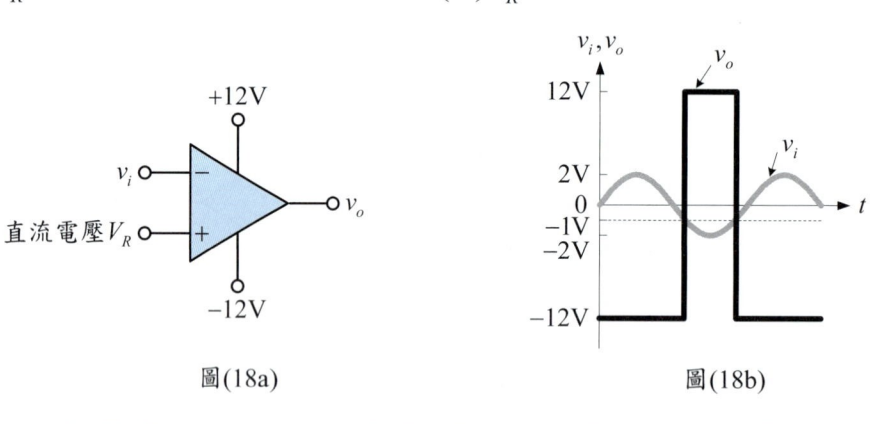

圖(18a)　　圖(18b)

(　　)25. 某OPA比較器轉移曲線如圖(19)所示，則下列何者為其電路圖？ [10-6]

(A) (B) (C) (D)

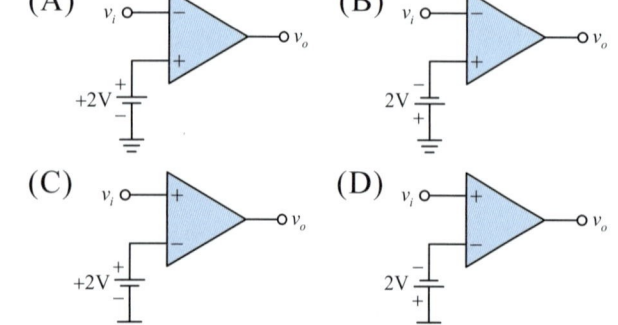

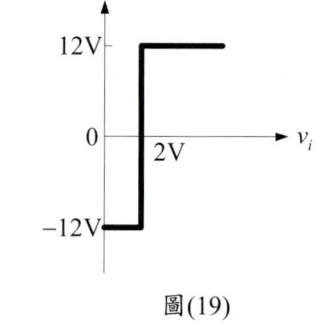

圖(19)

第10章 運算放大器

素養導向題

▲ 閱讀下文,回答第1～2題

阿笠博士在電子學實習課第一節中,進行運算放大器教學,請大家設計一個反相放大器,可以將輸入正弦波信號放大20倍,而且輸出信號線性不失真,所使用的電路圖如下。

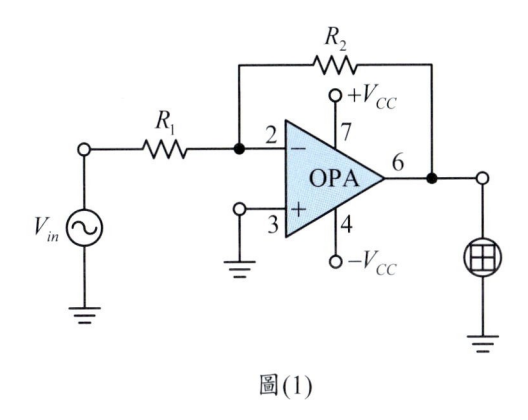

圖(1)

( )1. 如果輸入正弦波信號都是$0.5\sin 2000\pi t\text{V}$,下列哪一位可以完成博士的要求?
(A)柯南選擇使用$V_{CC}=10\text{ V}$,$R_1=10\text{ k}\Omega$,$R_2=200\text{ k}\Omega$
(B)服部平次選擇使用$V_{CC}=12\text{ V}$,$R_1=10\text{ k}\Omega$,$R_2=200\text{ k}\Omega$
(C)小蘭選擇使用$V_{CC}=10\text{ V}$,$R_1=100\text{ k}\Omega$,$R_2=10\text{ k}\Omega$
(D)灰原選擇使用$V_{CC}=12\text{ V}$,$R_1=100\text{ k}\Omega$,$R_2=10\text{ k}\Omega$

( )2. 接續第1題,阿笠博士接著請大家完成正確電路,並且使用示波器測量輸出波形,其峰對峰值電壓至少佔4格以上,一週至少佔2格以上,下列哪一位的調整最適當?
(A)柯南調整示波器垂直刻度$2\text{V}/\text{DIV}$,水平刻度$0.5\text{ms}/\text{DIV}$
(B)服部平次調整示波器垂直刻度$5\text{V}/\text{DIV}$,水平刻度$0.5\text{ms}/\text{DIV}$
(C)小蘭調整示波器垂直刻度$2\text{V}/\text{DIV}$,水平刻度$1\text{ms}/\text{DIV}$
(D)灰原調整示波器垂直刻度$5\text{V}/\text{DIV}$,水平刻度$1\text{ms}/\text{DIV}$

▲ 閱讀下文,回答第3～4題

阿笠博士在電子學實習課第二節中,進行運算放大器教學,請大家設計一個比較器,所使用的電路圖如下。

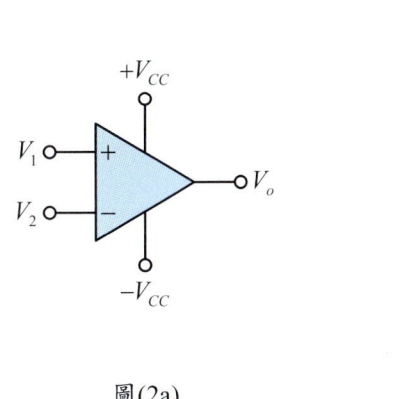

圖(2a) 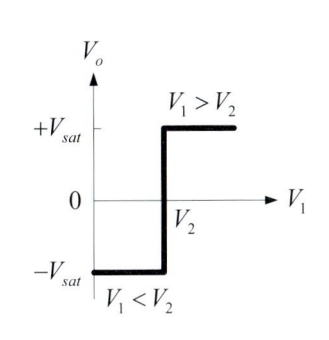　　　　　　圖(2b) 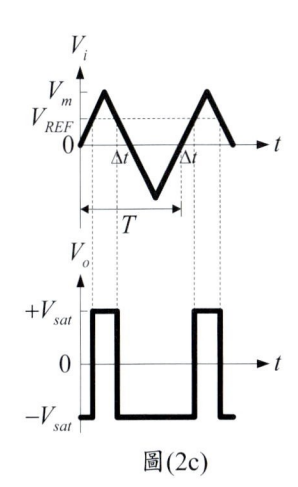　　　　　　圖(2c)

(　　)3. 如果輸入信號為對稱三角波且峰對峰值4V，博士請大家設計可以產生工作週期25%正脈波輸出信號，下列哪一位可以完成博士的要求？
(A)柯南選擇V_1加入三角波信號，$V_2 = 2$ V直流電壓
(B)服部平次選擇$V_1 = 2$ V直流電壓，V_2加入三角波信號
(C)小蘭選擇V_1加入三角波信號，$V_2 = 1$ V直流電壓
(D)灰原選擇$V_1 = 1$ V直流電壓，V_2加入三角波信號

(　　)4. 接續第3題，阿笠博士接著請大家完成正確電路，但輸入信號改為正弦波$V_i = 2\sin 1000\pi t$ V，並請四位同學回答輸出波形工作週期變為多少？
(A)柯南說工作週期不變為25%
(B)服部平次說工作週期變為75%
(C)小蘭說工作週期變為33.3%
(D)灰原說工作週期變為66.6%

▲ 閱讀下文，回答第5題

阿笠博士在電子學實習課第三節中，進行運算放大器教學，請大家完成第1題電路圖，但將OPA輸入接腳第2腳及第3腳互換，即OPA的第2腳接地，OPA的第3腳連接於R_1及R_2的接點，電源電壓$V_{CC} = 12$ V，OPA輸出飽和電壓$V_{sat} = 10$ V，$R_1 = 10$ kΩ，$R_2 = 100$ kΩ。

(　　)5. 博士請大家描述電路特性，下列哪位描述最正確？
(A)柯南說電路是反相放大器，而且輸出波形為放大10倍之正弦波
(B)服部平次說電路是非反相放大器，而且輸出波形為放大10倍之正弦波
(C)小蘭說電路是比較器，而且輸出波形為工作週期大於50%之脈波
(D)灰原說電路是施密特觸發器，而且輸出波形為工作週期等於50%之方波

第10章 運算放大器

| 解 答 |

（*表示附有詳解）

10-1立即練習

基礎題
1.D　　2.C　　3.A　　4.A

進階題
1.A　　2.C　　3.B

10-2立即練習

基礎題
*1.A　　*2.C　　*3.C　　*4.C　　*5.A

進階題
*1.C　　*2.B　　*3.D　　*4.A　　*5.B

10-3立即練習

基礎題
*1.A　　*2.B　　*3.A　　*4.C　　*5.A　　*6.D

進階題
*1.A　　*2.D　　*3.A　　*4.D　　*5.A　　*6.D　　7.B

10-4立即練習一

基礎題
*1.B　　*2.D　　*3.A　　*4.D　　*5.A　　*6.A

進階題
*1.B　　*2.B　　*3.A　　*4.C　　*5.C　　*6.B　　*7.C

10-4立即練習二

基礎題
*1.C　　*2.A　　*3.D　　*4.A　　*5.C

進階題
*1.D　　*2.C　　*3.D　　*4.D　　*5.C

10-5立即練習

基礎題
*1.D　　*2.C　　*3.B　　*4.A　　*5.A

進階題
*1.D　　*2.A　　*3.D　　*4.B　　*5.B

10-6立即練習

基礎題
*1.C　　*2.D　　*3.B　　*4.D　　*5.D　　*6.B　　*7.D

進階題
*1.C　　*2.B　　*3.D　　*4.C　　*5.B　　*6.A　　*7.B

電子學含實習 滿分總複習（下）

解 答
（*表示附有詳解）

歷屆試題

電子學試題

*1.A　*2.B　*3.D　*4.C　*5.C　*6.B　*7.D　*8.B　*9.C　10.C
*11.C　*12.B　*13.C　*14.C　*15.C　*16.A　*17.C　*18.A　*19.C　*20.A
*21.A　*22.A　*23.D　*24.B　*25.C　*26.B　*27.B　*28.C　*29.A　*30.D
*31.A　*32.D

電子學實習試題

*1.D　*2.C　*3.D　*4.B　*5.B　*6.B　*7.A　*8.D　*9.A　*10.A
*11.D　*12.D　*13.C　*14.B　*15.D　*16.C　*17.A　*18.C　*19.D　*20.A
*21.B　*22.B　*23.B　*24.C　*25.A　*26.B　*27.C　*28.B　*29.A　*30.A
*31.C

最新統測試題

*1.B　*2.C　*3.A　*4.D　*5.A　*6.B　*7.C　*8.A　*9.C　*10.A

模擬演練

電子學試題

*1.B　*2.D　*3.C　*4.D　5.D　*6.A　*7.D　*8.C　*9.D　*10.C
*11.B　*12.C　*13.B　*14.A　*15.A　*16.B　*17.C　18.C　19.B　*20.C
*21.B　*22.D　*23.D　*24.D　*25.A

電子學實習試題

*1.D　*2.A　*3.B　*4.C　*5.B　*6.B　*7.D　*8.C　*9.C　*10.D
*11.C　*12.B　*13.A　*14.B　*15.B　*16.B　*17.A　*18.D　*19.D　*20.C
21.B　*22.B　*23.C　*24.D　*25.C

素養導向題

*1.B　*2.A　*3.C　*4.C　*5.D

NOTE

NOTE

CHAPTER 11 運算放大器振盪電路及濾波器

本章學習重點

章節架構	必考重點	
11-1 振盪原理	• 巴克豪生振盪準則　• 迴路增益 βA 分類	★★★★☆
11-2 正弦波產生電路	• RC相移振盪器輸出波形及頻率計算 • 韋恩電橋／哈特萊／考畢子振盪器回授量 β、電壓增益及振盪頻率計算 • 石英晶體振盪器特性	★★★★☆
11-3 施密特觸發器	• 施密特觸發器的基本特性 • 反相／非反相施密特觸發器相關特性計算	★★★★★
11-4 方波產生電路	• 工作原理、回授量 β、相關特性、輸出電壓 • 無穩態多諧振盪器電晶體飽和條件、截止時間計算 • 無穩態多諧振盪器振盪頻率計算	★★★☆☆
11-5 三角波產生電路	• 電路的組成及特性 • 振盪週期及頻率計算、輸出電壓計算	★★★☆☆
11-6 一階濾波器	• 濾波器的種類類及功用 • 一階低通／高通／帶通／帶拒濾波器特性及頻率響應	★★★★☆

統測命題分析

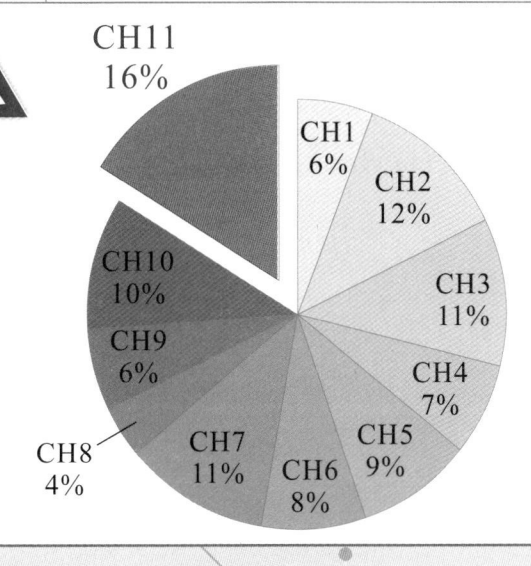

CH11 16%
CH1 6%
CH2 12%
CH3 11%
CH4 7%
CH5 9%
CH6 8%
CH7 11%
CH8 4%
CH9 6%
CH10 10%

考前 3 分鐘

1. 巴克豪生（Barkhausen）振盪準則

電壓增益A_f	迴路增益βA	輸出波形v_o
$A_f = \dfrac{A}{1-\beta A}$	$\beta A < 1\angle 0°$	振幅漸減，輸出為零
	$\beta A = 1\angle 0°$	等幅振盪
	$\beta A > 1\angle 0°$	振幅漸增，輸出失真

2. 正弦波產生電路

電路名稱	電路圖	振盪頻率 f	回授量 β	電壓增益 A	關係式
RC相移振盪器（相位領先型）		$f = \dfrac{1}{2\pi\sqrt{6}RC}$	$\beta = -\dfrac{1}{29}\angle 0°$	$A = -\dfrac{R_2}{R_1}$ $= -29\angle 0°$	$\beta A = 1\angle 0°$
RC相移振盪器（相位落後型）		$f = \dfrac{\sqrt{6}}{2\pi RC}$	$\beta = -\dfrac{1}{29}\angle 0°$	$A = -\dfrac{R_2}{R_1}$ $= -29\angle 0°$	$\beta A = 1\angle 0°$
韋恩電橋振盪器		(1) $R_1 \neq R_2$，$C_1 \neq C_2$ $f = \dfrac{1}{2\pi\sqrt{R_1 R_2 C_1 C_2}}$ (2) $R_1 = R_2 = R$，$C_1 = C_2 = C$ $f = \dfrac{1}{2\pi RC}$	$\beta = \dfrac{R_4}{R_3+R_4}$ $\beta = \dfrac{1}{3}$	$A = \dfrac{1}{\beta}$ $= 1+\dfrac{R_3}{R_4}$ $A = \dfrac{1}{\beta} = 3$	$\dfrac{R_3}{R_4} = \dfrac{R_1}{R_2} + \dfrac{C_2}{C_1}$ $\dfrac{R_3}{R_4} = 2$

More...

電路名稱	電路圖	振盪頻率 f	回授量 β	電壓增益 A	關係式
哈特萊（Hartley）振盪器		$f = \dfrac{1}{2\pi\sqrt{LC}}$	$\beta = -\dfrac{L_1}{L_2}$	$A = -\dfrac{R_2}{R_1}$ $= -\dfrac{L_2}{L_1}$	$L = L_1 + L_2$
考畢子（Colpitts）振盪器		$f = \dfrac{1}{2\pi\sqrt{LC}}$	$\beta = -\dfrac{C_2}{C_1}$	$A = -\dfrac{R_2}{R_1}$ $= -\dfrac{C_1}{C_2}$	$C = \dfrac{C_1 C_2}{C_1 + C_2}$

3. 施密特觸發器

電路名稱	電路圖	輸出波形	上、下臨界電壓 V_U, V_D	輸出電壓
反相型			(1) $V_U = \dfrac{R_2}{R_1 + R_2} V_R + \dfrac{R_1}{R_1 + R_2} V_{sat}$ (2) $V_D = \dfrac{R_2}{R_1 + R_2} V_R - \dfrac{R_1}{R_1 + R_2} V_{sat}$	(1) $V_i > V_U$ 時，$V_o = -V_{sat}$ (2) $V_D < V_i < V_U$ 時，V_o 維持不變 (3) $V_i < V_D$ 時，$V_o = +V_{sat}$
非反相型			(1) $V_U = \dfrac{R_1 + R_2}{R_2} V_R + \dfrac{R_1}{R_2} V_{sat}$ (2) $V_D = \dfrac{R_1 + R_2}{R_2} V_R - \dfrac{R_1}{R_2} V_{sat}$	(1) $V_i > V_U$ 時，$V_o = +V_{sat}$ (2) $V_D < V_i < V_U$ 時，V_o 維持不變 (3) $V_i < V_D$ 時，$V_o = -V_{sat}$

考前 3 分鐘

4. 方波產生電路

電路名稱	電路圖	輸出波形
方波產生電路		$T = 2RC\ln(\frac{1+\beta}{1-\beta})$，且 $\beta = \frac{R_2}{R_1+R_2}$

5. 555 IC多諧振盪器

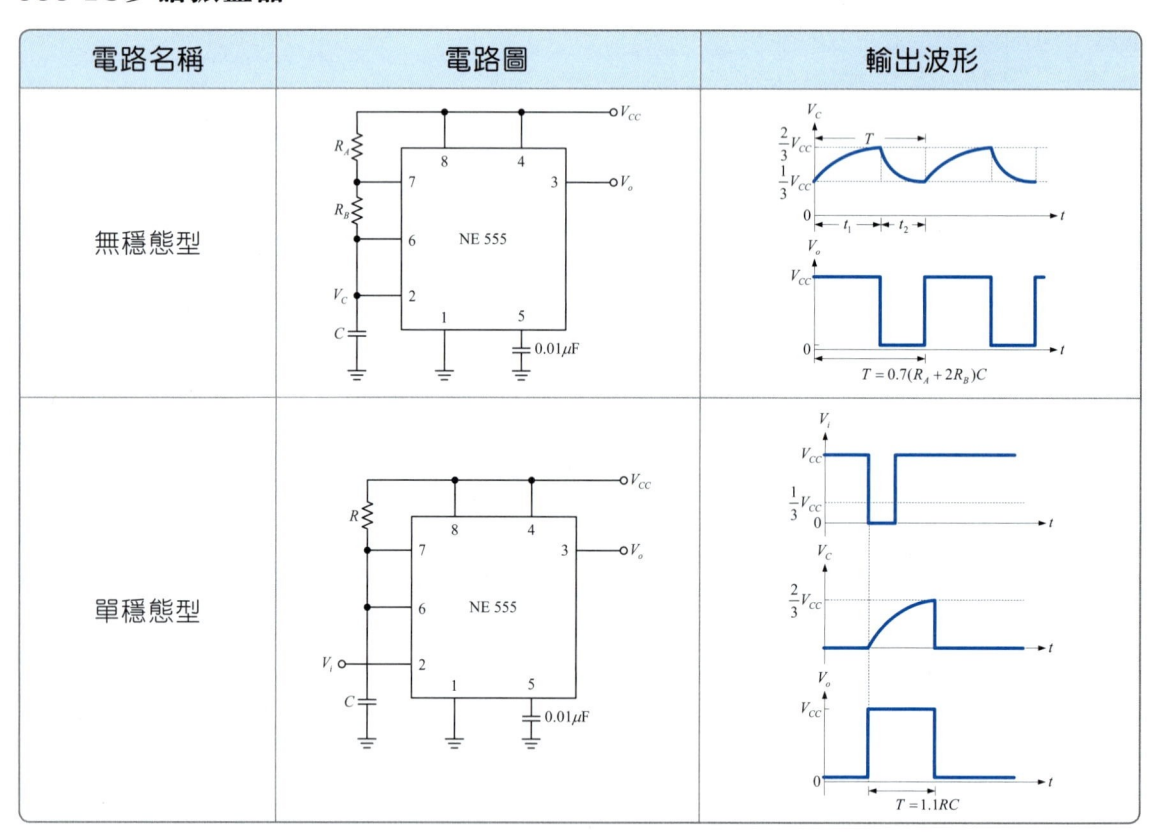

電路名稱	電路圖	輸出波形
無穩態型		$T = 0.7(R_A + 2R_B)C$
單穩態型		$T = 1.1RC$

6. 三角波產生電路

電路名稱	電路圖	輸出波形
三角波產生電路		$V_U = \frac{R_2}{R_1}V_{sat}$，$V_D = -\frac{R_2}{R_1}V_{sat}$，$T = 4(\frac{R_2}{R_1})RC$

7. 一階濾波器

電路名稱	電路圖	頻率響應	公式
主動低通濾波器			$f_H = \dfrac{1}{2\pi RC}$ $A_v = 1 + \dfrac{R_B}{R_A}$
主動高通濾波器			$f_L = \dfrac{1}{2\pi RC}$ $A_v = 1 + \dfrac{R_B}{R_A}$
主動帶通濾波器			$f_H = \dfrac{1}{2\pi R_1 C_1}$ $f_L = \dfrac{1}{2\pi R_2 C_2}$ $A_v = (1 + \dfrac{R_{B1}}{R_{A1}})(1 + \dfrac{R_{B2}}{R_{A2}})$ $BW = f_H - f_L$
主動帶拒濾波器			$f_H = \dfrac{1}{2\pi R_1 C_1}$ 通常選擇 $R_A = R_{A1} = R_{A2}$， $R_B = R_{B1} = R_{B2}$， 則 $A_v = (1 + \dfrac{R_B}{R_A})$ $BW = f_L - f_H$

11-1 振盪原理

理論重點

重點 1 振盪器基本原理

1. 如圖所示振盪器方塊圖，是由一個 _____ 及一個 _____ 所組成。所謂**振盪器**（oscillator）是指不需要輸入訊號（$v_s = 0$），且滿足下列三個條件，即可產生週期性輸出訊號的電路。

   (1) 放大電路：電壓增益 $|A| >$ _____。

   (2) 回授電路：回授量 _____ $< |\beta| \leq$ _____。

   (3) 振盪條件：$\beta A =$ _____。

正回授電壓增益 A_f

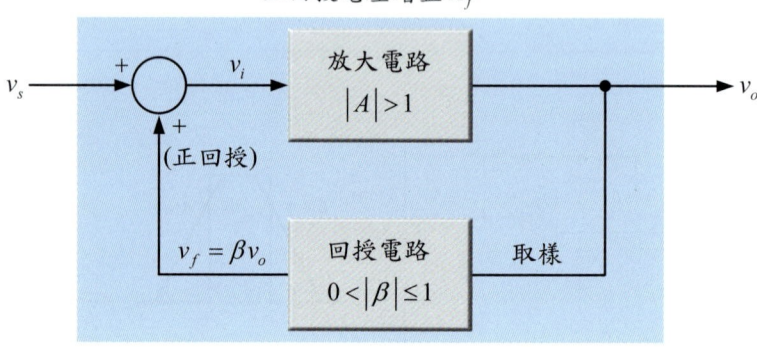

振盪器方塊圖

2. 放大電路電壓增益 $A =$ _____。

3. 迴路電路回授量 $\beta =$ _____。

4. 振盪電路電壓增益 $A_f = \dfrac{v_o}{v_s} =$ _____。

   (1) $v_i = v_s + v_f$，$v_f = \beta v_o = \beta A v_i$

   (2) $A_f = \dfrac{v_o}{v_s} = \dfrac{A v_i}{v_i - v_f} = \dfrac{A}{1 - \beta A}$

5. **巴克豪生振盪準則**（Barkhausen criterion）：_____

   (1) 當 $\beta A = 1 \angle 0°$，即 $1 - \beta A = 0$，$A_f = \dfrac{v_o}{v_s} = \dfrac{A}{1 - \beta A} = \infty$，則 $v_s = 0$，所代表的意義是：振盪電路不需任何輸入信號（$v_s = 0$），即可產生振盪。

   (2) 實際上，輸入端只要極微小的雜訊源，即可推動放大電路產生振盪。考量元件老化、誤差等因素，通常會設計迴路增益略大於1，較容易產生振盪。

第11章 運算放大器振盪電路及濾波器

6. 迴路增益 βA

   (1) 如圖(a)所示 $\beta A < 1\angle 0°$ 情形，因為 $v_i = v_f = \beta v_o = \beta A v_i$，輸出振幅為 ＿＿＿＿＿＿＿＿。

   (2) 如圖(b)所示 $\beta A = 1\angle 0°$ 情形，因為 $A_f = \dfrac{v_o}{v_s} = \dfrac{A}{1-\beta A} = \infty$，輸出振幅為 ＿＿＿＿＿＿＿＿。

   (3) 如圖(c)所示 $\beta A > 1\angle 0°$ 情形，因為 $v_i = v_f = \beta v_o = \beta A v_i$，輸出振幅為 ＿＿＿＿＿＿＿＿。

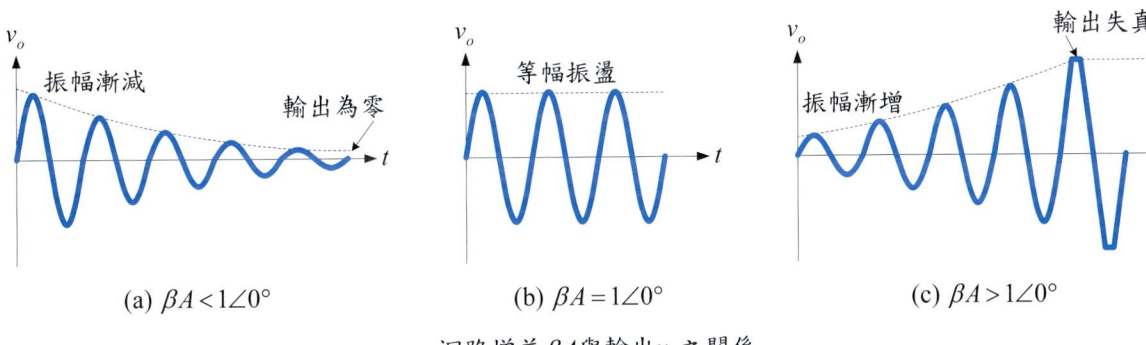

   (a) $\beta A < 1\angle 0°$　　(b) $\beta A = 1\angle 0°$　　(c) $\beta A > 1\angle 0°$

   迴路增益 βA 與輸出 v_o 之關係

7. 振盪器的分類

   (1) 振盪器多使用 ＿＿＿＿＿＿＿＿ 當作放大電路。

   (2) 低頻率正弦波振盪器使用 ＿＿＿＿＿＿ 振盪器，高頻率正弦波振盪器使用 ＿＿＿＿＿＿ 振盪器。

   (3) 振盪頻率最穩定的正弦波振盪器為 ＿＿＿＿＿＿＿＿ 振盪器。

   (4) 方波產生器又稱為 ＿＿＿＿＿＿＿＿。

   (5) 三角波產生器是由 ＿＿＿＿＿＿＿＿ 及 ＿＿＿＿＿＿＿＿ 所組成。

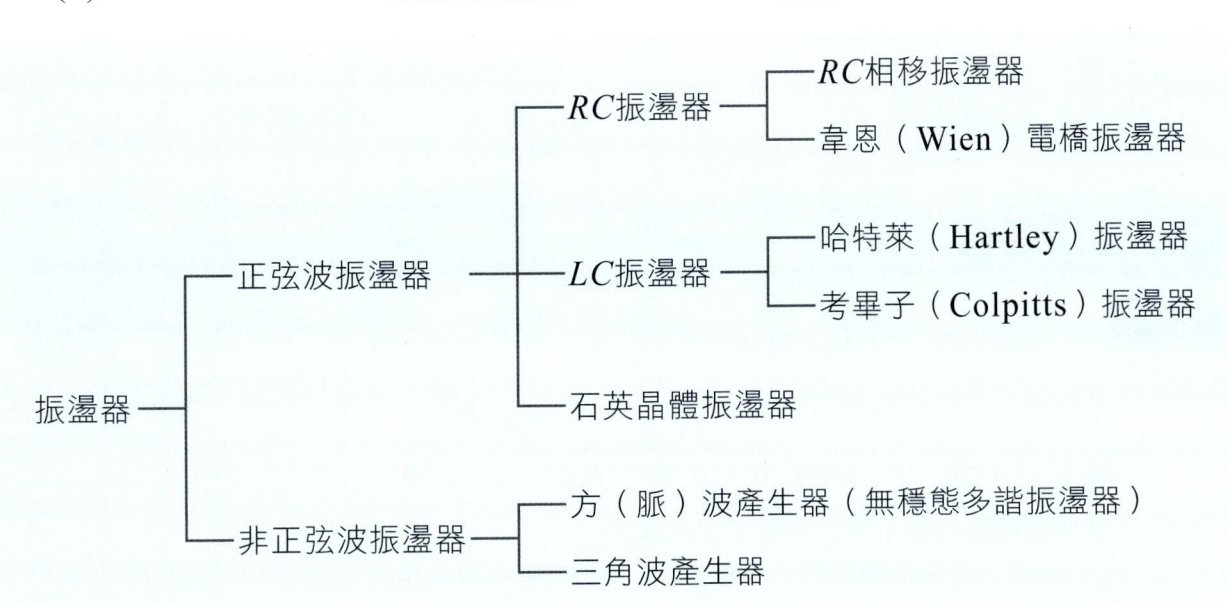

```
振盪器 ─┬─ 正弦波振盪器 ─┬─ RC振盪器 ─┬─ RC相移振盪器
        │                │              └─ 韋恩（Wien）電橋振盪器
        │                │
        │                ├─ LC振盪器 ─┬─ 哈特萊（Hartley）振盪器
        │                │            └─ 考畢子（Colpitts）振盪器
        │                │
        │                └─ 石英晶體振盪器
        │
        └─ 非正弦波振盪器 ─┬─ 方（脈）波產生器（無穩態多諧振盪器）
                           └─ 三角波產生器
```

答案：1. 放大電路、回授電路
　　　　(1) 1　　　　　　(2) 0、1　　　　　(3) $1\angle 0°$
2. $\dfrac{v_o}{v_i}$　　　3. $\dfrac{v_f}{v_o}$　　　4. $\dfrac{A}{1-\beta A}$　　　5. $\beta A = 1\angle 0°$
6. (1) 漸減至零　　(2) 等幅正弦波　　(3) 漸增而飽和
7. (1) 運算放大器　(2) RC、LC　　(3) 石英晶體　　(4) 無穩態多諧振盪器
　 (5) 施密特觸發器、米勒積分器

老師講解

1. 有關正弦波振盪器的敘述，下列何者錯誤？
(A)需有穩定的直流電源供應　　　　(B)具有正回授網路
(C)迴路增益$|\beta A| \leq 1$　　　　　(D)由小的雜訊電壓形成振盪

解 (C)
　　振盪條件：迴路增益$|\beta A| = 1$

2. 最穩定的正弦波振盪器為何？
(A)RC相移振盪器　(B)韋恩（Wien）振盪器　(C)考畢子振盪器　(D)石英晶體振盪器

解 (D)

學生練習

1. 回授放大電路作為正弦波振盪器，必須滿足下列哪一項條件？
(A)電路為正回授　　　　　　　　　(B)有足夠大的增益
(C)放大器的電壓增益與回授量乘積為1　(D)回授量等於1

2. 下列何者不是正弦波振盪器？
(A)哈特萊振盪器　　　　　　　　　(B)考畢子振盪器
(C)無穩態多諧振盪器　　　　　　　(D)韋恩（Wien）振盪器

立即練習

基礎題

(　)1. 若回授放大器的電壓增益$A_f = \dfrac{A}{1+\beta A}$，當迴路增益$\beta A$等於多少時，電路可以產生振盪？　(A)$1\angle 180°$　(B)$1\angle 0°$　(C)$-1\angle 180°$　(D)$1\angle 90°$

(　)2. 就振盪電路而言，下列敘述何者錯誤？
(A)能將直流電能轉換成交流電能　　(B)具有一高增益放大器
(C)具有一負回授網路　　　　　　　(D)石英晶體振盪器是最穩定的振盪器

11-2 正弦波產生電路 105 106 107 108 109 110 111 112 113 114

理論重點

重點 1 領先型RC相移振盪器

1. 如圖(a)所示領先型RC相移振盪器，是由一個 ＿＿＿＿＿＿ 及 ＿＿＿＿＿＿ 所組成。圖(b)所示為每階RC回授電路所產生的相移，因其輸出信號相角領先輸入信號相角 θ，所以稱為領先型RC相移振盪器。每階RC相移角小於 ＿＿＿＿＿，最少需使用三階RC網路才能得到180°相移角。

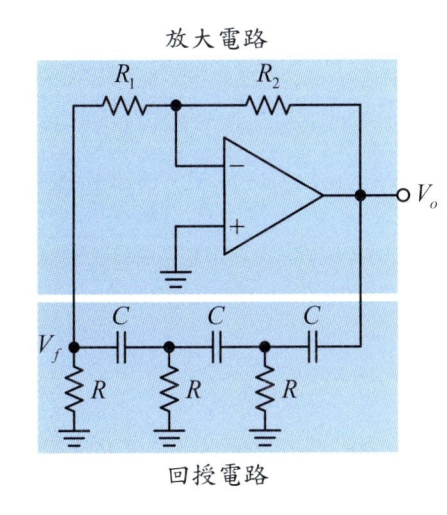

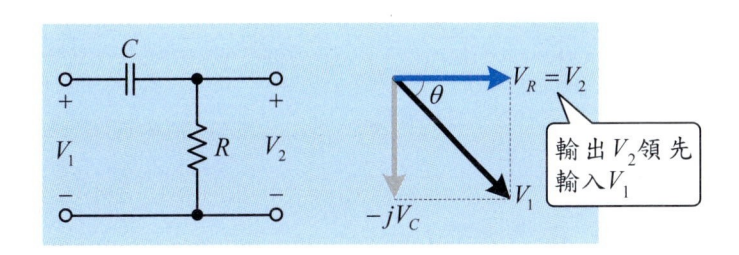

(1) 振盪頻率 $f = \dfrac{1}{2\pi\sqrt{6}RC}$

(2) 回授量 $\beta = -\dfrac{1}{29}\angle 0° = \dfrac{1}{29}\angle 180°$

(3) 電壓增益 $A = -\dfrac{R_2}{R_1}$

(4) 產生振盪的最小電壓增益 $A = \dfrac{1}{\beta} = \dfrac{1}{\dfrac{1}{29}\angle 180°} = 29\angle 180° = -29\angle 0°$

(5) 三階RC相移角度 $3\theta = 180°$，理論上每階RC相移角度 $\theta = $ ＿＿＿＿＿，實際上考慮每階RC網路的 ＿＿＿＿＿＿，每階RC相移角度 $\theta = \tan^{-1}(\dfrac{X_C}{R}) = \tan^{-1}(\sqrt{6}) = $ ＿＿＿＿＿。

答案：1. OPA放大電路、三階RC回授電路、90°
(5) 60°、負載效應、67.8°

重點 2　落後型RC相移振盪器

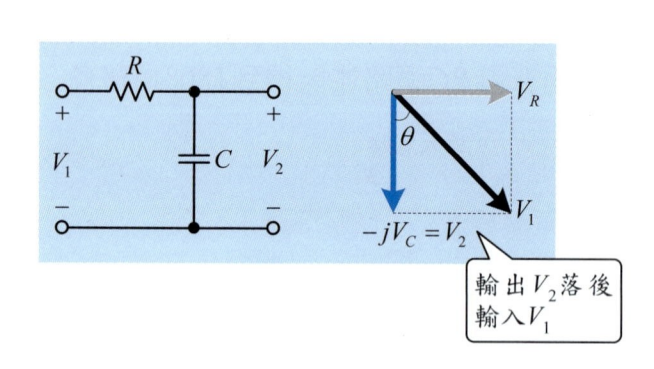

1. 如圖(a)所示落後型RC相移振盪器，是由一個 ＿＿＿＿＿＿ 及 ＿＿＿＿＿＿ 所組成。圖(b)所示為每階RC回授電路所產生的相移，因其輸出信號相角落後輸入信號相角θ，所以稱為落後型RC相移振盪器。每階RC相移角小於 ＿＿＿＿＿＿，最少需使用三階RC網路才能得到180°相移角。

   (1) 振盪頻率 $f = \dfrac{\sqrt{6}}{2\pi RC}$

   (2) 回授量 $\beta = -\dfrac{1}{29}\angle 0° = \dfrac{1}{29}\angle 180°$

   (3) 電壓增益 $A = -\dfrac{R_2}{R_1}$

   (4) 產生振盪的最小電壓增益 $A = \dfrac{1}{\beta} = \dfrac{1}{\dfrac{1}{29}\angle 180°} = 29\angle 180° = -29\angle 0°$

   (5) 三階RC相移角度 $3\theta = -180°$，理論上每階RC相移角度 $\theta =$ ＿＿＿＿＿，實際上考慮每階RC網路的 ＿＿＿＿＿＿，每階RC相移角度 $\theta = -\tan^{-1}(\dfrac{X_C}{R}) = -\tan^{-1}(\sqrt{6}) =$ ＿＿＿＿＿。

答案：1. OPA放大電路、三階RC回授電路、90°
　　　　(5) −60°、負載效應、−67.8°

第11章 運算放大器振盪電路及濾波器

老師講解

1. 如下圖所示RC相移振盪器電路,試求要達到振盪之最小R_f電阻值為多少?
   (A)64kΩ　(B)58kΩ　(C)50kΩ　(D)32kΩ

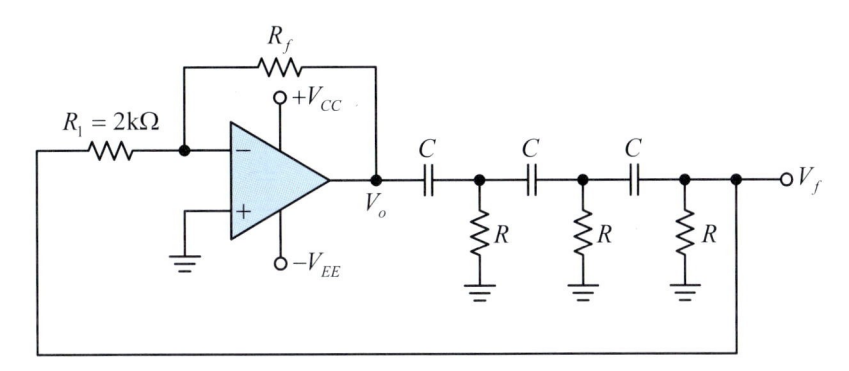

解 (B)

(1) 依巴克豪生振盪準則:$\beta A = 1\angle 0°$,即 $A = \dfrac{1}{\beta} = \dfrac{1}{-\dfrac{1}{29}} = -29$

(2) 因 $A = -\dfrac{R_f}{R_1} = -29$,則 $R_f = 29R_1 = 29 \times 2k = 58\,k\Omega$

學生練習

1. 承上題電路,若$R = 1\,k\Omega$,$C = 0.1\,\mu F$,求電路振盪頻率約為多少?
   (A)500Hz　(B)650Hz　(C)1590Hz　(D)10kHz

重點 3　韋恩(Wien)電橋振盪器

1. 如圖所示韋恩電橋振盪器,是由一個 ＿＿＿＿＿＿ 及 ＿＿＿＿＿＿ 所組成。電路中包含兩種回授電路,一為R_1、R_2、C_1、C_2所組成的正回授電路,另一為R_3、R_4所組成的負回授電路。當正回授量$\beta_{(+)}$等於負回授量$\beta_{(-)}$時,電橋平衡,電路產生振盪。

   (1) 正回授量 $\beta_{(+)} = \dfrac{Z_2}{Z_1 + Z_2}$

   (2) 負回授量 $\beta_{(-)} = \dfrac{R_4}{R_3 + R_4}$

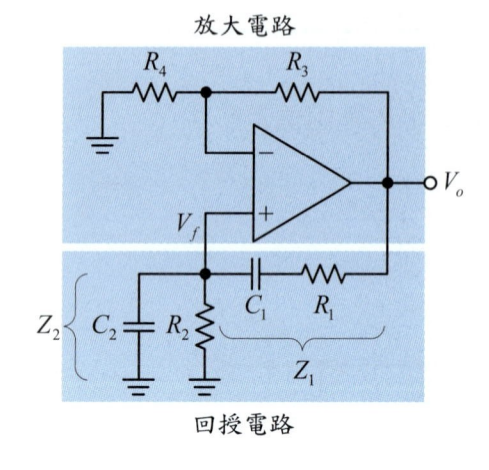

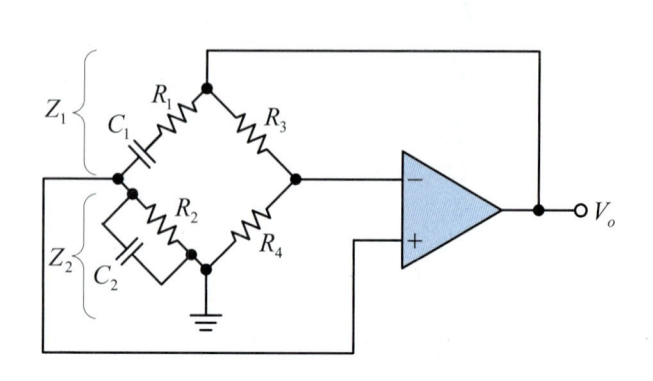

2. 當 $R_1 \neq R_2$，$C_1 \neq C_2$ 時

   (1) 振盪頻率 $f = \dfrac{1}{2\pi\sqrt{R_1 R_2 C_1 C_2}}$

   (2) $\dfrac{R_3}{R_4} = \dfrac{R_1}{R_2} + \dfrac{C_2}{C_1}$

   (3) 回授量 $\beta = \dfrac{R_4}{R_3 + R_4} = \dfrac{1}{1 + \dfrac{R_3}{R_4}}$

   (4) 振盪的最小電壓增益 $A = \dfrac{1}{\beta} = 1 + \dfrac{R_3}{R_4}$

3. 當 $R_1 = R_2 = R$，$C_1 = C_2 = C$ 時

   (1) 振盪頻率 $f = \dfrac{1}{2\pi RC}$

   (2) $\dfrac{R_3}{R_4} = \dfrac{R_1}{R_2} + \dfrac{C_2}{C_1} = 2$

   (3) 回授量 $\beta = \dfrac{R_4}{R_3 + R_4} = \dfrac{1}{1 + \dfrac{R_3}{R_4}} = \dfrac{1}{3}$

4. 產生振盪的最小電壓增益 $A = \dfrac{1}{\beta} = 1 + \dfrac{R_3}{R_4} = 3$

答案：1. OPA放大電路、回授電路

老師講解

2. 如右圖所示韋恩（Wien）電橋振盪器，若 $R_1 = R_2$，$C_1 = C_2$，求產生振盪的條件為何？

(A) $R_3 = 2R_4$
(B) $R_4 = 2R_3$
(C) $R_1 + R_2 = R_3 + R_4$
(D) $R_1 R_4 = R_2 R_3$

解 (A)

$$\frac{R_3}{R_4} = \frac{R_1}{R_2} + \frac{C_2}{C_1} = 1 + 1 = 2$$

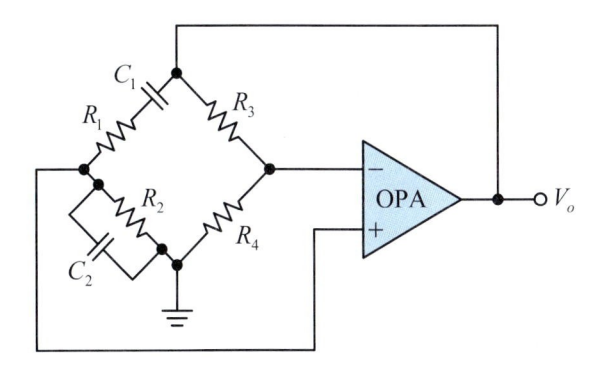

學生練習

2. 承上題電路，若 $R_1 = R_2 = 16\,\text{k}\Omega$，$C_1 = C_2 = 0.01\,\mu\text{F}$，當電路產生振盪時，下列特性何者錯誤？

(A) 振盪頻率為 $\dfrac{1}{32\pi} \times 10^5\,\text{Hz}$

(B) 輸出電壓振幅大小為OPA之正負飽和值

(C) 電阻比 $\dfrac{R_3}{R_4} = 1$

(D) 此迴路增益為一實數，相位角為零

重點 4　LC振盪器

1. 如圖所示LC振盪器，常用的LC振盪器包含 ＿＿＿＿＿＿ 及 ＿＿＿＿＿＿。LC振盪器是由 ＿＿＿＿＿＿ 及 ＿＿＿＿＿＿ 所組成。電路必須滿足下列兩個條件，才能產生振盪。（其中 X_1、X_2、X_3 代表電感抗或電容抗）

   (1) $\beta A = 1 \angle 0°$

   (2) $X_1 + X_2 + X_3 = 0$

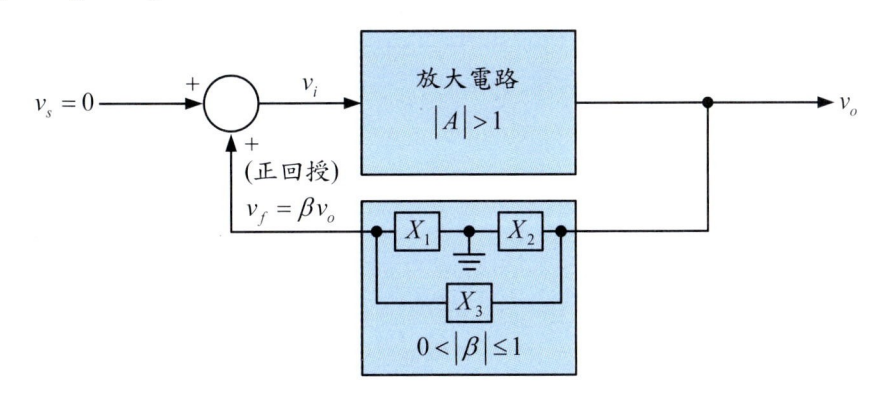

3. LC振盪器回授量 β

   (1) $\beta = \dfrac{v_f}{v_o} = \dfrac{X_1}{X_1 + X_3} = -\dfrac{X_1}{X_2}$

   (2) 因為 β 為一實數,所以 X_1 及 X_2 必須使用相同的電抗元件。

4. LC振盪頻率 f

   (1) 若 X_1 及 X_2 使用電感器,則 X_3 必須使用 _____。因為 $X_1 + X_2 = -X_3$,
   所以 $j\omega(L_1 + L_2) = -(\dfrac{1}{j\omega C})$,故 $\omega = \dfrac{1}{\sqrt{(L_1+L_2)C}}$,$f = \dfrac{1}{2\pi\sqrt{(L_1+L_2)C}}$

   (2) 若 X_1 及 X_2 使用電容器,則 X_3 必須使用 _____。因為 $X_1 + X_2 = -X_3$,
   所以 $\dfrac{1}{j\omega C_1} + \dfrac{1}{j\omega C_2} = -j\omega L$,故 $\omega = \dfrac{1}{\sqrt{L(\dfrac{C_1 C_2}{C_1+C_2})}}$,$f = \dfrac{1}{2\pi\sqrt{L(\dfrac{C_1 C_2}{C_1+C_2})}}$

答案:1. 哈特萊(Hartley)振盪器、考畢子(Colpitts)振盪器、OPA放大電路、LC回授電路
　　　4. (1) 電容器　　(2) 電感器

重點 5　哈特萊(Hartley)振盪器

1. 如圖所示哈特萊振盪器,是由一個 _____ 及 _____ 所組成。回授電路由 _____ 個電感器及 _____ 個電容器所組成,且電容C連接於輸入與輸出之間。

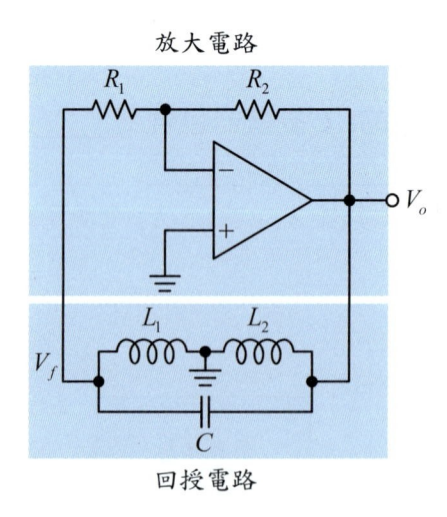

(1) 振盪頻率 $f = \dfrac{1}{2\pi\sqrt{(L_1+L_2)C}}$

(2) 回授量 $\beta = \dfrac{X_1}{X_1 + X_3} = -\dfrac{X_1}{X_2} = -\dfrac{j\omega L_1}{j\omega L_2} = -\dfrac{L_1}{L_2}$

(3) 電壓增益 $A = -\dfrac{R_2}{R_1}$

(4) 產生振盪的最小電壓增益 $A = \dfrac{1}{\beta} = \dfrac{1}{-\dfrac{L_1}{L_2}} = -\dfrac{L_2}{L_1} = -\dfrac{R_2}{R_1}$

答案：1. OPA放大電路、LC回授電路、兩、一

🎧 老師講解

3. 如下圖所示哈特萊（Hartley）振盪電路，下列何者正確？
(A)Z_1為電阻，Z_2為電感，Z_3為電容　　(B)Z_1、Z_2為電容，Z_3為電感
(C)Z_1、Z_3為電感，Z_2為電容　　(D)Z_1、Z_2為電感，Z_3為電容

解 (D)

(1) **解題技巧**：先找到連接於輸入與輸出之間的元件，此題為Z_3。

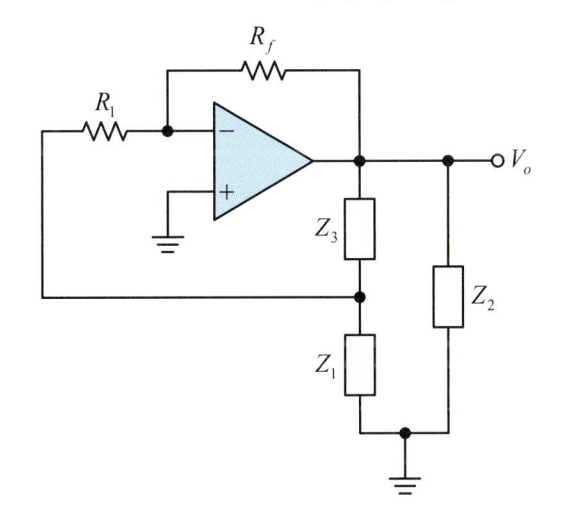

(2) 哈特萊振盪電路之Z_1、Z_2為電感，Z_3為電容。

(3) 考畢子振盪電路之Z_1、Z_2為電容，Z_3為電感。

🎤 學生練習

3. 設計一個哈特萊振盪器（Hartley Oscillator），振盪頻率為100kHz，電感 $L_1 = L_2 = 0.1\text{mH}$，則電容C為何？
(A)25.33nF　(B)50.66nF　(C)500nF　(D)12.67nF

重點 6　考畢子（Colpitts）振盪器

1. 如圖所示考畢子振盪器，是由一個 _____ 及 _____ 所組成。回授電路由 _____ 個電感器及 _____ 個電容器所組成，且電感 L 連接於輸入與輸出之間。

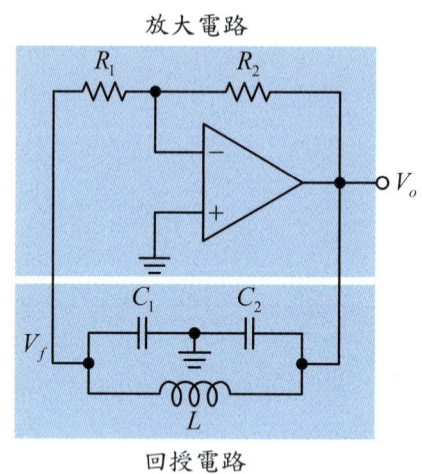

(1) 振盪頻率 $f = \dfrac{1}{2\pi\sqrt{L(\dfrac{C_1 C_2}{C_1 + C_2})}}$

(2) 回授量 $\beta = \dfrac{X_1}{X_1 + X_3} = -\dfrac{X_1}{X_2} = -\dfrac{\dfrac{1}{j\omega C_1}}{\dfrac{1}{j\omega C_2}} = -\dfrac{C_2}{C_1}$

(3) 電壓增益 $A = -\dfrac{R_2}{R_1}$

(4) 產生振盪的最小電壓增益 $A = \dfrac{1}{\beta} = \dfrac{1}{-\dfrac{C_2}{C_1}} = -\dfrac{C_1}{C_2} = -\dfrac{R_2}{R_1}$

答案：1. OPA放大電路、LC回授電路、一、兩

老師講解

4. 如下圖所示考畢子（Colpitts）振盪電路，下列何者正確？
(A) Z_1 為電阻，Z_2 為電感，Z_3 為電容
(B) Z_1、Z_2 為電容，Z_3 為電感
(C) Z_1、Z_3 為電感，Z_2 為電容
(D) Z_1、Z_2 為電感，Z_3 為電容

解 (B)

(1) **解題技巧**：先找到連接於輸入與輸出之間的元件，此題為 Z_3。

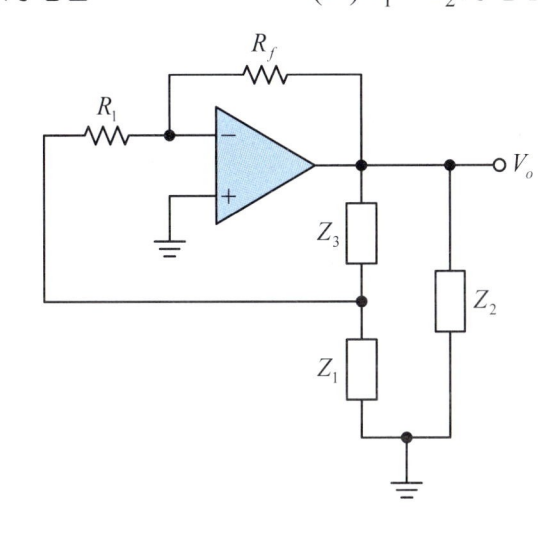

(2) 哈特萊振盪電路之 Z_1、Z_2 為電感，Z_3 為電容

(3) 考畢子振盪電路之 Z_1、Z_2 為電容，Z_3 為電感

學生練習

4-1. 如右圖所示為理想運算放大組成的振盪電路，請問下列相關敘述何者正確？
(A) 僅適用於產生10kHz以下振盪電頻率
(B) 此電路為哈特萊（Hartley）振盪電路
(C) 電感值 L 大，振盪頻率愈高
(D) $\dfrac{R_2}{R_1} \geq \dfrac{C_1}{C_2}$

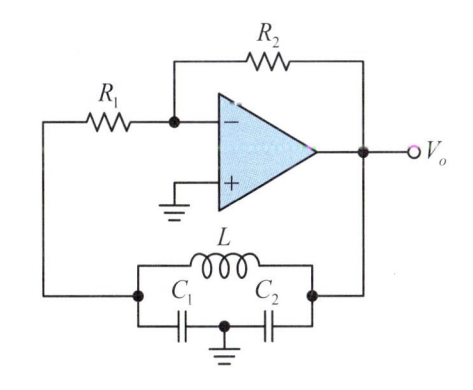

4-2. 同上題電路，若 $C_1 = 500$ pF，$C_2 = 2000$ pF，$L = 25\,\mu$H，輸出振盪頻率為何？
(A) 1.6MHz (B) 3MHz (C) 5MHz (D) 10MHz

重點 7　石英晶體（crystal）振盪器

1. 如圖所示石英晶體（簡稱XTAL），有兩個諧振頻率，一為串聯諧振頻率f_S，是由 _____ 及 _____ 兩個元件諧振產生，另一為並聯諧振頻率f_P，由 _____、_____ 及 _____ 三個元件諧振產生。

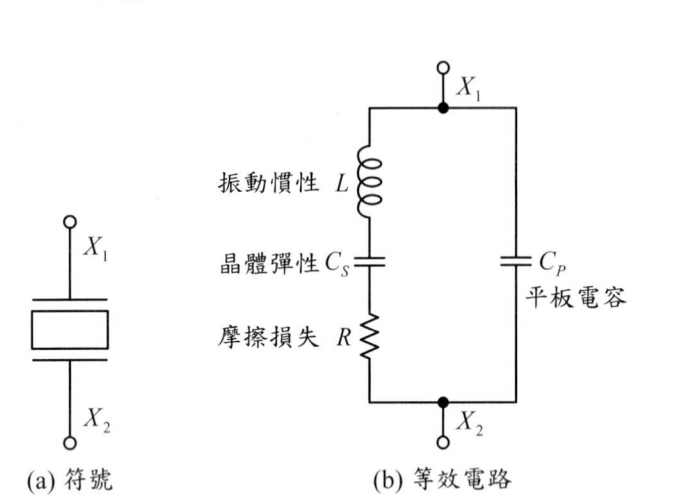

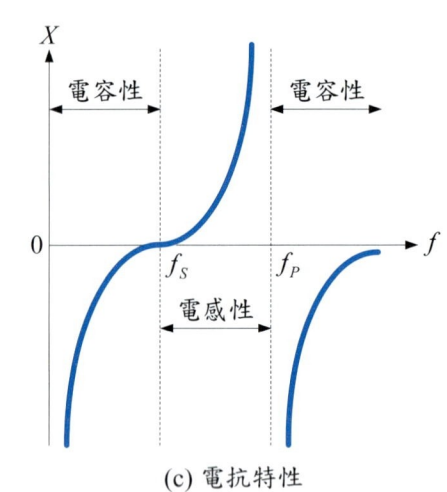

(a) 符號　　(b) 等效電路　　(c) 電抗特性

(1) 平板電容C_P：又稱為靜電電容，約為幾個微微法拉（pF）到幾十個微微法拉（pF）。

(2) 振動慣性L：約為幾十微亨利（μH）到幾百微亨利（μH）。

(3) 晶體彈性C_S：約為0.0002pF～0.1pF。

(4) 摩擦損失R：約為100Ω。

(5) 品質因數Q：因為R及C_S很小，所以Q值很大（$Q = \dfrac{X_{CS}}{R}$），約為1000～10000。

(6) 串聯諧振頻率$f_S =$ _____ 。

(7) 並聯諧振頻率$f_P =$ _____ $= f_S(\sqrt{1 + \dfrac{C_S}{C_P}})$。

2. 石英晶體振盪器是利用石英晶體的 _____，使電路產生振盪。所謂壓電效應是指在石英晶體兩極加上直流電壓時，石英晶體形狀發生改變而引起機械振盪，兩端產生穩定的正弦波輸出。

3. 石英晶體振盪頻率與石英晶體的 _____、_____、_____ 有關。

第11章 運算放大器振盪電路及濾波器

4. 石英晶體的主要特性如下：

   (1) 小型化：滿足可攜式產品輕、薄、短、小的要求。

   (2) 高精準度：目前的精確度約為±25ppm，未來要求在±0.0001ppm～±10ppm之間。

   (3) 高穩定度：石英晶體振盪器的＿＿＿＿＿＿穩定且＿＿＿＿＿＿高。

   (4) 高頻化：石英晶體的厚度愈薄，其自然振盪頻率＿＿＿＿＿＿。目前的最高振盪頻率不超過200MHz。

   (5) 低功耗：使用3.3V低電壓驅動時，電流消耗為2mA。

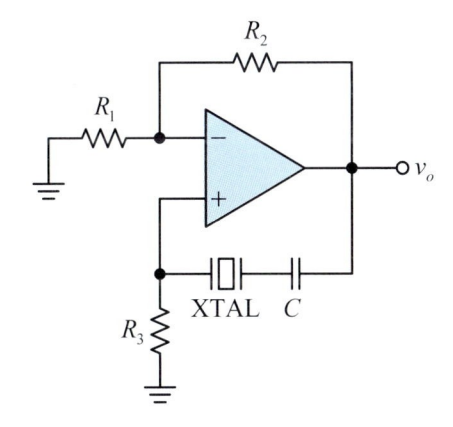

5. 如圖所示石英晶體振盪電路，使用一個＿＿＿＿＿＿及一個＿＿＿＿＿＿所組成的回授電路，所以振盪電路頻率很穩定。在串聯諧振盪頻率f_S下，OPA正回授量增加，因OPA電壓增益，輸出諧振產生正弦波。

答案：1. L、C_S、L、C_S、C_P

   (6) $\dfrac{1}{2\pi\sqrt{LC_S}}$　　(7) $\dfrac{1}{2\pi\sqrt{L(\dfrac{C_S C_P}{C_S + C_P})}}$

2. 壓電效應（piezoelectric effect）
3. 切割方式、幾何形狀、幾何尺寸
4. (3) 振盪頻率、精準度　　(4) 愈高
5. OPA放大器、石英晶體

老師講解

5. 在石英晶體振盪電路中，若石英晶體上標註12MHz，則電路的振盪頻率為何？
   (A)12kHz　(B)120kHz　(C)12MHz　(D)12GHz

   解 (C)

學生練習

5. 石英晶體的振盪頻率與下列何者無關？
(A)晶體大小　(B)切割方向　(C)晶體厚度　(D)外加電壓大小

立即練習

基礎題

(　)1. 上電子實驗課時，小華利用圖(1a)RC相移振盪電路產生正弦波，並以示波器CH1測量 v_o 波形如圖(1b)所示。若示波器使用×1探棒，且水平刻度為 $20\mu s/DIV$，垂直刻度為 $0.5V/DIV$，求電阻R值為多少？（已知 $\sqrt{6}=2.45$）
(A)65Ω　(B)390Ω　(C)650Ω　(D)3900Ω

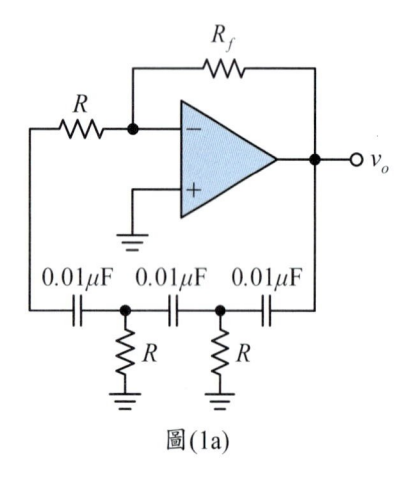

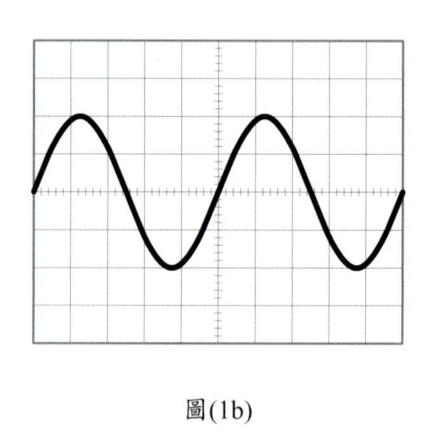

圖(1a)　　　　圖(1b)

(　)2. 承上題圖中，若欲維持穩定的正弦波輸出，則電阻 R_f 值為多少？
(A)1kΩ　(B)10kΩ　(C)18.85kΩ　(D)28.85kΩ

(　)3. 如圖(2)所示電路為何種振盪器？
(A)韋恩電橋（Wien-bridge）振盪器　　(B)RC相移振盪器
(C)考畢子（Colpitts）振盪器　　　　(D)不穩態多諧振盪器

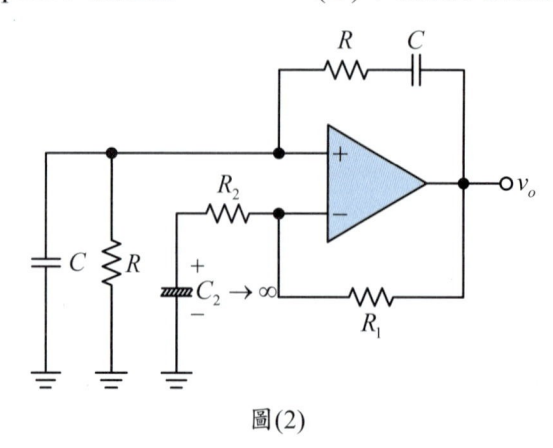

圖(2)

( )4. 如圖(3)所示，若已構成振盪條件，且 $R_1 = R_2$、$C_1 = C_2$，則 R_3 與 R_4 的關係為何？
(A)$R_3 = R_4$ (B)$R_3 = 2R_4$ (C)$R_4 = 2R_3$ (D)$R_3 = \dfrac{R_4}{2}$

圖(3)

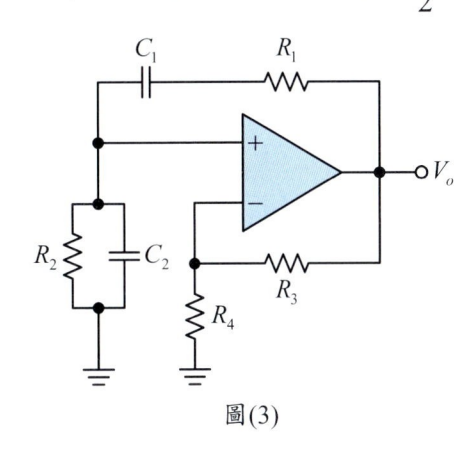

( )5. 接續圖(3)韋恩電橋振盪器，若 $R = R_1 = R_2$、$C = C_1 = C_2$ 且 $R_3 \geq 2R_4$，則其振盪器頻率為多少？ (A)$\dfrac{1}{2\pi\sqrt{RC}}$ (B)$\dfrac{1}{2\pi RC}$ (C)$\dfrac{1}{\sqrt{RC}}$ (D)$\dfrac{1}{\sqrt{2\pi RC}}$

( )6. 哈特萊振盪器的反饋（feed back）網路通常由什麼組成？
(A)一個電感及兩個電容 (B)兩個電感及一個電容 (C)三個電感 (D)三個電容

( )7. 使用石英晶體製作振盪電路，若要產生頻率為12MHz的輸出波形，則必須使用標註頻率多少的石英晶體？ (A)12kHz (B)12MHz (C)12GHz (D)120GHz

( )8. 石英晶體振盪電路主要的優點為何？
(A)容易振盪 (B)輸出振幅大 (C)振盪頻率穩定 (D)振盪頻率高

進階題

( )1. 如圖(1a)所示電路，使用示波器CH1測量輸出波形如圖(1b)所示，已知示波器使用×1探棒，且水平刻度為0.2ms/DIV，垂直刻度為5V/DIV，若電容 $C = 0.1\mu F$，求電阻 R 值為多少？ (A)159Ω (B)250Ω (C)1.59kΩ (D)2.5kΩ

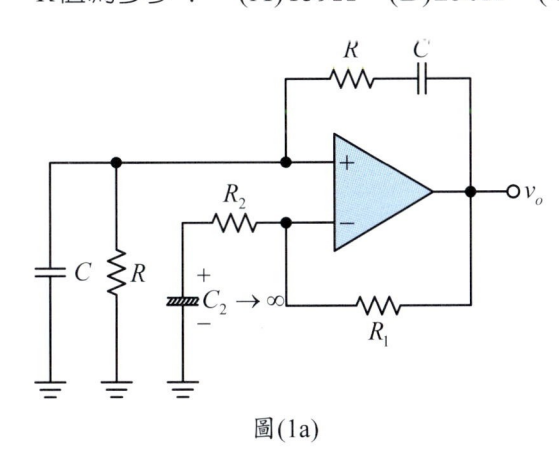

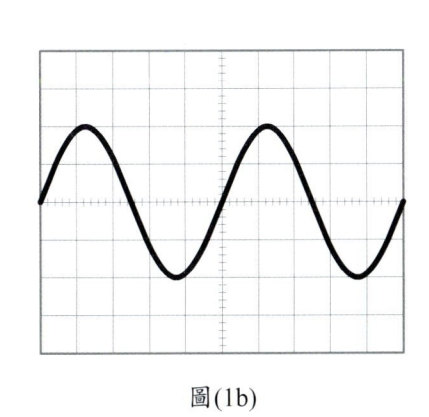

圖(1a)　　　　圖(1b)

( )2. 下列有關振盪器之敘述何者錯誤？（β 為回授電路增益，A 為基本放大器增益）
(A)正回授為振盪器必備的條件之一
(B)RC 相移振盪器至少需使用三級 RC
(C)當迴路增益 $\beta A \ll 1$ 時，電路不會振盪
(D)韋恩（Wien）電橋振盪器不包含負回授電路

( ) 3. 如圖(2)所示電路，已知OPA為理想的。若 $R_1 = R_2$、$C_1 = C_2$，欲產生振盪時，何種 R_3 與 R_4 的組合可以達成？
(A) $R_3 = 10\ k\Omega$ 與 $R_4 = 20\ k\Omega$ 　　(B) $R_3 = 20\ k\Omega$ 與 $R_4 = 10\ k\Omega$
(C) $R_3 = 10\ k\Omega$ 與 $R_4 = 50\ k\Omega$ 　　(D) $R_3 = 50\ k\Omega$ 與 $R_4 = 10\ k\Omega$

( ) 4. 承上題圖中，若 $R_1 = 2R_2$、$2C_1 = C_2$，欲產生振盪時，則 R_3 與 R_4 的關係為何？
(A) $R_3 = \dfrac{R_4}{2}$ 　(B) $R_3 = R_4$ 　(C) $R_3 = 2R_4$ 　(D) $R_3 = 4R_4$

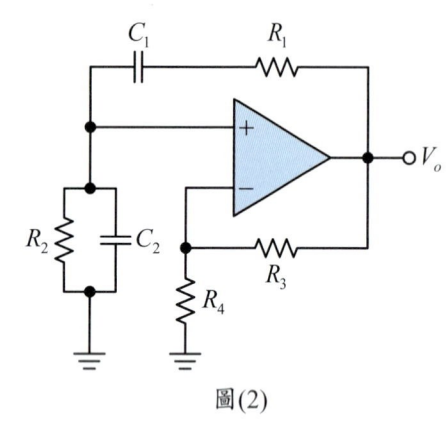

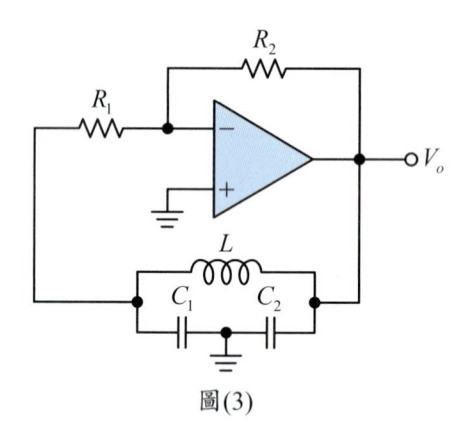

圖(2)　　　　圖(3)

( ) 5. 如圖(3)所示考畢子振盪電路，若 $C_1 = C_2 = 20\ pF$，$L = 10\ \mu H$，則振盪頻率約為多少？　(A) 3.2MHz　(B) 32MHz　(C) 1.6MHz　(D) 16MHz

11-3 施密特觸發器　105 106 107 108 109 110 111 112 113

理論重點

重點 1　施密特觸發器的基本特性

1. **施密特觸發器**（Schmitt trigger）又稱為 ＿＿＿＿＿ 電路，其功用是將變化緩慢的 ＿＿＿＿＿ 輸入信號，轉換成準位明確的 ＿＿＿＿＿ 輸出信號。

2. 施密特觸發器具有 ＿＿＿ 回授路徑，為一 ＿＿＿ 迴路型比較器，有 ＿＿＿ 個比較電壓或稱為臨界電壓，一為上臨限電壓 V_U，另一為下臨限電壓 V_D，且 $V_U > V_D$。

3. 當輸入 $v_i > V_U$ 或 $v_i < V_D$ 時，輸出信號 ＿＿＿＿＿；
當 $V_D \leq v_i \leq V_U$ 時，輸出電壓 ＿＿＿＿＿。

答案：1. 波形整形、週期性或非週期性、脈波　　2. 正、閉、兩　　3. 轉態、保持不變

重點 2 非反相型施密特觸發器

1. 如圖所示非反相型施密特觸發器，OPA非反相及反相輸入端電壓分別如下：

    (1) 依重疊定理，可知OPA非反相輸入端電壓 $V_{(+)} = \dfrac{R_2}{R_1+R_2}v_i + \dfrac{R_1}{R_1+R_2}v_o$。

    (2) $V_{(-)} = V_R$。

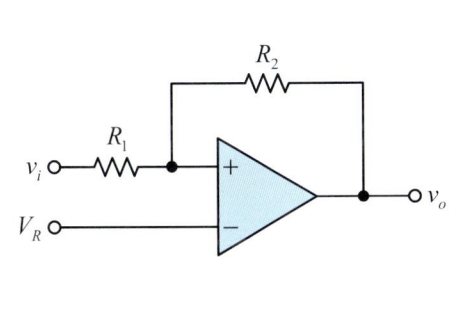

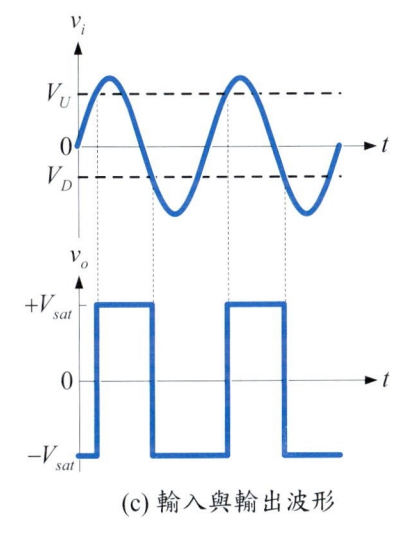

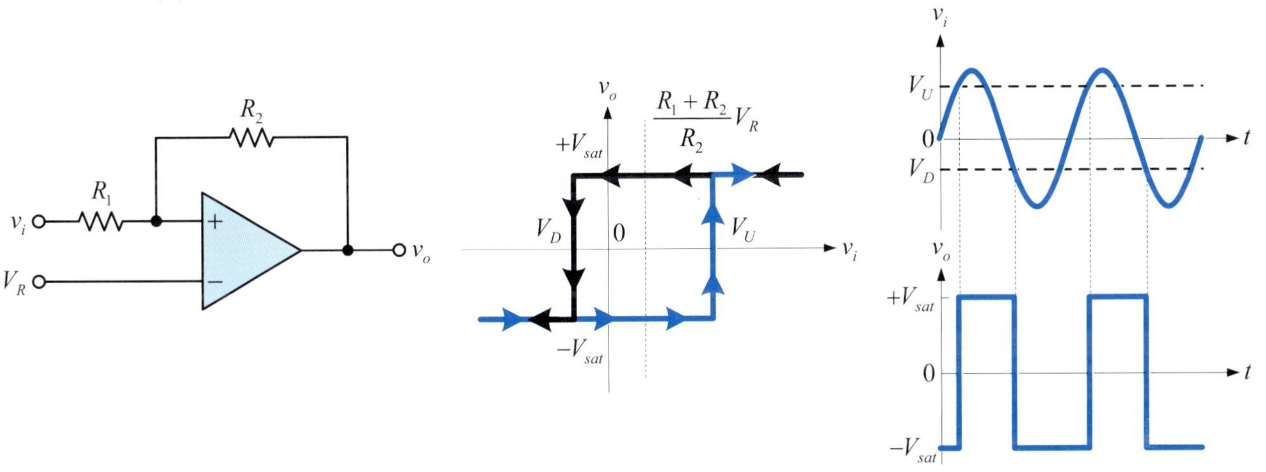

    (a) 電路圖　　(b) 轉移特性曲線　　(c) 輸入與輸出波形

2. 由比較器特性可知：

    (1) 若 $V_{(+)} > V_{(-)}$ 時，即 $v_i > $ _____，輸出 v_o 由負飽和電壓 $-V_{sat}$ 變為正飽和電壓 $+V_{sat}$。

    (2) 若 $V_{(+)} < V_{(-)}$ 時，即 $v_i < $ _____，輸出 v_o 由正飽和電壓 $+V_{sat}$ 變為負飽和電壓 $-V_{sat}$。

3. 上、下臨限電壓 V_U 及 V_D：

    (1) 上臨限電壓 $V_U = \dfrac{R_1+R_2}{R_2}V_R + \dfrac{R_1}{R_2}V_{sat}$。

    (2) 下臨限電壓 $V_D = \dfrac{R_1+R_2}{R_2}V_R - \dfrac{R_1}{R_2}V_{sat}$。

4. **遲滯電壓**（hysteresis）V_H：$V_H = V_U - V_D = 2\dfrac{R_1}{R_2}V_{sat}$。

5. 輸出 v_o：

    (1) 若 $v_i > V_U$ 時，輸出 v_o 由負飽和電壓 $-V_{sat}$ 變為正飽和電壓 $+V_{sat}$。

    (2) 若 $V_D \leq v_i \leq V_U$ 時，輸出電壓 v_o 保持不變。

    (3) 若 $v_i < V_D$ 時，輸出 v_o 由正飽和電壓 $+V_{sat}$ 變為負飽和電壓 $-V_{sat}$。

    (4) 轉移特性曲線如圖(b)所示，輸入與輸出波形如圖(c)所示。

6. 脈波工作週期與參考電壓 V_R 的關係：

參考電壓 V_R	臨限電壓 V_U、V_D	轉移特性曲線	脈波工作週期
$V_R = 0$	$V_U = -V_D$	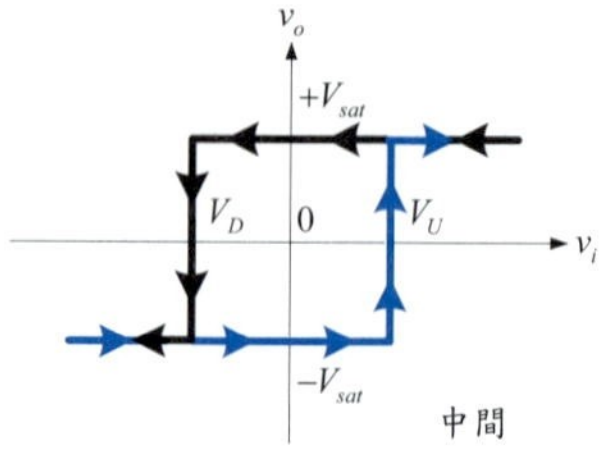 中間	$= 50\%$
$V_R > 0$	$V_U > -V_D$	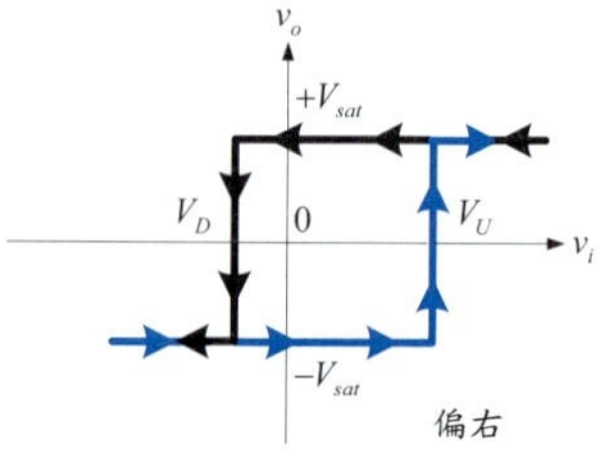 偏右	$< 50\%$
$V_R < 0$	$V_U < -V_D$	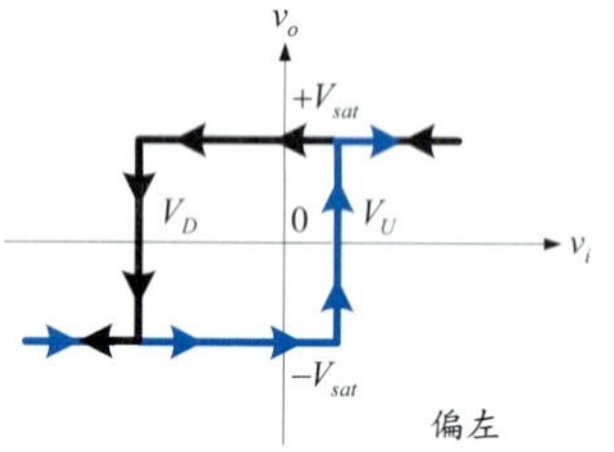 偏左	$> 50\%$

答案：2. (1) $\dfrac{R_1 + R_2}{R_2}V_R + \dfrac{R_1}{R_2}V_{sat}$ (2) $\dfrac{R_1 + R_2}{R_2}V_R - \dfrac{R_1}{R_2}V_{sat}$

重點 3 反相型施密特觸發器

1. 如圖所示反相型施密特觸發器，OPA 非反相及反相輸入端電壓分別如下：

   (1) 依重疊定理，可知 OPA 非反相輸入端電壓 $V_{(+)} = \dfrac{R_2}{R_1 + R_2}V_R + \dfrac{R_1}{R_1 + R_2}v_o$。

   (2) $V_{(-)} = v_i$。

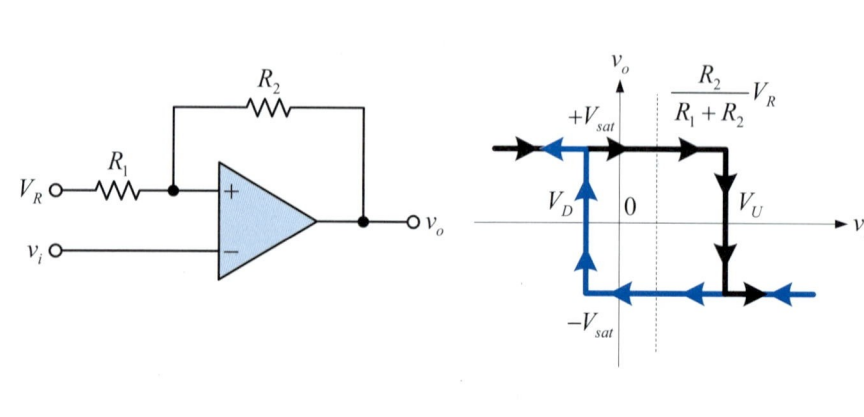

(a) 電路圖　　(b) 轉移特性曲線 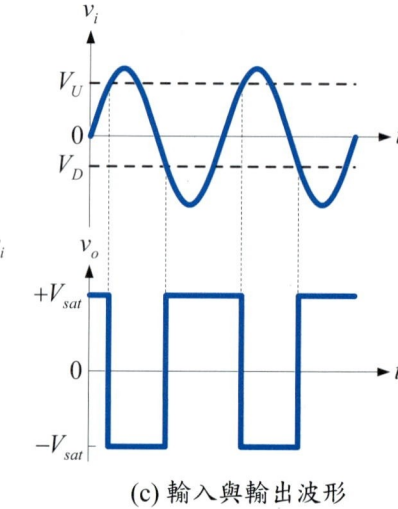　　(c) 輸入與輸出波形

2. 由比較器特性可知：

   (1) 若$V_{(+)} > V_{(-)}$時，即$v_i < $ _____，輸出v_o由負飽和電壓$-V_{sat}$變為正飽和電壓$+V_{sat}$。

   (2) 若$V_{(+)} < V_{(-)}$時，即$v_i > $ _____，輸出v_o由正飽和電壓$+V_{sat}$變為負飽和電壓$-V_{sat}$。

3. 上、下臨限電壓V_U及V_D：

   (1) 上臨限電壓$V_U = \dfrac{R_2}{R_1 + R_2}V_R + \dfrac{R_1}{R_1 + R_2}V_{sat}$。

   (2) 下臨限電壓$V_D = \dfrac{R_2}{R_1 + R_2}V_R - \dfrac{R_1}{R_1 + R_2}V_{sat}$。

4. 遲滯電壓V_H：$V_H = V_U - V_D = 2\dfrac{R_1}{R_1 + R_2}V_{sat}$。

5. 輸出v_o：

   (1) 若$v_i > V_U$時，輸出v_o由正飽和電壓$+V_{sat}$變負飽和電壓$-V_{sat}$。

   (2) 若$V_D \leq v_i \leq V_U$時，輸出電壓v_o保持不變。

   (3) 若$v_i < V_D$時，輸出v_o由負飽和電壓$-V_{sat}$變為正飽和電壓$+V_{sat}$。

   (4) 轉移特性曲線如圖(b)所示，輸入與輸出波形如圖(c)所示。

6. 脈波工作週期與參考電壓V_R的關係：

參考電壓V_R	臨限電壓V_U、V_D	轉移特性曲線	脈波工作週期
$V_R = 0$	$V_U = -V_D$	中間	$= 50\%$
$V_R > 0$	$V_U > -V_D$	偏右	$> 50\%$
$V_R < 0$	$V_U < -V_D$	偏左	$< 50\%$

答案：2. (1) $\dfrac{R_2}{R_1+R_2}V_R - \dfrac{R_1}{R_1+R_2}V_{sat}$　　(2) $\dfrac{R_2}{R_1+R_2}V_R + \dfrac{R_1}{R_1+R_2}V_{sat}$

老師講解

1. 如右圖所示施密特觸發電路，已知輸出飽和電壓 $\pm V_{sat} = \pm 13.5\,\text{V}$，$V_U$ 為上臨限電壓，V_D 為下臨限電壓。若 $v_i = 3\sin(6280\omega t)\,\text{V}$，則下列敘何者錯誤？
(A)若 $V_R = +1\,\text{V}$ 時，$v_o = +13.5\,\text{V}$
(B)若 $V_R = -1\,\text{V}$ 時，$v_o = -13.5\,\text{V}$
(C)若 $V_R = 0$ 時，v_o 為方波
(D)若 $V_R = 0$ 時，$V_U = V_D$

解 (D)

(1) $V_U = \dfrac{R_2}{R_1+R_2}V_R + \dfrac{R_1}{R_1+R_2}V_{sat}$
$= \dfrac{10\text{k}}{2.2\text{k}+10\text{k}}V_R + \dfrac{2.2\text{k}}{2.2\text{k}+10\text{k}} \times 13.5 = 0.82V_R + 2.43$

(2) $V_D = \dfrac{R_2}{R_1+R_2}V_R - \dfrac{R_1}{R_1+R_2}V_{sat}$
$= \dfrac{10\text{k}}{2.2\text{k}+10\text{k}}V_R - \dfrac{2.2\text{k}}{2.2\text{k}+10\text{k}} \times 13.5 = 0.82V_R - 2.43$

(3) 若 $V_R = +1\,\text{V}$，則 $V_U = 3.25\,\text{V}$，$V_D = -1.61\,\text{V}$，當 $v_i < V_D$ 時，$v_o = +V_{sat} = +13.5\,\text{V}$，因為 v_i 無法大於 V_U，所以 $v_o = +13.5\,\text{V}$ 直流電壓

(4) 若 $V_R = -1\,\text{V}$，則 $V_U = 1.61\,\text{V}$，$V_D = -3.25\,\text{V}$，當 $v_i > V_U$ 時，$v_o = -V_{sat} = -13.5\,\text{V}$，因為 v_i 無法小於 V_D，所以 $v_o = -13.5\,\text{V}$ 直流電壓

(5) 若 $V_R = 0$，則 $V_U = 2.43\,\text{V}$，$V_D = -2.43\,\text{V}$，$V_U = -V_D$ 且 v_o 為方波

2. 如下圖所示施密特觸發電路，已知OPA輸出飽和電壓為 $\pm 13.5\text{V}$。若輸入信號為如下圖所示三角波。求輸出波形之工作週期（duty cycle）為多少？
(A)20%　(B)25%　(C)40%　(D)50%

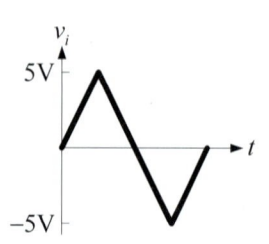

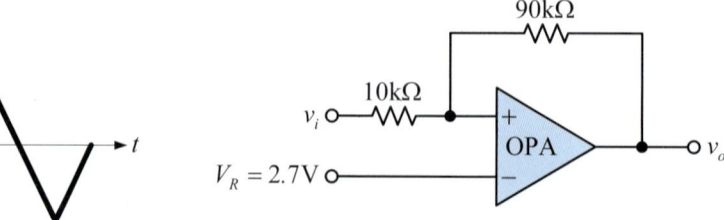

第11章 運算放大器振盪電路及濾波器

解 (A)

(1) $V_U = \dfrac{R_1+R_2}{R_2}V_R + \dfrac{R_1}{R_2}V_{sat}$

$= \dfrac{10k+90k}{90k}\times 2.7 + \dfrac{10k}{90k}\times 13.5 = 4.5\ \text{V}$

(2) $V_D = \dfrac{R_1+R_2}{R_2}V_R - \dfrac{R_1}{R_2}V_{sat}$

$= \dfrac{10k+90k}{90k}\times 2.7 - \dfrac{10k}{90k}\times 13.5 = 1.5\ \text{V}$

(3) $\dfrac{t_3}{0.25} = \dfrac{4.5}{5}$, $t_3 = 0.225$

(4) $\dfrac{t_2}{0.25} = \dfrac{1.5}{5}$, $t_2 = 0.075$

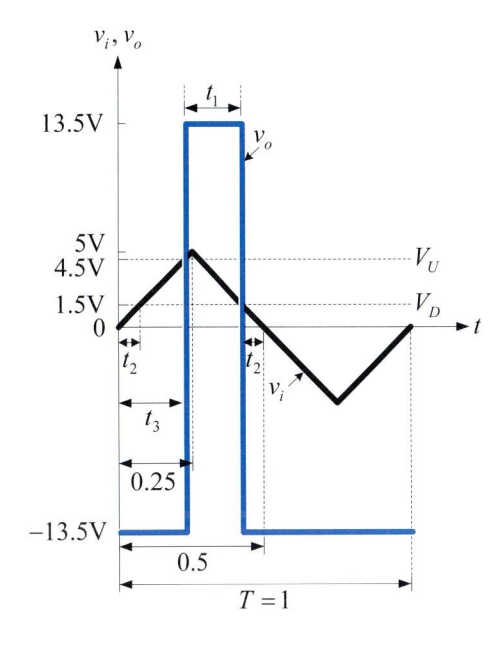

(5) 工作週期 $= \dfrac{t_1}{T}\times 100\% = \dfrac{0.5-t_2-t_3}{T}\times 100 = \dfrac{0.5-0.075-0.225}{1}\times 100 = 20\%$

學生練習

1. 如下圖所示電路,若 $V_i = -1\ \text{V}$,求其輸出電壓 V_o 為多少?
(A)−5V　(B)−6V　(C)+5V　(D)可能是+12V或−12V

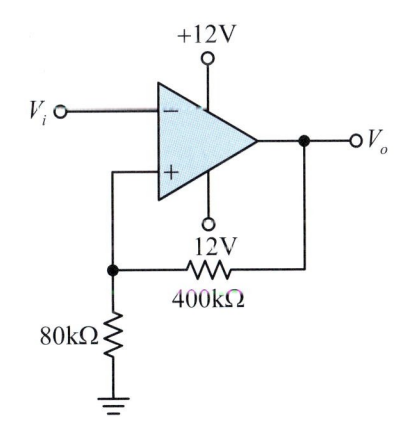

2. 如下圖所示電路,假設OPA輸出飽和電壓為±12V,輸入信號為如下圖三角波。求輸出波形之工作週期(duty cycle)為多少?　(A)42%　(B)50%　(C)58%　(D)75%

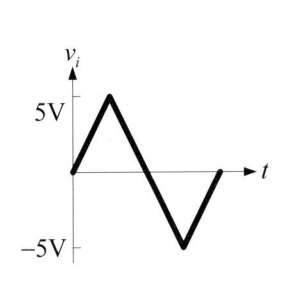

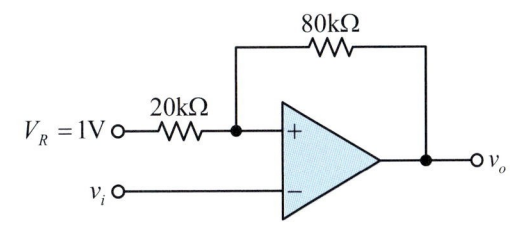

電子學含實習　滿分總複習（下）

ABCD 立即練習

基礎題

( )1. 施密特觸發器（Schmitt trigger）的功用為何？
(A)將正弦波變成脈波
(B)將方波變成正弦波
(C)自行振盪產生正弦波
(D)自行振盪產生方波

( )2. 下列各種電路中，何者可以將類比信號整形成數位信號？
(A)施密特觸發器（Schmitt trigger）
(B)帶通濾波器（band-pass filter）
(C)電壓隨耦器（voltage follower）
(D)橋式整流器

( )3. 如圖(1)所示電路，下列敘述何者錯誤？
(A)為施密特觸發器
(B)含正回授電路
(C)回授因數為 $\dfrac{R_2}{R_1 + R_2}$
(D)為無穩態多諧振盪器

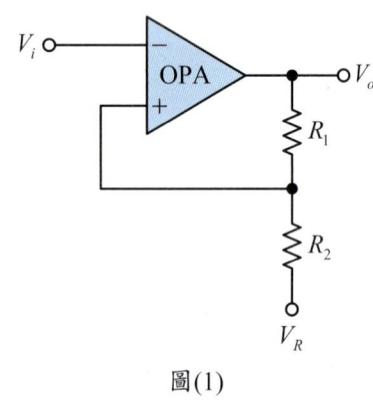

圖(1)

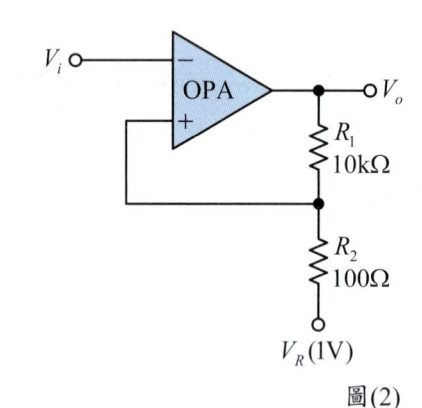

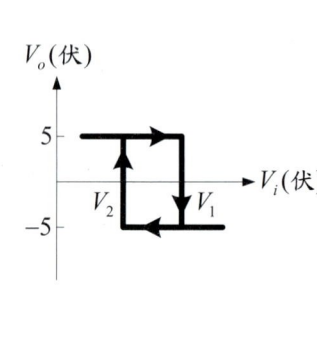

圖(2)

( )4. 如圖(2)所示施密特觸發器及其輸入-輸出轉移特性曲線，求 V_1 及 V_2 電壓值為多少？
(A) $V_1 = 1.04$ V，$V_2 = 0.94$ V
(B) $V_1 = 0.94$ V，$V_2 = 0.8$ V
(C) $V_1 = 1.04$ V，$V_2 = 0.8$ V
(D) $V_1 = 4.0$ V，$V_2 = 1.0$ V

( )5. 如圖(3)所示施密特觸發電路，若 $V_R = +1$ V，$v_i = 5\sin(6280\omega t)$ V。下列何者為其轉移特性曲線？

(A) $V_U = -V_D$

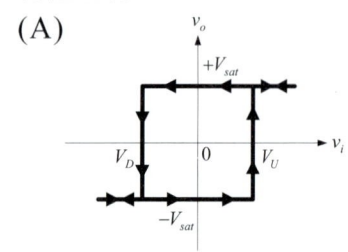

(B) $V_U = -V_D$

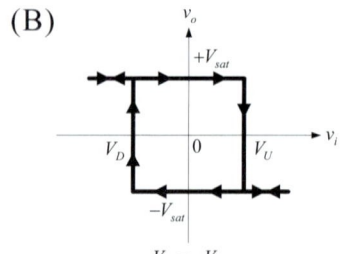

(C) $V_U > -V_D$

(D) $V_U < -V_D$

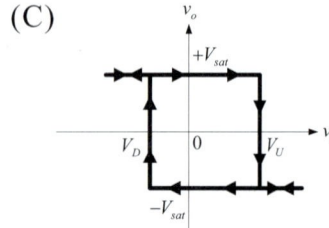

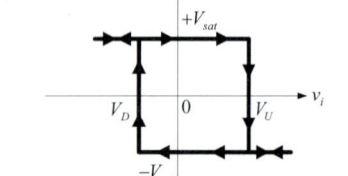

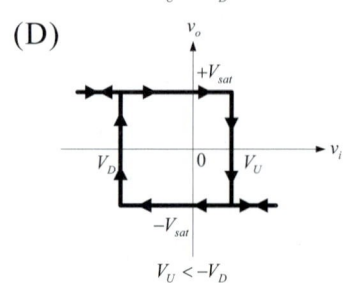

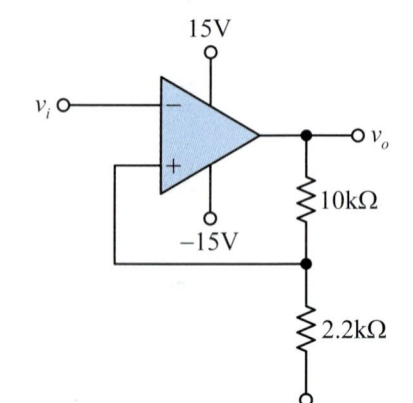

圖(3)

第11章 運算放大器振盪電路及濾波器

(　　)6. 如圖(4)所示施密特觸發器，OPA輸出正負飽和電壓為±15V，求磁滯（Hysteresis）電壓為多少？　(A)5V　(B)10V　(C)15V　(D)30V

圖(4)

圖(5)

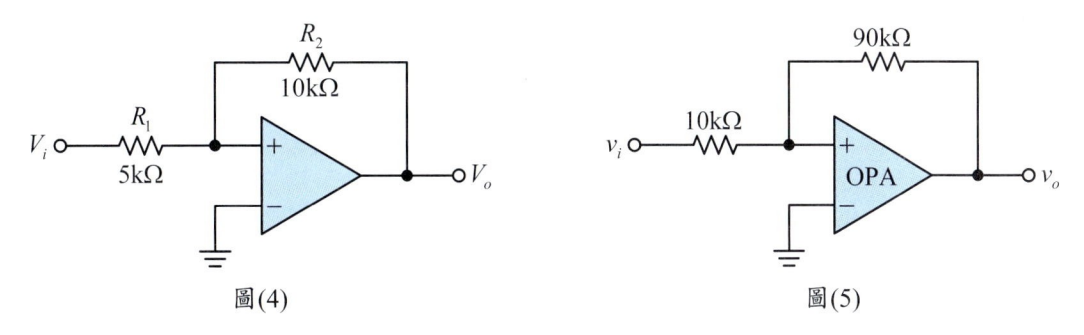

(　　)7. 如圖(5)所示電路，假設OPA輸出飽和電壓為±13.5V。下列各種輸入信號，何者無法產生脈波輸出？　(A)$\sin(2000t)$V　(B)$2\sin(2000t)$V　(C)$3\sin(2000t)$V　(D)$4\sin(2000t)$V

進階題

(　　)1. 如圖(1)所示電路，已知OPA輸出飽和電壓為±13.5V。若輸入電壓$v_i = 5\sin(6280\omega t)$ V，則輸出v_o波形為何？　(A)方波　(B)三角波　(C)正弦波　(D)直流電壓

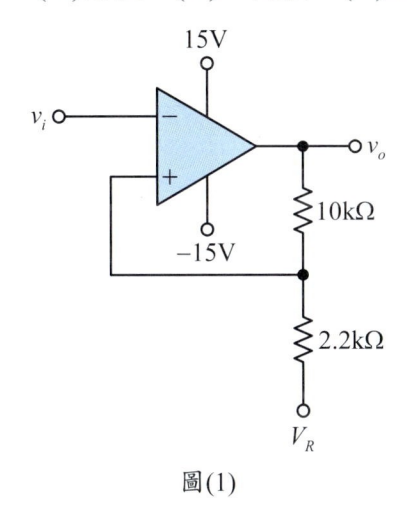

圖(1)

(　　)2. 承上題圖中，若輸入電壓改為$v_i = 2\sin(6280t)$ V，則輸出v_o波形為何？
(A)方波　(B)三角波　(C)正弦波　(D)直流電壓

(　　)3. 如圖(2)所示施密特觸發器（Schmitt trigger）及其輸入-輸出轉移曲線，求遲滯（hysteresis）電壓V_H為何？

(A)$\dfrac{R_1}{R_1+R_2}V_{sat}$　(B)$\dfrac{R_2}{R_1+R_2}V_{sat}$　(C)$2\dfrac{R_1}{R_1+R_2}V_{sat}$　(D)$2\dfrac{R_2}{R_1+R_2}V_{sat}$

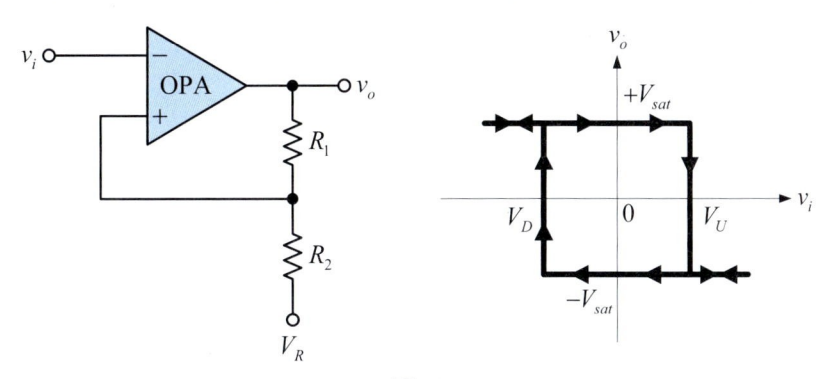

圖(2)

( )4. 如圖(3)所示施密特觸發電路,假設OPA輸出飽和電壓為±13V,則此電路的磁滯電壓範圍為多少? (A)2.6V (B)2.2V (C)1.3V (D)1.1V

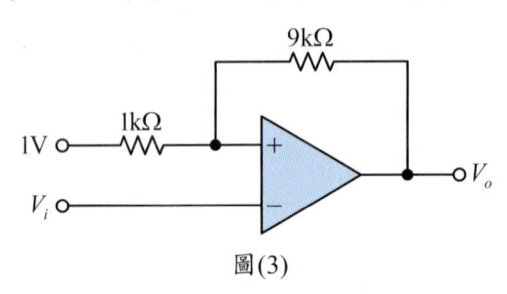

圖(3)

( )5. 續上題圖中,若$V_R = 0$,求輸出波形之工作週期為多少?
(A)42% (B)50% (C)58% (D)75%

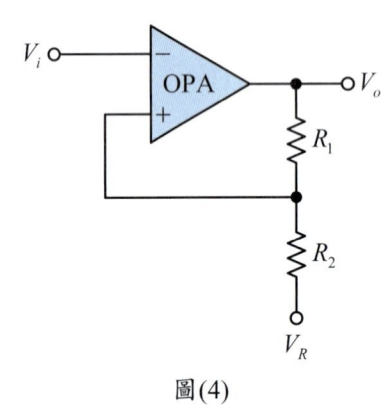

( )6. 如圖(4)所示施密特觸發器,假設OPA輸出飽和電壓為±13.5V。已知此電路的磁滯電壓$V_H = 4.5\,V$,求$\dfrac{R_1}{R_2}$比值為何? (A)3 (B)4 (C)5 (D)6

圖(4)

( )7. 如圖(5)所示電路,假設OPA輸出飽和電壓為±13.5V,則此電路之磁滯電壓範圍為多少? (A)1.5V (B)3V (C)13.5V (D)27V

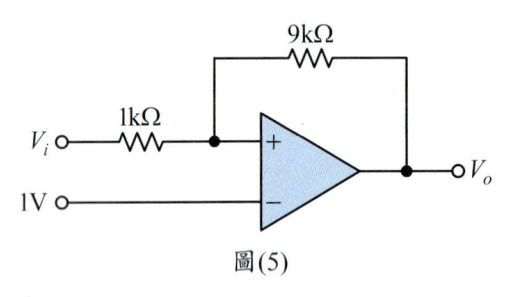

圖(5)

11-4　方波產生電路　105 106 107 108 110 113

理論重點

重點 1　工作原理

1. 如圖所示方波產生電路，屬於 _____ 多諧振盪器的一種。電路由 _____ 及 _____ 所組成。利用電容器的充放電特性，改變OPA反相輸入端電壓$V_{(-)}$，以取代施密特觸發器的輸入信號，使輸出產生對稱方波。

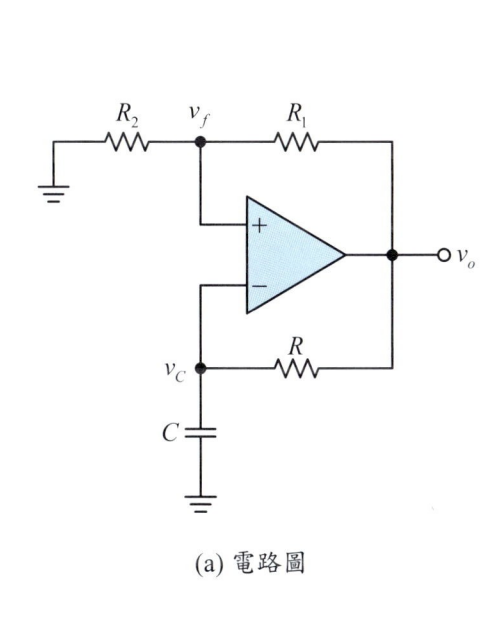

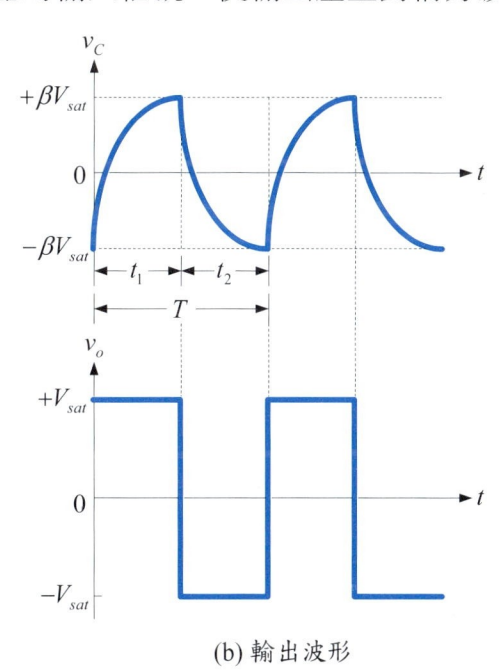

(a) 電路圖　　(b) 輸出波形

2. 工作原理：

   (1) 電源接通瞬間，電容初值電壓$V_{C(0)} = 0$，假設$V_{(+)} > V_{(-)}$，則輸出$v_o = +V_{sat}$。

   因此$V_{(+)} = \dfrac{R_2}{R_1 + R_2}v_o = \dfrac{R_2}{R_1 + R_2}V_{sat}$，上臨限電壓$V_U = \dfrac{R_2}{R_1 + R_2}V_{sat}$。

   (2) 因為$v_o = +V_{sat}$，所以輸出v_o經由電阻器R開始對電容器C充電，當電容電壓$v_C > V_{(+)}$時，即$V_{(+)} < V_{(-)}$時，輸出變成負飽和電壓$v_o = -V_{sat}$。

   因此$V_{(+)} = \dfrac{R_2}{R_1 + R_2}v_o = -\dfrac{R_2}{R_1 + R_2}V_{sat}$，下臨限電壓$V_D = -\dfrac{R_2}{R_1 + R_2}V_{sat}$。

   (3) 因為$v_o = -V_{sat}$，所以電容器C經由電阻器R開始放電（反向充電），當電容電壓$v_C < V_{(+)}$時，即$V_{(+)} > V_{(-)}$時，輸出變成正飽和電壓$v_o = +V_{sat}$。如此週而復始，產生振盪，因為充、放電時間相同，所以輸出為一方波。

3. 正回授量$\beta = \dfrac{R_2}{R_1 + R_2}$

4. 上、下臨限電壓 V_U、V_D

   (1) $V_U = \dfrac{R_2}{R_1+R_2}V_{sat} = +\beta V_{sat}$

   (2) $V_D = -\dfrac{R_2}{R_1+R_2}V_{sat} = -\beta V_{sat}$

5. 遲滯電壓 V_H

   $V_H = V_U - V_D = 2\beta V_{sat}$

6. v_f 及 v_C 兩者振幅大小相同，但是波形不同，v_f 波形為 ＿＿＿＿＿＿，而 v_C 波形為 ＿＿＿＿＿＿，因此不具有虛接特性。

答案：1. 無穩態、施密特觸發器、RC回授網路　　6. 方波、近似三角波

重點 2　振盪週期

1. t_1 為電容器電壓 v_C 由 $-\beta V_{sat}$ 正向充電至 $+\beta V_{sat}$ 所需的時間，t_2 為電容器電壓 v_C 由 $+\beta V_{sat}$ 反向充電至 $-\beta V_{sat}$ 所需的時間。

   (1) $t_1 = t_2 = RC\ln\left(\dfrac{1+\beta}{1-\beta}\right)$

   (2) $T = t_1 + t_2 = 2RC\ln\left(\dfrac{1+\beta}{1-\beta}\right)$，因為 $\beta = \dfrac{R_2}{R_1+R_2}$，所以 $T = 2RC\ln\left(1+\dfrac{2R_2}{R_1}\right)$

   (3) 工作週期 $= \dfrac{t_1}{t_1+t_2} \times 100\% = 50\%$

重點 3　輸出及電容峰對峰值電壓

1. 輸出峰對峰值電壓 $v_{o(P-P)} = \pm V_{sat}$

2. 電容峰對峰值電壓 $v_{C(P-P)} = \pm\beta V_{sat}$，$\beta = \dfrac{R_2}{R_1+R_2}$

第11章 運算放大器振盪電路及濾波器

老師講解

1. 如下圖所示方波產生電路,假設運算放大器為理想的,下列敘述何者錯誤?
 (A)電容C值增加,則振盪頻率下降
 (B)R_2數值增加,則振盪頻率增加
 (C)v_o之峰對峰值接近$2V_{CC}$
 (D)v_o之工作週期(duty cycle)約為50%

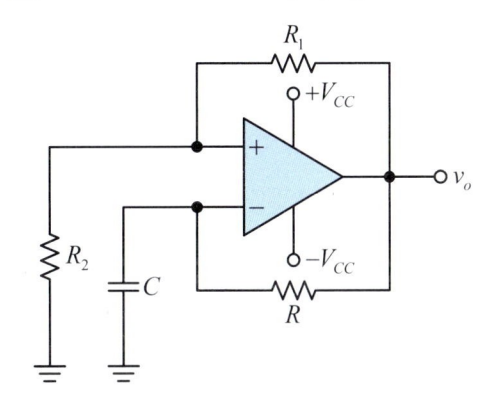

解 (B)

因為 $T = 2RC\ln(1+\dfrac{2R_2}{R_1})$,當$R$、$C$、$R_2$值增加時,振盪週期$T$增加,所以振盪頻率下降

2. 承上題圖中,如v_o最大值為±12V,且$R_1 = R_2 = 10\ \text{k}\Omega$,則電容器兩端峰對峰值電壓為多少? (A)2V (B)4V (C)6V (D)12V

解 (D)

(1) $\beta = \dfrac{R_2}{R_1+R_2} = \dfrac{10\text{k}}{10\text{k}+10\text{k}} = 0.5$

(2) $v_{C(P-P)} = \pm\beta V_{sat} = 2\beta V_{sat} = 2\times 0.5\times 12 = 12\ \text{V}$

學生練習

1. 如右圖所示電路,若OPA輸出飽和電壓為±12V,$R_1 = 10\ \text{k}\Omega$,$R_2 = 20\ \text{k}\Omega$,則下列敘述何者錯誤?
 (A)輸出v_o波形為方波
 (B)電容兩端峰對峰值電壓為8V
 (C)輸出v_o波形週期僅與R、C有關而與R_1、R_2無關
 (D)輸出峰對峰值電壓為24V

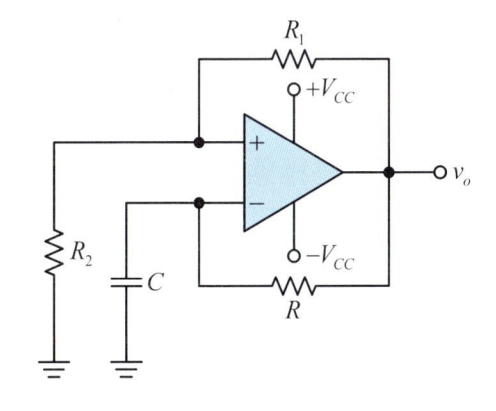

2. 承上題圖中，使用示波器測量 v_C 及 v_o 波形為何？

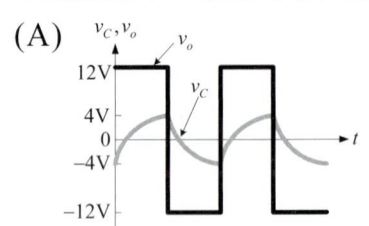

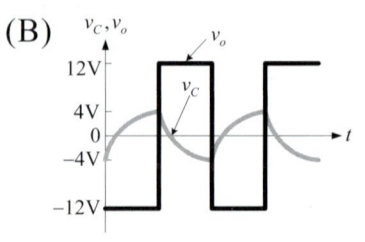

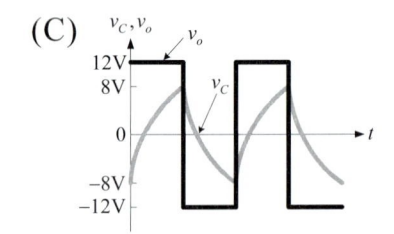

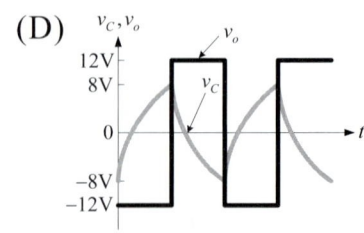

(A) [波形圖：v_C, v_o，12V、4V、0、-4V、-12V]

(B) [波形圖：v_C, v_o，12V、4V、0、-4V、-12V]

(C) [波形圖：v_C, v_o，12V、8V、0、-8V、-12V]

(D) [波形圖：v_C, v_o，12V、8V、0、-8V、-12V]

實習重點

重點 1　多諧振盪器

1. **多諧振盪器**（multivibrator）輸出波形由 ＿＿＿＿＿＿ 所組成，因此稱為多諧振盪。

2. 多諧振盪器工作於 ＿＿＿＿＿＿ 區，如果主動元件使用電晶體，則電晶體工作於 ＿＿＿＿ 區及 ＿＿＿＿ 區，輸出電壓範圍 $V_{CE(sat)} \leq v_o \leq V_{CC}$。

3. 依工作型式區分，可分成下列三種：

   (1) **無穩態**（astable）多諧振盪器：輸出持續地由一種狀態轉變到另一種狀態，無論在哪一種狀態，都是不穩定的短暫狀態。

   (2) **單穩態**（monoastable）多諧振盪器：又稱為 ＿＿＿＿＿＿ 電路，輸出有一種狀態是長時間穩定的狀態。當外部控制信號觸發時，輸出會暫時改變至另一種狀態一段時間後，再回到原先穩定的狀態。

   (3) **雙穩態**（monoastable）多諧振盪器：輸出的兩種狀態都是穩定的。每一次的觸發動作，輸出會改變至另一種狀態，並且保持不變，直到下一次的觸發動作產生。

答案：1. 多次諧波　　　　　　　　　　2. 非線性、截止、飽和
　　　3. (2) 單擊（one-shot）

第11章 運算放大器振盪電路及濾波器

※重點 2 電晶體無穩態多諧振盪器

1. 如圖所示電晶體無穩態多諧振盪器，由兩個特性完全相同的BJT電晶體組成100%正回授（$V_f = V_o$），電晶體工作於 ＿＿＿＿＿＿ 及 ＿＿＿＿＿＿ 。

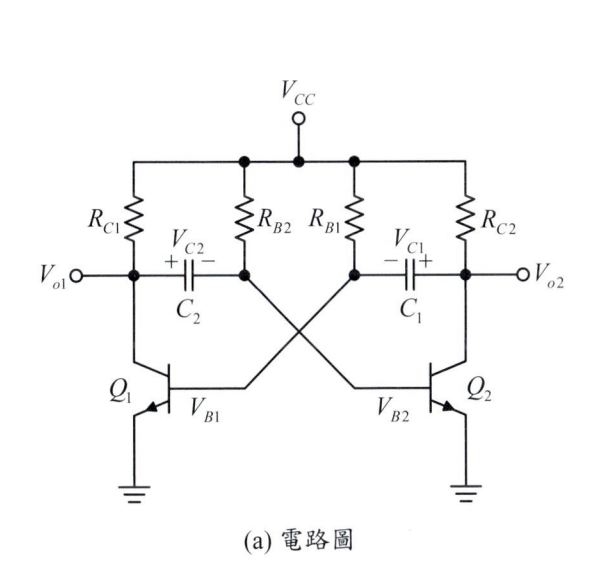

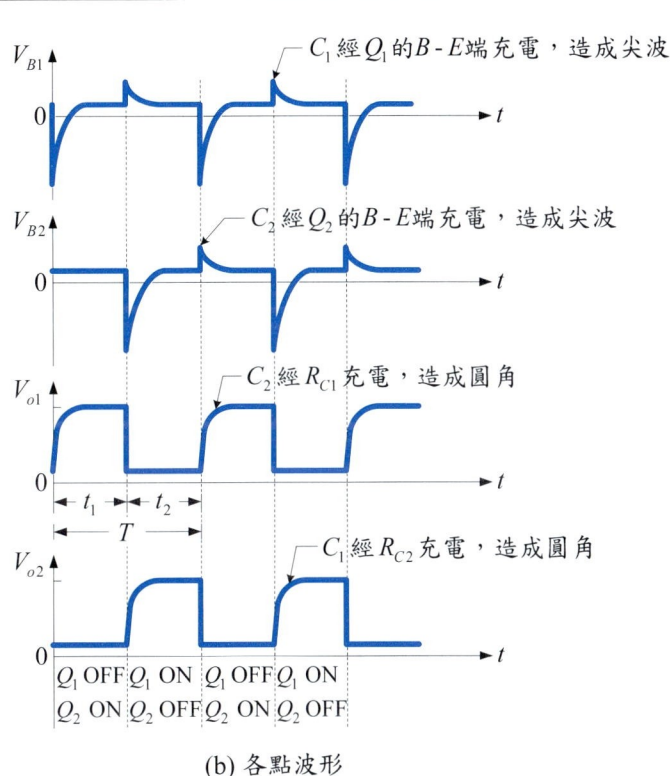

    (a) 電路圖　　　　　　　　　　　(b) 各點波形

2. 工作原理：

    (1) 當電源V_{CC}接通後，假設Q_2導電性比Q_1略大，則Q_2導通飽和，$V_{B1} = V_{C1} \approx -V_{CC}$，使$Q_1$截止。

    (2) 電源V_{CC}經由電阻R_{B1}及電晶體Q_2對電容C_1充電，如圖(b)所示V_{B1}波形的時間t_1期間，當電容C_1充電至$V_{B1} = 0.7\text{ V}$時，Q_1導通飽和，$V_{B2} = V_{C2} \approx -V_{CC}$，使$Q_2$截止。

    (3) Q_1導通飽和時，電源V_{CC}經由電阻R_{B2}及電晶體Q_1對電容C_2充電，如圖(b)所示V_{B2}波形的時間t_2期間，當電容C_2充電至$V_{B2} = 0.7\text{ V}$時，Q_2導通飽和，$V_{B1} = V_{C1} \approx -V_{CC}$，使$Q_1$截止。如此周而復始，產生方波輸出。

3. 電晶體的飽和條件

    (1) Q_1電晶體飽和條件：$\beta_1 R_{C1} \geq R_{B1}$

    (2) Q_2電晶體飽和條件：$\beta_2 R_{C2} \geq R_{B2}$

4. 電晶體的截止時間

    (1) Q_1電晶體截止時間：$t_1 = 0.693 R_{B1} C_1 \approx 0.7 R_{B1} C_1$

    (2) Q_2電晶體截止時間：$t_2 = 0.693 R_{B2} C_2 \approx 0.7 R_{B2} C_2$

5. 振盪週期T及頻率f

   (1) $T = t_1 + t_2 = 0.7(R_{B1}C_1 + 0.7R_{B2}C_2)$ 　　(2) $f = \dfrac{1}{T}$

答案：1. 飽和區、截止區

※重點 3　電晶體單穩態多諧振盪器

1. 如圖所示電晶體單穩態多諧振盪器，由兩個特性完全相同的BJT電晶體組成100%正回授（$V_f = V_o$），電晶體工作於 ＿＿＿＿＿ 及 ＿＿＿＿＿。

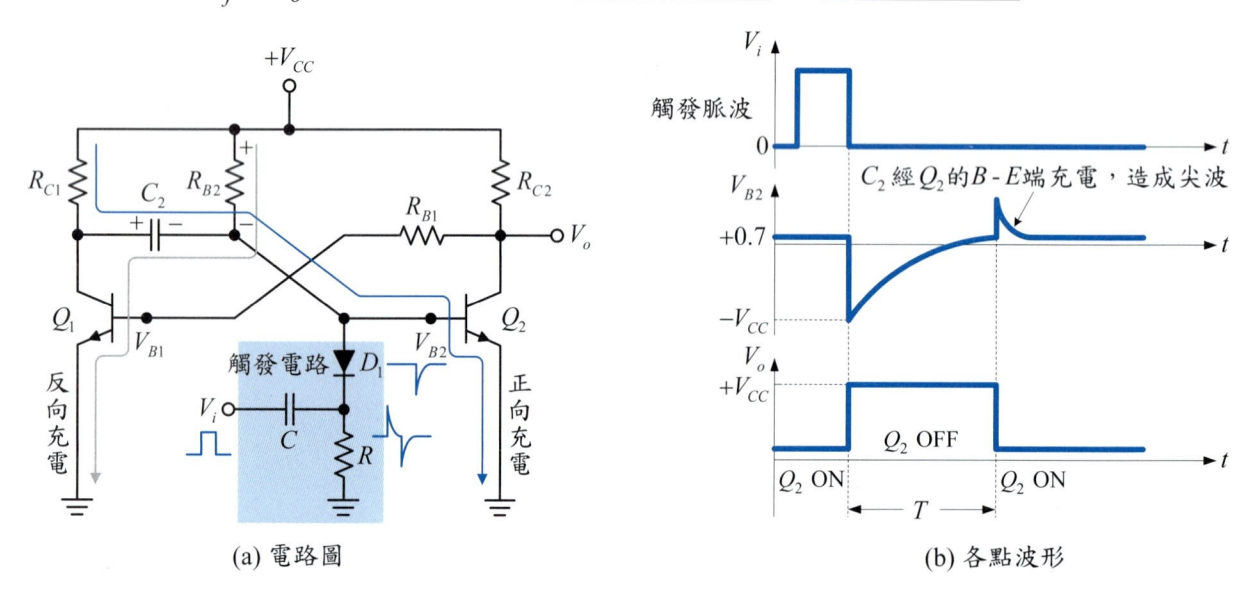

   (a) 電路圖　　(b) 各點波形

2. 工作原理：

   (1) 當電源V_{CC}接通後，假設Q_2較Q_1容易導通，Q_2導通後致使Q_1截止，電路維持在穩定狀態，輸出低電位，$V_o = V_{CE(sat)}$。

   (2) 當外加觸發脈波至輸入端v_i，經由微分電路產生負脈波輸入至Q_2基極端，致使Q_2截止，輸出轉態為高電位，$V_o = V_{CC}$。

   (3) 因為Q_2截止將使Q_1導通飽和，電源電壓經由電阻R_{B2}及Q_1電晶體對電容C_2充電。當電容C_2電壓充電至使$V_{B2} \geq 0.7$ V時，致使Q_2導通飽和、Q_1截止，電路維持在穩定狀態。

3. 電晶體的飽和條件

   (1) Q_1電晶體飽和條件：$\beta_1 R_{C1} \geq R_{B1} + R_{C2}$

   (2) Q_2電晶體飽和條件：$\beta_2 R_{C2} \geq R_{B2}$

4. 脈波寬度 $T = 0.693 R_{B2}C_2 \approx 0.7 R_{B2}C_2$

答案：1. 飽和區、截止區

重點 4 555定時器

1. 如圖所示555定時器,為一8腳**雙列直插封裝**(dual in-line package,簡稱DIP),主要特性說明如下:

   (1) 電源範圍廣:$4.5\,V \leq V_{CC} \leq 16\,V$

   (2) 定時範圍廣:數微秒至數小時

   (3) 輸出電流大:100mA～200mA

   (4) 溫度穩定性高:0.005%/°C

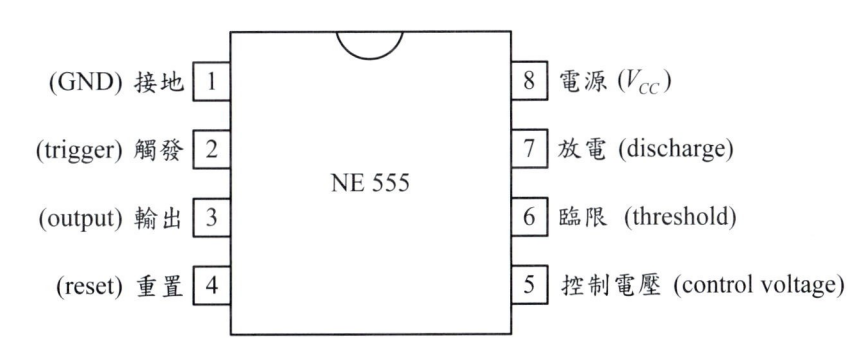

```
(GND) 接地   1          8   電源 ($V_{CC}$)
(trigger) 觸發 2  NE 555 7   放電 (discharge)
(output) 輸出 3          6   臨限 (threshold)
(reset) 重置  4          5   控制電壓 (control voltage)
```

2. 內部結構

   (1) 如圖所示555定時器的內部結構,由兩個 ＿＿＿＿ 、一個 ＿＿＿＿ 、一個 ＿＿＿＿ 及一個 ＿＿＿＿ 等四個部份所組成。另外有一個分壓電路,由三個相同阻值的電阻器所組成,上臨限電壓為 ＿＿＿＿ ,下臨限電壓為 ＿＿＿＿ 。

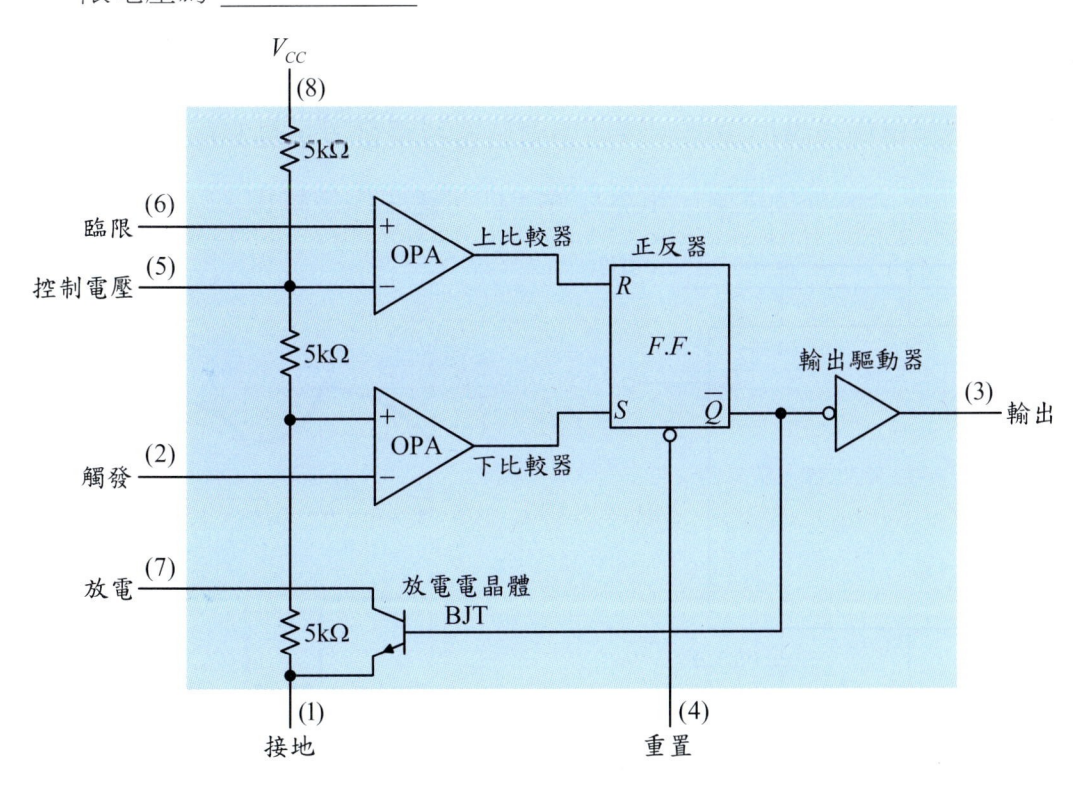

(2) 555定時器的接腳說明如下：

接腳	接腳名稱	說明
1	接地（GND）	共同接地點，通常為0V
2	觸發（trigger）	下比較器之比較電壓為$\frac{1}{3}V_{CC}$，當此腳電壓低於$\frac{1}{3}V_{CC}$時，正反器S = "H"，使Q = "H"，$\overline{Q}$ = "L"，經驅動器反相輸出第3腳為 "H"
3	輸出（output）	輸出電流約100mA～200mA
4	重置（reset）	具最高優先控制權，當此腳為低態 "L" 時，輸出為 "L"。正常使用時，常接於電源V_{CC}
5	控制電壓（control voltage）	上比較器之比較電壓為$\frac{2}{3}V_{CC}$，此腳可改變其比較電壓，正常使用時，常接一電容（$0.01\mu F$～$0.1\mu F$）至地端，避免雜訊干擾
6	臨限（threshold）	上比較器之比較電壓為$\frac{2}{3}V_{CC}$，當此腳電壓高於$\frac{2}{3}V_{CC}$時，正反器R = "H"，使Q = "L"，$\overline{Q}$ = "H"，經驅動器反相輸出第3腳為 "L"
7	放電（discharge）	此腳接於開集極放電電晶體，當$\overline{Q}$ = "L"時，電晶體截止，外部電容器開始充電，當$\overline{Q}$ = "H"時，電晶體飽和導通，外部電容器開始放電
8	電源（V_{CC}）	電源範圍4.5V～16V

答案：2. (1) OPA比較器、放電電晶體、RS正反器、輸出緩衝器、$\frac{2}{3}V_{CC}$、$\frac{1}{3}V_{CC}$

重點 5　555無穩態多諧振盪器

1. 如圖所示555無穩態多諧振盪器，特性如同施密特觸發器，具有兩個比較電位$\frac{2}{3}V_{CC}$及$\frac{1}{3}V_{CC}$，使用少許的外接電阻、電容元件，即可產生脈波輸出。

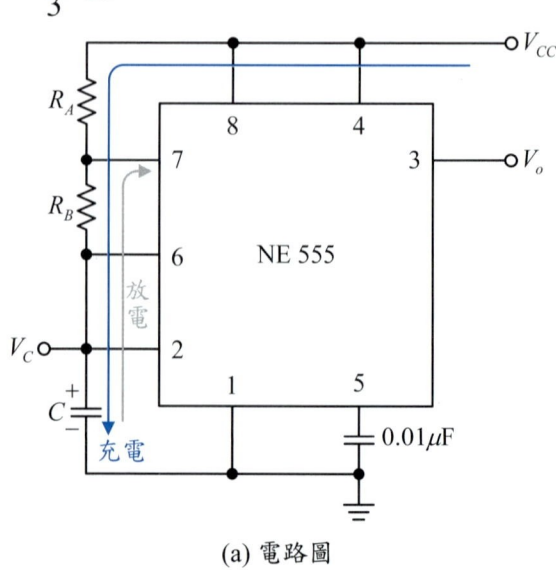

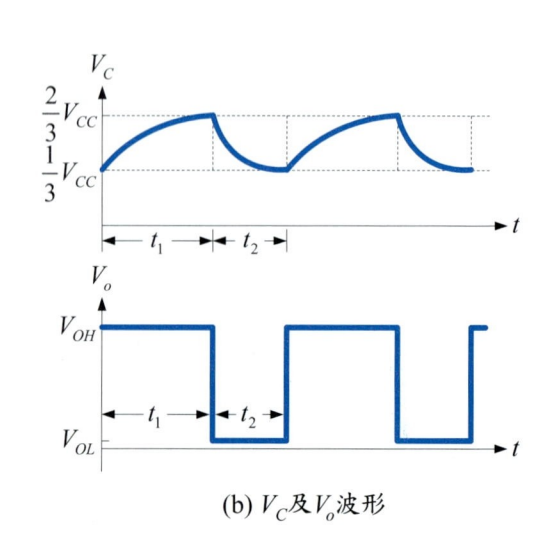

(a) 電路圖　　　　　　　　　　　　　　(b) V_C及V_o波形

2. 工作原理：

(1) 當電源V_{CC}接通後，$V_C = 0$且$V_C < \frac{1}{3}V_{CC}$，下比較器輸出高電位H，致使正反器$S = H$，上比較器輸出低電位L，致使正反器$R = L$。因此，輸出$Q = H$，$\overline{Q} = L$，致使放電電晶體截止，電源V_{CC}經由R_A、R_B對電容器C充電。

(2) 當電容充電至$\frac{1}{3}V_{CC} < V_C < \frac{2}{3}V_{CC}$範圍時，正反器$S = L$且$R = L$，輸出$Q$狀態維持不變，電容器繼續充電。

(3) 當電容充電至$V_C > \frac{2}{3}V_{CC}$時，正反器$S = L$且$R = H$，因此輸出Q由高電位轉態至低電位，則$\overline{Q} = H$，致使放電電晶體導通，電容器C經由R_B及放電電晶體開始放電。

(4) 當電容放電至$\frac{1}{3}V_{CC} < V_C < \frac{2}{3}V_{CC}$範圍時，正反器$S = L$且$R = L$，輸出$Q$狀態維持不變，電容器繼續放電。

(5) 當電容放電至$V_C < \frac{1}{3}V_{CC}$時，正反器$S = H$且$R = L$，輸出Q由低電位轉態至高電位，$\overline{Q} = L$，致使放電電晶體截止，電容器又開始充電。如此周而復始，產生振盪，輸出脈波信號。

3. 振盪週期T及頻率f

(1) 充電時間$t_1 = 0.693(R_A + R_B)C$

(2) 放電時間$t_2 = 0.693R_B C$

$T = t_1 + t_2 = 0.693(R_A + 2R_B)C$，$f = \frac{1}{T}$

4. 工作週期

$$\frac{t_1}{T} \times 100\% = \frac{t_1}{t_1 + t_2} \times 100\% = \frac{R_A + R_B}{R_A + 2R_B} \times 100\%$$

重點 6　555單穩態多諧振盪器

1. 如圖所示555單穩態多諧振盪器，主要特性如下：

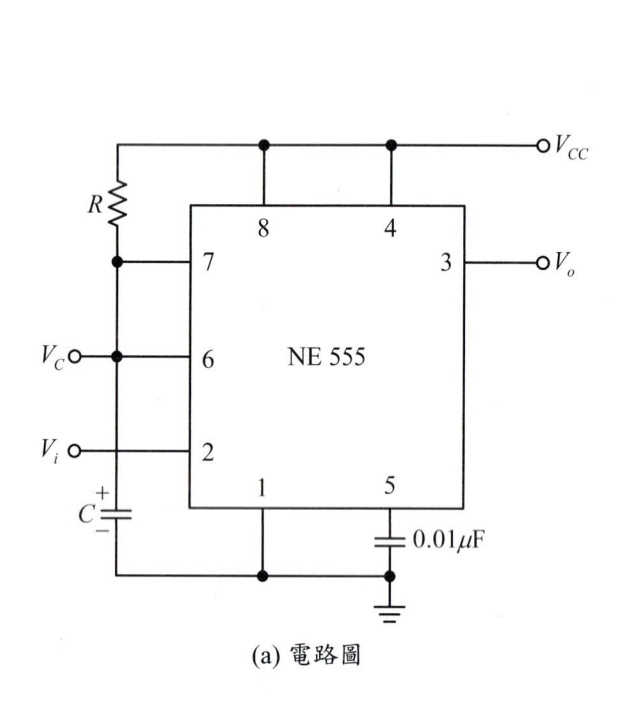

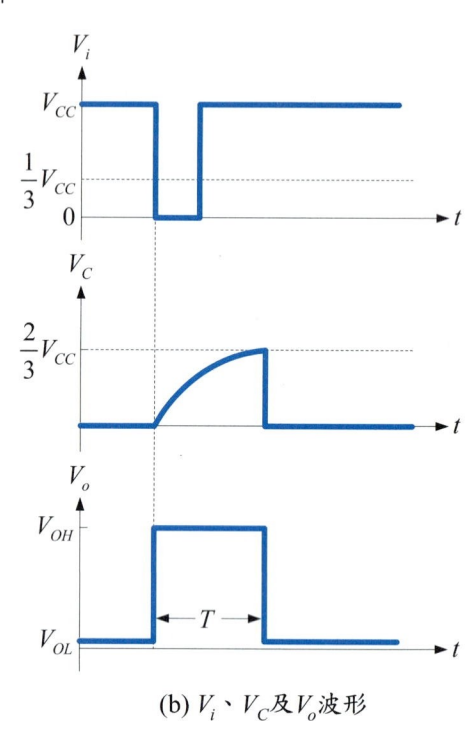

(a) 電路圖　　　　　　　　　　　　　(b) V_i、V_C及V_o波形

2. 工作原理：

   (1) 當電源V_{CC}接通且未輸入負脈波觸發信號V_i時，電容電壓初值$V_{C(0)} = 0$，正反器輸出$Q = $L，$\overline{Q} = $H，致使放電電晶體導通。

   (2) 當輸入端V_i加入準位低於$\frac{1}{3}V_{CC}$的負脈波時，正反器$S = $H且$R = $L，使正反器輸出$Q = $H，$\overline{Q} = $L，致使放電電晶體截止。因此，輸出$V_o$轉態至高電位，電容$C$開始經由電阻$R$充電。

   (3) 當電容充電至$\frac{1}{3}V_{CC} < V_C < \frac{2}{3}V_{CC}$範圍時，正反器$S = $L且$R = $L，輸出$Q$狀態維持不變，電容器繼續充電。

   (4) 當電容充電至$V_C \geq \frac{2}{3}V_{CC}$時，正反器$S = $L且$R = $H，輸出$Q$由高電位轉態至低電位，$\overline{Q} = $H，致使放電電晶體導通，電容器又快速放電至零電位。

3. 脈波寬度T
   $$T = RC\ln 3 = 1.1RC$$

第11章 運算放大器振盪電路及濾波器

3. 有關555 IC的內容結構敘述，下列何者錯誤？
(A)兩個比較器　(B)一個JK正反器　(C)一個電晶體開關　(D)一個緩衝器

解 (B)

一個RS正反器

4. 如下圖所示555電路，下列敘述何者正確？
(A)電路為單穩態多諧振盪器
(B)輸出為方波波形，工作週期為 $\dfrac{R_A}{R_A + R_B} \times 100\%$
(C)電容電壓v_C充放電的範圍為5V至10V之間
(D)當$v_o = 15\,V$時，電容正處於放電狀態

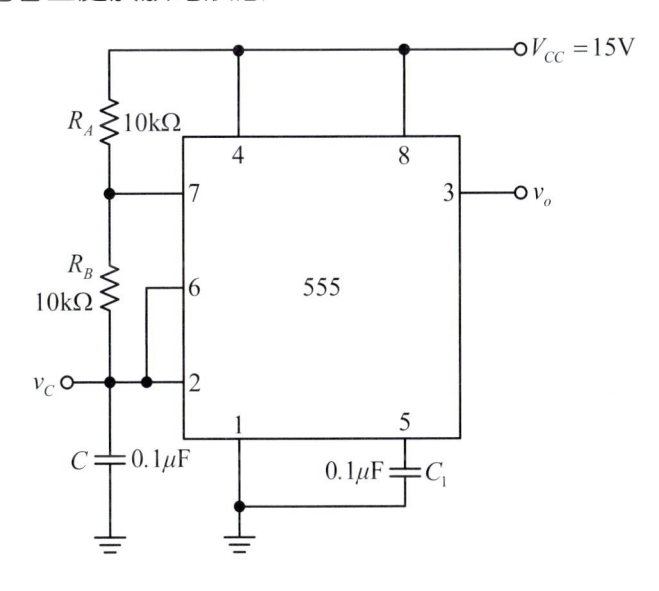

解 (C)

(1) 電路為無穩態多諧振盪器

(2) 輸出為脈波波形，工作週期為 $\dfrac{R_A + R_B}{R_A + 2R_B} \times 100\%$

(3) 當$v_o = 15\,V$時，電容正處於充電狀態

學生練習

3. 有關555 IC的內部結構敘述，下列何者錯誤？
(A)分壓電路：由三個相同電阻值的電阻器組成
(B)比較器：由兩個OPA組成上、下比較器，上臨限電壓為$\frac{2}{3}V_{CC}$，下臨限電壓為$\frac{1}{3}V_{CC}$
(C)輸出緩衝器：由數位IC組成，在$V_{CC}=15\text{ V}$時，輸出電流為200mA
(D)放電電晶體：當正反器輸出$Q=0$時，電晶體截止，反之當$Q=1$時，電晶體導通

4. 如下圖所示555電路，下列敘述何者正確？
(A)電路為單穩態多諧振盪器
(B)輸出為方波波形，工作週期為$\frac{R_A}{R_A+R_B}\times 100\%$
(C)輸出波形週期$T=0.693(R_A+2R_B)C$
(D)二極體的作用為整流

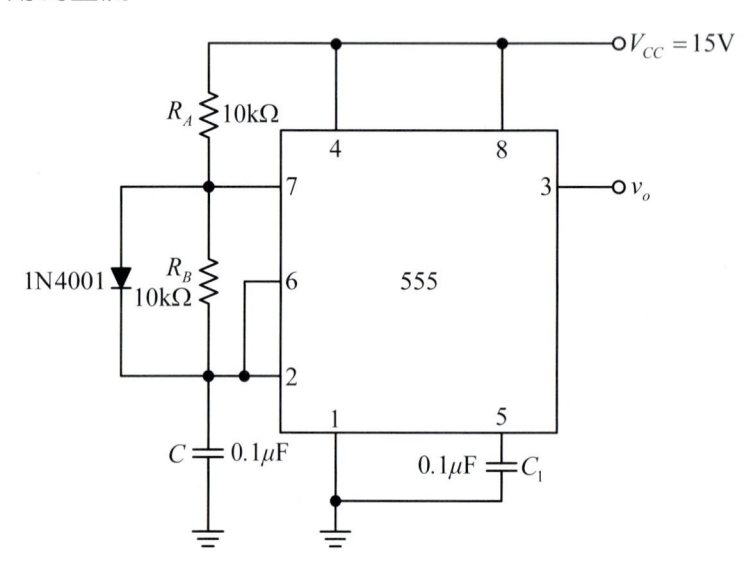

第11章 運算放大器振盪電路及濾波器

ABCD 立即練習

基礎題

( ) 1. 如圖(1)所示運算放大電路，其輸出波形為何？
(A)三角波 (B)方波 (C)正弦波 (D)鋸齒波

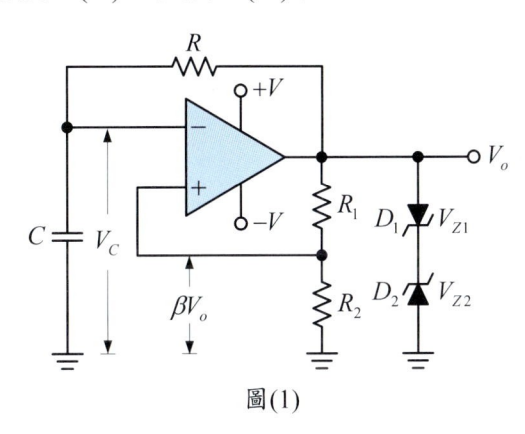

圖(1)

( ) 2. 承上題圖中，已知輸出飽和電壓為 $\pm V_{sat}$，稽納二極體順向導通電壓為 V_{D1} 及 V_{D2}，逆向崩潰電壓為 V_{Z1} 及 V_{Z2}。求輸出波形之峰對峰值電壓為何？
(A) $-V_{sat} \sim +V_{sat}$
(B) $-(V_{Z1} + V_{D2}) \sim +(V_{Z2} + V_{D1})$
(C) $-(V_{Z2} + V_{D1}) \sim +(V_{Z1} + V_{D2})$
(D) $-(V_{Z1} - V_{D2}) \sim +(V_{Z2} + V_{D1})$

( ) 3. 下列何者不是正弦波振盪器？
(A)韋恩電橋振盪器
(B)無穩態多諧振盪器
(C)RC相移振盪器
(D)石英晶體振盪器

※( ) 4. 如圖(2)所示電路，求輸出波形振盪頻率約為多少？
(A)159kHz (B)714kHz (C)1442kHz (D)1MHz

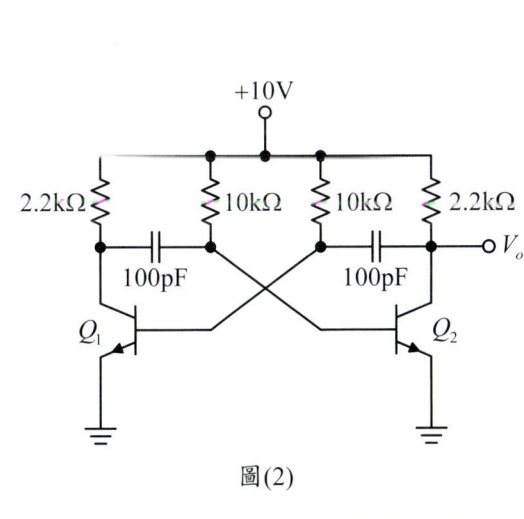

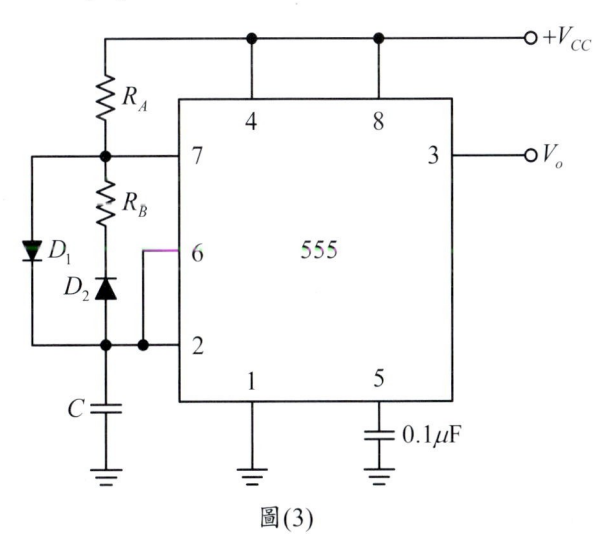

圖(2)

圖(3)

( ) 5. 如圖(3)所示555多諧振盪器，下列敘述何者錯誤？
(A) D_1 及 D_2 分別用來決定充放電迴路
(B) D_1 導通時，V_o 輸出為高電位
(C) D_2 導通時，V_o 輸出為低電位
(D)工作週期（duty cycle）$= \dfrac{R_A + R_B}{R_A + 2R_B}$

(　　)6. 如圖(4)所示555單穩態多諧振盪電路,若按鈕開關PB按下後即放開,則LED約亮多少秒後熄滅？
(A)7秒　(B)11秒　(C)15秒　(D)20秒

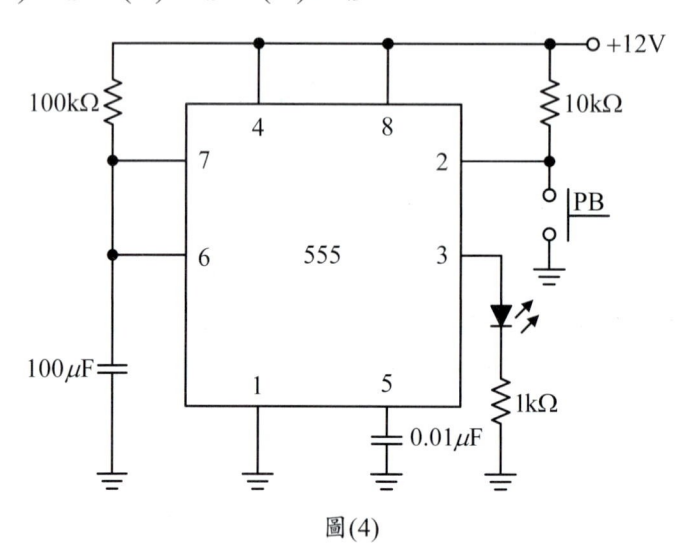

圖(4)

進階題

(　　)1. 如圖(1)所示電路,若OPA輸出飽和電壓為±12V,則下列敘述何者錯誤？
(A)輸出方波波形
(B)振盪頻率與R、C及R_2成反比,而與R_1成正比
(C)回授量 $\beta = \dfrac{R_2}{R_1 + R_2}$
(D)OPA非反相輸入端及反相輸入端信號振幅及波形完全相同

(　　)2. 承上題圖中,若$R_1 = 10\,k\Omega$、$R_2 = 10\,k\Omega$、$R = 1\,k\Omega$、$C = 0.1\,\mu F$,求輸出波形振盪頻率為多少？
(A)1590Hz　(B)4545Hz　(C)7242Hz　(D)10kHz

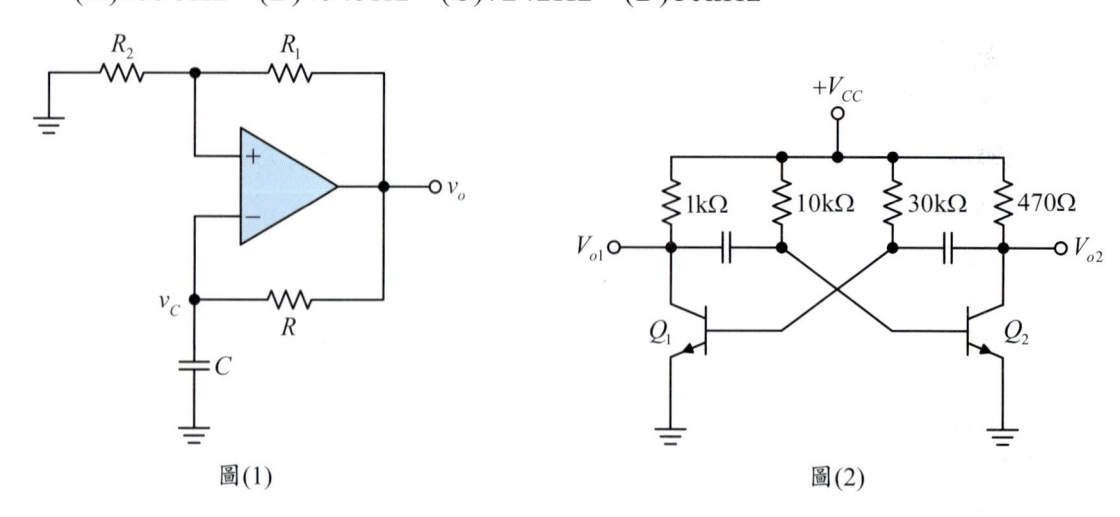

圖(1)　　　　　　圖(2)

※(　　)3. 如圖(2)所示無穩態多諧振盪器,當其產生振盪時,電晶體Q_1之β值至少應大於多少？　(A)10　(B)20　(C)30　(D)60

第11章 運算放大器振盪電路及濾波器

※( )4. 如圖(3)電路，若不考慮發光二極體順向電壓造成的影響，下列敘述何者錯誤？
(A)電路為無穩態多諧振盪電路
(B)V_{o1}波形為對稱方波
(C)Q_1飽和條件為$\beta \geq 10$
(D)LED_1及LED_2每次輪流點亮時間皆為0.7秒

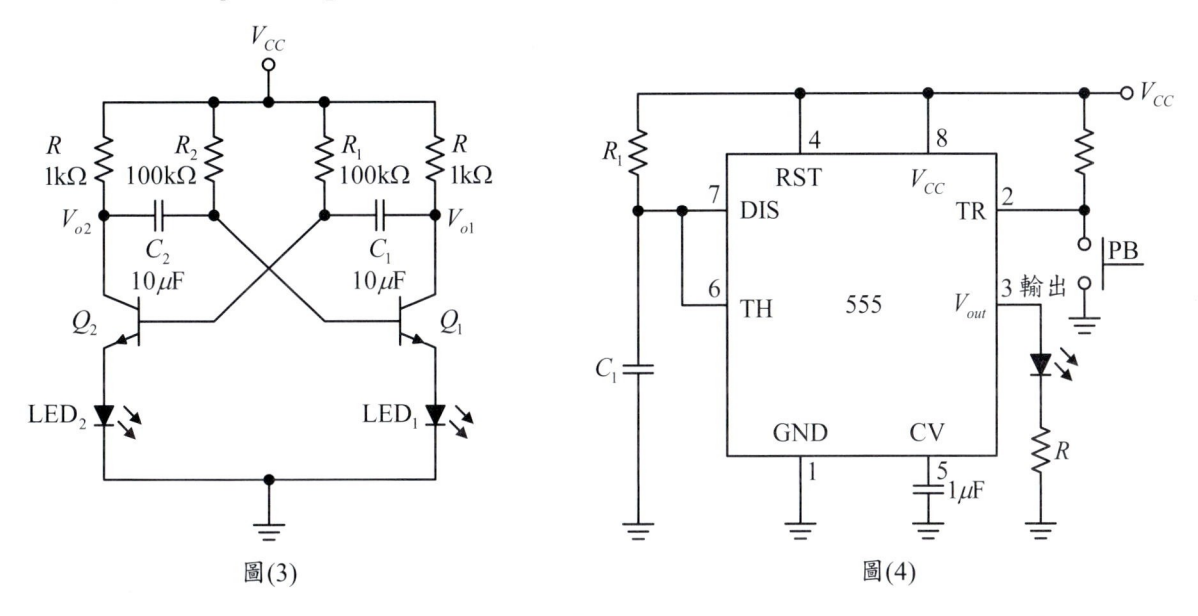

圖(3)

圖(4)

( )5. 如圖(4)所示，由IC 555所組成的電路，若$R_1 = 100$ kΩ，$C_1 = 10$ μF，當按鈕開關PB按一下後放開，則LED約亮多少時間後又熄滅？
(A)1.1秒 (B)6.93秒 (C)10秒 (D)11秒

※( )6. 如圖(5)所示，若$R_{B1} = 15$ kΩ，$C_1 = 0.2$ μF，當輸入一觸發信號（脈波），則輸出V_{o2}脈波寬度為多少？ (A)0.7ms (B)1.4ms (C)2.1ms (D)2.4ms

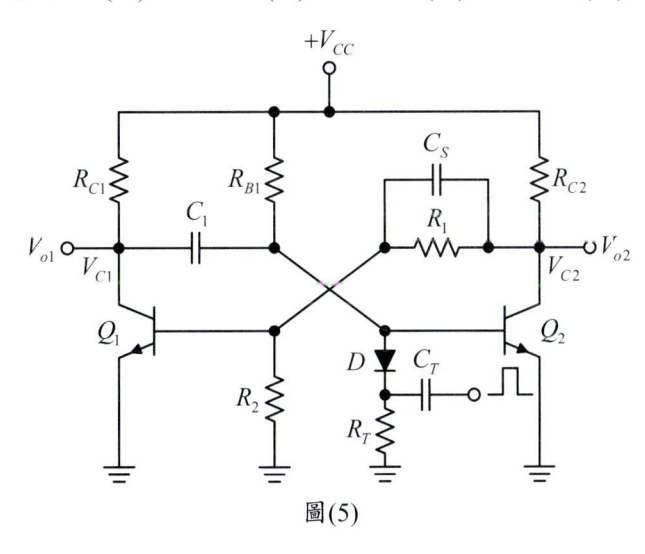

圖(5)

11-5 三角波產生電路 105 106 108 109 112 114

理論重點

重點 1 工作原理

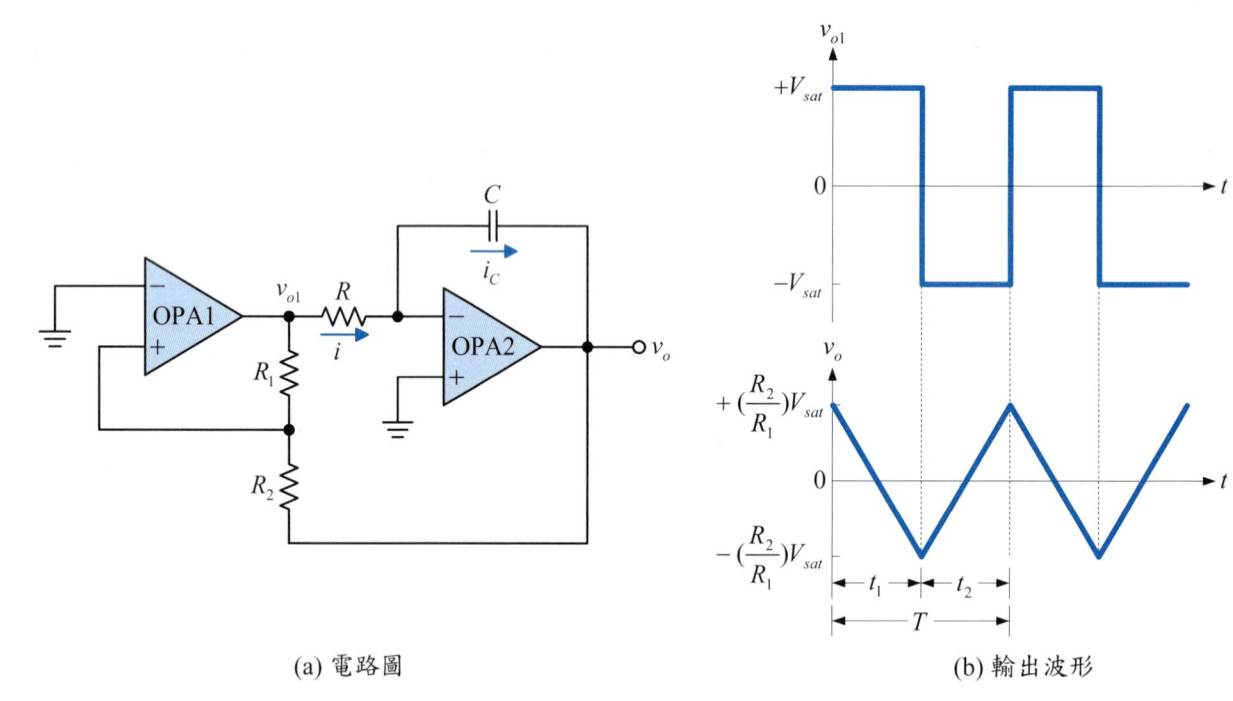

1. 如圖所示三角波產生電路，屬於 ＿＿＿＿＿＿ 多諧振盪器的一種。電路由兩個 OPA 電路組成，OPA1 為 ＿＿＿＿＿＿，輸出 v_{o1} 產生 ＿＿＿＿＿＿ 波形；OPA2 為 ＿＿＿＿＿＿，輸出 v_o 產生 ＿＿＿＿＿＿ 波形。

(a) 電路圖 (b) 輸出波形

2. 工作原理：

   (1) 依前節施密特觸發器的特性可知上臨限電壓 $V_U = \dfrac{R_2}{R_1}V_{sat}$、下臨限臨電壓 $V_D = -\dfrac{R_2}{R_1}V_{sat}$。

   (2) 電源接通瞬間，電容器初值電壓 $V_{C(0)} = 0$，假設 OPA1 輸出 $v_{o1} = +V_{sat}$，因為 $v_{o1} > v_o$，所以 OPA1 輸出 v_{o1} 經由電阻器 R 開始對電容器 C 充電。

   (3) 因為 OPA2 輸出 $v_o = -v_{C1}$，隨著電容器 C 充電，輸出 v_o 電壓逐漸下降，當 $v_o < v_D$ 時，輸出 v_{o1} 由正飽和 $+V_{sat}$ 轉變為負飽和 $-V_{sat}$。

   (4) 因為 $v_{o1} < v_o$，電容器 C 經由電阻器 R 放電（反向充電）。當 $v_o > V_U$ 時，輸出 v_{o1} 由負飽和 $-V_{sat}$ 轉變為正飽和 $+V_{sat}$。如此週而復始，產生振盪。

3. 上、下臨限電壓V_U、V_D

    (1) $V_U = \dfrac{R_2}{R_1}V_{sat}$　　(2) $V_D = -\dfrac{R_2}{R_1}V_{sat}$

4. 遲滯電壓V_H

    $V_H = V_U - V_D = 2\dfrac{R_2}{R_1}V_{sat}$

答案：1. 無穩態、施密特觸發器、對稱方波、米勒積分器、對稱三角波

重點 2　振盪週期

1. OPA2為一米勒積分器，電容器C所儲存的電荷Q如下：

    $Q = C \times \Delta v_C = i_C \times \Delta t$，則$\Delta t = C\dfrac{\Delta v_C}{i_C}$

    (1) 電容器端電壓變化量Δv_C

    $\Delta v_C = \Delta v_o = \dfrac{R_2}{R_1}V_{sat} - (-\dfrac{R_2}{R_1}V_{sat}) = 2(\dfrac{R_2}{R_1})V_{sat}$

    (2) 流過電容器的電流i_C

    $i = i_C = \dfrac{+V_{sat}}{R}$或$\dfrac{-V_{sat}}{R}$

    (3) 電容器充電時間t_1及放電時間t_2

    $t_1 = t_2 = \Delta t = C\dfrac{\Delta v_C}{i_C} = 2(\dfrac{R_2}{R_1})RC$

    (4) 振盪週期$T = t_1 + t_2 = 4(\dfrac{R_2}{R_1})RC$

重點 3　輸出v_{o1}及輸出v_o峰對峰值電壓

1. OPA1輸出峰對峰值電壓$v_{o1(P-P)} = \pm V_{sat}$

2. OPA2輸出峰對峰值電壓$v_{o(P-P)} = \pm\dfrac{R_2}{R_1}V_{sat}$

3. 電容峰對峰值電壓$v_{C(P-P)} = \pm\dfrac{R_2}{R_1}V_{sat}$

老師講解

1. 如右圖所示方波產生電路，假設運算放大器輸出飽和電壓為±12V，$R_1 = 10\text{ k}\Omega$、$R_2 = 5\text{ k}\Omega$、$R = 1\text{ k}\Omega$、$C = 0.1\ \mu\text{F}$，下列敘述何者錯誤？
   (A)OPA1為施密特觸發器，v_{o1}峰對峰值電壓為24V
   (B)OPA2為米勒積分器，v_o峰對峰值電壓為12V
   (C)振盪週期與R、C、R_1、R_2成正比
   (D)輸出v_o為對稱三角波

   解 (C)

   (1) $v_{o1(P-P)} = \pm V_{sat} = 2V_{sat} = 24\text{ V}$

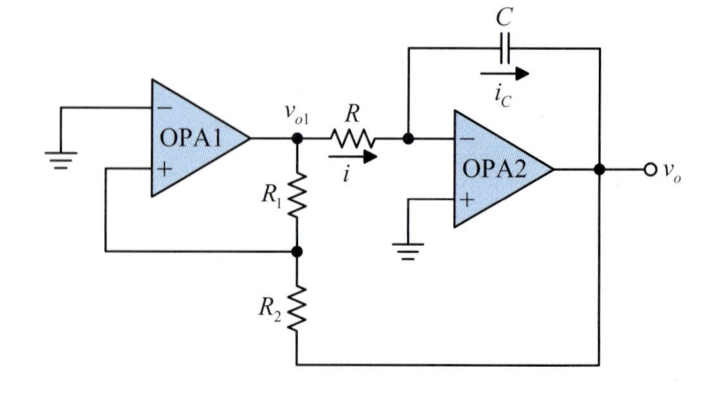

   (2) $v_{o1(P-P)} = \pm \dfrac{R_2}{R_1}V_{sat} = 2\dfrac{R_2}{R_1}V_{sat} = 2 \times \dfrac{5\text{k}}{10\text{k}} \times 12 = 12\text{ V}$

   (3) $T = 4\left(\dfrac{R_2}{R_1}\right)RC$，振盪週期與$R$、$C$、$R_2$成正比，與$R_1$成反比

學生練習

1. 承上題圖中，求輸出v_o振盪頻率為多少？
   (A)500Hz　(B)1kHz　(C)5kHz　(D)10kHz

立即練習

基礎題

(　)1. 如圖(1)所示電路，若OPA為理想的，且電源電壓為$\pm V_{CC}$，$R_1 = 2R_2$，求輸出波形的峰對峰值電壓為多少？　(A)$\dfrac{1}{2}V_{CC}$　(B)V_{CC}　(C)$2V_{CC}$　(D)$4V_{CC}$

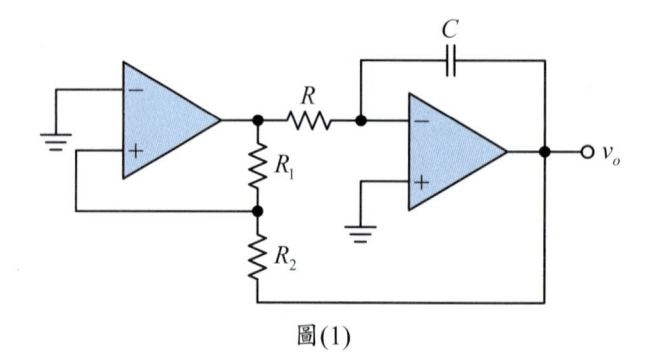

圖(1)

第11章 運算放大器振盪電路及濾波器

( )2. 如圖(2)所示電路,若運算放大器輸出 v_{o1} 飽和電壓 $\pm V_{sat} = \pm 13\,V$,求輸出 v_o 峰對峰值電壓為何?　(A)$\pm 6.5V$　(B)$\pm 13V$　(C)$\pm 15V$　(D)$\pm 26V$

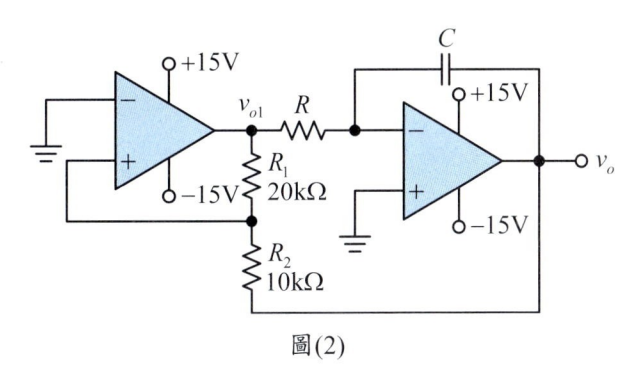

圖(2)

進階題

( )1. 如圖(1)所示電路,若OPA輸出飽和電壓為 $\pm 12V$,則下列敘述何者錯誤?
(A)輸出 v_{o1} 為方波
(B)輸出 v_o 為三角波
(C)輸出 v_{o1} 變化量為 $\pm 12V$
(D)輸出 v_o 變化量為 $\pm 12V$

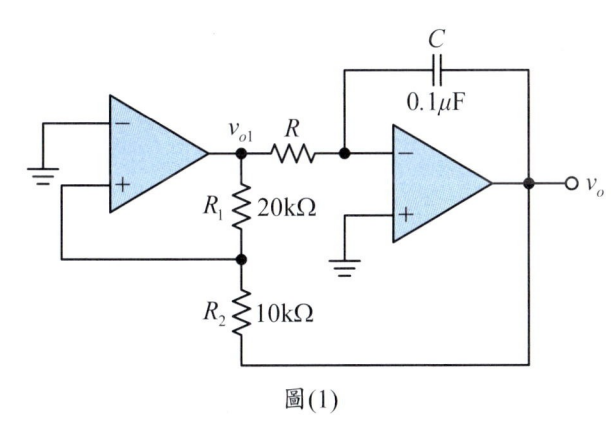

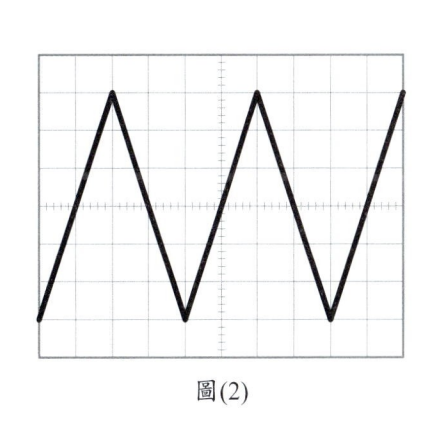

圖(1)　　　圖(2)

( )2. 承上題圖中,使用示波器CH1測量 v_o 波形如圖(2),且水平刻度為 $0.5\,ms/DIV$,垂直刻度為 $2V/DIV$,若示波器使用 $\times 1$ 探棒,則電阻 R 值為多少?
(A)$1k\Omega$　(B)$2k\Omega$　(C)$10k\Omega$　(D)$20k\Omega$

( )3. 如圖(3)所示電路,下列敘述何者錯誤?
(A)v_{o1} 輸出波形為方波
(B)v_o 輸出波形為三角波
(C)輸出波形頻率與 R、C 成反比,與 R_1、R_2 成正比
(D)OPA1功用為施密特觸發器,OPA2功用為米勒積分器

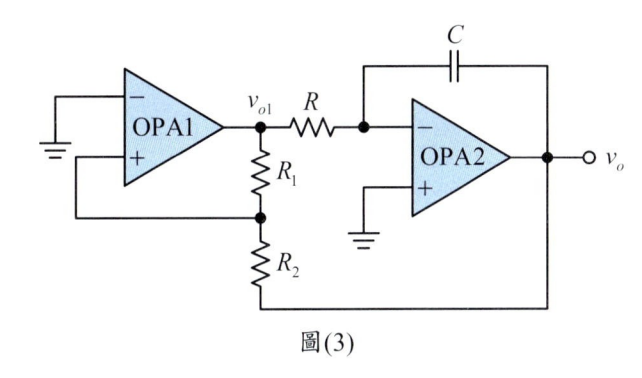

圖(3)

(　　)4. 如圖(4)所示電路，已知OPA輸出飽和電壓為±12V，若 $R_1 = 10\,k\Omega$，$R_2 = 30\,k\Omega$，$R = 2\,k\Omega$，$C = 0.22\,\mu F$，求OPA1輸出 v_{o1} 及OPA2輸出 v_{o2} 的波形及振幅為何？
(A) v_{o1} 為±12V方波，v_{o2} 為±4V三角波　(B) v_{o1} 為±4V三角波，v_{o2} 為±12V方波
(C) v_{o1} 為±12V方波，v_{o2} 為±6V三角波　(D) v_{o1} 為±6V三角波，v_{o2} 為±4V方波

圖(4)

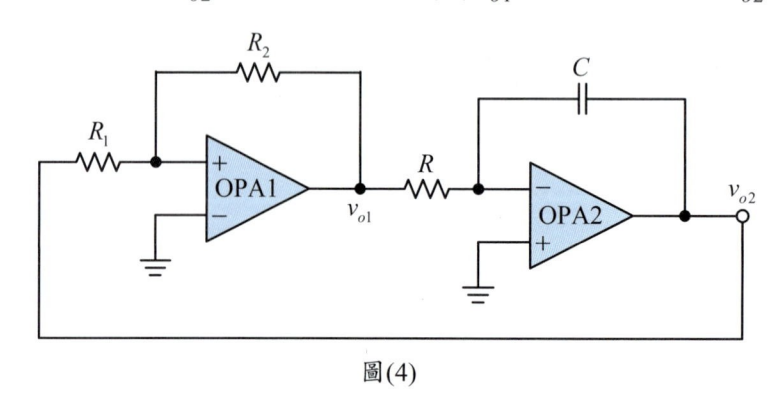

(　　)5. 承上題圖中，求輸出波形振盪頻率為何？
(A)1.1kHz　(B)1.5kHz　(C)1.7kHz　(D)2.3kHz

11-6　一階濾波器　106 111 113 114

理論重點

重點 1　濾波器功用

1. 濾波器主要功用是擷取某特定頻率範圍內的信號，並且去除不必要的信號或雜訊。

2. 濾波器依其功用區分，可分成 ＿＿＿＿＿＿＿＿＿＿ 、 ＿＿＿＿＿＿＿＿＿＿ 、 ＿＿＿＿＿＿＿＿＿＿ 及 ＿＿＿＿＿＿＿＿＿＿ 四種。

3. 濾波器依其組成元件區分，可分成 ＿＿＿＿＿＿＿＿ 及 ＿＿＿＿＿＿＿＿ 兩種。

   (1) 被動濾波器：以電阻、電容、電感等被動元件組成，因元件非線性，且在低頻率範圍（DC～100kHz）需使用大電感，增加濾波器體積，無法在積體電路（IC）上製造。

   (2) 主動濾波器：以電阻、電容及主動元件組成，主動元件通常使用運算放大器（OPA），因其增益頻寬積很大，很容易在IC上，設計製造高頻率的濾波器。

4. 濾波器依去除雜訊能力區分，可分成一階濾波器、二階濾波器、n階濾波器等。

答案：2. 低通濾波器（low pass filter）、高通濾波器（high pass filter）、帶通濾波器（band pass filter）、帶拒濾波器（band reject filter）
3. 被動（pass）濾波器、主動（active）濾波器

重點 2　一階主動低通濾波器

1. 如圖所示一階主動低通濾波器電路及其頻率響應，f_H稱為高頻截止頻率。

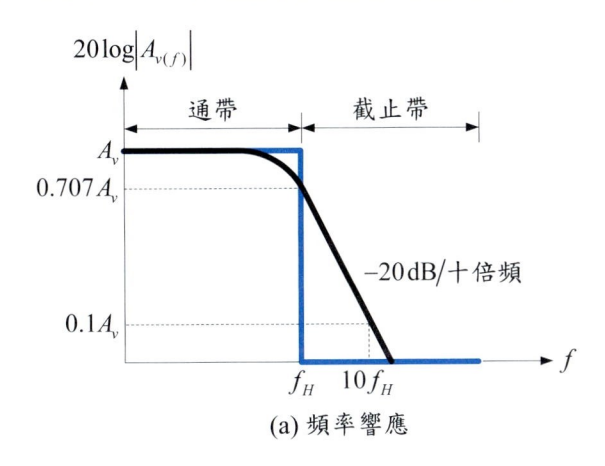

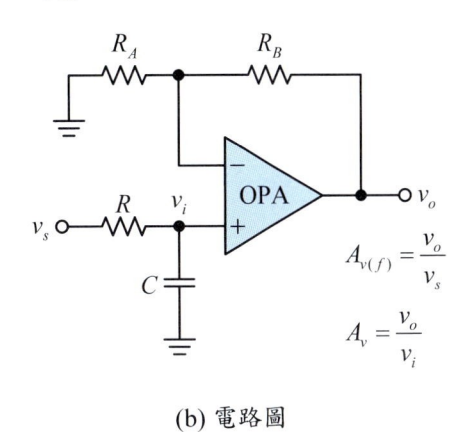

　　(a) 頻率響應　　　　　　　　　　　　(b) 電路圖

2. 截止點：

    (1) 在$f = f_H$處的電壓增益$A_{v(f_H)}$為中頻電壓增益A_v的 _____ 倍，以分貝表示，電壓增益減少 _____，因此截止點又稱為 _____ 點。

    (2) 因為$P = \dfrac{v_o^2}{R_L}$，所以截止點功率$P_{(f_H)}$為通帶功率P的 _____ 倍，因此截止點又可稱為 _____ 點。

    (3) 在$f \leq f_H$通帶範圍內，信號完全無損的通過濾波器。

    (4) 在$f > f_H$截止帶範圍內，理想輸出信號振幅為 _____，實際輸出以–20dB／十倍頻遞減，即頻率每增加十倍，輸出衰減20dB（電壓增益衰減十倍）。

    電壓增益與頻率的關係式為 $\left|A_{v(f)}\right| = \dfrac{1}{\sqrt{1+(\dfrac{f}{f_H})^2}} A_v$

3. 高頻截止頻率 $f_H = \dfrac{1}{2\pi RC}$

    R、C網路增益 $\dfrac{V_{(+)}}{v_i} = \dfrac{-jX_C}{R - jX_C}$，則 $\left|\dfrac{V_{(+)}}{v_i}\right| = \dfrac{X_C}{\sqrt{R^2 + X_C^2}}$，當 $R = X_C = \dfrac{1}{2\pi fC}$ 時，

    $\left|\dfrac{V_{(+)}}{v_i}\right| = \dfrac{1}{\sqrt{2}} = 0.707$，可得高頻截止頻率 $f_H = f = \dfrac{1}{2\pi RC}$

4. 中頻電壓增益 $A_v = 1 + \dfrac{R_B}{R_A}$

答案：2. (1) 0.707、3dB、–3dB　　　(2) 0.5、半功率
　　　　(4) 零

重點 3　一階主動高通濾波器

1. 如圖所示一階主動高通濾波器電路及其頻率響應，f_L稱為低頻截止頻率。

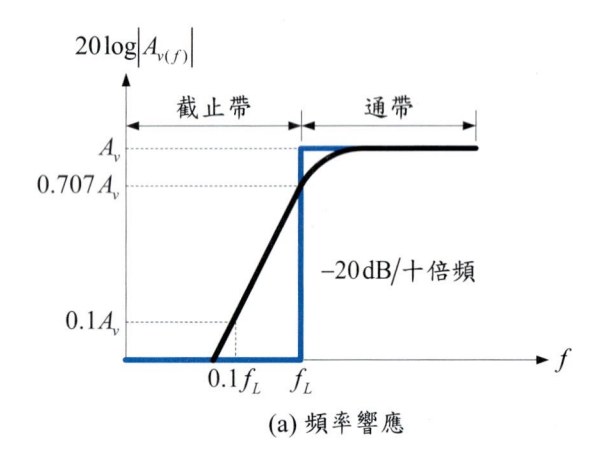

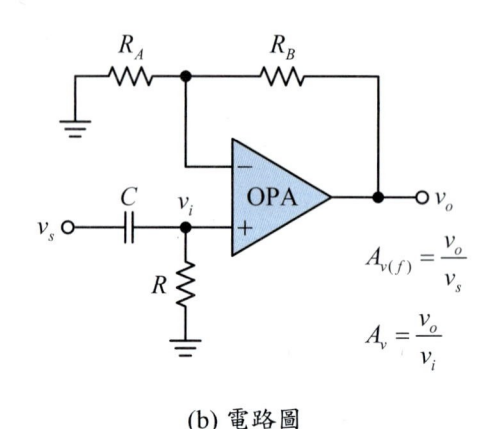

　　　　(a) 頻率響應　　　　　　　　　　　　　　(b) 電路圖

2. 截止點：

    (1) 在$f = f_L$處的電壓增益$A_{v(f_L)}$為中頻電壓增益A_v的 ＿＿＿＿ 倍，以分貝表示，電壓增益減少 ＿＿＿＿，因此截止點又稱為 ＿＿＿＿ 點。

    (2) 因為$P = \dfrac{v_o^2}{R_L}$，所以截止點功率$P_{(f_L)}$為通帶功率P的 ＿＿＿＿ 倍，因此截止點又可稱為 ＿＿＿＿ 點。

    (3) 在$f \geq f_L$通帶範圍內，信號完全無損的通過濾波器。

    (4) 在$f < f_L$截止帶範圍內，理想輸出信號振幅為 ＿＿＿＿，實際輸出以-20dB／十倍頻遞減，即頻率每減少十倍，輸出衰減20dB（電壓增益衰減十倍）。

    電壓增益與頻率的關係式為 $\left| A_{v(f)} \right| = \dfrac{1}{\sqrt{1 + (\dfrac{f_L}{f})^2}} A_v$

3. 低頻截止頻率 $f_L = \dfrac{1}{2\pi RC}$

    R、C網路增益 $\dfrac{V_{(+)}}{v_i} = \dfrac{R}{R - jX_C}$，則 $\left| \dfrac{V_{(+)}}{v_i} \right| = \dfrac{R}{\sqrt{R^2 + X_C^2}}$，當 $R = X_C = \dfrac{1}{2\pi fC}$ 時，$\left| \dfrac{V_{(+)}}{v_i} \right| = \dfrac{1}{\sqrt{2}} = 0.707$，可得低頻截止頻率 $f_L = f = \dfrac{1}{2\pi RC}$

4. 中頻電壓增益 $A_v = 1 + \dfrac{R_B}{R_A}$

答案：2. (1) 0.707、3dB、−3dB　　　　(2) 0.5、半功率
　　　　 (4) 零

第11章 運算放大器振盪電路及濾波器

重點 4 一階主動帶通濾波器

1. 如圖所示一階主動帶通濾波器電路及其頻率響應，是由一階 ＿＿＿＿＿＿ 濾波器及一階 ＿＿＿＿＿＿ 濾波器串聯組合而成。

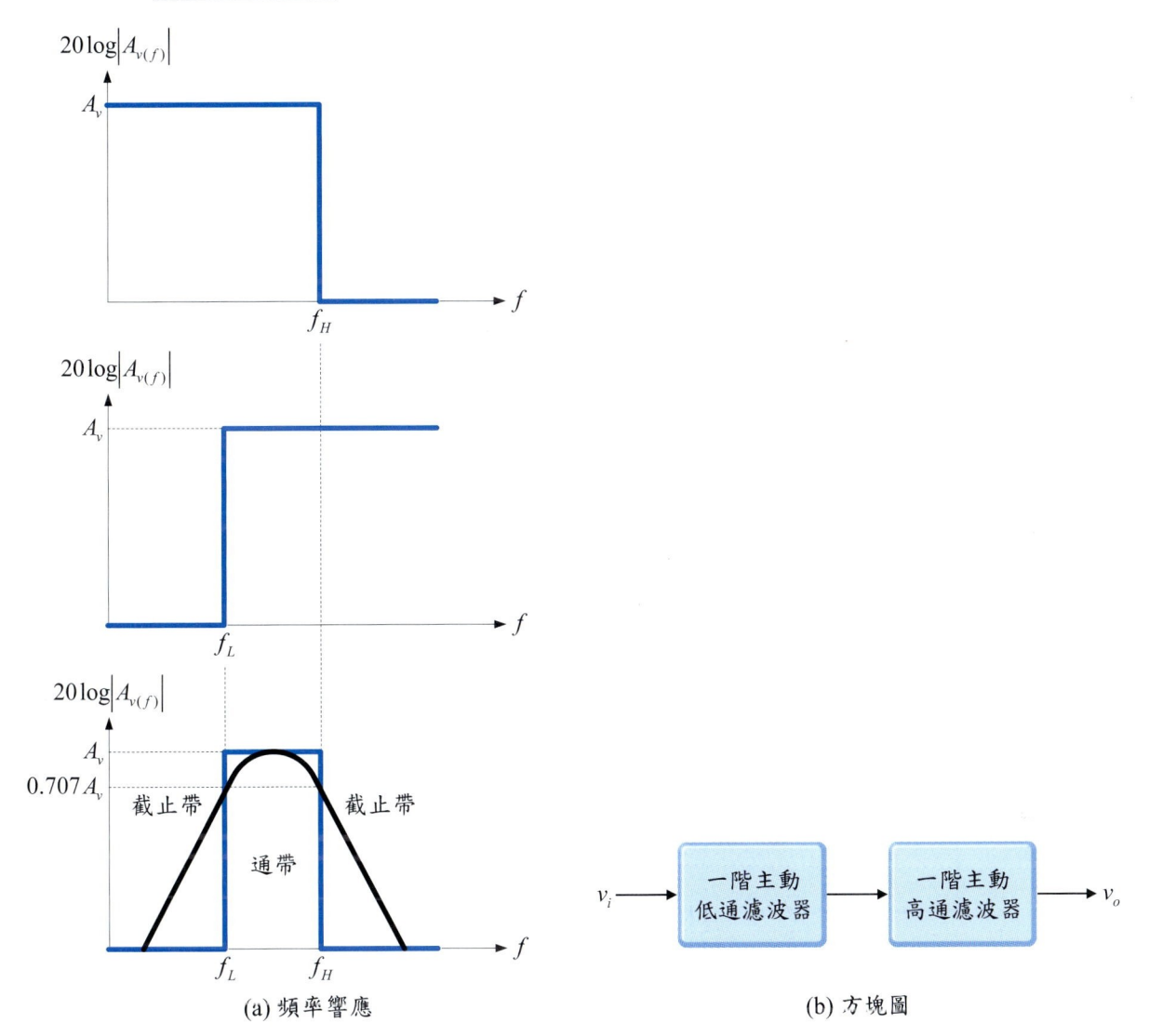

    (a) 頻率響應

    (b) 方塊圖

    (1) 在 $f_L \leq f \leq f_H$ 通帶範圍內，信號完全無損的通過濾波器。

    (2) 在 $f > f_H$ 或 $f < f_L$ 截止帶範圍內，輸出信號振幅為零。

2. 截止頻率

    (1) 高頻截止頻率 $f_H = \dfrac{1}{2\pi R_1 C_1}$

    (2) 低頻截止頻率 $f_L = \dfrac{1}{2\pi R_2 C_2}$

    (3) 因為 $f_H > f_L$，所以必須選擇 $R_1 C_1 < R_2 C_2$

3. 中頻電壓增益 $A_v = (1 + \dfrac{R_{B1}}{R_{A1}})(1 + \dfrac{R_{B2}}{R_{A2}})$

4. 頻率寬度（band width）：$BW = f_H - f_L$

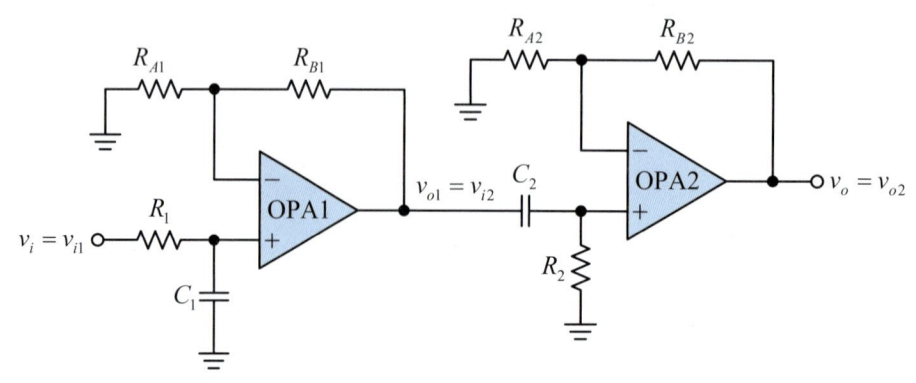

一階主動帶通濾波器電路圖

答案：1. 主動低通、主動高通

重點 5　一階主動帶拒濾波器

1. 如圖所示一階主動帶拒濾波器電路及其頻率響應，是由一階 ＿＿＿＿＿＿＿ 濾波器及一階 ＿＿＿＿＿＿＿ 濾波器經由加法器相加組合而成。

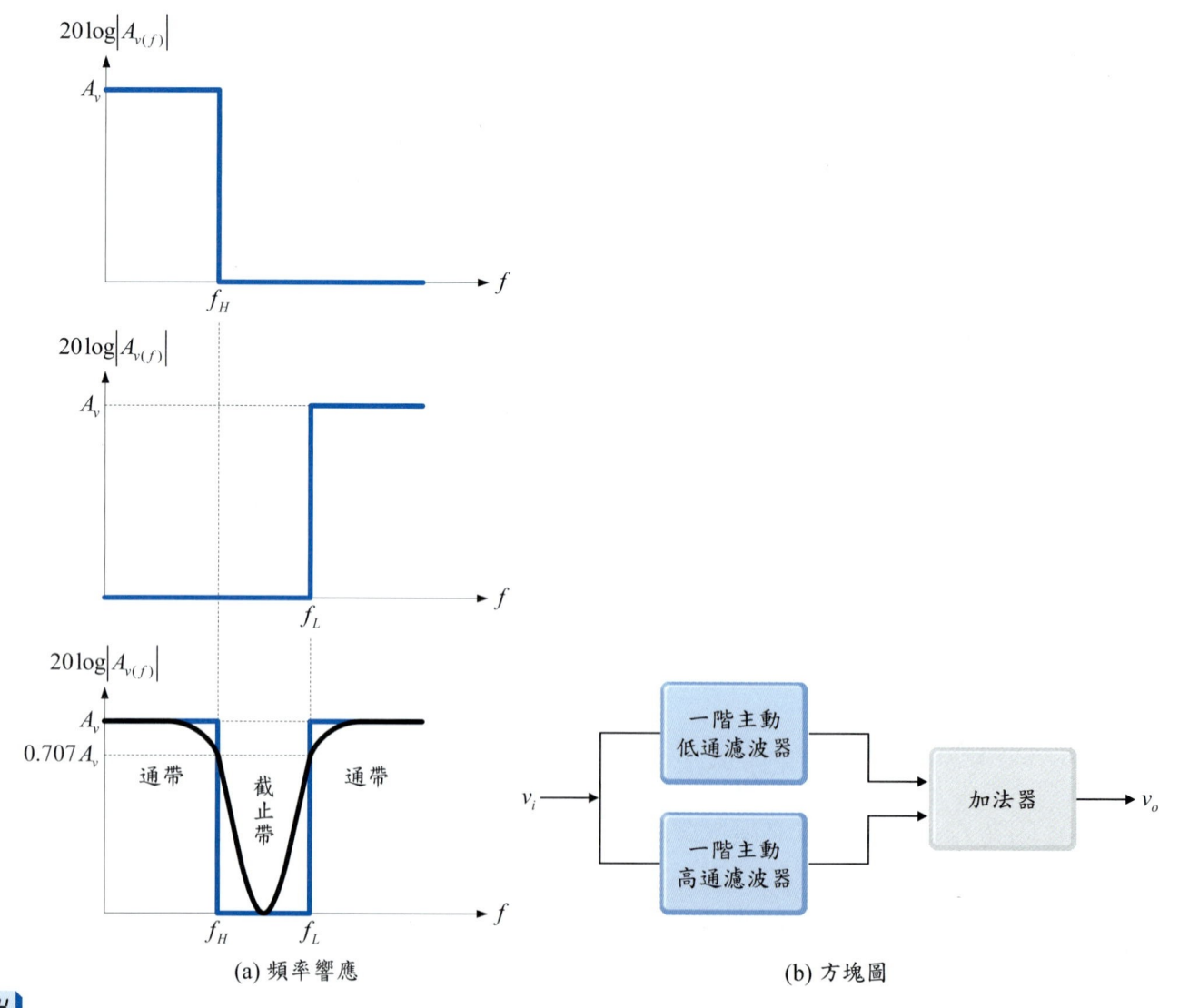

(a) 頻率響應

(b) 方塊圖

(1) 在 $f > f_H$ 或 $f < f_L$ 通帶範圍內,信號完全無損的通過濾波器。

(2) 在 $f_L \le f \le f_H$ 截止帶範圍內,輸出信號振幅為零。

2. 截止頻率

(1) 高頻截止頻率 $f_H = \dfrac{1}{2\pi R_1 C_1}$

(2) 低頻截止頻率 $f_L = \dfrac{1}{2\pi R_2 C_2}$

(3) 因為 $f_H < f_L$,所以必須選擇 $R_1 C_1 > R_2 C_2$

3. 中頻電壓增益 $A_v = (1 + \dfrac{R_B}{R_A})$

通常選擇 $R_A = R_{A1} = R_{A2}$,$R_B = R_{B1} = R_{B2}$,則 $A_v = (1 + \dfrac{R_B}{R_A})$

4. 頻率寬度（band width）：$BW = f_L - f_H$

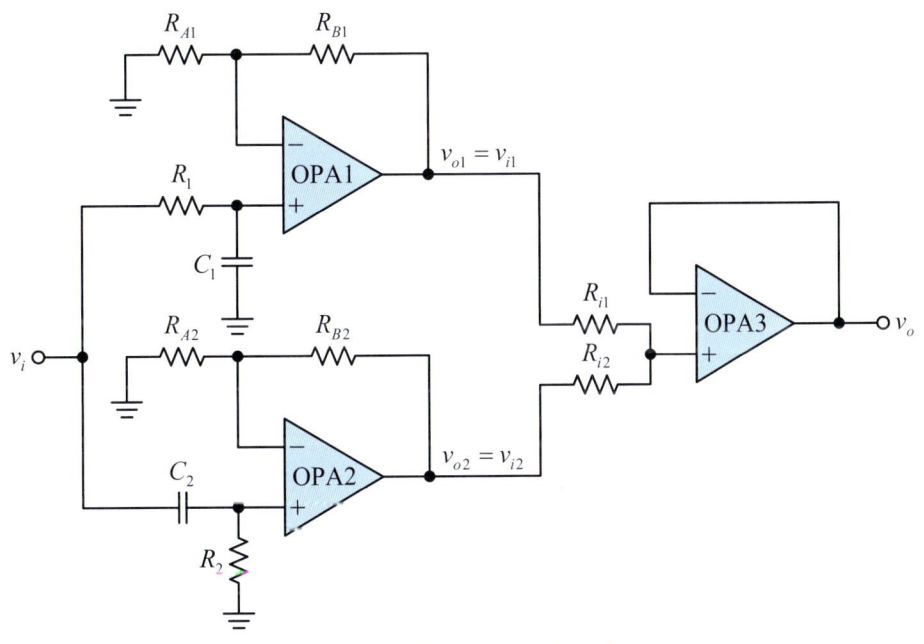

一階主動帶拒濾波器電路圖

答案：1. 主動低通、主動高通

老師講解

1. 某一階主動高通濾波器通帶電壓增益為10，−3dB截止頻率為1600Hz，則在輸入頻率為160Hz時之電壓增益約為多少？ (A)0.707 (B)1 (C)7.07 (D)10

   解 (B)

   因為頻率減少10倍，電壓增益衰減10倍，

   所以在160Hz的電壓增益等於 $\dfrac{10}{10}=1$

學生練習

1. 某一階主動低通濾波器−3dB截止頻率為1000Hz，通帶電壓增益為100，求在輸入頻率為100Hz及10kHz時之電壓增益分別為多少？
   (A)100，10 (B)10，100 (C)100，10 (D)100，100

立即練習

基礎題

( ) 1. 如圖(1)所示頻率響應曲線圖，應為何種濾波器？
   (A)低通濾波器（low pass filter） (B)高通濾波器（high pass filter）
   (C)帶通濾波器（band pass filter） (D)帶拒濾波器（band reject filter）

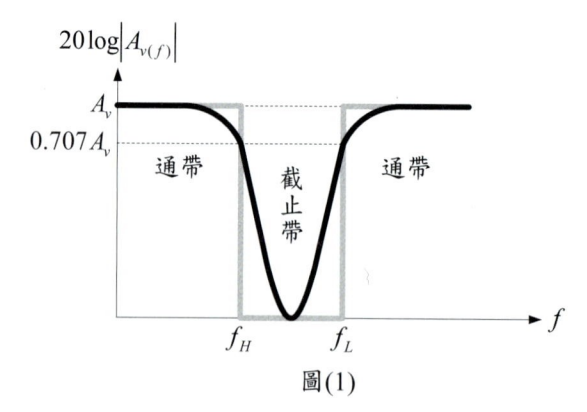

圖(1)

(　　)2. 下列關於濾波器的描述，何者錯誤？
(A)低通濾波器可通過低頻信號而濾除高頻信號
(B)高通濾波器可通過高頻信號而濾除低頻信號
(C)帶拒濾波器可通過特定頻帶範圍的信號
(D)頻寬愈小，選擇性愈好

進階題

(　　)1. 如圖(1)所示一階主動帶通濾波器，求其頻率寬度（band width，BW）為多少？
(A)795Hz　(B)1590Hz　(C)5kHz　(D)10kHz

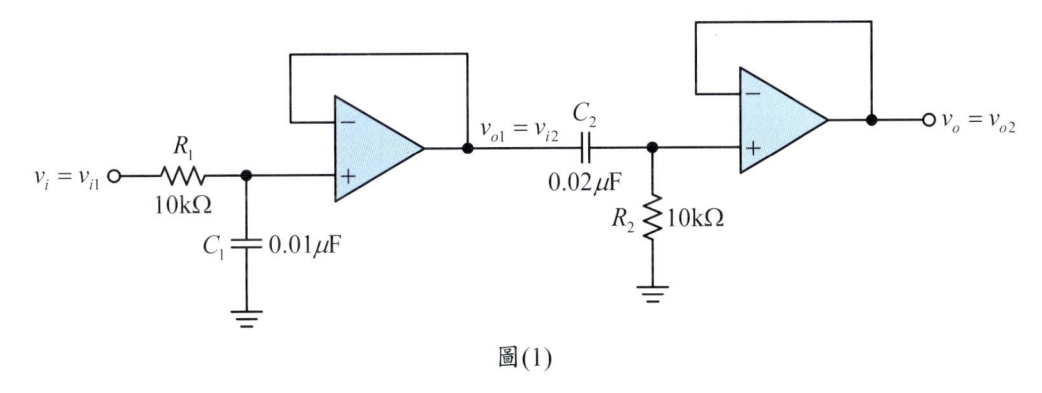

圖(1)

(　　)2. 有關主動濾波器及被動濾波器之敘述，下列何者錯誤？
(A)主動濾波器一般採用主動元件搭配被動元件設計
(B)被動濾波器不包含主動元件
(C)主動濾波器可適用於低頻範圍之應用
(D)被動濾波器之最大電壓增益可大於1

歷屆試題

電子學試題

( )1. 圖(1)為理想運算放大器組成的振盪電路，請問下列相關敘述何者正確？
(A)僅適用於產生10kHz以下之低頻振盪信號
(B)此電路為考畢子（Colpitts）振盪電路
(C)電感值L愈大，振盪頻率愈高
(D)屬於RLC相移振盪電路的一種
[11-2][統測]

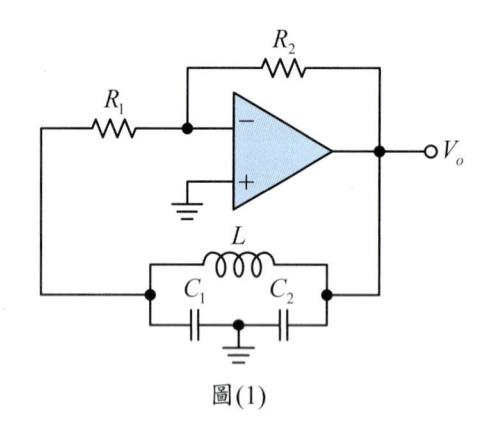

圖(1)

( )2. 施密特觸發電路的應用之一，是可以藉由其磁滯效應（hysteresis effect）將輸入的週期性信號轉換成週期性方波信號輸出。圖(2)電路中，假設運算放大器的輸出正負飽和電壓$\pm V_{sat} = \pm 12\,V$，輸入電壓$v_s(t)$為一週期性三角波信號，$R_2 = 3R_1$且$V_{ref} = 0\,V$時，下列何者為正確的輸出電壓信號$v_o(t)$？（圖中的垂直虛線為時間的參考對齊線）
[11-3][統測]

(A) $v_o(t)$
(B) $v_o(t)$
(C) $v_o(t)$
(D) $v_o(t)$

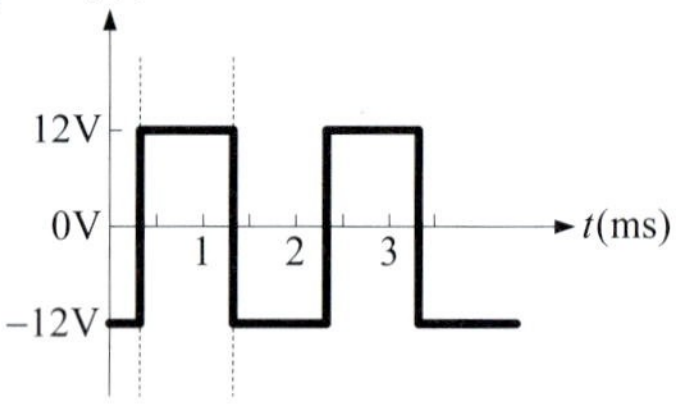

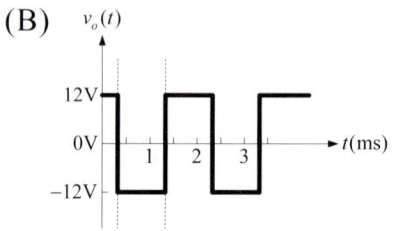

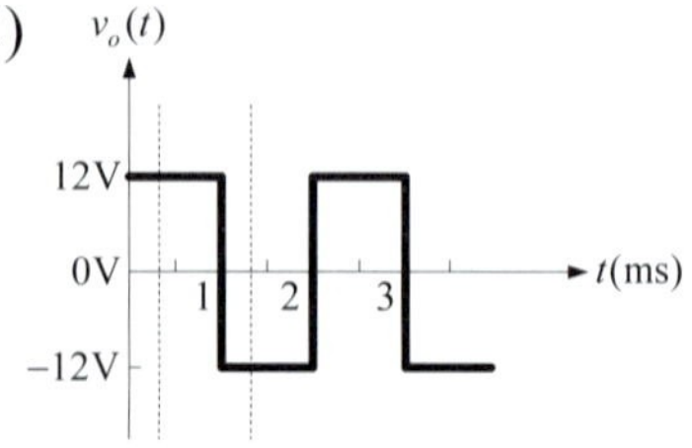

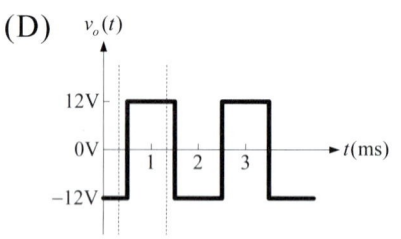

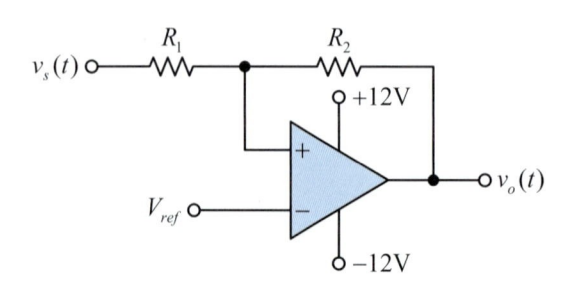

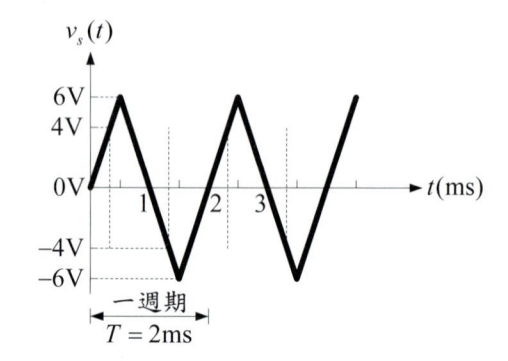

圖(2)

第11章 運算放大器振盪電路及濾波器

( )3. 承上題,下列措施,何者可有效提高輸出方波信號的頻率?
(A)提高V_{ref}值 (B)降低V_{ref}值
(C)減少R_2/R_1的比值 (D)縮短三角波信號$v_s(t)$的週期 [11-3][統測]

( )4. 圖(3)為555 IC的典型方波產生器電路,其輸出方波信號的週期為$T = T_+ + T_-$,其中T_+和T_-分別為正負電位的時間。令工作週期$=(T_+/T)\times 100\%$,試問下列何種R_1和R_2的組合可得工作週期$=75\%$的週期性方波信號?
(A)$R_1 = 1\,k\Omega$,$R_2 = 2\,k\Omega$ (B)$R_1 = 2\,k\Omega$,$R_2 = 1\,k\Omega$
(C)$R_1 = 1\,k\Omega$,$R_2 = 3\,k\Omega$ (D)$R_1 = 3\,k\Omega$,$R_2 = 1\,k\Omega$ [11-4][統測]

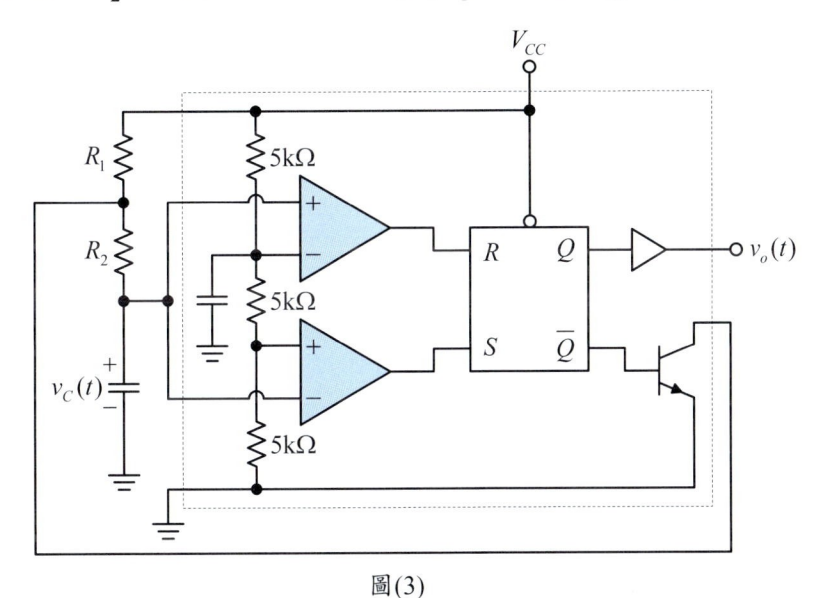

圖(3)

( )5. 高頻LC振盪器的方塊圖如圖(4)所示,請問下列敘述何者正確?
(A)當X_1與X_2為電容器,X_3為電感器時,此電路稱為哈特萊(Hartley)振盪器
(B)當X_1與X_3為電容器,X_2為電感器時,此電路稱為哈特萊(Hartley)振盪器
(C)當X_1與X_2為電容器,X_3為電感器時,此電路稱為考畢子(Colpitts)振盪器
(D)當X_1與X_3為電容器,X_2為電感器時,此電路稱為考畢子(Colpitts)振盪器
[11-2][102統測]

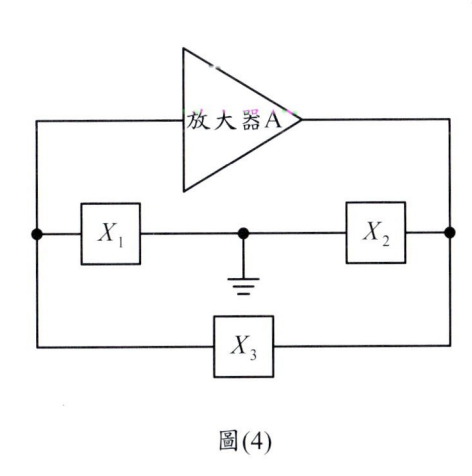

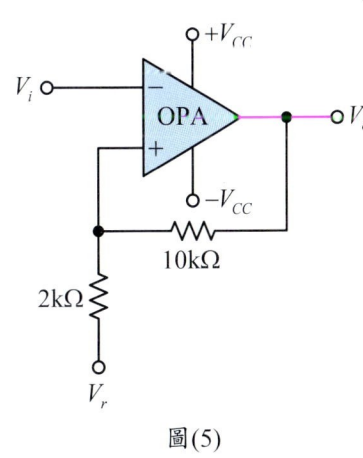

圖(4) 圖(5)

( )6. 如圖(5)所示之施密特(Schmitt)觸發電路,若已知電源電壓$V_{CC} = 13\,V$,輸出之正飽和電壓$+V_{sat} = 12\,V$,負飽和電壓$-V_{sat} = -12\,V$,$V_r = 3\,V$,則各臨界電壓值,下列何者正確?
(A)上臨界電壓$V_U = 4.5\,V$ (B)上臨界電壓$V_U = 12\,V$
(C)下臨界電壓$V_L = 3\,V$ (D)下臨界電壓$V_L = 1/3\,V$ [11-3][102統測]

(　　)7. 如圖(6)所示為555定時IC之多諧振盪器，當按下彈跳開關SW後，輸出端需要經過時間t_d後，才能恢復為原先的穩定狀態，據此下列敘述何者正確？
(A)此電路為單穩態多諧振盪器　(B)當電路在穩態時，其輸出電壓為V_{CC}
(C)$t_d ≒ 0.55$ ms　(D)$t_d ≒ 1.1$ ms

[11-4][102統測]

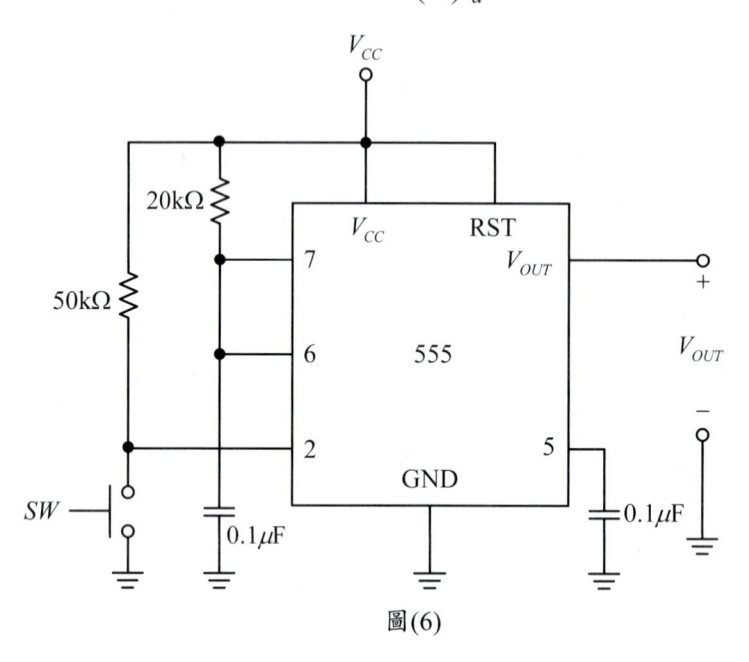

圖(6)

(　　)8. 如圖(7)所示之振盪電路，正常工作下V_o之頻率約為何？
(A)20Hz　(B)100Hz　(C)200Hz　(D)1000Hz

[11-2][103統測]

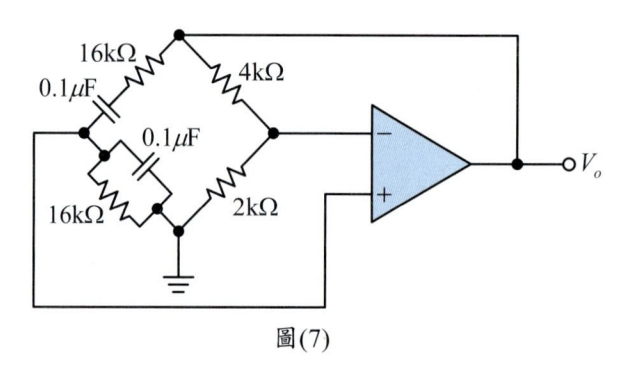

圖(7)

(　　)9. 如圖(8)所示之振盪電路，V_o之振盪頻率為10kHz，回授因數$\beta = -\dfrac{1}{29}$，則R_f之最小值約為何？　(A)10kΩ　(B)87kΩ　(C)92kΩ　(D)100kΩ

[11-2][103統測]

圖(8)

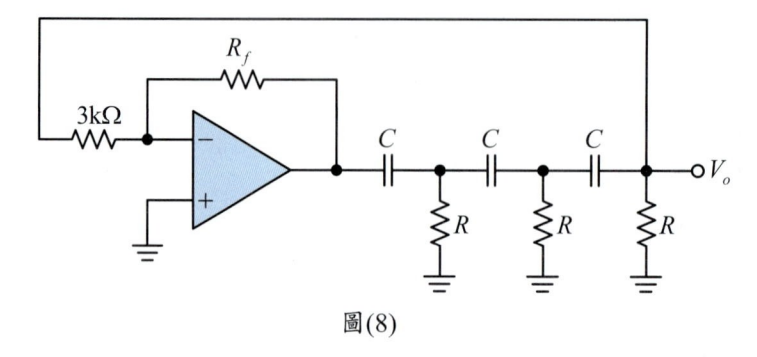

第11章 運算放大器振盪電路及濾波器

(　　)10. 如圖(9)所示之施密特觸發電路，其遲滯電壓為何？
(A)15V　(B)10V　(C)7V　(D)5V　　　　　　　　　　　　　[11-3][103統測]

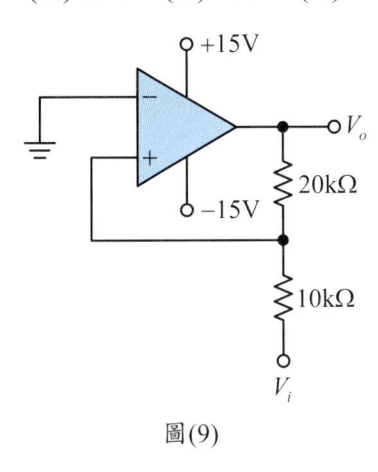

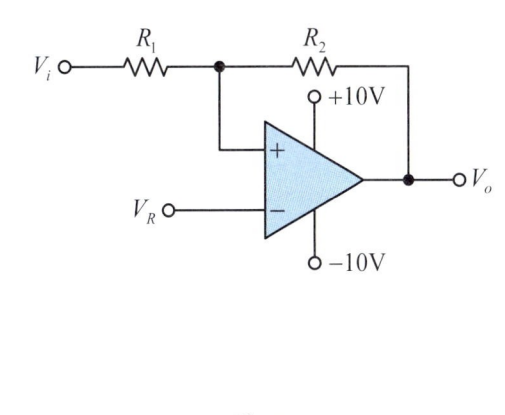

圖(9)　　　　　　　　　　　　　　　　　　　圖(10)

(　　)11. 如圖(10)所示之電路，$R_2 = 2\ k\Omega$，$V_R = -2\ V$，若其上臨界電壓為4V，則R_1約為多少 kΩ？　(A)1.5　(B)2.8　(C)3.6　(D)4.8　　　　　　　　　　[11-3][104統測]

(　　)12. 承接上題，若$R_1 = R_2 = 2\ k\Omega$且$V_R = 2\ V$，則其下臨界電壓為多少伏特？
(A)−8　(B)−6　(C)−4　(D)−2　　　　　　　　　　　　　[11-3][104統測]

(　　)13. 下列有關555計時IC的控制電壓腳（第5腳）之敘述，何者錯誤？
(A)可改變輸出之電壓大小　　　　(B)可改變輸出之振盪頻率
(C)可改變內部上比較器之參考電位　(D)可改變內部下比較器之參考電位　[11-4][104統測]

(　　)14. 有關多諧振盪器的敘述，下列何者錯誤？
(A)多諧振盪器之輸出波形為非正弦波
(B)無穩態多諧振盪器有一個輸入觸發信號
(C)單穩態多諧振盪器的輸出狀態包括一種穩定狀態和一種暫時狀態
(D)雙穩態多諧振盪器之工作情形有如數位電路的正反器　　　　　[11-4][105統測]

(　　)15. 有一施密特（Schmitt）觸發電路如圖(11)所示，其中$+V_{CC}$和$-V_{CC}$為電源電壓，V_r為參考電壓，若輸出之正飽和電壓為$+V_{sat}$，負飽和電壓為$-V_{sat}$，則其遲滯電壓V_H為下列何者？
(A)$(2V_{sat}R_1)/R_2$　　　　　　　(B)$(2V_{sat}R_2)/R_1$
(C)$(2V_{sat}R_1)/(R_1+R_2)$　　　　(D)$(2V_{sat}R_2)/(R_1+R_2)$　　[11-3][105統測]

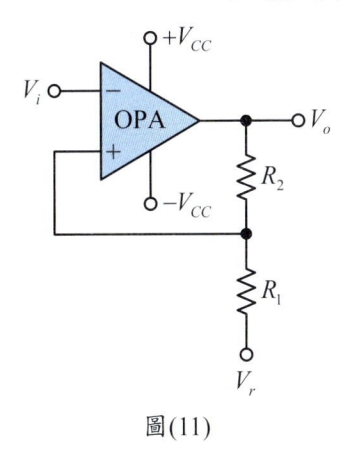

圖(11)

(　　)16. 三角波信號產生電路可以應用施密特（Schmitt）觸發電路與下列何種電路來組成？
(A)微分器電路　(B)比較器電路　(C)隨耦器電路　(D)積分器電路　　[11-5][105統測]

( )17. 有一放大器的截止頻率為100Hz和20kHz，當輸入訊號為中頻段2kHz弦波時之輸出功率為120W。若僅改變輸入訊號頻率至20kHz，則此時之輸出功率約為多少？
(A)30W　(B)60W　(C)84.85W　(D)120W　　　　　　　　　　　　　　[11-6][106統測]

( )18. 關於弦波振盪器之敘述，下列何者錯誤？
(A)RC相移振盪器是屬於低頻弦波振盪器
(B)音頻振盪器一般使用考畢子振盪器（Colpitts oscillator）
(C)石英晶體振盪是應用晶體本身具有壓電效應而產生振盪
(D)振盪器電路是不需外加輸入信號，只要應用其直流電源即可轉換為特定頻率之弦波輸出　　　　　　　　　　　　　　　　　　　　　　　　　　　　　　　[11-2][106統測]

( )19. 如圖(12)所示之振盪電路，於正常工作下，輸出電壓V_o之頻率約為何？
(A)100Hz　(B)398Hz　(C)796Hz　(D)100kHz　　　　　　　　　　　　[11-2][106統測]

圖(12)

圖(13)

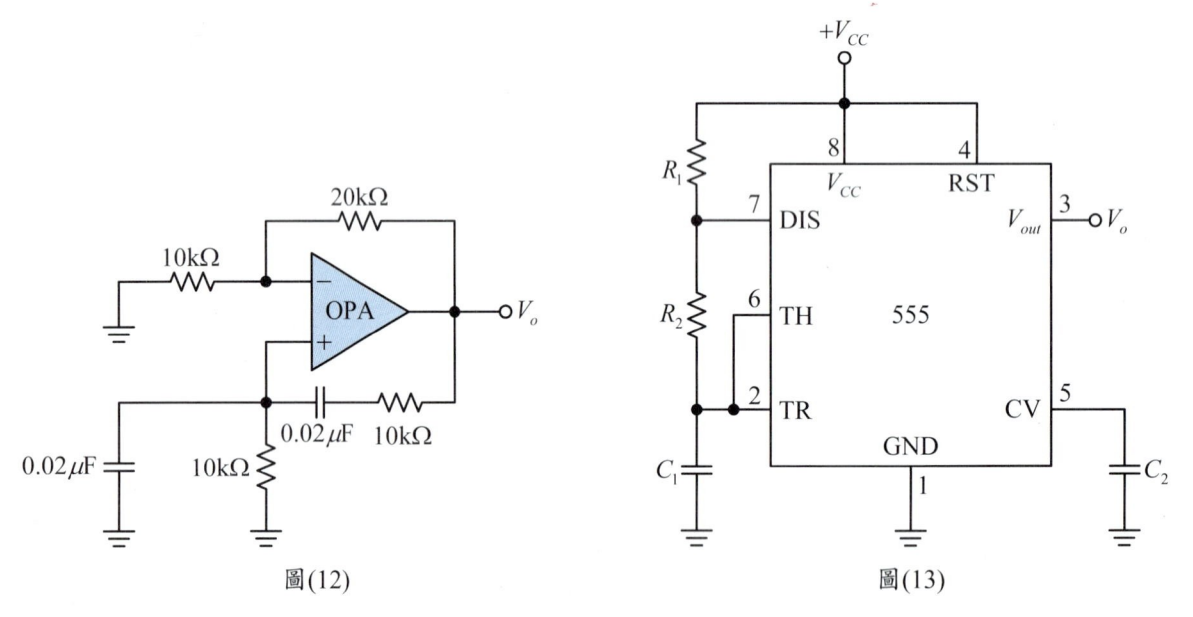

( )20. 如圖(13)所示為555IC所組成之方波產生電路，則下列何種R_1和R_2的關係可以得到最接近工作週期50%的方波信號？
(A)$R_1 \gg R_2$　(B)$R_1 = 2R_2$　(C)$R_2 = 2R_1$　(D)$R_2 \gg R_1$　　　　　[11-4][106統測]

( )21. 如圖(14)所示之理想運算放大器RC相移振盪器，若此電路已工作於振盪頻率1300Hz且$R_i \gg R$，則下列何者正確？（提示：$\sqrt{6} \approx 2.45$）
(A)$R = 500\,\Omega$，$C = 0.01\,\mu F$
(B)$R = 1\,k\Omega$，$C = 0.05\,\mu F$
(C)$R = 2\,k\Omega$，$C = 0.01\,\mu F$
(D)$R = 2\,k\Omega$，$C = 0.05\,\mu F$　　　　　　　　　　　　　　　　　[11-2][107統測]

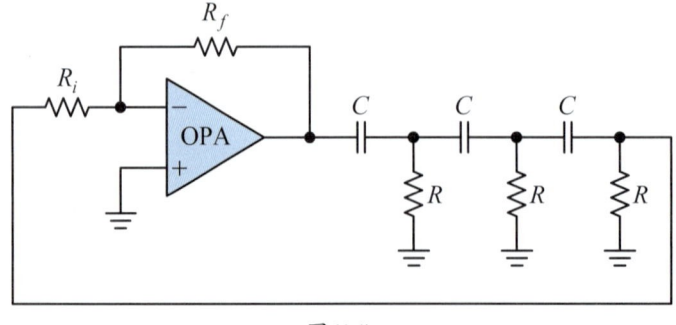

圖(14)

第11章 運算放大器振盪電路及濾波器

( )22. 如圖(15)所示之電路，在正常振盪情況下，V_o 之週期約為何？（提示：$\ln 2 \approx 0.7$）
 (A)$0.7R_B C_1$
 (B)$0.7R_{C1}C_2$
 (C)$0.7(R_{C1}C_1 + R_{C2}C_2)$
 (D)$0.7(R_{B1}C_1 + R_{B2}C_2)$ [11-4][107統測]

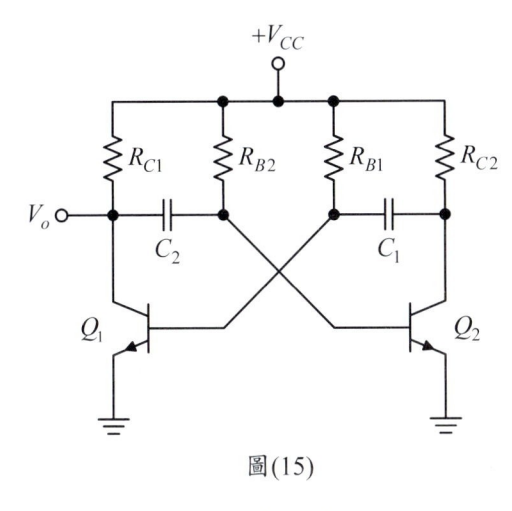

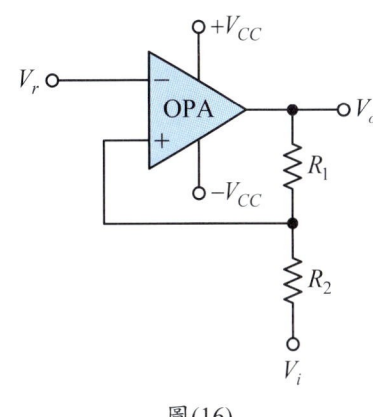

圖(15)

圖(16)

( )23. 如圖(16)所示之施密特（Schmitt）觸發電路，V_{CC} 為電源電壓，OPA輸出飽和電壓大小為 V_{sat}，V_r 為參考電壓，V_i 為輸入電壓，則其遲滯（hysteresis）電壓 V_h 為何？
 (A)$2V_{sat}(R_2/R_1)$
 (B)$2V_{sat}(R_1/R_2)$
 (C)$(2V_{sat}R_2)/(R_1+R_2)$
 (D)$(2V_{sat}R_1)/(R_1+R_2)$ [11-3][107統測]

( )24. 利用運算放大器及RC相移電路來設計振盪器，下列敘述何者錯誤？
 (A)直流供電，產生交流信號輸出
 (B)回授網路之相移為180度
 (C)迴路增益 $|\beta A| \geq 1$
 (D)RC相移形成負回授特性 [11-2][108統測]

( )25. 有關正回授電路的特性，下列敘述何者正確？
 (A)可增加系統穩定度
 (B)可增加系統頻寬
 (C)可降低雜訊干擾
 (D)可產生週期性信號 [11-1][108統測]

( )26. 如圖(17)所示之理想振盪器電路，下列敘述何者錯誤？
 (A)v_o 之波形為三角波
 (B)電路可產生週期性信號
 (C)電容C兩端之電壓波形近似三角波
 (D)v_o 之頻率與電阻R及電容C有關 [11-4][108統測]

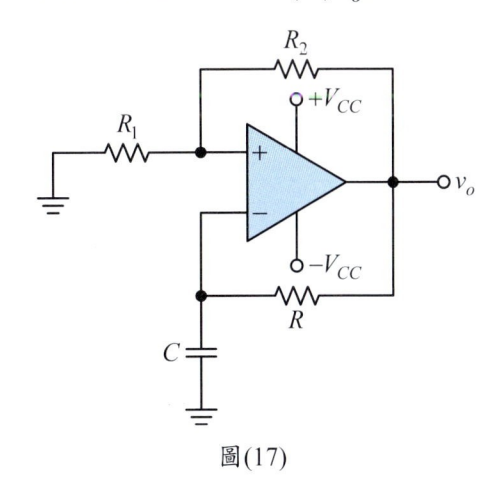

圖(17)

( )27. 一正回授放大器電路形成之振盪器，其回授增益 $\beta = 0.02$，欲輸出振幅穩定之正弦波，則放大器之電壓增益 $|A_v|$ 應調整為何？
 (A)75 (B)50 (C)48 (D)45 [11-1][109統測]

( )28. 如圖(18)所示之振盪器電路，下列敘述何者正確？
(A)方塊A之OPA電路功能為微分電路　(B)方塊B之OPA電路功能為積分電路
(C)v_{o2}之輸出為方波　(D)v_{o1}之輸出為弦波 [11-5][109統測]

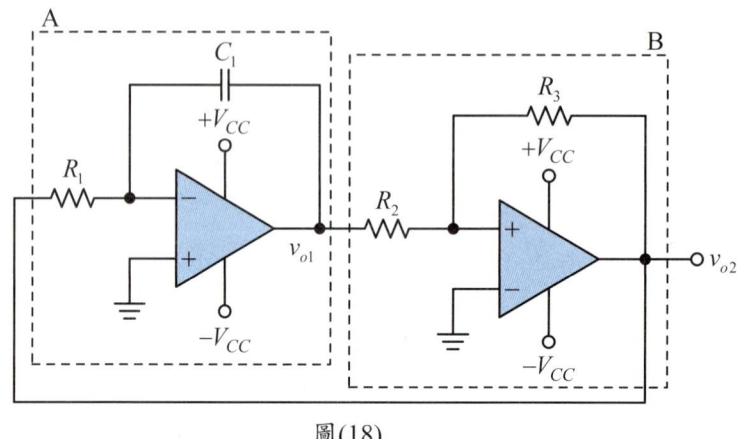

圖(18)

( )29. 如圖(19)所示之電路，$V_{CC}=15\ V$，$R_1=20\ k\Omega$，$R_2=100\ k\Omega$，OPA飽和電壓$V_{sat}=13.5\ V$，則磁滯（hysteresis）電壓為何？
(A)3.2V
(B)4.8V
(C)5.4V
(D)7.8V [11-3][109統測]

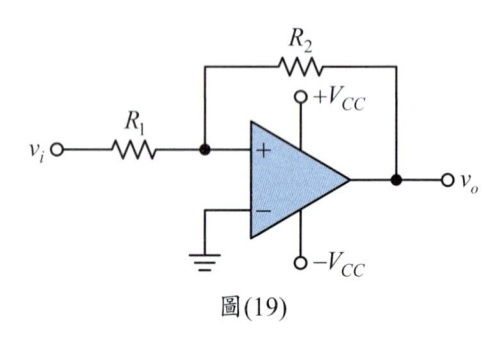

圖(19)

( )30. 有關史密特觸發器（Schmitt trigger），下列敘述何者錯誤？
(A)常用於波形整形電路　(B)可消除雜訊干擾
(C)利用負回授技術　(D)具有兩個臨界電壓 [11-3][110統測]

( )31. 如圖(20)所示電路，上臨界電壓V_U及遲滯電壓V_H各為何？
(A)$V_U=1\ V$、$V_H=3\ V$　(B)$V_U=1\ V$、$V_H=2\ V$
(C)$V_U=2\ V$、$V_H=3\ V$　(D)$V_U=4\ V$、$V_H=6\ V$ [11-3][110統測]

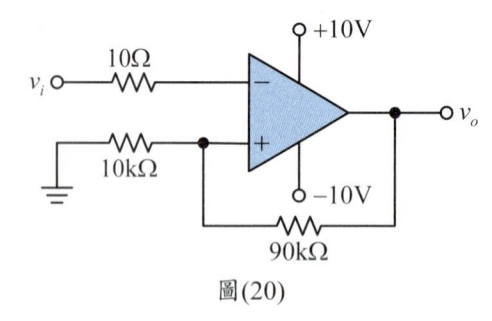

圖(20)

( )32. 有關多諧振盪器在正常工作下，下列敘述何者錯誤？
(A)以BJT組成無穩態多諧振盪器，BJT會切換於飽和區與截止區
(B)單穩態多諧振盪器被觸發時，才會輸出脈波
(C)無穩態多諧振盪器需另加觸發信號才可轉態
(D)雙穩態多諧振盪器需另加觸發信號才可轉態 [11-4][110統測]

電子學實習試題

( )1. 下圖電路中,哪一種振盪器適合使用在高頻的正弦波範圍? [11-2][統測]

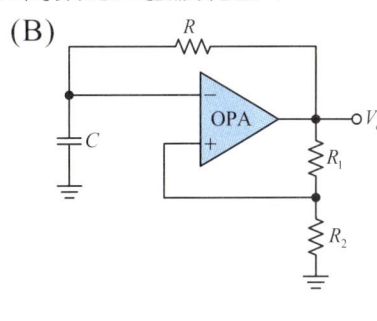

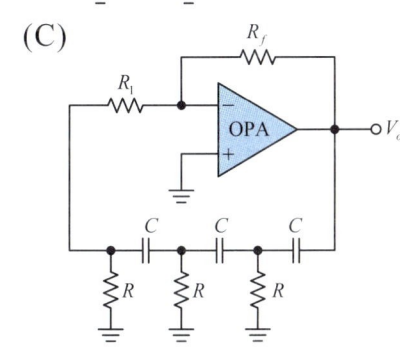

(A) 石英晶體振盪器 (74CU04, XTAL)
(B) 積分器型
(C) 相移振盪器 (RC 三節)
(D) 韋恩電橋振盪器

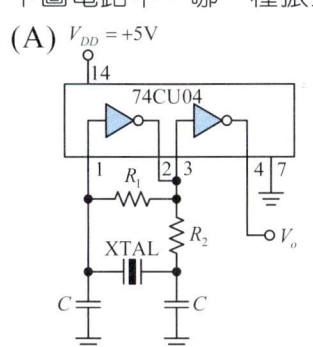

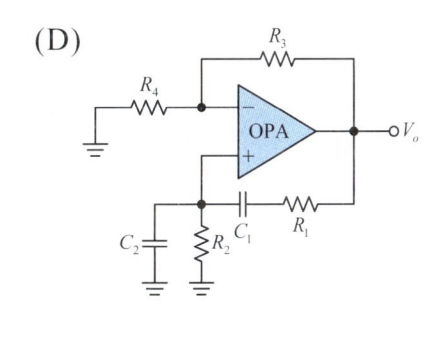

( )2. 在史密特觸發電路的功能中,下列敘述何者不正確?
(A)應用於數位邏輯之時脈信號產生電路時,輸出信號易受雜訊干擾
(B)若輸入正弦波之振幅超過觸發臨界電壓,則電路可輸出方波
(C)若輸入三角波之振幅超過觸發臨界電壓,則電路可輸出方波
(D)可用來做波形整型 [11-3][統測]

( )3. 對於沒有外加觸發信號的情況下,下列何種振盪器,可產生方波輸出?
(A)無穩態多諧振盪器   (B)單穩態多諧振盪器
(C)施密特振盪器   (D)雙穩態多諧振盪器 [11-4][統測]

( )4. 對於維持韋恩電橋振盪器工作的電壓增益(A_v),應為下列何者?
(A)3 (B)1 (C)−1 (D)−2 [11-2][統測]

( )5. 圖(1)為類似韋恩電橋的振盪電路,若 $L = 100\ \mu H$,$R = 628\ \Omega$,$R_3 = 3\ k\Omega$,$R_4 = 1\ k\Omega$,請問此電路的振盪頻率約為多少?
(A)1MHz (B)500kHz (C)100kHz (D)50kHz [11-2][統測]

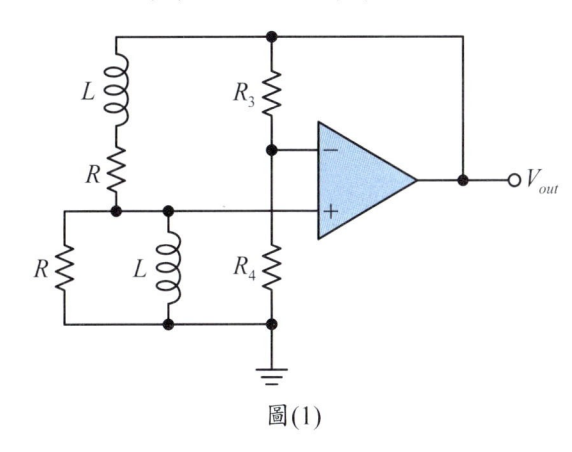

圖(1)

( )6. 一個555無穩態多諧振盪器,內部的上比較器電路第5腳參考電壓是$(2/3)V_{CC}$,通常未使用時會接一個電容器,此電容器之功用是?
(A)放大作用　(B)整流作用　(C)相移作用　(D)避免雜訊 [11-4][102統測]

( )7. 請問圖(2)是由運算放大器組成的哪一種振盪器電路?輸出V_o相移幾度?
(A)RC相移振盪器電路、相移0°　　(B)RC相移振盪器電路、相移90°
(C)韋恩電橋振盪器電路、相移0°　(D)韋恩電橋振盪器電路、相移90° [11-2][102統測]

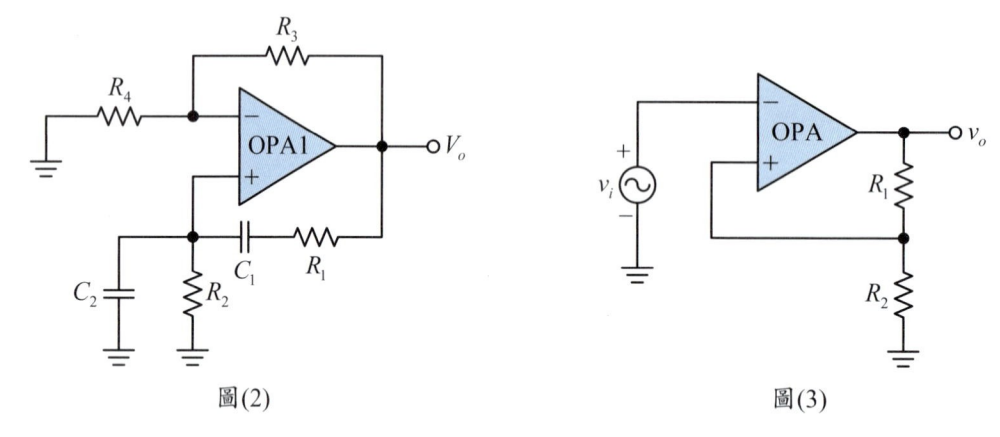

圖(2)　　圖(3)

( )8. 一個反相史密特觸發器(Schmitt trigger)如圖(3)所示,若v_o在正、負飽和時,輸出之電壓分別為+12V、−12V,上、下臨界(或觸發)電壓分別為+2V、−2V,則下列有關R_1與R_2之敘述,何者正確?
(A)$R_2 = 5R_1$　(B)$R_2 = 2R_1$　(C)$R_1 = 5R_2$　(D)$R_1 = 2R_2$ [11-3][102統測]

( )9. 如圖(4)所示之電路,$R_1 = 10\ k\Omega$,欲使電路產生振盪,則R_2之最小值應為何?
(A)5kΩ　(B)10kΩ　(C)15kΩ　(D)20kΩ [11-2][103統測]

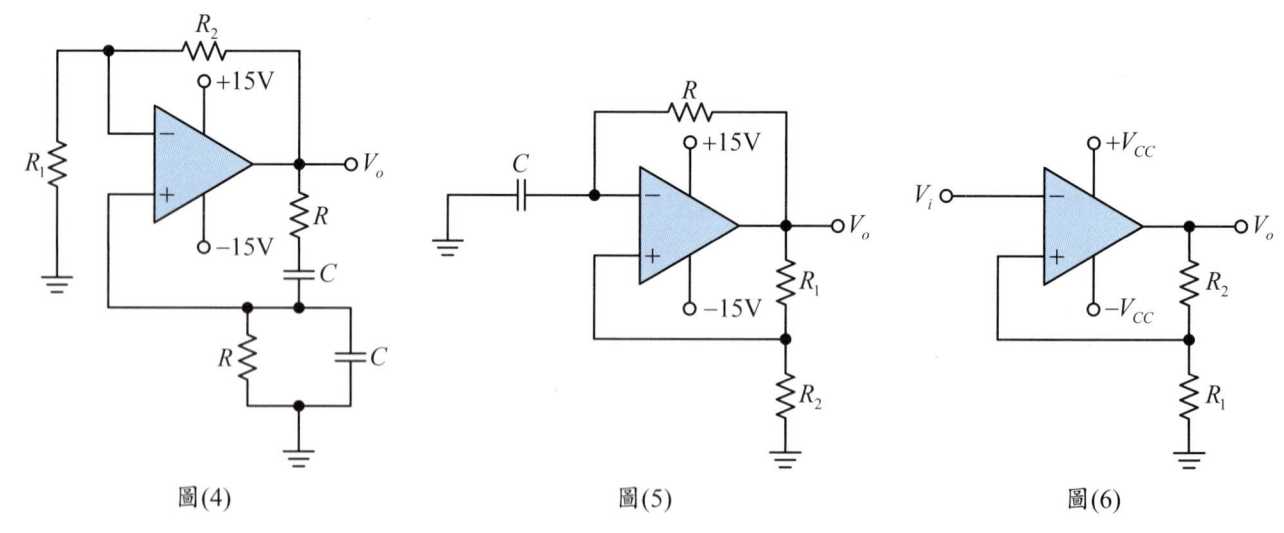

圖(4)　　圖(5)　　圖(6)

( )10. 如圖(5)所示之電路,若$R_1 = 1\ k\Omega$,$R_2 = 0.85\ k\Omega$,$R = 10\ k\Omega$,$C = 0.01\ \mu F$,則振盪頻率約為何?(自然對數$\ln(2.7) \cong 1$)?
(A)20kHz　(B)15kHz　(C)10kHz　(D)5kHz [11-4][103統測]

( )11. 如圖(6)所示之施密特觸發電路(Schmitt trigger),若此運算放大器(OP Amp)之飽和電壓$\pm V_{sat} = \pm 12\ V$,$R_1 = 1\ k\Omega$,$R_2 = 9\ k\Omega$,則遲滯電壓(Hysteresis voltage)V_H為何?　(A)1.2V　(B)1.8V　(C)2.4V　(D)3.0V [11-3][103統測]

第11章 運算放大器振盪電路及濾波器

(　　)12. 震盪電路設計如圖(7)，假設運算放大器OPA1、OPA2與電容器C皆為理想元件且C的初始電壓為零，請問下列敘述何者正確？
(甲)OPA1作為施密特觸發電路（Schmitt Trigger）之用；
(乙)OPA2、R_3與C構成微分電路；
(丙)此電路因缺乏輸入參考信號所以不會有輸出信號；
(丁)以示波器觀測OPA1的輸出v_{o1}為方波，OPA2的輸出v_o則為三角波；
(戊)當此電路產生輸出信號時，此信號的週期是由電容C及R_3決定並且與R_1及R_2無關？
(A)(甲)(乙)　(B)(乙)(丁)　(C)(甲)(丁)　(D)(丙)(戊)　　　[11-5][103統測]

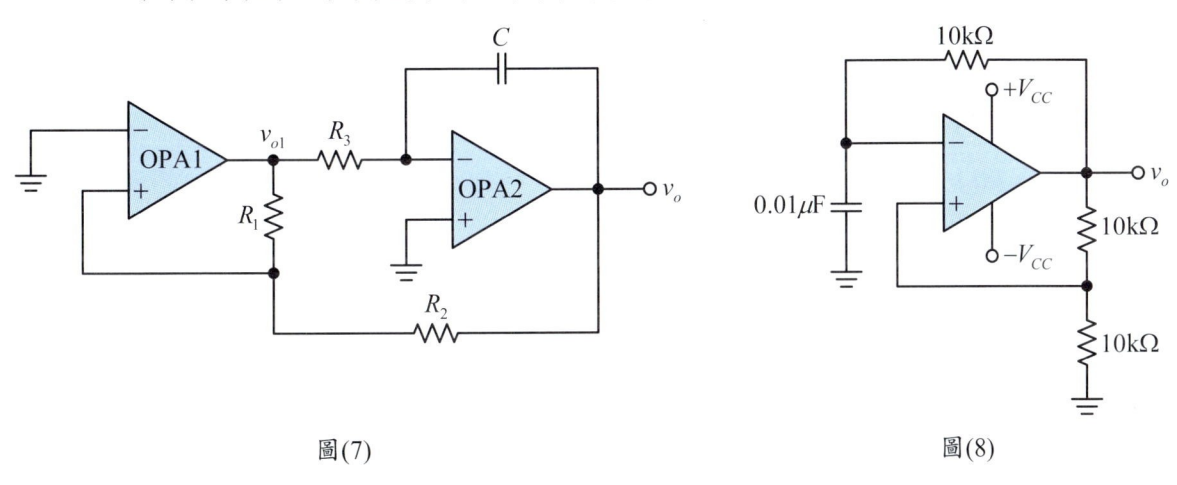

圖(7)　　　　　　　　　　　　　　　　　　圖(8)

(　　)13. 如圖(8)所示之電路，若運算放大器之飽和電壓$+V_{sat}$與$-V_{sat}$分別為12V與-12V，則輸出信號v_o為何？
(A)峰值為6V之三角波　　　　　(B)峰值為12V之方波
(C)峰值為6V之方波　　　　　　(D)峰值為12V之三角波　　　[11-4][104統測]

(　　)14. 下列有關圖(9)電路的敘述，何者錯誤？
(A)屬於無穩態多諧震盪器　　　　(B)V_o輸出端可產生方波
(C)振盪週期可由被動元件調整　　(D)V_X輸出端可產生弦波　　[11-4][104統測]

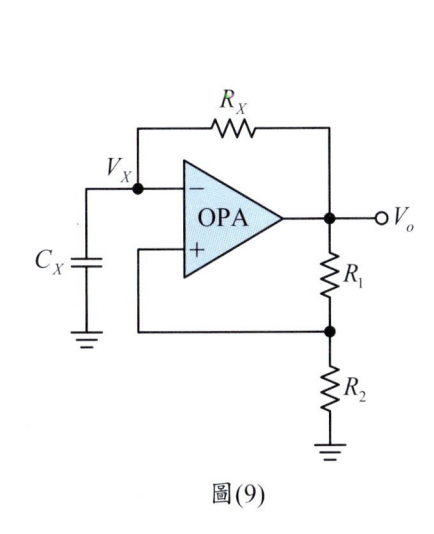

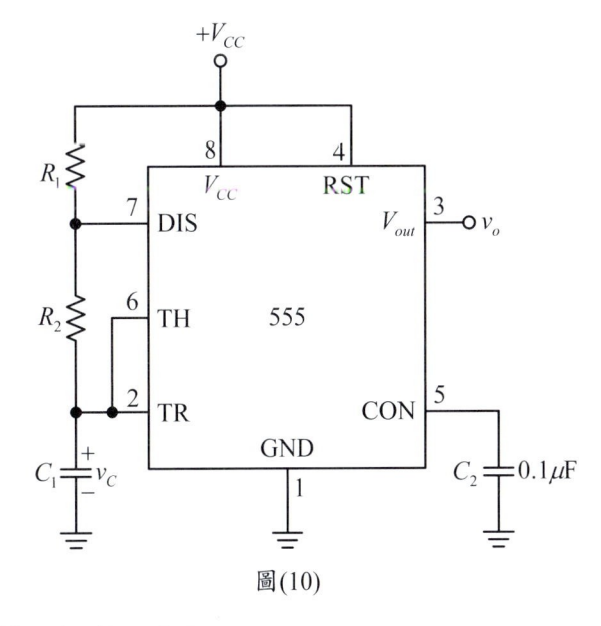

圖(9)　　　　　　　　　　　　　　　　　　圖(10)

(　　)15. 下列有關圖(10)所示多諧振盪器電路之敘述，何者正確？
(A)為單穩態多諧振盪器電路　　　(B)C_2之功用為降低雜訊干擾
(C)正常工作下，C_1之電壓v_C最高值為$+V_{CC}$　(D)v_o之波形為三角波　　[11-4][105統測]

( )16. 圖(11)所示之電路,若v_i為1V之直流電壓,則下列敘述何者正確?
(A)其上臨限電壓為2V
(B)其下臨限電壓為-2V
(C)為反相施密特觸發器
(D)$v_o = 12$ V [11-3][105統測]

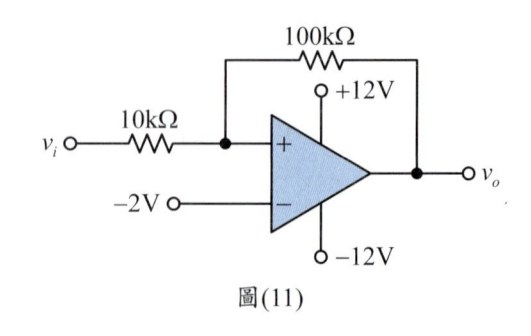

圖(11)

( )17. 下列有關振盪器的敘述何者錯誤?
(A)石英晶體振盪電路振盪頻率穩定性差
(B)方波產生電路又稱為多諧振盪器
(C)輸入一觸發脈衝信號可產出一特定的矩形波信號之電路稱為單穩態多諧振盪器
(D)韋恩(Wien)電橋振盪器可產生正弦波電壓波形 [11-2][105統測]

( )18. 下列有關圖(12)所示電路之敘述,何者正確?
(A)兩電容C值增加,則v_o之頻率亦增加
(B)兩電阻R值增加,則v_o之頻率亦增加
(C)穩態時v_o為週期2π秒之弦波
(D)電路不會產生振盪 [11-2][106統測]

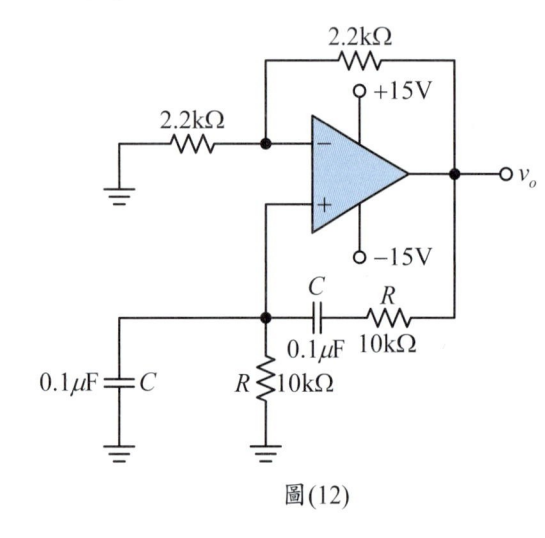

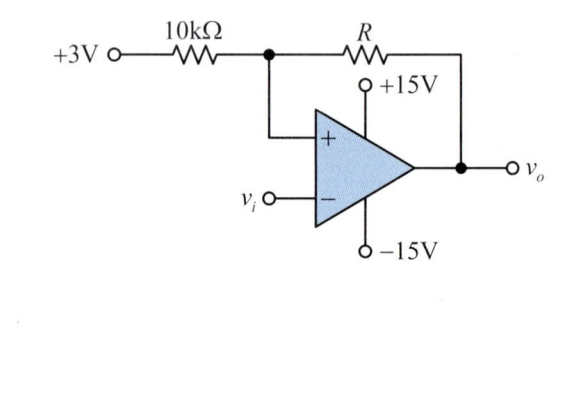

圖(12) 圖(13)

( )19. 如圖(13)所示之施密特觸發器電路,運算放大器之輸出正、負飽和電壓分別為+15V和-15V,若其遲滯電壓為5V,則電阻R值應為何?
(A)5kΩ (B)50kΩ (C)100kΩ (D)500kΩ [11-3][106統測]

( )20. 下列有關圖(14)所示理想運算放大器電路之敘述,何者正確?
(A)v_{o2}為峰值±7.5V之三角波
(B)v_{o2}為頻率500Hz之方波
(C)電壓增益$\dfrac{v_{o1}}{v_{o2}} = 3$
(D)v_{o1}波形之週期為500ms [11-5][106統測]

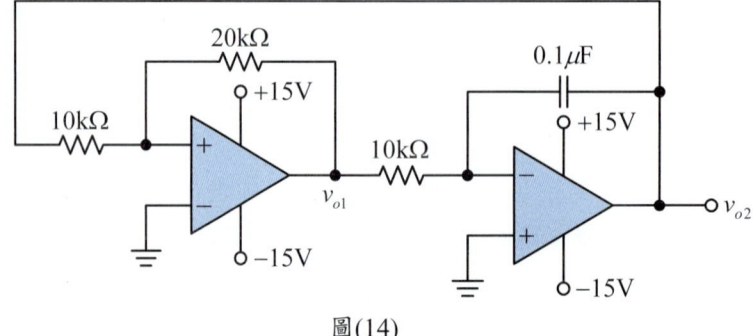

圖(14)

第11章 運算放大器振盪電路及濾波器

( )21. 如圖(15)所示為結合三級RC相移與運算放大器（OPA）之振盪電路。若希望藉由調整電阻R、電容C與電阻R_F之元件值來降低此振盪電路之輸出頻率，則下列元件值調整的組合，何者最有可能達成目標？
(A)R調大、R_F調大
(B)C調小、R_F調大
(C)C調小、R_F調小
(D)R調小、R_F調小
[11-2][106統測]

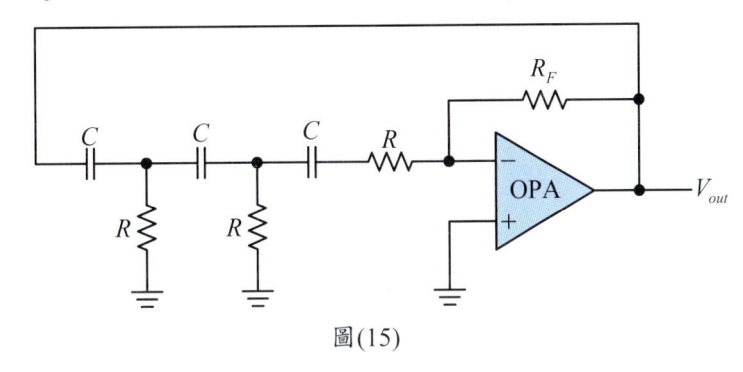

圖(15)

( )22. 如圖(16)所示之振盪電路，若$C = 0.01\ \mu F$，$R_f - R = 140\ k\Omega$，$\sqrt{6} = 2.45$，若電路能正常振盪且電壓增益為29，則下列敘述何者正確？
(A)v_o頻率約為7800Hz
(B)v_o頻率約為1300Hz
(C)$R = 10\ k\Omega$
(D)$R = 15\ k\Omega$
[11-2][107統測]

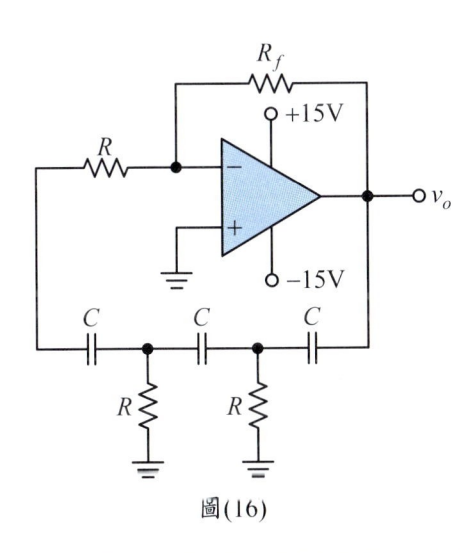

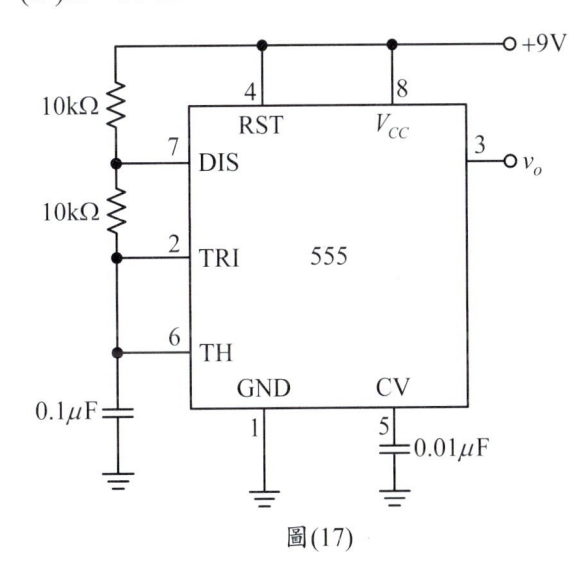

圖(16)

圖(17)

( )23. 下列有關圖(17)所示電路之敘述，何者正確？
(A)v_o責任週期為50%
(B)v_o波形為三角波
(C)v_o頻率約為476Hz
(D)電路為雙穩態多諧振盪器
[11-4][107統測]

( )24. 如圖(18)所示之電路，運算放大器之輸出正、負飽和電壓分別為+10V和−10V，若$v_i = 6\sin(60\pi t)$ V，則下列敘述何者正確？
(A)v_o為正弦波 (B)v_o為餘弦波 (C)v_o頻率為60Hz (D)v_o頻率為30Hz
[11-3][107統測]

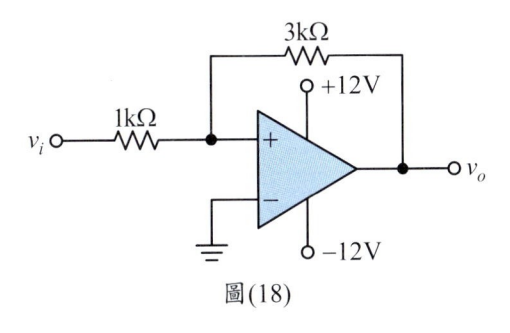

圖(18)

( )25. 如圖(19)為一個施密特觸發器（Schmitt Trigger），其中$R_1:R_2=2:1$，若運算放大器OPA的輸出之最正與最負電壓分別為+9V及-9V，則此電路的遲滯（Hysteresis）電壓為何？　(A)2V　(B)4V　(C)6V　(D)10V　[11-3][107統測]

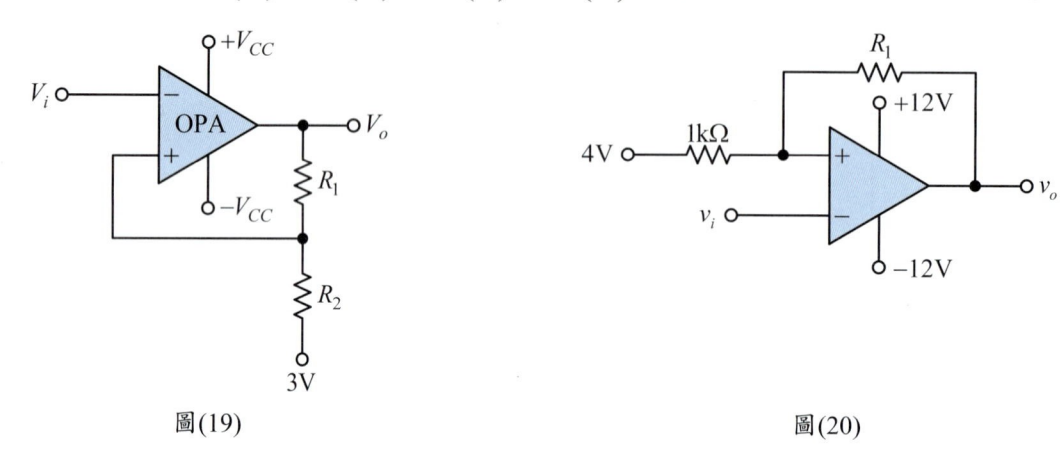

圖(19)

圖(20)

( )26. 如圖(20)所示之電路，運算放大器之輸出正、負飽和電壓分別為+10V和-10V，假設v_o轉態之下臨限（界）電壓為2.6V，則下列敘述何者正確？
(A)$R_1 = 6\ k\Omega$
(B)上臨限電壓為4.6V
(C)遲滯電壓為4V
(D)$v_i = 6\ V$時，$v_o = 10\ V$　[11-3][108統測]

( )27. 如圖(21)所示之振盪電路，兩運算放大器之輸出正、負飽和電壓分別為+15V和-15V，電路在正常工作下，則下列敘述何者正確？
(A)v_o為頻率10Hz之三角波
(B)v_o為頻率10Hz之方波
(C)v_o之最大值為9V
(D)v_o之最小值為-12V　[11-5][108統測]

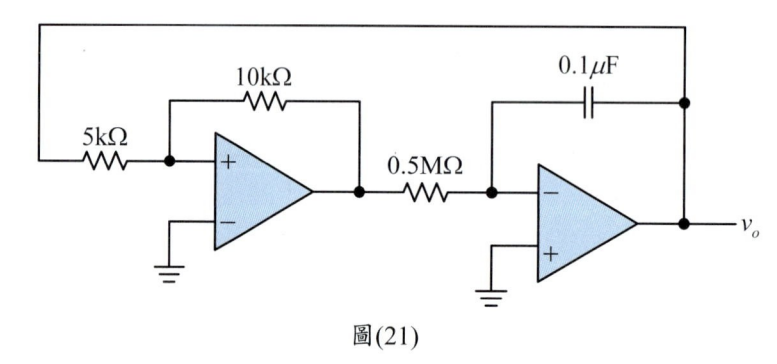

圖(21)

( )28. 如圖(22)所示石英晶體等效電路，工作頻率為f_o，有關其串聯諧振頻率f_s和並聯諧振頻率f_p之敘述，下列何者錯誤？

(A)$f_s = \dfrac{1}{2\pi\sqrt{LC_S}}$
(B)$f_p = \dfrac{1}{2\pi\sqrt{LC_P}}$
(C)$f_o < f_s$，石英晶體為電容性阻抗
(D)$f_s < f_o < f_p$，石英晶體為電感性阻抗
[11-2][109統測]

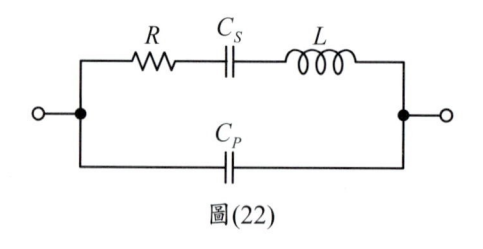

圖(22)

第11章 運算放大器振盪電路及濾波器

( )29. 如圖(23)所示振盪器電路方塊圖,已知放大電路之電壓增益 $A = -10$,依據巴克豪生準則,回授電路增益 β 應為何?
(A) $\beta = 0.1\angle 0°$　(B) $\beta = 10\angle 0°$　(C) $\beta = 0.1\angle 180°$　(D) $\beta = 10\angle 180°$ 　[11-1][109統測]

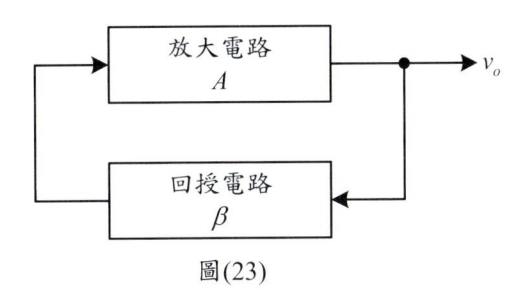

圖(23)

( )30. 圖(24)運算放大器(OPA)所構成的電路中,Z_1 為 R_1 與 C_1 的串聯阻抗,Z_2 為 R_2 與 C_2 的並聯阻抗,下列敘述何者錯誤?
(A)此電路包括正回授的迴路　　(B)此電路之迴路增益為 $(R_3/Z_1)(R_4/Z_2)$
(C)此電路包括負回授的迴路　　(D)此電路可作為弦波振盪器 　[11-2][109統測]

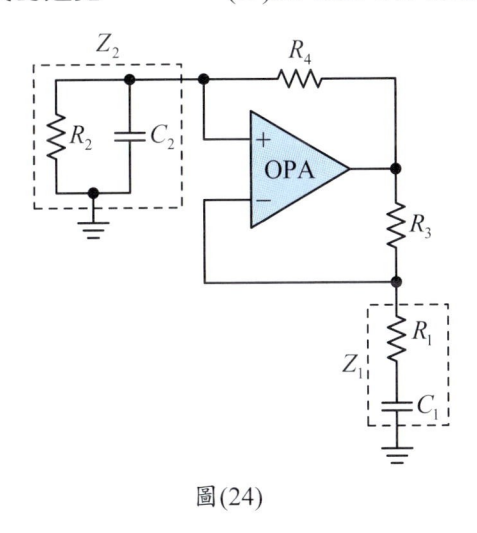

圖(24)

( )31. 如圖(25)所示之石英晶體等效電路,其中 $L_S = 0.1\,\text{H}$,$C_S = 2.501\,\text{pF}$,$R_S = 150\,\Omega$,$C_P = 0.42\,\text{nF}$,以此晶體配合BJT電晶體放大電路製作成振盪器,則振盪器之振盪頻率約為何?($\sqrt{0.2486} \approx 0.5$)
(A)319kHz　(B)159kHz　(C)48.8kHz　(D)7.77kHz 　[11-2][110統測]

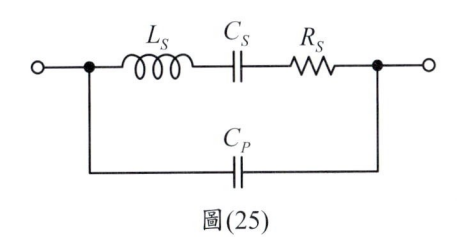

圖(25)

( )32. 以 μA741運算放大器(OPA)製作反相施密特(Schmitt)觸發器,下列敘述何者正確?
(A)OPA之輸出腳6會經電阻回授至負輸入腳2
(B)OPA之輸出腳6會經電阻回授至正輸入腳3
(C)OPA之輸出腳6不須回授至正、負輸入腳
(D)輸入信號必須由正輸入腳3接入 　[11-3][110統測]

( )33. 圖(26)為理想運算放大器構成之振盪電路，下列敘述何者正確？
(A)此電路為RC相移振盪器
(B)R_3與R_4構成負回授網路
(C)Z_1與Z_2構成放大器電路
(D)振盪時V_f與V_o間構成180度的相位移

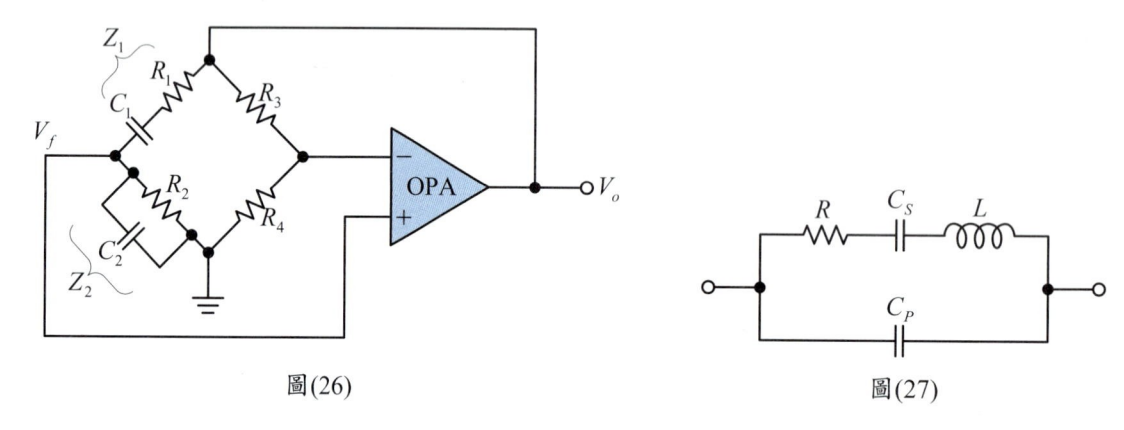

圖(26)　　　圖(27)

( )34. 石英晶體的等效電路如圖(27)所示，已知$R = 1\ \text{k}\Omega$，$L = 2\ \text{H}$，$C_S = 0.02\ \text{pF}$，$C_P = 5\ \text{pF}$，下列敘述何者正確？
(A)串聯諧振頻率約為$(2500/\pi)$kHz，在此頻率下石英晶體阻抗值最小
(B)並聯諧振頻率約為(5000)kHz，在此頻率下石英晶體阻抗值最小
(C)串聯諧振頻率約為$(2500/\pi)$kHz，在此頻率下石英晶體阻抗值最大
(D)並聯諧振頻率約為(5000)kHz，在此頻率下石英晶體阻抗值最大

第11章 運算放大器振盪電路及濾波器

最新統測試題

( )1. 如圖(1)所示主動式帶通濾波器，其高頻截止頻率為f_H，低頻截止頻率為f_L，若$C_2 = 5C_1$，$R_2 = 4R_1$，則f_H/f_L為何？ (A)0.05 (B)1.25 (C)10 (D)20 [11-6][111統測]

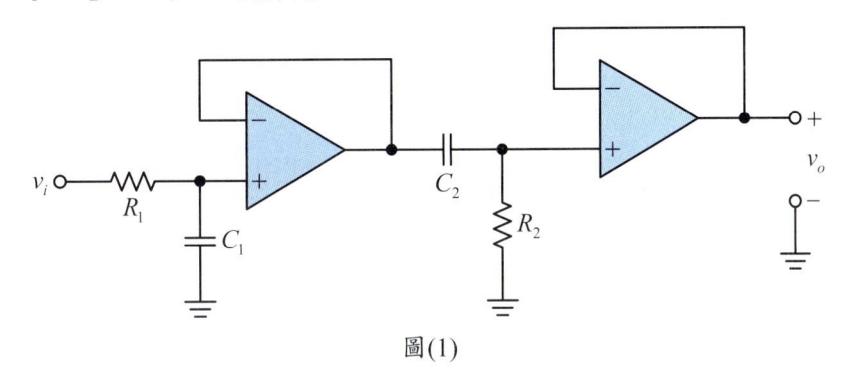

圖(1)

( )2. 如圖(2)所示電路，若$R_2 = 3R_1$，$C_2 = \frac{1}{3}C_1$，則下列敘述何者正確？

(A)此電路為韋恩電橋振盪器，當$(R_4/R_3) \geq 6$，則產生振盪

(B)此電路為韋恩電橋振盪器，當$(R_4/R_3) \leq \frac{1}{6}$，則產生振盪

(C)此電路為RC相移振盪器，當$(R_4/R_3) \geq 6$，則產生振盪

(D)此電路為RC相移振盪器，當$(R_4/R_3) \leq \frac{1}{6}$，則產生振盪 [11-2][111統測]

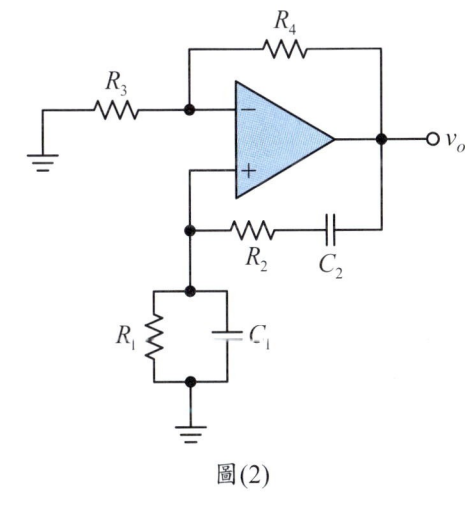

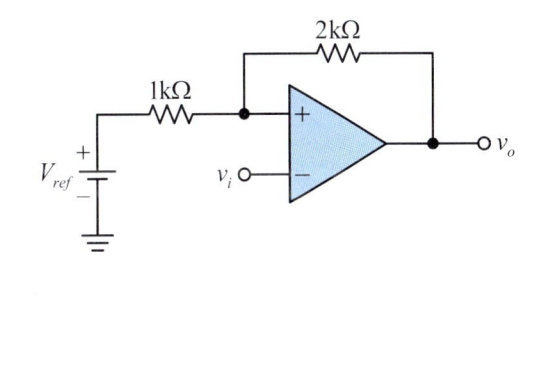

圖(2)　　　　圖(3)

( )3. 如圖(3)所示施密特（Schmitt）觸發器電路，其運算放大器的輸出飽和電壓為±12V，若觸發器之下臨限電壓為0V，則V_{ref}為何？
(A)12V (B)6V (C)0V (D)−12V [11-3][111統測]

( )4. 如圖(4)所示電路，輸入電壓$v_s = 10\sin(3000t)$ V，若運算放大器的飽和電壓為±10V，則電路之上臨界電壓V_{TH}及遲滯電壓V_H分別為何？
(A)$V_{TH} = 1.2$ V、$V_H = 2.4$ V
(B)$V_{TH} = 2$ V、$V_H = 4$ V
(C)$V_{TH} = 3.6$ V、$V_H = 7.2$ V
(D)$V_{TH} = 9$ V、$V_H = 18$ V [11-3][112統測]

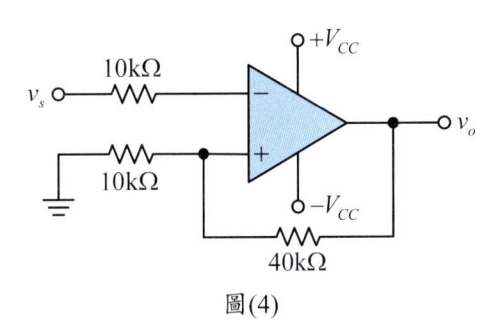

圖(4)

(　　)5. 利用反相放大器及最少RC相移電路節數來設計弦波振盪器，若各節RC電路之R、C值皆相同，則下列敘述何者錯誤？
(A)理論上，放大器電路增益值為-29時，會產生弦波輸出
(B)回授網路之相移應為$180°$
(C)回授網路可由二節RC相移電路所組成
(D)迴路增益$\beta A = 1\angle 0°$ 　　　　　　[11-2][112統測]

▲ 閱讀下文，回答第6-7題

振盪器可以產生週而復始的交流信號輸出，並廣泛地應用於波形產生器、通訊系統，或是手機、電腦的時脈產生等等。

(　　)6. 關於運算放大器組成之波形產生電路，下列敘述何者正確？
(A)方波產生電路中之施密特觸發器（Schmitt trigger）為負回授電路
(B)方波產生電路可由施密特觸發器與微分器組成
(C)三角波產生電路可由施密特觸發器與積分器組成
(D)三角波產生電路僅需由施密特觸發器與電阻器組成 　　　　　　[11-5][112統測]

(　　)7. 在各種振盪器中，下列敘述何者錯誤？
(A)弦波振盪條件須滿足巴克豪森準則（Barkhausen criterion）
(B)晶體振盪電路頻率精 且穩定度佳
(C)哈特萊振盪器常用來產生方波信號
(D)考畢子振盪器使用2個電容及1個電感構成振盪電路 　　　　　　[11-2][112統測]

▲ 閱讀下文，回答第8-9題

如圖(5)所示OPA施密特觸發電路（Schmitt trigger），V_R為直流參考電壓，OPA輸出飽和電壓為$\pm 15V$。

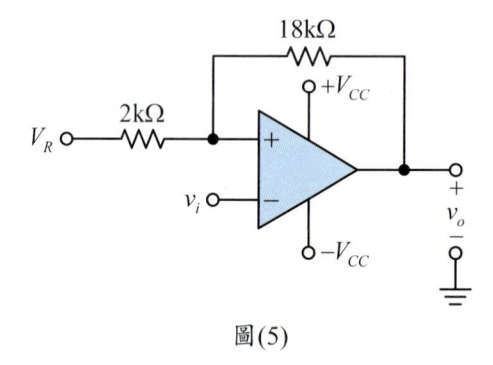

圖(5)

(　　)8. 若$V_R = +1\text{ V}$，則此電路的上臨界電壓V_U及下臨界電壓V_L分別為何？
(A)$V_U = 8.1\text{ V}$、$V_L = -0.9\text{ V}$　　(B)$V_U = 4.3\text{ V}$、$V_L = -2.5\text{ V}$
(C)$V_U = 2.4\text{ V}$、$V_L = -0.6\text{ V}$　　(D)$V_U = 0.8\text{ V}$、$V_L = -3.4\text{ V}$ 　　[11-3][113統測]

(　　)9. 若$V_R = 0\text{ V}$且輸入$v_i(t) = 3\sin(100t)\text{ V}$，則輸出$v_o$波形為何？
(A)+15V直流　(B)-15V直流　(C)方波　(D)三角波 　　　　　　[11-3][113統測]

( )10. 如圖(6)所示為理想OPA一階帶通濾波電路，若$R_A = 0.5\,k\Omega$、$C_A = 0.01\,\mu F$、$R_B = 1\,k\Omega$、$C_B = 0.05\,\mu F$、$R_{a1} = 5\,k\Omega$、$R_{f1} = 20\,k\Omega$、$R_{a2} = 4\,k\Omega$、$R_{f2} = 16\,k\Omega$，則濾波器之頻帶寬度BW約為何？（$\pi \approx 3.14$）
(A)18.66kHz (B)22.54kHz (C)28.66kHz (D)36.54kHz [11-6][113統測]

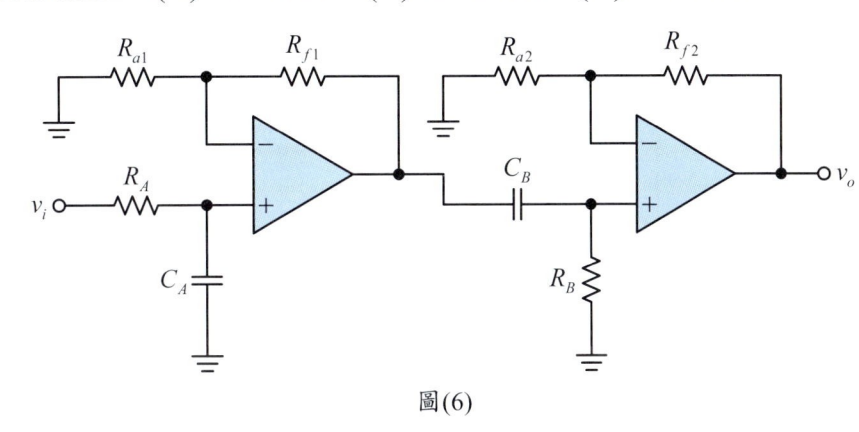

圖(6)

( )11. 如圖(7)所示理想運算放大器電路，若$R = 50\,k\Omega$、$C = 0.2\,\mu F$、$R_1 = 10\,k\Omega$、$R_2 = 8.5\,k\Omega$，則電路輸出v_o的振盪頻率約為何？（自然對數：$\ln 1.85 \approx 0.62$、$\ln 2.18 \approx 0.78$、$\ln 2.7 \approx 1$、$\ln 3.35 \approx 1.2$）
(A)42Hz (B)50Hz (C)65Hz (D)80Hz [11-4][113統測]

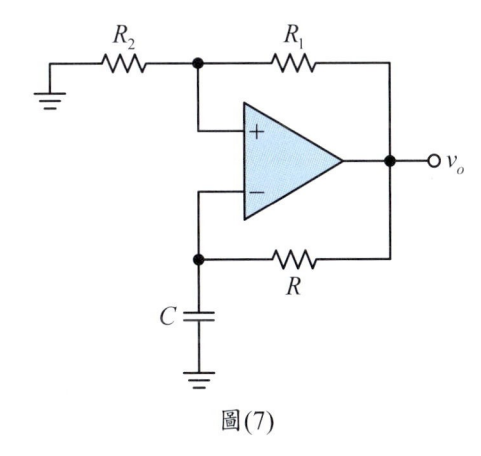

圖(7)

( )12. 如圖(8)所示理想OPA振盪電路，若$R = 10\,k\Omega$，$C = 0.01\,\mu F$，$R_1 = 20\,k\Omega$，則R_2為何值可使電路產生振盪，且其振盪頻率為何？（$\sqrt{6} \approx 2.45$）
(A)$R_2 = 581\,k\Omega$、振盪頻率為650Hz (B)$R_2 = 482\,k\Omega$、振盪頻率為650Hz
(C)$R_2 = 371\,k\Omega$、振盪頻率為320Hz (D)$R_2 = 222\,k\Omega$、振盪頻率為320Hz
[11-2][113統測]

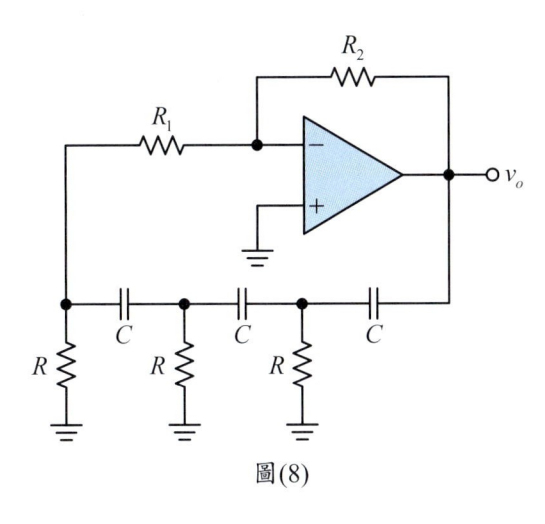

圖(8)

▲ 閱讀下文，回答第13-14題

如圖(9)所示運算放大器振盪電路，電路各元件均為理想且 $R_i = 50\ \text{k}\Omega$、$L = 100\ \mu\text{H}$、$C_1 = 300\ \text{pF}$、$C_2 = 150\ \text{pF}$。

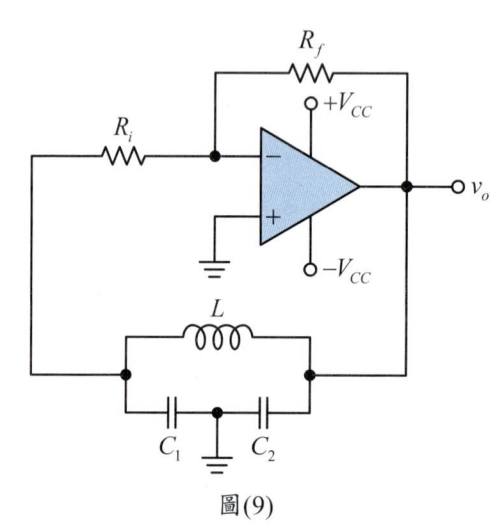

圖(9)

( )13. 當電路產生穩定弦波振盪時，則電阻 R_f 之理論值為何？
(A) $R_f = 20\ \text{k}\Omega$ (B) $R_f = 50\ \text{k}\Omega$ (C) $R_f = 100\ \text{k}\Omega$ (D) $R_f = 300\ \text{k}\Omega$ [11-2][114統測]

( )14. 此電路振盪頻率約為何？
(A) 1.59kHz (B) 3.18kHz (C) 1.59MHz (D) 3.18MHz [11-2][114統測]

( )15. 如圖(10)所示理想運算放大器振盪電路，若 $R_1 = 20\ \text{k}\Omega$、$R_2 = 60\ \text{k}\Omega$、$R_3 = 9\ \text{k}\Omega$、$C = 0.1\ \mu\text{F}$，則振盪時電路輸出 v_o 頻率約為何？
(A) 83.3Hz (B) 833Hz (C) 1.78kHz (D) 17.8kHz [11-5][114統測]

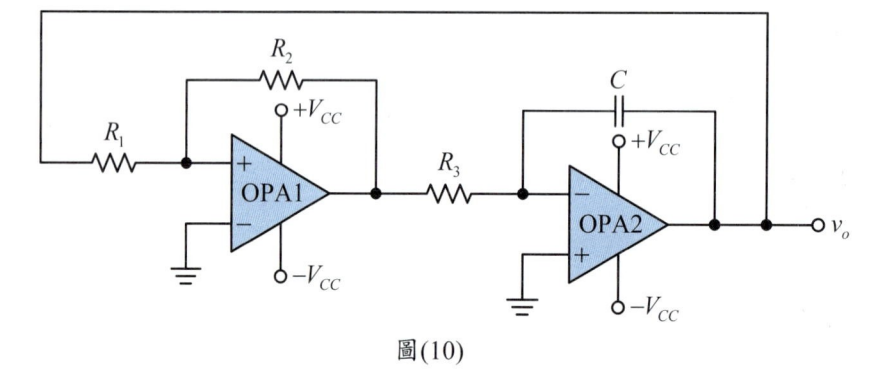

圖(10)

( )16. 如圖(11)所示理想運算放大器濾波電路，該濾波器類型及其截止頻率為何？
(A) 高通濾波器，截止頻率為 $\dfrac{1}{2\pi\sqrt{RC}}$ Hz
(B) 高通濾波器，截止頻率為 $\dfrac{1}{2\pi RC}$ Hz
(C) 低通濾波器，截止頻率為 $\dfrac{1}{2\pi\sqrt{RC}}$ Hz
(D) 低通濾波器，截止頻率為 $\dfrac{1}{2\pi RC}$ Hz

圖(11)

[11-6][114統測]

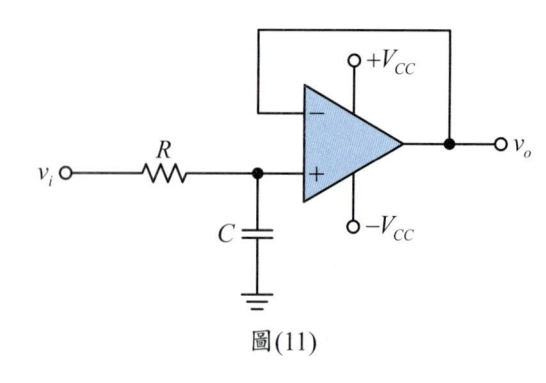

第11章 運算放大器振盪電路及濾波器

模擬演練

電子學試題

( )1. 可將直流電變為交流電裝置為何？
(A)振盪器 (B)整流器 (C)變壓器 (D)放大器 [11-1]

( )2. 若A表開迴路（open-loop）增益，β表示回授量，而回授增益$A_f = \dfrac{A}{1+\beta A}$。利用放大器回授電路來製作振盪器，下列敘述何者正確？
(A)使用正回授迴路增益為$\beta A = -1 \angle 0°$
(B)使用負回授迴路增益為$\beta A = -1 \angle 0°$
(C)使用正回授迴路增益為$\beta A = 1 \angle 0°$
(D)使用負回授迴路增益為$\beta A = 1 \angle 0°$ [11-1]

( )3. 如圖(1)所示電路，若電路可正常工作，求其輸出波形及振盪頻率f為何？
(A)正弦波，$f = \dfrac{1}{2\pi RC}$
(B)正弦波，$f = \dfrac{1}{2\pi\sqrt{6}RC}$
(C)方波，$f = \dfrac{1}{2\pi RC}$
(D)方波，$f = \dfrac{1}{2\pi\sqrt{6}RC}$ [11-2]

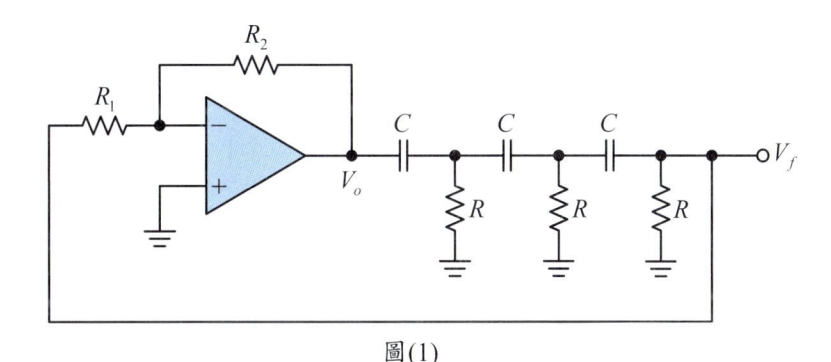

圖(1)

( )4. 如圖(2)所示韋恩電橋（Wien-bridge）振盪器產生振盪時，振盪頻率f及R_1值分別為多少？
(A)$f = \dfrac{1}{2\pi} \times 10^4$ Hz，$R_1 = 200$ kΩ
(B)$f = \dfrac{1}{2\pi} \times 10^4$ Hz，$R_1 = 50$ kΩ
(C)$f = \dfrac{1}{2\pi} \times 10^2$ Hz，$R_1 = 200$ kΩ
(D)$f = \dfrac{1}{2\pi} \times 10^2$ Hz，$R_1 = 50$ kΩ [11-2]

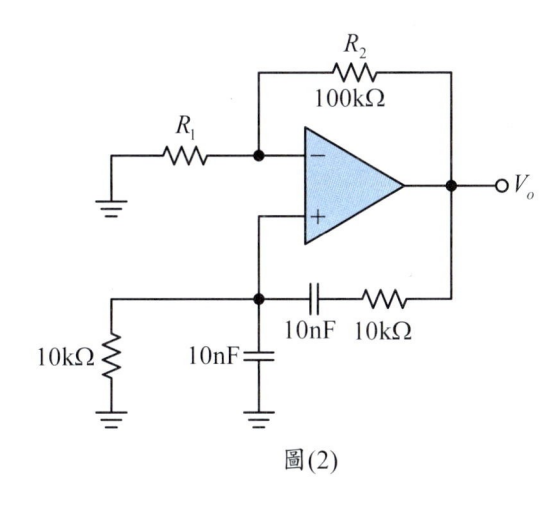

圖(2)

(　　)5. 石英晶體振盪電路是利用什麼效應（effect）產生振盪？
(A)電場效應　(B)電磁效應　(C)壓電效應　(D)電壓效應 [11-2]

(　　)6. 如圖(3)所示電路，使電路維持等幅振盪R_1最大值約為何？
(A)2.47kΩ　(B)3.51kΩ　(C)4.83kΩ　(D)6.53kΩ [11-2]

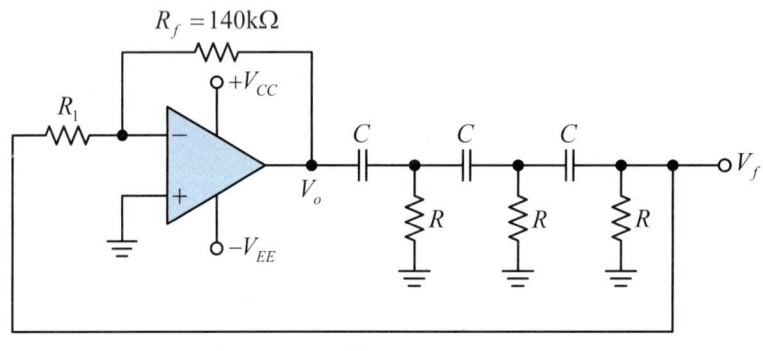

圖(3)

(　　)7. 如圖(4)所示相移振盪器電路，若$R_1 + R_2 = 60$ kΩ，則使電路振盪的R_2最小值為何？
(A)44kΩ　(B)47kΩ　(C)51kΩ　(D)58kΩ [11-2]

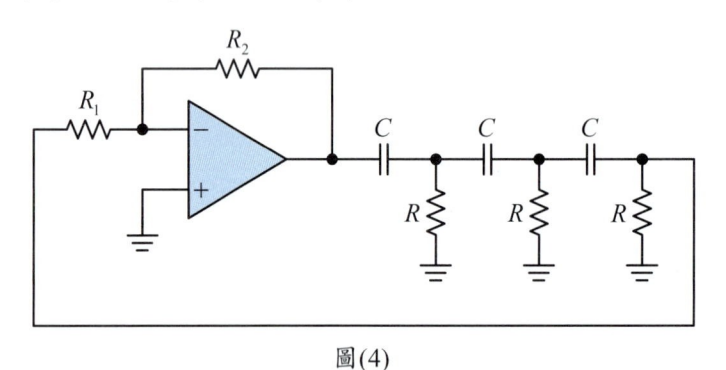

圖(4)

(　　)8. 如圖(5)所示施密特觸發器，已知運算放大器輸出飽和電壓為±12V，求上臨限電壓V_U及下臨限電壓V_D值為多少？
(A)$V_U = 2.1$ V，$V_D = -0.3$ V　　　(B)$V_U = 10.9$ V，$V_D = 10.7$ V
(C)$V_U = 1.2$ V，$V_D = -1.2$ V　　　(D)$V_U = 2.2$ V，$V_D = 0.2$ V [11-3]

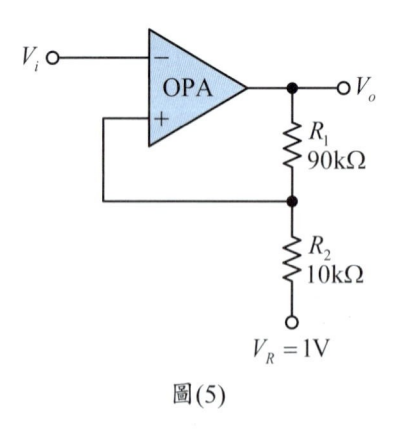

圖(5) 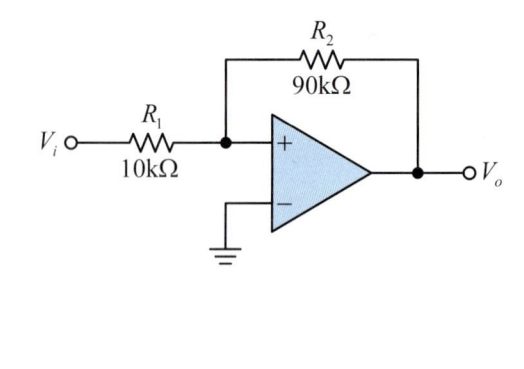　　　圖(6)

(　　)9. 如圖(6)所示施密特觸發器，已知運算放大器輸出飽和電壓為±13.5V，則下列敘述何者錯誤？
(A)上臨限電壓$V_U = 1.5$ V　　　(B)上臨限電壓$V_D = -1.5$ V
(C)輸出波形工作週期等於50%　　　(D)當$V_i > V_U$時，$V_o = -13.5$ V [11-3]

( )10. 承上題圖中，若 $V_i = 2\,\text{V}$，則 V_o 為多少？
(A)13.5V (B)–13.5V (C)18V (D)–18V [11-3]

( )11. 如圖(7)所示施密特觸發器，若其遲滯電壓 V_H 為8V，則運算放大器的飽和電壓約為何？ (A)±8V (B)±10V (C)±12V (D)±15V [11-3]

圖(7)

圖(8)

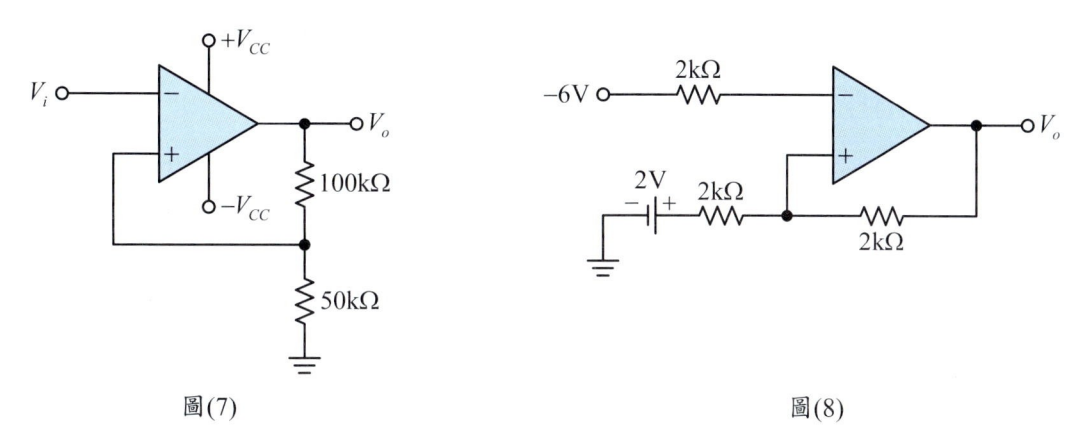

( )12. 如圖(8)所示理想運算放大器電路，運算放大器的飽和電壓為±12V，則 V_o 為多少？
(A)–12V (B)–6V (C)6V (D)12V [11-3]

( )13. 如圖(9)所示理想運算放大器電路，已知運算放大器飽和電壓為±12V。若 $V_i = 2\,\text{V}$，則輸出 V_o 為多少？ (A)8V (B)12V (C)–8V (D)可能是12V或–12V [11-3]

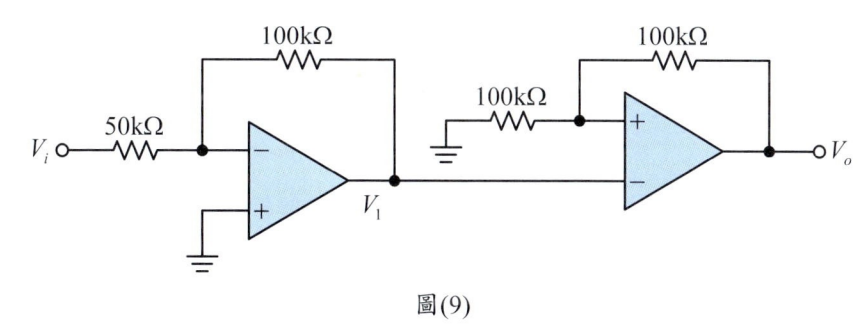

圖(9)

( )14. 下列何者不是555定時器內部電路之一？
(A)上、下比較器 (B)RS正反器 (C)放電電晶體 (D)放大器 [11-4]

( )15. 如圖(10)所示555無穩態多諧振盪器，已知 $R_1 + R_2 = 30\,\text{k}\Omega$，工作週期為60%，求振盪週期約為多少？ (A)0.21ms (B)0.35ms (C)0.6ms (D)1.2ms [11-4]

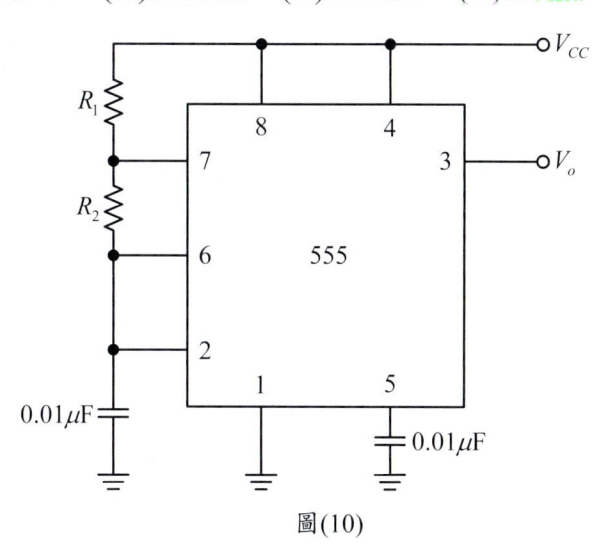

圖(10)

(　　)16. 有關多諧振盪器之敘述，下列何者錯誤？
　　　　(A)電晶體一般皆工作在飽和區及截止區
　　　　(B)雙穩態、單穩態及無穩態電路皆屬於多諧振盪器
　　　　(C)單穩態電路又穩為單擊（one-shot）電路
　　　　(D)無穩態電路須外加控制信號觸發才能工作 [11-4]

(　　)17. 如圖(11)所示電路，當$R_1 = 5\,k\Omega$，$R_2 = 10\,k\Omega$，$C = 0.01\,\mu F$時，求輸出V_o之頻率約為多少？　(A)1kHz　(B)3kHz　(C)6kHz　(D)10kHz [11-4]

(　　)18. 承上題圖中，以下哪種電阻的組合可以得到較理想的方波輸出？
　　　　(A)$R_1 = 10\,k\Omega$，$R_2 = 10\,k\Omega$　　　(B)$R_1 = 100\,k\Omega$，$R_2 = 10\,k\Omega$
　　　　(C)$R_1 = 10\,k\Omega$，$R_2 = 100\,k\Omega$　　(D)$R_1 = 100\,k\Omega$，$R_2 = 100\,k\Omega$ [11-4]

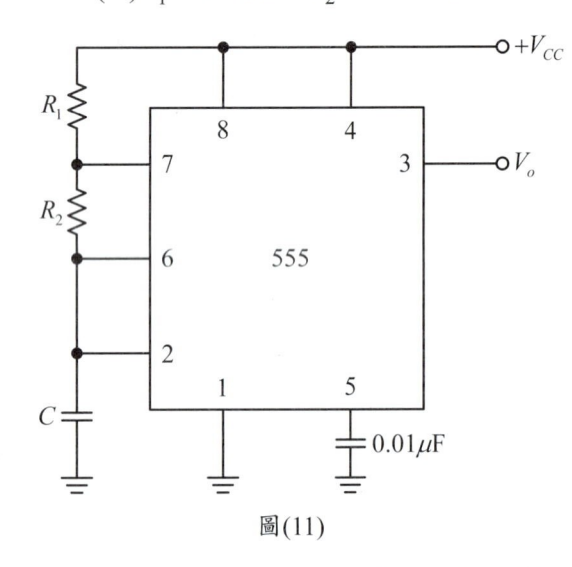

圖(11) 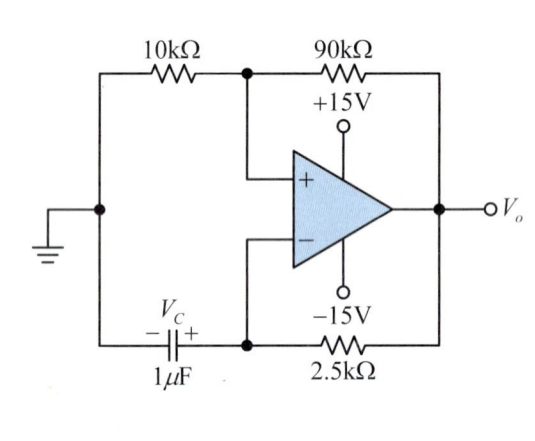　　　　　　　　　　　圖(12)

(　　)19. 如圖(12)所示理想運算放大器電路，V_C之峰對峰值電壓為何？
　　　　(A)2V　(B)3V　(C)4V　(D)5V [11-4]

(　　)20. 如圖(13)所示電路，若V_o為等幅波且頻率為398Hz，則下列敘述何者正確？
　　　　(A)$C = 0.02\,\mu F$且$R = 10\,k\Omega$　　　(B)$C = 0.02\,\mu F$且$R = 20\,k\Omega$
　　　　(C)$C = 0.01\,\mu F$且$R = 10\,k\Omega$　　　(D)$C = 0.01\,\mu F$且$R = 20\,k\Omega$ [11-2]

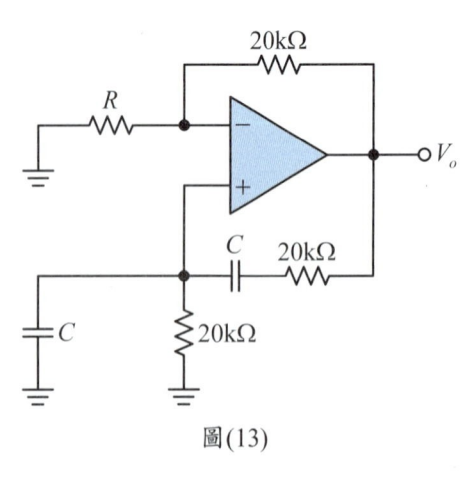

圖(13) 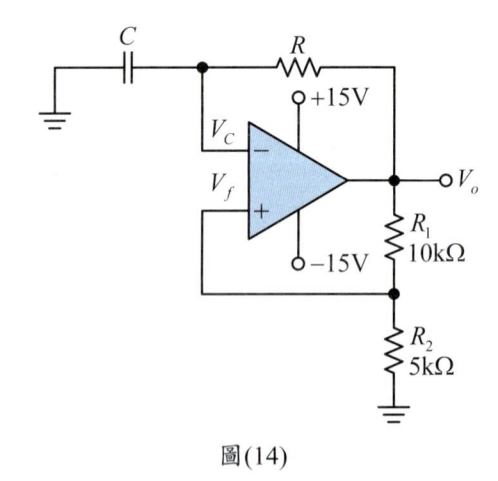　　　　　　　　　　　圖(14)

(　　)21. 如圖(14)所示電路，已知運算放大器為理想的。下列敘述何者錯誤？
　　　　(A)電路為方波產生電路　　　　　(B)V_f及V_C兩者大小及波形完全相同
　　　　(C)電容峰對峰值電壓為$\pm 5V$　　(D)振盪週期$T = 2RC\ln(1 + \dfrac{2R_2}{R_1})$ [11-4]

( )22. 如圖(15)所示電路，已知運算放大器輸出飽和電壓為±12V。求OPA1之輸出波形v_{o1}及OPA2之輸出波形v_{o2}分別為何者？

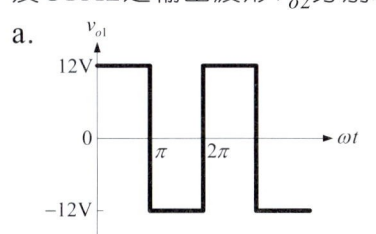

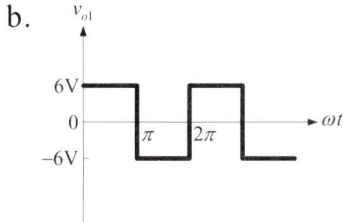

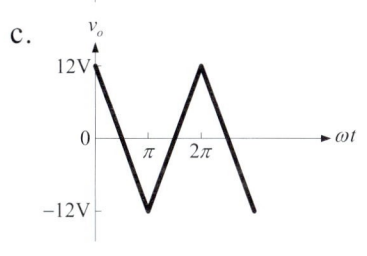

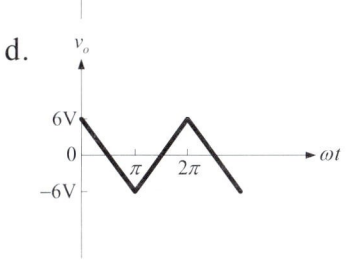

a. （v_{o1}方波，±12V）
b. （v_{o1}方波，±6V）
c. （v_o三角波，±12V）
d. （v_o三角波，±6V）

(A)圖a及圖c　(B)圖a及圖d　(C)圖b及圖c　(D)圖b及圖d　　[11-4]

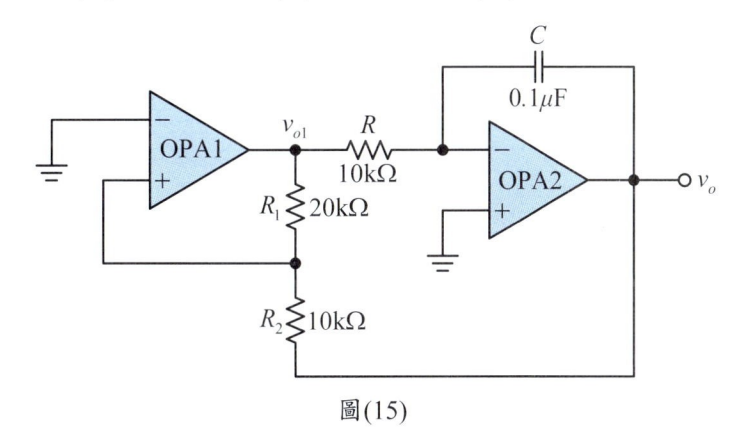

圖(15)

( )23. 如圖(16)所示之IC 555電路，D為理想二極體，在電路能正常工作下，若$R_1 = 1.5R_2$，則V_o工作週期（duty cycle）約為何？
(A)40%　(B)50%　(C)60%　(D)70%　　[11-4]

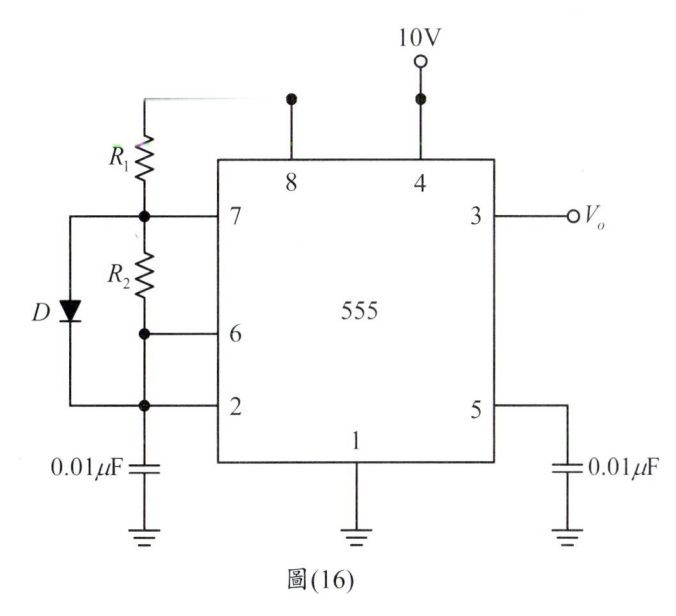

圖(16)

( )24. 一般OPA運算放大器做成之三角波產生器是由積分器加上何種電路所組成？
(A)電壓隨耦器　(B)施密特觸發器　(C)非反相放大器　(D)微分器　　[11-5]

( )25. 如圖(17)所示電路，下列敘述何者正確？

(A)此電路為一階高通濾波器　　(B)低頻截止頻率為 $\dfrac{1}{2\pi\sqrt{RC}}$

(C)頻寬為 $\dfrac{1}{2\pi\sqrt{RC}}$　　(D)中頻增益大小為 $\dfrac{R_2}{R_1}$

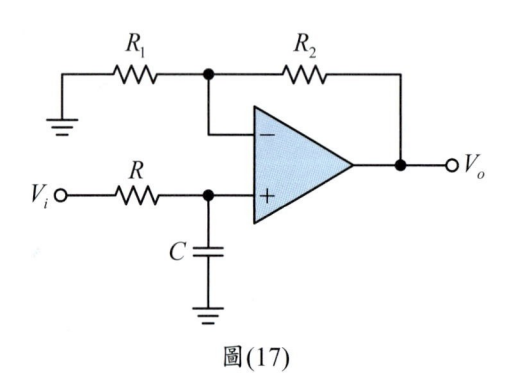

圖(17)

第11章 運算放大器振盪電路及濾波器

電子學實習試題

( )1. 關於正弦波振盪電路的敘述,下列何者正確?
(A)需有穩定的交流輸入信號
(B)需有負回授網路
(C)振盪電路電壓增益$A_f = 1$時可產生振盪
(D)若$A_f = \dfrac{A}{1+\beta A}$,則$\beta A = 1\angle 180°$時,電路產生振盪 [11-1]

( )2. 下列何種振盪器不是正弦波振盪器?
(A)RC相移振盪器 (B)韋恩(Wein)電橋振盪器
(C)無穩態多諧振盪器 (D)石英晶體振盪器 [11-1]

( )3. 某三階RC相移振盪電路產生振盪時,每階RC網路必須提供多少相移角?
(A)0° (B)30° (C)60° (D)120° [11-2]

( )4. 小明上電子實驗課時想製作1kHz正弦波振盪器,下列何者可以達成?
a. RC相移振盪器 b. 石英晶體振盪器 c. 韋恩電橋振盪器 d. 哈特萊振盪器
(A)a及b (B)b及c (C)a及c (D)b及d [11-2]

( )5. 如圖(1)所示電路,若$R = 1\,\text{k}\Omega$,$C = 0.1\,\mu\text{F}$,則下列敘述何者錯誤?
(A)VR調整約29kΩ時,輸出v_o可產生正弦波
(B)電路產生振盪時,頻率$f = 1590\,\text{kHz}$
(C)若將VR調大,且甚大於29kΩ時,電路振盪但產生截波失真
(D)若將VR調小,且甚小於29kΩ時,電路不會振盪 [11-2]

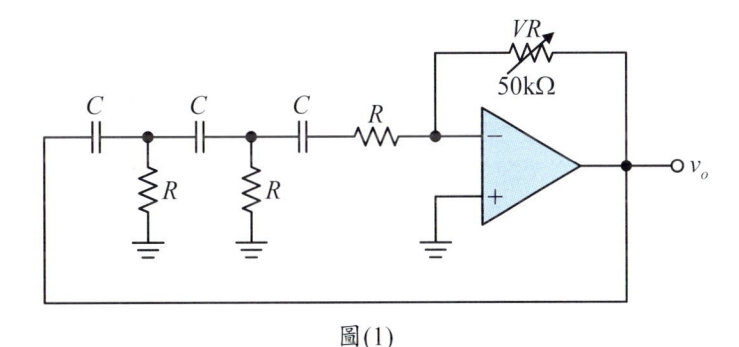

圖(1)

( )6. 如圖(2)所示電路,則下列敘述何者錯誤?
(A)電路為韋恩電橋正弦波振盪器 (B)VR值約調整為20kΩ時,電路可產生振盪
(C)輸出頻率$f = \dfrac{1}{2\pi\sqrt{6}RC}$ (D)電路包含正、負回授兩種網路 [11-2]

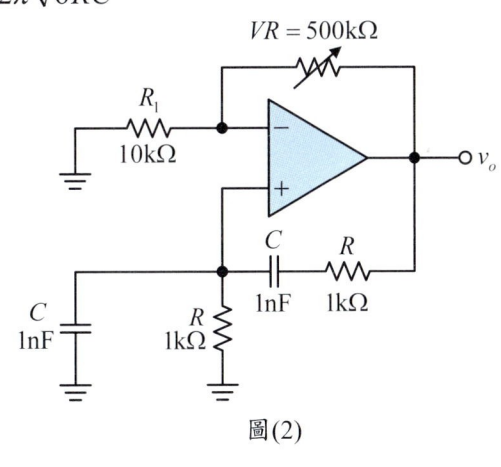

圖(2)

( )7. 如圖(3)所示理想運算放大器電路，若欲使電路產生頻率 $f = 1\,\text{kHz}$ 的正弦波輸出，則下列何種 R 與 R_1 的組合可以達成？
(A) $R = 650\,\Omega$，$R_1 = 18.85\,\text{k}\Omega$ 　　(B) $R = 1.59\,\text{k}\Omega$，$R_1 = 46.11\,\text{k}\Omega$
(C) $R = 650\,\Omega$，$R_1 = 1.3\,\text{k}\Omega$ 　　(D) $R = 1.59\,\text{k}\Omega$，$R_1 = 3.18\,\text{k}\Omega$ [11-2]

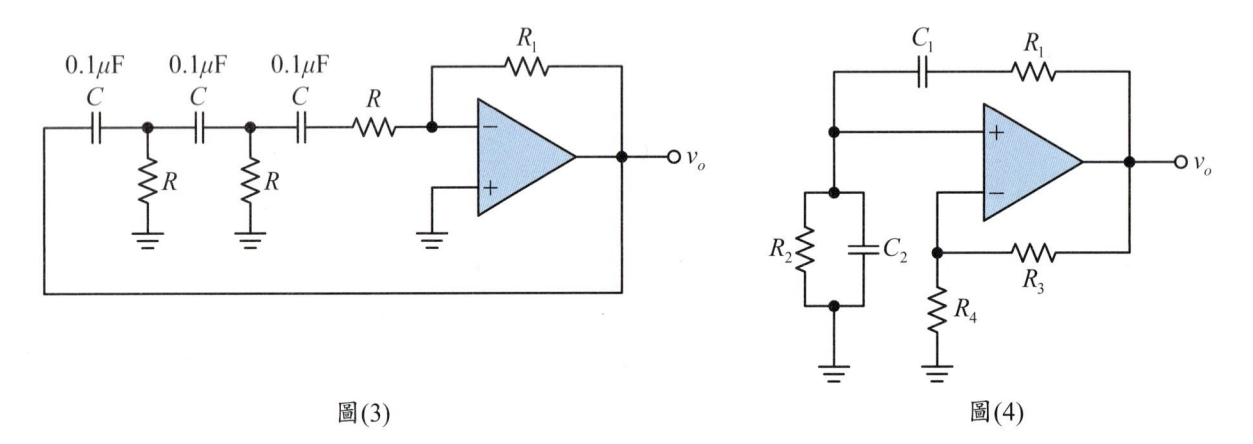

圖(3)　　　　　　　　　　　　　　圖(4)

( )8. 如圖(4)所示韋恩（Wien）電橋振盪電路，其中 $R_1 = R_2 = 1\,\text{k}\Omega$，$C_1 = 0.1\,\mu\text{F}$，$C_2 = 0.4\,\mu\text{F}$。求電路產生振盪時之振盪頻率及波形為何？
(A)1590kHz，正弦波　　(B)1590kHz，方波
(C)795Hz，正弦波　　(D)795Hz，方波 [11-2]

( )9. 承上題圖中，$\dfrac{R_3}{R_4}$ 之比值為下列時，電路才能產生振盪？
(A)1　(B)2　(C)4　(D)5 [11-2]

( )10. 小明想製作1MHz頻段之振盪器，應使用下列何種振盪電路較適合？
(A) RC 相移振盪器　　(B)韋恩（Wien）電橋振盪器
(C)施密特（Schmitt）觸發器　　(D)石英晶體振盪器 [11-2]

( )11. 如圖(5)所示理想運算放大器電路，當電路產生振盪時，石英晶體的阻抗為何？
(A)最小　(B)最大　(C)不一定　(D)100kΩ [11-2]

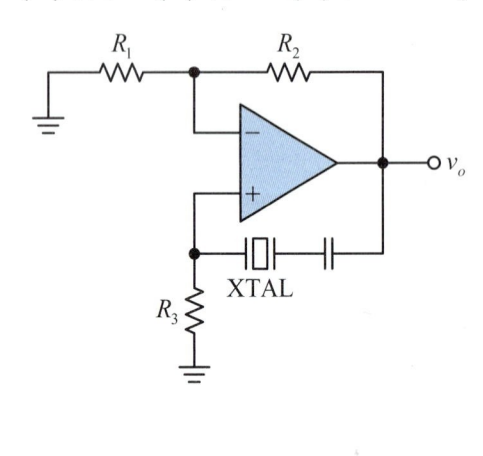

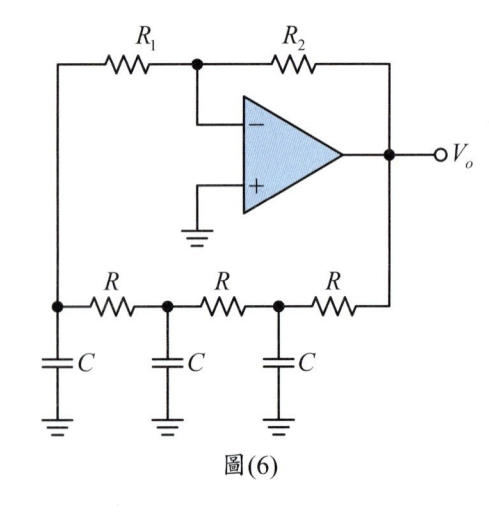

圖(5)　　　　　　　　　　　　　　圖(6)

( )12. 如圖(6)所示 RC 相移振盪電路，下列何者正確？
(A) $\omega_0 = \dfrac{1}{\sqrt{6}RC}$ 且 $\dfrac{R_2}{R_1} \geq 8$ 　　(B) $\omega_0 = \dfrac{1}{\sqrt{6}RC}$ 且 $\dfrac{R_2}{R_1} \geq 29$
(C) $\omega_0 = \dfrac{\sqrt{6}}{RC}$ 且 $\dfrac{R_2}{R_1} \geq 8$ 　　(D) $\omega_0 = \dfrac{\sqrt{6}}{RC}$ 且 $\dfrac{R_2}{R_1} \geq 29$ [11-2]

( )13. 如圖(7)所示RC相移振盪電路，下列何者正確？

(A) $\omega_0 = \frac{1}{\sqrt{6}RC}$ 且 $\frac{R_2}{R} \geq 8$ (B) $\omega_0 = \frac{1}{\sqrt{6}RC}$ 且 $\frac{R_2}{R} \geq 29$

(C) $\omega_0 = \frac{\sqrt{6}}{RC}$ 且 $\frac{R_2}{R} \geq 8$ (D) $\omega_0 = \frac{\sqrt{6}}{RC}$ 且 $\frac{R_2}{R} \geq 29$

[11-2]

圖(7)

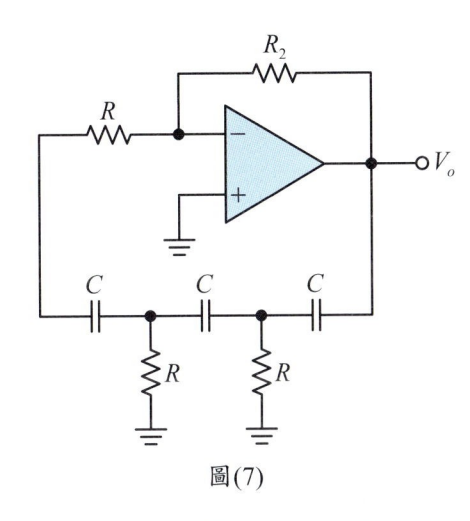

( )14. 如圖(8)所示施密特（Schmitt）觸發電路，已知運算放大器輸出飽和電壓為±10V，且 $v_i = V_m \sin(\omega t)$ V，上、下臨限電壓為 V_U、V_D。若 $V_m > V_U > V_D > 0$，則使用示波器測量輸出波形 v_o 應為下列何者？

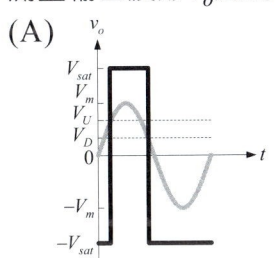

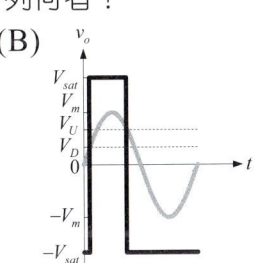

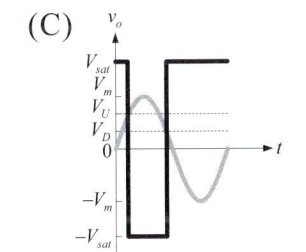

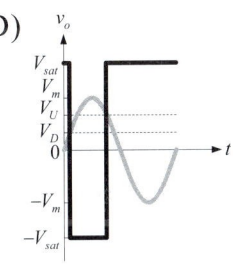

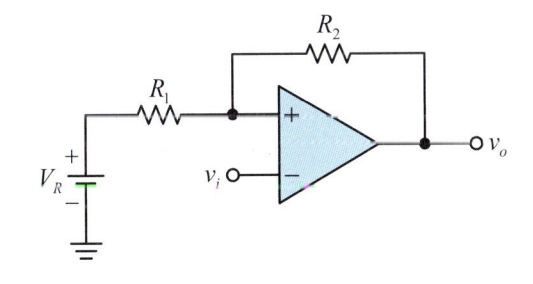

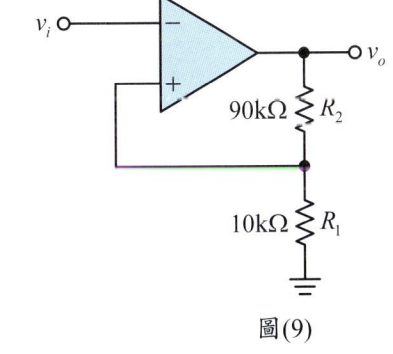

[11-3]

(A)　(B)　(C)　(D)

圖(8)　圖(9)

( )15. 如圖(9)所示電路，已知運算放大器輸出飽和電壓為±10V。若輸入電壓 $v_i = 2\sin(6280t)$ V，求輸出 v_o 為下列何者？
(A)方波　(B)+10V　(C)−10V　(D)直流，可能是+10V或是−10V

[11-3]

( )16. 續上題圖中，若將 R_1 改為30kΩ，R_2 改為70kΩ，則輸出 v_o 波形為何？
(A)方波　(B)+10V　(C)−10V　(D)可能為+10V或−10V

[11-3]

(　)17. 如圖(10a)所示施密特電路，圖(10b)為其轉移曲線，求 $\dfrac{R_1}{R_2}$ 之比值為多少？
   (A)0.2　(B)0.5　(C)2　(D)5　　　　　　　　　　　　　　　　　　　　　　[11-3]

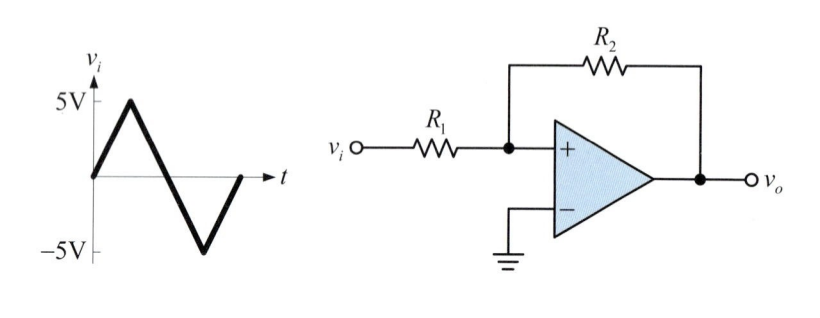

圖(10a) 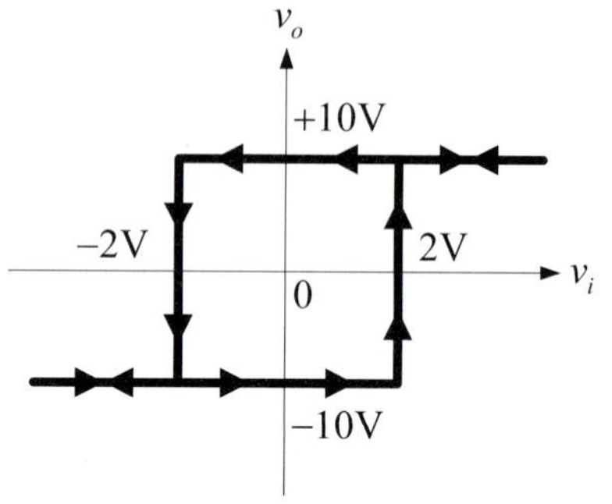　　　　圖(10b)

(　)18. 如圖(11)所示施密特觸發器，已知運算放大器輸出飽和電壓為±15V，電路遲滯電壓為5V。求 $\dfrac{R_2}{R_1}$ 之比值為多少？
   (A)5　(B)4　(C)3　(D)2　　[11-3]

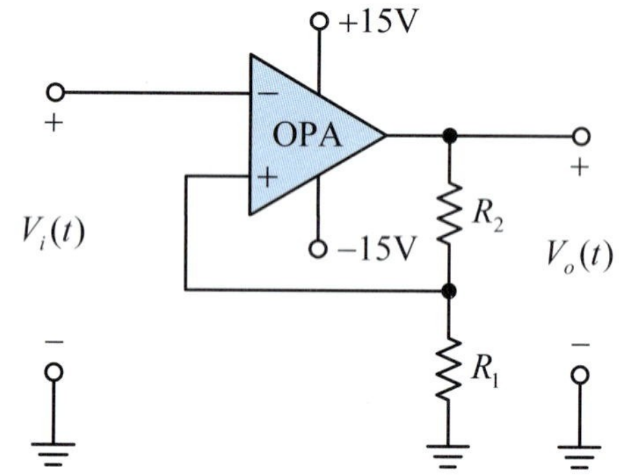

(　)19. 想要設計一個無需觸發，即可使LED自動閃爍的電路，下列何種電路單元比較符合此一要求？
   (A)雙穩態多諧振盪器
   (B)單穩態多諧振盪器
   (C)無穩態多諧振盪器
   (D)峰值電壓檢知器　　[11-3]

圖(11)

(　)20. 如圖(12)所示電路，$V_{sat} = \pm 9\,V$，其遲滯電壓為（hysteresis voltage，V_H）為多少？
   (A)3V　(B)4V　(C)5V　(D)6V　　[11-3]

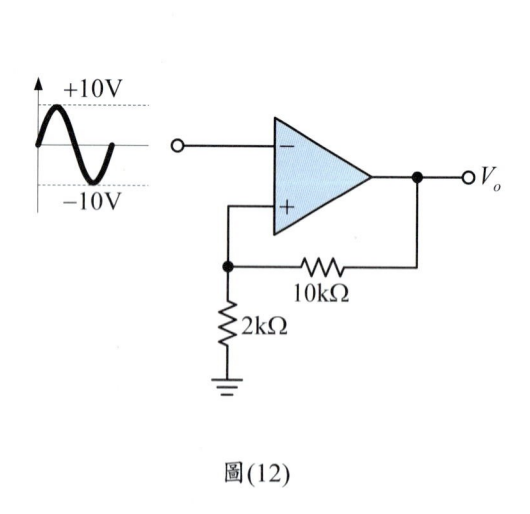

圖(12) 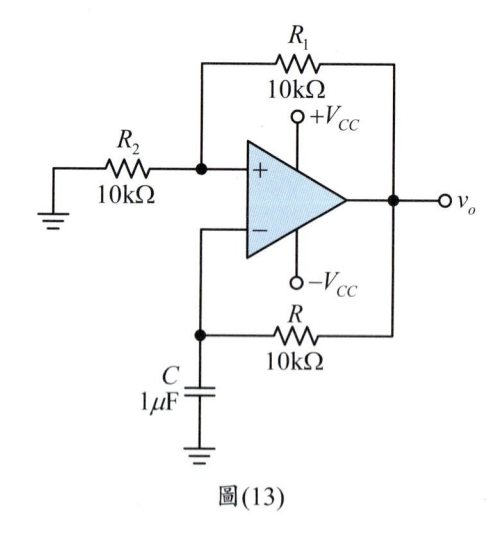　　　　圖(13)

(　)21. 如圖(13)所示理想運算放大器電路，若電源電壓 $\pm V_{CC} = \pm 12\,V$，則下列敘述何者正確？
   (A)屬於雙穩態多振盪器的一種　　　　(B)電容器電壓 v_C 振幅為±12V
   (C)輸出 v_o 電壓振幅為±6V　　　　　(D)振盪週期 $T = 2.2RC$　　[11-4]

( )22. 如圖(14)所示理想運算放大器振盪電路，則 V_+ 的電壓波形為何？
(A)直流電壓 (B)三角波 (C)正弦波 (D)方波 [11-4]

圖(14)

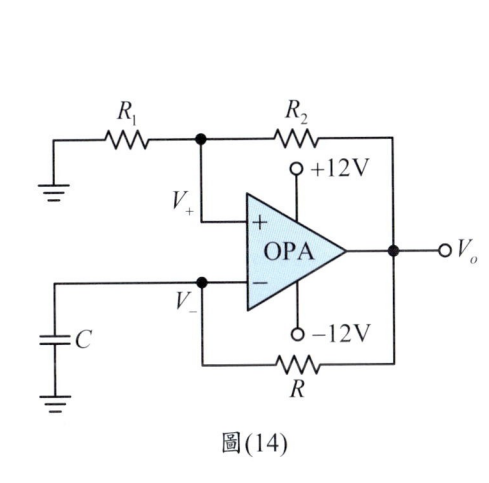

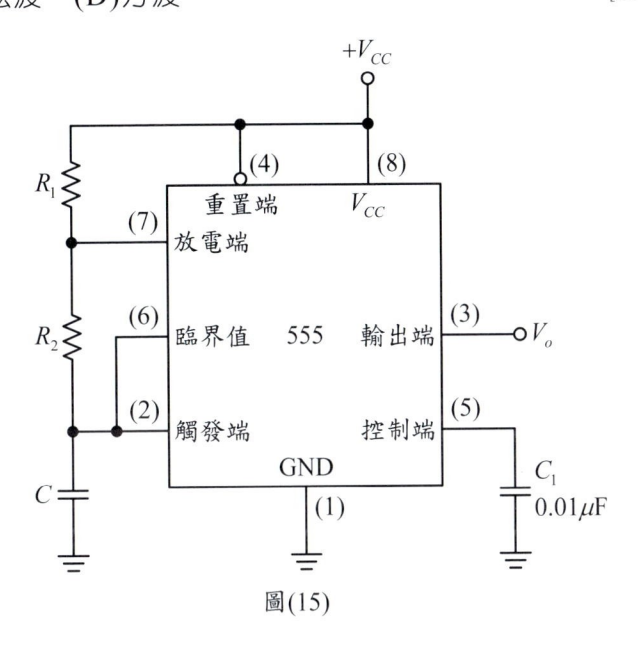

圖(15)

( )23. 如圖(15)所示555 IC振盪電路，下列何者錯誤？
(A)內含兩個比較器 (B)內含一個輸出緩衝器
(C)無法改接成單穩態振盪器 (D)可當無穩態振盪器 [11-4]

( )24. 一般市售的函數波產生器採用下列何種基本振盪電路？
(A)RC相移振盪器 (B)三角波產生器
(C)韋恩（Wien）電橋振盪器 (D)施密特（Schmitt）觸發器 [11-5]

( )25. 如圖(16)所示電路為一階 ① 濾波器，其截止頻率為 ② ，下列何者為①②的正確選項？
(A)低通，$\dfrac{1}{2\pi RC}$ (B)低通，$\dfrac{1}{2\pi R_1 C}$ (C)高通，$\dfrac{1}{2\pi RC}$ (D)高通，$\dfrac{1}{2\pi R_1 C}$ [11-6]

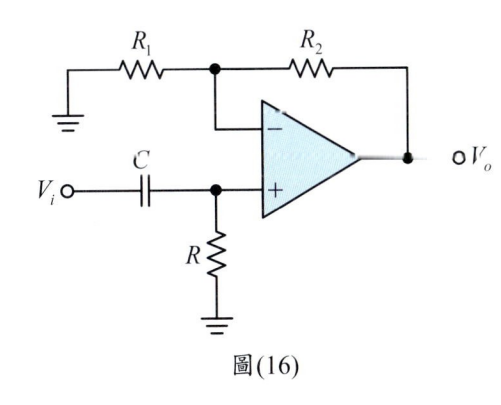

圖(16)

素養導向題

▲ 閱讀下文，回答第1~4題

大雄、小夫、胖虎、靜香四人，想利用電子學實習所學的OPA振盪電路，實際應用在生活中來控制LED，所使用的電路如下：

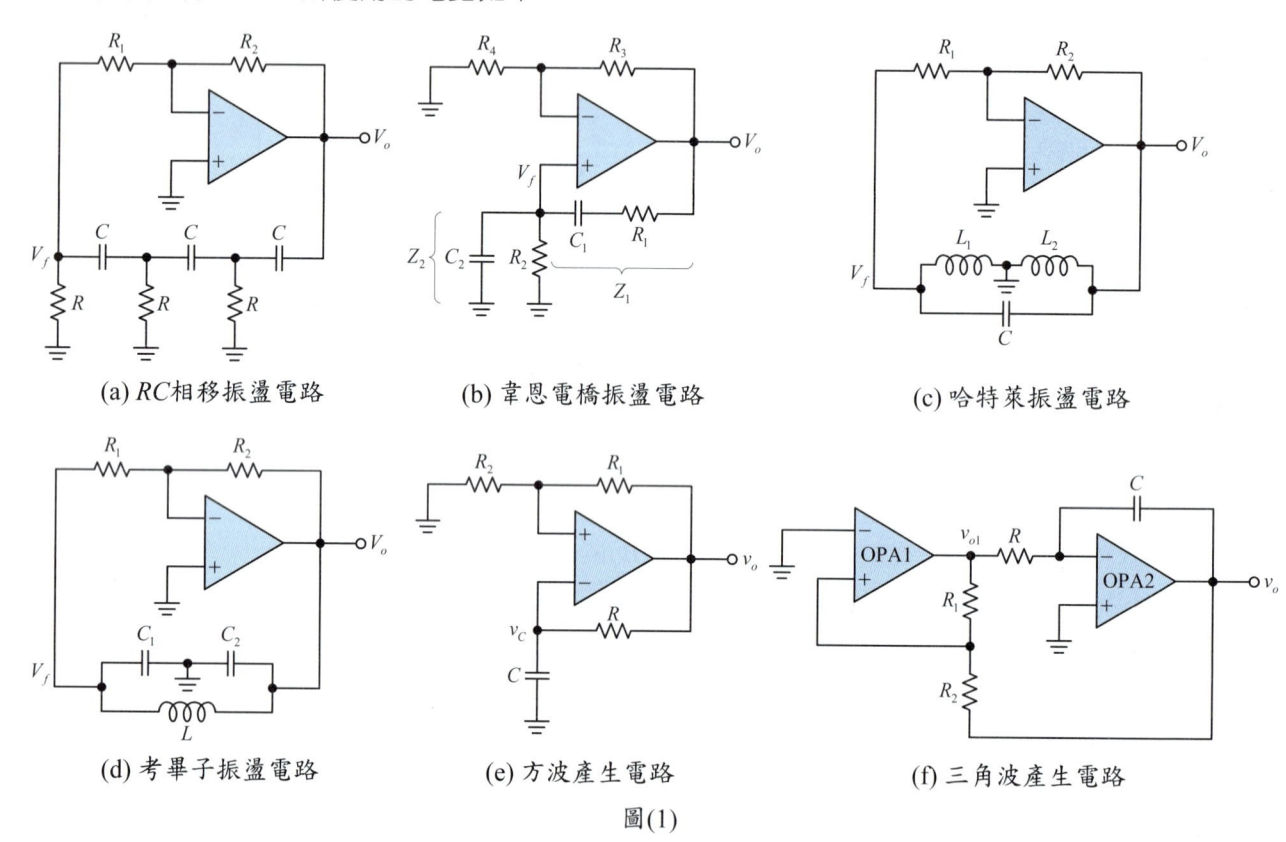

(a) RC相移振盪電路
(b) 韋恩電橋振盪電路
(c) 哈特萊振盪電路
(d) 考畢子振盪電路
(e) 方波產生電路
(f) 三角波產生電路

圖(1)

( ) 1. 大雄想讓LED產生亮、暗的閃爍變化，下列何種電路可以完成？
(A) RC相移振盪電路
(B) 韋恩電橋振盪電路
(C) 方波產生電路
(D) 三角波產生電路

( ) 2. 靜香覺得LED只有亮、暗閃爍太單調，想設計一個會呼吸的LED，讓LED由暗逐漸亮，再由亮逐漸暗，下列何種電路可以完成？
(A) RC相移振盪電路
(B) 韋恩電橋振盪電路
(C) 方波產生電路
(D) 三角波產生電路

( ) 3. 胖虎覺得靜香做的LED呼吸燈很有趣，於是製作相同電路，但是LED都恆亮，如果所有元件都沒有壞，則最有可能的原因為何？
(A) 振盪頻率設計太高
(B) 振盪頻率設計太低
(C) 電源電壓太高
(D) 電源電壓太低

( ) 4. 小夫想設計一個會發出嗶聲的警報器，下列何種電路可以完成？
(A) 電路(a)及電路(b)
(B) 電路(c)及電路(d)
(C) 電路(a)及電路(c)
(D) 電路(b)及電路(d)

第11章 運算放大器振盪電路及濾波器

── 解 答 ──

（*表示附有詳解）

11-1立即練習

基礎題
*1.A   *2.C

11-2立即練習

基礎題
*1.C   *2.C   *3.A   4.B   5.B   6.B   7.B   8.C

進階題
*1.C   *2.D   *3.B   *4.D   *5.D

11-3立即練習

基礎題
*1.A   2.A   *3.D   *4.A   *5.C   *6.C   *7.A

進階題
*1.A   *2.D   *3.D   *4.A   5.B   *6.C   *7.B

11-4立即練習

基礎題
1.B   *2.B   *3.B   *4.B   *5.D   *6.B

進階題
*1.D   *2.B   *3.C   *4.C   *5.A   *6.C

11-5立即練習

基礎題
*1.B   *2.A

進階題
*1.D   *2.C   *3.C   *4.A   *5.C

11-6立即練習

基礎題
1.D   *2.C

進階題
*1.A   *2.D

歷屆試題

電子學試題
*1.B   *2.A   *3.D   *4.B   *5.C   *6.A   *7.A   *8.B   *9.B   *10.A
*11.A   *12.B   *13.A   *14.B   *15.C   16.D   *17.B   *18.B   *19.C   *20.D
*21.B   22.D   23.A   *24.D   *25.D   *26.A   *27.B   *28.C   *29.C   *30.C
*31.B   *32.C

解答

（*表示附有詳解）

電子學實習試題

*1.A	*2.A	*3.AC	4.A	*5.A	6.D	7.C	*8.C	*9.D	*10.D
*11.C	*12.C	*13.B	*14.D	*15.B	*16.D	*17.A	*18.D	*19.B	*20.A
*21.A	*22.B	*23.C	*24.D	*25.C	*26.B	*27.A	*28.B	*29.C	*30.B
*31.A	*32.B	*33.B	*34.A						

最新統測試題

| *1.D | *2.A | *3.B | *4.B | *5.C | *6.C | *7.C | *8.C | *9.C | *10.C |
| *11.B | *12.A | *13.C | *14.C | *15.B | 16.D | | | | |

模擬演練

電子學試題

1.A	*2.A	3.B	*4.B	*5.C	*6.C	*7.D	*8.A	*9.D	*10.A
*11.C	*12.D	*13.D	*14.D	*15.B	*16.D	*17.C	*18.C	*19.B	*20.A
*21.B	*22.B	*23.C	*24.B	*25.D					

電子學實習試題

*1.D	*2.C	3.C	*4.C	*5.B	*6.C	*7.A	*8.C	*9.D	*10.D
*11.A	*12.D	*13.B	*14.C	*15.A	*16.D	*17.A	*18.A	19.C	*20.A
*21.D	*22.D	*23.C	*24.B	25.C					

素養導向題

| *1.C | *2.D | *3.A | *4.A |

NOTE

NOTE

電子學 含實習

滿分總複習（下） 解答本

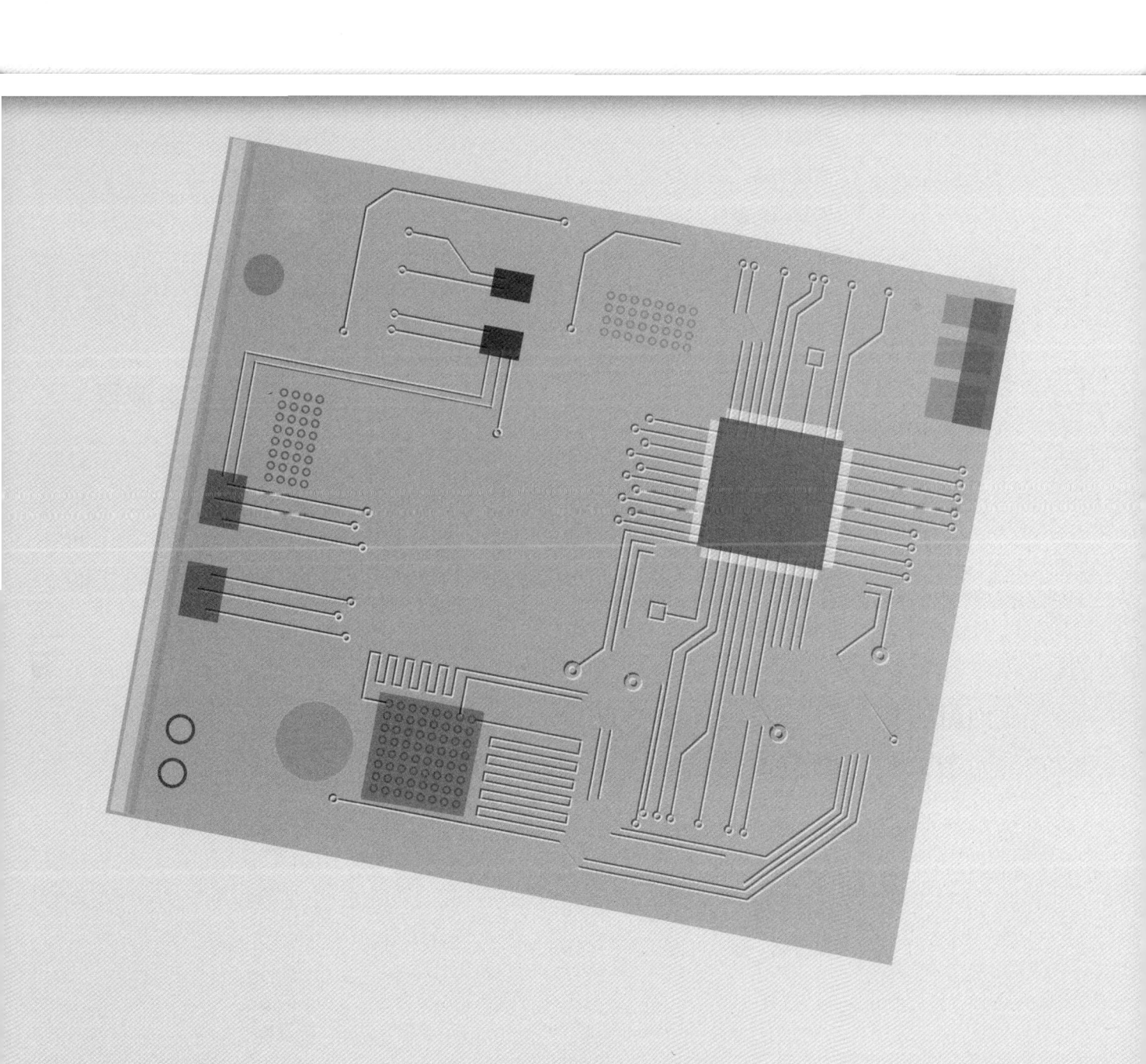

目錄 Contents

CHAPTER 7　金氧半場效電晶體放大電路
- 學生練習&立即練習 1
- 歷屆試題 4
- 模擬演練 7
- 素養導向題 9

CHAPTER 8　金氧半場效電晶體多級放大電路
- 學生練習&立即練習 10
- 歷屆試題 11
- 模擬演練 12
- 素養導向題 13

CHAPTER 9　金氧半場效電晶體數位電路
- 學生練習&立即練習 15
- 歷屆試題 18
- 模擬演練 18
- 素養導向題 19

CHAPTER 10　運算放大器
- 學生練習&立即練習 20
- 歷屆試題 27
- 模擬演練 32
- 素養導向題 35

CHAPTER 11　運算放大器振盪電路及濾波器
- 學生練習&立即練習 37
- 歷屆試題 41
- 模擬演練 46
- 素養導向題 49

Chapter 7 金氧半場效電晶體放大電路

7-1 學生練習 P.7-5

1. (D)
   (1) MOSFET元件為非線性元件。
   (2) MOSFET當作放大器使用時,工作於飽和區。
   (3) MOSFET當作開關使用時,工作於截止區及歐姆區。

2. (B)

3. (D)
   集極摻雜濃度太低,所產生的多數載子太少,致電流增益低。

4. (C)
   (1) CS組態主要應用於放大電路。
   (2) CG組態輸入與輸出信號相位相差0°。
   (3) CS組態功率增益最大。

7-1 立即練習 P.7-10

基礎題

1. MOSFET當作開關使用,導通狀態工作於歐姆區,截止狀態工作於截止區。
2. 增強型MOSFET常應用於數位電路中。
3. 輸入腳G、接地腳S、輸出腳D。
4. $g_m = \dfrac{2I_{DSS}}{|V_{GS(off)}|}(1-\dfrac{V_{GS}}{V_{GS(off)}})$
   $= \dfrac{2 \times 12}{4}(1-\dfrac{-2}{-4}) = 3 \text{ mA/V}$
5. $\mu = g_m \times r_d = 10\text{m} \times 1\text{M} = 10000$
6. CG輸入阻抗最低,CD輸入阻抗最高。
7. 共閘極放大器的輸入阻抗值很低。

進階題

1. 電壓增益比BJT低。
2. $g_m = \dfrac{2I_{DSS}}{|V_{GS(off)}|}\sqrt{\dfrac{I_D}{I_{DSS}}} = \dfrac{2 \times 12}{4}\sqrt{\dfrac{0.75}{12}}$
   $= 1.5 \text{ mA/V}$
3. $I_D = I_{DSS}(1-\dfrac{V_{GS}}{V_{GS(off)}})^2$, $3 = I_{DSS}(1-\dfrac{-2}{-4})^2$,
   則$I_{DSS} = 12 \text{ mA}$
   $g_m = \dfrac{2I_{DSS}}{|V_{GS(off)}|}(1-\dfrac{V_{GS}}{V_{GS(off)}})$
   $= \dfrac{2 \times 12}{4}(1-\dfrac{-2}{-4}) = 3 \text{ mA/V}$
4. $g_m = 2\sqrt{KI_D} = 2\sqrt{0.5 \times 2} = 2 \text{ mA/V}$
5. 閘極當輸出,輸出電流太小。
6. 常使用空乏型MOSFET。

7-2 學生練習 P.7-14

1. (B)
   $A_v = \left|\dfrac{v_o}{v_i}\right| = \dfrac{g_m R_D}{1+g_m R_S} = \dfrac{\dfrac{4}{3} \times 5}{1+\dfrac{4}{3} \times 1.5} = \dfrac{20}{9}$

2. (B)
   $A_v = \left|\dfrac{v_o}{v_i}\right| = \dfrac{g_m R_D}{1+g_m R_S} = \dfrac{2 \times 5}{1+2 \times 1} = 3.33$

3. (C)
   電壓增益與汲極電阻成正比,但要注意過大的汲極電阻將導致MOSFET無法工作於飽和區。

7-2 立即練習 P.7-19

基礎題

1. $\left|\dfrac{v_o}{v_i}\right| = g_m(r_d // R_D) = (1.5\text{m})(20\text{k} // 5\text{k}) = 6$

2. $\left|\dfrac{v_o}{v_i}\right| = \dfrac{g_m R_D}{1+g_m R_S} = \dfrac{1.5 \times 5}{1+1.5 \times 1} = 3$

3. $\dfrac{v_o}{v_i} = -g_m(r_d // R_D)$
   $= -2.2 \times (20\text{k} // 2\text{k}) = -4$

4. 輸入G、接地S、輸出D,所以為CS放大器。

5. $R_i = \infty$，$R_o = R_D = 5\text{k}\Omega$
6. (1) 因為$R_i \gg R_G$，R_G不影響電壓增益，

所以 $\left|\dfrac{v_o}{v_s}\right| = \left|\dfrac{v_o}{v_i}\right|$

(2) $\left|\dfrac{v_o}{v_i}\right| = g_m(r_d \mathbin{/\mkern-5mu/} R_D)$
$= (2\text{m})(20\text{k}\mathbin{/\mkern-5mu/}5\text{k}) = 8$

進階題

1. (1) 有源極電容 $\left|\dfrac{v_o}{v_i}\right| = g_m R_D$

(2) 無源極電容 $\left|\dfrac{v_o}{v_i}\right| = \dfrac{g_m R_D}{1 + g_m R_S}$

(3) 兩者相差 $1 + g_m R_S$

3. (1) $V_{GS} = -I_D R_S = -I_D$

(2) $I_D = I_{DSS}(1 - \dfrac{V_{GS}}{V_{GS(off)}})^2 = 12(1 - \dfrac{V_{GS}}{-6})^2$

(3) 由(1)(2)聯立方程式，解得
$V_{GS} = -3\text{V}$，$I_D = 3\text{mA}$

(4) $g_m = \dfrac{2I_{DSS}}{|V_{GS(off)}|}(1 - \dfrac{V_{GS}}{V_{GS(off)}})$
$= \dfrac{2 \times 12}{6}(1 - \dfrac{-3}{-6}) = 2\text{mA/V}$

(5) $\dfrac{v_o}{v_i} = -\dfrac{g_m R_D}{1 + g_m R_S} = -\dfrac{2 \times 4}{1 + 2 \times 0.1}$
$= -6.66$

4. $A_i = A_v \dfrac{R_i}{R_D} = 6.66 \times \dfrac{10\text{M}}{4\text{k}} = 16650$

5. (1) $R_i = R_G = 1\text{M}\Omega$

(2) $R_o = R_D \mathbin{/\mkern-5mu/} r_d = 5\text{k} \mathbin{/\mkern-5mu/} 20\text{k} = 4\text{k}\Omega$

(3) $\dfrac{v_o}{v_i} = -g_m(R_D \mathbin{/\mkern-5mu/} r_d)$
$= -1.5 \times (5\mathbin{/\mkern-5mu/}20) = -6$

(4) $\left|\dfrac{i_o}{i_i}\right| = \left|\dfrac{v_o}{v_i}\right|\dfrac{R_i}{R_D} = 6 \times \dfrac{1\text{M}}{5\text{k}} = 1200$

6. (1) $\dfrac{v_o}{v_i} = -\dfrac{g_m R_D}{1 + g_m R_S} = -\dfrac{10 \times 20}{1 + 10 \times 5} = -4$

(2) $R_i = R_{G1} \mathbin{/\mkern-5mu/} R_{G2}$
$= 1.5\text{M} \mathbin{/\mkern-5mu/} 500\text{k} = 375\text{k}\Omega$

(3) $A_i = |A_v|\dfrac{R_i}{R_D} = 4 \times \dfrac{375\text{k}}{20\text{k}} = 75$

8. $\dfrac{v_o}{v_i} = -\dfrac{g_m(R_D \mathbin{/\mkern-5mu/} R_L)}{1 + g_m R_S} = -\dfrac{1 \times (10\mathbin{/\mkern-5mu/}10)}{1 + 1 \times 2} = -\dfrac{5}{3}$

7-3 學生練習

1. (C)

$\dfrac{v_o}{v_i} = \dfrac{g_m R_S}{1 + g_m R_S} = \dfrac{2 \times 1}{1 + 2 \times 1} = \dfrac{2}{3} = 0.66$

7-3 立即練習

基礎題

1. v_i與v_o信號相位差0°。
2. 共汲極放大器又稱為源極隨耦器。
3. (1) $R_i = R_{G1} \mathbin{/\mkern-5mu/} R_{G2}$
$= 600\text{k} \mathbin{/\mkern-5mu/} 400\text{k} = 240\text{k}\Omega$

(2) $R_o = R_S \mathbin{/\mkern-5mu/} \dfrac{1}{g_m} = 3\text{k} \mathbin{/\mkern-5mu/} \dfrac{1}{1\text{m}}$
$= 3\text{k} \mathbin{/\mkern-5mu/} 1\text{k} = 750\,\Omega$

4. $\dfrac{v_o}{v_i} = \dfrac{g_m(R_S \mathbin{/\mkern-5mu/} R_L)}{1 + g_m(R_S \mathbin{/\mkern-5mu/} R_L)} = \dfrac{(3\mathbin{/\mkern-5mu/}6)}{1 + (3\mathbin{/\mkern-5mu/}6)} = 0.67$

5. $A_v = \dfrac{g_m R_S}{1 + g_m R_S} = \dfrac{4 \times 2}{1 + 4 \times 2} = 0.89$

6. $R_o = R_S \mathbin{/\mkern-5mu/} \dfrac{1}{g_m} = 2\text{k} \mathbin{/\mkern-5mu/} \dfrac{1}{4\text{m}}$
$= 2\text{k} \mathbin{/\mkern-5mu/} 250 = 222\,\Omega$

7. $\dfrac{1}{R_o} = g_m + \dfrac{1}{R_S}$，則$\dfrac{1}{100} = 10\text{m} = 6\text{m} + \dfrac{1}{R_S}$，

$R_S = \dfrac{1}{4\text{m}} = 250\,\Omega$

8. (1) 電壓增益小於1。

(2) 輸出訊號與輸入訊號相位相同。

(3) 電流增益甚高。

9. $\dfrac{v_o}{v_i} = \dfrac{g_m R_S}{1 + g_m R_S} = \dfrac{2 \times 2}{1 + 2 \times 2} = 0.8$

進階題

1. $A_v = \dfrac{v_o}{v_i} = \dfrac{g_m R_S}{1 + g_m R_S} = \dfrac{2R_S}{1 + 2R_S} = 0.8 = \dfrac{4}{5}$

則$R_S = 2\text{k}\Omega$

2. $R_o = R_S // \dfrac{1}{g_m} = 2k // \dfrac{1}{2m}$
   $= 2k // 500 = 400\,\Omega$

3. (1) $R_i = R_G = 1\,M\Omega$
   (2) $A_v = \dfrac{v_o}{v_i} = \dfrac{g_m R_S}{1 + g_m R_S} = \dfrac{2 \times 4}{1 + 2 \times 4}$
   $= 0.89$

4. $A_v = \dfrac{v_o}{v_i} = \dfrac{g_m(R_S // R_L)}{1 + g_m(R_S // R_L)}$
   $= \dfrac{0.8 \times (15//10)}{1 + 0.8 \times (15//10)} = 0.83$

5. MOSFET的閘極阻抗甚高,可以忽略不計。

6. (1) 元件為P通道MOSFET(源極連接至電源正端),N型基底必須逆偏(連接至電源正端)才能產生隔離功用。
   (2) 汲極交流等效接地,因此電路為共汲極放大器。

7. (1) 米勒電阻R_4一端連接v_i,另一端連接v_o
   (2) $R_i = \dfrac{R_4}{1 - \dfrac{v_o}{v_i}}$,因為電壓增益$\dfrac{v_o}{v_i} < 1$,
   所以$R_i > R_4$

7-4 學生練習　P.7-30

1. (C)
   (1) $I_D = I_{DSS}(1 - \dfrac{V_{GS}}{V_{GS(off)}})^2 = 4(1 - \dfrac{V_{GS}}{-2})^2$
   (2) $V_{GS} = -I_D R_S = -I_D$
   (3) 由(1)(2)聯立方程式,解得
   $V_{GS} = -1\,V$,$I_D = 1\,mA$
   (4) $g_m = \dfrac{2I_{DSS}}{|V_{GS(off)}|}(1 - \dfrac{V_{GS}}{V_{GS(off)}})$
   $= \dfrac{2 \times 4}{2}(1 - \dfrac{-1}{-2}) = 2\,mA/V$
   (5) $\dfrac{v_o}{v_i} = g_m(R_D // R_L) = 2(4//12) = 6$

7-4 立即練習　P.7-31

基礎題

1. CG放大器輸入阻抗最小,CS及CD輸入阻抗相同且最大。

2. CG放大器及CS放大器電壓增益大,但CG放大器高頻響應較佳。

3. 共閘極放大器輸入阻抗最小。

4. CG放大器輸入腳為源極(S)、共同接腳為閘極(G)、輸出腳為汲極(D)。

5. $\dfrac{v_o}{v_i} = g_m R_D = 4 \times 5 = 20$

6. $R_i = R_S // \dfrac{1}{g_m} = 1k // \dfrac{1}{4m}$
   $= 1k // 250 = 200\,\Omega$

進階題

1. (1) CG放大器有較大的頻寬。
   (2) CG放大器有較低的輸入阻抗。
   (3) CS放大器有較大的輸入阻抗。

2. (1) 阻抗匹配器必須是較大的輸入阻抗及較小的輸出阻抗。
   (2) CG放大器有較大的電壓增益。
   (3) CD放大器電壓增益近似於1,且輸出與輸入信號同相,可作為電壓隨耦器。

3. 此電路為CG放大器,電壓增益
   $\dfrac{v_o}{v_i} = \dfrac{-g_m v_{gs} R_D}{-g_m v_{gs}(\dfrac{1}{g_m} + R_S)} = \dfrac{g_m R_D}{1 + g_m R_S}$

4. $\dfrac{v_o}{v_i} = \dfrac{g_m R_D}{1 + g_m R_S} = \dfrac{2 \times 3}{1 + 2 \times 0.5} = 3$

5. 此電路為CG放大器,
   電壓增益$\dfrac{v_{out}}{v_{in}} = g_m R_D = \dfrac{1}{50} \times 150 = 3$

6. (1) $V_{GS} = -I_D R_S = -I_D$
   (2) $I_D = I_{DSS}(1 - \dfrac{V_{GS}}{V_{GS(off)}})^2 = 8(1 - \dfrac{V_{GS}}{-4})^2$
   (3) 由(1)(2)聯立方程式,解得
   $V_{GS} = -2\,V$,$I_D = 2\,mA$
   (4) $g_m = \dfrac{2I_{DSS}}{|V_{GS(off)}|}(1 - \dfrac{V_{GS}}{V_{GS(off)}})$
   $= \dfrac{2 \times 8}{4}(1 - \dfrac{-2}{-4}) = 2\,mA/V$
   (5) $\dfrac{v_o}{v_i} = g_m(R_D // R_L) = 2(5k // 20k) = 8$

7. (1) $V_{DS} = \dfrac{V_{DD}}{2} = \dfrac{12}{2} = 6\,\text{V}$，

   則 $R_D = \dfrac{V_{DD} - V_{DS}}{I_D} = \dfrac{12 - 6}{2\text{m}} = 3\,\text{k}\Omega$

   (2) $\dfrac{v_o}{v_i} = g_m(R_D // R_L) = 2(3\text{k} // 20\text{k}) = 5.2$

8. (1) 電壓增益 $\dfrac{v_o}{v_i} = g_m R_L$，將 g_m 變兩倍或將 R_L 變兩倍，電壓增益變兩倍。

   (2) $g_m = 2K(V_{GS} - V_T)$，將 $(V_{GS} - V_T)$ 變兩倍，g_m 變兩倍，電壓增益變兩倍。

   (3) $g_m = 2\sqrt{KI_D}$，將 I_D 變四倍，g_m 變兩倍，電壓增益變兩倍。

9. $\dfrac{v_o}{v_i} = 10 = g_m R_D = 2R_D$，則 $R_D = 5\,\text{k}\Omega$

歷屆試題　P.7-34

電子學試題

1. (1) $V_{GS} = V_{DS} = V_{DD} - I_D R_D$
   $= 5 - 0.6 \times 5 = 2\,\text{V}$

   (2) $K = \dfrac{I_D}{(V_{GS} - V_T)^2} = \dfrac{0.6}{(2-1)^2}$
   $= 0.6\,\text{mA/V}^2$

   (3) $g_m = 2K(V_{GS} - V_T) = 2 \times 0.6 \times (2-1)$
   $= 1.2\,\text{mA/V}$

   (4) $\dfrac{v_o}{v_i} = -g_m(R_D // R_L)$
   $= -1.2 \times (5 // 10) = -4$

2. (1) $R_i = R_1 // R_2 = 20\text{k} // 20\text{k} = 10\,\text{k}\Omega$

   (2) $\dfrac{v_o}{v_i} = \dfrac{R_i}{R_S + R_i} \dfrac{g_m(R_S // R_L)}{1 + g_m(R_S // R_L)}$
   $= \dfrac{10}{10 + 10} \dfrac{0.2 \times (10 // 10)}{1 + 0.2 \times (10 // 10)} = \dfrac{1}{4}$

3. FET放大器工作於飽和區，可以得到線性不失真輸出信號。

4. (1) 圖(A)：
   $g_m = 2k(V_{GS} - V_{GS(t)}) = 2(2.5 - 1)$
   $= 3\,\text{mA/V}$
   $\dfrac{v_o}{v_i} = -g_m R_D = -3 \times 3 = -9$

   (2) 圖(B)：
   $I_D = k(V_{GS} - V_{GS(t)})^2$
   $= 0.4(V_{GS} - 1)^2$ ....(1)
   $V_{GS} = V_G - V_S = 10\dfrac{1}{1+1} - 2.5 I_D$
   $= 5 - 2.5 I_D$ ....(2)
   解(1)(2)聯立方程式得
   $I_D = 0.975\,\text{mA}$，$V_{GS} = 2.56\,\text{V}$
   $g_m = 2 \times 0.4(2.56 - 1) = 1.248\,\text{mA/V}$
   $\dfrac{v_o}{v_i} = -g_m R_D = -1.248 \times 3 = -3.744$

   (3) 圖(C)：
   $V_{GS} = V_G - V_S = -I_D R_S < 0$，
   MOSFET無法工作
   $\dfrac{v_o}{v_i} = 0$

   (4) 圖(D)：
   $V_{GS} = V_{DS} = 2\,\text{V}$
   $g_m = 2k(V_{GS} - V_{GS(t)}) = 2 \times 0.7(2 - 1)$
   $= 1.4\,\text{mA/V}$
   $\dfrac{v_o}{v_i} = -g_m R_D = -1.4 \times 3 = -4.2$

5. (1) 移除前 $|A_v| = g_m R_D$

   (2) 移除前 $|A_v| = \dfrac{g_m R_D}{1 + g_m R_S}$

6. (1) $g_m = 2K(V_{GS} - V_T) = 2 \times 0.4 \times (3 - 1)$
   $= 1.6\,\text{mA/V}$

   (2) $\dfrac{v_o}{v_i} = -g_m R_D = -1.6 \times 4 = -6.4$

7. $\dfrac{v_o}{v_i} = -g_m(R_D // R_L)$
   $= -0.5(10\text{k} // 10\text{k}) = -2.5$

8. (1) $R_i = R_{G1} // R_{G2} = 6\text{M} // 6\text{M} = 3\,\text{M}\Omega$

   (2) $\dfrac{I_o}{I_i} = -|A_v|\dfrac{R_i}{R_L} = -2.5 \times \dfrac{3\text{M}}{10\text{k}} = -750$

9. $\dfrac{v_o}{v_i} = \dfrac{g_m(R_S // R_L // r_d)}{1 + g_m(R_S // R_L // r_d)}$
   $= \dfrac{2(6 // 3 // 50)}{1 + 2(6 // 3 // 50)} = 0.79$

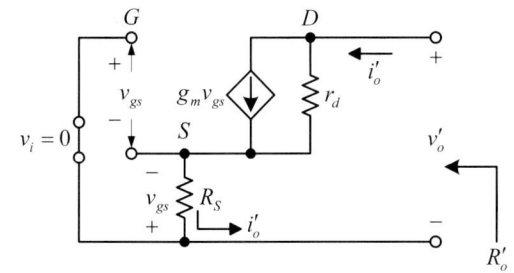

第 7 章 金氧半場效電晶體放大電路

10. 求輸出阻抗時，須先將輸入端短路（即 $v_i = 0$），因此 $v_{gs} + i'_o R_S = 0$，則

(1) $i'_o = \dfrac{-v_{gs}}{R_S}$

(2) $v'_o = -v_{gs} + (i'_o - g_m v_{gs})r_d$
$= -v_{gs} + i'_o r_d - g_m v_{gs} r_d$
$= -v_{gs}(1 + \dfrac{r_d}{R_S} + g_m r_d)$

(3) $R'_o = \dfrac{v'_o}{i'_o} = R_S + r_d + g_m r_d R_S$
$= r_d + (1 + g_m r_d)R_S = r_d + (1+\mu)R_S$

(4) $R_o = R_D // R'_o = R_D //[r_d + (1+\mu)R_S]$
若 $R_D \ll [r_d + (1+\mu)R_S]$ 時，則 $R_o = R_D$

11. (1) $g_m = 2\sqrt{KI_D} = 2\sqrt{2 \times 2} = 4 \text{ mA/V}$

(2) $\dfrac{v_o}{v_i} = -\dfrac{g_m R_D}{1 + g_m R_D} = -\dfrac{4 \times 5}{1 + 4 \times 2} = -2.22$

12. (1) $I_D = I_{DSS}(1 - \dfrac{V_{GS}}{V_P})^2$，$3 = 12(1 - \dfrac{V_{GS}}{-2})^2$，
則 $V_{GS} = -1 \text{ V}$

(2) $g_m = \dfrac{2I_{DSS}}{|V_P|}(1 - \dfrac{V_{GS}}{V_P})$
$= \dfrac{2 \times 12}{2}(1 - \dfrac{-1}{-2}) = 6 \text{ mA/V}$

(3) $A_v = \dfrac{v_o}{v_i} = g_m R_D = 6 \times 1.25 = 7.5$

(4) $R_o = R_D = 1.25 \text{ k}\Omega$

13. (1) $I_D = K(V_{GS} - V_T)^2 = 2 \times (V_{GS} - 1.5)^2$

(2) $V_{GS} = V_G - V_S = V_{DD}\dfrac{R_{G2}}{R_{G1}+R_{G2}} - I_D R_S$
$= 15 \times \dfrac{60}{300+60} - I_D = 2.5 - I_D$

(3) 解(1)(2)聯立方程式，得
$V_{GS} = 2 \text{ V}$，$I_D = 0.5 \text{ mA}$

(4) $g_m = 2K(V_{GS} - V_T) = 2 \times 2 \times (2-1.5)$
$= 2 \text{ mA/V}$

(5) 此電路為共閘極放大電路，所以
$\dfrac{v_o}{v_i} = g_m R_D = 2 \times 10 = 20$

電子學實習試題

1. (1) 含源極旁路電容 C_S，$\dfrac{v_o}{v_i} = -g_m R_D$

(2) 不含源極旁路電容 C_S，$\dfrac{v_o}{v_i} = -\dfrac{g_m R_D}{1 + g_m R_S}$

2. (1) $K = \dfrac{I_D}{(V_{GS} - V_T)^2} = \dfrac{3}{(5-2)^2} = \dfrac{1}{3}$

(2) $g_m = 2K(V_{GS} - V_T)$
$= 2 \times \dfrac{1}{3} \times (8-2) = 4 \text{ mS}$

3. (1) $g_m = 2K(V_{GS} - V_T) = 2 \times 0.5 \times (3-1)$
$= 2 \text{ mA/V}$

(2) $\dfrac{v_o}{v_i} = -g_m R_D = -2 \times 5 = -10$

4. 共汲極→共集極，共閘極→共基極，共源極→共射極。

5. (1) 圖(A)為N通道空乏型共汲極放大器。
(2) 圖(B)為N通道空乏型共源極放大器。
(3) 圖(C)為N通道增強型共汲極放大器。
(4) 圖(D)為N通道增強型共源極放大器。

6. (1) $I_D = K(V_{GS} - V_t)^2 = 10 \times (V_{GS} - 1)^2$

(2) $V_{DS} = V_{DD} - I_D R_D = 5 - 10 I_D$

(3) 解(1)(2)聯立方程式，得
$I_D = 0.38 \text{ mA}$，$V_{GS} = 1.2 \text{ V}$

(3) $g_m = 2K(V_{GS} - V_t) = 2 \times 10 \times (1.2-1)$
$= 4 \text{ mA/V}$

(4) $\dfrac{v_o}{v_i} = -g_m(R_D // R_G)$
$= -4 \times (10 // 10) = -20$

7. CD放大器電壓增益小於1，不適合作電壓放大器。

8. (1) 共源放大電路，輸出與輸入電壓信號相位相差180°。

(2) 共汲極放大電路中，具有高輸入阻抗與低輸出阻抗，可適用於阻抗匹配之用，電壓增益小於1，且輸出電壓信號與輸入電壓信號同相位。

9. FET為一電壓控制元件，等效模型為電壓控制電流源。

10. $\dfrac{V_o}{V_{in}} = -\dfrac{R_D}{\dfrac{1}{g_m} + R_S} = -\dfrac{11k}{\dfrac{1}{5m} + 2k} = -5$

11. (1) 在共源極（Common Source）放大器的源極電阻旁並聯一個旁路電容，可以提高放大器的電壓增益。

    (2) 共閘極（Common Gate）放大器具有低輸入阻抗、高輸出阻抗的特性，且輸入與輸出信號相位同相位。

    (3) 共源極（Common Source）放大器具有高輸入阻抗的特性，且輸入與輸出信號相位相反。

最新統測試題

1. (1) CD放大電路電壓增益 $A_v \approx 1$（同相）。

    (2) $v_o = v_i = 1\,\text{V}_{(P-P)}$

2. $g_m = 2K \times (V_{GS} - V_t)$
    $= 2 \times 2 \times (3-1) = 8\,\text{mA/V}$

3. $g_m = \dfrac{2I_{DSS}}{|V_P|}(1 - \dfrac{V_{GS}}{V_P})$
    $= \dfrac{2 \times 10m}{3} \times (1 - \dfrac{-1}{-3}) = 4.44\,\text{mA/V}$

4. (1) $v_{i(P)} = (50\text{mV/DIV})(1.5\text{DIV}) = 75\,\text{mV}$

    (2) $v_{o(P)} = -(1\text{V/DIV})(2.2\text{DIV}) = -2.2\,\text{V}$

    (3) $\dfrac{v_o}{v_i} = \dfrac{v_{o(P)}}{v_{i(P)}} = \dfrac{-2.2}{75m} = -29.3$

5. $\dfrac{v_o}{v_i} = -g_m(R_D // R_L)$
    $= -2.4m \times (2.2k // 10k) \approx -4.33$

6. (1) $A_v = g_m \times (R_D // R_L)$
    $= 4m \times (2k\Omega // 10k\Omega) = \dfrac{20}{3}$

    (2) $A_i = A_v \times \dfrac{Z_i}{R_L} = A_v \times \dfrac{R_S // \dfrac{1}{g_m}}{R_L}$
    $= \dfrac{20}{3} \times \dfrac{(1k\Omega // \dfrac{1}{4\,\text{mA/V}})}{10k\Omega}$
    $= \dfrac{20}{3} \times \dfrac{200\Omega}{10k\Omega} \approx 0.13$

7. (1) $I_D = \dfrac{15\text{V} - 7.5\text{V}}{2k\Omega + 1k\Omega} = 2.5\,\text{mA}$

    (2) $I_D = I_{DSS} \times (1 - \dfrac{V_{GS}}{V_P})^2$
    $\Rightarrow 2.5\text{mA} = 10\text{mA} \times (1 - \dfrac{V_{GS}}{-3\text{V}})^2$
    $\Rightarrow V_{GS} = -1.5\,\text{V}$

    (3) $V_{GS} = -1.5\text{V}$
    $= 15\text{V} \times \dfrac{R_G}{210k\Omega + R_G} - 2.5\text{mA} \times 1k\Omega$
    $\Rightarrow R_G = 15\,\text{k}\Omega$

8. (1) $g_m = \dfrac{2I_{DSS}}{|V_P|} \times (1 - \dfrac{V_{GS}}{V_P})$
    $= \dfrac{2 \times 10\text{mA}}{|-3\text{V}|} \times (1 - \dfrac{-1.5\text{V}}{-3\text{V}})$
    $= \dfrac{10}{3}\,\text{mA/V}$

    (2) $A_v = -\dfrac{R_D // R_L}{\dfrac{1}{g_m} + R_S} = -\dfrac{2k\Omega // 10k\Omega}{\dfrac{3}{10}k\Omega + 1k\Omega}$
    $\approx -\dfrac{1666.67}{1300} \approx -1.28$

9. $g_m = \dfrac{2I_{DSS}}{|V_P|}(1 - \dfrac{V_{GS}}{V_P})$
    $= \dfrac{2 \times 10}{4}(1 - \dfrac{-3}{-4}) = 1.25\,\text{mA/V}$

10. (1) $I_D = K(V_{GS} - V_t)^2$，$1.2 = 0.3(V_{GS} - 2)^2$，則 $V_{GS} = 4\,\text{V}$

    (2) $g_m = 2K(V_{GS} - V_t)$
    $= 2 \times 0.3 \times (4-2) = 1.2\,\text{mA/V}$

11. (1) $V_S = I_D R_S = 1.2m \times 1k = 1.2\,\text{V}$

    (2) $V_G = V_{GS} + V_S = 4 + 1.2 = 5.2\,\text{V}$

    (3) $V_G = V_{DD} \dfrac{R_{G2}}{R_{G1} + R_{G2}}\,\text{V}$，
    $\dfrac{R_{G1}}{R_{G2}} = \dfrac{V_{DD}}{V_G} - 1 = \dfrac{15.6}{5.2} - 1 = 2$，則
    $R_{G1} = 2R_{G2} = 2 \times 50k = 100\,\text{k}\Omega$

    (4) $Z_i = R_{G1} // R_{G2}$
    $= 100k // 50k \approx 33.3\,\text{k}\Omega$

模擬演練 P.7-43

電子學試題

1. MOSFET工作於定電流區可以得線性不失真的輸出信號。

2. $\mu = g_m r_d$

4. $R_{in} = R_{G1} // R_{G2} = 6M // 4M = 2.4\,M\Omega$

5. $R_{out} = R_D // r_d = 5k // 50k = 4.55\,k\Omega$

6. $R_i = R_1 // R_2 = 1M // 150k = 130\,k\Omega$

7. 加電容電壓增益 $\dfrac{v_o}{v_i} = -g_m R_D$，

   未加電容之電壓增益 $\dfrac{v_o}{v_i} = -\dfrac{g_m R_D}{1 + g_m R_S}$

8. $\dfrac{v_o}{v_i} = -g_m R_D = -3 \times 6 = -18$

9. 加電容電壓增益 $\dfrac{v_o}{v_i} = -g_m R_D$，

   未加電容之電壓增益 $\dfrac{v_o}{v_i} = -\dfrac{g_m R_D}{1 + g_m R_S}$

10. (1) $I_D = I_{DSS}(1 - \dfrac{V_{GS}}{V_{GS(off)}})^2$，

    則 $2 = 8(1 - \dfrac{V_{GS}}{-4})^2$，故 $V_{GS} = -2\,V$

    (2) $V_G = V_{DD}\dfrac{R_2}{R_1 + R_2} = 20\dfrac{1}{9+1} = 2\,V$

    (3) $V_S = I_D R_S = V_G - V_{GS}$
    $= 2 - (-2) = 4\,V$

    故 $R_S = \dfrac{V_S}{I_D} = \dfrac{4}{2m} = 2\,k\Omega$

11. (1) $g_m = \left|\dfrac{2I_{DSS}}{V_{GS(off)}}\right|(1 - \dfrac{V_{GS}}{V_{GS(off)}})$

    $= \left|\dfrac{16}{-4}\right|(1 - \dfrac{-2}{-4}) = 2\,mA/V$

    (2) $\dfrac{v_o}{v_i} = -g_m R_D = -2 \times 5 = -10$

12. $\dfrac{v_o}{v_i} = -\dfrac{g_m R_D}{1 + g_m R_S} = -\dfrac{2 \times 5}{1 + 2 \times 0.5} = -5$

13. $\dfrac{v_o}{v_i} = \dfrac{g_m R_S}{1 + g_m R_S} = \dfrac{2 \times 2}{1 + 2 \times 2} = 0.8$

14. $R_i = \dfrac{1}{g_m} // R_S = \dfrac{1}{2m} // 2k = 400\,\Omega$

15. $\dfrac{1}{R_S} = \dfrac{1}{R_o} - g_m = \dfrac{1}{200} - 4m = 1\,mA/V$

    故 $R_S = \dfrac{1}{1m} = 1\,k\Omega$

16. $\dfrac{v_o}{v_i} = \dfrac{g_m(R_S // R_L)}{1 + g_m(R_S // R_L)}$

    $= \dfrac{4 \times (1k // 1k)}{1 + 4 \times (1k // 1k)} = 0.66$

17. 電壓增益小於1。

18. 閘極為輸入與輸出的共同端。

19. $R_i = \dfrac{1}{g_m} // R_S = \dfrac{1}{2m} // 500 = 250\,\Omega$

20. (1) $I_D = I_{DSS}(1 - \dfrac{V_{GS}}{V_{GS(off)}})^2 = 4(1 - \dfrac{V_{GS}}{-4})^2$

    (2) $V_{GS} = V_G - V_S = -I_D R_S = -2I_D$

    (3) 解(1)(2)聯立方程式，得
    $V_{GS} = -2\,V$，$I_D = 1\,mA$

    (4) $g_m = \left|\dfrac{2I_{DSS}}{V_{GS(off)}}\right|(1 - \dfrac{V_{GS}}{V_{GS(off)}})$

    $= \left|\dfrac{8}{-4}\right|(1 - \dfrac{-2}{-4}) = 1\,mA/V$

    (5) $R_i = \dfrac{1}{g_m} // R_S = \dfrac{1}{1m} // 2k = 667\,\Omega$

    (6) $R_o = R_D = 4\,k\Omega$

    (7) $\dfrac{v_o}{v_i} = -g_m(R_D // r_d // R_L)$
    $= -(1m)(4k // 20k // 4k) = -2$

電子學實習試題

1. $g_m = 2K(V_{GS} - V_T)$ 且 $K = \dfrac{1}{2}\mu_n C_{ox}\dfrac{W}{L}$，

   故W增加為原來的2倍，g_m增加為原來的2倍

2. 互導參數g_m愈大，可以得到較大的電壓增益。

3. 更換MOSFET元件後，必須重新調整偏壓電阻，使元件工作在飽和區。

5. (1) 同時增加 R_1、R_2 值，可以提高輸入阻抗，減少阻抗效應，但 R_1/R_2 比值不能改變，才不會改變工作點，致使MOSFET元件無法工作於飽和區。

   (2) 提高 R_D 值、減少 R_S 值都有可能改變工作點，致使MOSFET元件無法工作於飽和區。

6. $\dfrac{v_o}{v_i} = -g_m(R_D // r_d) = -3 \times (6 // 12) = -12$

7. (1) $I_D = I_{DSS}(1 - \dfrac{V_{GS}}{V_{GS(off)}})^2$

   $= 4(1 - \dfrac{-2}{-4})^2 = 1\,\text{mA}$

   (2) $g_m = \left|\dfrac{2I_{DSS}}{V_{GS(off)}}\right|(1 - \dfrac{V_{GS}}{V_{GS(off)}})$

   $= \left|\dfrac{8}{-4}\right|(1 - \dfrac{-2}{-4}) = 1\,\text{mA/V}$

   (3) $\dfrac{v_o}{v_i} = -g_m(R_D // R_L)$

   $= -(6.8 // 6.8) = -3.4$

8. (1) 源極電阻並接旁路電容時，$\dfrac{v_o}{v_i} = -g_m R_D$

   (2) 含源極電阻，$\dfrac{v_o}{v_i} = -\dfrac{g_m R_D}{1 + g_m R_S}$

9. (1) 由特性曲線得知 $V_{GS} = V_{DS} = 3\,\text{V}$，$V_T = 1\,\text{V}$

   (2) $I_D = K(V_{GS} - V_t)^2$，則

   $K = \dfrac{I_D}{(V_{GS} - V_t)^2} = \dfrac{6}{(3-1)^2}$

   $= 1.5\,\text{mA/V}^2$

   (3) $g_m = 2K(V_{GS} - V_t) = 2 \times 1.5 \times (3-1)$

   $= 6\,\text{mA/V}$

10. $\dfrac{v_o}{v_i} = -g_m R_D = -6 \times 2 = -12$

11. $A_v = \left|\dfrac{v_o}{v_s}\right| = g_m(r_o // \dfrac{R_M}{1 - \dfrac{1}{A_v}})$

    $= 10(10\text{k} // 1\text{k}) = \dfrac{100}{11}$

12. (1) $I_D = K(V_{GS} - V_t)^2$，則

    $K = \dfrac{I_D}{(V_{GS} - V_T)^2} = \dfrac{2}{(4-2)^2}$

    $= 0.5\,\text{mA/V}^2$

    (2) $g_m = 2K(V_{GS} - V_T) = 2 \times 0.5 \times (4-2)$

    $= 2\,\text{mA/V}$

    (3) $\dfrac{v_o}{v_i} = -g_m R_D = -2 \times 2 = -4$

13. (1) $I_D = K(V_{GS} - V_T)^2 = 0.5(V_{GS} - 2)^2$

    (2) $V_{GS} = V_{DS} = V_{DD} - I_D R_D = 8 - 10I_D$

    (3) 解(1)(2)聯立方程式，得

    $V_{GS} = 3\,\text{V}$，$I_D = 0.5\,\text{mA}$

    (4) $g_m = 2K(V_{GS} - V_T) = 2 \times 0.5 \times (3-2)$

    $= 1\,\text{mA/V}$

    (5) $\dfrac{v_o}{v_i} = -g_m R_D = -1 \times 10 = -10$

14. $\dfrac{1}{R_o} = g_m + \dfrac{1}{R_S}$，則 $\dfrac{1}{100} = 10\text{m} = 6\text{m} + \dfrac{1}{R_S}$，

    $R_S = \dfrac{1}{4\text{m}} = 250\,\Omega$

15. 負載 R_L 會減少電壓增益。

16. 閘極偏壓 V_{bias} 不影響電壓增益。

17. (1) $V_G = V_{DD}\dfrac{R_2}{R_1 + R_2} = 10 \times \dfrac{250\text{k}}{1\text{M} + 250\text{k}}$

    $= 2\,\text{V}$

    (2) $I_D = I_{DSS}(1 - \dfrac{V_{GS}}{V_{GS(off)}})^2 = 8(1 - \dfrac{V_{GS}}{-4})^2$

    $V_{GS} = V_G - I_D R_S = 2 - 2I_D$

    解聯立方程式，得

    $I_D = 2\,\text{mA}$，$V_{GS} = -2\,\text{V}$

    (3) $g_m = \dfrac{2I_{DSS}}{\left|V_{GS(off)}\right|}(1 - \dfrac{V_{GS}}{V_{GS(off)}})$

    $= \dfrac{2 \times 8}{4}(1 - \dfrac{-2}{-4}) = 2\,\text{mA/V}$

18. $\dfrac{v_o}{v_i} = \dfrac{g_m(R_S // R_L)}{1 + g_m(R_S // R_L)}$

    $= \dfrac{2 \times (2\text{k} // 2\text{k})}{1 + 2 \times (2\text{k} // 2\text{k})} = \dfrac{2}{3} = 0.67$

20. $\dfrac{v_o}{v_i} = g_m R_D = 4 \times 5 = 20$

素養導向題 P.7-50

1. $I_D = K(V_{GS} - V_t)^2$，
   由圖(a)所示將 $V_{GS} = 3\,\text{V}$ 及 $I_D = 1\,\text{mA}$ 代入
   得 $V_t = 2\,\text{V}$

2. 自給式偏壓適用於JFET及空乏型MOSFET，閘極為逆向偏壓。

3. (1) 截止點電壓等於電源電壓 $V_{DD} = 20\,\text{V}$
   (2) 工作點 $V_{DS} = 8\,\text{V}$，$I_D = 9\,\text{mA}$，所以
   $$R_D = \frac{V_{DD} - V_{DS}}{I_D} = \frac{20-8}{9\text{m}} = 1.33\,\text{k}\Omega$$

4. 因為 $I_D = K(V_{GS} - V_t)^2$，$V_{DS} = V_{DD} - I_D R_D$，
   當 $V_{GS} = 4\,\text{V}$，$V_{DS} = 14.7\,\text{V}$ 時，$I_D = 4\,\text{mA}$

5. (1) 由輸出特性曲線可知
   $$v_{GS} = V_{GS} + v_{gs} = 5 + v_{gs}$$
   $$v_{DS} = V_{DS} + v_{ds} = 8 + v_{ds}$$
   (2) 當 $v_{GS} = 5 - |v_{gs}| = 4.5\,\text{V}$ 時，
   $$v_{DS} = 8 + |v_{ds}| = 11.7\,\text{V}\,;$$
   當 $v_{GS} = 5 + |v_{gs}| = 5.5\,\text{V}$ 時，
   $$v_{DS} = 8 - |v_{ds}| = 3.7\,\text{V}。$$
   (3) $\dfrac{v_{ds}}{v_{gs}} = \dfrac{v_{DS2} - v_{DS1}}{v_{GS2} - v_{GS1}} = \dfrac{3.7 - 11.7}{5.5 - 4.5} = -8$

Chapter 8 金氧半場效電晶體多級放大電路

8-1 學生練習

1. (C)

   第一級使用CS放大器主要目的在提高輸入阻抗，第二級使用CG放大器主要目的在改善高頻響應。

8-1 立即練習

基礎題

1. (1) 三種組態放大器的輸入阻抗由小而大排列，依序為CG < CS < CD。

   (2) 疊接放大器第一級為CS放大器。

2. 疊接放大器第一級為CS放大器，電壓增益近似於1；第二級為CG放大器，為疊接放大器電壓增益的主要來源。

進階題

1. 共源放大器因米勒效應，致使高頻響應差，頻寬最小。

2. (1) 疊接放大器第一級為CS放大器，兩者具有相同的輸入阻抗。

   (2) 疊接放大器第一級CS放大器電壓增益約為1，但第二級CG放大器電壓增益與單級CS放大器的電壓增益大約相同。

   (3) 疊接放大器CG放大器高頻率特性較佳，單級CS放大器高頻響應受限米勒效應。

8-2 學生練習

1. (B)

   (1) $R_i = R_1 // R_2 = 390k // 130k = 97.5\,k\Omega$

   (2) $R_o = R_{S2} // \dfrac{1}{g_{m2}} = 8k // \dfrac{1}{0.5m} = 1.6\,k\Omega$

   (3) $A_{v1} = -g_{m1}R_{D1} = -0.5m \times 16k = -8$

   (4) $A_{v2} = \dfrac{g_{m2}R_{S2}}{1 + g_{m2}R_{S2}} = \dfrac{0.5m \times 8k}{1 + 0.5m \times 8k} = 0.8$

2. (B)

   C_{S1}開路時之電壓增益等於：

   $$A_{vT} = -\dfrac{g_{m1}R_{D1}}{1 + g_{m1}R_{S1}} \times \dfrac{g_{m2}R_{S2}}{1 + g_{m2}R_{S2}}$$

   $$= -\dfrac{0.5m \times 16k}{1 + 0.5m \times 4k} \times \dfrac{0.5m \times 8k}{1 + 0.5m \times 8k}$$

   $$\approx -2.1$$

8-2 立即練習

基礎題

1. 串級共源極放大電路與單級共源放大電路比較，其電壓增益提高，但是頻寬變窄。

2. 串級放大電路級間使用直接耦合，可以改善低頻響應。

進階題

1. (1) 輸入阻抗

   $R_i = R_1 // R_2 = 390k // 130k = 97.5\,k\Omega$

   (2) 順向互導

   $g_{m1} = 2\sqrt{K_1 I_{D1}} = 2 \times \sqrt{0.2m \times 0.2m}$
   $= 0.4\,mA/V$

   $g_{m2} = 2\sqrt{K_2 I_{D2}} = 2 \times \sqrt{0.5m \times 0.5m}$
   $= 1\,mA/V$

   (3) 輸出阻抗

   $R_o = \dfrac{1}{g_{m2}} // R_{S2} // R_L$

   $= \dfrac{1}{1m} // 8k // 4k = 0.727\,k\Omega$

   (4) 第一級電壓增益：

   $A_{v1} = -g_{m1}R_{D1} = -0.4m \times 16k = -6.4$

   (5) 第二級電壓增益：

   $A_{v2} = \dfrac{g_{m2}(R_{S2} // R_L)}{1 + g_{m2}(R_{S2} // R_L)}$

   $= \dfrac{1m \times 8k // 4k}{1 + 1m \times 8k // 4k} = 0.73$

   (6) 總電壓增益：

   $A_{vT} = -6.4 \times 0.73 = -4.67$

2. MOSFET串級放大電路輸入阻抗較高。

8-3 學生練習　P.8-16

1. (B)

   共源極放大電路米勒電容會放大 $(1+g_m R_D)$ 倍，高頻響應變差。

8-3 立即練習　P.8-16

基礎題

1. 影響FET放大器高頻響應的主要電容為雜散電容及極際電容，影響FET放大器低頻響應的主要電容為耦合電容及旁路電容。

2. 米勒電容 $C_M = (1-A_v)C_{gd}$。

8-4 學生練習　P.8-21

1. (A)

   (1) $g_{m1} = g_{m2} = 2K_1(V_{GS1} - V_{t1})$
   $= 2 \times 1 \times (3-2) = 2\,\text{mA/V}$

   (2) $A_{v1} = -g_{m1} \times \dfrac{1}{g_{m2}} = -\dfrac{g_{m1}}{g_{m2}} = -1$

   (3) $A_{v2} = g_{m2}R_D = 2 \times 5 = 10$

   (4) $A_{vT} = A_{v1} \times A_{v2} = -1 \times 10 = -10$

   (5) $v_o = v_i A_{vT} = 2 \times (-10) = -20\,\text{V}$

2. (B)

   $\dfrac{20\text{V}}{5\text{V/DIV}} = 4\,\text{DIV}$

8-4 立即練習　P.8-22

基礎題

1. 疊接放大電路可以減少米勒效應，改善高頻響應，增加頻寬。

2. (1) Q_2 不能降低 V_{DD} 電壓

   (2) Q_2 可以提高輸出阻抗
   $r_{o2} = r_{d2} + (1+g_{m2}r_{d2})r_{o1}$

3. 疊接放大器的第一級為共源極放大器，輸入阻抗由大而小依序為 CD > CS > CG。

4. 第一級為共源極放大器，電壓增益
   $A_{v1} = -1$
   第二級為共閘極放大器，電壓增益
   $A_{v2} = g_{m2}R_D$

進階題

1. 疊接放大器電壓增益主要由第二級 Q_2 共閘極放大器決定，且其米勒效應小，高頻響應較共源極放大器好，因而有較大的頻寬。

2. (1) 第一級電壓增益

   $A_{v1} = -g_{m1} \times \dfrac{1}{g_{m2}} = -\dfrac{g_{m1}}{g_{m2}}$

   (2) 第二級電壓增益

   $A_{v2} = g_{m2}R_D$

   (3) 總電壓增益

   $A_{vT} = A_{v1} \times A_{v2} = -\dfrac{g_{m1}}{g_{m2}} \times g_{m2}R_D$
   $= -g_{m1}R_D$

3. $A_{vT} = A_{v1} \times A_{v2} = -\dfrac{g_{m1}}{g_{m2}} \times g_{m2}R_D$
   $= -g_{m1}R_D = -2 \times 5 = -10$

歷屆試題　P.8-24

最新統測試題

1. (1) CS電壓增益 $A_{v1} = -\dfrac{g_{m1}}{g_{m2}} \approx -1$

   CG電壓增益 $A_{v2} = g_{m2}(R_C /\!/ R_L)$
   $A_{vT} = A_{v1} \times A_{v2} = -1 \times g_{m2}(R_C /\!/ R_L)$
   $= -g_{m2}(R_C /\!/ R_L)$

   (2) v_o 與 v_i 相位相反。

   (3) CG組態用來增加頻寬，CS組態用來提升輸入阻抗。

   (4) CS組態 $A_{v1} \approx -1$，可有效減低米勒電容效應。

2. $\dfrac{v_o}{v_i} = \left(-\dfrac{g_{m1}}{g_{m2}}\right)(g_{m2}R_D) = -g_{m1}R_D$
   $= -25\text{m} \times 2.7\text{k} = -67.5$

3. (1) $I_{D1} = K_1(V_{GS1} - V_{t1})^2$
   $= 4 \times (5-3)^2 = 16\,\text{mA}$
   $I_{D2} = K_2(V_{GS2} - V_{t2})^2$
   $= 1 \times (V_{GS2} - 2.5)^2$
   因為 $I_{D1} = I_{D2}$，解得 $V_{GS2} = 6.5\,\text{V}$

   (2) $g_{m1} = 2K_1(V_{GS1} - V_{t1})$
   $= 2 \times 4 \times (5-3) = 16\,\text{mA/V}$
   $g_{m2} = 2K_2(V_{GS2} - V_{t2})$
   $= 2 \times 1 \times (6.5-2.5) = 8\,\text{mA/V}$

(3) $A_v = \dfrac{v_o}{v_i} = -g_{m1}(\dfrac{1}{g_{m2}} // R_L)$

$= -16m \times (\dfrac{1}{8m} // 10k) \approx -1.98$

4. (1) $g_{m1} = 2\sqrt{K_1 I_{D1}}$
$= 2 \times \sqrt{0.5m \times 0.5m} = 1\,\text{mA/V}$

(2) $g_{m2} = 2\sqrt{K_2 I_{D2}}$
$= 2 \times \sqrt{0.5m \times 2m} = 2\,\text{mA/V}$

(3) $A_{v1} = \dfrac{v_{o1}}{v_{i1}} = -g_{m1}R_{D1}$
$= -1m \times 15k = -15$

$A_{v2} = \dfrac{v_{o2}}{v_{i2}} = \dfrac{(R_{S2}//R_L)}{\dfrac{1}{g_{m2}} + (R_{S2}//R_L)}$

$= \dfrac{2k//2k}{0.5k + 2k//2k} = \dfrac{2}{3}$

(4) $A_v = A_{v1}A_{v2} = -15 \times \dfrac{2}{3} = -10$

模擬演練 P.8-26

電子學試題

2. 串級放大電路電壓增益增加，但頻率響應變差。

3. 級間沒有耦合電容，低頻響應佳。

4. 級間耦合電容會影響低頻響應。

5. CS、CD、CG三種放大器中，輸入阻抗由大而小依序為CD > CS > CG，但是CD放大器電壓增益小於1，故第一級多數採用CS放大器。

6. (1) $V_{G1} = V_{DD}\dfrac{R_2}{R_1+R_2} = 12 \times \dfrac{330k}{330k+330k}$
$= 6\,\text{V}$

(2) $V_{GS1} = V_{G1} - V_{S1} = 6 - I_{D1}R_{S1}$
$= 6 - 1.5I_{D1}$

(3) $I_{D1} = K_1(V_{GS1} - V_{t1})^2 = 2 \times (V_{GS1}-2)^2$

(4) 解(2)(3)兩式聯立方程式，得
$V_{GS1} = 3\,\text{V}$，$I_{D1} = 2\,\text{mA}$

(5) $V_{D1} = V_{DD} - I_{D1}R_{D1}$
$= 12 - 2 \times 3 = 6\,\text{V} = V_{G2}$

(6) $V_{GS2} = V_{G2} - V_{S2} = 6 - I_{D2}R_{S2}$
$= 6 - 1.5I_{D2}$

(7) $I_{D2} = K_2(V_{GS2} - V_{t2})^2 = 2 \times (V_{GS2}-2)^2$

(8) 解(6)(7)兩式聯立方程式，得
$V_{GS2} = 3\,\text{V}$，$I_{D2} = 2\,\text{mA}$

(9) $V_{D2} = V_{DD} - I_{D2}R_{D2} = 12 - 2 \times 3 = 6\,\text{V}$

7. (1) $g_{m1} = 2K_1(V_{GS1} - V_{t1})$
$= 2 \times 2 \times (3-2) = 4\,\text{mA/V}$

(2) $g_{m2} = 2K_2(V_{GS2} - V_{t1})$
$= 2 \times 2 \times (3-2) = 4\,\text{mA/V}$

(3) 輸入阻抗
$R_i = R_1 // R_2 = 330k // 330k = 165\,\text{k}\Omega$

(4) 輸出阻抗
$R_o = R_{D2} // r_{d2} = 3k // 12k = 2.4\,\text{k}\Omega$

(5) 第一級電壓增益：
$A_{v1} = -g_{m1}(R_{D1} // r_{d1})$
$= -4m \times (3k // 12k) = -9.6$

(6) 第二級電壓增益：
$A_{v2} = -g_{m2}(R_{D2} // r_{d2})$
$= -4m \times (3k // 12k) = -9.6$

(7) 總電壓增益：
$A_{vT} = -9.6 \times -9.6 = 92.16$

8. MOSFET放大器操作於飽和區，MOSFET開關操作於截止區及歐姆區。

9. 因米勒效應增為$(1+g_m R_D)C_{gd}$。

10. 米勒效應導致C_{gd}增加$(1+g_m R_D)$倍，使高頻響應變差。

11. 影響高頻響應最主要的極際電容為C_{gd}，單一共源極放大器因米勒效應，輸入等效電容增為$(1+g_m R_D)C_{gd}$。疊接放大器第一級共源極放大器電壓增益近似為-1，可減少米勒效應的影響。

12. $A_{v2} = g_{m2}(R_D // r_{o2}) = 2m(5k // 20k) = 8$

13. $A_{v2} = -\dfrac{g_{m1}}{g_{m2}} = -1$
$A_{vT} = A_{v1}A_{v2} = -8$

14. (1) 串接放大器電壓增益較大，疊接放大器高頻響應較佳。

(2) 串接放大器與疊接放大器第一級都是使用共源極放大器，因此輸入阻抗相同。

(3) 串接放大器與疊接放大器輸出阻抗皆為R_D。

16. $A_{vT} = A_{v1}A_{v2} = (-\dfrac{g_{m1}}{g_{m2}})(g_{m2}r_o)$
    $= (-1)(2m \times 20k) = -40$

電子學實習試題

1. $A_{vT} = A_{v1}A_{v2}$
   $= (-g_{m1}R_{D1})(-g_{m2}R_{D2})(\dfrac{R_L}{R_{D2}+R_L})$

   所以R_L由大變小，總電壓增益也由大變小。

2. 只有第二級放大器的電壓增益才會受到負載的影響。

3. 移除旁路電容後電壓增益變為
   $(-\dfrac{g_{m1}R_{D1}}{1+g_{m1}R_{S1}})(-\dfrac{g_{m2}R_{D2}}{1+g_{m2}R_{S2}})(\dfrac{R_L}{R_{D2}+R_L})$

4. (1) $I_{D1} = \dfrac{V_{DD}-V_{D1}}{R_{D1}} = \dfrac{12-6}{4.7k} = 1.28$ mA

   (2) $V_{G1} = V_{GS1} + V_{S1} = V_{GS1} + I_{D1}R_{S1}$
       $= 1.8 + 1.28m \times 680 = 2.67$ V

   (3) $V_{G2} = V_{D1} = 6$ V

   (4) $V_{S2} = V_{G2} - V_{GS2} = 6 - 2 = 4$ V

   (5) $I_{D2} = \dfrac{V_{S2}}{R_{S2}} = \dfrac{4}{2k} = 2$ mA

   (6) $V_{D2} = V_{DD} - I_{D2}R_{D2}$
       $= 12 - 2m \times 3k = 6$ V

   (7) $V_{G1} = V_{DD}\dfrac{R_2}{R_1+R_2} = 12 \times \dfrac{R_2}{R_1+R_2}$
       $= 2.67$ V

       則$R_2 = 160$ kΩ

5. VR調整值增加，則V_{G1}增加、I_{D1}增加、V_{S1}增加、V_{D1}減少、V_{G2}減少、I_{D2}減少、V_{D2}增加。

6. (1) $g_{m1} = 2K_1(V_{GS1}-V_{t1})$
       $= 2 \times 2 \times (1.8-1) = 3.2$ mA/V

   (2) $g_{m2} = 2K_2(V_{GS2}-V_{t2})$
       $= 2 \times 2 \times (2-1) = 4$ mA/V

   (3) $A_{v1} = -\dfrac{g_{m1}R_{D1}}{1+g_{m1}R_{S1}} = -\dfrac{3.2 \times 4.7}{1+3.2 \times 0.68}$
       $= -4.74$

   (4) $A_{v2} = -\dfrac{g_{m2}R_{D2}}{1+g_{m2}R_{S2}} = -\dfrac{4 \times 3}{1+4 \times 2}$
       $= -1.33$

   (5) $A_{vT} = \dfrac{v_o}{v_i} = A_{v1} \times A_{v2}$
       $= (-4.74)(-1.33) = 6.3$
       則$v_o = A_{vT}v_i = 6.3 \times 100$mV
       $= 0.63$ V

7. (1) 加上旁路電容C_{S1}及C_{S2}後之總電壓增益等於
       $A_{vT} = \dfrac{v_o}{v_i} = A_{v1} \times A_{v2}$
       $= (-g_{m1}R_{D1})(-g_{m2}R_{D2})$
       $= (-3.2 \times 4.7)(-4 \times 3) \approx 180.5$

   (2) 增加R_{D1}值會使V_{D1}減少、V_{G2}減少、I_{D2}減少，可能導致Q_2工作於歐姆區

8. 第一級為共源極放大器，$A_{v1} = -1$。
   第二級共閘極放大器，$A_{v2} \gg 1$。

9. 增加負載電阻R_D雖然可以增加電壓增益，但是會改變I_D值，可能導致MOSFET工作於歐姆區。將負載電阻R_D改用電流源，不但可以增加電壓增益，又不會改變I_D值。

素養導向題

1. 串級放大器主要功用在放大電壓信號。

	A_{v0}	A_{i0}	R_i	R_o
CS	$-g_mR_L$	$-\infty$	∞	r_o
CG	g_mR_L	1	$\dfrac{1}{g_m}$	$[1+g_mR_S]r_o$
CD	$\dfrac{g_mR_L}{1+g_mR_L}$	∞	∞	$\dfrac{1}{g_m}//r_o \approx \dfrac{1}{g_m}$

2. CS放大器電壓增益$A_v = -g_mR_L$，順向電導g_m及負載電阻R_L越大，電壓增益越大。

3. 單級MOSFET放大器的順向互導較BJT小，考量線性不失真的情況下，通常使用2~3級串接來得到較大的電壓增益。

4. (1) $I_{D2} = \dfrac{V_{DD}-V_{D2}}{R_{D2}} = \dfrac{12-6}{4.7k} = 1.28$ mA

   (2) $V_{D1} = V_{G2} = V_{GS2} + I_{D2}R_{S2}$
       $= 2.2 + 1.28m \times 680 = 3.07$ V

   (3) $I_{D1} = \dfrac{V_{DD}-V_{D1}}{R_{D1}} = \dfrac{12-3.07}{4.7k}$
       $= 1.9$ mA

5. (1) 觀察圖(3c)可知 $V_{GS} = 4$ V 時，

$$g_m = g_{fs} = 200 \text{ mA/V}$$

$$K = \frac{g_m}{2(V_{GS} - V_t)} = \frac{200}{2 \times (4 - 2.2)}$$
$$= 56 \text{ mA/V}^2$$

(2) $g_{m1} = 2\sqrt{KI_{D1}} = 2 \times \sqrt{56m \times 1.9m}$
$\qquad = 20.6 \text{ mA/V}$

$A_{v1} = -\dfrac{g_{m1}R_{D1}}{1 + g_{m1}R_{S1}} = -\dfrac{20.6 \times 4.7}{1 + 20.6 \times 0.68}$
$\qquad = -6.45$

(3) $g_{m2} = 2\sqrt{KI_{D2}} = 2 \times \sqrt{56m \times 1.28m}$
$\qquad = 17 \text{ mA/V}$

$A_{v2} = -\dfrac{g_{m2}R_{D2}}{1 + g_{m2}R_{S2}} = -\dfrac{17 \times 4.7}{1 + 17 \times 0.68}$
$\qquad = -6.36$

(4) $A_v = A_{v1}A_{v2} = (-6.45)(-6.36) = 41$

(5) $v_o = A_v v_i = 41 \times 50\text{mV} = 2.05$ V

Chapter 9 金氧半場效電晶體數位電路

9-1 學生練習　P.9-11

1. (B)
2. (A)

9-1 立即練習　P.9-12

基礎題

1. 雜訊邊限是指MOSFET雜訊的免除能力，愈大愈好。
2. 傳遞延遲時間愈小愈好。
3. 理想CMOS反相器在輸出高、低準位之靜態消耗功率為0。
5. (1) $v_i = V_{TH}$ 時，輸出 $v_o = \frac{1}{2}V_{DD}$，因為 $V_{GDN} = 0 < V_{tN}$，所以 Q_N 工作於飽和區；而 $V_{GDP} = 0 > V_{tP}$，所以 Q_P 工作於飽和區。
   (2) CMOS反相器 $v_i = v_o$ 時的電壓值稱為臨限電壓（V_{TH}），理想反相器的臨限電壓 $V_{TH} = \frac{1}{2}V_{DD}$。

進階題

1. 理想CMOS反相器靜態消耗功率為0。
2. (1) 在輸出低準位或高準位狀態下，消耗功率最小。在輸出轉態時，消耗功率最大。
   (2) 傳遞延遲時間愈小，交換速度愈快。
3. $P_D = fCV_{DD}^2 = 1M \times 1p \times 3.3^2 = 10.89\ \mu W$
4. (1) 本例包含四組CMOS反相器，因此輸入信號經過四次反相後，與輸入信號相位相同。
   (2) 當輸入為正弦波且在 $v_i > V_t$ 時，NMOS才會導通，輸出為一同頻率之脈波。
5. (1) 本例包含四組CMOS反相器，因此輸入信號經過四次反相後，與輸入信號相位相同。
   (2) 當輸入為方波且在 $v_i = V_{DD}$ 時，NMOS導通，$v_i = 0$ 時，NMOS截止，輸出為一同頻率之方波。

9-2 學生練習　P.9-17

1. (A)

對反及閘而言，當所有輸入均為邏輯1時，其輸出為邏輯0。

輸入			輸出
A	B	C	F
0	0	0	1
0	0	1	1
0	1	0	1
0	1	1	1
1	0	0	1
1	0	1	1
1	1	0	1
1	1	1	0

2. (A)

9-2 立即練習　P.9-18

基礎題

1. $F = \overline{AB} = \overline{A0} = 1$
2. $F = \overline{AB} = \overline{A1} = \overline{A}$
3. 對二輸入反及閘而言，所有輸入皆為邏輯1時，輸出為0的情形只有1種，所以輸出為邏輯0的情形有3種。
4. $Q_1 \cdot Q_2 \cdot Q_3 \cdot Q_4$ 組成反及閘，$Q_5 \cdot Q_6$ 組成反閘，所以 $Y = AB$ 為及閘。
5.

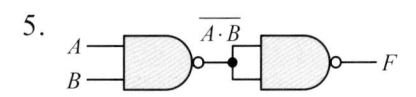

進階題

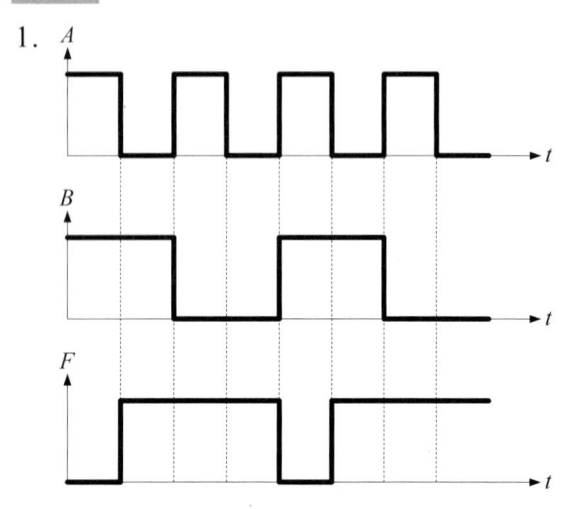

1. (波形圖 A、B、F)

2. 工作週期（duty cycle） $= \dfrac{t}{T} \times 100\%$
   $= \dfrac{3}{4} \times 100\%$
   $= 75\%$

3. 對三輸入反及閘而言，所有輸入皆為邏輯1時，輸出為邏輯0的情形只有1種。因此輸出為邏輯1的情形有7種。

4. Q_4不慎燒毀短路，則Q_1、Q_3組成反閘，Q_5、Q_6組成反閘，所以$Y = A$。

5. 對於二輸入反及閘而言，任一輸入為邏輯0時，輸出永遠為邏輯1。

9-3學生練習　P.9-23

1. (D)

   對反或閘而言，當所有輸入均為邏輯0時，其輸出為邏輯1。

輸入			輸出
A	B	C	F
0	0	0	1
0	0	1	0
0	1	0	0
0	1	1	0
1	0	0	0
1	0	1	0
1	1	0	0
1	1	1	0

2. (A)

9-3立即練習　P.9-24

基礎題

1. $F = \overline{A + B} = \overline{A + 0} = \overline{A}$

2. $F = \overline{A + B} = \overline{A + 1} = 0$

3. 對二輸入反或閘而言，所有輸入皆為邏輯0時，輸出為1的情形只有1種，所以輸出為邏輯0的情形有3種。

4. Q_1、Q_2、Q_3、Q_4組成反或閘，Q_5、Q_6組成反閘，所以$Y = A + B$為或閘。

5. (電路圖：A、B 經反或閘輸出 $\overline{A+B}$，再經反或閘輸出 F)

進階題

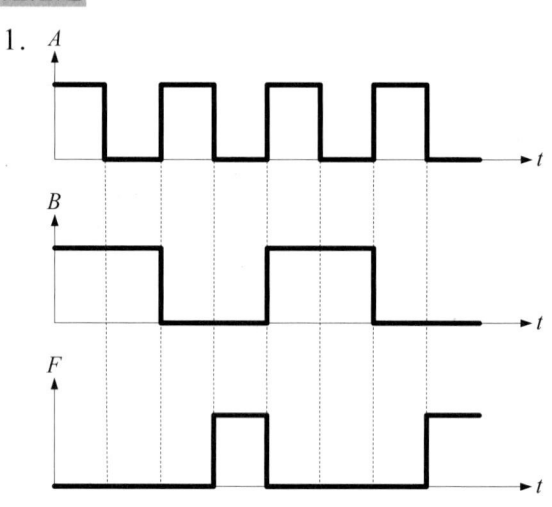

1. (波形圖 A、B、F)

2. 工作週期（duty cycle） $= \dfrac{t}{T} \times 100\%$
   $= \dfrac{1}{4} \times 100\%$
   $= 25\%$

3. 對三輸入反或閘而言，所有輸入皆為邏輯0時，輸出為邏輯1的情形只有1種，因此輸出為邏輯0的情形有7種。

4. B腳不慎接地，則Q_1、Q_3組成反閘，Q_5、Q_6組成反閘，所以$Y = A$。

5. 對於二輸入反或閘而言，任一輸入為邏輯1時，輸出永遠為邏輯0。

9-4 學生練習

1. (A)

    電路由兩個部分組成，左邊四個MOSFET組成反及（NAND）閘，右邊兩個MOSFET組成反相器，因此電路為及（AND）閘。

2. (A)

    對於及（AND）閘而言，所有輸入均為邏輯1（高電位）時，輸出才為邏輯1（高電位）。

9-4 立即練習

基礎題

1. (1) 由上拉網路分析：

    $Y = \overline{C + (\overline{A}\,\overline{B})} = \overline{\overline{C} + \overline{(A + B)}}$
    $= \overline{C}(A + B)$

    (2) 由下拉網路分析：

    $\overline{Y} = C(A+B)$，則 $Y = \overline{C(A+B)}$

2.

序	輸入			輸出		
	A	B	C	A+B	C(A+B)	Y
0	0	0	0	0	0	1
1	0	0	1	0	0	1
2	0	1	0	1	0	1
3	0	1	1	1	1	0
4	1	0	0	1	0	1
5	1	0	1	1	1	0
6	1	1	0	1	0	1
7	1	1	1	1	1	0

3. (1) 由上拉網路分析：

    $F = \overline{C(\overline{A} + \overline{B})} = \overline{\overline{C}(\overline{AB})}$
    $= \overline{C + AB}$

    (2) 由下拉網路分析：

    $\overline{F} = C + AB$，則 $F = \overline{C + AB}$

4.

序	輸入			輸出		
	A	B	C	AB	C+(AB)	F
0	0	0	0	0	0	1
1	0	0	1	0	1	0
2	0	1	0	0	0	1
3	0	1	1	0	1	0
4	1	0	0	0	0	1
5	1	0	1	0	1	0
6	1	1	0	1	1	0
7	1	1	1	1	1	0

5.

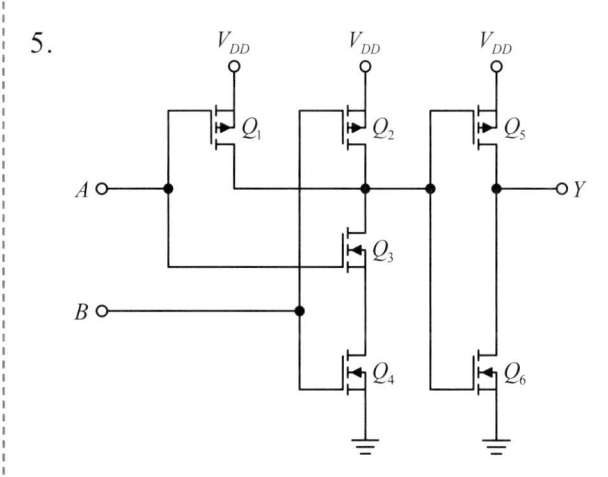

進階題

1. (1) 由上拉網路分析：

    $Y = \overline{\overline{A}}\,\overline{\overline{B}} + \overline{A}\,\overline{B} = AB + \overline{A}\,\overline{B}$

    (2) 由下拉網路分析：

    $\overline{Y} = A\overline{B} + \overline{A}B$，則
    $Y = \overline{A\overline{B} + \overline{A}B} = (\overline{A} + B)(A + \overline{B})$
    $= A\overline{B} + \overline{A}B$

2.

序	輸入		輸出
	A	B	Y
0	0	0	0
1	0	1	1
2	1	0	1
3	1	1	0

3. (1) 由上拉網路分析：
$$F = \overline{(\overline{A}+\overline{B}\overline{C})(\overline{D}+\overline{E})} = \overline{\overline{A(B+C)}\cdot\overline{DE}}$$
$$= \overline{A(B+C)+DE}$$

(2) 由下拉網路分析：
$\overline{F} = A(B+C)+DE$，則
$F = \overline{A(B+C)+DE}$

歷屆試題 P.9-33

最新統測試題

1. (1) 使用速解法，左邊2個P-MOSFET及2個N-MOSFET組成NAND閘，$\overline{AB}$。

   (2) 右邊1個P-MOSFET及1個N-MOSFET組成NOT閘，則 $Y = \overline{\overline{AB}} = AB$。

2.

A	B	Y
1	1	0
1	0	1
0	0	0
0	1	1

重整 →

A	B	Y
0	0	0
0	1	1
1	0	1
1	1	0

⇒ XOR閘

3. (1) $Y = \overline{\overline{A}\cdot\overline{B}} = A+B$

   (2)

A	B	Y
0	0	1
0	1	0
1	0	0
1	1	0

4. 由下拉網路分析：
$Y = \overline{(AB+CD)\cdot E} = \overline{(\overline{A}+\overline{B})(\overline{C}+\overline{D})+\overline{E}}$

5. $Y = \overline{A+B+CD} = \overline{A}\overline{B}(\overline{C}+\overline{D})$

6. (1)

A	B	Y
1	1	1
1	0	1
0	0	0
0	1	1

→

A	B	Y
0	0	0
0	1	1
1	0	1
1	1	1

由真值表得知 $Y = A+B$

(2) 圖(A)：$Y = \overline{\overline{AB}} = AB$

圖(B)：$Y = \overline{\overline{A+B}} = A+B$

圖(C)：$Y = \overline{AB}$

圖(D)：$Y = \overline{A+B}$

模擬演練 P.9-35

電子學試題

1. 雜訊邊限大。

2. CMOS靜態電流為零，只有在轉態時才會有功率消耗。

3. CMOS靜態電流為零，只有在轉態時才會有功率消耗。

4. CMOS靜態電流為零，在轉態時會有功率消耗。

5. 兩個反相器串接，其作用如同緩衝閘。

6. (1) 為MOSFET反及閘數位電路。

   (2) 任一輸入A或B為邏輯0時，輸出為邏輯1。

   (3) 動態功率消率 $P_D = fCV_{DD}^2$，減少電源電壓可以減少功率消耗。

7. (1) 當反及閘的二輸入端同時連接於輸入端，視同一反閘。

   (2) 將反及閘輸出端連接一反閘，視同一及閘。

8. (1) 第二個NOR閘輸入A及B短路當做輸入端，其作用如同NOT閘。

   (2) 將第一個NOR閘輸出連接至NOT閘，其作用如同OR閘。

9. 輸入A及B連接在一起，作用如同反相器。

10. (1) $F = A+B = \overline{\overline{A+B}} = \overline{\overline{A}\overline{B}} = \overline{\overline{AA}\overline{BB}}$

    (2) 由上述可知需使用三個反及閘完成一個或（OR）閘。

    (3) 每個反及閘需使用一對PMOS及NMOS元件，共需三對。

電子學實習試題

1. 當輸入A接+5V電源為邏輯1，且輸入B為邏輯1時，輸出為邏輯0，LED亮。

2. 當輸入A接地為邏輯0時，無論輸入B為何種狀態，輸出為邏輯1，LED恆不亮。

3. Q_{P1}汲、源極開路，或Q_{N1}汲、源極短路，將造成輸入A失效。

4. 電路功能如同反相器。

5. 因為輸入A信號振幅太小，無法使MOSFET導通，視為邏輯0。

6.

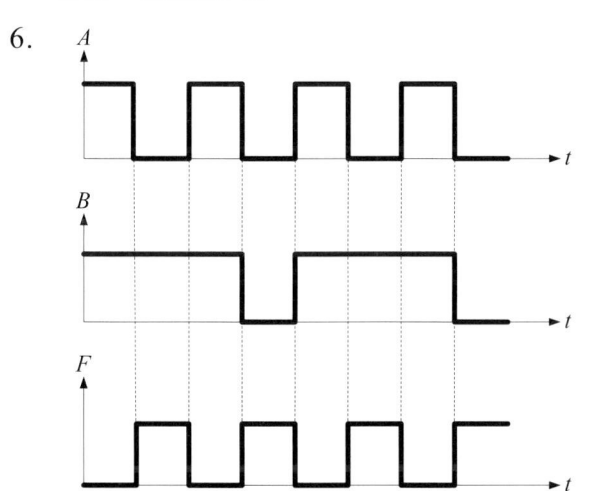

7. (1) Q_{P1}燒毀後，電路如同一反相器，輸入為B，輸出為F。

   (2) 輸入B為邏輯1時，輸出為邏輯0，LED亮。

8. Q_{P1}汲、源極短路，或Q_{N1}汲、源極開路，將造成輸入A失效。

9. Q_{N1}燒毀，致使汲、源兩端短路，輸出F將永遠為邏輯0，LED恆亮。

10.

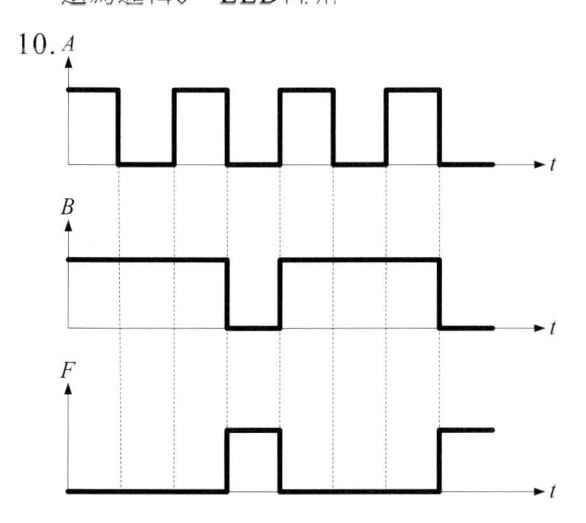

11. (1) T_1、T_2組成CMOS反相器，T_3、T_4組成CMOS反相器。

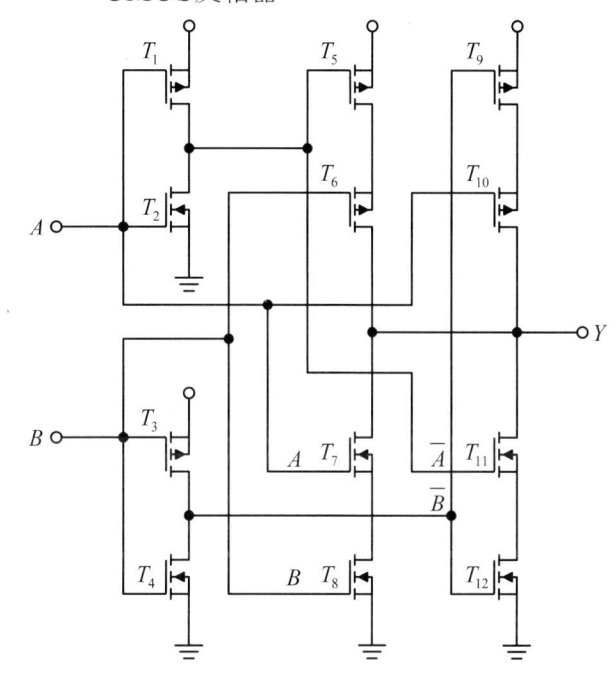

    (2) 有兩種情形輸出$Y=0$，第一種情形：T_7輸入$A=1$且T_8輸入$B=1$時，第二種情形：T_{11}輸入$\overline{A}=1$且T_{12}輸入$\overline{B}=1$時。因此輸出Y函數可寫成下式：

    $\overline{Y} = AB + \overline{A}\overline{B}$，兩邊取補數得

    $Y = \overline{AB + \overline{A}\overline{B}} = (\overline{AB})(\overline{\overline{A}\overline{B}})$
    $= (\overline{A}+\overline{B})(A+B) = A\overline{B}+\overline{A}B$

12. $Y = \overline{AB + \overline{A}\overline{B}} = \overline{AB}\,\overline{\overline{A}\overline{B}} = (\overline{A}+\overline{B})(\overline{\overline{A}}+\overline{\overline{B}})$
    $= (\overline{A}+\overline{B})(A+B) = A\overline{B}+\overline{A}B$

素養導向題

1. 大雄為AND閘，小夫為NAND閘，靜香為OR閘，胖虎為NOR閘。

2. 對二輸入NAND閘而言，任一輸入接地，輸出將永遠為邏輯1。

3. 將Q_{P2}的閘極接地，形成Pseudo-NMOS NAND邏輯電路。

5. 大雄為AND閘，小夫為NAND閘，靜香為OR閘，胖虎為NOR閘。

Chapter 10 運算放大器

10-1 學生練習　P.10-10

1. (D)

   運算放大器的第一級通常是使用差動放大器，主要目的是提高輸入阻抗及提高S/N比。

2. (D)

   輸入阻抗由大而小依序為MOSFET OPA > FET OPA > 達靈頓 > 射極隨耦器 CC > CE > CB。

3. (A)

   第8腳是空腳（not connect，簡NC）。

10-2 學生練習　P.10-15

1. (A)

   $V_i A_v = 2 \times (-10) = -20\,\text{V} < -V_{sat}$，所以 $V_o = -V_{sat} = -10\,\text{V}$

2. (C)

   $SR = \dfrac{\Delta V_o}{\Delta t}$，所以

   $\Delta t = \dfrac{\Delta V_o}{SR} = \dfrac{15\,\text{V}}{35\,\text{V}/\mu\text{s}} \approx 0.429\,\mu\text{s}$

3. (B)

   (1) $V_d = V_{i1} - V_{i2} = 140 - 60 = 80\,\mu\text{V}$

   $V_c = \dfrac{1}{2}(V_{i1} + V_{i2}) = \dfrac{1}{2}(140 + 60) = 100\,\mu\text{V}$

   則 $V_o = A_d V_d + A_c V_c = 80 A_d + 100 A_c = 81000$

   (2) $V_d = V_{i1} - V_{i2} = 120 - 80 = 40\,\mu\text{V}$

   $V_c = \dfrac{1}{2}(V_{i1} + V_{i2}) = \dfrac{1}{2}(120 + 80) = 100\,\mu\text{V}$

   則 $V_o = A_d V_d + A_c V_c = 40 A_d + 100 A_c = 41000$

   (3) 解(1)(2)聯立方程式，得 $A_d = 1000$，$A_c = 10$，則

   $\text{CMRR} = \dfrac{A_d}{A_c} = \dfrac{1000}{10} = 100$

10-2 立即練習　P.10-18

基礎題

1. 理想輸入抵補電壓為零，表示二輸入端電壓相同（共模，通常是雜訊）時，輸出電壓為零。

2. 迴轉率表示運算放大器的動作速度，單位 $\text{V}/\mu\text{s}$。迴轉率愈小愈好，代表反應速度愈快。

3. $48 \times \dfrac{0.5\,\text{V}}{6\,\mu\text{s}} = 4\,\text{V}/\mu\text{s}$

4. (1) $V_{i1} = V_{i2} = 1\,\text{mV}$ 時，

   $V_d = V_{i1} - V_{i2} = 1 - 1 = 0$

   $V_c = \dfrac{1}{2}(V_{i1} + V_{i2}) = \dfrac{1}{2}(1 + 1) = 1$

   $V_o = A_d V_d + A_c V_c = A_c \times 1\,\text{mV} = 0.5\,\text{mV}$

   故 $A_c = 0.5$

   (2) $V_{i1} = -V_{i2} = 1\,\text{mV}$ 時，

   $V_d = V_{i1} - V_{i2} = 1 + 1 = 2$

   $V_c = \dfrac{1}{2}(V_{i1} + V_{i2}) = \dfrac{1}{2}(1 - 1) = 0$

   $V_o = A_d V_d + A_c V_c = A_d \times 2\,\text{mV} = 10\,\text{V}$

   故 $A_d = 5000$

   (3) $\text{CMRR} = \dfrac{A_d}{A_c} = \dfrac{5000}{0.5} = 10000$

5. $\text{CMRR} = \dfrac{A_d}{A_c}$，愈大愈好，代表排斥雜訊的能力愈好。

進階題

1. (1) $SR_i = \dfrac{0.5\,\text{V}}{12\,\mu\text{s}} = 0.0416\,\text{V}/\mu\text{s}$

   (2) $SR_o = 2\,\text{V}/\mu\text{s}$

   (3) 最大閉迴路增益 $= \dfrac{SR_o}{SR_i} = \dfrac{2\,\text{V}/\mu\text{s}}{0.0416\,\text{V}/\mu\text{s}} = 48$

2. $\dfrac{10 - (-10)}{10\,\text{V}/\mu\text{s}} = 2\,\mu\text{s}$

3. $\text{CMRR} = \dfrac{\text{差模增益}}{\text{共模增益}}$

4. $\text{CMRR} = 20\log_{10}(\frac{A_d}{A_c}) = 60\,\text{dB}$,

   $\frac{A_d}{A_c} = 1000$,故 $A_c = \frac{150}{1000} = 0.15$,

   $V_o = A_c V_c = 0.15 \times 1 = 0.15\,\text{V}$

5. $V_{i1} = -V_{i2} = 10\,\mu\text{V}$ 時,

   $V_d = V_{i1} - V_{i2} = 10 + 10 = 20\,\mu\text{V}$

   $V_c = \frac{1}{2}(V_{i1} + V_{i2}) = \frac{1}{2}(10-10) = 0$

   $V_o = A_d V_d + A_c V_c = 1000 \times 20\mu\text{V} = 20\,\text{mV}$

10-3 學生練習 P.10-23

1. (B)

   (1) $A_v = \frac{V_o}{V_i} = -\frac{R_f}{R_1} = -\frac{500}{100} = -5$

   (2) 因為 $A_v V_i = -5 \times 3 = -15\,\text{V} < -V_{sat}$ 時,
   則 $V_o = -V_{sat} = -10\,\text{V}$

2. (C)

   (1) 理想 OPA 之 $\pm V_{CC} = \pm V_{sat} = \pm 15\,\text{V}$

   (2) $V_b = V_{(-)} = V_i(\frac{R_2}{R_1+R_2}) + V_o(\frac{R_1}{R_1+R_2})$

   $= \pm 1(\frac{20}{1+20}) \mp 15(\frac{1}{1+20})$

   $= \pm 1(\frac{20}{21}) \mp 15(\frac{1}{21}) = \pm 0.24\,\text{V}$

3. (D)

   $V_o = 1 \times -\frac{20\text{k}}{10\text{k}} \times (1+\frac{20\text{k}}{20\text{k}}) = -4\,\text{V}$

10-3 立即練習 P.10-24

基礎題

1. $R_i = R_1 = 10\,\text{k}\Omega$

2. $V_o = -V_i \frac{R_f}{R_1} = -10\text{m} \times \frac{100}{10} = -100\,\text{mV}$

3. $V_o = V_i(1+\frac{R_2}{R_1}) = 200\text{m} \times (1+\frac{9}{1}) = 2\,\text{V}$

4. $V_i(1+\frac{R_2}{R_1}) = 2 \times (1+\frac{9}{1}) = 20\,\text{V}$,
   因為 $20\,\text{V} > +V_{sat}$,
   所以 $V_o = +V_{sat} = 10\,\text{V}$

5. $V_{i(\max)} = \frac{\pm V_{sat}}{1+\frac{R_2}{R_1}} = \frac{\pm 12}{1+\frac{100}{20}} = \pm 2\,\text{V}$

6. (1) 設定輸入端及輸出端接地,理想 OPA 之
   $V_{(+)} = V_{(-)}$,即 $I_{(+)}R_3 = I_{(-)}(R_1 // R_2)$

   (2) 因為 $I_{(+)} = I_{(-)}$,所以 $R_3 = (R_1 // R_2)$

進階題

1. (1) $A_v = \frac{v_o}{v_i} = \frac{-5}{1} = -5 = -\frac{R_2}{R_1}$

   (2) 選項(A)、(C)、(D)皆可得5倍電壓增益,但選項(C)輸入阻抗太小,選項(D)輸入電流太小,致輸出非線性放大。

2. $\frac{V_o}{V_i} = (-\frac{5}{1}) \times (-\frac{10}{1}) = 50$

3. $A_v = \frac{V_o}{V_i} = 1+\frac{R_2}{R_1} = 1+\frac{R}{1\text{k}\Omega} = 50$

   則 $R = 49\,\text{k}\Omega$

4. (1) 第一級為反相放大器,第二級為非反相放大器。

   (2) $V_o = V_i(-\frac{R_2}{R_1})(1+\frac{R_4}{R_3})$

   $= (0.1)(-\frac{100}{10})(1+\frac{10}{10}) = -2\,\text{V}$

5. (1) 第一級為非反相放大器,第二級為反相放大器。

   (2) $\frac{V_o}{V_S} = (1+\frac{R_2}{R_1})(-\frac{R_4}{R_3}) = (1+\frac{50}{10})(-\frac{50}{10})$
   $= -30$

6. (D) 之輸出 $v_o = 0$,其餘電路輸出 $v_o = v_i$。

10-4 學生練習 P.10-29

1. (D)

   $V_o = V_1(-\frac{R_f}{R_1}) + V_2(-\frac{R_f}{R_2})$

   $= 2(-\frac{10\text{k}}{5\text{k}}) + 3(-\frac{10\text{k}}{5\text{k}})$

   $= -4 + (-6) = -10\,\text{V}$

2. (B)

   $v_o = v_1(-\frac{100\text{k}}{50\text{k}}) + v_2(-\frac{100\text{k}}{20\text{k}})$

   $= 1 \times (-2) + \sin(6280t)(-5)$

   $= -2 - 5\sin(6280t)\,\text{V}$

3. (B)

   (1) $V_i = \dfrac{\dfrac{V_1}{R_1}+\dfrac{V_2}{R_2}}{\dfrac{1}{R_1}+\dfrac{1}{R_2}} = \dfrac{\dfrac{20m}{3k}+\dfrac{10m}{2k}}{\dfrac{1}{3k}+\dfrac{1}{2k}}$

   $= \dfrac{70m}{5} = 14\text{ mV}$

   (2) $V_o = (1+\dfrac{R_b}{R_a})V_i = (1+\dfrac{9k}{1k})\times 14m$

   $= 0.14\text{ V}$

4. (D)

   (1) $V_1 = 3\text{ V}$，且 $V_2 = V_3 = 0$ 時，

   $V_{o1} = -\dfrac{R_f}{R_1}V_1 = -\dfrac{80k}{80k}\times 3 = -3\text{ V}$

   (2) $V_1 = 0$，且 $V_2 = 3\text{ V}$，$V_3 = 6\text{ V}$ 時，

   $V_i = \dfrac{\dfrac{V_2}{R_2}+\dfrac{V_3}{R_3}}{\dfrac{1}{R_2}+\dfrac{1}{R_3}+\dfrac{1}{R_4}} = \dfrac{\dfrac{3}{60k}+\dfrac{6}{60k}}{\dfrac{1}{60k}+\dfrac{1}{60k}+\dfrac{1}{60k}}$

   $= \dfrac{3+6}{3} = 3\text{ V}$

   $V_{o2} = (1+\dfrac{R_f}{R_1 // R})V_i$

   $= (1+\dfrac{80k}{80k // 80k})\times 3 = 9\text{ V}$

   (3) $V_o = V_{o1}+V_{o2} = -3+9 = 6\text{ V}$

10-4 立即練習一

基礎題

1. $V_o = -(\dfrac{R_3}{R_1}V_1+\dfrac{R_3}{R_2}V_2)$

   $= -[\dfrac{100}{10}\times 0.1+\dfrac{100}{R_2}\times(-0.2)]$

   $= -1+\dfrac{20}{R_2} = 0$

   則 $\dfrac{20}{R_2} = 1$，故 $R_2 = 20\text{ k}\Omega$

2. $V_o = -(\dfrac{R_f}{R_1}V_1+\dfrac{R_f}{R_2}V_2+\dfrac{R_f}{R_3}V_3)$

   $= -(\dfrac{1M}{500k}\times 0.2+\dfrac{1M}{500k}\times 1+\dfrac{1M}{1M}\times 1)$

   $= -3.4\text{ V}$

3. $V_o = -(\dfrac{R_f}{R_1}V_1+\dfrac{R_f}{R_2}V_2+\dfrac{R_f}{R_3}V_3+\dfrac{R_f}{R_4}V_4)$

   $= -(\dfrac{5}{1}\times 1+\dfrac{5}{2}\times 2+\dfrac{5}{5}\times 3+\dfrac{5}{10}\times 4)$

   $= -15\text{ V}$

4. $V_o = -(\dfrac{R_f}{R_1}V_1+\dfrac{R_f}{R_2}V_2)$

   $= -(\dfrac{R_f}{100k}\times 5+\dfrac{R_f}{100k}\times -4) = -2\text{ V}$

   則 $\dfrac{R_f}{100k} = 2$，$R_f = 200\text{ k}\Omega$

5. (1) $V_i = \dfrac{\dfrac{V_1}{R_1}+\dfrac{V_2}{R_2}}{\dfrac{1}{R_1}+\dfrac{1}{R_2}+\dfrac{1}{R_3}} = \dfrac{\dfrac{1}{10k}+\dfrac{-2}{20k}}{\dfrac{1}{10k}+\dfrac{1}{20k}+\dfrac{1}{20k}}$

   $= \dfrac{2-2}{4} = 0$

   (2) $V_o = (1+\dfrac{R_b}{R_a})V_i = (1+\dfrac{20k}{10k})\times 0 = 0$

6. (1) $V_{i2} = \dfrac{\dfrac{V_1}{R_1}+\dfrac{V_2}{R_2}}{\dfrac{1}{R_1}+\dfrac{1}{R_2}+\dfrac{1}{R_3}} = \dfrac{\dfrac{1}{10k}+\dfrac{-2}{20k}}{\dfrac{1}{10k}+\dfrac{1}{20k}+\dfrac{1}{20k}}$

   $= \dfrac{2-2}{4} = 0$

   (2) $V_{o2} = (-\dfrac{20k}{10k})V_{i1} = (-2)\times 2 = -4\text{ V}$

   (3) $V_o = V_{i1}+V_{i2} = -4\text{ V}$

進階題

1. $V_o = -(\dfrac{R_f}{R_1}V_a+\dfrac{R_f}{R_2}V_b) = -(\dfrac{R}{R}V_a+\dfrac{R}{R}V_b)$

   $= -V_a-V_b$

2. $v_{o1} = -\dfrac{R_f}{R_1}v_1 = -\dfrac{100k}{10k}v_1 = 1\text{ V}$

   則 $v_1 = -0.1\text{ V}$

3. $V_o = -(\dfrac{R_3}{R_1}V_1+\dfrac{R_3}{R_2}V_2)$

   $= -(100k)(\dfrac{1}{10k}+\dfrac{-2}{20k}) = 0$

4. $V_o = -(\dfrac{6}{1}\times 1+\dfrac{6}{2}\times 2+\dfrac{6}{3}\times 3) = -18\text{ V}$

5. $V_o = -(\dfrac{R_f}{R_1}V_1 + \dfrac{R_f}{R_2}V_2 + \dfrac{R_f}{R_3}V_3)$

   $= -R_f(\dfrac{1}{1\text{k}} + \dfrac{2}{2\text{k}} + \dfrac{3}{3\text{k}}) \geq -12$ V

   則 $R_f \leq 4$ kΩ

6. (1) $V_i = \dfrac{\dfrac{V_1}{R_1} + \dfrac{V_2}{R_2}}{\dfrac{1}{R_1} + \dfrac{1}{R_2} + \dfrac{1}{R_3}}$

   $= \dfrac{\dfrac{1}{50\text{k}} + \dfrac{2\sin\omega t}{100\text{k}}}{\dfrac{1}{50\text{k}} + \dfrac{1}{100\text{k}} + \dfrac{1}{100\text{k}}}$

   $= \dfrac{2 + 2\sin\omega t}{2 + 1 + 1} = \dfrac{1 + \sin\omega t}{2}$

   (2) $V_o = (1 + \dfrac{R_b}{R_a})V_i = (1 + \dfrac{60\text{k}}{20\text{k}})(\dfrac{1+\sin\omega t}{2})$

   $= 2 + 2\sin\omega t$

7. (1) $V_i = \dfrac{\dfrac{V_1}{R_1} + \dfrac{V_2}{R_2}}{\dfrac{1}{R_1} + \dfrac{1}{R_2} + \dfrac{1}{R_3}} = \dfrac{\dfrac{1}{10\text{k}} + \dfrac{3}{20\text{k}}}{\dfrac{1}{10\text{k}} + \dfrac{1}{20\text{k}} + \dfrac{1}{10\text{k}}}$

   $= 1$ V

   (2) $V_{o1} = V_i(1 + \dfrac{40\text{k}}{10\text{k}//20\text{k}}) = 7V_i = 7$ V

   (3) $V_{o2} = (2)(-\dfrac{40\text{k}}{10\text{k}}) + (-2)(-\dfrac{40\text{k}}{20\text{k}}) = -4$ V

   (4) $V_o = V_{o1} + V_{o2} = 7 - 4 = 3$ V

10-4 立即練習二 P.10-36

基礎題

1. 因為 $\dfrac{R_2}{R_1} = \dfrac{R_4}{R_3}$，所以

   $V_o = \dfrac{R_2}{R_1}(V_2 - V_1) = \dfrac{200\text{k}}{100\text{k}}(3-2) = 2$ V

2. $V_o = -\dfrac{R_2}{R_1}V_1 + (\dfrac{R_4}{R_3 + R_4})(1 + \dfrac{R_2}{R_1})V_2$

   $= -\dfrac{1\text{k}}{1\text{k}} \times 10 + (\dfrac{1\text{k}}{4\text{k} + 1\text{k}})(1 + \dfrac{1\text{k}}{1\text{k}}) \times 10$

   $= -6$ V

3. $V_o = -\dfrac{R_2}{R_1}V_S + (-V_{oS})(1 + \dfrac{R_2}{R_1})$

   $= -\dfrac{R_2}{R_1}V_S - (1 + \dfrac{R_2}{R_1})V_{oS}$

4. $V_o = -\dfrac{R_f}{R_1}V_1 + (\dfrac{R_3}{R_2 + R_3})(1 + \dfrac{R_f}{R_1})V_2$

   $= -\dfrac{20\text{k}}{10\text{k}} \times 2 + (\dfrac{10\text{k}}{10\text{k} + 10\text{k}})(1 + \dfrac{20\text{k}}{10\text{k}}) \times 4$

   $= 2$ V

5. $V_o = -\dfrac{18\text{k}}{3\text{k}}V_1 + (\dfrac{2\text{k}}{2\text{k} + 2\text{k}})(1 + \dfrac{18\text{k}}{6\text{k}//3\text{k}})V_2$

   $= -6V_1 + 5V_2$

進階題

1. (1) $V_o = -\dfrac{2\text{k}}{1\text{k}}V_1 + (\dfrac{R_3}{R_2 + R_3})(1 + \dfrac{2\text{k}}{1\text{k}})V_2$

   $= (\dfrac{3R_3}{R_2 + R_3})V_2 - 2V_1$

   (2) 因為 $\dfrac{3R_3}{R_2 + R_3} = 1$，則 $\dfrac{3}{\dfrac{R_2}{R_3} + 1} = 1$，

   所以 $\dfrac{R_2}{R_3} = 2$

2. (1) 電路為減法器電路。

   (2) $V_o = \dfrac{R_2}{R_1}(V_2 - V_1) = \dfrac{20\text{k}}{10\text{k}}(1-2) = -2$ V

   (3) 如上式，若 V_1 減少，則 V_o 增加。

3. (1) $V_A = V_2(\dfrac{R_4}{R_3 + R_4}) = 3(\dfrac{R_4}{10\text{k} + R_4}) = 2$

   則 $R_4 = 20$ kΩ

   (2) $\dfrac{V_1 - V_A}{R_1} = \dfrac{V_A - V_o}{R_2} \Rightarrow \dfrac{1-2}{10\text{k}} = \dfrac{2-4}{R_2}$

   則 $R_2 = 20$ kΩ

4. $V_o = -1 \times 10 + 5 = -5$ V

5. (1) R_1 開路及 R_2 短路時，

   $V_o = V_2(\dfrac{R_4}{R_3 + R_4})$

   $= 1 \times (\dfrac{100\text{k}}{20\text{k} + 100\text{k}}) = \dfrac{5}{6}$ V

(2) R_3短路時，

$$V_o = -V_1\frac{R_2}{R_1} + V_2(1+\frac{R_2}{R_1})$$
$$= -(-1)(\frac{100k}{20k}) + (1)(1+\frac{100k}{20k})$$
$$= 5 + 6 = 11 \text{ V}$$

(3) R_4短路時，

$$V_o = -V_1\frac{R_2}{R_1} = -(-1)(\frac{100k}{20k}) = 6 \text{ V}$$

10-5學生練習

1. (D)

   (1) $T = \dfrac{1}{f} = \dfrac{1}{1\text{kHZ}} = 1 \text{ ms}$

   $\Delta t = \dfrac{T}{2} = 0.5 \text{ ms}$

   (2) $\Delta v_i = \pm[1-(-1)] = \pm 2 \text{ V}$

   (3) $v_o = -RC\dfrac{\Delta v_i}{\Delta t}$

   $= 1\text{k} \times 1\mu \times \dfrac{\pm 2}{0.5\text{ms}} = \mp 4 \text{ V}$

2. (B)

   (1) $t \leq T$時，$\Delta V_o = -\dfrac{1}{RC}V_i\Delta t$，因為$V_i > 0$，所以輸出$V_o$隨著$t$呈線性減少。

   (2) $T < t \leq 2T$時，$\Delta V_o = -\dfrac{1}{RC}V_i\Delta t$，因為$V_i < 0$，所以輸出$V_o$隨著$t$呈線性增加。

3. (A)

   當輸入信號之頻率遠低於$\dfrac{1}{2\pi R_S C}$時，R_S可忽略不計。

4. (B)

   當輸入信號之頻率遠大於$\dfrac{1}{2\pi R_1 C}$時，R_1可忽略不計，電路才是積分器。

10-5立即練習

基礎題

1. 若將R、C對調，則為積分器。

2. (1) 三角波→OPA微分器→方波。
   (2) 方波→OPA積分器→三角波。

3. (1) 弦波→OPA微分器→弦波。
   (2) 弦波→OPA積分器→弦波。

4. (1) 電容C未串接電阻R_S時，當頻率太高時，電容抗近似於零，電壓增益近似無限大，輸出飽和失真。

   (2) 電容C串接電阻R_S時，當頻率太高時，電容抗近似於零，電壓增益等於$-\dfrac{R}{R_S}$，輸出不會飽和，但電路變成反相放大器。

5. (1) 電容C未並接電阻R_P時，當頻率太低時，電容抗近似於無限大，電壓增益近似無限大，輸出飽和失真。

   (2) 電容C並接電阻R_P時，當頻率太低時，電容抗近似於無限大，電壓增益等於$-\dfrac{R_P}{R}$，輸出不會飽和，但電路變成反相放大器。

進階題

1. $v_o = -RC\dfrac{dv_i}{dt}$

   $= -1\text{k} \times 1\mu \times \dfrac{d[0.5\sin(1000t)]}{dt}$

   $= -1\text{ms} \times 500\cos(1000t)$

   $= -0.5\cos(1000t) \text{ V}$

2. $v_o = -RC\dfrac{\Delta v_i}{\Delta t}$，所以$v_o$與$C$成正比。

3. (1) $T = \dfrac{1}{f} = \dfrac{1}{500\text{Hz}} = 2 \text{ ms}$

   $\Delta t = \dfrac{T}{2} = 1 \text{ ms}$

   (2) $\Delta v_i = \pm[1-(-1)] = \pm 2 \text{ V}$

   (3) $v_o = -RC\dfrac{\Delta v_i}{\Delta t}$

   $= -1\text{k} \times 1\mu \times \dfrac{\pm 2}{1\text{ms}} = \mp 2 \text{ V}$

4. 當$X_C > R_S$時，電路功能為微分器，所以$\dfrac{1}{2\pi fC} > R_S$，故$f < \dfrac{1}{2\pi R_S C}$

5. (1) $f_H = \dfrac{1}{2\pi R_2 C} = \dfrac{1}{2\pi \times 10\text{k} \times 0.01\mu}$
   $= 1590\text{ Hz}$
   因為 $f < 10 f_H$，所以電路功能為一反相器

   (2) $v_o = -\dfrac{R_2}{R_1} v_i = -\dfrac{10\text{k}}{10\text{k}} \times (\pm 0.5) = \mp 0.5\text{ V}$

   (3) 如果 $f > 10 f_H$ 且電容初值電壓為零，
   $\Delta v_o = \dfrac{-1}{R_1 C} v_i \Delta t$
   $= -\dfrac{\pm 0.5}{10\text{k} \times 0.01\mu} \times 4\text{ms} = \mp 20\text{ V}$
   則選(D)

   (4) 如果 $f > 10 f_H$ 且電容初值電壓為 10 V，則選(C)

10-6 學生練習 P.10-52

1. (B)
   (1) 電路為反相型零位比較器。
   (2) 當 $V_{in} > 0$ 時，$V_{out} = -5\text{ V}$。
   (3) 當 $V_{in} < 0$ 時，$V_{out} = +5\text{ V}$。

2. (A)
   (1) 電路為非反相型零位比較器。
   (2) 當 $V_{in} > 0$ 時，$V_{out} = +5\text{ V}$。
   (3) 當 $V_{in} < 0$ 時，$V_{out} = -5\text{ V}$。

3. (D)

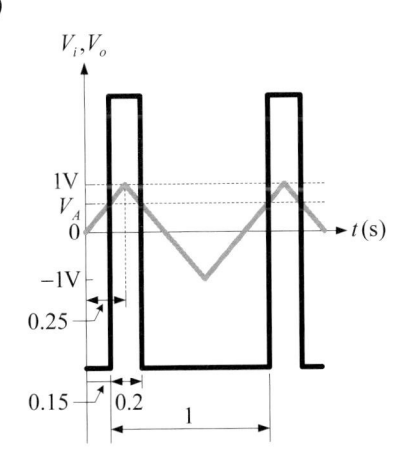

   $\dfrac{V_A}{1} = \dfrac{0.15}{0.25} = 0.6$

4. (B)

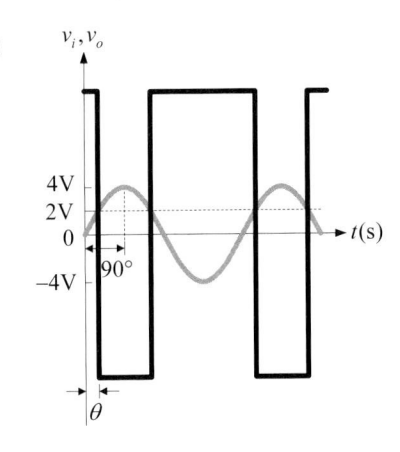

   (1) $\dfrac{\sin\theta}{\sin 90°} = \dfrac{2}{4} = 0.5$，則 $\theta = 30°$

   (2) 工作週期 $= \dfrac{180° + 2\theta}{360°} \times 100\%$
   $= \dfrac{180° + 2 \times 30°}{360°} \times 100\% = 66.7\%$

5. (B)

   (1) $\omega = 2\pi f = \dfrac{2\pi}{T} = 6280$，
   所以 $T = \dfrac{2\pi}{6280} = 1\text{ ms}$

   (2) $\dfrac{\frac{1}{3}\text{ms}}{1\text{ms}} = \dfrac{180° - 2\theta}{360°}$，所以 $\theta = 30°$

   (3) $\dfrac{\sin 30°}{\sin 90°} = \dfrac{V_R}{-2\text{V}}$，故 $V_R = -1\text{ V}$

6. (C)

   (1) $V_{(+)} = V_1 \dfrac{R_2}{R_1 + R_2} + V_2 \dfrac{R_1}{R_1 + R_2}$
   $= V_1 \dfrac{10\text{k}}{10\text{k} + 10\text{k}} + V_2 \dfrac{10\text{k}}{10\text{k} + 10\text{k}}$
   $= \dfrac{V_1}{2} + \dfrac{V_2}{2}$

   (2) 若 $V_1 = 2\sin(\omega t)\text{ V}$，$V_2 = +1\text{ V}$，則
   $V_{(+)} = \dfrac{V_1}{2} + \dfrac{V_2}{2} = 0.5 + \sin(\omega t)$

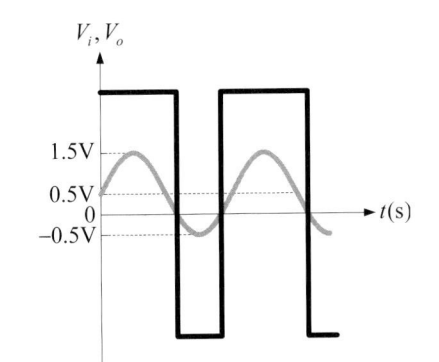

(3) 若 $V_1 = 2\sin(\omega t)$ V，$V_2 = -1$ V，則

$$V_{(+)} = \frac{V_1}{2} + \frac{V_2}{2} = -0.5 + \sin(\omega t)$$

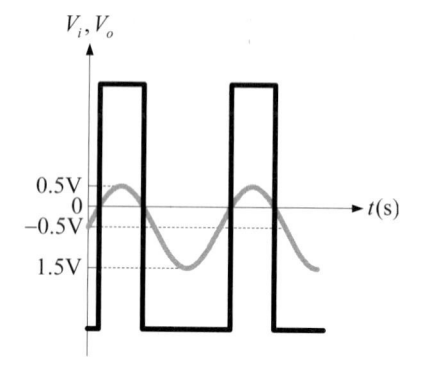

(4) 若 $V_1 = 2\sin(\omega t)$ V，$V_2 = 0$ V，則

$$V_{(+)} = \frac{V_1}{2} + \frac{V_2}{2} = \sin(\omega t)$$

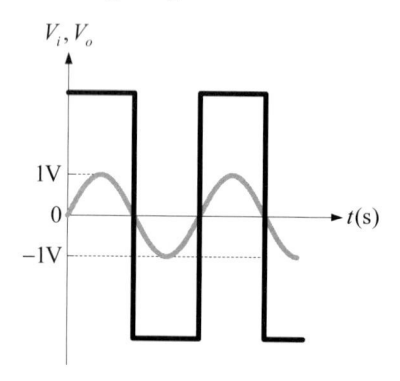

(5) 若 $V_1 = 2\sin(\omega t)$ V，$V_2 = 9$ V，則

$$V_{(+)} = \frac{V_1}{2} + \frac{V_2}{2} = 4.5 + \sin(\omega t)$$

因為 $V_{(+)}$ 永遠大於 $V_{(-)}$，
所以 $V_o = +V_{sat} = +9$ V

7. (D)

(1) $\dfrac{0-0.5}{-0.5-0.5} = \dfrac{\sin\theta}{\sin 90°}$，$\theta = 30°$

(2) 工作週期 $= \dfrac{180° + 2\theta}{360°} \times 100\% = 66.6\%$

8. (D)

(1) OPA1之 $V_{1(-)} = 12\dfrac{10k + 10k}{10k + 10k + 10k} = 8$ V

OPA2之 $V_{2(+)} = 12\dfrac{10k}{10k + 10k + 10k} = 4$ V

(2) D_1、D_2、1kΩ 組成或（OR）閘，OPA1 或 OPA2 輸出為高電位時，則 LED 亮。

(3) 當 $V_{in} < V_{2(+)} = 4$ V 或 $V_{in} > V_{1(-)} = 8$ V，則 LED 亮。

10-6 立即練習

基礎題

1. 當 $V_i < V_{REF}$，則 $V_o = -V_{sat}$（負飽和）。

2. 電路為反相比較器，且 $V_R = -1$ V。

3. (1) $\dfrac{\sin\theta}{\sin 90°} = \dfrac{-1}{-2}$，$\theta = 30°$

(2) 工作週期 $= \dfrac{180° - 2\theta}{360°} \times 100\%$

$= \dfrac{120°}{180°} \times 100\% = 33.3\%$

4. 電路為反相比較器。

5. (1) $V_{(+)} = V_{CC}\dfrac{3.3k}{R + 3.3k} = 15 \times \dfrac{3.3k}{4.7k + 3.3k}$

$= 6.2$ V

$V_{(-)} = 15 \times \dfrac{10k}{10k + 10k} = 7.5$ V

(2) 因為 $V_{(+)} < V_{(-)}$，
所示 $V_o = -V_{sat} = -13$ V，
使 LED_1 逆偏不亮，LED_2 順偏點亮。

6. 在輸出電壓轉態點即為直流參考電壓，$V_R = -1$ V。

7. (1) $\dfrac{V_R}{-V_m} = \dfrac{-1}{-2} = \dfrac{\sin\theta}{\sin 90°}$，則

$\sin\theta = \dfrac{1}{2}$，$\theta = 30°$

(2) 工作週期 $= \dfrac{180° + 2\theta}{360°} \times 100\%$

$= \dfrac{180° + 60°}{360°} \times 100\%$

$= 66.6\%$

進階題

1. $V_1 = 0$ 且 $V_2 = V_{CC}\sin\omega t$ 時，V_o 為方波。

2.

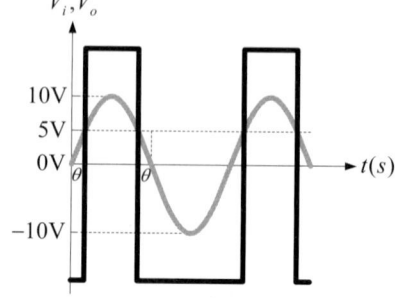

(1) $\dfrac{\sin\theta}{\sin 90°} = \dfrac{5}{10}$，則 $\theta = 30°$

(2) 工作週期 $= \dfrac{180° - 2\theta}{360°} \times 100\%$
$= \dfrac{180° - 60°}{360°} \times 100\%$
$= 33.3\%$

3. V_1與V_2互換，輸出波形反相180°，
工作週期 $= 100\% - 33.3\% = 66.7\%$

4. 因為$V_R = 2V > v_i$，所示$V_{(+)}$永遠大於$V_{(-)}$，
故$v_o = +15$ V。

5. (1) $V_{(+)} = V_{Z1} = 6$ V
$V_{(-)} = V_{CC}\dfrac{R_3}{R_1 + R_3} = 15 \times \dfrac{10k}{5k + 10k}$
$= 10$ V
(2) 因為$V_{(+)} < V_{(-)}$，
所示$V_o = -V_{sat} = -13$ V

6. (1) 由轉移曲線可知$V_R = 1$ V
(2) 當$v_i > V_R$時，$V_o = +V_{sat}$，
當$v_i < V_R$時，$V_o = -V_{sat}$

7. (1) $\dfrac{V_R}{V_m} = \dfrac{1}{2} = \dfrac{\sin\theta}{\sin 90°}$，則
$\sin\theta = \dfrac{1}{2}$，$\theta = 30°$
(2) 工作週期 $= \dfrac{180° - 2\theta}{360°} \times 100\%$
$= \dfrac{180° - 60°}{360°} \times 100\%$
$= 33.3\%$

歷屆試題　P.10-67

電子學試題

1. $V_o = (10\text{mV})(-\dfrac{6k}{3k})(-\dfrac{25k}{5k}) + (20\text{mV})(-\dfrac{25k}{10k})$
$= 100\text{mV} - 50\text{mV} = 50$ mV

2. $V_o = V_Z(1 + \dfrac{10k}{20k}) = 5 \times 1.5 = 7.5$ V

3.

(1) $I_1 = I_2 = \dfrac{V_i}{R}$
(2) $V_1 = I_1R + I_2(2R) = \dfrac{V_i}{R}(3R) = 3V_i$
(3) $I_3 = \dfrac{V_1}{R} = \dfrac{3V_i}{R}$
(4) $I_4 = I_2 + I_3 = \dfrac{V_i}{R} + \dfrac{3V_i}{R} = \dfrac{4V_i}{R}$
(5) $V_o = V_1 + I_4(2R) = 3V_i + \dfrac{4V_i}{R}(2R)$
$= 11V_i$
則$\dfrac{V_o}{V_i} = 11$

4. (1) $V_{o1} = V_i(1 + \dfrac{40k}{12k}) = 4.33V_i$
(2) $V_{o2} = V_i(-\dfrac{30k}{12k}) = -2.5V_i$
(3) $A_v = \dfrac{V_o}{V_i} = \dfrac{V_{o1} - V_{o2}}{V_i}$
$= \dfrac{4.33V_i - (-2.5V_i)}{V_i} = 6.83$

5. $V_{io} = \dfrac{v_o(t)}{A_v} = \dfrac{20\text{mV}}{1 + \dfrac{50k}{50k}} = 10$ mV

6. $I_f = \dfrac{V_Z}{4k} = \dfrac{6}{4k} = 1.5$ mA

7. (1) CMRR(dB) $= 20\log_{10}\dfrac{A_d}{A_c} = 40$ dB，
則$\dfrac{A_d}{A_c} = 10^{\frac{40}{20}} = 100$，
$A_c = \dfrac{A_d}{100} = \dfrac{500}{100} = 5$
(2) $V_d = V_{i1} - V_{i2} = 55\mu V - 45\mu V = 10$ μV
(3) $V_c = \dfrac{V_{i1} + V_{i2}}{2} = \dfrac{55\mu V + 45\mu V}{2}$
$= 50$ μV
(4) $V_o = A_dV_d + A_cV_c$
$= 500 \times 10\mu V + 5 \times 50\mu V = 5.25$ mV

8. (1) $V_{(+)} = \dfrac{\dfrac{V_1}{R_1} + \dfrac{V_2}{R_2} + \dfrac{V_3}{R_3}}{\dfrac{1}{R_1} + \dfrac{1}{R_2} + \dfrac{1}{R_3}} = \dfrac{\dfrac{V_1}{10k} + \dfrac{V_2}{10k} + \dfrac{V_3}{10k}}{\dfrac{1}{10k} + \dfrac{1}{10k} + \dfrac{1}{10k}}$

$= \dfrac{V_1 + V_2 + V_3}{3}$

(2) $V_o = V_{(+)}(1 + \dfrac{R_f}{R_4})$

$= \dfrac{V_1 + V_2 + V_3}{3}(1 + \dfrac{R_f}{5k})$

$= V_1 + V_2 + V_3$

則 $R_f = 10\ k\Omega$

9. (1) $\Delta V_o = -\dfrac{1}{RC} V_i \Delta t$

$= -\dfrac{1}{200k \times 0.5\mu} \times 1 \times 2 = -20\ V$

$V_{o(2秒)} = V_{o(0秒)} + \Delta V_o = -20\ V$

(2) 因為 $V_{o(2秒)} < -V_{sat}$，輸出已飽和，

所以 $V_{o(2秒)} = -15\ V$

11. (1) $V_o = (-2)(-\dfrac{6k}{3k})(1 + \dfrac{12k}{6k}) = 12\ V > +V_{sat}$

(2) 因為電路已飽和，所以輸出截波失真，

$V_o = +V_{sat} = 10\ V$

12. 電路為隨耦器，電壓增益為1，輸入阻抗非常大，輸出阻抗非常小。

13. $V_o = (-V_1 \dfrac{R}{R} - V_2 \dfrac{R}{R}) + (\dfrac{\dfrac{V_3}{R} + \dfrac{V_4}{R}}{\dfrac{1}{R} + \dfrac{1}{R} + \dfrac{1}{R}})(1 + \dfrac{R}{R // R})$

$= (-1 \times 1 - 2 \times 1) + (\dfrac{\dfrac{3}{R} + \dfrac{4}{R}}{\dfrac{1}{R} + \dfrac{1}{R} + \dfrac{1}{R}})(3)$

$= 4\ V$

14. $V_o = (-V_1 \dfrac{R}{R} - V_2 \dfrac{R}{R}) + (\dfrac{\dfrac{V_3}{R} + \dfrac{V_4}{R}}{\dfrac{1}{R} + \dfrac{1}{R} + \dfrac{1}{R}})(1 + \dfrac{R}{R // R})$

$= (1 \times 1 - 2 \times 1) - 3 + V_4 = 0$

則 $V_4 = 4\ V$

15. (1) $V_{(+)} = V_i \dfrac{2k}{1k + 2k} + 3 \dfrac{1k}{1k + 2k} = \dfrac{2}{3}V_i + 1$

因為 V_i 為 $\pm 3V$ 之對稱三角波，所以 $V_{(+)}$ 為平均值為1V之 $\pm 2V$ 對稱三角波。

(2) 當 $V_{(+)} > 0$ 時，$V_o = +10\ V$，反之當 $V_{(+)} < 0$ 時，$V_o = -10\ V$，輸入與輸出波形如下圖。

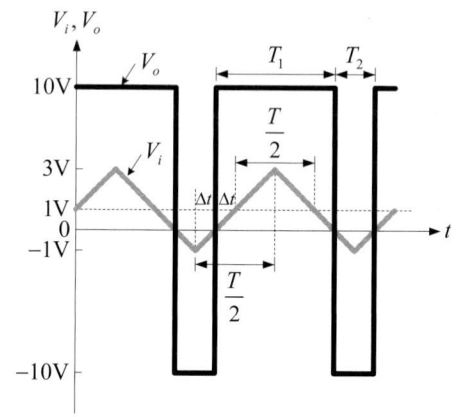

(3) $\dfrac{2\Delta t}{\dfrac{T}{2}} = \dfrac{1 - (-1)}{3 - (-1)} = \dfrac{1}{2}$，則 $\Delta t = \dfrac{T}{8}$

(4) $T_1 = \dfrac{T}{2} + 2\Delta t = \dfrac{3T}{4}$，$T_2 = T - T_1 = \dfrac{T}{4}$

(5) $V_{o(dc)} = \dfrac{10 \times \dfrac{3T}{4} - 10 \times \dfrac{T}{4}}{T} = 5\ V$

16. $\dfrac{V_o}{V_i} = -\dfrac{R_2}{R_1} = -\dfrac{10k}{1k} = -10$

17. $V_o = V_Z(1 + \dfrac{R_2}{R_1}) = (6.2)(1 + \dfrac{5k}{5k}) = 12.4\ V$

18. $V_o = (-V_1 \dfrac{R_{f1}}{R_1} - V_2 \dfrac{R_{f1}}{R_2} - V_3 \dfrac{R_{f1}}{R_3})(-\dfrac{R_{f2}}{R_4})$

$= (-1 \times \dfrac{30k}{10k} - 2 \times \dfrac{30k}{20k} - 3 \times \dfrac{30k}{30k})(-\dfrac{30k}{30k})$

$= 9\ V$

19. 因為 $\dfrac{R_f}{R_1} = \dfrac{R_g}{R_2}$，所以電路為減法器，故

$V_o = (V_2 - V_1)(\dfrac{R_f}{R_1}) = (8 - 6)(\dfrac{10k}{10k}) = 2\ V$

20. 電路為積分器。

21. (1) $V_{(+)} = 0$

$V_{(-)} = V_i \dfrac{R_2}{R_1 + R_2} + V_r \dfrac{R_1}{R_1 + R_2}$

$= (-5)(\dfrac{2k}{5k + 2k}) + (1)(\dfrac{5k}{5k + 2k})$

$= \dfrac{-5}{7}\ V$

(2) 因為 $V_{(+)} > V_{(-)}$，所以 $V_o = +12\ V$

22. $V_o = 3(\dfrac{1k}{5k+1k})(1+\dfrac{4k}{2k}) = 1.5\text{ V}$

23. (1) 由密爾門定理得

$$V_{(+)} = \dfrac{\dfrac{V_1}{R_1}+\dfrac{V_2}{R_2}+\dfrac{V_3}{R_3}+\dfrac{V_4}{R_4}}{\dfrac{1}{R_1}+\dfrac{1}{R_2}+\dfrac{1}{R_3}+\dfrac{1}{R_4}}$$

$$= \dfrac{\dfrac{V_1}{100k}+\dfrac{V_2}{100k}+\dfrac{V_3}{100k}+\dfrac{V_4}{100k}}{\dfrac{1}{100k}+\dfrac{1}{100k}+\dfrac{1}{100k}+\dfrac{1}{100k}}$$

$$= \dfrac{V_1+V_2+V_3+V_4}{4}$$

(2) $V_o = V_{(+)}(1+\dfrac{R_B}{R_A})$

$= (\dfrac{V_1+V_2+V_3+V_4}{4})(1+\dfrac{R_B}{10k})$

$= V_1+V_2+V_3+V_4$

則 $R_B = 30\text{ k}\Omega$

24. 電路為積分器。

25. (1) $R_i = R_1 = 30\text{ k}\Omega$

(2) $\dfrac{v_o}{v_i} = -\dfrac{R_2}{R_1} = -11$，則

$R_2 = 11R_1 = 11\times 30k = 330\text{ k}\Omega$

26. (1) 由密爾門定理得

$$V_{(+)} = \dfrac{\dfrac{V_2}{R_2}+\dfrac{V_3}{R_3}}{\dfrac{1}{R_2}+\dfrac{1}{R_3}} = \dfrac{\dfrac{2}{100}+\dfrac{4}{100}}{\dfrac{1}{100}+\dfrac{1}{100}} = 3\text{ V}$$

(2) $v_o = V_{(+)}(1+\dfrac{R_f}{R_1}) - V_1(\dfrac{R_f}{R_1})$

$= (3)(1+\dfrac{200}{100}) - \dfrac{200}{100} = 7\text{ V}$

27. $SR = \dfrac{\Delta V_o}{\Delta t} = \dfrac{5V-(5V)}{20\mu s} = 0.5\text{ V}/\mu s$

28. $f_L = \dfrac{1}{2\pi R_1 C} = \dfrac{1}{2\pi\times 1k\times 0.1\mu} \approx 1.6\text{ kHz}$

29. $V_o = -V_a(\dfrac{R_2}{R_1}) + V_b(\dfrac{R_4}{R_3+R_4})(1+\dfrac{R_2}{R_1})$

$= 0.3(\dfrac{20k}{2k}) + 0.2(\dfrac{30k}{3k+30k})(1+\dfrac{20k}{2k})$

$= 5\text{ V}$

30. (1) $V_s = V_{(+)} = V_{(-)} = 5\text{ V}$

(2) $I_1 = \dfrac{V_{(-)}}{R_1} = \dfrac{5}{3k} = I_2$

(3) $V_E = I_1 R_1 = I_2 R_2$

$= \dfrac{5}{3k}\times 3k + \dfrac{5}{3k}\times 3k = 10\text{ V}$

(4) $I_3 = \dfrac{V_E}{R_3} = \dfrac{10}{3k}$

(5) $I_E = I_2 + I_3 = \dfrac{5}{3k}+\dfrac{10}{3k} = \dfrac{15}{3k}$

$= 5\text{ mA} \approx I_C$

(6) $V_o = V_{CC} - I_C R_C$

$= 20 - 5m\times 1k = 15\text{ V}$

31. (1) $V_{o1} = V_1(-\dfrac{20k}{10k}) = 2\times(-2) = -4\text{ V}$

(2) $V_{(+)} = \dfrac{\dfrac{V_2}{10k}+\dfrac{V_3}{10k}}{\dfrac{1}{10k}+\dfrac{1}{10k}} = \dfrac{\dfrac{1}{10k}+\dfrac{-2}{10k}}{\dfrac{1}{10k}+\dfrac{1}{10k}} = -\dfrac{1}{2}\text{ V}$

(3) $V_{o2} = V_{(+)}(1+\dfrac{20k}{10k}) = (-\dfrac{1}{2})(3) = -1.5\text{ V}$

(4) $V_o = V_{o1} + V_{o2} = -4 - 1.5 = -5.5\text{ V}$

32. (1) $R_i = R_1 = 10\text{ k}\Omega$

(2) $\dfrac{V_o}{V_i} = (-\dfrac{R_2}{R_1}) = -10$，則

$R_2 = 10 R_1 = 10\times 10k = 100\text{ k}\Omega$

電子學實習試題

1. (1) $V_o = V_i \dfrac{15k}{10k+15k}(1+\dfrac{R_f}{R_i})$

$= 0.6 V_i \times (1+\dfrac{50k}{10k})$

$= 0.6\times(-5)\times 6 = -18\text{ V}$

(2) 因 $-18\text{V} < -13.5\text{V}$，輸出已飽和，

所以 $V_o = -13.5\text{ V}$

2. 此電路為 RC 積分器串接 OPA 非反相放大器。

3. 理想運算放大器特性：

(1) 開迴路電壓增益無限大。

(2) 輸入阻抗無限大。

(3) 輸出阻抗為 0。

(4) 頻帶寬度無限大。

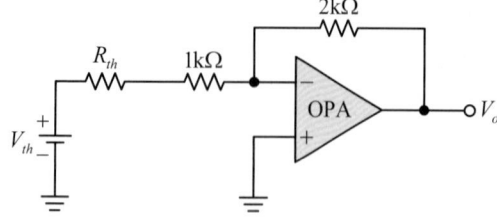

4.

(1) $R_{th} = 10k // 1k = \dfrac{10}{11} k\Omega$

$V_{th} = 10 \times \dfrac{1k}{10k + 1k} = \dfrac{10}{11} V$

(2) $V_o = V_{th}(-\dfrac{2k}{R_{th} + 1k})$

$= \dfrac{10}{11} \times (-\dfrac{2k}{\dfrac{10}{11}k + 1k}) = -0.95 V$

5. 輸入電阻無限大。

6. 共模拒斥比CMRR $= \dfrac{差模增益}{共模增益} = \dfrac{A_d}{A_c}$，

與開迴路增益無關。

7. (1) $V_{o(P-P)} = 6DIV \times 2V/DIV = 12 V$

(2) $A_v = 1 + \dfrac{40k}{10k} = 5$

(3) $V_{i(P-P)} = \dfrac{V_{o(P-P)}}{A_v} = \dfrac{12V}{5} = 2.4 V$

8. 當 $R_A = 0\Omega$，$R_B = \infty$ 時，可視為比較器。

9. 因為 $\dfrac{R_2}{R_1} = \dfrac{R_4}{R_3}$，電路為減法器，所以

$V_o = (V_2 - V_1)\dfrac{R_2}{R_1} = (5-8)\dfrac{20k}{10k} = -6 V$

10. (1) $V_i = [15 - (-15)] \times \dfrac{1.2k}{1.8k + 1.2k} - 15$

$= -3 V$

(2) 因為 $V_i < 0$，即 $V_{(+)} < V_{(-)}$，

所以輸出 $V_o = -V_{sat}$。

(3) LED_1 燈因逆偏截止熄滅，

LED_2 燈因順偏導通點亮。

11. 電路為反相零電位比較器。

12. $V_o = -\dfrac{40k}{10k} \times 1V = -4 V$

13. (1) $V_{(+)} = V_{CC}(\dfrac{6k}{6k + 6k}) = 16(\dfrac{1}{2}) = 8 V$

(2) 電路為隨耦器，故 $v_o = V_{(+)} = 8 V$。

14. 因為 $\dfrac{40k}{10k} = \dfrac{40k}{10k}$，所以電路為減法器，故

$v_o = (-1 - v_i)(\dfrac{40k}{10k}) = 8 V$，所以 $v_o = -3 V$

15. (1) 利用OPA實現非零位檢測器時，不需回授。

(2) 利用OPA實現減法器時，OPA之輸出端電壓與兩輸入端電壓差成正比。

(3) 利用OPA實現反相放大器時，其輸入阻抗等於串接於反相輸入端的電阻。

16. 運算放大器的差模增益 A_d 愈大愈好。

17. (1) 由密爾門定理得

$V_{(+)} = \dfrac{\dfrac{1}{R} + \dfrac{-2}{R} + \dfrac{3}{R}}{\dfrac{1}{R} + \dfrac{1}{R} + \dfrac{1}{R}} = \dfrac{2}{3} V$

(2) $v_o = V_{(+)}(1 + \dfrac{R_f}{10k}) = \dfrac{2}{3}(1 + \dfrac{R_f}{10k}) = 2 V$

則 $R_f = 20 k\Omega$

18. (1) $\dfrac{\sin\theta}{\sin 90°} = \dfrac{0.707}{1}$，$\sin\theta = 0.707$，

則 $\theta = 45°$

(2) $\dfrac{正電壓時間}{負電壓時間} = \dfrac{180° - 2\theta}{180° + 2\theta} = \dfrac{180° - 90°}{180° + 90°}$

$= \dfrac{1}{3}$

19. 因為 $\dfrac{R}{R} = \dfrac{R}{R}$，所以電路為減法器，故

$V_{o4} = (V_2 - V_1)(\dfrac{R}{R}) = V_2 - V_1$

20. (1) $f << \dfrac{1}{2\pi R_P C}$，即 $X_C >> R_P$ 時，電路如同反相放大器。

(2) R_S 功用是減少OPA輸入電流對輸出電壓的影響。

21. (1) $v_o = V_1(-\dfrac{R_f}{R_1}) + V_2(-\dfrac{R_f}{R_2}) + v_i(-\dfrac{R_f}{R_2})$

(2) $v_{o(dc)} = V_1(-\dfrac{R_f}{R_1}) + V_2(-\dfrac{R_f}{R_2})$

$= (-2)(-\dfrac{12k}{4k}) + (3)(-\dfrac{12k}{3k})$

$= -6 V$

22. 窗形比較器沒有回授。

23. (1) 由密爾門定理得

$$V_{(+)} = \frac{\dfrac{V_2}{R_2}+\dfrac{V_3}{R_3}+\dfrac{V_4}{R_4}}{\dfrac{1}{R_2}+\dfrac{1}{R_3}+\dfrac{1}{R_4}} = \frac{\dfrac{2}{4}+\dfrac{-1}{4}+\dfrac{-4}{4}}{\dfrac{1}{4}+\dfrac{1}{4}+\dfrac{1}{4}}$$
$$= -1\text{ V}$$

(2) $v_o = V_{(+)}(1+\dfrac{R_f}{R_1}) = (-1)(1+\dfrac{10}{5}) = -3\text{ V}$

24. (1) 當輸入信號頻率 $f \ll \dfrac{1}{2\pi R_S C}$，

即 $X_C \gg R_S$ 時，$Z_1 \approx -X_C$，

電路如同微分器

(2) 當輸入信號頻率 $f \gg \dfrac{1}{2\pi R_S C}$，

即 $X_C \ll R_S$ 時，$Z_1 \approx R_S$，

電路如同反相放大器

25. (1) 由密爾門定理得

$$V_{(+)} = \frac{\dfrac{V_3}{R}+\dfrac{V_4}{R}+\dfrac{V_5}{R}}{\dfrac{1}{R}+\dfrac{1}{R}+\dfrac{1}{R}+\dfrac{1}{R}} = \frac{V_3+V_4+V_5}{4}$$

(2) $v_o = V_{(+)}(1+\dfrac{R}{R//R})-V_1(\dfrac{R}{R})-V_2(\dfrac{R}{R})$

$= \dfrac{V_3+V_4+V_5}{4}\times 3 - V_1 - V_2$

26. (1) 由密爾門定理得

$$V_{(+)} = \frac{\dfrac{v_{I1}}{R_a}+\dfrac{v_{I2}}{R_b}}{\dfrac{1}{R_a}+\dfrac{1}{R_b}} = \frac{\dfrac{v_{I1}}{1\text{k}}+\dfrac{v_{I2}}{2\text{k}}}{\dfrac{1}{1\text{k}}+\dfrac{1}{2\text{k}}}$$
$$= \frac{2v_{I1}+v_{I2}}{2+1} = \frac{2v_{I1}+v_{I2}}{3}$$

(2) $v_o = V_{(+)}(1+\dfrac{R_2}{R_1}) = \dfrac{2v_{I1}+v_{I2}}{3}(1+\dfrac{70\text{k}}{5\text{k}})$

$= 10v_{I1}+5v_{I2}$

27. (1) $V_i(1+\dfrac{R_2}{R_1}) = 1.5\times(1+\dfrac{9\text{k}}{1\text{k}}) = 15\text{ V} > 12\text{V}$

所以 $V_o = +V_{sat} = +12\text{ V}$

(2) $V_n = V_o\dfrac{R_1}{R_1+R_2} = 12\times\dfrac{1\text{k}}{1\text{k}+9\text{k}} = 1.2\text{ V}$

28. (1) $V_{(-)} = V_{ref}$

$= +V_{CC}\dfrac{R_2}{R_1+R_2} - V_{CC}\dfrac{R_1}{R_1+R_2}$

$= +V_{CC}\dfrac{R_2}{\dfrac{2}{3}R_2+R_2} - V_{CC}\dfrac{\dfrac{2}{3}R_2}{\dfrac{2}{3}R_2+R_2}$

$= +V_{CC}\dfrac{\dfrac{1}{3}R_2}{\dfrac{2}{3}R_2+R_2} = \dfrac{1}{5}V_{CC} > 0$

(2) 當 $V_i > V_{(-)}$ 時，$V_o = +V_{sat}$，
反之，當 $V_i < V_{(-)}$ 時，$V_o = -V_{sat}$

29. (1) $A_v = \dfrac{V_o}{V_i} = 1+\dfrac{R_f}{R_i} = 1+\dfrac{40\text{k}}{20\text{k}} = 3$

(2) $V_o = 3V_i = 3\times 1\sin(\omega t) = 3\sin(\omega t)$ V，

$\dfrac{3\text{V}}{2\text{V/DIV}} = 1.5\text{ DIV}$

30. $V_o = -\dfrac{1}{R_iC_f}\int V_i dt$

$= -\dfrac{1}{20\text{k}\times 0.1\mu\text{F}}\int 5\sin(1000t)dt$

$= \dfrac{2500}{1000}\cos(1000t) = 2.5\cos(1000t)$ V

31. (1) 此電路為OPA減法電路。

(2) v_{CM} 為共模輸入，$v_{CM} = \dfrac{v_2+v_1}{2}$；

v_{DM} 為差模輸入，$v_{DM} = v_2 - v_1$。

(3) 因為共模輸出電壓為零，所以為理想OPA，因此輸出阻抗為零。

(4) 若 $v_{CM} = 0$，則 $\dfrac{v_o}{v_{DM}} = \dfrac{R_2}{R_1}$；

若 $v_{DM} = 0$，則 $\dfrac{v_o}{v_{CM}} = 0$。

最新統測試題

1. (1) $V_{(+)} = \dfrac{\dfrac{V_1}{10}+\dfrac{V_2}{10}+\dfrac{0}{R_S}}{\dfrac{1}{10}+\dfrac{1}{10}+\dfrac{1}{R_S}} = \dfrac{V_1+V_2}{2+\dfrac{10}{R_S}}$

(2) $V_o = V_{(+)}(1+\dfrac{10}{5}) = 3V_{(+)} = V_1+V_2$

(3) 將(1)式代入(2)式得 $3(\dfrac{V_1+V_2}{2+\dfrac{10}{R_S}}) = V_1 + V_2$，

則 $2 + \dfrac{10}{R_S} = 3$，$R_S = 10 \text{ k}\Omega$

2. (1) 此為微分電路。

(2) 若 v_i 為方波，則 v_o 為脈波。

(3) 若 v_i 為弦波，則 v_o 的振幅與 R 及 C 值有關，$v_o = -RC\dfrac{dv_i}{dt}$。

3. (1) $A_{v1} = \dfrac{V_x}{V_i} = \dfrac{-5}{1} = -5$

   $A_{v1} = -\dfrac{5k}{R_1}$ $\}$ 得 $R_1 = 1 \text{ k}\Omega$

(2) $A_{v2} = \dfrac{V_o}{V_x} = \dfrac{-10}{-5} = 2$

   $A_{v2} = 1 + \dfrac{10k}{R_2}$ $\}$ 得 $R_2 = 10 \text{ k}\Omega$

4. (1) OPA 負回授具虛接特性：
   $V_{(+)} = V_{(-)} = V_R = 10 \text{ V}$

(2) $I_E = \dfrac{V_R}{R} = (1+\beta)I_o$
   $= 100 \times 1m = 100 \text{ mA}$

   則 $R = \dfrac{V_R}{I_E} = \dfrac{10}{100m} = 100 \text{ }\Omega$

5. (1) $T = \dfrac{1}{f} = \dfrac{1}{500} = 2 \text{ ms}$

   $\Delta t = \dfrac{T}{2} = 1 \text{ ms}$

(2) $v_o = -RC\dfrac{\Delta v_i}{\Delta t}$
   $= -(100k)(0.01\mu)\dfrac{\pm[4-(-4)]}{1m}$
   $= \mp 8 \text{ V}$

(3) $v_{o(P-P)} = 2V_{o(P)} = 2 \times 8 = 16 \text{ V}$

6. (1) 利用重疊定理：
   ① 非反相端 4V 作用：$V_{o1} = 4 \text{ V}$
   ② 反相端 4V 作用：$V_{o2} = 4 \text{ V}$
   ③ 反相端 2mA 作用：
      $V_{o3} = -2m \times 1k = -2 \text{ V}$

(2) $V_o = V_{o1} + V_{o2} + V_{o3}$
   $= 4 + 4 + (-2) = 6 \text{ V}$

7. 如下圖所示，

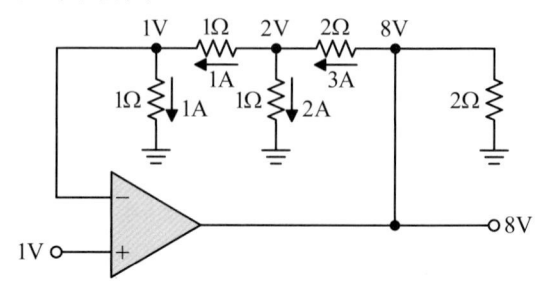

假設 $v_i = 1 \text{ V}$，$R = 1 \text{ }\Omega$，$2R = 2 \text{ }\Omega$，

可得 $v_o = 8 \text{ V}$，則 $A_v = \dfrac{v_o}{v_i} = \dfrac{8\text{V}}{1\text{V}} = 8$

8. (1) 運用密爾門定理，可以得到

$V_{(+)} = \dfrac{\dfrac{2}{20k} + \dfrac{1}{10k}}{\dfrac{1}{20k} + \dfrac{1}{10k} + \dfrac{1}{20k}} = 1 \text{ V}$

(2) 根據 KCL，列出方程式：

$\dfrac{1-(-3)}{30k} + \dfrac{1-(-2)}{20k} + \dfrac{1-2}{10k} + \dfrac{1-V_o}{60k} = 0$

得 $V_o = 12 \text{ V}$

9. (1) $V_{(+)} = \dfrac{\dfrac{20mV}{20k} + \dfrac{20mV}{20k} + \dfrac{10mV}{10k} + \dfrac{5mV}{5k}}{\dfrac{1}{20k} + \dfrac{1}{20k} + \dfrac{1}{10k} + \dfrac{1}{5k}}$

$= \dfrac{20m + 20m + 20m + 20m}{1+1+2+4}$

$= 10 \text{ mV}$

(2) $V_o = V_{(+)}(1 + \dfrac{20k}{10k}) = 10m \times 3 = 30 \text{ mV}$

10. $V_{(-)} < V_{(+)}$ 時，$V_o = +V_{sat} = +15 \text{ V}$，則

$V_{(-)} = \dfrac{\dfrac{V_i}{8k} + \dfrac{3}{4k}}{\dfrac{1}{8k} + \dfrac{1}{4k}} = \dfrac{V_i + 6}{1+2} < 0$，故

$V_i < -6 \text{ V}$

模擬演練 P.10-83

電子學試題

1. 輸出阻抗為零。

2. $f = \dfrac{SR}{2\pi V_m} = \dfrac{2\text{V}/\mu s}{2 \times \pi \times 20} = 32 \text{ kHz}$

3. $SR = \dfrac{\Delta V_o}{\Delta t}$，則

   $\Delta t = \dfrac{\Delta V_o}{SR} = \dfrac{10\text{V}-(-10\text{V})}{10\text{V}/\mu s} = 2 \text{ }\mu s$

4. CMRR值愈大愈好。

6. $R_i = R_1 = 10\ \text{k}\Omega$

7. $V_o = V_Z(-\dfrac{R_2}{R_1}) = -5(\dfrac{10}{5}) = -10\ \text{V}$

8. (1) $A_v = \dfrac{V_o}{V_i} = -\dfrac{R_2}{R_1} = -\dfrac{100\text{k}}{10\text{k}} = -10$

   (2) $V_i = \dfrac{V_o}{A_v} = \dfrac{\pm 11}{-10} = \mp 1.1\ \text{V}$

9. $V_o = -IR_2 = -(0.1\text{mA})(100\text{k}) = -10\ \text{V}$

10. $V_i = IR_1 = 0.1\text{m} \times 10\text{k} = 1\ \text{V}$

11. $\dfrac{V_o}{V_i} = \dfrac{12}{2} = 6 = 1 + \dfrac{100\text{k}}{R}$，則 $R = 20\ \text{k}\Omega$

12. $V_o = (2)(-\dfrac{100\text{k}}{R}) + (-1)(-\dfrac{100\text{k}}{20\text{k}}) = 1$，

    則 $R = 50\ \text{k}\Omega$

13. $V_o = V_{REF}(-\dfrac{R_f}{R_6} - \dfrac{R_f}{R_5})$

    $= (-5)(-\dfrac{1\text{k}}{2\text{k}} - \dfrac{1\text{k}}{4\text{k}}) = 3.75\ \text{V}$

14. 電路為電壓隨耦器，$V_o = V_Z = 5\ \text{V}$。

15. $V_o = (2)(\dfrac{10\text{k}}{10\text{k}+10\text{k}})(1 + \dfrac{100\text{k}}{10\text{k}}) + (1)(-\dfrac{100\text{k}}{10\text{k}})$

    $= 11 - 10 = 1\ \text{V}$

16. (1) 非反相輸入電壓響應輸出

    $V_{o1} = (\dfrac{\dfrac{1}{20\text{k}} + \dfrac{2}{40\text{k}} + \dfrac{0}{40\text{k}}}{\dfrac{1}{20\text{k}} + \dfrac{1}{40\text{k}} + \dfrac{1}{40\text{k}}})(1 + \dfrac{120\text{k}}{30\text{k}\ //\ 60\text{k}})$

    $= 1 \times 7 = 7\ \text{V}$

    (2) 反相輸入電壓響應輸出

    $V_{o2} = (1)(-\dfrac{120\text{k}}{30\text{k}}) + (2)(-\dfrac{120\text{k}}{60\text{k}})$

    $= -4 - 4 = -8\ \text{V}$

    (3) $V_o = V_{o1} + V_{o2} = 7 - 8 = -1\ \text{V}$

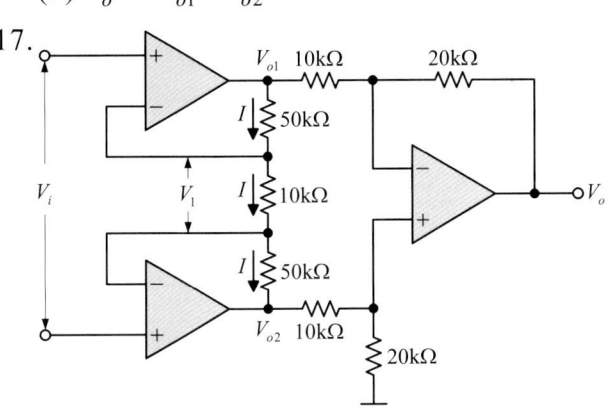

17.

(1) 負回授型式的OPA電路具有虛接特性，即 $V_{(+)} = V_{(-)}$，所以 $V_i = V_1$

(2) $I = \dfrac{V_1}{10\text{k}} = \dfrac{V_i}{10\text{k}}$，則

   $V_{o1} - V_{o2} = I(50\text{k} + 10\text{k} + 50\text{k})$

   $= \dfrac{V_i}{10\text{k}} \times 110\text{k} = 11V_i$

(3) $V_o = (V_{o1} - V_{o2})(\dfrac{20\text{k}}{10\text{k}}) = 2(V_{o1} - V_{o2})$

   $= 2 \times 11V_i = 22V_i$

   所以 $\left|\dfrac{V_o}{V_i}\right| = 22$

20. $V_o(t) = -RC\dfrac{\Delta V_i(t)}{\Delta t}$

    $= -1\text{M} \times 0.2\mu \times \dfrac{12\text{V}}{\text{sec}} = -2.4\ \text{V}$

21. 電路為積分器。

22. (1) $\Delta V_o = -\dfrac{V_i}{RC}\Delta t$

    $= -\dfrac{5}{100\text{k} \times 10\mu} \times 1 = -5\ \text{V}$

    (2) $V_{o(1秒)} = V_{o(0秒)} + \Delta V_o = 0 - 5 = -5\ \text{V}$

23. (1) $V_{(+)} = V_1\dfrac{R_2}{R_1 + R_2} + V_2\dfrac{R_1}{R_1 + R_2}$

    $= V_1\dfrac{4\text{k}}{2\text{k}+4\text{k}} + 0.5\dfrac{2\text{k}}{2\text{k}+4\text{k}}$

    $= \dfrac{2}{3}V_1 + \dfrac{1}{6}$

    (2) $V_{(-)} = 0$

    (3) 如果 $V_{(+)} > V_{(-)}$，

    即 $\dfrac{2}{3}V_1 + \dfrac{1}{6} > 0$，$V_1 > \dfrac{1}{4}\ \text{V}$，則 $V_o = +10\ \text{V}$

    (4) 如果 $V_{(+)} < V_{(-)}$，

    即 $\dfrac{2}{3}V_1 + \dfrac{1}{6} < 0$，$V_1 < \dfrac{1}{4}\ \text{V}$，則 $V_o = +10\ \text{V}$

    (5) 因為 $V_1 = 5\sin\omega t\ \text{V}$，(3)(4)成立，故輸出 $V_o = \pm 10\ \text{V}$ 之脈波電壓

24. 因為 $V_{(-)} = V_2 = 2\ \text{V}$，且 $V_1 = 10\sin\omega t\ \text{V}$，所以輸出為一工作週期小於50%之脈波。

25. (1) $V_{(+)} = 15 \times \dfrac{5k}{10k + 5k} = 5\,V$

(2) $V_{(-)} = V_Z = 6\,V$

(3) $V_{(+)} < V_{(-)}$，故 $V_o = -V_{sat} = -15\,V$

電子學實習試題

1. 輸入抵補電壓約 1mV。

2. $SR = 2\pi f V_m$

   $V_m = \dfrac{SR}{2\pi f} = \dfrac{0.314\,V/\mu s}{2\pi \times 10k} = 5\,V$

3. $SR = \dfrac{\Delta V_o}{\Delta t}$，則

   $\Delta t = \dfrac{\Delta V_o}{SR} = \dfrac{5-(-5)}{20} = 0.5\,\mu s$

4. (1) $|A_v| = \dfrac{100k}{10k} = 10$

   (2) OPA 增益-頻寬積為一定值，
   故 $|A_v| \times BW = 1 \times 10^6 = 10^6$，
   所以 $BW = \dfrac{10^6}{|A_v|} = \dfrac{10^6}{10} = 10^5$

5. (1) $\Delta V_o = 6\,DIV \times 2V/DIV = 12\,V$

   (2) $\Delta t = 1\,DIV \times 20\mu s/DIV = 20\,\mu s$

   (3) $SR = \dfrac{\Delta V_o}{\Delta t} = \dfrac{12V}{20\mu s} = 0.6\,V/\mu s$

6. $\dfrac{v_{o(P-P)}}{v_{i(P-P)}} = -\dfrac{100k}{20k} = -5$，

   則 $v_{i(P-P)} = \dfrac{v_{o(P-P)}}{-5} = \dfrac{\pm 10}{-5} = \mp 2\,V$

7. $v_o(t) = (-\dfrac{R_2}{R_1})v_i(t) = (-\dfrac{100k}{10k})v_i(t)$
   $= -10\,v_i(t)$

   因為 $v_{i(P)} = 2\,V$，輸出已飽和

8. (1) $v_{o(P)} = 2.5\,DIV \times 1V/DIV = 2.5\,V$

   (2) $\dfrac{v_{o(P)}}{v_{i(P)}} = \dfrac{-2.5}{0.5} = -5 = -\dfrac{R}{10k}$，
   則 $R = 50\,k\Omega$

9. $\dfrac{v_{o(P)}}{v_{i(P)}} = \dfrac{-2}{1} = -2 = -\dfrac{100k}{R}$，則 $R = 50\,k\Omega$

10. (1) $V_o = I \times 10k + 5V$
    $= 0.5m \times 10k + 5V = 10\,V$

    (2) $R = \dfrac{5}{I} = \dfrac{5}{0.5m} = 10\,k\Omega$

11. (1) $I = \dfrac{2}{20k} = 0.1\,mA$

    (2) $\dfrac{V_o}{V_i} = \dfrac{10}{2} = 5 = 1 + \dfrac{R}{20k}$，$R = 80\,k\Omega$

12. 因 $V_{(+)} = V_{(-)} = V_i = 1\,V$，對直流而言，電容器視同開路，電路為一電壓隨耦器，$V_o = V_i = 1\,V$。

13. (1) $R_1 = \dfrac{V_i}{I} = \dfrac{0.5}{50\mu} = 10\,k\Omega$

    (2) $V_o = V_i + IR_2$，即 $5.5 = 0.5 + 50\mu \times R_2$，
    故 $R_2 = \dfrac{5.5 - 0.5}{50\mu} = 100\,k\Omega$

14. (1) $V_o = V_1(-\dfrac{100k}{R_1}) + V_2(-\dfrac{100k}{R_2})$，
    因 $R_1 = 2R_2$，所以
    $V_o = -10 = (1)(-\dfrac{100k}{2R_2}) + (0.5)(-\dfrac{100k}{R_2})$
    則 $R_2 = 10\,k\Omega$

    (2) $R_1 = 2R_2 = 20\,k\Omega$

15. $I = \dfrac{V_1}{R_1} + \dfrac{V_2}{R_2} = \dfrac{1}{20k} + \dfrac{0.5}{10k} = 100\,\mu A$

16. (1) $\dfrac{V_B}{50k + 100k} = \dfrac{V_1}{100k} = \dfrac{1}{100k}$，
    則 $V_B = 1.5\,V$

    (2) $\dfrac{V_A - V_1}{50k} = \dfrac{V_1 - V_2}{100k}$，即 $\dfrac{V_A - 1}{50k} = \dfrac{1-2}{100k}$，
    則 $V_A = 0.5\,V$

17. 當輸入為直流電壓時，電容器等同開路，所以 $V_o = 0$。

18. (1) $\Delta t = \dfrac{T}{2} = \dfrac{1}{2f} = \dfrac{1}{2 \times 500} = 1\,ms$

    (2) $v_o = -RC\dfrac{\Delta v_i}{\Delta t}$
    $= -1k \times 1\mu \times \dfrac{1-(-1)}{1m} = -2\,V$

19. 方波微分後變成脈波，且因 OPA 為反相放大，輸出反相的脈波。

20. (1) $\Delta t = \dfrac{T}{2} = \dfrac{1}{2f} = \dfrac{1}{2 \times 100} = 5$ ms

(2) $0 < t < \dfrac{T}{2}$

$\Delta v_o = -\dfrac{v_i}{RC}\Delta t$

$= -\dfrac{1}{100\text{k} \times 0.1\mu} \times 5\text{m} = -0.5$ V

$v_{o(5\text{ms})} = v_{o(0)} + \Delta v_o = -0.5$ V

(3) $\dfrac{T}{2} < t < T$

$\Delta v_o = -\dfrac{v_i}{RC}\Delta t$

$= -\dfrac{-1}{100\text{k} \times 0.1\mu} \times 5\text{m} = 0.5$ V

$v_{o(10\text{ms})} = v_{o(\frac{T}{2})} + \Delta v_o = -0.5 + 0.5 = 0$

22. $t = \dfrac{T}{4} = 2.5$ ms

$\Delta v_o = -\dfrac{v_i}{RC}\Delta t$

$= -\dfrac{1}{100\text{k} \times 0.1\mu} \times 2.5\text{m} = -0.25$ V

$v_{o(1\text{ms})} = v_{o(0)} + \Delta v_o = -0.25$ V

23. 當 $v_i > V_R$ 時，$v_o = +10$ V，
當 $v_i < V_R$ 時，$v_o = -10$ V。

24. (1) 由圖(b)可知 $V_R = -1$ V

(2) $\dfrac{\sin\theta}{\sin 90°} = \dfrac{-1\text{V}}{-2\text{V}}$，則 $\sin\theta = \dfrac{1}{2}$，$\theta = 30°$

(3) 工作週期 $= \dfrac{180° - 2\theta}{360°} \times 100\%$

$= \dfrac{180° - 2 \times 30°}{360°} \times 100\%$

$= 33\%$

25. (1) 觀察轉移特性曲線可知 $V_R = +2$ V。

(2) 當輸入 $v_i > 2$V 時，$v_o = 12$ V；
當輸入 $v_i < 2$V 時，$v_o = -12$ V

素養導向題　P.10-93

1. (1) 電壓增益 $A_v = -\dfrac{R_2}{R_1}$，柯南、服部平次電壓增益都是20倍，但是柯南選用電源電壓 $V_{CC} = 10$ V，輸出會失真產生截波。

(2) 小蘭、灰原輸出波形線性而且不失真，但電壓增益

$A_v = -\dfrac{R_2}{R_1} = -\dfrac{10\text{k}}{100\text{k}} = -0.1$

2. (1) 示波器的垂直有8格，水平有10格。

(2) 輸出波形峰對峰值電壓至少佔垂直刻度4格以上，所以

垂直刻度 $\le \dfrac{10\text{V}}{4\text{DIV}} = 2.5$ V/DIV

(3) $\omega = 2\pi f = 2000\pi$，$f = 1000$ Hz，故

$T = \dfrac{1}{f} = \dfrac{1}{1000} = 1$ ms

(4) 輸出波形一週期至少佔水平刻度2格以上，所以

水平刻度 $\le \dfrac{1\text{ms}}{2\text{DIV}} = 0.5$ ms/DIV

3. (1) 輸入三角波峰對峰值電壓為4V，所以峰值電壓 $V_m = 2$ V

(2) $\dfrac{\Delta t}{\dfrac{T}{4}} = \dfrac{v_{REF}}{V_m} = \dfrac{1}{2}$，則 $\Delta t = \dfrac{T}{8}$

(3) 工作週期 $= \dfrac{\dfrac{T}{2} - 2\Delta t}{T} \times 100\%$

$= \dfrac{\dfrac{T}{2} - 2 \times \dfrac{T}{8}}{T} \times 100\% = 25\%$

(4) 柯南 V_1 小於等於 V_2，所以 $V_o = -V_{sat}$

(5) 服部平次 V_1 大於等於 V_2，所以 $V_o = +V_{sat}$

(6) 小蘭輸出正脈波，工作週期等於25%

(7) 灰原輸出負脈波，工作週期等於75%

4. (1) $\dfrac{\sin\theta}{\sin 90°} = \dfrac{1}{2}$，$\theta = 30°$

(3) 工作週期 $= \dfrac{180° - 2\theta}{360°} \times 100\%$

$= \dfrac{180° - 2 \times 30°}{360°} \times 100\%$

$= 33.3\%$

5. (1) 電路為施密特觸發器。

   (2) 上比較電壓

   $$V_U = \frac{R_1}{R_2}V_{sat} = \frac{10k}{100k} \times 10 = 1\,V$$

   下比較電壓

   $$V_D = -\frac{R_1}{R_2}V_{sat} = -\frac{10k}{100k} \times 10 = -1\,V$$

   (3) 輸出波形

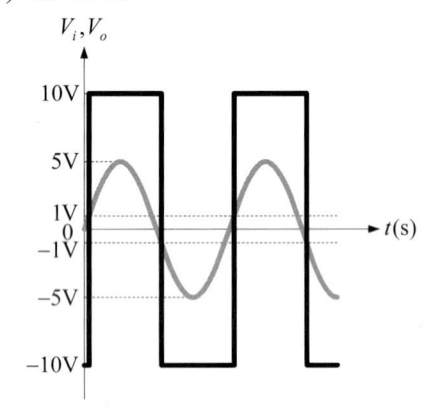

Chapter 11 運算放大器振盪電路及濾波器

11-1 學生練習   P.11-8

1. (C)
2. (C)

   無穩態多諧振盪器輸出脈波信號。

11-1 立即練習   P.11-8

基礎題

1. $\beta A = -1\angle 0° = 1\angle 180°$

   $A_f = \dfrac{A}{1+\beta A} = \dfrac{A}{0} = \infty$

2. 具有一正回授網路。

11-2 學生練習   P.11-11

1. (B)

   $f = \dfrac{1}{2\pi\sqrt{6}RC} = \dfrac{1}{2\times 3.14\times 2.45\times 1\text{k}\times 0.1\mu}$
   $= 650\text{ Hz}$

2. (C)

   (1) $f = \dfrac{1}{2\pi RC} = \dfrac{1}{2\pi\times 16\text{k}\times 0.01\mu}$
   $= \dfrac{1}{32\pi}\times 10^5\text{ Hz}$

   (2) $\dfrac{R_3}{R_4} = \dfrac{R_1}{R_2} + \dfrac{C_2}{C_1} = 2$

3. (D)

   $f = \dfrac{1}{2\pi\sqrt{(L_1+L_2)C}}$, 所以

   $C = \dfrac{1}{(2\pi f)^2(L_1+L_2)}$
   $= \dfrac{1}{(2\pi f)^2(0.1\text{m}+0.1\text{m})} \approx 12.67\text{ nF}$

4-1. (D)

   產生振盪的最小電壓增益

   $|A| = \dfrac{1}{|\beta|} = \dfrac{1}{\dfrac{C_2}{C_1}} = \dfrac{C_1}{C_2}$, 所以 $\dfrac{R_2}{R_1} \geq \dfrac{C_1}{C_2}$

4-2. (A)

   $f = \dfrac{1}{2\pi\sqrt{L(\dfrac{C_1 C_2}{C_1+C_2})}}$
   $= \dfrac{1}{2\pi\sqrt{25\mu(\dfrac{500\text{p}\times 2000\text{p}}{500\text{p}+2000\text{p}})}} \approx 1.6\text{ MHz}$

5. (D)

11-2 立即練習   P.11-20

基礎題

1. (1) $f = \dfrac{1}{T} = \dfrac{1}{5\times 20\mu\text{s}} = 10\text{ kHz}$

   (2) 因 $f = \dfrac{1}{2\pi\sqrt{6}RC}$, 則

   $R = \dfrac{1}{2\pi\sqrt{6}fC}$
   $= \dfrac{1}{2\times 3.14\times 2.45\times 10\text{k}\times 0.01\mu}$
   $= 650\ \Omega$

2. 因 $A = -\dfrac{R_f}{R}$, 則

   $R_f = 29R = 29\times 650 = 18.85\text{ k}\Omega$

3. 電路為韋恩電橋振盪器，正回授網路由 R、C 串聯電路及 R、C 並聯電路所組成，負回授網路由 R_1 及 R_2 所組成。

進階題

1. (1) $f = \dfrac{1}{T} = \dfrac{1}{5\times 0.2\text{ ms}} = 1\text{ kHz}$

   (2) 因 $f = \dfrac{1}{2\pi RC}$, 則

   $R = \dfrac{1}{2\pi fC} = \dfrac{1}{2\times 3.14\times 1\text{k}\times 0.1\mu}$
   $= 1.59\text{ k}\Omega$

2. 韋恩電橋振盪器包含正回授電路及負回授電路。

3. $\dfrac{R_3}{R_4} = \dfrac{R_1}{R_2} + \dfrac{C_2}{C_1} = 1+1 = 2$

4. 振盪條件 $\dfrac{R_3}{R_4} = \dfrac{R_1}{R_2} + \dfrac{C_2}{C_1} = \dfrac{2R_2}{R_2} + \dfrac{2C_1}{C_1} = 4$

5. $f = \dfrac{1}{2\pi\sqrt{L(\dfrac{C_1C_2}{C_1+C_2})}} = \dfrac{0.16}{\sqrt{10\mu(\dfrac{20p\times 20p}{20p+20p})}}$
   $= 16\ \text{MHz}$

11-3學生練習　P.11-27

1. (D)

   (1) 因為 $V_R = 0$，所以
   $$V_{(+)} = \dfrac{R_2}{R_1+R_2}V_R + \dfrac{R_1}{R_1+R_2}V_o$$
   $$= \dfrac{80k}{80k+400k}V_o = \dfrac{V_o}{6}$$

   (2) 上臨限電壓 $V_U = \dfrac{+V_{sat}}{6} = \dfrac{12}{6} = 2\ \text{V}$

   下臨限電壓 $V_D = \dfrac{-V_{sat}}{6} = \dfrac{-12}{6} = -2\ \text{V}$

   (3) 因為 $V_i = -1\ \text{V}$ 且 $V_D < V_i < V_U$，輸出電壓保持不變，與原先電壓相同，有可能是 $+12V$ 或 $-12V$。

2. (C)

   (1) $V_U = \dfrac{80k}{20k+80k}V_R + \dfrac{20k}{20k+80k}V_{sat}$
   $= 0.8\times 1 + 0.2\times 12 = 3.2\ \text{V}$

   (2) $V_D = \dfrac{80k}{20k+80k}V_R - \dfrac{20k}{20k+80k}V_{sat}$
   $= 0.8\times 1 - 0.2\times 12 = -1.6\ \text{V}$

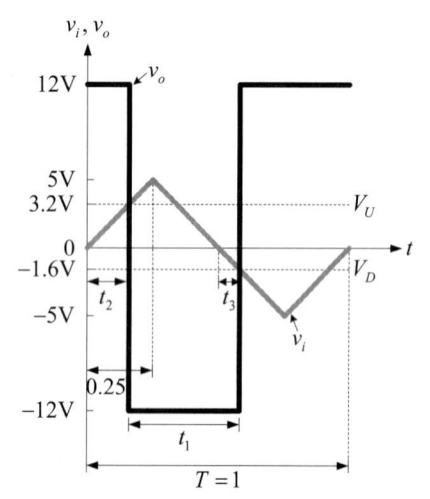

   (3) $\dfrac{t_2}{0.25} = \dfrac{3.2}{5}$，則 $t_2 = 0.16$

   $\dfrac{t_3}{0.25} = \dfrac{-1.6}{-5}$，則 $t_3 = 0.08$

   (4) $t_1 = \dfrac{T}{2} - t_2 + t_3$
   $= 0.5 - 0.16 + 0.08 = 0.42$

   (5) 工作週期 $= \dfrac{1-t_1}{T}\times 100\%$
   $= \dfrac{1-0.42}{1}\times 100\% = 58\%$

11-3立即練習　P.11-28

基礎題

1. 施密特觸發器功用是將變化緩慢的週期性或非週期性波形轉換成變化快速的脈波波形。

3. 施密特觸發器必須要有觸發源，所以不是無穩態多諧振盪器。

4. (1) $V_1 = \dfrac{R_1}{R_1+R_2}V_R + \dfrac{R_2}{R_1+R_2}V_{sat}$
   $= \dfrac{10k}{100+10k}\times 1 + \dfrac{100}{100+10k}\times 5$
   $= 1.04\ \text{V}$

   (2) $V_2 = \dfrac{R_1}{R_1+R_2}V_R - \dfrac{R_2}{R_1+R_2}V_{sat}$
   $= \dfrac{10k}{100+10k}\times 1 - \dfrac{100}{100+10k}\times 5$
   $= 0.94\ \text{V}$

5. (1) 因為 $V_U = \dfrac{R_1}{R_1+R_2}V_R + \dfrac{R_2}{R_1+R_2}V_{sat}$

   且 $V_D = \dfrac{R_1}{R_1+R_2}V_R - \dfrac{R_2}{R_1+R_2}V_{sat}$

   (2) 若 $V_R > 0$，則 $V_U > -V_D$，轉移曲線向右移。若 $V_R < 0$，則 $V_U < -V_D$，轉移曲線向左移。

   (3) 因為 v_i 連接至OPA反相輸入端，所以當 $v_i > V_U$ 時，$v_o = -V_{sat}$；當 $v_i < V_D$ 時，$v_o = +V_{sat}$。

6. 磁滯電壓 $V_H \equiv V_U - V_D = 2\dfrac{R_1}{R_2}V_{sat}$
   $= 2\times \dfrac{5k}{10k}\times 15 = 15\ \text{V}$

7. (1) 上臨限電壓
   $V_U = \dfrac{R_1+R_2}{R_2}V_R + \dfrac{R_1}{R_2}V_{sat} = \dfrac{R_1}{R_2}V_{sat}$
   $= \dfrac{10k}{90k}\times 13.5 = 1.5\ \text{V}$

(2) 下臨界電壓

$$V_D = \frac{R_1 + R_2}{R_2}V_R - \frac{R_1}{R_2}V_{sat} = -\frac{R_1}{R_2}V_{sat}$$

$$= -\frac{10k}{90k} \times 13.5 = -1.5 \text{ V}$$

(3) 因為 $V_D < \sin(2000t)\text{V} < V_U$，所以輸出電壓保持不變，可能是+13.5V或–13.5V直流。

進階題

1. (1) 因為 $V_R = 0$，所以

$$V_{(+)} = \frac{R_1}{R_1 + R_2}v_o = \frac{2.2k}{2.2k + 10k}v_o$$

$$= 0.18v_o$$

(2) 上臨限電壓

$$V_U = 0.18V_{sat} = 0.18 \times 13.5 = 2.43 \text{ V}$$

下臨限電壓

$$V_D = -0.18V_{sat} = 0.18 \times (-13.5)$$

$$= -2.43 \text{ V}$$

(3) 若 $v_i > V_U$ 時，輸出 v_o 由正飽和電壓+V_{sat} 轉態為負飽和電壓–V_{sat}。

(4) 若 $v_i < V_D$ 時，輸出 v_o 由負飽和電壓–V_{sat} 轉態為正飽和電壓+V_{sat}。

2. 因為 $V_D < v_i < V_U$，輸出電壓保持不變，與原先電壓相同，有可能是+12V或–12V。

3. (1) $V_U = \frac{R_1}{R_1+R_2}V_R + \frac{R_2}{R_1+R_2}V_{sat}$

$V_D = \frac{R_1}{R_1+R_2}V_R - \frac{R_2}{R_1+R_2}V_{sat}$

(2) $V_H = V_U - V_D = 2\frac{R_2}{R_1+R_2}V_{sat}$

4. (1) $V_U = \frac{9k}{1k+9k}V_R + \frac{1k}{1k+9k}V_{sat}$

$V_D = \frac{9k}{1k+9k}V_R - \frac{1k}{1k+9k}V_{sat}$

(2) $V_H = V_U - V_D = 2\frac{1k}{1k+9k}V_{sat}$

$= 2 \times 0.1 \times 13 = 2.6$ V

6. (1) $V_U = \frac{R_1}{R_1+R_2}V_R + \frac{R_2}{R_1+R_2}V_{sat}$

$V_D = \frac{R_1}{R_1+R_2}V_R - \frac{R_2}{R_1+R_2}V_{sat}$

(2) $V_H = V_U - V_D = 2\frac{R_2}{R_1+R_2}V_{sat}$

$$= \frac{2}{\frac{R_1}{R_2}+1} \times 13.5 = \frac{27}{\frac{R_1}{R_2}+1} = 4.5$$

則 $\frac{R_1}{R_2} = 5$

7. (1) 上臨限電壓 $V_U = \frac{R_1+R_2}{R_2}V_R + \frac{R_1}{R_2}V_{sat}$

(2) 下臨界電壓 $V_D = \frac{R_1+R_2}{R_2}V_R - \frac{R_1}{R_2}V_{sat}$

(3) 磁滯電壓 $V_H = V_U - V_D = 2\frac{R_1}{R_2}V_{sat}$

$$= 2 \times \frac{1k}{9k} \times 13.5 = 3 \text{ V}$$

11-4 學生練習

1. (C)

(1) $\beta = \frac{R_2}{R_1+R_2} = \frac{10k}{10k+20k} = \frac{1}{3}$

(2) $v_{C(P-P)} = \pm\beta V_{sat} = 2\beta V_{sat}$

$= 2 \times \frac{1}{3} \times 12 = 8$ V

(3) $v_{o(P-P)} = \pm V_{sat} = 2V_{sat} = 2 \times 12 = 24$ V

(4) $T = 2RC\ln(1+\frac{2R_2}{R_1})$，

振盪週期與 R、C、R_1、R_2 皆有關。

2. (A)

(1) $v_{C(P-P)} = \pm\beta V_{sat} = \pm\frac{1}{3} \times 12 = \pm 4$ V

(2) $v_{o(P-P)} = \pm V_{sat} = \pm 12$ V

3. (D)

當正反器輸出 $Q=0$ 時，$\overline{Q}=1$ 使電晶體導通，反之當 $Q=1$ 時，$\overline{Q}=0$ 使電晶體截止。

4. (B)

(1) 當電容器充電時，二極體順偏導通，充電時間 $t_1 = 0.693(R_A)C$。

(2) 當電容器放電時，二極體逆偏截止，放電時間 $t_2 = 0.693R_B C$，則 $T = 0.693(R_A+R_B)C$。

(3) 電路為無穩態多諧振盪器，二極體的作用為開關。

11-4 立即練習　P.11-43

基礎題

2. (1) 當輸出為正飽和電壓 $+V_{sat}$ 時，D_1 順偏導通，端電壓為 V_{D1}，D_2 逆偏崩潰，端電壓為 V_{Z2}。
   (2) 當輸出為負飽和電壓 $-V_{sat}$ 時，D_1 逆偏崩潰，端電壓為 V_{Z1}，D_2 順偏導通，端電壓為 V_{D2}。

3. 無穩態多諧振盪器輸出脈波。

4. $f = \dfrac{1}{0.7(R_{B1}C_1 + R_{B2}C_2)}$
   $= \dfrac{1}{0.7(10k \times 100p + 10k \times 100p)}$
   $= 714\,\text{kHz}$

5. (1) D_1 導通時，電容器 C 開始充電，充電時間 $t_1 = 0.7R_AC$。
   (2) D_2 導通時，電容器 C 開始放電，放電時間 $t_2 = 0.7R_BC$。
   (3) 工作週期（duty cycle）$= \dfrac{R_A}{R_A + R_B}$

6. $T = 1.1RC = 1.1 \times 100k \times 100\mu = 11$ 秒

進階題

1. OPA 非反相輸入端及反相輸入端信號振幅相同，但非反相輸入端信號波形為方波，而反相輸入端信號波形為三角波。

2. (1) $T = 2RC\ln(1 + \dfrac{2R_2}{R_1})$
   $= 2 \times 1k \times 0.1\mu \times \ln(1 + \dfrac{2 \times 10k}{10k})$
   $= 220\,\mu s$
   (2) $f = \dfrac{1}{T} = \dfrac{1}{220\mu} = 4545\,\text{Hz}$

3. (1) Q_1 電晶體飽和條件：$\beta_1 R_{C1} \geq R_{B1}$，
   則 $\beta_1 \geq \dfrac{R_{B1}}{R_{C1}} = \dfrac{30k}{1k} = 30$
   (2) Q_2 電晶體飽和條件：$\beta_2 R_{C2} \geq R_{B2}$，
   則 $\beta_2 \geq \dfrac{R_{B2}}{R_{C2}} = \dfrac{10k}{470} \approx 21.2$
   (3) 選擇 $\beta \geq 30$，以確保 Q_1 及 Q_2 電晶體皆可以進入飽和區。

4. $\beta \geq \dfrac{R_2}{R} = \dfrac{100k}{1k} = 100$

5. $T = 1.1RC = 1.1 \times 100k \times 10\mu = 1.1$ 秒

6. $T \approx 0.7R_{B1}C_1 = 0.7 \times 15k \times 0.2\mu = 2.1\,\text{ms}$

11-5 學生練習　P.11-48

1. (C)
   $T = 4(\dfrac{R_2}{R_1})RC$
   $= 4 \times (\dfrac{5k}{10k}) \times 1k \times 0.1\mu = 0.2\,\text{ms}$
   則 $f = \dfrac{1}{T} = \dfrac{1}{0.2\text{ms}} = 5\,\text{kHz}$

11-5 立即練習　P.11-48

基礎題

1. $v_{o(P-P)} = \pm\dfrac{R_2}{R_1}V_{sat} = 2\dfrac{R_2}{R_1}V_{sat}$
   $= 2 \times \dfrac{R_2}{2R_2} \times V_{CC} = V_{CC}$

2. $v_{o(P-P)} = \pm\dfrac{R_2}{R_1}V_{sat} = \dfrac{R_2}{R_1}V_{sat}$
   $= \pm\dfrac{10k}{20k} \times 13 = \pm 6.5\,\text{V}$

進階題

1. 輸出 v_o 變化量為
   $\pm\dfrac{R_2}{R_1}V_{sat} = \pm\dfrac{10k}{20k} \times 12 = \pm 6\,\text{V}$

2. (1) $T = 0.5\text{ms/DIV} \times 4\text{DIV} = 2\,\text{ms}$
   (2) 因為 $T = 4RC(\dfrac{R_2}{R_1})$，所以
   $R = \dfrac{T}{4C}(\dfrac{R_1}{R_2}) = \dfrac{2m}{4 \times 0.1\mu} \times \dfrac{20k}{10k}$
   $= 10\,\text{k}\Omega$

3. $T = 4(\dfrac{R_2}{R_1})RC$，則 $f = \dfrac{1}{T}$，所以輸出波形頻率與 R、C、R_2 成反比，與 R_1 成正比。

4. (1) $v_{o1(P-P)} = \pm V_{sat} = \pm 12\,\text{V}$
   (2) $v_{o2(P-P)} = \pm\dfrac{R_1}{R_2}V_{sat} = \pm\dfrac{10k}{30k} \times 12$
   $= \pm 4\,\text{V}$

5. (1) $T = 4(\dfrac{R_1}{R_2})RC = 4 \times \dfrac{10\text{k}}{30\text{k}} \times 2\text{k} \times 0.22\mu$
   $= 0.587$ ms

   (2) $f = \dfrac{1}{T} = \dfrac{1}{0.587\text{ms}} = 1.7$ kHz

11-6 學生練習　P.11-56

1. (C)

   (1) 在 $f \leq f_H$ 通帶範圍內，信號完全無損，則輸入頻率為100Hz時之電壓增益等於100。

   (2) 在 $f > f_H$ 截止帶範圍內，輸出以 -20dB／十倍頻速率遞減，則輸入頻率為10kHz時之電壓增益等於 $\dfrac{100}{10} = 10$。

11-6 立即練習　P.11-56

基礎題

2. 帶拒濾波器可濾除特定頻帶範圍的信號，帶通濾波器可通過特定頻帶範圍的信號。

進階題

1. (1) 低通濾波器之高頻截止頻率
   $f_H = \dfrac{1}{2\pi R_1 C_1} = \dfrac{1}{2\pi \times 10\text{k} \times 0.01\mu}$
   $= 1590$ Hz

   (2) 高通濾波器之低頻截止頻率
   $f_L = \dfrac{1}{2\pi R_2 C_2} = \dfrac{1}{2\pi \times 10\text{k} \times 0.02\mu}$
   $= 795$ Hz

   (3) 頻寬 $BW = f_H - f_L = 1590 - 795$
   $= 795$ Hz

2. 被動濾波器最大電壓增益等於1。

歷屆試題　P.11-58

電子學試題

1. 電路為考畢子振盪電路，適用於高頻正弦波振盪，且 L、C_1、C_2愈小，振盪頻率愈高。

2. (1) $V_U = \dfrac{R_1}{R_2} V_{sat} = \dfrac{R_1}{3R_1} \times 12 = 4$ V
   $V_D = -\dfrac{R_1}{R_2} V_{sat} = -\dfrac{R_1}{3R_1} \times 12 = -4$ V

   (2) 當 $v_s > V_U$，則 $v_o = +V_{sat} = 12$ V，
   當 $v_s < V_D$，則 $v_o = -V_{sat} = -12$ V

3. 改變 V_{ref}、R_1、R_2值，只能改變工作週期。

4. 工作週期為 $\dfrac{T_+}{T} \times 100\% = \dfrac{R_1 + R_2}{R_1 + 2R_2} \times 100\%$
   $= 75\%$

   則 $\dfrac{R_1 + R_2}{R_1 + 2R_2} = \dfrac{3}{4}$，解得 $R_1 = 2R_2$

5. (1) 考畢子振盪器：X_1與X_2為電容器，X_3為電感器。

   (2) 哈特萊振盪器：X_1與X_2為電感器，X_3為電容器。

6. (1) $V_U = V_r \dfrac{R_2}{R_1 + R_2} + V_{sat} \dfrac{R_1}{R_1 + R_2}$
   $= 3 \times \dfrac{10\text{k}}{10\text{k} + 2\text{k}} + 12 \times \dfrac{2\text{k}}{10\text{k} + 2\text{k}}$
   $= 4.5$ V

   (2) $V_D = V_r \dfrac{R_2}{R_1 + R_2} - V_{sat} \dfrac{R_1}{R_1 + R_2}$
   $= 3 \times \dfrac{10\text{k}}{10\text{k} + 2\text{k}} - 12 \times \dfrac{2\text{k}}{10\text{k} + 2\text{k}}$
   $= 0.5$ V

   (3) $V_H = V_U - V_D = 4.5 - 0.5 = 4$ V

7. (1) 電路在穩態時，輸出電壓為0。

   (2) 電路在不穩態時，輸出電壓為V_{CC}，
   $t_d = 1.1RC = 1.1 \times 20\text{k} \times 0.1\mu = 2.2$ ms

8. $f = \dfrac{1}{2\pi RC} = \dfrac{1}{2\pi \times 16\text{k} \times 0.1\mu} = 100$ Hz

9. $R_f = 29R = 29 \times 3\text{k} = 87$ kΩ

10. $V_H = 2\dfrac{R_1}{R_2} V_{sat} = 2 \times \dfrac{10\text{k}}{20\text{k}} \times 15 = 15$ V

11. $V_U = V_R \dfrac{R_1 + R_2}{R_2} + V_{sat} \dfrac{R_1}{R_2}$
    $= -2 \times \dfrac{R_1 + 2\text{k}}{2\text{k}} + 10 \times \dfrac{R_1}{2\text{k}}$
    $= \dfrac{8R_1}{2\text{k}} - 2 = 4$

    則 $R_1 = 1.5$ kΩ

12. $V_D = V_R \dfrac{R_1 + R_2}{R_2} - V_{sat} \dfrac{R_1}{R_2}$
    $= 2 \times \dfrac{2\text{k} + 2\text{k}}{2\text{k}} - 10 \times \dfrac{2\text{k}}{2\text{k}} = -6$ V

13. (1) 555計時ＩＣ內部有兩個比較器ＯＰＡ1及ＯＰＡ2。

    (2) 第6腳連接至上限比較器ＯＰＡ1的非反相輸入端，上限比較電壓 $V_U = \dfrac{2}{3}V_{CC}$，第2腳連接至下限比較器ＯＰＡ2的反相輸入端，下限比較器電壓 $V_D = \dfrac{1}{2}V_U = \dfrac{1}{3}V_{CC}$。

    (3) 第5腳連接至上限比較器ＯＰＡ1的反相輸入端，改變第5腳電壓，可同時改變上、下限比較電壓，因此改變輸出的頻率。

14. 無穩態多諧振盪器沒有輸入觸發信號。

15. (1) $V_U = V_r \dfrac{R_2}{R_1+R_2} + V_{sat}\dfrac{R_1}{R_1+R_2}$

    $V_D = V_r \dfrac{R_2}{R_1+R_2} - V_{sat}\dfrac{R_1}{R_1+R_2}$

    (2) $V_H = V_U - V_D = 2V_{sat}\dfrac{R_1}{R_1+R_2}$

17. 在截止頻率的功率等於中頻段功率的一半。

18. 音頻正弦波振盪器使用 RC 相移振盪器或韋恩電橋振盪器。

19. $f = \dfrac{1}{2\pi RC} = \dfrac{1}{2\pi \times 10k \times 0.02\mu} = 796\,\text{Hz}$

20. 充電時間 $t_1 = 0.693(R_1+R_2)C$，
    放電時間 $t_2 = 0.693 R_2 C$，
    當 $R_2 \gg R_1$ 時，$t_1 = t_2$

21. $f = \dfrac{1}{2\pi\sqrt{6}RC}$，則
    $RC = \dfrac{1}{2\pi\sqrt{6}f} = \dfrac{1}{2\pi \times 2.45 \times 1300} = 50\,\mu s$

24. RC 相移形成正回授特性。

25. 負回授可增加系統穩定度、增加系統頻寬、降低雜訊干擾。

26. v_o 之波形為方波。

27. 振盪條件 $\beta A \geq 1 \angle 0°$，則
    $A \geq \dfrac{1}{\beta} = \dfrac{1}{0.02} = 50$

28. (1) 方塊Ａ之ＯＰＡ電路功能為積分電路，輸出為三角波。

    (2) 方塊Ｂ之ＯＰＡ電路功能為施密特觸發器，輸出為方波。

29. (1) $V_U = V_{sat}\dfrac{R_1}{R_2}$，$V_D = -V_{sat}\dfrac{R_1}{R_2}$

    (2) 磁滯電壓 $V_H = V_U - V_D = 2V_{sat}\dfrac{R_1}{R_2}$
    $= 2 \times 13.5 \times \dfrac{20k}{100k} = 5.4\,\text{V}$

30. 利用正回授技術。

31. (1) $V_U = V_{CC}\dfrac{10k}{10k+90k} = 10 \times \dfrac{1}{10} = 1\,\text{V}$

    (2) $V_D = -V_{CC}\dfrac{10k}{10k+90k} = -10 \times \dfrac{1}{10} = -1\,\text{V}$

    (3) $V_H = V_U - V_D = 1-(-1) = 2\,\text{V}$

32. 無穩態多諧振盪器不需另加觸發信號即可轉態。

電子學實習試題

1. (1) 圖(A)為石英晶體振盪器，適用於高頻正弦波範圍。

    (2) 圖(B)為方波產生電路。

    (3) 圖(C)為 RC 相移振盪器，適用於低頻正弦波範圍。

    (4) 圖(D)為韋恩電橋振盪器，適用於低頻正弦波範圍。

2. 施密特觸發器主要功用是將變化緩慢的信號，轉換成數位脈波信號，可降低雜訊干擾。

3. 施密特振盪器不用外加觸發信號，但需要加輸入信號。

5. $f = \dfrac{R}{2\pi L} = \dfrac{628}{2\times\pi\times100\mu} \approx 1\,\text{MHz}$

8. $V_U = V_{sat}\dfrac{R_2}{R_1+R_2} = 12 \times \dfrac{R_2}{R_1+R_2}$
   $= \dfrac{12}{\dfrac{R_1}{R_2}+1} = 2\,\text{V}$

   則 $\dfrac{R_1}{R_2} = 5$

9. 韋恩電橋振盪條件為 $\dfrac{R_2}{R_1} = 2$，則
   $R_2 = 2R_1 = 2\times 10k = 20\,\text{k}\Omega$

第11章 運算放大器振盪電路及濾波器

10. (1) $\beta = \dfrac{R_2}{R_1 + R_2} = \dfrac{0.85}{1 + 0.85} = 0.46$

(2) $T = 2RC\ln(\dfrac{1+\beta}{1-\beta})$
$= 2 \times 10k \times 0.01\mu \times \ln(\dfrac{1+0.46}{1-0.46})$
$= 0.2m \times \ln(2.7) = 0.2$ ms

(3) $f = \dfrac{1}{T} = \dfrac{1}{0.2m} = 5$ kHz

11. $V_H = 2\dfrac{R_1}{R_1 + R_2}V_{sat}$
$= 2 \times \dfrac{1k}{1k + 9k} \times 12 = 2.4$ V

12. (1) OPA1為施密特觸發器，OPA2為米勒積分器。

(2) v_o回授至施密特觸發器輸入端，電路可振盪，產生三角波輸出v_o。

13. (1) $v_c = \pm\dfrac{R_2}{R_1 + R_2}V_{sat}$
$= \pm\dfrac{10k}{10k + 10k} \times 12 = \pm 6$ V

鋸齒波輸出

(2) $v_o = \pm V_{sat} = \pm 12$ V，方波輸出

14. V_X輸出端可產生鋸齒波。

15. (1) 電路為無穩態多諧振盪器。

(2) 正常工作下，C_1之電壓v_C最大值為$\dfrac{2}{3}V_{CC}$，最小值為$\dfrac{1}{3}V_{CC}$。

(3) v_o之波形為脈波。

16. (1) $V_U = V_R\dfrac{R_1 + R_2}{R_2} + V_{sat}\dfrac{R_1}{R_2}$
$= -2 \times \dfrac{10k + 100k}{100k} + 12 \times \dfrac{10k}{100k}$
$= -1$ V

(2) $V_D = V_R\dfrac{R_1 + R_2}{R_2} - V_{sat}\dfrac{R_1}{R_2}$
$= -2 \times \dfrac{10k + 100k}{100k} - 12 \times \dfrac{10k}{100k}$
$= -3.4$ V

(3) 電路為非反相施密特觸發器，當$v_i = 1$ V時，因為$v_i > V_U$，所以$v_o = 12$ V。

17. 石英晶體振盪電路振盪頻率穩定性最佳。

18. 產生振盪的最小電壓增益為3，但電路的電壓增益為$1 + \dfrac{2.2k}{2.2k} = 2$。

19. (1) $V_U = 3\dfrac{R}{10k + R} + V_{sat}\dfrac{10k}{10k + R}$

$V_D = 3\dfrac{R}{10k + R} - V_{sat}\dfrac{10k}{10k + R}$

(2) $V_H = V_U - V_D = 2V_{sat}\dfrac{10k}{10k + R}$
$= 2 \times 15 \times \dfrac{10k}{10k + R} = 5$ V

則$R = 50$ kΩ

20. (1) OPA1輸出峰對峰值電壓
$v_{o1(P-P)} = \pm V_{sat} = \pm 15$ V

(2) OPA2輸出峰對峰值電壓
$v_{o2} = \pm\dfrac{R_2}{R_1}V_{sat} = \pm\dfrac{10k}{20k} \times 15 = \pm 7.5$ V

(3) 電壓增益$\dfrac{v_{o1}}{v_{o2}} = 2$

(4) $T = 4(\dfrac{R_2}{R_1})RC = 4 \times \dfrac{10k}{20k} \times 10k \times 0.1\mu$
$= 2$ ms

$f = \dfrac{1}{T} = \dfrac{1}{2m} = 500$ Hz

21. 因為$f = \dfrac{1}{2\pi\sqrt{6}RC}$，所以輸出頻率與$R$、$C$成反比。

22. (1) $\dfrac{R_f}{R} = 29$且$R_f - R = 140$ kΩ，
將$R_f = 29R$代入得$29R - R = 140$ kΩ，
則$R = 5$ kΩ、$R_f = 145$ kΩ

(2) $f = \dfrac{1}{2\pi\sqrt{6}RC} = \dfrac{1}{1\pi \times 2.45 \times 5k \times 0.01\mu}$
$= 1300$ Hz

23. (1) 責任週期 $= \dfrac{R_A + R_B}{R_A + 2R_B} \times 100\%$
$= \dfrac{10k + 10k}{10k + 2 \times 10k} \times 100\%$
$= 66.6\%$

(2) 電路為無穩態多諧振盪器，v_o波形為脈波。

(3) 週期 $T = 0.693(R_A + 2R_B)C$
$\approx 0.7 \times (10k + 2 \times 10k) \times 0.1\mu$
$= 2.1$ ms

頻率 $f = \dfrac{1}{T} = 476$ Hz

24. (1) $v_i = 6\sin(60\pi t)$ V $= 6\sin(2\pi f t)$ V，則 $f = 30$ Hz

(2) 輸出波形方波，且輸出波形頻率與輸入波形頻率相同。

25. $V_H = 2\dfrac{R_2}{R_1+R_2}V_{sat} = 2 \times \dfrac{1}{\frac{R_1}{R_2}+1} \times 9$
$= 2 \times \dfrac{1}{2+1} \times 9 = 6$ V

26. (1) $V_D = V_R\dfrac{R_1}{R_1+R_2} - V_{sat}\dfrac{R_2}{R_1+R_2}$
$= 4\dfrac{R_1}{R_1+1k} - 10\dfrac{1k}{R_1+1k} = 2.6$ V

則 $4R_1 - 10 = 2.6R_1 + 2.6$，$R_1 = 9$ kΩ

(2) $V_U = V_R\dfrac{R_1}{R_1+R_2} + V_{sat}\dfrac{R_2}{R_1+R_2}$
$= 4\dfrac{9k}{9k+1k} + 10\dfrac{1k}{9k+1k} = 4.6$ V

(3) $V_H = V_U - V_D = 4.6 - 2.6 = 2$ V

(4) $v_i = 6 > V_U$，則 $v_o = -10$ V

27. (1) $T = 4RC\left(\dfrac{R_2}{R_1}\right)$
$= 4 \times 0.5M \times 0.1\mu \times \left(\dfrac{5k}{10k}\right) = 0.1$ s

$f = \dfrac{1}{T} = \dfrac{1}{0.1} = 10$ Hz

輸出 v_o 為三角波

(2) v_o 之變化量為 $\pm\dfrac{R_2}{R_1}V_{sat}$，$v_o$ 之最大值為
$+\dfrac{R_2}{R_1}V_{sat} = \dfrac{5k}{10k} \times 15 = 7.5$ V，最小值 -7.5 V。

28. (1) $f_p = \dfrac{1}{2\pi\sqrt{L\dfrac{C_SC_P}{C_S+C_P}}} > f_s$

(2) $f_o > f_p$，石英晶體為電容性阻抗。

29. $\beta = \dfrac{1\angle 0°}{A} = \dfrac{1\angle 0°}{-10} = -0.1\angle 0°$
$= 0.1\angle 180°$

30. 此電路之迴路增益為 $\dfrac{Z_1+R_3}{R_3}$。

31. $f_S = \dfrac{1}{2\pi\sqrt{L_S\dfrac{C_SC_P}{C_S+C_P}}}$
$= \dfrac{0.16}{\sqrt{0.1H \times \dfrac{2.5p \times 420p}{2.5p+420p}}}$
$= \dfrac{0.16}{\sqrt{0.2485p}} \approx \dfrac{0.16}{0.5\mu} = 320$ kHz

32. (1) μA741 運算放大器（OPA）輸出腳為 6、正輸入腳為 3、負輸入腳為 2。

(2) 反相施密特觸發器，輸出腳 6 會經電阻回授至正輸入腳 3，輸入信號必須由正輸入腳 2 接入。

33. (1) 此電路為韋恩電橋振盪電路。

(2) Z_1 與 Z_2 構成正回授電路。

(3) 振盪時 V_f 與 V_o 間構成 0 度的相位移。

34. (1) 串聯諧振頻率
$f_s = \dfrac{1}{2\pi\sqrt{LC_S}} = \dfrac{1}{2\pi\sqrt{2 \times 0.02p}}$
$= (2500/\pi)$ kHz

在此頻率下石英晶體阻抗最小。

(2) 串聯諧振頻率
$f_s = \dfrac{1}{2\pi\sqrt{L\dfrac{C_SC_P}{C_S+C_P}}}$
$= \dfrac{1}{2\pi\sqrt{2 \times \dfrac{0.02p \times 5p}{0.02p+5p}}}$
$\approx (2500/\pi)$ kHz

在此頻率下石英晶體阻抗最大。

最新統測試題

1. (1) $f_H = \dfrac{1}{2\pi R_1 C_1}$，$f_L = \dfrac{1}{2\pi R_2 C_2}$

   (2) 已知 $C_2 = 5C_1$，$R_2 = 4R_1$ 代入(1)式得
   $$f_L = \dfrac{1}{2\pi(4R_1)(5C_1)} = \dfrac{1}{40\pi R_1 C_1}$$

   (3) $\dfrac{f_H}{f_L} = 20$

2. (1) $\dfrac{R_4}{R_3} = \dfrac{R_2}{R_1} + \dfrac{C_1}{C_2} = \dfrac{3R_1}{R_1} + \dfrac{C_1}{\frac{1}{3}C_1} = 6$

   (2) $f_0 = \dfrac{1}{2\pi\sqrt{R_1 R_2 C_1 C_2}}$
   $$= \dfrac{1}{2\pi\sqrt{R_1(3R_1)C_1(\frac{1}{3}C_1)}} = \dfrac{1}{2\pi R_1 C_1}$$

3. (1) $V_{(+)} = V_{ref}(\dfrac{2}{1+2}) + v_o(\dfrac{1}{1+2})$
   $$= \dfrac{2}{3}V_{ref} + \dfrac{1}{3}v_o$$

   (2) $V_{(-)} = v_i$

   (3) 令 $V_{(+)} = V_{(-)}$，則 $v_i = \dfrac{2}{3}V_{ref} + \dfrac{1}{3}v_o$

   (4) 將 $v_o = \pm V_{sat}$ 代入(3)式得
   $$\begin{cases} V_D = \dfrac{2}{3}V_{ref} + \dfrac{1}{3}(-12) = \dfrac{2}{3}V_{ref} - 4 \\ V_U = \dfrac{2}{3}V_{ref} + \dfrac{1}{3}(+12) = \dfrac{2}{3}V_{ref} + 4 \end{cases}$$

   (5) 已知 $V_D = 0$，代入(4)式得 $0 = \dfrac{2}{3}V_{ref} - 4$，故 $V_{ref} = 6$ V

4. (1) $V_{(-)} = v_s$，$V_{(+)} = v_o\dfrac{10}{10+40} = 0.2v_o$

   (2) 令 $V_{(-)} = V_{(+)}$，$v_s = 0.2v_o$
   $V_U = 0.2 \times (+V_{sat})$
   $\quad = 0.2 \times (+10) = 2$ V $= V_{TH}$
   $V_D = 0.2 \times (-V_{sat})$
   $\quad = 0.2 \times (-10) = -2$ V

   (3) $V_H = V_U - V_D = 2 - (-2) = 4$ V

5. 每節 RC 相移小於 $90°$，須三節 RC 相移才能達 $180°$。

6. (1) 施密特觸發器為正回授電路。

   (2) 方波產生器可由施密特觸發器與 R、C 組成。

7. 哈特萊振盪器常用來產生正弦波信號。

8. (1) 上臨界電壓
   $$V_U = 1\text{V} \times \dfrac{18\text{k}}{2\text{k}+18\text{k}} + 15\text{V} \times \dfrac{2\text{k}}{2\text{k}+18\text{k}}$$
   $$= 2.4 \text{ V}$$

   (2) 下臨界電壓
   $$V_L = 1\text{V} \times \dfrac{18\text{k}}{2\text{k}+18\text{k}} - 15\text{V} \times \dfrac{2\text{k}}{2\text{k}+18\text{k}}$$
   $$= -0.6 \text{ V}$$

9. (1) 施密特電路又稱為波形整形電路，輸入任意波形，若輸入電壓變動範圍超過上、下臨界電壓，則輸出電壓的波形為脈波或方波。

   (2) 上臨界電壓
   $$V_U = 15\text{V} \times \dfrac{2\text{k}\Omega}{2\text{k}\Omega+18\text{k}\Omega} = 1.5 \text{ V}$$

   (3) 下臨界電壓
   $$V_L = -15\text{V} \times \dfrac{2\text{k}\Omega}{2\text{k}\Omega+18\text{k}\Omega} = -1.5 \text{ V}$$

   (4) 輸入正弦波的振幅為3V，超過上、下臨界電壓且對稱變化，所以輸出波形為方波。

10. (1) 高頻截止頻率
    $$f_H = \dfrac{1}{2\pi R_A C_A} = \dfrac{1}{2 \times 3.14 \times 0.5\text{k} \times 0.01\mu}$$
    $$\approx 31.85 \text{ kHz}$$

    (2) 低頻截止頻率
    $$f_L = \dfrac{1}{2\pi R_B C_B} = \dfrac{1}{2 \times 3.14 \times 1\text{k} \times 0.05\mu}$$
    $$\approx 3.19 \text{ kHz}$$

    (3) 頻帶寬度 $BW = f_H - f_L \approx 31.85 - 3.19$
    $$= 28.66 \text{ kHz}$$

11. (1) 此為方波產生電路。

    (2) 振盪週期
    $$T = 2RC\ln(1+\dfrac{2R_2}{R_1})$$
    $$= 2 \times 50\text{k} \times 0.2\mu \times \ln(1+\dfrac{2 \times 8.5\text{k}}{10\text{k}})$$
    $$= 20\text{m} \times \ln(2.7) \approx 20 \text{ ms}$$

    (3) 振盪頻率 $f = \dfrac{1}{T} = \dfrac{1}{20\text{ms}} = 50$ Hz

12. (1) 此為領先型RC相移振盪器。

    (2) 電壓增益

    $|A| = \dfrac{R_2}{R_1} \geq 29 \Rightarrow \dfrac{R_2}{20k\Omega} \geq 29$

    $\Rightarrow R_2 \geq 580\ k\Omega$

    (3) 振盪頻率

    $f = \dfrac{1}{2\pi\sqrt{6}RC}$

    $= \dfrac{1}{2 \times 3.14 \times 2.45 \times 10k \times 0.01\mu}$

    $\approx 650\ Hz$

13. (1) 諧振時 $X_{C1} + X_{C2} + X_L = 0$

    (2) $\beta = \dfrac{X_{C1}}{X_{C1} + X_L} = -\dfrac{X_{C1}}{X_{C2}} = -\dfrac{C_2}{C_1}$

    $= -\dfrac{150p}{300p} = -0.5$

    (3) $A = \dfrac{1}{\beta} = \dfrac{1}{-0.5} = -2$

    $\dfrac{R_f}{R_i} = |A| = 2$，則

    $R_f = 2R_i = 2 \times 50k = 100\ k\Omega$

14. (1) $C = \dfrac{C_1 C_2}{C_1 + C_2} = \dfrac{300 \times 150}{300 + 150} = 100\ pF$

    (2) $f_o = \dfrac{1}{2\pi\sqrt{LC}} = \dfrac{0.159}{\sqrt{100\mu \times 100p}}$

    $= 1.59\ MHz$

15. (1) $T = 4(\dfrac{R_1}{R_2})R_3 C = 4(\dfrac{20k}{60k}) \times 9k \times 0.1\mu$

    $= 1.2\ ms$

    (2) $f = \dfrac{1}{T} = \dfrac{1}{1.2m} \approx 833\ Hz$

模擬演練 P.11-77

電子學試題

2. 當 $\beta A = -1\angle 0°$ 時，$A_f = \dfrac{A}{1-1} = \infty$，產生振盪。

4. (1) $f = \dfrac{1}{2\pi RC} = \dfrac{1}{2\pi \times 10k \times 10n}$

    $= \dfrac{1}{2\pi} \times 10^4\ Hz$

    (2) 振盪條件：$\dfrac{R_2}{R_1} = 2$，則

    $R_1 = \dfrac{R_2}{2} = \dfrac{100k}{2} = 50\ k\Omega$

5. 石英晶體振盪電路振盪頻率最穩定。

6. 振盪條件：$A = \left|\dfrac{R_f}{R_1}\right| \geq 29$，則

    $R_1 \leq \dfrac{R_f}{29} = \dfrac{140k\Omega}{29} = 4.83\ k\Omega$

7. (1) 電路振盪最小電壓增益 $|A| = \dfrac{R_2}{R_1} = 29$，

    則 $R_2 = 29 R_1$

    (2) $R_1 + R_2 = 60\ k\Omega$ 且 $R_2 = 29R_1$，

    則 $R_1 + 29R_1 = 30R_1 = 60\ k\Omega$，

    故 $R_1 = 2\ k\Omega$，$R_2 = 58\ k\Omega$。

8. (1) $V_U = V_R \dfrac{R_1}{R_1 + R_2} + V_{sat}\dfrac{R_2}{R_1 + R_2}$

    $= 1 \times \dfrac{90k}{10k + 90k} + 12 \times \dfrac{10k}{10k + 90k}$

    $= 2.1\ V$

    (2) $V_D = V_R \dfrac{R_1}{R_1 + R_2} - V_{sat}\dfrac{R_2}{R_1 + R_2}$

    $= 1 \times \dfrac{90k}{10k + 90k} - 12 \times \dfrac{10k}{10k + 90k}$

    $= -0.3\ V$

9. (1) $V_U = V_{sat}\dfrac{R_1}{R_2} = 13.5 \times \dfrac{10k}{90k} = 1.5\ V$

    $V_D = -V_{sat}\dfrac{R_1}{R_2} = -13.5 \times \dfrac{10k}{90k}$

    $= -1.5\ V$

    (2) 當 $V_i > V_U$ 時，$V_o = 13.5\ V$；

    當 $V_i < V_D$ 時，$V_o = -13.5\ V$；

    當 $V_D \leq V_i \leq V_U$ 時，V_o 保持不變。

10. 因為 $V_i > V_U$，所以 $V_o = 13.5\ V$。

11. $V_H = 2\dfrac{R_2}{R_1 + R_2}V_{sat} = 2 \times \dfrac{50k}{100k + 50k} \times V_{sat}$

    $= \dfrac{2}{3}V_{sat} = 8\ V$

    則 $V_{sat} = 12\ V$

12. (1) $V_U = V_R \dfrac{R_1}{R_1+R_2} + V_{sat}\dfrac{R_2}{R_1+R_2}$

$= 2\dfrac{2k}{2k+2k} + 12\dfrac{2k}{2k+2k} = 7\,V$

(2) $V_D = V_R \dfrac{R_1}{R_1+R_2} - V_{sat}\dfrac{R_2}{R_1+R_2}$

$= 2\dfrac{2k}{2k+2k} - 12\dfrac{2k}{2k+2k} = -6\,V$

(3) $V_i = -6\,V$，因為 $V_i \le -6\,V$，
所以 $V_o = 12\,V$

13. (1) OPA1 為反相放大器，

$V_1 = -\dfrac{100k}{50k}\times V_i = -2\times 2 = -4\,V$

(2) OPA2 為施密特觸發器，

$V_U = V_{sat}\dfrac{R_2}{R_1+R_2} = 12\times\dfrac{100k}{100k+100k}$

$= 6\,V$

$V_D = -V_{sat}\dfrac{R_2}{R_1+R_2} = -6\,V$

(3) 因為 $V_D \le V_1 \le V_U$，所以 OPA2 輸出保持不變，原狀態可能是 +12V 或 −12V。

14. 555 定時器內部電路包含上比較器、下比較器、RS 正反器、放電電晶體及輸出驅動器。

15. (1) $R_1 + R_2 = 30\,k\Omega$

(2) 工作週期為 $\dfrac{R_1+R_2}{R_1+2R_2} = 0.6$

(3) 解 (1)(2) 聯立方程式，得 $R_1 = 10\,k\Omega$，$R_2 = 20\,k\Omega$

(4) $T = 0.693(R_1+2R_2)C$
$\approx 0.7\times(10k+2\times 20k)\times 0.01\mu$
$= 0.35\,ms$

16. 無穩態電路不用外加控制觸發即可自行產生振盪。

17. (1) $T = 0.693(R_1+2R_2)C$
$\approx 0.7\times(5k+2\times 10k)\times 0.01\mu$
$= 175\,\mu s$

(2) $f = \dfrac{1}{T} = \dfrac{1}{175\mu} = 5714\,Hz$

18. 工作週期為 $\dfrac{R_1+R_2}{R_1+2R_2}\times 100\%$，

選擇 $R_1 \ll R_2$ 可以得接近方波的輸出波形。

19. (1) $\beta = \dfrac{10k}{10k+90k} = 0.1$

(2) $V_C = \pm\beta V_o = \pm 0.1\times 15 = \pm 1.5\,V$，
所以 V_C 峰對峰值電壓為 $2\times 1.5 = 3\,V$。

20. (1) $f = \dfrac{1}{2\pi RC}$，則

$C = \dfrac{1}{2\pi Rf} = \dfrac{1}{2\pi\times 20k\times 398}$

$= 0.02\,\mu F$

(2) $\dfrac{20k}{R} = 2$，則 $R = 10\,k\Omega$

21. (1) $V_C = \pm\dfrac{R_2}{R_1+R_2}V_o = \pm\dfrac{5k}{10k+5k}\times 15$

$= \pm 5\,V$

(2) V_f 及 V_C 兩者大小相同，但 V_f 波形為方波，而 V_C 波形為近似三角波。

22. (1) OPA1 為施密特觸發器，v_{o1} 為方波，峰對峰值電壓為 ±12V

(2) OPA2 為米勒積分器，v_{o2} 為三角波，峰對峰值電壓為

$\pm 12\times\dfrac{R_2}{R_1} = \pm 12\times\dfrac{10k}{20k} = \pm 6\,V$

23. (1) 充電時之 D 二極體導通，
充電時間 $t_1 = 0.693R_1C$

(2) 放電時之 D 二極體截止，
放電時間 $t_2 = 0.693R_2C$

(3) 因為 $R_1 = 1.5R_2$，所以工作週期為

$\dfrac{t_1}{t_1+t_2}\times 100\% = \dfrac{R_1}{R_1+R_2}\times 100\%$

$= \dfrac{1.5R_2}{1.5R_2+R_2}\times 100\%$

$= 60\%$

24. 施密特觸發器輸出方波信號，經積分器產生三角波。

25. (1) 此電路為一階低通濾波器。

(2) 高頻截止頻率為 $\dfrac{1}{2\pi RC}$。

(3) 頻寬為 $\dfrac{1}{2\pi RC}$。

電子學實習試題

1. (1) 需有穩定的直流電源。
   (2) 需有正回授網路。
   (3) 電壓增益 $A_f = \infty$ 時可產生振盪。

2. 無穩態多諧振盪器輸出脈波信號。

4. 石英晶體振盪器、哈特萊振盪器、考畢子振盪器為高頻正弦波振盪器。

5. $f = \dfrac{1}{2\pi\sqrt{6}RC} = \dfrac{1}{2\pi \times 2.45 \times 1k \times 0.1\mu}$
   $= 650\ Hz$

6. $f = \dfrac{1}{2\pi RC}$

7. (1) $f = \dfrac{1}{2\pi\sqrt{6}RC}$，則
   $R = \dfrac{1}{2\pi\sqrt{6}fC} = \dfrac{1}{2\pi \times 2.45 \times 1k \times 0.1\mu}$
   $\approx 650\ \Omega$
   (2) $\dfrac{R_1}{R} = 29$，則
   $R_1 = 29R = 29 \times 650 = 18.85\ k\Omega$

8. $f = \dfrac{1}{2\pi\sqrt{R_1 R_2 C_1 C_2}}$
   $= \dfrac{1}{2\pi \times \sqrt{1k \times 1k \times 0.1\mu \times 0.4\mu}} = 795\ Hz$

9. $\dfrac{R_3}{R_4} = \dfrac{R_1}{R_2} + \dfrac{C_2}{C_1} = \dfrac{1k}{1k} + \dfrac{0.4\mu}{0.1\mu} = 5$

10. RC相移振盪器及韋恩電橋振盪器較適合中低頻段之振盪器。

11. 當石英晶體諧振在串聯頻率 f_s 時，電路回授量最大，可產生振盪。

12. 電路為落後型RC相移振盪器。

13. 電路為領先型RC相移振盪器。

14. (1) 當 $v_i > V_U$ 時，$v_o = -10\ V$。
    (2) 當 $V_D < v_i < V_U$ 時，v_o 保持不變。
    (3) 當 $v_i < V_D$ 時，$v_o = +10\ V$。

15. (1) $V_U = V_{sat}\dfrac{R_1}{R_1+R_2} = 10 \times \dfrac{10k}{10k+90k}$
    $= 1\ V$
    $V_U = -V_{sat}\dfrac{R_1}{R_1+R_2} = -1\ V$

    (2) 當 $v_i > V_U$ 時，$v_o = -10\ V$；
    當 $v_i < V_D$ 時，$v_o = +10\ V$，
    因此輸出為方波。

16. (1) $V_U = V_{sat}\dfrac{R_1}{R_1+R_2} = 10 \times \dfrac{30k}{30k+70k}$
    $= 3\ V$
    $V_U = -V_{sat}\dfrac{R_1}{R_1+R_2} = -3\ V$

    (2) 因為 $V_D < v_i < V_U$，所以輸出為直流，可能是 +10V 或是 -10V。

17. $V_U = V_{sat}\dfrac{R_1}{R_2} = 10 \times \dfrac{R_1}{R_2} = 2\ V$
    則 $\dfrac{R_1}{R_2} = \dfrac{1}{5} = 0.2$

18. (1) $V_U = \dfrac{R_1}{R_1+R_2}V_{sat}$，$V_D = -\dfrac{R_1}{R_1+R_2}V_{sat}$
    (2) 遲滯電壓 $V_H = V_U - V_D = 2\dfrac{R_1}{R_1+R_2}V_{sat}$
    $= 2 \times \dfrac{1}{1+\dfrac{R_2}{R_1}} \times 15 = 5$
    則 $\dfrac{R_2}{R_1} = 5$

20. (1) $V_U = \dfrac{2k}{2k+10k} \times 9 = 1.5\ V$
    $V_D = -\dfrac{2k}{2k+10k} \times 9 = -1.5\ V$
    (2) 遲滯電壓 $V_H = V_U - V_D = 1.5 - (-1.5)$
    $= 3\ V$

21. (1) 屬於無穩態多諧振盪器
    (2) $\beta = \dfrac{R_2}{R_1+R_2} = \dfrac{10k}{10k+10k} = \dfrac{1}{2}$
    $T = 2RC\ln(\dfrac{1+\beta}{1-\beta}) = 2RC\ln(\dfrac{1+\dfrac{1}{2}}{1-\dfrac{1}{2}})$
    $= 2RC\ln 3 = 2.2\ RC$
    (3) v_C 振幅為 $\pm \beta V_{sat} = \pm \dfrac{1}{2} \times 12 = \pm 6\ V$
    (4) v_o 振幅為 $\pm V_{sat} = \pm 12\ V$

22. V_+ 的電壓波形為方波；
    V_- 的電壓波形為三角波。

23. 555 IC可接成雙穩態、單穩態及無穩態多諧振盪電路。

24. (1) 一般市售函數波產生器輸出正弦波、方波及三角波。

    (2) 三角波：三角波產生器產生。

    (3) 方波：將三角波輸入施密特觸發器產生。

    (4) 正弦波：將三角波輸入至正弦波轉換器產生。

素養導向題 P.11-88

1. LED亮、暗閃爍為數位應用，必須使用方波產生電路。

2. LED的亮度可以使用電壓或電流來控制，如果LED要有不同的亮度變化，必須使用輸出電壓隨時間線性改變的三角波產生電路。

3. 人眼有視覺暫留現象，每個畫面會停留在網膜上約$\frac{1}{16}$秒，頻率太高畫面會重疊，導致人眼無法分辨LED亮與暗，如同恆亮一般。

4. 人耳可以聽到的聲音頻率範圍為30Hz～20kHz，電路(c)及電路(d)屬於高頻振盪電路，人耳無法聽見。

NOTE

114學年度科技校院四年制與專科學校二年制統一入學測驗試題本

電機與電子群

專業科目（一）：電子學、電子學實習

( )26. 下列有關半導體材料之敘述，何者正確？
(A)矽（Si）摻雜（doping）砷（As），形成P型半導體
(B)N型半導體為電中性，其多數載子為電子
(C)P型半導體為正電性，其多數載子為電洞
(D)本質半導體摻雜三價元素，形成 N 型半導體

( )27. 單相理想二極體橋式全波整流電路，若輸入弦波電源且負載為純電阻，則輸出電壓的波形因數（form factor）為何？
(A)$\frac{1}{\sqrt{2}}$ (B)$\frac{2\sqrt{2}}{\pi}$ (C)$\frac{\pi}{2\sqrt{2}}$ (D)$\sqrt{2}$

( )28. 下列有關二極體之敘述，何者正確？
(A)PN接面二極體，空乏區內的電位差，稱為順向偏壓
(B)PN接面二極體，溫度升高時，逆向飽和電流降低
(C)一般發光二極體（LED）元件，發光顏色主要由工作電壓值大小決定
(D)發光二極體元件，順向偏壓下，電子和電洞復合時釋出能量發光

▲ 閱讀下文，回答第29-30題

如圖(十八)所示電路，$V_{CC}=12\text{ V}$，$R_B=305\text{ k}\Omega$，$R_C=1\text{ k}\Omega$，$R_E=2.6\text{ k}\Omega$，BJT之 $V_{BE}=0.7\text{ V}$，$\beta=99$，熱電壓 $V_T=26\text{ mV}$。（C_1、C_2為耦合電容）

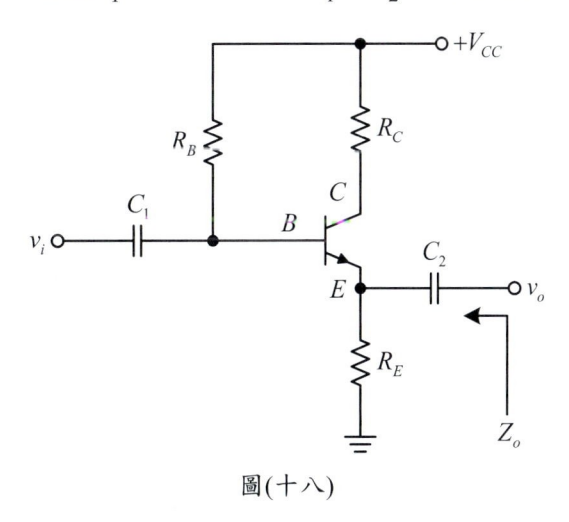

圖(十八)

( )29. 此放大器輸出阻抗Z_o約為何？
(A)12.9Ω (B)26Ω (C)129Ω (D)2.6kΩ

( )30. 若此BJT之基極交流電阻為r_π及射極交流電阻為r_e，則電壓增益v_o/v_i為何？
(A)$\frac{R_E}{r_e+r_\pi}$ (B)$\frac{r_\pi}{r_e+R_E}$ (C)$\frac{R_E}{r_e+R_E}$ (D)$\frac{R_E}{r_\pi+R_E}$

( )31. 下列有關MOSFET之敘述，何者正確？
(A)D-MOSFET，閘源極間未加V_{GS}電壓時，汲源極間無法導通
(B)P通道E-MOSFET，閘源極間須加正電壓，才可使汲源極間導通
(C)E-MOSFET，閘源極間須加逆偏電壓，才可關閉汲源極間導通電流
(D)N通道MOSFET之基體（substrate）為P型半導體 [6-3]

( )32. 如圖(十九)所示電路，$V_{DD}=12\,\text{V}$，MOSFET之夾止（pinch-off）電壓$V_P=-3\,\text{V}$，$I_{DSS}=9\,\text{mA}$，工作點之$I_D=1.44\,\text{mA}$，則電阻R_{G1}約為何？
(A)202.2kΩ
(B)180.8kΩ
(C)156.5kΩ
(D)112.6kΩ [6-4]

( )33. 一N通道D-MOSFET電路操作於飽和區（夾止區），MOSFET之夾止電壓$V_P=-4\,\text{V}$，$I_{DSS}=10\,\text{mA}$，工作點之$V_{GS}=-3\,\text{V}$，則此工作點之交流轉移電導g_m為何？
(A)0.82 mA/V (B)1.25 mA/V
(C)1.56 mA/V (D)1.82 mA/V [7-1]

圖(十九)

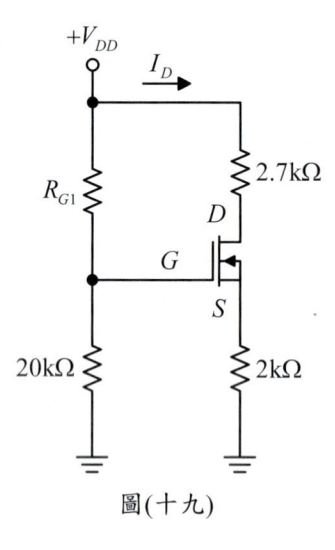

▲ 閱讀下文，回答第34-35題

如圖(二十)所示之放大電路，$V_{DD}=15.6\,\text{V}$，MOSFET之臨界電壓（threshold voltage）$V_t=2\,\text{V}$，參數$K=0.3\,\text{mA/V}^2$，若調整R_{G1}使得直流工作點之汲極電流$I_D=1.2\,\text{mA}$。（F.G.為信號產生器）

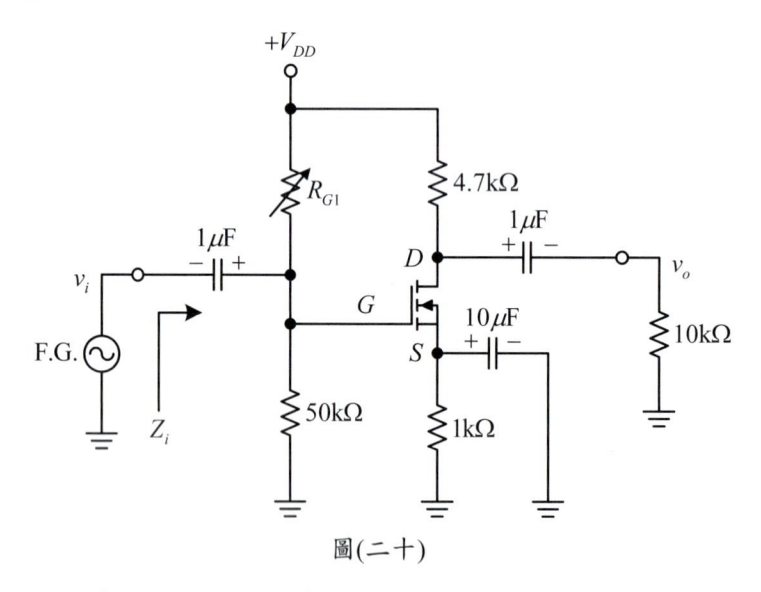

圖(二十)

( )34. 則此工作點下之MOSFET交流轉移電導g_m為何？
(A)1.2 mA/V (B)1.8 mA/V (C)2.4 mA/V (D)3.2 mA/V [7-2]

( )35. 則此工作點下之輸入阻抗Z_i約為何？
(A)45.2kΩ (B)38.6kΩ (C)33.3kΩ (D)24.5kΩ [7-2]

( )36. 如圖(二十一)所示理想運算放大器電路，其輸出電壓 V_o 為何？
(A)10mV　(B)20mV　(C)30mV　(D)55mV

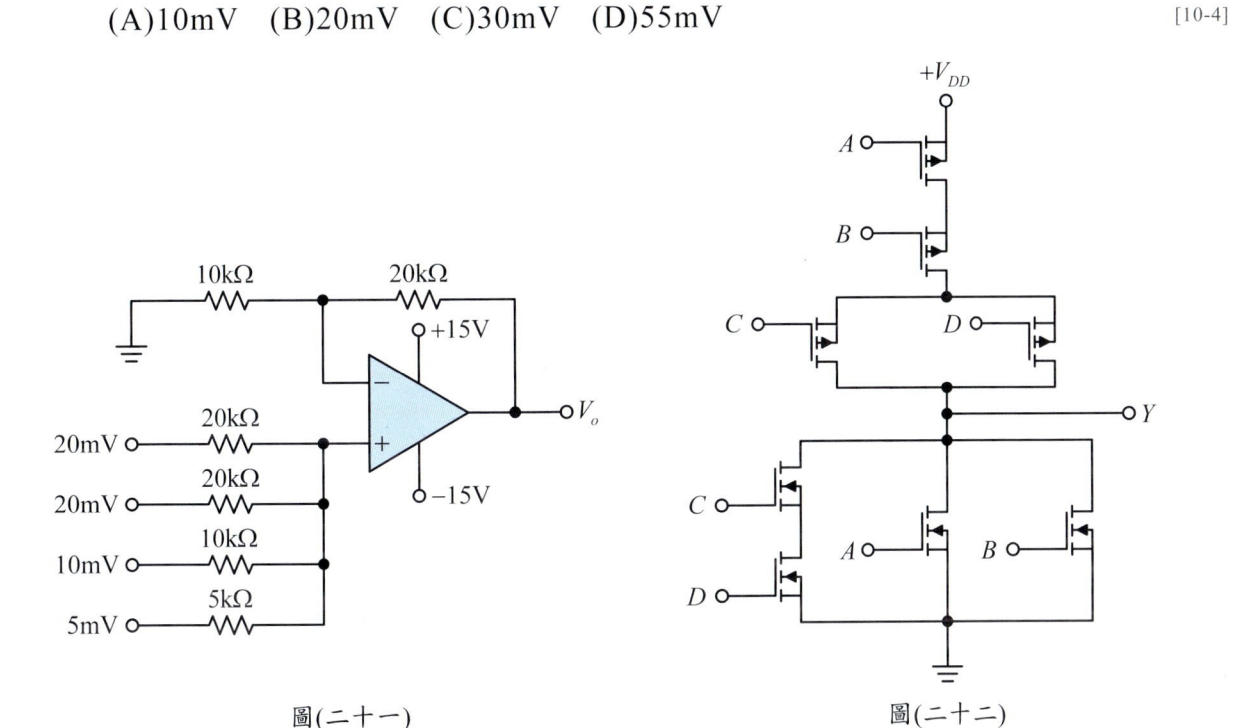

( )37. 如圖(二十二)所示CMOS數位電路，其輸出 Y 的布林代數式為何？
(A)$\overline{A}\,\overline{B}(C+D)$　(B)$AB(\overline{C}+\overline{D})$　(C)$AB(C+D)$　(D)$\overline{A}\,\overline{B}(\overline{C}+\overline{D})$

▲ 閱讀下文，回答第38-39題
　　如圖(二十三)所示運算放大器振盪電路，電路各元件均為理想且 $R_i = 50\,k\Omega$、$L = 100\,\mu H$、$C_1 = 300\,pF$、$C_2 = 150\,pF$。

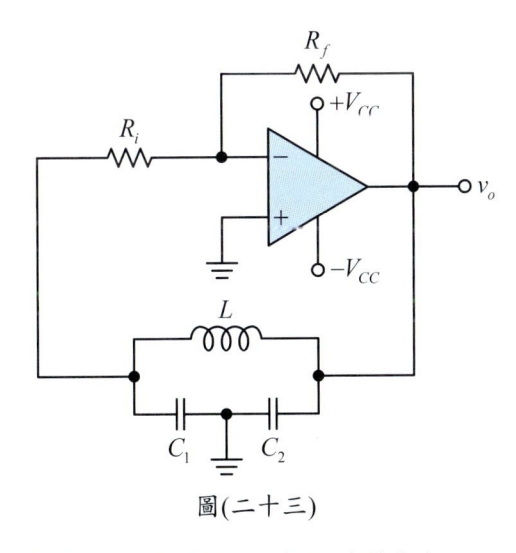

圖(二十三)

( )38. 當電路產生穩定弦波振盪時，則電阻 R_f 之理論值為何？
(A)$R_f = 20\,k\Omega$　(B)$R_f = 50\,k\Omega$　(C)$R_f = 100\,k\Omega$　(D)$R_f = 300\,k\Omega$

( )39. 此電路振盪頻率約為何？
(A)1.59kHz　(B)3.18kHz　(C)1.59MHz　(D)3.18MHz

( )40. 如圖(二十四)所示，示波器量測得之弦波電壓信號$v(t)$，測試棒及示波器端之衰減比皆設定為1：1，若示波器垂直刻度設定為2V／DIV、水平刻度設定為1ms／DIV，則此信號峰對峰值及頻率分別為何？
(A)$16\sqrt{2}$V、500Hz　　(B)16V、500Hz
(C)$8\sqrt{2}$V、250Hz　　(D)8V、250Hz　　　　[1-3]

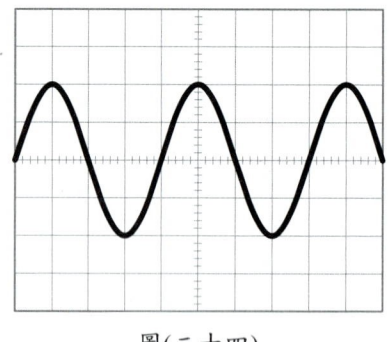

圖(二十四)

( )41. 指針型三用電表，將功能旋扭轉至$R\times 1k$歐姆檔，並依常規將紅色及黑色測試線正確接至電表。電表歸零後，將電表黑測棒固定接觸BJT之其中一接腳，再將電表紅測棒分別接觸BJT另外兩隻接腳，若電表皆指示低電阻值狀態，則下列敘述何者正確？
(A)為NPN電晶體，黑測棒接觸接腳為射極
(B)為PNP電晶體，黑測棒接觸接腳為基極
(C)為PNP電晶體，黑測棒接觸接腳為射極
(D)為NPN電晶體，黑測棒接觸接腳為基極　　　　[3-1]

( )42. 如圖(二十五)所示理想二極體全波整流電路，$v_s = 110\sqrt{2}\sin(377t)$ V，變壓器匝數比$N_1 : N_2 : N_3 = 11 : 1 : 1$，若負載$R_L = 10\,\Omega$，則二極體電流$i_D$的平均值為何？
(A)$\dfrac{\sqrt{2}}{\pi}$A　(B)$\dfrac{2\sqrt{2}}{\pi}$A　(C)$\sqrt{2}$A　(D)$2\sqrt{2}$A　　[2-5]

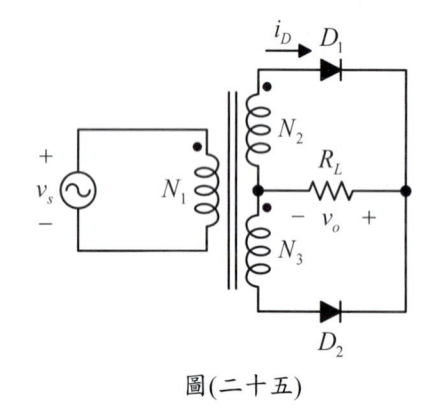

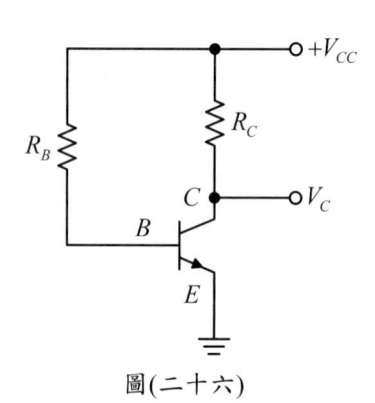

圖(二十五)　　　　　　　　圖(二十六)

( )43. 如圖(二十六)所示音訊放大器直流偏壓電路，$V_{CC} = 12$ V、$R_B = 452$ kΩ及$R_C = 3$ kΩ，當BJT之$V_{BE} = 0.7$ V、$\beta = 80$時，則$V_C = \dfrac{V_{CC}}{2} = 6$ V。若BJT之β變為100，則V_C為何？　(A)7.5V　(B)6.5V　(C)5.5V　(D)4.5V　　[3-4]

▲ 閱讀下文，回答第44-45題

如圖(二十七)所示之串級放大實驗電路，電晶體Q_1採用2SC1815，形成第一級放大電路，Q_2採用2N3569，$\beta_2 = 80$，形成第二級放大電路。已調整R_{B1}及R_{B2}使得Q_1及Q_2直流工作點之$V_{CE} = 6\ V$。示波器CH1、CH2之輸入選擇開關設定於**DC耦合模式**，且垂直檔位均各自設置於適當檔位。

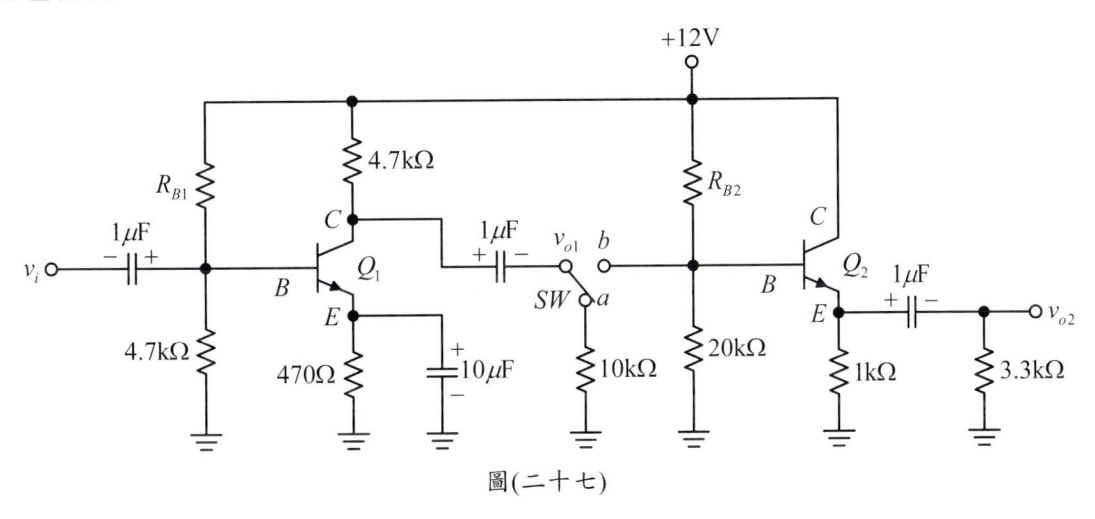

圖(二十七)

( )44. 若v_i輸入信號以示波器CH1量測波形如圖(二十八)所示，且當開關SW切於b處時，以CH2量測v_{o1}之示意波形可能為何？ [5-2]

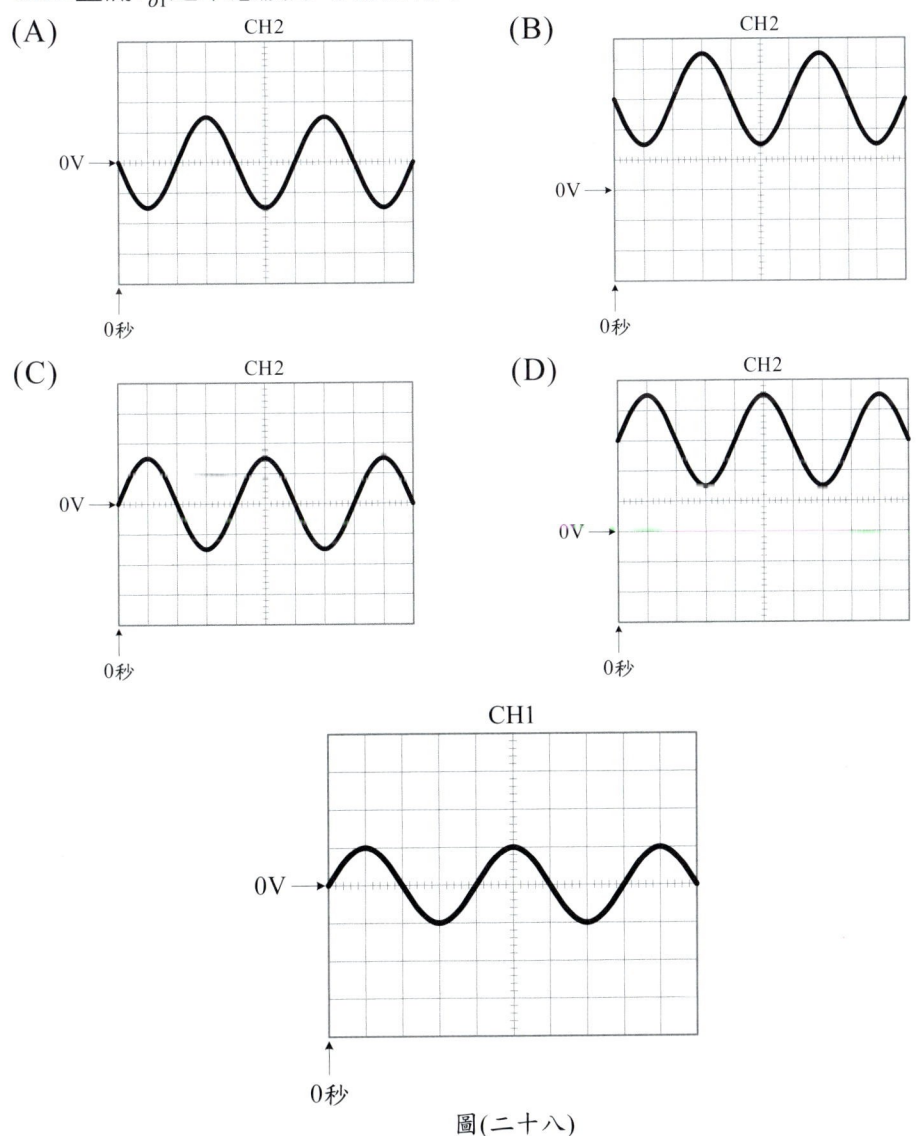

(A) (B) (C) (D)

圖(二十八)

(　　)45. 電阻R_{B2}約為何？
(A)8.61kΩ　(B)12.96kΩ　(C)21.35kΩ　(D)24.36kΩ　　　　　　　　　　　　　　　　[5-2]

(　　)46. 如圖(二十九)所示串級放大實驗電路，MOSFET Q_1之參數$K_1 = 0.5 \text{ mA}/\text{V}^2$、臨界電壓$V_{t1} = 1\text{ V}$，$Q_2$之參數$K_2 = 0.5 \text{ mA}/\text{V}^2$、臨界電壓$V_{t2} = 1.5\text{ V}$，調整$R_{G1}$後測得兩電晶體直流工作點之$Q_1$汲極電流$I_{D1} = 0.5\text{ mA}$、$Q_2$汲極電流$I_{D2} = 2\text{ mA}$，則放大器之電壓增益$v_o/v_i$為何？　(A)15　(B)−10　(C)−12　(D)−15　　　　　　　　　　　　　　　　　[8-2]

圖(二十九)

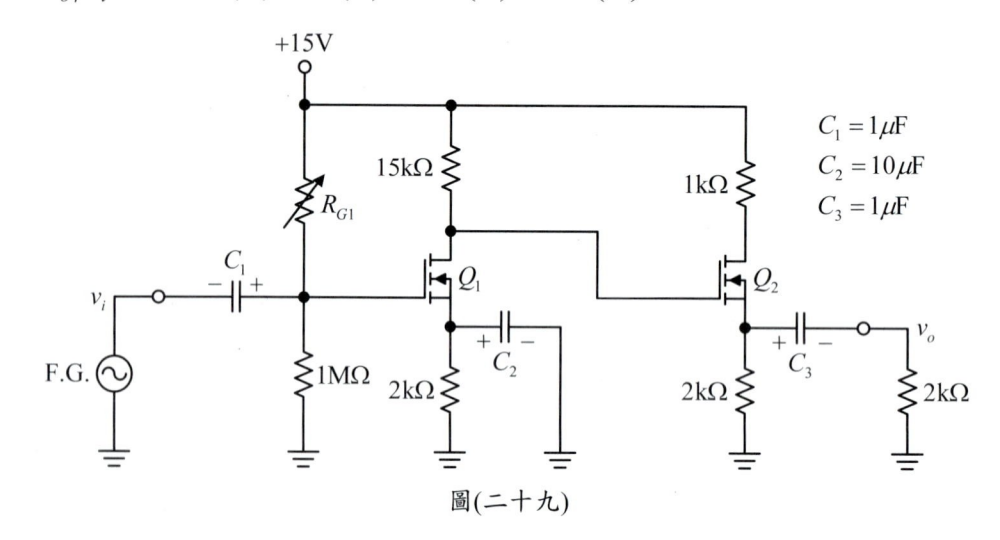

(　　)47. 如圖(三十)所示電路，輸出V_o飽和電壓為±15V，若輸出為+15V時，則輸入電壓V_i可能為何？　(A)−8V　(B)−2V　(C)2V　(D)8V　　　　　　　　　　　　　　　　　　　　[10-6]

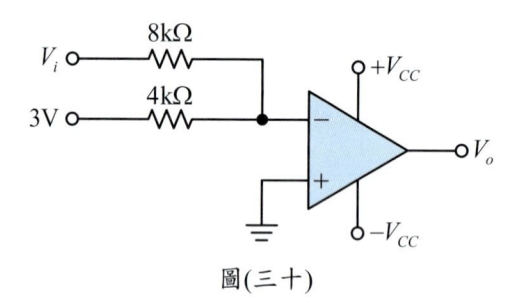

圖(三十)

(　　)48. 如圖(三十一)所示理想運算放大器振盪電路，若$R_1 = 20\text{ k}\Omega$、$R_2 = 60\text{ k}\Omega$、$R_3 = 9\text{ k}\Omega$、$C = 0.1\text{ μF}$，則振盪時電路輸出v_o頻率約為何？
(A)83.3Hz　(B)833Hz　(C)1.78kHz　(D)17.8kHz　　　　　　　　　　　　　　　　[11-5]

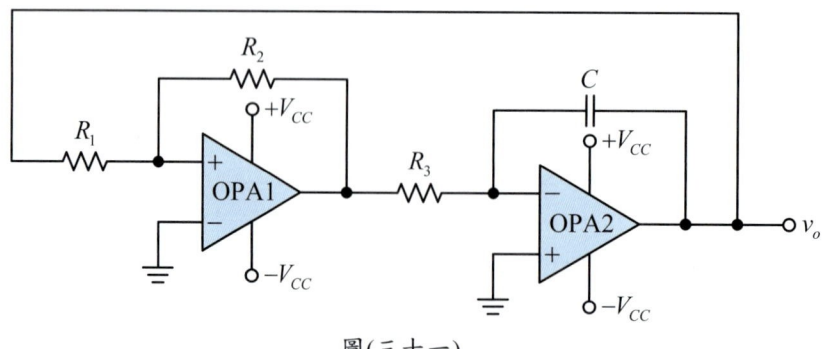

圖(三十一)

( )49. 如圖(三十二)所示理想運算放大器濾波電路,該濾波器類型及其截止頻率為何?

(A)高通濾波器,截止頻率為 $\dfrac{1}{2\pi\sqrt{RC}}$ Hz

(B)高通濾波器,截止頻率為 $\dfrac{1}{2\pi RC}$ Hz

(C)低通濾波器,截止頻率為 $\dfrac{1}{2\pi\sqrt{RC}}$ Hz

(D)低通濾波器,截止頻率為 $\dfrac{1}{2\pi RC}$ Hz

[11-6]

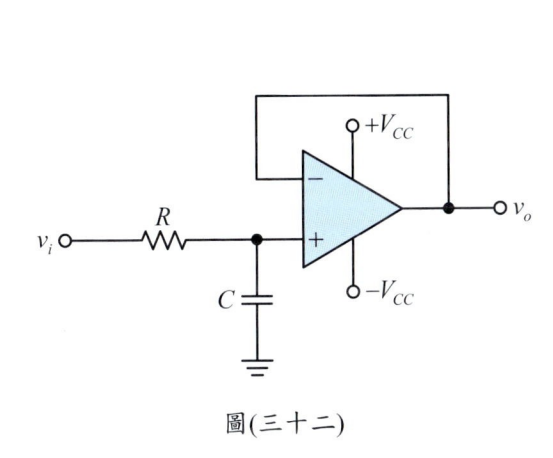

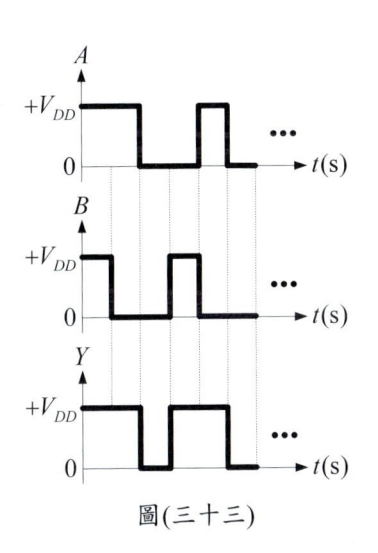

圖(三十二)

圖(三十三)

( )50. 某MOSFET數位電路的輸入A、B及輸出Y波形如圖(三十三)所示,若+V_{DD}為高準位(邏輯1),0V為低準位(邏輯0),則此數位電路為何? [9-3]

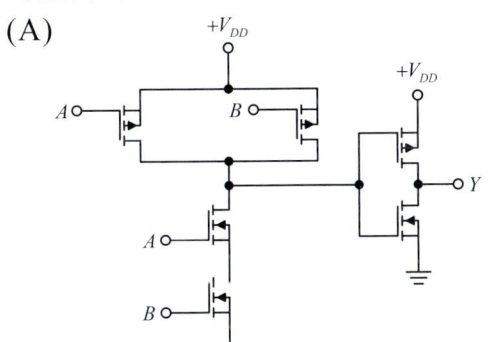

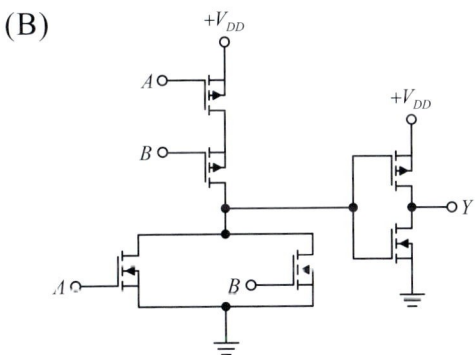

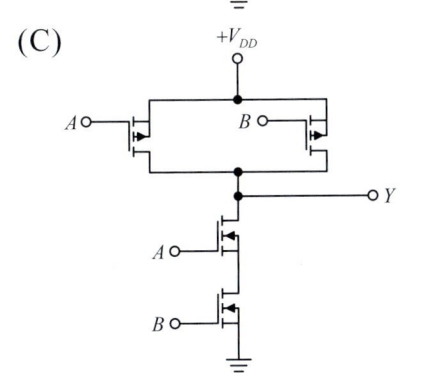

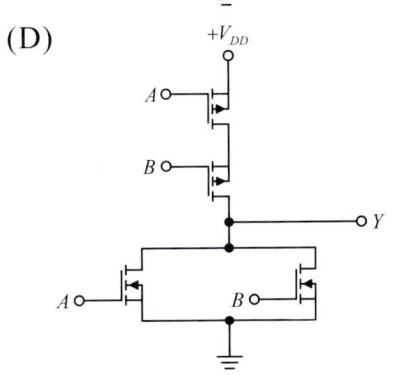

解 答

答

26.B	27.C	28.D	29.A	30.C	31.D	32.A	33.B	34.A	35.C
36.C	37.D	38.C	39.C	40.D	41.D	42.A	43.D	44.B	45.B
46.B	47.A	48.B	49.D	50.B					

解

26. (1) 矽摻雜砷，形成N型半導體。

    (2) P型半導體為電中性。

    (3) 本質半導體摻雜三價元素，形成P型半導體。

27. (1) $V_{rms} = \dfrac{V_m}{\sqrt{2}}$，$V_{av} = \dfrac{2}{\pi}V_m$

    (2) 波形因數等於 $\dfrac{V_{rms}}{V_{av}} = \dfrac{\pi}{2\sqrt{2}}$

28. (1) 空乏區電位差稱為障壁電壓。

    (2) 溫度升高，逆向飽和電流增加。

    (3) LED發光顏色由製造材料決定。

29. (1) $I_E = \dfrac{V_{CC} - V_{BE}}{\dfrac{R_B}{1+\beta} + R_E} = \dfrac{12 - 0.7}{\dfrac{305k}{1+99} + 2.6k} = 2\ \text{mA}$

    (2) $r_e = \dfrac{V_T}{I_E} = \dfrac{26\text{mV}}{2\text{mA}} = 13\ \Omega$

        $Z_o = r_e // R_E = 13 // 2.6k \approx 12.9\ \Omega$

31. (1) D-MOSFET的 $V_{GS} = 0$ 時，仍有通道存在。

    (2) P通道E-MOSFET，$V_{GS} < 0$ 時，才可使汲源極間導通。

    (3) E-MOSFET，閘源極間須加順偏電壓，才有汲源電流，V_{GS} 逆偏時沒有汲源電流。

32. (1) $I_D = I_{DSS}(1 - \dfrac{V_{GS}}{V_P})^2$，則 $1.44 = 9(1 - \dfrac{V_{GS}}{-3})^2$，$(1 - \dfrac{V_{GS}}{-3}) = \pm\sqrt{\dfrac{1.44}{9}} = \pm 0.4$，故

        $V_{GS} = -1.8\ \text{V}$ 或 -4.2V（不合）

    (2) $V_S = I_D R_S = 1.44\text{m} \times 2\text{k} = 2.88\ \text{V}$

    (3) $V_G = V_{DD} \dfrac{R_{G2}}{R_{G1} + R_{G2}} = V_{GS} + V_S = -1.8 + 2.88 = 1.08\ \text{V}$

        $\dfrac{R_{G1}}{R_{G2}} = \dfrac{V_{DD}}{V_G} - 1 = \dfrac{12}{1.08} - 1 \approx 10.11$，故

        $R_{G1} = 10.11 R_{G2} = 10.11 \times 20\text{k} = 202.2\ \text{k}\Omega$

解　答

33. $g_m = \dfrac{2I_{DSS}}{|V_P|}(1-\dfrac{V_{GS}}{V_P}) = \dfrac{2\times 10}{4}(1-\dfrac{-3}{-4}) = 1.25$ mA/V

34. (1) $I_D = K(V_{GS}-V_t)^2$，$1.2 = 0.3(V_{GS}-2)^2$，則 $V_{GS} = 4$ V

    (2) $g_m = 2K(V_{GS}-V_t) = 2\times 0.3\times(4-2) = 1.2$ mA/V

35. (1) $V_S = I_D R_S = 1.2\text{m}\times 1\text{k} = 1.2$ V

    (2) $V_G = V_{GS}+V_S = 4+1.2 = 5.2$ V

    (3) $V_G = V_{DD}\dfrac{R_{G2}}{R_{G1}+R_{G2}}$，$\dfrac{R_{G1}}{R_{G2}} = \dfrac{V_{DD}}{V_G}-1 = \dfrac{15.6}{5.2}-1 = 2$，則

    $R_{G1} = 2R_{G2} = 2\times 50\text{k} = 100$ kΩ

    (4) $Z_i = R_{G1}\,//\,R_{G2} = 100\text{k}\,//\,50\text{k} \approx 33.3$ kΩ

36. (1) $V_{(+)} = \dfrac{\dfrac{20\text{mV}}{20\text{k}}+\dfrac{20\text{mV}}{20\text{k}}+\dfrac{10\text{mV}}{10\text{k}}+\dfrac{5\text{mV}}{5\text{k}}}{\dfrac{1}{20\text{k}}+\dfrac{1}{20\text{k}}+\dfrac{1}{10\text{k}}+\dfrac{1}{5\text{k}}} = \dfrac{20\text{m}+20\text{m}+20\text{m}+20\text{m}}{1+1+2+4} = 10$ mV

    (2) $V_o = V_{(+)}(1+\dfrac{20\text{k}}{10\text{k}}) = 10\text{m}\times 3 = 30$ mV

37. $Y = \overline{A+B+CD} = \overline{A}\,\overline{B}(\overline{C}+\overline{D})$

38. (1) 諧振時 $X_{C1}+X_{C2}+X_L = 0$

    (2) $\beta = \dfrac{X_{C1}}{X_{C1}+X_L} = -\dfrac{X_{C1}}{X_{C2}} = -\dfrac{C_2}{C_1} = -\dfrac{150\text{p}}{300\text{p}} = -0.5$

    (3) $A = \dfrac{1}{\beta} = \dfrac{1}{-0.5} = -2$

    $\dfrac{R_f}{R_i} = |A| = 2$，則 $R_f = 2R_i = 2\times 50\text{k} = 100$ kΩ

39. (1) $C = \dfrac{C_1 C_2}{C_1+C_2} = \dfrac{300\times 150}{300+150} = 100$ pF

    (2) $f_o = \dfrac{1}{2\pi\sqrt{LC}} = \dfrac{0.159}{\sqrt{100\mu\times 100\text{p}}} = 1.59$ MHz

40. (1) $V_{P-P} = 4\text{DIV}\times 2\text{V/DIV} = 8$ V

    (2) $T = 4\text{DIV}\times 1\text{ms/DIV} = 4$ ms

    $f = \dfrac{1}{T} = \dfrac{1}{4\text{m}} = 250$ Hz

41. (1) 電表黑棒接電池正端，紅棒接電池負端。

    (2) 黑棒固定接觸之接腳為基極，且為P型。

42. (1) $V_m = \dfrac{110\sqrt{2}}{\dfrac{N_1}{N_2}} = \dfrac{110\sqrt{2}}{11} = 10\sqrt{2}$ V

(2) $V_{o(av)} = \dfrac{2}{\pi}V_m = \dfrac{2}{\pi} \times 10\sqrt{2} = \dfrac{20\sqrt{2}}{\pi}$ V

(3) $I_{o(av)} = \dfrac{V_{o(av)}}{R_L} = \dfrac{\dfrac{20\sqrt{2}}{\pi}}{10} = \dfrac{2\sqrt{2}}{\pi}$ A

(4) $I_{D(av)} = \dfrac{I_{o(av)}}{2} = \dfrac{1}{2} \times \dfrac{2\sqrt{2}}{\pi} = \dfrac{\sqrt{2}}{\pi}$ A

43. (1) $\beta = 80$ 時：

$I_B = \dfrac{V_{CC} - V_{BE}}{R_B} = \dfrac{12 - 0.7}{452\text{k}} = 25\ \mu\text{A}$

$I_C = \beta I_B = 80 \times 25\mu = 2\ \text{mA}$

$R_C = \dfrac{V_{CC} - V_C}{I_C} = \dfrac{12 - 6}{2\text{m}} = 3\ \text{k}\Omega$

(2) $\beta = 100$ 時：

$I_C = \beta I_B = 100 \times 25\mu = 2.5\ \text{mA}$

$V_C = V_{CC} - I_C R_C = 12 - 2.5\text{m} \times 3\text{k} = 4.5$ V

44. (1) 對交流而言，第一級CE放大相位相反，故 $\dfrac{v_o}{v_i} < 0$。

(2) 對直流而言，$V_{B2} > 0$。

45. (1) $I_E = \dfrac{V_{CC} - V_{CE}}{R_E} = \dfrac{12 - 6}{1\text{k}} = 6\ \text{mA}$

(2) $I_B = \dfrac{I_E}{1 + \beta} = \dfrac{6\text{m}}{81} \approx 74\ \mu\text{A}$

(3) $V_{th} = V_{CC} \dfrac{20\text{k}}{R_{B2} + 20\text{k}}$

$R_B = R_{B2} // 20\text{k} = \dfrac{R_{B2} \times 20\text{k}}{R_{B2} + 20\text{k}}$

(4) $V_{th} - I_B R_B = V_B = 6.7$ V

$12 \times \dfrac{20\text{k}}{R_{B2} + 20\text{k}} - 74\mu \times \dfrac{R_{B2} \times 20\text{k}}{R_{B2} + 20\text{k}} = 6.7$

$240\text{k} - 1.48 R_{B2} = 6.7(R_{B2} + 20\text{k})$，故

$R_{B2} = \dfrac{240\text{k} - 134\text{k}}{8.18} \approx 12.96\ \text{k}\Omega$

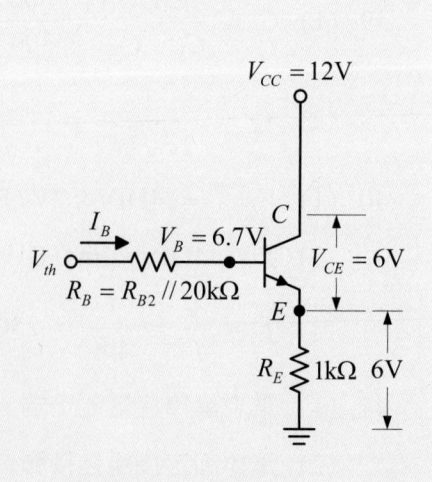

解 答

46. (1) $g_{m1} = 2\sqrt{K_1 I_{D1}} = 2 \times \sqrt{0.5\text{m} \times 0.5\text{m}} = 1\,\text{mA/V}$

(2) $g_{m2} = 2\sqrt{K_2 I_{D2}} = 2 \times \sqrt{0.5\text{m} \times 2\text{m}} = 2\,\text{mA/V}$

(3) $A_{v1} = \dfrac{v_{o1}}{v_{i1}} = -g_{m1} R_{D1} = -1\text{m} \times 15\text{k} = -15$

$A_{v2} = \dfrac{v_{o2}}{v_{i2}} = \dfrac{(R_{S2} /\!/ R_L)}{\dfrac{1}{g_{m2}} + (R_{S2} /\!/ R_L)} = \dfrac{2\text{k} /\!/ 2\text{k}}{0.5\text{k} + 2\text{k} /\!/ 2\text{k}} = \dfrac{2}{3}$

(4) $A_v = A_{v1} A_{v2} = -15 \times \dfrac{2}{3} = -10$

47. $V_{(-)} < V_{(+)}$ 時，$V_o = +V_{sat} = +15\,\text{V}$，則

$V_{(-)} = \dfrac{\dfrac{V_i}{8\text{k}} + \dfrac{3}{4\text{k}}}{\dfrac{1}{8\text{k}} + \dfrac{1}{4\text{k}}} = \dfrac{V_i + 6}{1 + 2} < 0$，故 $V_i < -6\,\text{V}$

48. (1) $T = 4\left(\dfrac{R_1}{R_2}\right) R_3 C = 4\left(\dfrac{20\text{k}}{60\text{k}}\right) \times 9\text{k} \times 0.1\mu = 1.2\,\text{ms}$

(2) $f = \dfrac{1}{T} = \dfrac{1}{1.2\text{m}} \approx 833\,\text{Hz}$

50. (1)

A	B	Y
1	1	1
1	0	1
0	0	0
0	1	1

➡

A	B	Y
0	0	0
0	1	1
1	0	1
1	1	1

由真值表得知 $Y = A + B$

(2) 圖(A)：$Y = \overline{\overline{AB}} = AB$

圖(B)：$Y = \overline{\overline{A+B}} = A + B$

圖(C)：$Y = \overline{AB}$

圖(D)：$Y = \overline{A+B}$

NOTE